LES

GRANDS ÉCRIVAINS

DE LA FRANCE

NOUVELLES ÉDITIONS

PUBLIÉES SOUS LA DIRECTION

DE M. AD. REGNIER

membre de l'Institut

SUR LES MANUSCRITS, LES COPIES LES PLUS AUTHENTIQUES
ET LES PLUS ANCIENNES IMPRESSIONS
AVEC VARIANTES, NOTES, NOTICES, PORTRAITS, ETC.

J. DE LA FONTAINE

TOME IX

PARIS

LIBRAIRIE HACHETTE ET Cⁱᵉ

BOULEVARD SAINT-GERMAIN, 79

M D CCC XCII

LES
GRANDS ÉCRIVAINS
DE LA FRANCE

NOUVELLES ÉDITIONS

PUBLIÉES SOUS LA DIRECTION

DE M. AD. REGNIER

Membre de l'Institut

ŒUVRES
DE
J. DE LA FONTAINE

TOME IX

PARIS. — IMPRIMERIE LAHURE
Rue de Fleurus, 9

OEUVRES

DE

J. DE LA FONTAINE

NOUVELLE ÉDITION

REVUE SUR LES PLUS ANCIENNES IMPRESSIONS
ET LES AUTOGRAPHES

ET AUGMENTÉE

de variantes, de notices, de notes, d'un lexique des mots
et locutions remarquables, de portrait, de fac-similé, etc.

PAR M. HENRI REGNIER

TOME NEUVIÈME

PARIS
LIBRAIRIE HACHETTE ET Cie
BOULEVARD SAINT-GERMAIN, 79

1892

NOTICE BIBLIOGRAPHIQUE

I. — AUTOGRAPHES.

Il est aujourd'hui reconnu que la plupart des pièces volantes, répandues en si grand nombre sous le nom de la Fontaine, surtout celles qui sont signées, ne sont pas de sa main, mais de la main de copistes ou de celle de faussaires. Aussi nous contentons-nous de renvoyer, pour les manuscrits, mentionnés ou non par nous dans les *OEuvres*, aux recueils suivants :

L'Amateur d'autographes, publié sous la direction de M. Etienne Charavay, n°ˢ 257 et 258 (février et mars 1875), qui contiennent la liste à peu près complète des autographes, ou supposés tels, de notre poète, qui sont dans le commerce;

Le Bulletin du Bibliophile, d'août 1835; novembre 1836; janvier et mai 1837; octobre 1839; juillet 1841; septembre et octobre 1842;

Dictionnaire des pièces autographes volées aux bibliothèques publiques de la France, précédé d'observations sur le commerce des autographes, par MM. Lalanne et Bordier (Paris, 1851-1853, in-8°), p. 22, note 1, et p. 290;

Et à la note bibliographique insérée par Monmerqué dans son édition des *Historiettes de Tallemant des Réaux* (Paris, 1840, in-12), tome I, p. 66.

II. — IMPRIMES.

A. — CONTÉS.

1. — Novvelles en vers tirée (*sic*) de Bocace et de l'Arioste. Par M. De L. F. A Paris, Chez Clavde Barbin, vis à vis le Portail de la Sainte Chapelle, av signe de la Croix. M.DC.LXV. Avec Privilege dv Roy.

J. DE LA FONTAINE, IX.

In-12, de 72 pp. — Le Privilège est du 14 janvier 1664; l'Achevé d'imprimer, du 10 décembre de la même année.

Ainsi que nous l'avons dit (tome IV, p. 3, note 1), l'ouvrage fut mis en vente dans le courant de ce mois de décembre, car Denis de Sallo, dans le *Journal des Savants* du 26 janvier 1665 (p. 39-41), l'annonce et en donne l'analyse.

Ce volume contient[1] : l'*Avertissement* (1 feuillet non chiffré), *le Cocu battu et content* (p. 5-11), qui précède l'extrait du Privilège (non paginé), *Joconde ou l'infidélité des femmes* (p. 1-32), et, en outre, *la Matrone d'Éphèse* (p. 33-60), imitation de Pétrone, par Saint-Évremond, en prose mêlée de vingt vers.

2. — Contes et Novvelles en vers. De M. De La Fontaine. A Paris, Chez Clavde Barbin, vis à vis le Portail de la Sainte Chapelle, av signe de la Croix, M. DC. LXV. Avec Privilege dv Roy.

In-12, de 11 pp. pour le titre et la Préface, 92 pp. de texte, 1 f. pour l'*Extrait du Privilège*, et 1 f. blanc. — Le Privilège est, comme pour le précédent recueil, du 14 janvier 1664; l'Achevé d'imprimer, du 10 décembre 1665.

Première édition originale collective, elle contient : une *Préface* (l'*Avertissement* a disparu, ainsi que *la Matrone d'Éphèse*); puis dix contes, *Joconde* et *le Cocu* déjà publiés, *Richard Minutolo*, *le Mari confesseur*, *Conte d'une chose arrivée à C.*, *Conte tiré d'Athénée*, *Autre conte tiré d'Athénée*, *Conte de*****, *Conte du Juge de Mesle*, *Conte d'un paysan qui avoit offensé son seigneur;* enfin trois poésies d'un caractère différent, *Imitation d'un livre intitulé les Arrêts d'Amours*, *les Amours de Mars et de Vénus*, et une *Ballade* (« Je me plais aux livres d'amour »).

3. — Contes et Novvelles en vers. De M. De La Fontaine. Sur l'imprimé. A Paris, Chez Clavde Barbin, vis à vis le Portail de la Sainte Chapelle, av signe de la Croix. M. DC. LXV.

In-12, de 4 ff. liminaires, 75 pp. de texte, et 1 p. pour la Table. Réimpression elzévirienne de l'édition originale précédente. Porte sur le titre un sphinx, marque de l'imprimeur Abraham Wolfgang.

4. — Nouvelles en vers tirées de Bocace et de l'Arioste, par M. D. L. F. A Paris, Chez Cl. Barbin, 1665.

In-12, de 104 pp. et 2 ff. liminaires. — Cette édition n'a pas de privilège.

C'est une réimpression de ce que nous avons appelé la première édition originale collective (ci-dessus, n° 2), mais contenant de plus l'*Avertissement* du tout premier recueil (n° 1) et *la Matrone d'Éphèse* de Saint-Évremond (où un des vers, le 14°, est passé).

---

1. La pagination recommence avec *Joconde;* le Privilège ne mentionne pas *le Cocu*, qui n'aura été que tardivement inséré dans le recueil.

5. — Devxiesme Partie des Contes et Novvelles en vers. De M. De La Fontaine. A Paris. Chez Clavde Barbin, av Palais, sur le second Perron de la Sainte Chapelle. M. DC. XLVI (*sic*). Avec Privilege dv Roy.

In-12, de 11 pp. pour le titre et la Préface, 160 pp. de texte et 2 ff. non chiffrés pour le Privilège. — Celui-ci est du 30 octobre 1665; l'Achevé d'imprimer, du 21 janvier 1666.

Cette deuxième partie comprend : *le Faiseur d'oreilles et le Raccommodeur de moules*, *le Berceau*, *le Muletier*, *Renault d'Ast*, *la Servante justifiée*, *la Gageure des trois commères*, *le Calendrier des vieillards*, *A Femme avare Galant escroc*, *On ne s'avise jamais de tout*, *le Villageois qui cherche son veau*, *l'Anneau d'Hans Carvel*, *le Gascon puni*, *la Fiancée du roi de Garbe*.

6. — Devxiesme Partie des Contes et Novvelles en vers. De M. De La Fontaine. A Paris, Chez Louis Billaine, av Palais, dans la Grand'Salle, à la Palme et av grand Cesar. M.DC.XLVI (*sic*). Avec Privilege dv Roy.

In-12, de 11 pp. pour le titre et la Préface, et 160 pp. pour le texte. — N'a pas, malgré le titre, l'extrait du Privilège.
Même édition que la précédente.

7. — Les Contes du S^r De la Fontaine. S. l. n. d.

In-12, de 6 ff. et 72 pp. pour la première partie; de 4 ff., 156 pp. pour la seconde, et 2 ff. pour la Table et le Privilège daté du 6 juin 1667. — Frontispice gravé servant de titre.

Contrefaçon où manque *la Fiancée du roi de Garbe*, et où sont ajoutés *les Frères de Catalogne*, *l'Ermite*, *la Dissertation sur la* (sic) *Joconde*, plus cinq contes qui ne sont pas de la Fontaine.

8. — Contes et Nouuelles en vers. De M. De La Fontaine. A Paris, Chez Claude Barbin, au Palais, sur le second Perron de la Sainte Chappelle (*sic*). M.DC.LXVII. Auec Priuilege du Roy.

In-12, de 11 pp. pour le titre et la Préface, 92 pp. pour le texte, et 1 f. pour le Privilège. — Celui-ci est du 14 janvier 1664 ; l'Achevé d'imprimer, du 10 janvier 1665.

Deuxiesme Partie des Contes et Nouuelles en vers. De M. De La Fontaine. A Paris, Chez Claude Barbin, au Palais, sur le second Perron de la Sainte Chappelle. M.DC.LXVII. Auec Priuilege du Roy.

In-12, de 11 pp. pour le titre et la Préface, 160 pp. pour le texte, et 2 ff. pour le Privilège. — Celui-ci est du 30 octobre 1665 ; l'Achevé d'imprimer, du 21 janvier 1666.

Ces deux recueils forment la seconde édition. Mêmes contes que dans la première.

9. — Contes et Novvelles en vers. De M. De La Fontaine. A

Paris, Chez Lovys Billaine, dans la grand' Salle dv Palais, av second Pillier, à la Palme et av Grand Cesar. M.DC.LXVII. Avec Privilege dv Roy. — Devxiesme partie des Contes et Novvelles en vers. De M. De La Fontaine. A Paris, Chez Lovys Billaine.

> In-12. Même édition que la précédente, ne différant que par les titres.

10. — Recveil des Contes dv Sieur De La Fontaine, Les Satyres de Boileav, et avtres Pieces cvrievses. A Amsterdam, Chez Jean Verhoeven (à la Sphère), 1668.

> In-12, de 286 pp., y compris le titre et la Table.
> Ce recueil renferme les deux premières parties des Contes et Nouvelles, publiées chez Barbin en 1665 et 1666. — Il a été imprimé à Bruxelles, chez Foppens.

11. — Contes et Nouvelles en vers. De M. De La Fontaine. A Paris, Chez Claude Barbin, au Palais, sur le Perron de la Sainte Chapelle. M.DC.LXIX. Avec Privilege du Roy.

> In-12, de 6 ff. non chiffrés pour le titre, la Préface, et la Table, 249 pp. de texte, et 1 p. non chiffrée pour le Privilège en date du 6 juin 1667.
> Troisième édition, dont l'éditeur aurait, par scrupule, détruit tous les exemplaires non vendus[1].
> Elle comprend, de plus que la seconde, *les Frères de Catalogne*, *l'Ermite*, *Mazet de Lamporechio*, la 1re partie de *la Coupe enchantée* déjà publiée par des recueils de Hollande, et la dissertation de Boileau sur *Joconde*.

12. — Contes et Nouvelles en vers. De M. De La Fontaine. A Paris, Chez Louys Billaine, dans la grand' Salle du Palais, au second Pillier, à la Palme et au Grand Cesar. M.DC.LXIX. Avec Privilege du Roy.

> In-12. — Même édition que la précédente.
> Il existe des exemplaires avec le nom de Thierry, libraire associé; et d'autres, anonymes, sans lieu ni date.

13. — Contes et Nouvelles en vers de Mr. De La Fontaine. Nouvelle Edition reveuë et augmentée de plusieurs Contes du mesme Auteur, et d'une Dissertation sur la Joconde. A Leyde, Chez Jean Sambix le jeune (à la Sphère). M.DC.LXIX.

> In-12, de 218 pp. et 1 f. pour la Table.
> Imprimée à Bruxelles, par Foppens, cette édition contient les

---

[1]. Est-ce à eux que s'applique ce passage des *Sentiments critiques sur la Bruyère* (1701, p. 301) : « Le libraire qui s'étoit d'abord chargé d'imprimer ces contes en eut du scrupule, et brûla, par le conseil de son directeur, tous les exemplaires qui lui en restoient » ?

NOTICE BIBLIOGRAPHIQUE.

mêmes contes que celle de 1668, Amsterdam, chez Jean Verhoeven (n° 10), mais dans un autre ordre, et, en plus, un long fragment de *la Coupe enchantée*, ainsi que *la Dissertation sur la Joconde*, comme le porte le titre.

14. — Contes et Nouvelles en vers. De M. De La Fontaine. Troisiesme Partie. A Paris, Chez Claude Barbin, au Palais, sur le Perron de la sainte Chapelle. M.DC.LXXI. Avec Privilege du Roy.

In-12, de 1 f. blanc, 1 f. de titre, 211 pp. chiffrées de texte, et 1 p. non numérotée pour le Privilège. — Celui-ci est du 2 mars 1668 ; l'Achevé d'imprimer, du 27 janvier 1671.

Édition originale de la troisième partie, elle comprend : *les Oies de frère Philippe, la Mandragore, les Rémois, la Coupe enchantée, le Faucon, la Courtisane amoureuse, Nicaise, le Bât, le Baiser rendu, Épigramme* (Alis malade), *Imitation d'Anacréon, Autre imitation d'Anacréon, le Différend de Beaux Yeux et de Belle Bouche, le Petit Chien qui secoue de l'argent et des pierreries*, et la comédie de *Clymène*.

Il existe des exemplaires au nom de Thierry, libraire associé.

15. — Contes et Nouvelles en vers de M. De La Fontaine. Lyon, Cl. Bourgeat, 1672.

2 tomes en 1 vol. in-12 : le premier de 2 ff. liminaires, dont 1 blanc et 1 pour le titre, et 136 pp. chiffrées ; le second, de 1 f., non chiffré, pour le titre, et 110 p., chiffrées, de texte.

Ne contient que les deux premières parties.

16. — Contes et Nouvelles en vers de M. De La Fontaine. A Paris, Chez Claude Barbin, au Palais, sur le second perron de la S. chapelle, 1673.

In-12, de 88 pp.

Contrefaçon hollandaise de la première partie.

17. — Contes et Nouvelles en vers. De Mr. de La Fontaine. Nouvelle Edition reveuë et augmentée de plusieurs Contes du mesme Auteur et d'une Dissertation sur la Joconde. A Leyde, chez Jean Sambix le jeune (à la Sphère). M. DC. LXXIII.

In-12, de 214 pp. de texte et 1 f. de Table.

Réimpression textuelle de l'édition de 1669, donnée chez le même (n° 13).

18. — Novveaux Contes de Monsievr De La Fontaine. A Mons, Chez Gaspar Migeon Imprimeur. M. DC. LXXIV.

In-12, de 168 pp.

Édition originale de la quatrième partie des Contes, clandestinement imprimée, la Fontaine n'ayant pu obtenir de privilège. Elle fut saisie, et une sentence du lieutenant de police, du 5 avril 1675, en interdit le débit. M. Claudin croit qu'elle sortait des presses, ou de Multeau à Reims, ou de Bouchard à Châlons.

Elle comprend : *Comment l'esprit vient aux filles*, *l'Abbesse*, *les Troqueurs*, *le Cas de conscience*, *le Diable de Papefiguière*, *Féronde ou le Purgatoire*, *le Psautier*, *le roi Candaule et le Maître en droit*, *le Diable en enfer*, *la Jument du compère Pierre*, *le Pâté d'anguille*, *les Lunettes*, *Janot et Catin*, *le Cuvier*, *la Chose impossible*, *le Magnifique*, et *le Tableau*.

Des exemplaires portent Amsterdam au lieu de Mons.

19. — Novveaux Contes de Monsievr De La Fontaine. A Mons, Chez Gaspar Migeon Imprimeur. M. DC. LXXV.

In-12, de 1 f. pour le titre, 162 pp. de texte, et 1 f. non chiffré pour la Table.

Réimpression textuelle de l'édition précédente.

20. — Nouveaux Contes De Monsieur De La Fontaine. M. DC. LXXV.

In-12, de 94 pp., sans nom de lieu ni d'imprimeur.

Contrefaçon incorrecte, faite en France, probablement à Paris.

21. — Novveaux Contes De Monsieur De La Fontaine. Contenant, Comment l'Esprit vient aux Filles. L'Abbesse et les Nonnains. Les Troqueurs de Femmes. Le Cas de Conscience. Le Diable de Papefiguière. Feronde, ou le Purgatoire. Le Pesautier. Le Roy Candaule et le Maistre en Droict. Le Diable en Enfer. Le Iugement (sic) du Compere Pierre. Pâté d'Anguille. Les Lunettes. Jeannot et Catin. Le Cuvier. La Chose impossible. Le Magnifique. Le Tableau. Les Fous[1]. A Amsterdam, Chez Corneille Jans Zwol, Marchand Libraire, sur le Dam, à l'Enseigne du Mercure. M. DC. LXXVI.

In-8°, de 168 pp. dont 2 non chiffrées pour le titre.

A la Sphère. — Édition identiquement pareille, pour son contenu, à celle de Mons, 1674, chez Migeon (n° 18). On n'a que changé le titre, et ajouté la figure du frontispice, qui représente le Parnasse.

22. — Contes et Nouvelles en vers de M. De La Fontaine. Lyon, François Larchier, proche l'Hôpital, 1679.

3 tomes en 1 vol. in-12. Tome I : 6 ff. liminaires non chiffrés, et 72 pp.; tome II : 4 ff. liminaires non chiffrés, 143 pp. numérotées, et 2 ff. dont 1 blanc; tome III : 283 pp. numérotées, et 2 ff. non chiffrés.

On croit que cette édition a été donnée par le P. Colonia. Elle contient les trois premières parties, avec plusieurs contes de la quatrième, et se termine par *les Troqueurs* sous le titre des *Changeurs*.

23. — Contes et Nouvelles en vers. De Monsieur De La Fontaine. Nouvelle Edition enrichie de Tailles-Douces. A Amsterdam, Chez Henry Desbordes, dans le Kalver-Straat, près le Dam. M. DC. LXXXV.

---

1. Ce dernier conte n'existe pas dans le volume.

2 tomes en 1 vol. in-12. Tome I : 8 ff. liminaires non chiffrés, et
236 pp.; tome II : 4 ff. liminaires non chiffrés, et 216 pp.
Frontispice, et 58 figures à mi-page par Romain de Hooge.
C'est la première édition de trois publiées sous la même date et
avec les mêmes figures.

24. — Contes et Nouvelles en vers de Mr. De La Fontaine. Nouvelle Edition reveuë et augmentée de plusieurs Contes du même Auteur, et d'une Dissertation sur la Joconde. A Amsterdam, Chez Henry Desbordes, dans le Kalver-Straat, près le Dam. M. DC. XCI.

2 tomes en 1 vol. in-12. Tome I : 8 ff. liminaires non chiffrés, 202 pp. de texte, et 1 f. non numéroté, pour la Table; tome II : 4 ff. liminaires non chiffrés, et 204 pp.
Les nouveaux contes sont *le Fleuve Scamandre, la Confidente sans le savoir, le Remède, les Aveux indiscrets*. — Première édition du *Florentin*, la satire contre Lulli.
Réimpression, totalement identique, chez le même libraire, en 1695 (M.DC.LXXXXV).

25. — Contes et Nouvelles en vers. Par Mr. De La Fontaine. Nouvelle édition enrichie de tailles-douces; corrigée et augmentée. A Amsterdam, Chez P. Brunel, M. DC. XCV.

2 tomes en 1 vol. pet. in-8°, avec frontispice, et 62 figures à mi-page par Romain de Hooge.
Contrefaçon de l'édition de Desbordes (n° 23); réimprimée en 1696, 1699, 1709, et 1710, ainsi qu'on le verra ci-après.

26. — Contes et Nouvelles en vers. Paris [Hollande], 1696, 3 vol. pet. in-12.

27. — Contes et Nouvelles.... A Amsterdam, Chez Henry Desbordes. 1696.

2 tomes en 1 vol. in-12, avec les figures de Romain de Hooge.
Réimpression de l'édition de 1691, chez le même (n° 24).

28. — Contes et Nouvelles. A Amsterdam, Chez P. Brunel, 1696.

2 vol. pet. in-8°, avec les figures de Romain de Hooge.
Réimpression de l'édition de 1695, chez le même (n° 25).

29. — Contes et Nouvelles en vers de Mr. De La Fontaine. Nouvelle Edition reveuë et augmentée de plusieurs Contes du même Auteur, et d'une Dissertation sur la Joconde. A Amsterdam, Chez Henry Desbordes.... M. D. CC, 2 vol. pet. in-12.

A la Sphère. — Comprend les mêmes contes que l'édition de 1691 (n° 24), et, comme celle de 1696 (n° 27), les figures de Romain de Hooge.
Plusieurs fois réimprimée de 1701 à 1737, ainsi qu'on le verra ci-dessous.

30. — Contes et Nouvelles. Amsterdam, Henry Desbordes, 1701.

2 vol. pet. in-8°, avec les figures de Romain de Hooge.

31. — Contes et Nouvelles. Amsterdam, Henry Desbordes, 1707.

2 vol. in-12, avec les figures de Romain de Hooge.

32. — Contes et Nouvelles. Amsterdam, Burnet, 1708.

2 vol. in-12, avec les figures de Romain de Hooge.

33. — Contes et Nouvelles. Paris, Ribou, 1709.

In-12, avec figures.

34. — Contes et Nouvelles en vers, par M. De La Fontaine. A Amsterdam, chez Pierre Brunel, 1709.

2 tomes en 1 vol. in-12, avec les figures de Romain de Hooge.

35. — Contes et Nouvelles. Amsterdam, Henry Desbordes, 1710, 2 vol. pet. in-8°.

Mauvaise contrefaçon, avec de grossières imitations des figures de Romain de Hooge. L'éditeur, dans une lettre à l'imprimeur, avoue s'être permis de corriger quelques endroits trop libres. Il a aussi ajouté plusieurs contes qui ne sont pas de la Fontaine.

36. — Contes et Nouvelles en vers, sur l'imprimé. Amsterdam, Henry Desbordes, 1710.

2 vol. pet. in-8°, avec figures d'après Romain de Hooge.
Autre contrefaçon, faite en France; avec addition de contes qui ne sont pas de la Fontaine.

37. — Contes et Nouvelles en vers de M. De La Fontaine. Nouvelle édition revue et augmentée de nouveau de plusieurs Contes du même Auteur, et autres de même style. Amsterdam, Henry Desbordes, 1718, 2 vol. pet. in-12.

Cette édition est la première qui donne *les Quiproquo* publiés dès 1696, dans les *OEuvres posthumes*.

38. — Contes et Nouvelles en vers. Amsterdam, Huguet, 1718, 2 vol. in-8°.

39. — Contes et Nouvelles en vers, nouvelle édition avec figures. Amsterdam, Paul Lucas, 1721, gr. in-8°.

Texte encadré par un filet. — Réimpression textuelle de l'édition de 1718.

40. — Contes et nouvelles en vers. Amsterdam, Paul Lucas, 1721.

2 vol. pet. in-12, avec frontispice, et les figures de Romain de Hooge.

41. — Contes et Nouvelles. La Haye, Gosse, 1723, 2 vol. pet. in-12.

NOTICE BIBLIOGRAPHIQUE.

42. — Contes et Nouvelles en vers de M. De La Fontaine. Nouvelle Édition revue et augmentée de nouveau de plusieurs Contes du même Auteur, avec une Dissertation sur la Joconde. Amsterdam, P. Brunel, 1726.

> 2 tomes en 1 vol. in-12, avec frontispice portant dans un cartouche : Chez Henry Desbordes, et 11 figures non signées.

43. — Contes et Nouvelles. Amsterdam [Rouen], 1726, in-12.

44. — Contes et Nouvelles en vers. Par M. De La Fontaine. Nouvelle édition, corrigée et enrichie de l'Eloge de l'Auteur, et d'un Dictionnaire des mots vieux ou peu usités. Hambourg, imprimerie d'A. Vandenhock, M. DC. XXXI, 2 vol. in-12.

> Édition faite sur celle de 1721 (n° 40). On a seulement retranché les contes attribués mal à propos à la Fontaine, ne gardant que celui du *Contrat* qui passait généralement pour lui appartenir.

45. — Contes et Nouvelles. Amsterdam, Étienne Lucas, 1731.

> 2 vol. pet. in-8°, de 216 et 248 pp., avec frontispice gravé.

46. — Contes et Nouvelles en vers. Nouvelle édition, corrigée, augmentée et enrichie de tailles-douces dessinées par Romain de Hooge. Amsterdam, Étienne Lucas, 1732, 2 vol. in-12.

> Paraît avoir été imprimée en France.

47. — Contes et Nouvelles. Amsterdam [Rouen], 1732, 3 vol. in-12.

> Le troisième volume ne contient qu'un petit nombre de vers de la Fontaine.

48. — Contes et Nouvelles, Amsterdam [Rouen], 1732.

> 2 vol. in-8°, avec les figures de Romain de Hooge.

49. — Contes et Nouvelles, avec une dissertation de M. Despréaux sur Joconde. La Haye, P. Gosse, 1733, 2 vol. in-12.

50. — Contes et Nouvelles. Amsterdam, Henry Desbordes, 1737, 3 vol. pet. in-8°.

> Le dernier volume, sauf un petit nombre de vers de la Fontaine, est un choix de contes de différents auteurs.

51. — Contes et Nouvelles. Amsterdam, 1738, 2 vol. in-12.

52. — Contes et Nouvelles. Londres [Paris], 1743.

> 2 vol. in-18, avec frontispice, et vignettes gravées.

53. — Contes et Nouvelles. Amsterdam, 1743, 2 vol. pet. in-8°.

> Édition ornée d'un frontispice, et de 69 vignettes de Cochin, gravées par Chedel, Fessard, etc.

54. — Contes et Nouvelles. Paris, 1743, 3 vol. in-12.

55. — Contes et Nouvelles. Amsterdam [Paris, David jeune], 1745.
   2 vol. in-12, avec frontispice d'après Lebas, et figures à mi-page.
56. — Contes et Nouvelles. Amsterdam, 1745.
   2 vol. pet. in-8°, avec frontispice, et les vignettes de Cochin.
57. — Contes et Nouvelles. La Haye, 1745.
   2 vol. in-8°, avec figures.
58. — Contes et Nouvelles. Amsterdam, 1747.
   2 vol. in-12, avec figures.
59. — Contes et Nouvelles. Londres, 1748, 2 vol. in-18.
   Édition en petits caractères, avec frontispice gravé.
60. — Contes et Nouvelles. Amsterdam, 1755.
   3 vol. pet. in-8°, avec frontispice, et 23 figures signées.
61. — Contes et Nouvelles. Londres, 1755, 2 vol. in-12.
62. — Contes et Nouvelles en vers (avec une Vie de l'auteur, par Fréron). Londres [Paris], 1757, 2 vol. in-18.
63. — Contes et Nouvelles en vers par M. De La Fontaine (avec une notice de Diderot). Amsterdam [Paris, Barbou], 1762.
   2 vol. pet. in-8°, avec portrait, gravé par Ficquet, d'après Rigault, figures d'Eisen, vignettes et culs-de-lampe de Choffard.
   Edition dite *des Fermiers généraux*, devant, pour être complète, contenir les figures découvertes du *Cas de Conscience* et du *Diable de Papefiguière*, et les figures dites *refusées* pour *le Cocu battu et content*, *le Savetier*, *la Servante justifiée*, *la Gageure des trois Commères*, *le Calendrier des Vieillards*, *A Femme avare Galant escroc*, *On ne s'avise jamais de tout*, *la Coupe enchantée*, *le Petit Chien*, *la Clochette*, *Sœur Jeanne*, *les Oies de frère Philippe*, *l'Oraison de saint Julien*, *le Tableau*.
64. — Contes et Nouvelles en vers, par M. De La Fontaine. Amsterdam [Paris], 1764.
   2 vol. pet. in-8°, avec portrait et figures.
   Première reproduction (gravures retournées) de l'édition dite *des Fermiers généraux*.
65. — Contes et Nouvelles. Londres, 1764, 2 vol. pet. in-12.
66. — Contes et Nouvelles. Amsterdam [Paris], Henry Desbordes, 1766, 3 vol. pet. in-8°.
   Édition clandestine faite sur celle de 1737 (n° 50).
67. — Contes et Nouvelles. Amsterdam, 1767.
   vol. in-8°, avec portrait, frontispice, et vignettes.
   Contrefaçon de l'édition dite *des Fermiers généraux*.

NOTICE BIBLIOGRAPHIQUE.   XI

68. — Contes et Nouvelles. Paris, 1768.

 2 vol. in-12, avec portrait.

69. — Contes et Nouvelles. Londres, s. d. [1770].

 2 vol. pet. in-12, avec portrait, et 84 figures de Martinet, d'après celles de l'édition dite *des Fermiers généraux*.

70. — Contes et Nouvelles. Paris, 1772.

 2 vol. in-8°, avec figures.

71. — Contes et Nouvelles. Amsterdam [Paris], 1776.

 2 vol. in-12, avec figures de Cochin, gravées sur cuivre.

72. — Contes et Nouvelles. S. l., 1776.

 2 vol. in-8°, avec figures.
 Contrefaçon de l'édition dite *des Fermiers généraux*.

73. — Contes et Nouvelles. Londres, s. n. [Cazin], 1776.

 2 vol. in-32, avec portrait.

74. — Contes et Nouvelles. S. l. [Paris], 1777.

 2 vol. in-8°, avec frontispice et figures.
 Contrefaçon de l'édition dite *des Fermiers généraux*.

75. — Contes et Nouvelles. Londres [Cazin], 1777, 2 vol. in-18.

76. — Contes et Nouvelles. La Haye, Gosse junior [Orléans, Cazin], 1778.

 2 vol. in-32, avec portrait non signé, dans un médaillon.

77. — Contes et Nouvelles (suivis d'un recueil des meilleurs contes en vers). Londres [Orléans, Cazin], 1778.

 4 vol. in-16, avec portrait, et figures de Duplessis-Bertaux.
 Les tomes III et IV contiennent un choix des contes de Voltaire, Vergier, Perrault, Ducerceau, Dorat, Grécourt, Champfort, etc.

78. — Contes et Nouvelles. Londres [Paris, Cazin], 1780.

 2 vol. in-18, avec frontispice, gravé par Delvaux, d'après Marillier; le portrait de la Fontaine dit *Au Ruisseau blanc*, non signé, et 24 figures, dont 20 par Desrais, 1 par Goujet, et 3 non signées.

79. — Contes et Nouvelles. Londres [Cazin], 1781.

 2 vol. in-18, avec portrait.
 Il y a, sous la même date, une contrefaçon de cette édition de Cazin.

80. — Contes et Nouvelles. La Haye, Gosse [Cazin], 1788.

 2 vol. in-18, avec portrait.

81. — Contes et Nouvelles. Londres [Cazin], 1790.

 2 vol. in-18, avec portrait.

NOTICE BIBLIOGRAPHIQUE.

82. — Contes et Nouvelles. Paris, chez les Libraires associés, 1791.

> 2 vol. in-8°, avec portrait, et 84 figures d'après Eisen.
> Contrefaçon de l'édition dite *des Fermiers généraux*.

83. — Contes et Nouvelles en vers. A Paris; pour le tome I : chez Chalon, l'an 2° de la Liberté, pour le tome II : chez Plassan et Chevalier, 1792.

> 2 vol. in-8°, avec portraits de la Fontaine et d'Eisen, figures, vignettes, et culs-de-lampe, d'Eisen et de Choffard.
> Réimpression de l'édition dite *des Fermiers généraux*.

84. — Contes et Nouvelles. Paris, 1794.

> 2 vol. in-8°, avec portraits de la Fontaine et d'Eisen, et figures de ce dernier.
> Contrefaçon de l'édition précédente.

85. — Contes et Nouvelles en vers. A Paris, de l'imprimerie de P. Didot l'aîné (se trouve à Paris, chez Bozérian), 1795.

> 2 vol. in-18, avec portrait de la Fontaine d'après Rigault, gravé en médaillon sur le titre par Dupréel; portrait répété sur le titre du tome II.

86. — Contes et Nouvelles en vers (avec la notice de Diderot). A Paris, de l'imprimerie F. Didot, l'an III de la République (1795).

> 2 vol. gr. in-4°, avec figures, par Fragonard, Monet, Touzé, gravées par Simonnet, Patas, Delignon, Lingée, Tilliard, Dambrun.

87. — Contes et Nouvelles. Paris, de l'imprimerie de Didot jeune, 1796.

> 2 vol. in-8°, avec les figures de l'édition dite *des Fermiers généraux*.

88. — Contes et Nouvelles. Édition stéréotype, d'après le procédé de Firmin Didot. Paris, Didot l'aîné et Firmin Didot, an VIII (1800), 2 vol. in-18.

89. — Contes et Nouvelles. Londres [Paris], 1801.

> 2 vol. in-18, avec 85 figures en taille-douce, d'après Eisen, etc. Des exemplaires, de même date, portent : à Paris, chez André.

90. — Contes et Nouvelles. Paris, J.-B. Fournier, père et fils, 1801.

> 2 vol. in-36, avec les figures d'Eisen, retournées.
> Édition faisant partie de la *Bibliothèque portative du Voyageur*.

91. — Contes et Nouvelles. Paris, stéréotypie d'Herhan, 1803, 2 vol. in-12.

92. — Contes et Nouvelles. Paris, Fournier, 1804, 2 vol. in-48.

93. — Contes et Nouvelles. Paris, Haussmann, 1806.

2 vol. in-8°, avec 83 figures copiées sur celles de l'édition dite *des Fermiers généraux*, et tirées au bistre ou coloriées.

94. — Contes et Nouvelles. Paris, Tourneisen (de l'imprimerie de Didot le jeune), 1808.

2 vol. gr. in-8°, avec les figures de l'édition dite *des Fermiers généraux*, coloriées.

95. — Contes de M. De La Fontaine; nouvelle édition, corrigée avec soin sur celle de 1669, enrichie pour la première fois de l'explication des termes du vieux langage, et ornée d'une gravure en taille-douce à la tête de chaque conte. Paris, Duprat-Duverger, 1808.

2 vol. in-12, avec frontispice.

96. — Contes et Nouvelles. Paris, Tillard, 1809.

2 vol. in-4°, avec figures.

97. — Contes et Nouvelles. Paris, Lefèvre, 1814, in-8°.

Figures de Moreau, gravées par Lignon, Delvaux, Simonnet, etc. Réimpressions en 1816 et 1818.

98. — Contes et Nouvelles. Paris, Nepveu, 1820.

4 vol. in-12, avec portrait, et 75 figures d'après Desenne.

99. — Contes et Nouvelles, précédés de *la Matrone d'Éphèse*, de *Philémon et Baucis*, des *Filles de Minée*, et de quelques fables choisies; ornés de dessins lithographiés. Paris, Dubois, s. d. [1821], in-fol.

Il n'a paru qu'une livraison de 3 planches avec texte.

100. — Contes et Nouvelles. Paris, Aillaud, 1822, 2 vol. in-18.

101. — Contes et Nouvelles, nouvelle édition, revue, mise en ordre, et accompagnée de notes, par Walckenaer. Paris, Lefèvre, 1822.

In-8°, avec figures de Moreau.

102. — Contes et Nouvelles. Paris, Lequien, 1824.

In-8°, avec figures.

103. — Contes et Nouvelles. Paris, J.-L.-J. Brière (de l'imprimerie de J. Didot), 1824.

2 vol. in-24, avec figures de Desenne.
Edition faite sur le texte donné par Walckenaer, en 1822 (n° 101).
De la *Collection des classiques français*, dirigée par L. S. Auger.

104. — Contes et Nouvelles. Paris, J.-J. de Bure (de l'imprimerie de J. Didot), 1825, 2 vol. in-32.

Réimpression de l'édition précédente pour les *Classiques français ou Bibliothèque de l'Amateur*.

105. — Contes et Nouvelles, Paris, J.-J. de Bure (de l'imprimerie de J. Didot), 1825.

    4 vol. in-18, avec portrait et vignettes d'après Duplessis-Bertaux, Desrais, etc.

106. — Contes et Nouvelles. Paris, Roux-Dufour et Froment (de l'imprimerie de J. Didot), 1825.

    2 vol. in-48, avec portrait.
    Édition en caractères microscopiques. De la *Collection des classiques en miniature*.

107. — Contes et Nouvelles, ornés d'un portrait gravé en taille-douce, et de neuf vignettes dessinées par Deveria et gravées par Thomson. Paris, Baudoin frères, 1826, in-24.

108. — Contes et Nouvelles. Paris, au Palais-Royal (Leroux et Chantpie), 1826, 2 vol. in-32.

109. — Contes et Nouvelles. Paris, Hiard, 1829, 2 vol. in-18.

    De la *Bibliothèque des Amis des lettres*.

110. — Contes et Nouvelles. Nouvelle édition, ornée de vignettes dessinées par Ducornet et gravées sur acier par les plus habiles artistes. Paris, A. Braulart, 1834, 2 tomes en 1 vol. gr. in-8°.

    Édition saisie et condamnée lors de sa mise en vente, l'artiste chargé de l'illustrer ayant donné aux personnages les têtes du roi Louis-Philippe, du duc d'Orléans, de Thiers, etc.

111. — Contes et Nouvelles. Édition illustrée par Tony Johannot, Cam. Roqueplan, Devéria, C. Boulanger, Fragonard, Janet-Lange, Fr. Laville, Ed. Vattier, et Adrien Féart. Paris, Ernest Bourdin et Cie, s. d. [1838].

    Gr. in-8°, avec 31 gravures sur bois tirées hors texte, et 6 frontispices, nombreux fleurons, culs-de-lampe, et lettres ornées.

112. Contes et Nouvelles. Édition illustrée par Tony Johannot, Cam. Roqueplan, Devéria, C. Boulanger, Fragonard, et autres. Paris, Armand Aubrée, s. d. [1838], gr. in-8°.

    Réimpression de l'édition précédente.
    Les mêmes, chez Bourdin, s. d. [1839] : 37 planches sur bois.

113. — Contes et Nouvelles. Édition revue et corrigée, avec les variantes, suivie de tous les contes attribués à la Fontaine, et accompagnée de notes et d'une introduction littéraire par le bibliophile Jacob. Paris, Ch. Gosselin, 1840, in-12.

    Les mêmes, chez Charpentier, 1850.

114. — Contes et Nouvelles. Nouvelle édition revue et corrigée d'après les manuscrits et les éditions originales, avec toutes les variantes et plusieurs contes inédits; accompagnée de notes et précédée de l'histoire de la vie et des ouvrages de La Fontaine par Mathieu Marais. Paris, Ad. Delahays, 1858.

> 2 vol. in-12, avec portrait dessiné et gravé par David et Warin, d'après Rigault.
> Édition publiée par P. Lacroix.

115. — Contes et Nouvelles. Nouvelle édition revue et corrigée par le bibliophile Jacob. Paris, Leclère fils, 1861.

> 2 vol. gr. in-18, avec le portrait de la Fontaine par David, et vignettes d'après Duplessis-Bertaux.

116. — Contes et Nouvelles. Avec préface, notes, et glossaire, par M. Pierre Jannet. Paris, E. Picard, 1867, 2 vol. in-12.

117. — Contes et Nouvelles. Paris, Alph. Lemerre, 1869-1874.

> 2 vol. in-8°, avec portraits, et figures d'après l'édition dite *des Fermiers généraux*.

118. — Contes et Nouvelles. Paris, 1874, in-8°.

> Réimpression, annoncée, de l'édition dite *des Fermiers généraux*.
> Il n'a paru que trois livraisons, avec figures en feuilles.

119. — Contes et Nouvelles en vers. Nouvelle édition publiée par Scheuring, et illustrée [par Forest-Fleury] de nombreuses gravures, vignettes, fleurons et culs-de lampe. Lyon, de l'imprimerie de Louis Perrin et Marinet, 1874, 2 vol. in-8°.

120. — Contes et Nouvelles. Paris, de l'imprimerie de D. Jouaust, 1874.

> 2 vol. in-8°, avec portrait, et figures en feuilles.
> Réimpression de l'édition dite *des Fermiers généraux*

121. — Contes et Nouvelles. Paris. A. Barraud, 1874-1875.

> 2 vol. in-8°, avec portrait et figures.
> Réimpression de l'édition dite *des Fermiers généraux*.

122. — Contes et Nouvelles. Paris, 1875.

> In-12, en caractères elzéviriens.

123. — Contes et Nouvelles. Paris, typographie de A. H. Bécus, 1878, 2 vol. in-12.

124. — Contes et Nouvelles en vers, ornés d'estampes d'Honoré Fragonard, Monet, Touzé, Milius, gravées d'après les dessins originaux par Le Rat, Milius, Mongin, R. de Los Rios. Édition revue et précédée d'une notice par Anatole de Montaiglon. Paris, Rouquette, 1878, 2 vol. in-8°.

125. — Contes et Nouvelles. Rouen, Lemonnyer, 1879.

    2 vol. in-16, avec 76 vignettes à mi-page de Duplessis-Bertaux, 2 portraits-médaillons sur les titres, et un portrait de la Fontaine.

126. — Contes et Nouvelles, en vers, ornés d'estampes de Fragonard. Réimpression de l'édition de Paris, Didot, 1795 (n° 86), revue et augmentée d'une notice, par Anatole de Montaiglon. Paris, J. Lemonnyer, 1882-1883, 2 vol. in-4°.

127. — Contes et Nouvelles en vers, ornés d'estampes d'Honoré Fragonard, Mouet, Touzé, Milius, gravées d'après les dessins originaux, par Le Rat, Milius, Mongin, R. de Los Rios. Édition revue et précédée d'une notice, par Anatole de Montaiglon. Paris, Rouquette, 1883, 2 vol. in-8°.

    Réimpression de l'édition de 1878, donnée par le même (n° 124).

128. — Contes et Nouvelles en vers, illustrés par Fragonard ; réimpression de l'édition de Didot, 1795, revue et augmentée d'une notice par A. de Montaiglon. Paris, Le Vasseur, 1884.

    2 vol. in-4°, avec 60 gravures gravées par Martial.

129. — Contes et Nouvelles en vers, publiés par D. Jouaust avec une préface de Paul Lacroix, dessins d'Ed. de Beaumont, gravés à l'eau-forte par Boilvin. Paris, Librairie des bibliophiles, 1885, 2 vol. in-16.

130. — Contes et Nouvelles en vers. Édition illustrée de 180 vignettes dans le texte par Tony Johannot, C. Boulanger, Cam. Roqueplan, Fragonard père, etc., et de nouveaux dessins hors texte par Staal, précédée d'une introduction par M. Louis Moland. Paris, Garnier, s. d., gr. in-8°.

131. — Contes et Nouvelles. Édition revue avec soin et accompagnée de notes explicatives. Paris, Garnier, s. d., in-12.

132. — Contes et Nouvelles. Édition collationnée sur les textes originaux. Paris, Delarue, s. d., 2 volumes in-12.

    De la collection des *Chefs-d'œuvre de la littérature française et étrangère*.

B. — FABLES.

1. — Fables Choisies Mises en Vers Par M. De La Fontaine. A Paris, Chez Clavde Barbin, au Palais sur le Perron de la sainte Chapelle. M.DC.LXVIII. Avec Privilege du Roy.

    In-4°, de 28 ff. liminaires non chiffrés, 284 pp. numérotées, 1 f.

NOTICE BIBLIOGRAPHIQUE.

pour l'Épilogue et le Privilège. Celui-ci est en date du 6 juin 1667; l'Achevé d'imprimer, du 31 mars 1668. — Figures de Chauveau.

Première édition originale; contient les six premiers livres.

Barbin ayant cédé la moitié de ses droits à Denys Thierry, une partie des exemplaires porte le nom de ce dernier, qui, la même année, publiait la véritable seconde édition des Fables.

2. — Fables Choisies Mises en Vers Par M. De La Fontaine. A Paris, Chez Denys Thierry, rüe S. Jacques, à l'enseigne de la Ville de Paris. M.DC.LXVIII. Avec Privilege du Roy.

2 vol. in-12. Tome I : 30 ff. liminaires non chiffrés, 228 pp. de texte, et 3 pp. non numérotées pour la Table; tome II (portant « Seconde Partie » avec l'adresse de Claude Barbin) : 220 pp. de texte, et 3 pp. non chiffrées pour la Table. Le Privilège est du 6 juin 1667; l'Achevé d'imprimer, du 19 octobre 1668. — Figures de Chauveau.

Seconde édition originale, reproduisant la première, in-4°, avec quelques corrections, dont les deux plus frappantes, faites par un carton, ne sont pas dans tous les exemplaires : au feuillet *oij*, verso, lignes 5-6, « afin de leur donner lustre » remplace « afin de leur donner le lustre », et, ligne 18, le mot « emplete » (*sic*) est orthographié par un *e* au lieu d'un *a* comme précédemment.

3. — Fables Choisies Mises en Vers Par M. De La Fontaine. A Paris, Chez Denys Thierry, rüe S. Jacques, à l'enseigne de la Ville de Paris. M.DC.LXVIII. Avec Privilege du Roy.

2 vol. in-12. Tome I : 34 ff. liminaires non chiffrés, 143 pp. numérotées, et 2 ff. non chiffrés pour la Table; tome II (portant « Seconde Partie » avec l'adresse de Claude Barbin) : 127 pp. numérotées, et 2 ff. non chiffrés pour la Table.

Contrefaçon de l'édition précédente cartonnée.

4. — Fables Choisies Mises en Vers Par M. De La Fontaine. A Paris, Chez Claude Barbin, au Palais, sur le second Perron de la Sainte Chapelle. M.DC.LXIX. Avec Privilege du Roy.

In-12. — Réimpression en petits caractères de l'édition originale en six livres (ci-dessus, n° 1).

Quelques exemplaires portent aussi le nom de Denys Thierry, libraire associé.

5. — Fables Nouvelles, et autres Poësies de M. De La Fontaine. A Paris, Chez Denys Thierry, rüe S. Jacques, à l'enseigne de la Ville de Paris. M.DC.LXXI. Avec Privilege du Roy.

In-12, de 12 ff. liminaires non chiffrés, et 184 pp. de texte. L'Achevé d'imprimer est du 12 mars 1671. — Figures de Chauveau.

Recueil dédié au duc de Guise. Contient huit fables nouvelles : *le Lion, le Loup, et le Renard; le Coche et la Mouche; le Trésor et les deux Hommes; le Rat et l'Huître; le Singe et le Chat; du Gland et de la*

Citrouille; le Milan et le Rossignol; l'Huître et les Plaideurs; des fragments du *Songe de Vaux;* la seconde édition d'*Adonis;* et quelques poésies diverses : *A M. F.* (« Monseigneur, le zèle que vous avez, etc. »); *Ode pour Madame; Ode pour la paix; Ballade pour la Reine; Pour la Reine en suite de la Ballade précédente; Lettre à M. D. C. A. D. M.* (épître 1); *Pour Mme de Sévigné; A M....* (« Je ne m'attendois pas »); *A M....* (« Vous vous étonnez, dites-vous »); *Sonnet pour Mlle C.; Madrigal pour la même; Pour la même* (Une muse parle); *Contre la même, qui faisoit des vers pendant le vivant de son mari, et qui n'en fit plus après sa mort; Épigramme sur un mot de Scarron; Épitaphe d'un paresseux; Épitaphe d'un grand parleur; Épigramme contre le mariage; Autre épigramme : Ubi lavantur, etc.; Rondeau redoublé; Ballade à M. F.... pour le pont de Ch.-Th.; Élégie I, pour M. F....; Ode au Roi* (« Prince qui fais nos destinées »); *Pour Mlle d'Alençon,* sonnet; *Pour Mlle de Poussay,* sonnet; *Pour Mignon, chien de S. A. R. Madame douairière d'Orléans; A S. A. S. Mme la princesse de Bavière; Pour S. A. É. M. le cardinal de Bouillon après son brevet de cardinalat; Élégies II à V.*

6. — Fables Choisies, Mises en Vers Par M. De La Fontaine, et par luy reveuës, corrigées, et augmentées. A Paris, Chez Denys Thierry, rüe S. Jacques, et Claude Barbin, au Palais. M.DC.LXXVIII (-M.DC.LXXIX). Avec Privilege du Roy. — Fables Choisies, Mises en Vers par M. De la Fontaine. A Paris, Chez Claude Barbin, au Palais, sur le second Perron de la Sainte Chapelle. M.DC.XCIV. Avec Privilege du Roy.

Ensemble 4 et 1 vol. in-12. — Figures de Chauveau, gravées sur cuivre et tirées à mi-page.

Première édition complète des Fables publiée par la Fontaine. — Le Privilège est du 29 juillet 1677, et l'Achevé d'imprimer du 3 mai 1678, pour les volumes I-IV ; pour le volume V, ils sont du 28 décembre 1692 et du 1ᵉʳ septembre 1693.

Le tome I porte sur le titre les armes du Dauphin gravées en taille-douce; il a : 32 ff. non chiffrés (Titre, Épître, Préface, Vie d'Ésope, Privilège, Table), 216 pp. numérotées pour le texte, et 1 f. d'Errata, imprimé d'un seul côté, avec cette signature : Tome I, a a.

Tome II : 232 pp. numérotées, et 3 ff. non chiffrés pour la Table.

Tome III : 1 f. non chiffré pour le faux-titre, 220 pp. numérotées, Table comprise.

Tome IV (daté de 1679) : 221 pp. numérotées, et 1 f. non chiffré pour la Table, à la fin de laquelle se trouve un Errata. Au verso de la dernière page, un Extrait du Privilège.

Tome V (daté de 1694 ; non tomé) : 4 ff. liminaires non chiffrés (Titre avec le chiffre de Claude Barbin, Dédicace au duc de Bourgogne, Privilège), 230 pp. (la dernière est numérotée 228, les pp. 186 et 187 ayant été répétées deux fois), et 1 f. non chiffré pour la Table.

Les quatre volumes de 1678-1679 doivent, pour être complets, contenir de nombreux cartons, dont M. A. Claudin a, dans le Catalogue Rochebilière, 1882 (p. 90-95), dressé une liste dont nous nous sommes servi dans la constitution du texte des fables.

Le Privilège accordé à la Fontaine le 29 juillet 1677, ainsi que nous le disons, et enregistré le 3 août, a été barré sur les Registres avec cette note : « Le Privilège est arrêté », puis réenregistré sans changement le 2 décembre de la même année.

7. — Fables Choisies, Mises en Vers Par M. De La Fontaine, Et par luy reveuës, corrigées, et augmentées. A Paris, Chez Denys Thierry, ruë S. Jacques, et Claude Barbin, au Palais. M.DC.LXXVIII (-M.DC.LXXIX). Avec Privilege du Roy. — Fables Choisies Mises en Vers.... A Paris, Chez Claude Barbin, au Palais, sur le second Perron de la Sainte Chapelle. M.DC.XCIV. Avec Privilege du Roy.

Ensemble 4 et 1 vol. in-12. — Figures de Chauveau, gravées sur cuivre et tirées à mi-page.

Réimpression de l'édition précédente, avec un second Privilège, du 18 septembre 1692, accordé à Pierre Trabouillet.

Le tome I n'a pas les armes du Dauphin, que remplace un fleuron sur bois.

Au tome V, le livre VI est, par erreur, numéroté VII.

8. — Fables Choisies, Mises en Vers par M. De La Fontaine. Amsterdam, André Weeheel (*sic*), à la Pomme d'Or, 1678.

2 parties en 1 vol. in-12, de 6 ff. liminaires non chiffrés, 68 pp. numérotées, et 2 ff. de Table non chiffrés, pour la première partie ; de 72 pp. numérotées, et 2 ff. non chiffrés de Table, pour la seconde.

Contrefaçon des six premiers livres, auxquels on a ajouté (fin de la seconde partie, p. 71-72) quelques poésies, dont le rondeau : *Qu'un vain scrupule*, etc.

Réédition, in-16, en 1679.

9. — Fables Choisies, Mises en Vers par Mr De La Fontaine. A Paris, Chez Claude Barbin, au Palais, sur le second Perron de la Sainte Chapelle. M.DC.LXXXII. Avec Privilege du Roy.

2 vol. in-12. Tome I : 36 ff. liminaires non chiffrés (Titre, Épitre, Préface, Vie d'Ésope, et Table), et 155 pp. numérotées ; tome II : 4 ff. liminaires non chiffrés (Titre, Avertissement, et Privilège du 29 juillet 1677), 174 pp. numérotées, et 4 ff. non chiffrés de Table.

Réimpression des livres I-XI de 1678-1679, six livres dans le tome I, cinq dans le tome II.

10. — Fables Choisies, Mises en Vers par Mr De La Fontaine, Et par luy reveuës, corrigées, et augmentées de nouveau. Suivant la

NOTICE BIBLIOGRAPHIQUE.

Copie de Paris. A Amsterdam, chez Pierre Mortier, Libraire sur le Vygendam, à la Ville de Paris. M.DC.LXXXVII.

In-12. — Réimpression des neuf premiers livres de 1678-1679.

11. — Fables Choisies, Mises en Vers par Monsieur De La Fontaine, Et par luy reveuës, corrigées, et augmentées de nouveau. Première (-cinquième) partie. Suivant la copie imprimée à Paris, Et se vendent A La Haye, chez Henry van Bulderen. M.DC.LXXXVIII-M.DC.XCIV.

2 vol. in-8°. — Réimpression des douze livres de 1678-1694. C'est la première édition qui contienne les figures de H. Cause, imitées de celles de Chauveau.

12. — Fables Choisies, Mises en Vers par Monsieur De La Fontaine, Et par luy reveuës, corrigées, et augmentées de nouveau Première (-cinquième) partie. Suivant la copie imprimé (*sic*) à Paris, Et se vendent à Anvers chez Henry van Dunewalt, Marchand Libraire au Marché aux Œufs, aux 3 Moines. M.DC.LXXXVIII.

2 vol. in-8°. — Quoique le frontispice porte *revues, etc.*, cette édition est absolument conforme à celle que la Fontaine avait publiée à Paris, chez Thierry et Barbin, de 1678 à 1694 (ci-dessus, n° 6). Les figures, elles aussi, ont été copiées sur celles de Paris, mais avec un cadre un peu plus grand.

13. — Fables Choisies, Mises en Vers par M. De La Fontaine. Paris, Barbin, 1689.

2 vol. in-12. — Contrefaçon publiée en province; renferme les livres I à V.

14. — Recueil des plus belles fables de M. De La Fontaine. S. l. [Hollande], s. n., 1692, in-12.

15. — Fables Choisies, Mises en Vers Par Mr De La Fontaine, Et par luy revûës, corrigées, et augmentées de nouveau. Suivant la Copie de Paris. A Amsterdam, Chez Pierre Mortier, Libraire sur le Vygendam, à la Ville de Paris. M.DC.XCIII.

In-12 (à la Sphère), de 18 ff. non chiffrés, 246 pp. numérotées, et 4 ff. non chiffrés pour la Table.

Ne contient que 192 fables (livres I-IX), plus quatre épigrammes, dont l'*Épitaphe d'un Paresseux*, et le *Rondeau redoublé* (« Qu'un vain scrupule, etc. »)

16. — Fables Choisies, Mises en Vers par Monsieur De La Fontaine. Quatrième (-sixième) Partie. A Amsterdam, chez Daniel de La Feuille. M.DC.XCIII (-1696).

1 vol. in-12, avec figures à mi-page de G. van Vraner (souvent reproduites, 1700, 1727, 1728, sous la signature Henri Cause).

La 5ᵉ partie (1694, 1 vol. in-12) porte ce titre : « Nouvelles Fables choisies et mis (*sic*) en vers par les plus célèbres auteurs de ce temps. » On y trouve des fables de Furetière et quelques-unes seulement de la Fontaine.

Enfin le même libraire ajouta depuis une 6ᵉ partie, avec la date de 1693, qui ne contient de la Fontaine que *la Servante justifiée*, sous le titre : *Fable d'un avocat et de la servante*; le reste est un choix de fables de Valincour, Regnier Desmarais, Saint-Ussans, Furetière, etc.

17. — Fables Choisies. Par Monsieur De La Fontaine. Tome III. A Paris, Chez Claude Barbin, au Palais, sur le second Perron de la Sainte Chapelle. M.DC.XCIV. Avec Privilege du Roy.

> In-12, de 4 ff. liminaires non chiffrés (Titre, Épître, Table), et 208 pp. numérotées.
> Réimpression du tome V de 1678-1694.

18. — Fables Choisies, Mises en vers Par Mʳ De La Fontaine. A Lyon, Chez Benoît Vignieu, rüe Belle-Cordiere. M.DC.XCIV. Avec Approbation et Permission.

> 3 tomes en 1 vol. in-12. — Livres I-XII (le dernier coté VII au lieu de VI).

19. — Nouvelles Fables Choisies, et Mis (*sic*) en Vers par les plus celebres Auteurs François de ce temps. Première (-quatrième) Partie. A Amsterdam, chez Daniel De La Feuille, Et à la Haye, chez Meindert Uitwerf,... 1694 (-1695).

> In-12, avec frontispice gravé et figures.
> Réimpression, augmentée des parties 5ᵉ et 6ᵉ du recueil n° 16 ci-dessus; ne comprend de la Fontaine que *le Juge arbitre*, *les Compagnons d'Ulysse*, *le Soleil et les Grenouilles*, et le conte de *la Servante justifiée*, toujours sous le titre de *Fable d'un avocat et de la servante*.

20. — Fables Choisies, Mises en Vers par Monsieur De La Fontaine. Amsterdam, 1696.

> 2 vol. in-12, avec figures.

21. — Fables Choisies, Mises en Vers par Monsieur De La Fontaine. Première (-cinquième) Partie. A Lion (*sic*). Chez Jean-Baptiste Girin, rüe Merciere, à la Victoire. M.DC.XCVIII. Avec Permission.

> 5 parties en 2 vol. in-12. — Frontispice et figures gravés, datés de 1699.
> La cinquième partie a un titre spécial : « Nouvelles Fables choisies, mises en vers par Monsieur de La Fontaine, Et autres plus celebres Auteurs François de ce temps.... A Amsterdam, chez Daniel De La Feuille, près la Bourse. »
> C'est une reproduction des précédentes éditions hollandaises,

soigneusement expurgée de tous les passages injurieux pour Louis XIV.

22. — Fables Choisies, Mises en Vers Par M. De La Fontaine. A Anvers, chez la veuve de Barthelemy Foppens, 1699.

 2 vol. in-12, avec figures.
 Contient onze livres.

23. — Fables Choisies.... Ouvrage enrichi de jolies figures. Jouxte la copie. Paris, Michel Brunet, 1699, in-8°.

24. — Fables Choisies. Nouvelle édition, augmentée d'une cinquième partie. La Haye, Van Bulderen, 1700.

 2 vol. in-12, avec les figures de Cause.

25. — Fables Choisies. Amsterdam (à la Sphère), 1705.

 2 vol. in-12, avec figures.

26. — Fables Choisies. Amsterdam, P. Mortier, 1705, in-8°.

27. — Fables Choisies. Londres, Paul et Isaak Lucas, 1708.

 In-12, avec figures.

28. — Fables Choisies, Mises en vers par M. De La Fontaine, Paris, Charpentier, 1709.

 5 vol. in-12, avec les figures de Cause.
 Des exemplaires portent la date de 1705; d'autres, les adresses des libraires : Michel Clouzier, Charles Osmont, Guignard, Geoffroy Nyon, J. Ribou, etc. — Copie de l'édition de Claude Barbin, 1678-1694, quant au texte; mais les fables y sont divisées pour la première fois en douze livres; et l'on y a ajouté celles des Recueils du P. Bouhours et de Mme Ulrich.

29. — Fables Choisies. Amsterdam, 1712, 2 vol. gr. in-12.

 Réimpression en 1722.

30. — Fables Choisies, Mises en Vers par Monsieur De La Fontaine, Avec la Vie d'Ésope. Nouvelle édition Augmentée de petites Nottes (*sic*) pour en faciliter l'intelligence. A Paris, Quay de Conty, Chez Jean Luc Nion. M.DCC.XV. Avec Privilege du Roy.

 In-8°. — Frontispice gravé, signé A. H.
 Premier essai d'un commentaire.

31. — Fables Choisies. Amsterdam, 1717, 2 vol. pet. in-8°.

32. — Fables Choisies, Mises en Vers, avec un Discours sur la Fable. Paris, Dupuis, 1719.

 In-4°, avec figures de Gillot.

33. — Fables Choisies, Mises en Vers, avec la Vie d'Ésope, et de petites notes. Amsterdam, L'Honoré, 1722, in-12.

34. — Fables Choisies, Mises en vers, avec la Vie d'Ésope. Paris, 1723, in-12.

35. — Fables Choisies. Paris, Compagnie des libraires, 1723, 2 vol. in-12.

36. — Fables Choisies. Amsterdam, R. et J. Wetstein, 1727.

    2 vol. pet. in-8°, avec figures.

37. — Fables Choisies, Mises en Vers par Monsieur De La Fontaine, Et par lui revuës, corrigées, et augmentées de nouveau. Avec figures. A Amsterdam, chez Zacharie Chastelain, M.DCC.XXVIII.

    2 vol. in-8°. — Frontispice ; portrait d'après Rigault gravé par B. Picart ; figures de H. Cause.
    Texte de 1678-1694.

38. — Fables Choisies. Paris, 1729.

    5 volumes in-12, avec figures.
    Texte de 1678-1694.

39. — Fables Choisies. Nouvelle édition augmentée de petites notes. Paris, 1729, in-12.

40. — Fables Choisies, Mises en Vers par M. De La Fontaine, avec la Vie d'Ésope. A Paris, par la Compagnie des libraires, 1729.

    2 vol. in-8°, avec les figures de Cause.
    Cette édition, en douze livres, est augmentée des fables qui se trouvent dans les OEuvres posthumes et dans le Recueil du P. Bouhours.

41. — Fables Choisies, Mises en Vers, augmentées de petites notes pour en faciliter l'intelligence. Amsterdam, aux dépens de la Compagnie [Chartres], 1730.

    In-12, de 2 ff. liminaires, 360 pp., et 4 ff. non chiffrés.
    Les « petites notes » sont celles de l'édition de Paris, 1715 (ci-dessus, n° 30).

42. — Fables Choisies, Mises en Vers par M. De La Fontaine, avec de petites notes pour en faciliter l'intelligence. Hambourg, Vandenhœck, 1730, pet. in-12.

    Réimpression de l'édition de Paris, 1715.

43. — Fables Choisies, Mises en Vers par M. De La Fontaine, Et par lui revues, corrigées, et augmentées de nouveau. Hambourg, Vandenhœck, 1731, pet. in-12.

    Réimpression de l'édition précédente.
    Les mêmes, en 1733.

44. — Nouvelles Étrennes utiles et agréables, contenant un recueil de fables choisies dans le goût de M. de La Fontaine, sur de petits airs et vaudevilles connus (par le P. Valette, doctrinaire). Paris, Lottin, 1734, in-32.

> Nouvelle édition augmentée, Paris, Lottin, 1746, in-24.

45. — Les mêmes, contenant en outre un recueil de chansons morales et d'emblèmes, de même sur de petits airs et vaudevilles connus (par Mme Massuau, religieuse du diocèse d'Orléans). Paris, Lottin et Butard, 1749, 2 vol. in-16.

46. — Recueil de Fables choisies dans le goût de M. de La Fontaine, sur de petits airs et vaudevilles connus, notés en gravure pour en faciliter l'intelligence (par le P. Valette, doctrinaire). Nouvelle édition, revue, corrigée, et augmentée. Paris, Butard, 1767, in-24, de 368 pages.

> Ces trois recueils contiennent la plupart des fables de la Fontaine[1].

47. — Fables Choisies. Paris, Desaint, Saillant, et Durand, 1735-1759.

> 4 vol. in-fol., avec figures d'Oudry.

48. — Fables Choisies. Paris, Dammonneville, 1737, in-12.

49. — Fables Choisies, Mises en Vers, avec la Vie d'Ésope. Paris, 1743, 5 vol. in-12.

50. — Fables Choisies, Mises en Vers par Monsieur De La Fontaine, avec un nouveau Commentaire, par M. Coste. Paris, M.DCC.XLIII. Avec Approbation et Privilege du Roy.

> 2 parties en 1 vol. in-12. — Frontispice et vignettes gravés par E. Fessard.
>
> Comprend, outre les douze livres : *Philémon et Baucis*, *les Filles de Minée*, *la Matrone d'Éphèse*, *Belphégor*.
>
> Texte revu par Marc-Antoine Jolly, censeur royal.

51. — Fables Choisies, Mises en Vers, avec le commentaire de Coste. Paris, 1745.

> Pet. in-12, en petits caractères, avec frontispice gravé par E. Fessard, d'après B. Picart.

52. — Fables Choisies, Mises en Vers, avec le commentaire de Coste. Paris, s. n. [David], 1746.

> 2 vol. in-12, avec frontispice et figures en taille-douce, d'après C.-N. Cochin et de Sève.

---

1. Nous avons cru devoir, pour les numéros 45 et 46, interrompre l'ordre chronologique, afin de grouper ces publications toutes spéciales.

53. — Fables Choisies, Mises en Vers, avec le commentaire de Coste. Paris, 1752, 2 vol. in-12.

54. — Fables Choisies, Mises en Vers par J. de La Fontaine (avec une notice par Montenault). A Paris, chez Desaint et Saillant, 1755-1759.

> 4 vol. gr. in-fol. — Frontispice, et 275 figures d'Oudry gravées par Cochin, Pasquier, Tardieu, Bacquoy, Chenu, Flipart, etc.

55. — Fables Choisies, Mises en Vers, avec le commentaire de Coste. Paris, Barbou, 1757.

> 2 vol. in-12, avec frontispice.
> Les mêmes, à la même date, et dans le même format, chez Delalain, chez Prault fils aîné, chez Brocas.
> Autres, la même année, chez Bailly, chez Nyon, chez Guillaume, en 1 vol. in-12.

56. — Fables Choisies, Mises en Vers. Nouvelle édition imprimée et ornée de figures gravées en taille-douce, par Jos.-H. Meil, d'après l'édition de Paris. Dresde, Walther, 1757-1766, 4 vol. in-8°.

57. — Recueil des plus belles Fables (50) de M. de La Fontaine. S. l., s. n. (à la Sphère), 1758, in-12.

58. — Fables Choisies, Mises en Vers, avec le commentaire de Coste. Paris, 1759, in-12.

59. — Fables Choisies. Nouvelle édition. Amsterdam, aux dépens de la Compagnie, 1759, in-12.

60. — Fables Choisies. Nouvelle édition exactement revue sur celle de Paris 1755 à 1760, augmentée de petites notes pour en faciliter l'intelligence, par Coste (avec la notice de Montenault). Copenhague, C. et A. Philibert, 1761.

> 2 vol. pet. in-8°, avec portrait.
> L'éditeur a compris dans le livre XII : *l'Hyménée et l'Amour*, *Philémon et Baucis*, *les Filles de Minée*, *la Matrone d'Éphèse*, et *Belphégor*.

61. — Fables Choisies. Leiden, chez E. Luzac et van Damme, 1761-1768.

> 3 vol. in-8°, avec frontispice par Picard, 168 figures dessinées et gravées par Punt, Delfos, et Winkelès.
> Édition recherchée pour la jolie réduction de la suite des figures d'Oudry dont elle est ornée.

62. — Fables Choisies. Nouvelle édition gravée en taille-douce, les figures par le sieur Fessard, le texte par le sieur Montulay, dédiée aux enfants de France. Paris, chez l'auteur, graveur du cabinet du Roy, 1765-1776.

6 vol. in-8°, avec frontispice, écusson, 244 figures, 243 vignettes, et 229 culs-de-lampe, en tout 718 pièces, par Bardin, Bidault, Caresme, Desrais, Houël, Huet, Kobell, Leclère, Leprince, Loutherbourg, Meyer, et Monnet.

63. — Fables Choisies, Mises en Vers, avec le commentaire de Coste. Paris, 1769.

2 vol. in-12, avec figures en taille-douce à chaque fable.

64. — Fables et Contes moraux, en vers, par M. De la Fontaine. Londres et Paris, 1769, in-8°.

65. — Fables Choisies, Mises en Vers, avec le commentaire de Coste, membre de la Société royale de Londres ; nouvelle édition. Paris, aux dépens de la Compagnie, 1775, pet. in-8°.

66. — Fables Choisies. A Bouillon, aux dépens de la Société typographique, 1776.

4 vol. in-8°, avec frontispice, et 248 figures gravées par Alard, Bertin, Crescent, et Savart, d'après Oudry.

67. — Fables Choisies. Genève, Cazin, 1777.

2 vol. in-18, avec frontispice gravé par René Delvaux, d'après Marillier.

68. — Fables Choisies. Genève [Lyon], 1777, 3 vol. in-18.

69. — Fables Choisies. Amsterdam, Zacharie Chastelain, 1777, gr. in-12.

70. — Fables Choisies. S. l., s. n. [Reims, Cazin], 1778, 2 vol. in-12.

71. — Fables Choisies, Mises en Vers, précédées de la Vie de l'auteur (par de Montenault). Paris, Bastien, 1778, in-12.

Texte conforme à celui de la grande édition de 1755 (ci-dessus, n° 54.)

72. — Les Fables de La Fontaine mises en chansons, vaudevilles, et pots-pourris, par M. Nau ; nouvelle édition corrigée et augmentée. Genève, Et se trouve à Paris, Chez la veuve Duchesne, 1779, in-24.

Nau publia des essais de ce travail en 1754, 1757, et 1762 ; l'édition de 1754 ne contenait que vingt-deux fables.

Autre édition, s. d. [1791].

73. — Fables Choisies. Londres [Reims, Cazin], 1780.

2 vol. in-18, avec portrait.

74. — Fables nouvelles, Mises en Vers. Liège, 1780, 2 vol. in-18.

75. — Fables Choisies, Mises en Vers, imprimées pour le comte d'Artois. Paris, de l'imprimerie de Didot l'aîné, 1781.

2 vol. in-18, sur papier fin d'Annonay, avec portrait.

A.-D. Bailly, ancien prote de l'imprimerie de Didot le jeune, dit que cette édition, tirée à 60 exemplaires seulement, est la plus correcte de toutes celles qui ont été faites depuis la mort de l'auteur.

76. — Fables Choisies, Mises en Vers par J. de La Fontaine. Paris, Belin, de l'imprimerie de Valade, 1783.

2 vol. in-fol. : le 1er, de 48 ff. liminaires et 164 p. ; le 2e, de 3 ff. liminaires et 252 p.; 276 figures d'après Oudry.

77. — Fables Choisies, Mises en Vers, avec le commentaire de Coste. Paris, Libraires associés, de l'imprimerie de Didot, 1785, pet. in-12.

78. — Fables Choisies. Leiden, chez Luzac et van Damme, 1786.

6 vol. in-8°, avec un frontispice de B. Picart, et 275 figures d'après Oudry, ainsi réparties :
Tome I, 45 figures, dont 4 dessinées et gravées par Delfos, et les autres par Punt; tome II, 50 figures, par Punt; tomes III, 43 figures, IV, 45, V, 42, VI, 50, toutes dessinées et gravées par Vinkelès, sauf la première du tome III qui est de Punt.

79. — Fables choisies. Genève, Cazin, 1787.

2 vol. in-18, avec frontispice gravé d'après Marillier.

80. — Fables de La Fontaine. Imprimées par ordre du Roi, pour l'éducation de Monseigneur le Dauphin. Paris, de l'imprimerie de Didot l'aîné, 1787.

2 vol. pet. in-12, avec figures (de Vivier) gravées par Simon et Coiny.

81. — Fables de La Fontaine (précédées d'une notice sur la vie de l'auteur, par Naigeon). Paris, de l'imprimerie de Didot l'aîné, 1788, in-4°.

De la *Collection des auteurs classiques français et latins*, imprimée pour l'éducation du Dauphin.
Édition tirée à 250 exemplaires.

82. — Fables de La Fontaine. Imprimées par ordre du Roi, pour l'éducation de Monseigneur le Dauphin. Paris, de l'imprimerie de Didot l'aîné, 1789, 2 vol. in-8°.

83. — Fables Choisies. Lausanne, Lacombe, 1792.

4 vol. pet. in-8°, avec figures.

84. — Fables Choisies. Dijon, de l'imprimerie de P. Causse, 1793.

Texte revu sur la grande édition de 1755 (ci-dessus, n° 54), et corrigé par plusieurs littérateurs.

85. — Fables Choisies. Vannes, 1793, in-12.

86. — Fables Choisies. Paris, A.-A. Renouard, 1795.

> 2 vol. in-8°, avec portrait.

87. — Fables choisies de La Fontaine à l'usage des enfants, avec des notes grammaticales, mythologiques, etc., par Mongez, membre de l'Institut. Paris, Agasse, an IV (1795), 2 vol. in-12.

> Réimpression, chez le même, en 1797; et, la même année, en 2 vol. in-18, chez Didot.

88. — Les trois fabulistes : Ésope, Phèdre, la Fontaine, par Chamfort et Gail. Ésope grec-latin, traduit en français par Gail. Phèdre traduit par le même, texte latin en regard. La Fontaine, avec notes de Chamfort. Paris, 1796, 4 vol. in-8°.

89. — Fables, avec figures gravées par Simon et Coiny. Paris, Bossange, Masson, et Besson, de l'imprimerie de Crapelet, an IV (1796).

> 4 vol. pet. in-8°, avec frontispice, et 275 figures dessinées par Vivier. Les mêmes, même année et mêmes éditeurs, en 6 vol. in-18.

90. — Fables Choisies. Paris, T.-P. Bertin, édition sténographique, s. d. [1796].

> Pet. in-12, avec figures gravées par Dien.

91. — La Fontaine en miniature. A Warumdarum en Westphalie, et imprimé à Londres, 1796, in-18.

92. — Fables de La Fontaine, suivies du poème d'Adonis (avec la notice de Naigeon). Édition stéréotype. Paris, de l'imprimerie de Pierre Didot l'aîné et de Firmin Didot, an VII (1799), 2 vol. pet. in-12.

93. — Fables choisies de La Fontaine, la Mothe, et Lemonnier, à l'usage de la jeunesse. Paris, de l'imprimerie de Digeon, an VII (1799), in-12.

94. — Fables de La Fontaine, avec un choix des notes de Coste et des observations de Chamfort, des variantes, etc. Alençon et Paris, Lenoir, an IX (1801).

> 2 vol. in-12, avec 202 figures, de Godard.
> Édition publiée par Louis Dubois, bibliothécaire de l'Orne.

95. — Fables de La Fontaine. Paris, de l'imprimerie de Pierre Didot l'aîné, an X (1802).

> 2 vol. gr. in-fol. avec 52 vignettes dessinées par Percier.
> Édition tirée à 250 exemplaires.

96. — Fables Choisies. Nouvelle édition, avec le commentaire de Coste, ornée de 250 gravures. Paris, Batilliot, et Billois, 1802.

> 2 vol. in-18, avec portrait gravé par Huot.

97. — Fables Choisies, Mises en Vers par J. de La Fontaine. Amsterdam, chez J. Van Gulck, 1802.

> 6 tomes en 3 vol. in-8°, avec figures à chaque fable, gravées par Delfos, Punt, et Vinkelès, d'après les grandes planches d'Oudry.
>
> Réimpression de l'édition de 1786 (ci-dessus, n° 78); les titres seuls ont été changés.

98. — Fables Choisies, Mises en Vers, avec le commentaire de Coste. Nouvelle édition, augmentée d'une notice sur Ésope, Phèdre, et la Fontaine, par l'abbé de Levizac. Londres, Dulau, 1803, in-12.

99. — La Fontaine et tous les fabulistes, ou La Fontaine comparé avec ses modèles et ses imitateurs. Nouvelle édition, avec des observations critiques, grammaticales, et littéraires, et des notes d'histoire naturelle, par N. S. Guillon. Paris, veuve Nyon, de l'imprimerie de Stoupe, an XI (1803), 2 vol. in-8°.

100. — Excerpta ou fables choisies de La Fontaine, avec des notes nouvelles, par F. Roger. Paris, Delalain, 1805, in-12.

> Autres éditions, in-18, chez le même, en 1817, 1819, 1826, 1852.

101. — Fables Choisies. Édition revue, avec la Vie de l'auteur (par Fréron) et un vocabulaire qui tiendra lieu de notes (par Adry). Paris, Barbou, 1806, in-12.

102. — Fables Choisies, Mises en Vers, avec des notes du P. Jouvency. Liège et Paris, Villet, 1807, in-12.

103. — Fables Choisies. Paris, 1808.

> 2 vol. in-12, avec figures.

104. — Le La Fontaine des trois premiers âges ou fables de La Fontaine réduites à la simple narration et distribuées en douze livres, etc., par P^{re} Ph. Lebrun, ancien président prévôt-juge royal de la ville de Bonneval, accusateur public. Paris, Favre, 1809, in-8°.

> C'est une édition ridiculement expurgée où l'auteur, comme il le dit lui-même, en tête du volume, au titre, « a remplacé des mots vieillis par des termes en usage, corrigé plusieurs fautes de langue..., fait disparaître un nombre considérable d'hiatus, d'inversions forcées, de constructions vicieuses, les termes impropres, etc. »

105. — Fables de La Fontaine, avec de nouvelles gravures (par

Duplat) exécutées en relief. Paris, Renouard, 1811, 2 vol. in-12.

<blockquote>Les gravures sont tirées à l'aide d'un procédé nouveau à l'eau-forte sur pierre.</blockquote>

106. — Choix de fables de La Fontaine précédées d'une notice sur sa vie et suivies de petits Dialogues propres à faire sentir aux enfants les règles et les beautés de l'Apologue, Par J.-C. Jumel. Paris, Alexis Eymery; Tours, imprimerie de Mame, 1813.

<blockquote>In-18, avec frontispice et gravures.
Autres éditions en 1815, 1824.</blockquote>

107. — Fables Choisies (avec la Vie de la Fontaine par Creuzé de Lesser). Paris, de l'imprimerie de P. Didot l'aîné, 1813.

<blockquote>2 vol. pet. in-8°, avec portrait.
De la *Collection des meilleurs ouvrages de la langue française*.</blockquote>

108. — Fables Choisies. Paris, Belin, 1813.

<blockquote>2 vol. in-12, avec figures.</blockquote>

109. — Fables de La Fontaine. Paris, Lefèvre, de l'imprimerie de Crapelet, 1814.

<blockquote>In-8°, avec portrait, et figures de Moreau.</blockquote>

110. — Fables Choisies (avec la notice de Creuzé de Lesser). Parme, de l'imprimerie de la veuve Bodoni, 1814, 2 vol. in-fol.

<blockquote>Édition sur papier vélin, dédiée à Joachim Murat, roi de Naples, imprimée par son ordre, pour l'instruction de son fils aîné le prince Achille Napoléon.</blockquote>

111. — Le génie de La Fontaine ou choix de ses plus belles fables, et de celles de ce poète célèbre qui sont relatives à la morale et à la politique, accompagné de notes et d'observations tirées de ses commentateurs (par Delmasse; voyez Quérard). Dijon, Lagier et Cie, de l'imprimerie de Carion, 1817, in-8°.

112. — Fables Choisies. Paris, Engelmann, 1818, 2 vol. in-fol.

<blockquote>Édition illustrée par Carle et Horace Vernet et Hippolyte Lecomte.</blockquote>

113. — Fables de La Fontaine, avec un nouveau commentaire, littéraire et grammatical, dédié au Roi, par Ch. Nodier. Paris, Alexis Eymery, 1818.

<blockquote>2 vol. in-8°, avec frontispice, et figures par Bergeret.
Réimprimées, 1820, en 2 vol. in-12. — La troisième édition, revue, corrigée, et augmentée, a paru, chez Emler, 1828, en 2 vol. in-8°.</blockquote>

114. — Fables de La Fontaine. Paris, Lefèvre, 1818.

<blockquote>2 vol. in-8°, avec figures de Moreau.</blockquote>

115. — Fables Choisies (précédées d'une Vie de l'auteur). Paris, Jombert, 1819, 2 vol. in-12.

116. — Fables de La Fontaine. Paris, Méquignon Marvis, 1820.

2 tomes en 1 vol. in-12, avec figures sur acier.

117. — Fables Choisies, précédées de la Vie de l'auteur et de celle d'Ésope, auxquelles on a ajouté des notes explicatives, et diverses pièces de poésie. Lyon, Rusand, 1820, in-12.

118. — La Fontaine en Estampes, ou Nouvelle édition de ses Fables, plus complète que les précédentes, ornée de cent dix gravures en taille-douce imprimées sur le texte, précédées de la Vie de l'auteur, extraite de l'ouvrage de C.-A. Walckenaer. Paris, Nepveu, 1821, in-4°.

119. — Fables de La Fontaine. Édition dans laquelle on aperçoit d'un coup d'œil la moralité de la fable. Paris, Moronval, 1821.

In-12, avec 39 figures.

120. — Fables Choisies. Paris, Boiste fils aîné, 1821, 2 vol. in-18.

121. — Fables de La Fontaine. Nouvelle édition, revue et accompagnée de notes par C.-A. Walckenaer. Paris, Lefèvre, 1822.

2 vol. in-8°, avec figures de Moreau.

122. — Beautés de La Fontaine, ou choix de ses passages les plus remarquables. Paris, 1822, in-18.

123. — Fables de La Fontaine, divisées en douze livres, suivies de *Philémon et Baucis*, des *Filles de Minée*, de *la Matrone d'Éphèse* et de *Belphégor*, nouvelle édition, enrichie de notes grammaticales, de la moralité des fables en prose, d'un vocabulaire contenant tous les termes et les expressions tombés en désuétude, ainsi que la Vie de La Fontaine, par M. B. de Saint-Silvain. Paris, 1822, 2 vol. in-8°.

124. — Fables de La Fontaine, Mises en Action, avec figures coloriées et découpées. Paris, Gide fils, de l'imprimerie de J. Smith, s. d. [1822], in-8°.

125. — Fables de La Fontaine. Paris, Lefèvre, 1823, 2 vol. in-12.

126. — Fables Choisies. Paris, L. de Bure, de l'imprimerie de F. Didot, 1823, 2 vol. gr. in-32.

127. — Fables Choisies. Paris, Lefèvre, de l'imprimerie de J. Didot, 1824, 2 vol. gr. in-32.

128. — Fables Choisies. Paris, Brière, 1824.

2 vol. in-32, avec figures.

129. — Fables inédites des xii*, xiii* et xiv* siècles, et Fables de La Fontaine, rapprochées de celles de tous les auteurs qui avoient, avant lui, traité les mêmes sujets, précédées d'une notice sur les fabulistes par A. C. M. Robert, ornées d'un portrait de la Fontaine, de 90 gravures en taille-douce, et de 4 fac-similé. Paris, Étienne Cabin, 1825, 2 vol. in-8°.

Robert, après la mort de son père, qui, avant d'être attaché à la Bibliothèque du Roi, avait été bibliothécaire de l'archevêque de Toulouse, Étienne-Charles Loménie de Brienne, était devenu possesseur d'un recueil d'indications manuscrites sur les sources où la Fontaine a puisé les sujets de ses fables. Ce travail commencé, il nous l'apprend lui-même[1], par Mme Pons de Saint-Maurice et M. de Foncemagne, de l'Académie des Inscriptions et Belles-Lettres, avait été poursuivi par Loménie de Brienne, assisté de quelques bibliophiles, amis, correspondants, le marquis de Paulmy d'Argenson, Grosley, le P. Adry, etc. Le P. Adry avait connu Grosley à Troyes, où, avant d'être nommé bibliothécaire de la maison de l'Oratoire à Paris, il était préfet du collège et enseignait la rhétorique. Un des successeurs du P. Adry, le P. Ingold, bibliothécaire actuel de l'Oratoire, a retrouvé quelques lettres échangées, pendant les années 1777-1782, entre l'archevêque de Toulouse, puis de Sens, plus tard ministre et cardinal, Loménie de Brienne, qui prêta serment à la constitution civile du clergé, renvoya son chapeau de cardinal, et finit par le suicide, Robert le père, qui était chargé de la garde de ses livres, et le P. Adry, et, avec l'empressement le plus obligeant, nous a permis d'en prendre connaissance. Ces lettres, et les mentions qui y sont faites de Grosley et de Paulmy d'Argenson, ne laissent aucun doute sur la collaboration de ces cinq érudits à l'achèvement de ce « Tableau des sources », comme ils l'appelaient. Ce Tableau resta manuscrit, jusqu'à ce que Robert le fils, conservateur de la Bibliothèque Sainte-Geneviève, et héritier de leurs notes, les publiât, après s'être efforcé de les enrichir, d'en combler les lacunes, en y joignant le fruit de ses propres recherches.

130. — Fables Choisies. Paris, Roux-Dufort, de l'imprimerie de J. Didot, 1825, 2 vol. in-48.

Édition en caractères microscopiques.

131. — Fables Choisies, Mises en Vers, précédées de l'Éloge de l'auteur, par Chamfort. Paris, Parmantier, 1825.

2 vol. in-8°, avec figures de Devéria, gravées par Pauquet.

132. Fables de La Fontaine. Nouvelle édition, revue et accompagnée de notes, par C.-A. Walckenaer. Paris, Nepveu et Laurent de Bure, 1826.

In-8°, avec portrait, et figures de Moreau.

1. Tome I, p. xv, de son édition.

133. — Fables de La Fontaine. Nouvelle édition, revue, mise en ordre, et accompagnée de notes par C.-A. Walckenaer. Paris, Lefèvre, 1827.

    2 vol. in-8°, avec portrait, frontispices, et figures.

134. — Fables Choisies (précédées d'une notice sur la vie de La Fontaine, avec quelques observations sur ses Fables, et accompagnées de notes, par J.-B. Gail). Paris, Ch. Gail, 1827, in-8°.

    21ᵉ tome du *Philologue* de J.-B. Gail.

135. — Fables Choisies. Édition nouvelle, ornée de 53 gravures en taille-douce. Paris, de l'imprimerie de Fournier, 1829, in-8°.

136. — Fables de La Fontaine, avec le commentaire de M. l'abbé Guillon; nouvelle édition, augmentée d'un essai sur la vie et les ouvrages de l'auteur, par J. Janin. Paris, Delalain, 1829, 2 vol. in-8°.

    Autre édition, la même année, chez le même, en 2 vol. in-18.

137. — Fables de La Fontaine, avec notes et 75 figures gravées sur bois, par Godard, d'après les dessins de Constant Viguier. Paris, de l'imprimerie de Crapelet, 1830, 2 vol. in-32.

138. — Fables Choisies, Mises en Vers, ornées de 100 gravures à l'eau-forte, par E. Verboeckhoven. Bruxelles, Demangeot Goodman, 1830, 2 vol. gr. in-8°.

139. — Fables de La Fontaine, précédées d'une notice sur la vie de l'auteur. Nouvelle édition, enrichie de beaucoup de notes inédites, et ornée de 255 belles vignettes et du portrait de La Fontaine, gravés sur cuivre par les meilleurs artistes de la capitale, d'après le célèbre Oudry. Paris, Guyonnet, 1834, 2 vol. in-8°.

140. — Fables de La Fontaine. Édition taille-douce. Paris, Lecointe et Pougin, 1834.

    2 vol. in-4°, avec figures à mi-page, texte gravé de Gouyet.

141. — Fables Choisies, Mises en Vers, collationnées et accompagnées de notes, par C.-A. Walckenaer. Paris, Lefèvre, 1836.

    In-8°, avec figures de Tony Johannot.

142. — Fables de La Fontaine. Édition illustrée par J.-J. Grandville. Paris, Fournier et Perrotin, 1838.

    2 vol. gr. in-8°, avec frontispices gravés, et 120 bois tirés à part. Première édition de cet ouvrage, tiré à nouveau ou réimprimé; chez les mêmes, 1839 (avec addition de nouvelles gravures), et 1842; chez Furne, 1843 et 1847; chez Garnier, en un seul volume, 1852 et 1855.

NOTICE BIBLIOGRAPHIQUE.

143. — Fables Choisies, Mises en Vers, précédées d'une notice, par Alfred de Montferrand, avec 400 vignettes, culs-de-lampe, et lettres-vignettes, par Jules David, gravés par Thompson, et encadrements en couleur. Paris, Arm. Aubrée, 1837, 2 vol. in-8°.

Les mêmes, même format, chez le même, avec une notice et des notes par Walckenaer, 1838 et 1839.

Portrait, frontispice en couleur rehaussé d'or, et 40 vignettes dans le texte.

144. — Fables de La Fontaine (les six premiers livres), nouvelle édition classique, par Vanderest. Paris, L. Hachette, 1841, in-18.

Autre édition, en 1843.

45. — Fables, avec des notes et une notice par Walckenaer. Paris, F. Didot, 1841, in-12.

146. — Fables Choisies, avec des notes par Mme Amable Tastu. Paris, Lehuby, 1841.

In-12, avec figures d'après Bouchot.
Des exemplaires portent la date de 1847.

147. — Fables Choisies, avec les notes de Coste. Carpentras, Devillerario, 1841, in-18.

148. — Fables complètes, accompagnées de la Vie d'Ésope, et de Philémon et Baucis; nouvelle édition, avec le sens moral de l'apologue, par J. M.... Paris, Moronval, 1841 et 1843.

In-18, avec portrait.

149. — Fables, édition-bijou illustrée, précédées d'une notice historique par C.-A. Walckenaer. Paris, Aubert, 1841, in-18.

150. — Fables, précédées de la Vie de La Fontaine et de celle d'Ésope. Lyon, Pelagaud, 1841, in-18.

151. — Fables, précédées de la Vie d'Ésope, nouvelle édition. Tours, Pernin, 1842, in-18.

152. — Fables, édition illustrée par J. David, Tony Johannot, V. Adam, F. Grenier, et Schaal, précédées d'une notice par C.-A. Walckenaer. Paris, Aubert, 1842, 2 vol. in-12.

Autres éditions, in-8°, chez le même, en 1845 et 1846.

153. — Nouveau choix de cent fables de La Fontaine. Montbéliard, Deckherr, 1842, in-18.

154. — Fables de J. de La Fontaine, nouvelle édition, précédée d'une notice biographique et littéraire, et accompagnée de notes, par E. Géruzez.... Paris, L. Hachette, 1854, in-18.

Autres éditions, en 1849, même format, et en 1854, in-12.

155. — Fables, suivies de Philémon et Baucis; nouvelle éditions avec notes. Paris, Dezobry, 1843, in-12.

156. — Fables Choisies, nouvelle édition, enrichie des notes de Coste. Paris, Lebigre, 1844.

In-18, avec vignettes.

157. — Fables, précédées de la Vie de La Fontaine et de celle d'Ésope. Paris, Poussielgue-Rusand, 1844, in-18.

Édition expurgée, ainsi que la suivante :

158. — Fables. Lyon, Parisse, 1844, in-18.

159. — Fables, avec des notes de tous les commentateurs. Paris, Lefèvre, 1845, in-12.

Édition publiée par Aimé Martin.

160. — Fables, édition classique, avec des notes explicatives et grammaticales, par E.-L. Frémont, ancien maître de pension, 2e édition revue et corrigée. Paris, Delalain, 1845, in-18.

161. — Fables, notées, et ornées de 400 gravures pour la récitation, par Duquesnoy. Paris, Delalain, 1845, in-18.

Autre édition en 1846, même format, chez le même.

162. — Fables de La Fontaine choisies soigneusement pour la jeunesse et enrichies d'un vocabulaire, par E.-J. Hanschild. Leipzig, Reuyer, 1846, in-8º.

163. — Fables de La Fontaine choisies pour les enfants, accompagnées de notes explicatives et précédées d'un aperçu historique sur la Fable et les principaux fabulistes, par Élisabeth Muller. Paris, A. Bedelet, 1847.

In-16, avec 12 lithographies.
Bibliothèque du premier âge.

164. — Fables de La Fontaine, illustrées et mises en jeu. Paris, de l'imprimerie de Gustave Gratiot, 1847, in-18.

La couverture imprimée porte : « Lots des fables de La Fontaine ».

165. — Fables de La Fontaine, avec croquis composés et dessinés par Seurre aîné, statuaire, lithographiés par V. Adam. Paris, Bance, 1849, in-fol.

166. — Fables de J. de La Fontaine. Édition miniature. Paris, fonderie Laurent et Deberny (imprimé par Plon), 1850, in-64.

Caractères microscopiques.

167. — Choix de fables de J. de La Fontaine, accompagné d'une

notice biographique et de notes tirées de l'édition complète publiée par E. Geruzez. Paris, L. Hachette, 1851, in-18.

168. — Fables et morceaux choisis de J. La Fontaine, édition à laquelle on a joint la Vie de l'auteur, celle d'Ésope, les jugements des meilleurs critiques, et des notes explicatives à l'usage de la jeunesse. Paris, Jacques Lecoffre, 1851, in-18.

169. — Fables, édition variorum, publiées par Ch. Louandre, accompagnées d'une notice par Sainte-Beuve. Paris, Charpentier, 1851.

In-12, avec portrait.

170. — Fables, avec notes. Paris, Firmin Didot, 1853, in-8°.

171. — Fables, illustrées de figures sur acier par Tony Johannot. Nouvelle édition, avec des notes, et une notice par Sainte-Beuve. Paris, Furne, 1853, in-8°.

Réimpressions en 1855 et 1858.

172. — Fables, avec des notes de tous les commentateurs. Paris, Firmin Didot, 1859, in-8°.

173. — Fables. Paris, Plon, 1862.

2 vol. in-18, avec portrait.
De la *Collection du Prince Impérial*.

174. — Fables, illustrées par Grandville. Paris, Garnier, 1864, gr. in-8°.

Autre tirage en 1878.

175. — Fables de J. de La Fontaine, illustrées par Gustave Doré. Paris, Hachette, 1868, in-fol.

80 grandes compositions sur chine et 250 têtes de page par G. Doré, 250 culs-de-lampe par Fellmann.

176. — Fables, avec préface, notes, et glossaire, par M. Pierre Jannet. Paris, Picard, 1868, 2 vol. in-12.

177. — Fables, publiées par D. Jouaust, avec une introduction par Saint-René Taillandier, ornées de douze dessins originaux de Bodmer, J.-L. Brown, F. Daubigny, Detaille, Gérôme, L. Leloir, Ém. Lévy, H. Lévy, Millet, Ph. Rousseau, A. Stevens, J. Worms; portrait gravé par Flameng. Paris, Librairie des Bibliophiles, 1873, 2 vol. gr. in-8°.

Édition dite : *des Douze peintres*.

178. — Fables. Paris, Quantin, 1873-1883, 2 vol. in-4°.

Édition tirée à petit nombre et imprimée sur papier à la cuve, enrichie d'ornements d'après Berain, et de 75 grandes gravures.

179. — Fables de La Fontaine. Notices par M. Poujoulat. Tours, Mame, 1875.

> Gr. in-8°, avec 50 gravures et portrait à l'eau-forte par V. Foulquier.

180. — Fables de La Fontaine, réimprimées sur l'édition de 1678-1694, et précédées de recherches sur les Fables de La Fontaine, par P. Lacroix. Portrait gravé à l'eau-forte par Flameng. Paris, Librairie des Bibliophiles, 1875, 2 vol. in-8°.

> Les mêmes, in-16, s. d.

181. — Fables. Paris, Delarue, 1875, 2 vol. in-18.

182. — Fables, édition collationnée sur les textes originaux. Paris, Delarue, 1876, 2 vol. pet. in-8°.

183. — Fables, avec la notice de Sainte-Beuve. Paris, Jouvet et Furne, 1880.

> Gr. in-8°, avec figures gravées sur acier par Tony Johannot.

184. — Fables, précédées de la Vie d'Ésope, illustrées par K. Girardet. Tours, Mame, 1880, in-18.

185. — Les Fables de La Fontaine, publiées d'après les textes originaux, avec la Vie de l'auteur par Perrault et son éloge par Chamfort; notes, glossaire, etc. Paris, Charavay, 1881.

> 2 vol. pet. in-8°, avec portrait gravé à l'eau-forte par Régamey.

186. — Fables de La Fontaine, nouvelle édition, avec notes philologiques et littéraires, etc., par M. F. Colincamp. Paris, Delagrave, 1882, in-8°.

187. — Fables, avec une préface par Théodore de Banville. Compositions inédites de Moreau, gravées par Milius. Paris, Rouquette, 1883, 2 vol. in-16.

188. — Fables, précédées de la Vie d'Ésope, avec une introduction et des notes, à l'usage des classes élémentaires, par Charles Defodon. Paris, Hachette, 1883, in-12.

189. — Fables, publiées par D. Jouaust, avec l'éloge de La Fontaine, par Chamfort. Dessins d'Émile Adam, gravés à l'eau-forte par Le Rat. Paris, Librairie des Bibliophiles, 1885, 2 vol. in-8°.

190. — Fables, avec les 276 figures d'Oudry. Réimpression de l'édition Desaint et Saillant, 1755; précédée de la notice par de Montaiglon. Paris, A. Lévy, 1886-1887, 4 vol. in-4°.

191. — Fables de La Fontaine précédées d'une notice sur sa vie et son œuvre par A. Morel. Illustrations par Eugène Lambert. Paris, Hetzel, s. d., gr. in-8°.

192. — Fables. Paris, Bertin, s. d., in-18.

    Édition en caractères de sténographie.

193. — Fables de La Fontaine, nouvelle édition, avec des notes littéraires et grammaticales, etc., par M. Ch. Aubertin. Paris, veuve Eugène Belin et fils, s. d., in-8º.

194. — Fables choisies de La Fontaine, édition à l'usage des classes supérieures, annotée, par Fr. Godefroy. Paris, Gaume, s. d., in-12.

195. — Fables de J. de La Fontaine, édition classique, accompagnée de notes et remarques historiques, philologiques, et littéraires, précédée d'une notice biographique, par Héguin de Guerle. Paris, Jules Delalain, s. d., in-12.

196. — La Vie de La Fontaine (par de Montenault), suivie d'un recueil de ses fables, orné de gravures. Caen, P. Chalopin, s. d., in-18.

197. — Le petit La Fontaine, ou Recueil des fables les plus amusantes de cet auteur. Édition à l'usage de l'enfance. Niort, Morisset et Robin, s. d., in-12.

    Le même, Paris, Marcilly, s. d., in-32.

198. — Le jeu des fables, ou Fables de La Fontaine mises en action, avec figures coloriées et découpées, dessinées et gravées par Lambert aîné. Paris, chez l'auteur, s. d., in-16.

199. — Fables, avec gravures de P. Avril. Paris, Collection Arnould, s. d., in-32.

    De la *Petite Bibliothèque portative*.

200. — Fables. Paris, Marpon, s. d., 2 vol. in-64.

    De la *Bibliothèque miniature*.

C. — THÉATRE.

1. — L'Evnvque. Comedie. A Paris. Chez Avgvstin Covrbé, au Palais, en la Gallerie des Merciers, à la Palme. M.DC.LIV. Avec Privilege dv Roy.

    In-4º, de 4 ff. liminaires non chiffrés (Titre, Avertissement au lecteur, et liste des personnages), 149 pp. numérotées, et 3 pp. non chiffrées, pour le Privilège, daté du 23 juin 1654, et l'Achevé d'imprimer, du 17 août suivant.

2. — Astrée. Tragedie. Par Monsieur De La Fontaine. Representée Par l'Academie Royale de Musique. On la vend, A Paris, A l'En-

NOTICE BIBLIOGRAPHIQUE.   xxxix

trée de l'Academie Royalle de Musique, Au Palais Royal, ruë Saint Honoré. Par Christophe Ballard, seul Imprimeur du Roy pour la Musique. M.DC.XCI. Avec privilege dv Roy.

In-4°, de 45 pp.

3. — Astrée, tragedie, par Monsieur De La Fontaine. Suivant la copie imprimée à Paris. S. l., s. n. [Amsterdam, Schelte], 1692.

In-12, de 46 pp. (au Quærendo), avec frontispice gravé.

4. — Le Florentin. Comédie par M. De La Fontaine. Amsterdam, Paul de Brun, 1699, pet. in-8°.

5. — Le Florentin. Comédie par M. De La Fontaine. La Haye, Adrian Moetjens, 1701.

In-12, de 32 pp. chiffrées.
Édition imprimée en France, et non en Hollande.

6. — Le Florentin, comédie. Leyde, 1716, in-12.

7. — Le Florentin, comédie. Paris, Compagnie des libraires, 1740, in-8°.

En deux actes.

8. — Le Florentin, comédie. La Haye, P. Gosse, 1750, in-8°.

9. — Je vous prens sans verd. Comédie. A Paris, Chez Pierre Ribou, sur le Quay des Augustins, à la descente du Pont neuf, à l'image S. Loüis. M.DC.XCIX.

In-12, de 24 pp.
Il y a des exemplaires au nom de Christophe David.

10. — Je vous prends sans verd, comédie. La Haye, Adrian Moetjens, 1701, in-12.

11. — Je vous prends sans verd, comédie. Paris, 1716, in-12.

12. — Ragotin ou le Roman comique, comédie par M. De La Fontaine. La Haye, Adrian Moetjens, 1701, in-12.

13. — La Coupe Enchantée, Comédie. A Paris, Chez Pierre Ribou, seul libraire de l'Académie Royale de Musique; sur le quay des Augustins, à la descente du Pont neuf, à l'image S. Loüis. M.DCC.X. Avec Approbation et Privilege du Roy.

In-12, de 48 pp.
On lit au bas de la page 45 : « A Paris, De l'imprimerie de Lamesle, ruë du Foin, 1710. »
Le Privilège est du 12 avril 1710; l'Approbation, datée du 31 avril 1715 (sic, pour 30 avril 1705), est celle des « Pièces qui composent les premier, second, et troisième Tomes du Théâtre François », quoique *la Coupe enchantée* ne figure pas dans ce recueil.

14. — La Coupe enchantée, comédie.... Paris, Christophe David, 1716, in-12.

> Réimprimée par la Compagnie des libraires « propriétaires du fonds des Fables de la Fontaine », en 1749 et 1769, in-8°.

15. — La Coupe enchantée, comédie de La Fontaine et Champmeslé, publié par G. d'Heylli. Paris, Librairie des Bibliophiles, s. d., in-16.

> *Collection des Petits Chefs-d'œuvre.*

16. — Pieces de Theatre de Monsieur De La Fontaine. A La Haye, Chez Adrian Moetjens, Marchand Libraire près la Cour, à la Librairie Françoise. M.DCC.II.

> In-12, de 5 ff. liminaires (Épître du libraire à Mme la baronne de Lillieroot, Avis du même au lecteur, Épitaphe de la Fontaine, et Table), 296 pp. de texte, et 2 ff. non numérotés pour le catalogue des livres de Moetjens.
>
> Contenant : *Pénélope* (de l'abbé Genest), donnée à tort sous le nom de la Fontaine ; *le Florentin, Ragotin, Je vous prends sans verd* ; et *le duc de Montmouth* (de Vaernewyck).

17. — Œuvres de La Fontaine (Théâtre, publié avec une Vie de l'auteur, un catalogue de ses pièces, et des jugements et anecdotes..., par Le Prince et Baudrais). Paris, au bureau de la Petite bibliothèque des Théâtres (Cazin), 1785.

> In-8°, avec portrait gravé par Lachaussée.
>
> On y trouve les deux premiers actes de la tragédie d'*Achille*, publiés, pour la première fois, d'après le manuscrit autographe, *le Florentin, la Coupe enchantée*, et *Je vous prends sans verd* ; ainsi qu'une analyse du *Veau perdu ou les Amours de campagne*.

18. — Théâtre. Paris, Stéréotypie de Herhan, Ant.-Aug. Renouard, an XII (1804), in-12.

D. — POÈMES ET PSYCHÉ.

1° POÈMES.

1. — Poëme De La Captivité De Saint Malc. Par M. De La Fontaine. A Paris, Chez Claude Barbin, au Palais, sur le second Perron de la Sainte Chappelle. M.DC.LXXIII. Avec Permission.

> In-12, de 4 ff. liminaires non chiffrés (Titre, Épître au cardinal de Bouillon), et 50 pp. numérotées.

2. — Poëme du Quinquina, et autres Ouvrages en vers de M. De La Fontaine. A Paris chez Denis Thierry, ruë S. Jacques, devant

la ruë du Plâtre, à l'enseigne de la ville de Paris. Et Claude Barbin, sur le second Perron de la sainte Chapelle au Palais. M.DC.LXXXII. Avec Privilege du Roy.

<blockquote>
In-12, de 2 ff. liminaires non chiffrés (Titre et Privilège), et de 242 pp. numérotées.
Le Privilège est du 2 novembre 1681 ; l'Achevé d'imprimer, du 24 janvier 1682.
Contient (outre *le Poëme du Quinquina*) : p. 57, *la Matrone d'Éphèse* ; p. 73, *Belphégor* ; p. 95, *Galatée* ; p. 128, l'opéra de *Daphné*.
Il y a des cartons dans quelques exemplaires.
</blockquote>

3. — Adonis, Poëme. Par Jean De La Fontaine. De l'imprimerie de P. Didot l'aîné. A Paris, Chez Bozerian, l'an II de la République françoise (1794).

<blockquote>
In-18, de 66 pp. — Portrait au milieu du titre, et figures de Moreau.
Les Élégies (II-V) suivent, à la page 41.
</blockquote>

4. — Adonis, poëme par J. De La Fontaine ; tel qu'il fut présenté à Fouquet en 1658 ; publié pour la première fois, d'après le manuscrit original, par C.-A. Walckenaer. A Paris, Chez Simier, relieur du Roi, janvier 1825 (de l'imprimerie de J. Didot, aîné).

<blockquote>
In-8°, de 32 pp.
</blockquote>

2° PSYCHÉ.

1. — Les Amours de Psiché et de Cupidon. Par M. De La Fontaine. A Paris, Chez Claude Barbin, au Palais, sur le Perron de la Sainte Chapelle. M.DC.LXIX. Avec Privilege du Roy.

<blockquote>
In-8°, de 12 ff. liminaires (Titre, Épître dédicatoire à la duchesse de Bouillon, Préface, Extrait du Privilège), et 500 pp. numérotées.
Le poème d'*Adonis* occupe les pages 441-500.
Privilège, du 2 mai 1668 ; Achevé d'imprimer, du 31 janvier 1669.
Il existe des exemplaires au nom de D. Thierry, libraire associé.
</blockquote>

2. — Les Amours de Psiché et de Cupidon, par M. De La Fontaine, Paris, Cl. Barbin, 1669.

<blockquote>
In-12, de 12 ff. liminaires non chiffrés, et 392 pp. numérotées.
Contrefaçon de l'édition originale.
</blockquote>

3. — Les Amours de Psyché et de Cupidon, par M. De La Fontaine. La Haye, 1700, in-8°.

4. — Les Amours de Psyché et de Cupidon (suivis du poème d'Adonis). Paris, veuve Barbin, 1701, in-12.

5. — Les Amours de Psyché et de Cupidon (suivis du poème d'Adonis). Amsterdam, 1703, in-8°.

6. — Les Amours de Psyché et de Cupidon (suivis du poème d'Adonis). La Haye, 1703, in-12.

7. — Les Amours de Psyché et de Cupidon.... La Haye, Adrian Moetjens, 1707, in-8°.

8. — Les Amours de Psyché et de Cupidon. La Haye, Adrian Moetjens, 1714, pet. in-8°.

9. — Les Amours de Psyché et de Cupidon. La Haye, s. n., 1724, in-12.

10. — Les Amours de Psyché et de Cupidon. Amsterdam, s. n., 1725, in-12.

11. — Les Amours de Psyché et de Cupidon. Paris, Didot et Barbou, 1728.

In-8°, avec portrait.

12. — Les Amours de Psyché et de Cupidon. Londres-Paris (Cazin), 1782, in-18.

13. — Les Amours de Psyché et de Cupidon. Édition ornée de figures imprimées en couleur d'après les tableaux de M. Schall. Paris, Defer de Maisonneuve, de l'imprimerie de P.-Fr. Didot le jeune, 1791.

Grand in-4°, avec 8 figures de Moreau le jeune.

14. — Les Amours de Psyché et de Cupidon. Paris, Dufart, 1793, in-12.

15. — Les Amours de Psyché et de Cupidon, avec le poème d'Adonis. Paris, Saugrain, de l'imprimerie de P.-Fr. Didot le jeune, an III (1795).

In-4°, avec portrait, par Audouin, d'après Rigault, et figures de Moreau gravées par Dambrun, Dupréel, de Ghendt, Halbou, etc.

16. — Les Amours de Psyché et de Cupidon, suivies de la Mort d'Adonis, poème, édition ornée de gravures d'après les dessins de Gérard, peintre. Paris, imprimé au Louvre par P. Didot l'aîné, an V (1797), in-4°.

17. — Les Amours de Psyché et de Cupidon, avec le poème d'Adonis, édition ornée de figures dessinées par Moreau le jeune et gravées sous sa direction. Paris, Saugrain et Didot, an V (1797), 2 vol. in-18.

18. — Les Amours de Psyché et de Cupidon, avec le poème d'Adonis, par La Fontaine. Paris, s. n., 1801, in-32.

19. — Les Amours de Psyché et de Cupidon, édition stéréotype. Paris, Didot l'aîné, 1803, in-12.

NOTICE BIBLIOGRAPHIQUE.

20. — Les Amours de Psyché et de Cupidon, suivies des poèmes d'Adonis, de la Captivité de saint Malc et du Quinquina. Paris, Stéréotypie d'Herhan, 1804.

In-12, avec les 8 figures de Moreau.

21. — Les Amours de Psyché et de Cupidon, Adonis, et autres petits poèmes par La Fontaine. Ornés de gravures d'après Desenne et Chaudet. Nouvelle édition. Paris, Nepveu, 1820.

2 vol. in-18, avec portraits et figures.

22. — Les Amours de Psyché et de Cupidon, suivies d'Adonis, poème par La Fontaine. Paris, Ménard et Desenne, 1821, in-12.

23. — Les Amours de Psyché et de Cupidon, lithographiés d'après les dessins de Raphaël, par M. Bouillon, Beaugard-Thill, Châtillon, Dejuine, Fragonard, Maurin, Zwinger, etc., sous la direction d'Hipp. Castel-Courval; édition ornée du poème de La Fontaine. Paris, de l'imprimerie de Firmin Didot, 1825, in-fol.

24. — La Fontaine. Les Amours de Psyché et de Cupidon, suivies d'Adonis, poème. Paris, Leclère, 1863, 2 vol. in-12.

Reproduction de l'édition de Didot 1797 (ci-dessus, n° 16).

25. — Psyché, publiée par D Jouaust, compositions d'Émile Lévy, gravées à l'eau-forte par Boutelié, dessins de Giacomelli gravés sur bois par Sargent. Paris, Librairie des bibliophiles, 1880.

In-12, avec vignettes et culs-de-lampe.

26. — Les Amours de Psyché et de Cupidon, précédées du poème d'Adonis, par La Fontaine. A Paris, chez J. J. Coiny, de l'imprimerie de H. J. Jansen, s. d.

Pet. in-12, avec figures gravées par J. Coiny, d'après Raphaël.

27. — Les Amours de Psyché et de Cupidon, précédées du poème d'Adonis, par La Fontaine. Paris, Coiny, s. d.

In-18, avec portrait de l'auteur par Rigault, gravé par Delvaux, et les 8 figures de Moreau, gravées par le même.

E. — RECUEILS PUBLIÉS DU VIVANT DE LA FONTAINE QUI CONTIENNENT DE SES ŒUVRES.

1. — Les Plaisirs de la poésie galante, gaillarde, et amoureuse. S. l., s. n., s. d. [1660 ou 1665], in-12.

Contient, à la page 2 (non chiffrée), sous le titre d'*Historiette*, le conte IX de la Ire partie.

2. — Recueil de quelques pieces curieuses tant en prose qu'en

vers, dont on peut voir les titres à la page suivante. A Cologne, chez Pierre Marteau, 1670.

> Pet. in-12, de 59 pp., contenant : *Requeste des Dames de la Cour sur le luxe des Bourgeoises de Paris, la Réponse aux dits Griefs, la Coupe enchantée, où il est montré que le cocuage est un bien, et non pas un mal, ce qui sert de consolation aux cocus.*

3. — Recueil de Poësies Chrestiennes et Diverses. Dedié à Monseigneur le Prince de Conty. Par M. De La Fontaine. A Paris. Chez Pierre le Petit, Imprimeur et Libraire ordinaire du Roy, ruë Saint Jacques, à la Croix d'Or. M.DC.LXXI. Avec Privilege de Sa Majesté.

> 3 vol. in-12. — Frontispices gravés.
> Tome I : 16 ff. liminaires non chiffrés, et 418 pp. ; tome II : 6 ff. liminaires non chiffrés, 424 pp., et 4 ff. non chiffrés ; tome III : 4 ff. liminaires non chiffrés, et 368 pp.
> Les tomes II et III ne portent plus « chrestiennes et » aux Titres.
> Privilège, du 20 janvier 1669 ; Achevé d'imprimer, du 20 décembre 1670.
> Ce recueil, publié par L. Henri Loménie de Brienne sous le nom de la Fontaine, renferme de notre poète :
> Épître dédicatoire en vers ; *Paraphrase du Psaume* XVII ; *Élégie pour M. Foucquet ; Ode au Roi sur le même sujet* ; quatre fragments du roman de *Psyché* ; seize fables : *l'Alouette et ses petits, la Chauvesouris et les Deux Belettes, le Chêne et le Roseau, le Charlatan, Conseil tenu par les Rats, la Besace, le Corbeau et le Renard, la Cigale et la Fourmi, Jupiter et le Métayer, le Petit Poisson et le Pécheur, le Loup et le Chien, le Lièvre et les Grenouilles, la Mort et le Bûcheron, la Mouche et la Fourmi, le Loup et l'Agneau, la Grenouille qui veut se faire aussi grosse que le Bœuf.*

4. — Recueil de Poësies Chrestiennes et Diverses. Dediée (*sic*) à Monseigneur le Prince de Conty. Par M. De La Fontaine. A Paris, Chez Jean Couterot, ruë S. Jacques, à l'image saint Pierre. M.DC.LXXIX. Avec Privilege de Sa Majesté.

> 3 vol. in-12. — Frontispices de l'édition précédente.
> Tome I : 16 ff. liminaires non chiffrés, et 424 pp ; tome II : 6 ff. liminaires non chiffrés, 424 pp., et 4 ff. non chiffrés ; tome III : 4 ff. liminaires non chiffrés, et 368 pp.
> A la fin du tome I : « Permis d'imprimer. Fait ce 20° Decembre 1678. De la Reynie. »

5. — Recueil de Poësies Chrêtiennes et Diverses. Dedié à Monseigneur le Prince de Conty. Par M. De La Fontaine. A Paris, Chez Jean Couterot, ruë S. Jacques, à l'image saint Pierre. M.DC.LXXXII. Avec Privilege de Sa Majesté.

> 3 vol. in-12. — Contenu totalement identique à celui de l'édition précédente.

NOTICE BIBLIOGRAPHIQUE.

6. — Ouvrages de Prose et de Poësie. Des SS^{rs} De Maucroy et De La Fontaine. A Paris, Chez Claude Barbin, au Palais, sur le second Perron de la sainte Chapelle. M.DC.LXXV. Avec Privilege du Roy.

    2 vol. in-12; le premier, de 12 ff. liminaires non chiffrés (Titre, Épitre, Avertissement), 275 pp. numérotées, et 1 p. pour le Privilège, daté du 1er février 1685; le second, de 8 ff. liminaires non chiffrés, et 438 pp. — Achevé d'imprimer, du 28 juillet 1685.

    Le tome I comprend, de la Fontaine : *Épitre à Harlay*; Avertissement; *Ballade au Roi* (« L'événement n'en peut être qu'heureux »); *le Renard, le Loup, et le Cheval*; *le Rat, le Corbeau, la Gazelle, et la Tortue*; *la Forêt et le Bûcheron*; *le Renard et les Poulets d'Inde*; *le Singe*; *le Philosophe scythe*; *l'Éléphant et le Singe de Jupiter*; *un Fou et un Sage*; *le Renard anglois* : soit dix fables; *au Roi, pour Lulli* (les deux dédicaces d'*Amadis* et de *Roland*); *le Comte de Fiesque au Roi*; *Ballade pour Mgr le duc de Bourgogne*; *Daphnis et Alcimadure*; *Philémon et Baucis*; *Épître* (« Je vous l'avoue, et c'est la vérité »); *Ballade pour le premier terme*; *Ballade à M....* (« Trois fois dix vers »); *Sur la paix des Pyrénées*; *Dizain à Mme....* (« Dedans mes vers on n'entend plus parler »); *Pour le Roi, sixain* (« Dès que l'heure est venue »); *Dizain à M....* (« Trois madrigaux »); *Ode pour la Paix* (« Le noir démon des combats »); *Discours à Mme de la Sablière*; *la Clochette*, *le Fleuve Scamandre*, *la Confidente sans le savoir*, *le Remède*, *les Aveux indiscrets* : soit cinq contes; *les Filles de Minée*; *Inscription tirée de Boissard*; *Remerciement à l'Académie françoise*.

    Le tome II ne contient rien de notre poète; il a ce titre particulier : « Traduction des *Philippiques* de Demosthene, d'une des *Verrines* de Ciceron, avec *l'Eutiphron*, *l'Hyppias du Beau*, et *l'Euthidemus* de Platon. Par Mr de Maucroy. »

7. — Ouvrages de Prose et de Poësie des SS^{rs} de Maucroy et de La Fontaine. — Traduction des Philippiques de Demosthene, d'une des Verrines de Ciceron avec l'Eutiphron, l'Hyppias du Beau et l'Euthidemus de Platon, suivant la copie de Paris. A Amsterdam, chez P. Mortier, 1688, 2 vol. in-12.

    Dans cette contrefaçon, les vers de la Fontaine composent le second volume, tandis qu'ils forment, on vient de le voir, le premier de l'édition originale.

    Autre édition, même lieu, chez Duvillard et Chauguion, 1722, 1 vol. in-12.

8. — Les Epistres de Seneque. Nouvelle traduction par feu M. Pintrel, revue et imprimée par les soins de M. De La Fontaine, Chez Claude Barbin, sur le second Perron de la sainte Chapelle du Palais. M.DC.LXXXI. Avec Privilege du Roy.

    2 vol. in-8°. Tome I : 10 ff. liminaires non chiffrés, et 555 pp.; tome II : 6 ff. liminaires non chiffrés, et 540 pp.

Le Privilège est du 17 juillet 1681; l'Achevé d'imprimer, du 1ᵉʳ août de la même année.

Autre édition, ne différant que par le Titre, en 1684, chez Ch. Osmont.

9. — Mercure galant, numéro de janvier 1684, p. 167-171 : *Ballade au Roi* (« Roi vraiment roi »).

10. — Mercure galant, Extraordinaire de 1688. Campagne de Mgr le Dauphin, 2ᵉ partie; p. 25-26 : *Vers à la manière de Neuf-Germain*; p. 27-29 : *Ballade sur le nom de Hardi, donné par les soldats à Mgr le Dauphin.*

11. — Mercure galant, numéro de décembre 1690, p. 105-114. *Les Compagnons d'Ulysse, fable.*

12. — Mercure galant, numéro de février 1691, p. 237-240 : *Les deux Chèvres, fable.*

13. — Mercure galant, numéro de mars 1691, p. 111-114 : *Le Thésauriseur et le Singe, fable.*

14. — Mercure galant, numéro de décembre 1692, p. 241-244 : *La Ligue des Rats, fable.*

15. — Recueil de Vers Choisis. A Paris, Chez George et Louis Josse, ruë Saint Jacques, à la Couronne d'Epines. M.DC.XCIII. Avec Privilege du Roy.

In-12, de 3 ff. liminaires non chiffrés, 330 pp. numérotées, et 7 ff. non chiffrés pour la Table.

Le Privilège est du 7 mars 1693; l'Achevé d'imprimer, du 1ᵉʳ juin suivant.

Publié par le P. Bouhours.

Comprend de la Fontaine : p. 13, *le Soleil et les Grenouilles*; p. 170, à *M. Simon de Troyes*; p. 210, *A Monsieur l'Évêque d'Avranches*; p. 216, fragment de lettre *à Monsieur de Bonrepaus*; p. 238, *le Juge arbitre, l'Hospitalier, et le Solitaire.*

Il existe une contrefaçon hollandaise, de la même date, portant au titre le nom du P. Bouhours.

Réédition, mais augmentée (avec 445 pp.), en 1701, chez les mêmes libraires.

F. — OPUSCULES DE LA FONTAINE PUBLIÉS A PART DE SON VIVANT.

NOTA. — Pour *l'Eunuque* et *Astrée*, voyez ci-dessus, C, p. XXXVIII-XXXIX; et pour *Psyché*, et les poèmes de *la Captivité de saint Malc* et *du Quinquina*, ibidem, D, p. XL-XLI.

1. — Élégie. In-4° de 2 ff.

Édition originale de notre Élégie I : *pour M. Foucquet* (« Remplissez l'air de cris »). Anonyme, s. l., s. n., s. d.; imprimée en caractères italiques, très probablement à Paris, vers octobre 1661.

Les pages sont chiffrées 1-3, et le texte finit au milieu de la troisième.

2. — Le Soleil et les Grenouilles. A Paris, Chez J. et R. Guignard, 1672, 2 ff. in-8°.

Signature : D. L. F.

3. — Lettre aux Hollandois. Virelai. A Paris, Chez André Cramoisy, rue de la Vieille Bouclerie, au Sacrifice d'Abraham, 1672.

In-4°, de 7 pp., imprimé en caractères italiques : le tout signé : M. P.

Il existe une autre édition de la même date, chez le même libraire, contenant en plus : *les Grenouilles à sec* et un *Sonnet au Roi*.

4. — Les Trocqueurs. Conte par M. D. L. F.

In-8°, s. l., s. n., s. d., de 8 pp., imprimé en caractères italiques.

5. — Ode pour la Paix. A Paris, chez Claude Barbin, au Palais, sur le Perron de la sainte Chapelle. M.DC.LXXIX. Avec permission.

In-4°, de 8 pp., signé : De La Fontaine.

Au bas de la dernière page : « Permis d'imprimer. Fait ce 18 juin 1679. »

6. — Ballade pour Monseigneur le duc de Bourgogne. S. l., s. n., s. d. [1682], pet. in-4°, de 3 pp.

7. — A Monseigneur l'Évêque de Soissons, en lui donnant un Quintilien de la Traduction d'Oratio Toscanella. — A Monsieur de Bonrepaux, à Londres, le .... — A Paris, chez André Pralard, rue Saint-Jacques, à l'Occasion. M.DC.LXXXVII.

In-8°, de 7 pp.

L'épître à l'évêque de Soissons est aux pages 1-4; la lettre à Bonrepaus, aux pages 5-7. L'une et l'autre sont signées, chacune : De La Fontaine.

Au bas du texte, p. 7 : « Permis d'imprimer. Fait le 5 février 1687. De la Reynie. »

G. — ŒUVRES POSTHUMES.

1. — Les Œuvres postumes (*sic*) de Monsieur de La Fontaine. A Paris, Chez Guillaume Deluyne, libraire juré au Palais, dans la salle des Merciers, à la Justice, M.DC.XCVI. Avec Privilege du Roy.

In-12, de 12 ff. liminaires non chiffrés et 276 pp. numérotées. — L'Achevé d'imprimer est du 15 mars 1696.

Édition originale, publiée par les soins de Mme Ulrich, et dédiée au marquis de Sablé.

Ce recueil comprend : *la Comparaison d'Alexandre, de César, et de Monsieur le Prince*, le conte des *Quiproquo*, quelques lettres (à Bonrepaus, à M. Girin, à Simon de Troyes, à la duchesse de Bouillon, à l'abbé Vergier, au duc de Vendôme, au prince de Conti, à Mme de la Fayette, à Turenne, au chevalier de Sillery, à Mme Ulrich elle-même), plusieurs poésies diverses non données par la Fontaine, et sept fables inédites : *le vieux Chat et la jeune Souris; le Soleil et les Grenouilles; la Querelle des Chats et des Chiens, et celle des Chats et des Souris; la Ligue des Rats; le Thésauriseur et le Singe; les deux Chèvres; le Juge arbitre, l'Hospitalier, et le Solitaire*.

2. — Les Œuvres postumes de Monsieur de La Fontaine. A Paris, Chez Guillaume Deluyne.... M.DC.XCVI. Avec Privilege du Roy.

In-12. — Contrefaçon hollandaise, réglée, ayant pour fleuron sur le titre un bouquet de fleurs, différant par la première page de la préface et par les pages 184-185 (lettre à Mgr le prince de Conti) qui offrent d'importantes variantes relevées dans notre tome IX, p. 437 et suivantes.

3. — Les Œuvres postumes de Monsieur de La Fontaine. A Paris, Chez Jean Pohier.... M.DC.XCVI. Avec Privilege du Roy, in-12.

Conformes à l'édition originale.

4. — Les Œuvres postumes de Monsieur de La Fontaine. Il se vend vingt-cinq sols. A Lyon, chez Tomas (*sic*) Amaulry, rue Merciere, au Mercure galant. M.DC.XCVI. Avec Privilege du Roy.

In-12, de 12 ff. parchemin non chiffrés et 276 pp. numérotées.

Cette édition donne exactement le texte de l'édition première de Paris. Ce n'est pas d'ailleurs une contrefaçon, car le Privilège, en date du 16 décembre 1695, est commun au libraire de Paris Deluyne et aux libraires Amaulry et Bachelu de Lyon.

5. — Les Œuvres postumes.... Lyon, Claude Bachelu, 1696, in-12.

6. — Les Œuvres postumes de Monsieur de La Fontaine. A Bordeaux, Chez Simon Boé, Nicolas de la Court et Simon de la Court, M.DC.XCVI. Avec Privilege du Roy.

In-12, de 12 ff. non chiffrés, 175 pp., et 2 ff.

L'Achevé d'imprimer est du 12 mars 1696. Le Privilège porte à la fin : « Ledit sieur G. Deluyne a fait part du présent Privilege aux sieurs Simon Boé, Nicolas de la Court et Simon de la Court, suivant l'accord fait entre eux. »

7. — Suite des Œuvres posthumes de La Fontaine recueillies et publiées par Simien Despréaux. Précédée d'une préface historique contenant quelques anecdotes sur la vie privée de ce

poète célèbre, et qui ne se trouvent point dans le Dictionnaire des hommes illustres. Paris, chez l'éditeur, an VI (1798).

In-8°, de 51 pp.

L'éditeur n'a fait qu'imprimer un cahier manuscrit que lui avait confié une des petites-filles de la Fontaine. Ce cahier contenait plusieurs fables de Furetière et d'amis du fabuliste ; mais on y trouvait en outre la fable intitulée : *le Chat, le Rat, et la Souris;* celle du *Soleil et les Grenouilles*, la satire du *Florentin*, etc.

B. — ŒUVRES.

1. — Œuvres de Monsieur de La Fontaine, nouvelle édition. A Anvers, chez les frères Jacob et Henry Sauvage, libraires à l'Enseigne d'Apollon. M.DCC.XXVI.

3 vol. in-4°, avec frontispice, et portrait de la Fontaine gravé par Duflos. Texte encadré dans une bordure typographique.

Tome I : Fables. Tome II : Contes. Tome III : *Psyché, Adonis, Daphnis et Alcimadure, Philémon et Baucis, les Filles de Minée, Clymène,* le *Poème du Quinquina, la Captivité de saint Malc.*

Première édition qui ait paru des œuvres réunies de la Fontaine, sous la direction de Lancelot.

Elle devait avoir un quatrième volume, dont le recueil suivant tient lieu.

2. — Œuvres diverses de Monsieur de La Fontaine, de l'Académie françoise. Paris, Libraires associés, 1729.

3 vol. pet. in-8°, avec portrait.

C'est le complément de l'édition in-4° de 1726. Elle renferme tous les ouvrages de la Fontaine, tant en prose qu'en vers, qu'il avait été possible de réunir, à l'exception des Fables et des Contes, et elle est faite d'après les manuscrits de l'auteur que la veuve de son fils avait vendus aux Libraires associés.

Il y a des exemplaires à l'adresse de Huart, de la veuve Pissot, de Didot, de Robustel, etc., auxquels le Privilège était commun. Ces exemplaires présentent des différences, surtout dans les titres. Ceux qui portent le nom de Barbou commencent par une dédicace de ce libraire au chevalier d'Orléans.

Tome I : Poésies mêlées ; Poèmes ; fragments du *Songe de Vaux*.

Tome II : Correspondance ; *Clymène, l'Eunuque, Galatée, Je vous prends sans verd*.

Tome III : *Psyché, Daphné;* Opuscules divers ; *Astrée, le Florentin*.

3. — Œuvres diverses. La Haye ou Amsterdam, Isaac Van der Kloot, 1729, 4 vol. in-12.

Réimpression de l'édition précédente, avec un classement nouveau.

4. — Œuvres diverses de Monsieur de La Fontaine. Paris, Chaubert, 1744.

    4 vol. pet. in-12, avec vignettes et texte encadré.

5. — Œuvres diverses de M. de La Fontaine. Paris, Nyon, 1744.

    4 vol. pet. in-12, avec portrait et vignettes.

6. — Œuvres diverses.... A Paris, chez la veuve Pissot, 1744.

    4 vol. pet. in-12, avec portrait de la Fontaine gravé par Pinssio, d'après Rigaud, 4 fleurons sur les titres et 4 vignettes, non signés. Edition contrefaite à Avignon et à Lyon, mais sans vignettes.

    On formait les Œuvres complètes de la Fontaine en ajoutant à ces quatre volumes, les Fables, édition de Paris, 1743 ou 1745, et les Contes, édition de Londres [Paris], 1743, ces éditions ayant été imprimées dans le même format et avec les mêmes caractères : on avait ainsi un la Fontaine en 8 volumes.

7. — Œuvres diverses. Amsterdam, M. Wytwerf, 1744, 4 vol. in-12.

8. — Œuvres diverses (nouvelle édition avec quelques additions). Paris, Prault, 1758, 4 vol. in-12.

    Il y a des exemplaires avec les noms de Nyon, Despilly, Leclerc, etc.

9. — Œuvres choisies de J. de La Fontaine, pour faire suite à ses Fables. Copenhague et Genève, C. et A. Philibert, 1763.

    Pet. in-8°. — Contient un choix des Contes, *les Amours de Psyché et de Cupidon*, *l'Eunuque*, la comédie du *Florentin*, et des Opuscules divers en vers et en prose.

10. — Œuvres choisies. Londres [Paris, Cazin], 1782, in-12.

    Les mêmes, in-18, sans date.

11. — Contes, Théâtre, Psyché, Œuvres diverses. Paris, s. n., 1804, 4 vol. in-18.

12. — Œuvres complètes, contenant les Fables, les Contes, les Amours de Psyché, les Œuvres diverses, et le Théâtre. Paris, Stéréotypie d'Herhan, de l'imprimerie des frères Mame, 1803-1810.

    5 vol. in-12, avec portrait et figures.

13. — Œuvres de La Fontaine (publiées par Fayolle). A Paris, de l'imprimerie et de la fonderie stéréotype de Pierre Didot l'aîné et Firmin Didot, an VII (1799)-1813, 8 vol. in-12.

14. — Œuvres complètes de J. de La Fontaine, précédées d'une nouvelle notice sur sa vie (par L.-S. Auger). A Paris, de l'imprimerie de Crapelet, chez Lefèvre, 1814.

NOTICE BIBLIOGRAPHIQUE.

6 vol. in-8°, avec portrait de la Fontaine, gravé par Ribault, d'après Rigault, et 24 figures par Moreau le jeune, dont 12 pour les Fables, 8 pour les Contes, 2 pour le Théâtre, et 2 pour Psyché. Réimprimées en 1818, même libraire, même format.

15. — Œuvres complètes de J. La Fontaine, précédées d'une nouvelle notice sur sa vie (par Desprez), avec les notes les plus importantes des commentateurs, et quelques observations nouvelles. Paris, Pillet, 1817, 2 parties en 2 vol. in-8°.

16. — Opuscules inédits de J. de La Fontaine, publiés par M. Monmerqué. Paris, Blaise, 1820.

In-8°, avec fac-simile.

Ces opuscules ont été publiés avec les *Mémoires de Coulanges*, mais il en a été tiré à part cent exemplaires, plus un sur papier de Hollande.

17. — Nouvelles Œuvres diverses de J. de La Fontaine, et Poésies de Fr. de Maucroix, accompagnées d'une Vie de Fr. de Maucroix, de notes, et d'éclaircissements, par C.-A. Walckenaer. Paris, A. Nepveu, 1820.

In-8°, avec figures et fac-simile.

Se joint à une plaquette, in-8°, de 21 pp., Paris, Lefèvre, 1822 : Contes attribués à la Fontaine.

18. — Œuvres complètes, accompagnées d'une Histoire de la vie et des ouvrages de J. de La Fontaine, par C.-A. Walckenaer, ornées de cent vingt gravures d'après les dessins de Desenne, Chaudet, Huet, etc., et d'un portrait inédit d'après Lebrun. A Paris, chez A. Nepveu, de l'imprimerie de P. Didot aîné, 1820-1821, 18 vol. gr. in-18.

Édition où Walckenaer a seulement annoté les Œuvres diverses, et réimprimé, sans les notes, son Histoire.... de la Fontaine.

9. — Œuvres complètes. Paris, Menard et Desenne, 1820-1821.

8 vol. in-18, avec figures, d'après Desenne.
Édition faisant partie de la *Bibliothèque française*.

20. — Œuvres diverses et Théâtre. Paris, 1821, 3 vol. in-32.

21. — Œuvres de La Fontaine. Nouvelle édition revue, mise en ordre, et accompagnée de notes, par C.-A. Walckenaer. Paris, Lefèvre, de l'imprimerie de P. Didot, 1822-1883.

C'est réellement la première édition donnée par Walckenaer.
6 vol. in-8°, avec portrait, et 25 figures de Moreau : 12 pour les Fables, 9 pour les Contes, 2 pour le Théâtre, et 2 pour Psyché.

22. — Œuvres complètes, collationnées sur les meilleurs textes (avec l'Éloge par Chamfort). Paris, Lequien, 1824.

5 vol. in-8°, avec portrait.

23. — Œuvres complètes, précédées d'une notice par Walckenaer. Paris, Peytieux, 1825.

> 5 vol. en 7 parties in-8º, avec portrait de la Fontaine d'après Rigault, et 147 figures par Ransonnette, Desenne, Devéria, Susemilth, etc.

24. — Œuvres complètes, précédées de l'Éloge de l'auteur, par Chamfort. Nouvelle édition ornée d'un portrait et de douze gravures d'après Devéria. Paris, Igonette, 1826, gr. in-8º à 2 col.

25. — Œuvres complètes, avec une notice (par H. Balzac), ornées de trente vignettes dessinées par Devéria et gravées par Thompson. Paris, Sautelet ou Baudouin, 1826, gr. in-8º à 2 col.

26. — Œuvres complètes, précédées d'une notice par L.-S. Auger, de l'Académie française. Paris, Delonchamps, de l'imprimerie de J. Didot l'aîné, 1826.

> Gr. in-8º. — Édition compacte à 2 colonnes, ornée d'une vignette-portrait sur le titre et de 25 en-têtes avec encadrements gravés sur bois.

27. — Œuvres complètes, avec les notes de tous les commentateurs, et des notices historiques en tête de chaque ouvrage. Paris, Dupont, 1826, 6 vol. in-8º.

> Contrefaçon de l'édition de Walckenaer publiée par Lefèvre (ci-dessus, nº 21).

28. — Œuvres complètes, avec une notice par Aimé Martin. Paris, Roux-Dufort et Sautelet, 1826, in-18.

> Édition compacte, en petits caractères.

29. — Œuvres de la Fontaine. Nouvelle édition, revue, mise en ordre, et accompagnée de notes, par C.-A. Walckenaer. Paris, Lefèvre, de l'imprimerie de P. Didot, 1826-1827.

> 6 vol. gr. in-8º, avec figures.
> Seconde édition publiée par Walckenaer.
> Il y a des exemplaires au nom de Debure.

30. — Œuvres, avec des notes et une nouvelle notice sur la vie de l'auteur, par C.-A. Walckenaer. Paris, Lefèvre, 1832, 6 vol. in-8º.

> 3ᵉ édition donnée par Walckenaer.

31. — Œuvres, avec des notes et une nouvelle notice sur la vie de l'auteur, par C.-A. Walckenaer. Paris, Lefèvre, 1835.

> Gr. in-8º, avec portrait et figures hors texte.
> 4ᵉ édition donnée par Walckenaer; plus complète que les précédentes, mais sans variantes ni commentaire.

NOTICE BIBLIOGRAPHIQUE.

32. — Œuvres, avec des notes, par C.-A. Walckenaer. Paris, Lefèvre, 1838, 2 vol. in-8°.

    5ᵉ édition donnée par Walckenaer.

33. — Œuvres complètes de Jean de La Fontaine, avec des notes et une nouvelle notice sur sa vie, par C.-A. Walckenaer. Paris, Firmin-Didot, 1840.

    Gr. in-8°, avec portrait.

34. — Fables et Œuvres diverses de Jean de La Fontaine, avec des notes et une nouvelle notice sur sa vie, par C.-A. Walckenaer. Paris, Firmin-Didot, 1841.

    In-12, avec portrait.
    Réimpression en 1848.

35. — Œuvres complètes, nouvelle édition revue sur les textes originaux, par Louis Moland. Paris, Garnier, 1852-1866, 7 vol. in-8°.

36. — Œuvres complètes, avec des notes et une nouvelle notice historique sur la vie de La Fontaine par C.-A. Walckenaer. Paris, Didot, 1857, gr. in-8°.

37. — Œuvres complètes de La Fontaine. Publiées d'après les textes originaux, accompagnées de notes, par Ch. Marty-Laveaux. Paris, P. Janet et P. Daffis, 1857-1877, 5 vol. in-12.

    Un sixième volume doit contenir des *Documents Biographiques* sur la Fontaine.

38. — Œuvres inédites de J. de La Fontaine, avec diverses pièces qui lui ont été attribuées, recueillies pour la première fois par Paul Lacroix. Paris, Hachette, 1863, in-8°.

39. — Nouvelles Œuvres inédites de J. de La Fontaine, suivies de documents historiques contemporains, avec une bibliographie générale de ses ouvrages par P. Lacroix. Paris, Hachette, 1868, in-8°.

40. — Œuvres complètes, nouvelle édition, avec un travail de critique et d'érudition, aperçus d'histoire littéraire, vie de l'auteur, notes et commentaires, par Louis Moland. Paris, Garnier, 1872-1876, 7 vol. in-8°.

    Seconde édition.

41. — Nouvelles Œuvres inédites, suivies de documents historiques et de la bibliographie générale des œuvres de la Fontaine, par P. Lacroix. Paris, Librairie des bibliophiles (Jouaust), 1873.

    In-8°, avec portrait.
    Seconde édition.

42. — Œuvres complètes de La Fontaine, d'après les textes originaux, suivies d'une notice sur sa vie et ses ouvrages, d'une étude bibliographique, de notes, de variantes, et d'un glossaire, par A. Pauly. Paris, Lemerre, 1875-1891, 6 vol. in-8º.

43. — Œuvres de J. de La Fontaine, fables, poésies, etc. Nouvelle édition avec une introduction, par M. Éd. Fournier. Ornée de magnifiques dessins en couleur par MM. Ém. Bayard, T. Johannot, J. David. Paris, Laplace-Sanchez, 1877, gr. in-8º à 2 col.

44. — Œuvres complètes. Nouvelle édition, très soigneusement revue sur les textes originaux et précédée d'une étude sur la vie et les ouvrages de La Fontaine par Louis Moland, vignettes en taille-douce gravées par les meilleurs artistes d'après les dessins de Staal. Paris, Garnier frères, 1877, gr. in-8º à 2 col.

45. — Œuvres, fables et comédies, ornées de 4 gravures en couleurs. Paris, Laplace, 1878, in-12.

46. — Œuvres complètes, avec des notes et une nouvelle notice sur la vie de l'auteur, par C.-A. Walckenaer. Paris, Didot, 1878, gr. in-8º.

I. — RECUEILS
PUBLIÉS DEPUIS LA MORT DE LA FONTAINE,
QUI CONTIENNENT DE SES ŒUVRES.

1. — Nouveau Choix de Pièces de Poésie. Nancy et Paris, P. Witte, 1715, 2 vol. in-8º.

> Publié par Duval de Tours.
> Comprend, de la Fontaine : tome I, p. 63, *Réponse d'une dame à un songe de son amant;* tome II (portant comme sous-titre de départ : « Poésies de Monsieur de La Fontaine, non imprimées »), p. 1, *Épître à Mme de Thiange;* p. 4, *Épître à M. de Niert sur l'Opéra;* pp. 8-10, *Épîtres à M. de Turenne;* pp. 12-13, *Épîtres à M. de Vendôme;* p. 15, *Vers mis.... à un almanach, etc.;* p. 142, *Sur le mariage.*
> Réimpression, la même année, même format, à la Haye, chez H. van Bulderen.

2. — Eloge funebre de Louis XIV, par M. de La Motte, de l'Académie françoise. Avec une Ode sur sa mort, et diverses autres Pieces du même Auteur, et quelques Poesies non imprimées de M. de La Fontaine.... A la Haye, chez Henri du Sauzet, M.DCC.XVI.

> In-12, contenant, aux pp. 100-132, les poésies déjà imprimées aux pp. 1-15 du Nouveau Choix.... de Duval de Tours.

3. — Recueil des meilleurs contes en vers (par La Fontaine, Vol-

taire, Vergier, Senecé, Perrault, Moncrif, Grécourt, Piron, Dorat, Autreau, etc.). Londres [Paris, Cazin], 1778.

<small>4 vol. pet. in-12, avec figures de Duplessis-Bertaux.</small>

4. — Les Plaisirs de l'Amour ou Recueil de contes, histoires, et poëmes galans (par La Fontaine, Voltaire, Gresset, Dorat, Bordes, etc.). Chez Apollon, au Mont-Parnasse [Cazin], 1782.

<small>3 tomes en 1 vol. in-16, avec frontispice et 17 figures.</small>

5. — Voyages en France et autres pays, par Racine, La Fontaine, Regnard, Chapelle et Bachaumont, Hamilton, Voltaire, Piron, etc. Paris, Chaumerot, 1808.

<small>5 vol. in-18, avec frontispice, figures, et portraits, par Monnet, Duplessis-Bertaux, Lebrun, etc.</small>

6. — La Fontaine, Voltaire, Sénecé, Perrault, Moncrif, Grécourt, Saint-Lambert, Piron, Dorat, etc., contes et nouvelles. Paris, Leclerc, 1861-1862, 4 vol. in-16.

7. — Contes en vers, imités du Moyen de Parvenir, par Dorat, Grécourt, La Fontaine, etc., avec les imitations de M. le comte de Chevigné et celles d'Épiphane Sidredoulx. Paris, Vilhem, 1874, in-12.

J. — TRADUCTIONS.

1. — Fabulæ selectæ e gallico D. de La Fontaine, latine redditæ. Amstelodami [Rothomagi], P. Mortier, 1694, in-12, de 46 pp.

<small>Réimprimées dans le recueil publié par l'abbé Saas, en 1738.

Le P. Desmolets, dans une note manuscrite mise sur un exemplaire de cette traduction, l'attribue au P. Delfant, oratorien. Cette note mérite toute confiance : Robert a eu sous les yeux un exemplaire de ces fables ainsi intitulé : *Henrici Delphatii* (H. Delfant) *selectæ Fabulæ e gallico D. de La Fontaine, latine redditæ.* Amstelodami, P. Mortier, 1694, in-12, de 46 pp.</small>

2. — Fabulæ selectæ D. de La Fontaine, latinis redditæ carminibus, variaque carmina ad usum juventutis (cura et studio P. Tissard et M. Vinot, orat. D. J. C.). Trecis, Jacques Lefèvre, s. d. [1696].

<small>In-12. Réimpression d'une édition publiée à Saumur, 1695, même format.</small>

3. — Fables Choisies, Mises en Vers par M. de La Fontaine, et par luy reveües, corrigées, et augmentées de nouveau. Puis traduites et mises en prose allemande le plus succinctement qu'il

a été possible par M. Balthazar Nickisch, Maître de langue à Ausburg. Chés Jean Ulric Kraus, Bourgeois et Graveur en taille-douce. Cum Privilegio Sacræ Cæs. Majestatis. Ausburg, Imprime (sic) Chés Jean Jacques Lotter, M.DCC.VIII.

> In-8°, avec 5 frontispices et 236 vignettes de Kraus. Réimpressions en 1713 et 1735.

4. — Fables und Tales in French and English, now first translated, with the Author's life. London, Arthur Bettesworth, 1734, in-8°.

5. — Fables Choisies de M. de La Fontaine, traduites en vers latins (1° par les PP. Vinot et Tissard, oratoriens; 2° par le P. Delfant, aussi oratorien); et autres pièces de poésie latine et française. Anvers [Rouen], Michel Bonnefoy, 1738, in-12.

> Le tout publié, avec une préface, par l'abbé Saas.

6. — The Loves of Cupid and Psyche, in verse and prose, from the French : to which are prefixed a version of the same story from the Latin of Apuleius; with a new Life of La Fontaine, extracted from a great variety of authors. The whole illustrated with notes. By Mr. John Lockman. London, 1744, 5 volumes, in-8°.

7. — Fabulæ selectæ e gallico (Domini de La Fontaine) in latinum sermonem conversæ, auctore Patre*** (Giraud). Rothomagi, Machuel, 1765, in-12.

8. — Fabulæ selectæ Fontanii e gallico in latinum sermonem conversæ, in usum studiosæ juventutis, auctore J. B. Giraud, orat. D. J. C. (cum textu gallico). Rothomagi, Durand nepveu et le Boucher, 1775, 2 vol. in-8°.

> Les mêmes, Paris, Delalain, 1822 et 1824, 2 vol. in-12.

9. — Poesie del dottor Tommaso Crudeli; edizione 2ª. In Napoli, 1767, in-8°.

> Cet auteur a traduit en italien les fables suivantes de la Fontaine : le Jardinier et son Seigneur, p. 56; la Cour du Lion, p. 61; le Loup et les Bergers, p. 64; le Chat, la Belette, et le petit Lapin, p. 67; Parole de Socrate, p. 107.

10. — Fables causides de La Fontaine, en bers gascouns. A Bayoune, de l'emprimerie de Paul Fauvet Duhard, 1776, in-8°.

> Frontispice, et portrait de la Fontaine par Moreau le jeune, gravés par Lemire.

11. — Tales and Novels in verse by several Hands. Published and compleated by Sam. Humphreys. London, 1785, 2 vol. in-8°.

NOTICE BIBLIOGRAPHIQUE.

12. — Fables, traduites en vers hollandais. Amsterdam, J. Allart, 1786.

   5 vol. in-8°, avec frontispice, et 275 planches de Punt et Vinkeles d'après les dessins d'Oudry.
   Réimpression, en 1805, 4 vol. in-8°.

13. — Fabulas traduc. del frances por Mar. de Calzada. Madrid, Impr. real, 1788, 2 vol. in-4°.

14. — Fabeln, franz. uberzeet deutsch, von Sm. H. Catel. Berlin, 1791-1794, 4 vol. in-8°.

15. — Fables et Contes en vers languedociens, patois de Montpellier, par Aug. Tandon. An VIII (1799), in-8°.

   Ce recueil est composé en grande partie de fables de la Fontaine.

16. — Fabeln, neu bearbeitet für die Iugend. Leipzig, 1803, 3 vol. in-8°.

17. — Fabelen van La Fontaine in nederduitsche vaerzen; vercied met een groot getal plaaten. Amsterdam, 1803-1805, 4 vol. gr. in-8°.

18. — Fables now first translated from the French into English verse, by Robert Thomson. Paris, Chenu, 1806, 4 vol. in-8°.

19. — Quelques fables choisies de La Fontaine, mises en patois limousin, par J. Foucaud, avec le texte français à côté. Limoges, J.-B. Bargeas, 1809, 2 vol. in-12.

20. — Fables choisies de La Fontaine, mises en patois limousin, par J. Foucaud; nouvelle édition avec le texte en regard, et augmentée de pièces inédites du même auteur. Limoges, 1835.

   In-8°, avec portrait et figures.

21. — Les Fables de La Fontaine en français et en allemand, Leipsick, 1811, in-12.

22. — Schwänke und Märchen von Hans La Fontaine, verdeutsch durch einen alten Wälschen. Boston, 1811, 2 vol. in-8°.

23. — Fables de La Fontaine, traduites en vers italiens, par Étienne Egyde Pétronj, auteur de *la Napoléonide*, avec le texte français en regard. Paris, Michaud, 1811-1812, 4 vol. in-12.

   Les mêmes, Londres, 1815, 3 vol. in-12.

24. — Tales imitated in English verse. London, 1814, 2 vol. in-12.

25. — Fabulas escolhidas entre as de J. de La Fontaine; traduzidas em verso portuguez, e emendadas sobre a ediçaó feita

em Londres, e accresentadas com a vida e elogio de La Fontaine, por Francisco Manoel do Nascimento. Paris, Cellot, 1815, 2 vol. in-12.

26. — Fablos causidos de Jean de La Fountaino, tremudados en berses gascouns, è dediados à Soun Altesso Rouyalo M. lou Duc d'Angoulémo, per un Bordelés, M. Bergeyret, lou nebou. Paris, Michaud, 1816, in-12.

27. — Fables choisies, traduites en vers grecs par Joseph Bouzeran, régent de l'Université. Paris, A. Delalain, 1818, 4 vol. in-12.

28. — Fables from La Fontaine, in English verse. London, 1820, in-8°.

29. — Fableac edo aleguiac la Fontenetaric Berechiz hartuac, eta goyhetche apheçac franxesetic escoarara berxuṭan itçuliac. Bayonnan, Forec eta Lasserrec, imprimatuac, 1832, in-18.

Traduction basque, en dialecte labourdin.
Nouvelle édition en 1852.

30. — La Fontaine's Fables, translated into English verse, by the reverend abbé Cummins. Blois, Imprimerie de Dezairs, 1834, in-8°.

Les trois premiers livres seulement.

31. — Fables Choisies de La Fontaine, traduites en vers bretons, par de Goësbriand. Morlaix, Guilmer, 1836, in-8°.

32. — Deux cents fables en vers arabes par Mohammed Osman, lithographiées à Moscou. Paris, Vanderost, 1841, in-12.

Les six premiers livres des Fables complètes.

33. — Fables illustrated by J.-J. Granville, translated from the French by Elizar Wright. London, 1841 et 1843, 2 vol. royal in-8°.

Les mêmes, en 1 vol. in-8°, Boston, 1846.
Les mêmes, en 2 vol. in-18, Boston, 1848.

34. — Les Bambous. Fables de La Fontaine, travesties en patois créole, par un vieux commandeur (Marbot, commissaire de la marine ordonnateur). Fort-Royal-Martinique, E. Ruelle et Ch. Arnaud, 1846, in-8°.

Cette curieuse traduction est un important spécimen du jargon parlé par les nègres de la Martinique.

35. — La Fontainaren, aleghia-berheziak, neurthitzez franzosetik

uskarara itzuliak, J.-B. Archu. La Reolen, Pasquieren, 1848, in-8°.

> Traduction, en dialecte souletin et en vers, de 49 fables de la Fontaine, avec le français en regard, précédée d'une grammaire et suivie d'un dictionnaire basque-français.

36. — Fablos caousidos de Lafountaino libromen traduitos en patouès pyrénéen et enrichidos dous éléments de la grammaire d'aquéro lengo, per Jules Portes (de Nestier). Bagnères de Bigorre, P. Plassot, 1857, in-8°.

37. — Μῦθοι τοῦ Λαφονταίνου ἐκ γαλλικοῦ μεταφρασμένοι ὑπὸ Μ. Ἀνδρεάδου. Athènes, 1863, in-8°.

K. — ÉTUDES RELATIVES A LA FONTAINE.

1. — Les Hommes illustres qui ont paru en France pendant le siècle de Louis XIV, par Ch. Perrault. Paris, Desailler, 1696, 2 vol. in-fol.

2. — Vie de La Fontaine, par Montenault. Copenhague, chez les frères Philibert, 1758, pet. in-8°.

> Cette notice avait été publiée d'abord en tête de la grande édition in-fol. des Fables (1755-1759).

3. — Recueil de l'Académie des Belles-Lettres, Sciences, et Arts, de Marseille, pour l'année 1774, contenant l'Éloge de La Fontaine, par M. de Chamfort qui a remporté le prix. Deux autres éloges qui ont eu l'accessit; et une ode sur le même sujet par M. François de Neufchâteau. Marseille, J. Mossay et Ant. Favet, 1774, in-8°. (Le deuxième éloge est par la Harpe; le troisième, par Gaillard.)

4. — Éloge de La Fontaine, ouvrage qui a remporté le prix, au jugement de l'Académie de Marseille, le 25 d'août 1774, par M. de Chamfort. Paris, Ruault, 1774, in-8°.

5. — Éloge de La Fontaine, qui a concouru pour le prix de l'Académie de Marseille, en 1774, par M. de la Harpe. Paris, Lacombe, 1774, in-8°.

6. — Éloge de La Fontaine, discours qui a eu l'accessit au concours proposé par l'Académie de Marseille, en 1774, par Gaillard. Paris, 1774, in-8°.

7. — Éloge de La Fontaine, qui a concouru pour le prix de Mar-

seille, en 1774 (par Naigeon, d'après Barbier). Bouillon, aux dépens de la Société typographique, 1775, in-8°.

Autre édition, Dijon, Causse, 1795, in-8°.

8. — Vie de Jean de La Fontaine et catalogue de ses pièces. Paris, Bélin et Brunet, 1785, in-12.

9. — Parallèle curieux des Fables, en vers latins, de M. Lebeau, avec La Fontaine et tous les poètes latins qui ont traité les mêmes fables. Paris, Nyon, 1785, in-8°.

10. — Notice sur la vie de La Fontaine, avec quelques observations sur ses fables, par M. Naigeon, membre de l'Institut national des Sciences et Arts. S. l. n. d., in-12.

11. — Jugement de La Fontaine sur la Révolution adressé à la nouvelle législature. A Paris, chez les marchands de nouveautés, 1791, in-8°.

12. — Fontainiana, ou Recueil d'anecdotes, bons mots, traits ingénus, de Jean de La Fontaine, suivi de l'éloge de la galle et de plusieurs autres pièces de ce poète, inédites. A Paris, chez les frères Pillot, libraires, au Pont-Neuf, n° 5, an IX (1801), in-16.

Portrait de la Fontaine par Mariage.

13. — Le La Fontaine des trois premiers âges, par Ph. Lebrun. Paris, Favre, 1809, in-8°.

14. — Histoire de la vie et des ouvrages de La Fontaine, par Mathieu Marais, avec des notes et quelques pièces inédites. Paris, Renouard, 1811, in-12.

Publiée pour la première fois par Parison et Chardon de la Rochette.

15. — Étude sur La Fontaine, ou Notes et Excursions littéraires sur ses fables, par P. L. S. T. (Solvet), précédées de son éloge par Gaillard. Paris, Grabit, 1812, in-8°.

16. — Hommages poétiques à La Fontaine. Choix de pièces de vers composées en son honneur, accompagnées de notices par le Bailly. Paris, A. Nepveu, 1820, in-8°.

17. — Histoire de la vie et des ouvrages de Jean de La Fontaine, par C.-A. Walckenaer. Paris, A. Nepveu, 1820.

In-8°, avec portrait gravé par Pauquet d'après Lebrun, figures, et fac-similé.

Autres éditions, 1822, 1824, 1858 (chez Firmin Didot), avec de nombreuses additions, 2 vol. in-12; 1860, même format.

NOTICE BIBLIOGRAPHIQUE.

18. — Observations sur les quatres dernières fables de La Fontaine, restées jusqu'ici sans commentaire, par Sélis, Delille, et la Harpe, recueillies par J.-B. Gail. Paris, Delalain et Dufart, 1821, in-8°.

19. — Recherches sur les auteurs dans lesquels La Fontaine a pu trouver le sujet de ses fables, par Guillaume. Besançon, veuve Daclin, 1822, in-8°.

20. — Étude sur La Fontaine, par Guillaume, et Recherches sur les auteurs dans lesquels il a pu trouver les sujets de ses fables. Besançon, veuve Daclin, 1822, in-8°.

Seconde édition, augmentée, des Recherches précédentes.

21. — Fables anciennes et modernes, françaises et étrangères, dont J. La Fontaine a traité le sujet, littéralement extraites de près de 400 ouvrages antérieurs au XVIII° siècle, par J.-L. Prel et J.-F.-M. Guillaume. Paris, Lance, 1829, in-8°.

Ce n'est qu'un spécimen où sont données les sources du *Meunier, son Fils, et l'Ane*.

22. — Les Métamorphoses du jour, ou La Fontaine en 1831, par Eugène Desmares, avec des vignettes dessinées par Henri Monnier et gravées par Thompson. Paris, Delaunay, 1831, 2 vol. in-8°.

23. — Notice inédite, historique et littéraire, sur la vie de La Fontaine, composée par feu M. des Renaudes pour l'édition des Fables de La Fontaine faisant partie de la *Nouvelle Bibliothèque classique*. Paris, Treuttel et Wurtz, 1832, in-8°.

24. — Choix de fables de La Fontaine expliquées aux enfants, par Napoléon Landais. Paris, Edme Picard, 1846, in-12.

25. — Lettre de Béranger envoyée à M. Perrotin avec la copie de son testament, 14 novembre 1847 (Béranger, ma Biographie, appendice, p. 314).

Il s'agit dans cette lettre d'une sorte de préface écrite par le chansonnier sur la demande de M. Feuillet de Conches pour l'édition des Contes de la Fontaine à un unique exemplaire. Cette lettre a été reproduite dans la livraison de *l'Artiste* d'août 1887 :
« .... Il existe un manuscrit de moi entre les mains de M. F···· (Feuillet de Conches). Je le lui ai donné à condition de ne pas le rendre public. Je ne sais plus bien ce qu'il est; le sujet est *les Contes de la Fontaine*. Je maintiens la défense de publier à laquelle M. F···· m'a promis de se soumettre. »

26. — Une préface de M. de Lamartine, article extrait de *l'Union*

NOTICE BIBLIOGRAPHIQUE.

provinciale des 18, 26, et 23 juillet 1850. Dijon, Imprimerie de Loireau-Feuchot, 1850, in-8°.

> La pièce est signée : C. M. (au sujet d'un jugement sur la Fontaine).

27. — *L'Artiste*, revue hebdomadaire du nord de la France. Lille, 1850-1851. « Les Fables de La Fontaine sont-elles un mauvais livre? » par A. Chassang.

28. — Vocabulaire pour les œuvres de La Fontaine, ou explication et définition des mots, locutions, formes grammaticales, etc., employés par La Fontaine et qui ne sont plus usités, par Théod. Lorin. Paris, Comon, 1852, in-8°.

29. — Essai sur la langue de La Fontaine, par Ch. Marty-Laveaux. Paris, Dumoulin, 1853, in-8°.

30. — Essai sur les fables de La Fontaine, par H. Taine. Paris, 1853, in-8°.

31. — La Fontaine et ses Fables, par H. Taine. Paris, Hachette, 1860, in-12.

> Ouvrage dans lequel l'auteur a refondu et développé sa thèse de doctorat.

32. — La Fontaine. Discours prononcé à la séance publique de l'Académie d'Amiens, par M. Tivier, le 20 août 1860. Amiens, Typographie de E. Yvert, 1861, in-8°.

33. — La Fontaine moraliste, causeries par Améd. de Margerie, professeur de philosophie à la Faculté des lettres de Nancy. Nancy et Paris, 1861, in-16.

34. — La Fontaine et ses Devanciers, ou Histoire de l'apologue jusqu'à La Fontaine, par P. Soullié. Paris, 1861, in-8°.

35. — La Fontaine et Buffon, par M. Damas Hinard. Paris, Perrotin, 1862, in-12.

36. — La Fontaine et M. de Lamartine, par M. Jules Claretie, conférence faite le 3 mai 1864. Paris, Cournol, 1864, in-8°.

37. — La Fontaine et les Fabulistes, par Saint-Marc Girardin. Paris, Michel Lévy frères, 1867, 2 vol. in-8°.

38. — De quelques emprunts ou imitations en littérature à propos de Racine et de La Fontaine, par M. Ch. Liotard. Nîmes, Clavel-Ballivet, 1867, in-8°.

39. — Leçon sur La Fontaine, par M. Crouslé, publiée dans la *Revue des cours littéraires*, 28 décembre 1867, 11 et 25 janvier 1868.

NOTICE BIBLIOGRAPHIQUE.

40. — G. Franceschi. Les Fabuleuses Bêtes du bonhomme. Paris, Jouaust, 1869, in-8°.

41. — La Fontaine, économiste, conférence faite à la Faculté de droit de Paris, le dimanche 11 février 1872, par M. Gustave Boissonade. Paris, Guillaumin et Cie, 1872, in-8°.

42. — La politique et la diplomatie dans les Fables de La Fontaine, par Louis de Riberpré (deux articles du *Mémorial diplomatique*, 9 novembre et 14 décembre 1872).

43. — Recherches sur les Fables de La Fontaine, par Paul Lacroix. Paris, Jouaust, 1875, in-8°.

44. — Le premier livre des Fables de La Fontaine (texte de 1668), accompagné d'une version latine interlinéaire calquée sur le texte français, établissant la généalogie des mots français et les différentes phases de leur transformation, par Hippolyte Cocheris, inspecteur général de l'Instruction publique. Paris, Delagrave, s. d. [1880], in-8°.

45. — La Fontaine et Descartes, ou les Deux Rats, le Renard, et l'Œuf, par le docteur A. Netter. Paris, Berger-Levrault et J. Michelet, 1885, in-12.

46. — La Fontaine. Les Fables, filtrées par Aurélien Scholl. Paris, Dentu, 1886, in-8°.

47. — La Fontaine, par E. Faguet. Paris, Lecène et Oudin, 1889, in-8°.

48. — Les Fables de La Fontaine, par A. Delboulle, additions à l'histoire des Fables, comparaisons, rapprochements, notes littéraires et lexicographiques, etc. Paris, Émile Bouillon, 1891, in-12.

49. — Pièces de théâtre relatives à la Fontaine, ou dont il est un des personnages : Jean la Fontaine, par Jacquelin, an VII (1799); Molière avec ses amis, par le même, 1801 ; la Comédie aux Champs Élysées, hommage à Colin d'Harleville, par de Rougemont et Pillon, 1806 ; Jean la Fontaine, par Dieulafoi et Prévost d'Iray, 1806 ; la Fontaine chez Mme de la Sablière, par Naudet, 1821 ; le Déménagement de la Fontaine, par Th. Peyn, 1824 ; Jean la Fontaine à Château-Thierry, par P. L., 1825 ; Champmeslé, par H. Lucas, 1844 ; etc., etc.

FIN DE LA NOTICE BIBLIOGRAPHIQUE.

POÉSIES DIVERSES

(SUITE)

BALLADES ET RONDEAUX

I

BALLADE

SUR LE REFUS QUE FIRENT LES AUGUSTINS DE PRÊTER [1]
LEUR INTERROGATOIRE DEVANT MESSIEURS [2], EN 1658.

Tallemant des Réaux a laissé de cette ballade, comme de plusieurs autres de ces Poésies, une copie manuscrite qui, avant d'être imprimée, avait couru le monde et semblé tellement divertissante qu'on se plaisait à la réciter dans les ruelles. Boileau, dans son *Lutrin* (chant 1, vers 45-50), n'a eu garde d'oublier le siège fameux soutenu par les Augustins déchaussés, le 23 août 1658, contre les archers du Parlement, lequel voulait les contraindre à recommencer une élection ; il fait ainsi parler la Discorde :

> Quoi ! dit-elle d'un ton qui fit trembler les vitres,
> J'aurai pu jusqu'ici brouiller tous les chapitres,
> Diviser Cordeliers, Carmes, et Célestins !
> J'aurai fait soutenir un siège aux Augustins !
> Et cette église seule, à mes ordres rebelle,
> Nourrira dans son sein une paix éternelle !

Brossette, éditeur de Boileau, qui cite les quatre premiers et les trois derniers vers de notre pièce [3], imprimés dans sa Remarque

1. Il y a bien *prêter* dans les *OEuvres diverses*. Dans la copie de Tallemant des Réaux on lit plutôt *porter* ou *passer*.
2. Devant Messieurs du Parlement. (Manuscrit de Tallemant.)
3. *OEuvres de M. Boileau Despréaux*, Genève, 1716, in-4°, tome I,

pour la première fois, Brossette dit au sujet du combat des Augustins :

« De deux ans en deux ans, les Augustins du grand couvent de Paris nomment en chapitre trois de leurs religieux bacheliers pour faire leur licence en Sorbonne. Il y a trois places fondées pour cela. En 1658, le P. Célestin Villiers, prieur de ce couvent, voulant favoriser quelques bacheliers, en fit nommer neuf pour les trois licences suivantes. Ceux qui s'en virent exclus par cette élection prématurée se pourvurent au Parlement, qui ordonna que l'on feroit une autre nomination, en présence de MM. de Catinat et de Saveuse, conseillers de la cour, et de Mrs Jannart, substitut du procureur général. Les religieux ayant refusé d'obéir, la cour fut obligée d'employer la force pour faire exécuter son arrêt. On manda tous les archers, qui, après avoir investi le couvent, essayèrent d'enfoncer les portes. Mais ils n'en purent venir à bout parce que les religieux, prévoyant ce qui devoit arriver, les avoient fait murer par derrière, et avoient fait provision de cailloux et de toute sorte d'armes. Les archers tentèrent d'autres voies : les uns montèrent sur les toits des maisons voisines pour entrer dans le couvent, tandis que les autres travailloient à faire une ouverture dans la muraille du jardin, du côté de la rue Christine. Les Augustins, s'étant mis en défense, sonnèrent le tocsin et commencèrent à tirer d'en bas sur les assiégeants. Ceux-ci, postés plus avantageusement qu'eux, et couverts par les cheminées, tirèrent à leur tour sur les moines dont il y en eut deux de tués et autant de blessés.

« Cependant, la brèche étant faite, les religieux eurent la témérité d'y porter le saint sacrement, espérant d'arrêter par là les assiégeants. Mais, comme ils virent que cette ressource étoit inutile, et que l'on ne laissoit pas de tirer sur eux, ils demandèrent à capituler, et l'on donna des otages de part et d'autre. Le principal article de la capitulation fut que les assiégés auroient la vie sauve, moyennant quoi ils abandonnèrent la brèche et livrèrent leurs portes. Les commissaires du Parlement, étant entrés, firent arrêter onze de ces religieux, qui furent menés en prison à la Conciergerie. Ce fut le 23 d'août 1658, veille de Saint-Barthélemy. Le

p. 361. Voyez aussi tome II, p. 462, de l'édition Saint-Marc (Amsterdam, 1772, in-12).

cardinal Mazarin, qui n'aimoit pas le Parlement, fit mettre les religieux en liberté, par ordre du Roi, après vingt-sept jours de prison. Ils furent mis dans les carrosses du Roi et menés en triomphe dans leur couvent, au milieu des gardes françoises rangées en haie depuis la Conciergerie jusques aux Augustins. Leurs confrères allèrent les recevoir en procession, ayant des palmes à la main. Ils sonnèrent toutes leurs cloches, et chantèrent le *Te Deum* en actions de grâces.

« La Fontaine fit à ce sujet une ballade dont M. Despréaux n'avoit retenu que le commencement et la fin. »

Comparez l'*Histoire de la Fontaine* par Walckenaer, tome I, p. 59-60; et notre tome I, p. LIX.

La ballade a paru pour la première fois, complète, dans les *OEuvres diverses* de 1729, tome I, p. 10.

Aux Augustins, sans alarmer la ville,
On fut hier soir; mais[1] le cas n'alla bien :
L'huissier, voyant de cailloux une pile,
Crut qu'ils n'étoient mis là pour aucun bien.
Très sage fut; car, avec doux maintien, 5
Il dit : « Ouvrez; faut-il tant vous requerre?
Qu'est-ce ceci[2]? Sommes-nous à la guerre?
Messieurs[3] sont seuls; ouvrez et croyez-moi.
— Messieurs, dit l'autre, en ce lieu n'ont que [querre[4];
Les Augustins sont serviteurs du Roi.

— Dea[5], répond l'un de Messieurs fort habile,
Conseiller clerc, et surtout bon chrétien,
Vous êtes troupe en ce monde inutile,
Le tronc[6] vous perd depuis ne sais combien;
Vous vous battez, faisant un bruit de chien[7]. 15

1. On fut hier; mais. (Manuscrit de Tallemant.)
2. Qu'est ceci donc? (*Ibidem*.) — 3. Messieurs du Parlement.
4. N'ont rien à quérir, chercher : tome VIII, p. 442 et note 1.
5. Tome IV, p. 159 et note 2. — 6. Le tronc aux aumônes.
7. Comparez une lettre de l'abbé le Camus à l'abbé de Pont-

D'où vient cela? Parlez, qu'on ne vous serre [1].
Car, que soyez de Paris ou d'Auxerre,
Il faut subir cette commune loi;
Et, n'en déplaise aux suppôts [2] de saint Pierre [3],
Les Augustins sont serviteurs du Roi. »   20

Lors un d'entre eux (que ce soit Pierre ou Gille,
Il ne m'en chaut [4], car le nom n'y fait rien) :
« Vraiment, dit-il, voilà bel évangile;
C'est bien à vous de régler [5] notre bien.
Que le tronc serve à l'autel de soutien,   25
Ou qu'on le vide afin d'emplir le verre [6],
Le Parlement n'a droit de s'en enquerre;
Et je maintiens comme article de foi
Qu'en débridant matines [7] à grand' erre [8]
Les Augustins sont serviteurs du Roi. »   30

château du 5 mai 1673, citée par Sainte-Beuve (*Port-Royal*, tome IV, p. 543-544), où l'abbé s'indigne des désordres, des scandales, des abominations des Augustins, et de l'impudence avec laquelle ils résistent à toute réforme.
1. Qu'on ne vous serre la vis, qu'on ne vous mette à la gêne, à la torture; ou simplement : qu'on ne vous mette en prison.
2. Tome VI, p. 7 et note 2.
3. Dans la copie de Tallemant des Réaux on lit à la marge cette variante :

Et verrons si, quoi qu'en dise saint Pierre, etc.

4. Je ne m'en inquiète pas : tome VIII, p. 444 et note 4.
5. A régler. (Manuscrit de Tallemant.)
6.   En l'ordre de saint Augustin
    Bon pain, bon vin, ont et cras pot,
    Chascuns tant comme user en pot.
            (RUTEBEUF, tome I, p. 445.)

7. On dit de même : « débrider vêpres, débrider son bréviaire ». Chez Rabelais, tome I, p. 104 : « Beau despescheur d'heures, beau desbrideur de messes, beau descroteur de vigiles. »
8. En grande hâte : tome VI, p. 21 et note 8.

ENVOI.

Sage héros[1], ainsi dit frère Pierre[2];
La cour lui taille un beau pourpoint de pierre[3],
Et dedans peu me semble que je voi
Que, sur la mer ainsi que sur la terre,
Les Augustins sont serviteurs du Roi[4].

1. Foucquet peut-être, procureur général au Parlement, au nom de qui les poursuites étaient faites; à moins que cet envoi ne soit adressé à un personnage imaginaire, à un « héros » quelconque, comme dans beaucoup d'anciennes ballades.

2. Ci-dessus, vers 21. — Dans le manuscrit de Tallemant des Réaux :
Prince, voilà ce que dit frère Pierre.

3. L'envoie en prison. — « Il ne sera pas bien à Lyon, de peur d'un pourpoint de pierre de taille en Pierre-Ancise. » (Gui Patin, *Lettres*, Paris, 1846, in-8°, tome II, p. 495.)

4. Car, condamnés par le Parlement, ils serviront aussi le Roi sur les galères, « sur la mer ». — Cet envoi prouve que la ballade fut écrite avant la délivrance des moines récalcitrants. — Dans le manuscrit de Tallemant des Réaux on lit en marge de l'envoi : « Furetière disoit qu'il les falloit tous mettre dans une galère et l'appeler « la galère de saint Augustin aux galères ».

II

BALLADE

POUR LE PREMIER TERME.

A MADAME....

Cette ballade a été publiée pour la première fois en 1685 dans les *Ouvrages de prose et de poésie*, etc., tome I, p. 105, et réimprimée dans les *OEuvres diverses* de 1729, tome I, p. 23, où le titre est : « A Madame la Sur-Intendante. »

C'est le premier terme de la pension poétique promise à Foucquet (ci-dessous, épître II).

Voyez l'*Histoire de la Fontaine* par Walckenaer, tome I, p. 50-53; et notre tome I, p. LXI.

Les deux « quittances » de Pellisson que nous transcrivons à la note 4 de la page 10 ont été imprimées à la suite de l'*Histoire de la Fontaine* par Mathieu Marais, édition in-12, p. 126, et édition in-18, p. 164. Elles ont été insérées, dit Walckenaer, « dans l'édition stéréotype des *OEuvres diverses de la Fontaine*, de Didot, Paris, 1813, in-18, p. 5-6, mais tout à fait hors de leur place, et détachées de la ballade qu'elles concernent. C'est dans l'édition des *OEuvres de la Fontaine*, Paris, 1814, in-8°, tome VI, p. 46, qu'elles ont été imprimées à la suite de cette ballade. Mais dans ces deux éditions, comme dans celle que nous avons nous-même donnée en 1820, in-18, tome XIII, p. 213, c'est à tort qu'on a attribué ces deux pièces à notre poète : elles sont de Pellisson. En effet, Chardon de la Rochette, éditeur de l'ouvrage de Mathieu Marais, a trouvé, à la suite de feuilles volantes qui contenaient diverses pièces inédites de la Fontaine, ces deux quittances, écrites de la main même de Pellisson, et précédées de cette note : « Je n'ai pas gardé la quittance, « parce que je n'ai pas cru qu'elle le valût; mais, s'il m'en sou-« vient, elle étoit à peu près telle. » Les pièces de la Fontaine étaient écrites par un excellent calligraphe, et apostillées de la main de Pellisson; et ces apostilles indiquent que ces copies devaient être présentées à Foucquet. Il est donc évident que c'est Pellisson qui a fait ces deux quittances au nom de Mme Foucquet, et qui s'est donné la peine de se les rappeler, et de les écrire, lorsqu'il mit ces pièces en ordre, afin d'avoir toute la suite de ce commerce de vers. La Fontaine n'a pu se donner quittance à lui-même, ni s'intituler le secrétaire des Muses, et dire que ses vers étaient sans pareils; Pellisson n'aurait pu se rappeler des pièces de si peu d'importance s'il n'en avait pas été l'auteur. »

  Comme je vois Monseigneur votre époux
  Moins de loisir qu'homme qui soit en France,
  Au lieu de lui, puis-je payer à vous?
  Seroit-ce assez d'avoir votre quittance?
  Oui? je le crois, rien ne tient en balance   5
  Sur ce point-là mon esprit soucieux :
  Je voudrois bien faire un don précieux[1];
  Mais si mes vers ont l'honneur de vous plaire,
  Sur ce papier promenez vos beaux yeux.
  En puissiez-vous dans cent ans autant faire!   10

  Je viens de ....[2], sachant bien que sur tous[3]
  Les Muses font en ce lieu résidence;
  Si[4] leur ai dit, en ployant les genoux :
  « Mes vers voudroient faire la révérence
  A deux soleils de votre connoissance,   15
  Qui sont plus beaux, plus clairs, plus radieux
  Que celui-là qui loge dans les cieux;
  Partant, vous faut agir dans cette affaire,

1. Ce n'est pas cela qui rend mon esprit soucieux : ce qui m'embarrasse, c'est de vous offrir un cadeau digne de vous.
2. Vaux. — Ce mot est en blanc dans l'édition originale et dans celle de 1729, de même que dans l'*Ode pour la Paix* (tome VIII, p. 380 et note 2).
3. Tomes V, p. 288 et note 2, VI, p. 306, VII, p. 33, etc.
4. Tome VIII, p. 363 et note 4.

Non par acquit[1], mais de tout votre mieux[2].
En puissiez-vous dans cent ans autant faire! » 20

L'une des neuf m'a dit d'un ton fort doux
(Et c'est Clio, j'en ai quelque croyance) :
« Espérez bien de ces[3] yeux et de nous. »
J'ai cru la Muse; et sur cette assurance
J'ai fait ces vers, tout rempli d'espérance. 25
Commandez donc en termes gracieux
Que, sans tarder, d'un soin officieux,
Celui des Ris qu'avez pour secrétaire
M'en expédie un acquit glorieux[4].
En puissiez-vous dans cent ans autant faire! 30

1. Non par manière d'acquit.
2. *Le Tableau*, vers 18. — 3. Ses. (1729.)
4.

QUITTANCE PUBLIQUE
POUR LA BALLADE PRÉCÉDENTE, PAR PELLISSON[a].

[1659.]

Par-devant moi, sur Parnasse notaire,
Se présenta la reine des beautés,
Et des vertus le parfait exemplaire,
Qui lut ces vers, puis, les ayant comptés,
Pesés, revus, approuvés, et vantés,
Pour le passé voulut s'en satisfaire;
Se réservant le tribut ordinaire
Pour l'avenir, aux termes arrêtés.
Muses de Vaux, et vous leur secrétaire,
Voilà l'acquit tel que vous souhaitez.
En puissiez-vous dans cent ans autant faire!

QUITTANCE SOUS SEING-PRIVÉ
POUR LA BALLADE PRÉCÉDENTE, PAR PELLISSON[b].

[1659.]

De mes deux yeux, ou de mes deux soleils,
J'ai lu vos vers qu'on trouve sans pareils,
Et qui n'ont rien qui ne me doive plaire.
Je vous tiens quitte et promets vous fournir
De quoi partout vous le faire tenir;

[a] Parlant en son nom.
[b] Parlant au nom de Mme Foucquet.

ENVOI.

Reine des cœurs, objet délicieux,
Que suit l'enfant qu'on adore en des lieux
Nommés Paphos, Amathonte, et Cythère,
Vous qui charmez les hommes et les dieux[1],
En puissiez-vous dans cent ans autant faire!   35

Pour le passé, mais non pour l'avenir.
En puissiez-vous dans cent ans autant faire!

1. *Hominum Divumque voluptas* (Lucrèce, livre I, vers 1).

… POÉSIES DIVERSES.

III

BALLADE

A M^r....

Cette ballade, adressée à Foucquet, a été publiée en 1685 dans les *Ouvrages de prose et de poésie*, tome I, p. 109, et insérée dans les *OEuvres diverses* de 1729, tome I, p. 25.

Voyez l'*Histoire de la Fontaine* par Walckenaer, tome I, p. 50-53; et notre tome I, p. LXI.

Le poète Desmahis s'est souvenu de cette pièce dans une ballade dont le refrain est semblable :

.... Que promettre et tenir sont deux.

Comparez aussi Jean Marot, *le Doctrinal* (p. 6 des OEuvres), et l'abbé Vergier (tome II, p. 9).

On me donna pour sujet de la ballade du second terme l'imitation du rondeau de Voiture : *Ma foi, c'est fait*[1].

Trois fois dix vers, et puis cinq d'ajoutés,
Sans point d'abus[2], c'est ma tâche complète ;
Mais le mal est qu'ils ne sont pas comptés[3] :
Par quelque bout il faut que je m'y mette.
Puis, que jamais ballade je promette,   5
Dussé-je entrer au fin fond d'une tour,
Nenni, ma foi! car je suis déjà court ;
Si que je crains que n'ayez rien du nôtre.
Quand il s'agit de mettre un œuvre au jour,
Promettre est un, et tenir est un autre[4].   10

1. Tome II, p. 66, de l'édition de 1672. — Ce préambule est placé, dans l'édition de 1729, à la fin de la ballade précédente.
2. Tome V, p. 216 et note 3.
3. Qu'ils ne sont pas encore faits. — 4. Tome I, p. 374 et note 8.

Sur ce refrain, de grâce, permettez
Que je vous conte en vers une sornette.
Colin, venant des universités [1],
Promit un jour cent francs à Guillemette [2] ;
De quatre-vingts il trompa la fillette,
Qui, de dépit, lui dit pour faire court :
« Vous y viendrez cuire dans notre four [3] ! »
Colin répond, faisant le bon apôtre :
« Ne vous fâchez, belle, car, en amour,
Promettre est un, et tenir est un autre. »

Sans y penser j'ai vingt vers ajustés,
Et la besogne est plus d'à demi faite.
Cherchons-en treize encor de tous côtés,
Puis ma ballade est entière et parfaite.
Pour faire tant que l'ayez toute nette,
Je suis en eau, tant que j'ai l'esprit lourd ;
Et n'ai rien fait si par quelque bon tour
Je ne fabrique encore un vers en ôtre ;
Car vous pourriez me dire à votre tour :
« Promettre est un, et tenir est un autre. »

ENVOI.

O vous, l'honneur de ce mortel séjour,
Ce n'est pas d'hui [4] que ce proverbe court ;
On ne l'a fait de mon temps ni du vôtre :
Trop bien savez qu'en langage de cour
Promettre est un, et tenir est un autre.

---

1. Corneille, le Menteur, vers 324.
2. Les Rieurs du Beau-Richard, vers 12.
3. Rapprochez l'expression proverbiale : « Ce n'est pas pour vous que le four chauffe » ; et des images analogues au tome V, p. 332, et ci-dessous, p. 24.
4. D'aujourd'hui : tome V, p. 59 et note 6.

IV

BALLADE

SUR LA PAIX DES PYRÉNÉES ET LE MARIAGE DU ROI.
SUJET DONNÉ POUR LE TROISIÈME TERME.

Cette ballade parut avec ce titre dans les *Ouvrages de prose et de poésie*, tome I, p. 112, et dans les *OEuvres diverses* de 1729, tome I, p. 26. Elle avait déjà été publiée dans les *Fables nouvelles et autres poésies* de 1671, p. 83, où elle était intitulée simplement : « Ballade pour la Reine ». Tallemant des Réaux en a laissé une copie manuscrite.

Voyez l'*Histoire de la Fontaine* par Walckenaer, tome I, p. 69-71 ; et notre tome I, p. LXI.

Dame Bellone, ayant plié bagage[1],
Est en Suède avec Mars son amant[2] ;
Laissons-les là ; ce n'est pas grand dommage :
Tout bon François s'en console aisément.
Ja n'en battrai ma femme assurément, 5
Car que me chaut[3] si le Nord s'entrepille[4],
Et si Bellone est mal avec la cour[5] ?
J'aime mieux voir Vénus et sa famille[6],
Les Jeux, les Ris, les Grâces, et l'Amour.

1. La guerre avait cessé en vertu du traité conclu entre la France et l'Espagne, le 7 novembre 1659.
2. Charles-Gustave, roi de Suède, faisait la guerre au tzar, à l'empereur Léopold, au roi de Danemark, à l'électeur de Brandebourg : cette guerre se termina, après l'écrasement du Danemark, par le traité d'Oliva signé le 6 juin 1660.
3. Ci-dessus, p. 6 et note 4. — 4. Dans l'édition de 1671 :

Car que me chaut si le Danois on pille ?

5. Tome VIII, p. 410. — 6. Tome VI, p. 224.

BALLADES ET RONDEAUX.

Le seul espoir restoit pour tout potage;
Nous en vivions, encor bien maigrement,
Lorsqu'en traités Jules[1] ayant fait rage[2],
A chassé Mars, ce mauvais garnement.
Avecque nous, si l'almanach ne ment,
Les Castillans n'auront plus de castille[3];
Même au printemps on doit de leur séjour
Nous envoyer, avec certaine fille[4],
Les Jeux, les Ris, les Grâces, et l'Amour.

On sait qu'elle est d'un très puissant lignage[5],
Pleine d'esprit, d'un entretien charmant[6],
Prudente, accorte, et surtout belle et sage;
Et l'Empereur[7] y pense aucunement[8] :
Mais ce n'est pas un morceau d'Allemand;
Car en attraits sa personne fourmille,
Et ce jeune astre, aussi beau[9] que le jour,
A pour sa dot, outre un métal[10] qui brille,
Les Jeux, les Ris, les Grâces, et l'Amour.

---

1. Mazarin. — Comparez tome VIII, p. 380-381.
2. Tome V, p. 258 et note 5.
3. De débat, de querelle : voyez le *Recueil de poésies françoises*, tome X, p. 66; *les Cent Nouvelles nouvelles*, p. 99; etc., etc. — On sait que ce mot signifiait jadis les petits châteaux, les tourelles, qu'on attaquait dans les anciens tournois.
4. Marie-Thérèse d'Autriche.
5. Dans le manuscrit de Tallemant des Réaux :

   On sait qu'elle est bien faite de corsage.

6. Saint-Simon parle au contraire de sa « bêtise » et de son « étrange langage » (tome IV, p. 198).
7. Léopold, né le 9 juin 1640, élu empereur le 18 juillet 1658, à Francfort, et couronné le 1er août suivant (tome VIII, p. 387).
8. Proprement : quelque peu, c'est-à-dire beaucoup.
9. Aussi bien. (1729.)
10. *Métail*, dans nos anciens textes : tome VIII, p. 397 et note 5. — La dot stipulée était de 500 000 écus d'or, avec cette

ENVOI.

Prince[1] amoureux de dame si gentille,
Si tu veux faire à la France un bon tour[2],
Avec l'Infante enlève à la Castille   30
Les Jeux, les Ris, les Grâces, et l'Amour.

POUR LA REINE
EN SUITE DE LA BALLADE PRÉCÉDENTE.

Cette pièce a paru pour la première fois dans les *Fables nouvelles* de 1671, p. 85, et dans les *OEuvres diverses* de 1729, tome I, p. 28. La Fontaine ne l'a pas réimprimée en 1685 dans les *Ouvrages de prose et de poésie*.

Il n'est pas inutile de rappeler ici que l'un des termes de la pension de notre poëte à Foucquet fut payé par la *Relation de l'entrée de la Reine dans Paris*, le 26 août 1660 : voyez tome I, p. LXI; et ci-après, la lettre IX.

Ils sont partis les Jeux, les Ris, les Grâces,
Nous les verrons au temps que j'ai prédit.
Le dieu d'amour, qui marche sur leurs traces,
De les compter l'autre jour entreprit :
Le pauvre enfant pensa perdre l'esprit   5
En calculant, tant la somme étoit haute.
« Bon, ce dit-il, nous allons moissonner[3],
Car le climat doit en cœurs foisonner[4]. »
Petit Amour, vous comptez sans votre hôte :
Tout l'univers n'en sauroit tant donner   10
Que notre reine en mérite sans faute.

clause que la renonciation de l'Infante à l'héritage paternel serait nulle si lesdits 500 000 écus n'étaient pas payés aux termes fixés.
1. Louis XIV.
2. Comparez ci-dessous, la ballade XII, vers 44.
3. Faire une bonne, une ample récolte.
4. Tome I, p. 135.

V

BALLADE

A M. F.[1]

POUR LE PONT DE CHÂTEAU-THIERRY[2].

Cette ballade a été publiée dans les *Fables nouvelles* de 1671, p. 103, et dans les *OEuvres diverses* de 1729, tome I, p. 48.
Le pont et la chaussée de Château-Thierry, ébranlés, renversés, défoncés, par les débordements de la Marne (1650-1659), furent réparés aux frais de l'État. Mais est-ce bien grâce à cette ballade? Nous nous permettons d'en douter.

 Dans cet écrit, notre pauvre cité
 Par moi, Seigneur, humblement vous supplie,
 Disant qu'après le pénultième été
 L'hiver survint avec grande furie,
 Monceaux de neige et gros randons de pluie[3],   5
 Dont maint ruisseau croissant subitement
 Traita nos ponts bien peu courtoisement.
 Si vous voulez qu'on les puisse refaire,
 De bons moyens j'en sais certainement :
 L'argent sur tout est chose nécessaire.   10

 Or d'en avoir c'est la difficulté ;
 La ville en est dès[4] longtemps dégarnie :

---

1. Dans les *OEuvres diverses* : A M. Foucquet.
2. Le grand pont de pierre à trois arches qui fait communiquer la ville et le faubourg. — Voyez le *Guide du voyageur dans Château-Thierry et ses environs*, par l'abbé Poquet, 1879, in-8°.
3. Chute violente, afflux impétueux de pluie. Comparez Marot, tome III, p. 109 : « boire de grand randon ».
4. De. (1729.)

J. DE LA FONTAINE. IX

Qu'y feroit-on[1]? vice n'est pauvreté[2].
Mais cependant, si l'on n'y remédie,
Chaussée et pont s'en vont à la voirie.
Depuis dix ans, nous ne savons comment,
La Marne fait des siennes tellement[3]
Que c'est pitié de la voir en colère.
Pour s'opposer à son débordement,
L'argent sur tout est chose nécessaire.

Si demandez combien en vérité
L'œuvre en requiert, tant que[4] soit accomplie,
Dix mille écus en argent bien compté,
C'est justement ce de quoi l'on vous prie.
Mais que le Prince en donne une partie,
Le tout, s'il veut, j'ai bon consentement
De l'agréer, sans craindre aucunement.
S'il ne le veut, afin d'y satisfaire,
Aux échevins on dira franchement :
« L'argent sur tout est chose nécessaire. »

ENVOI.

Pour ce vous plaise ordonner promptement
Nous être fait du fonds suffisamment ;
Car vous savez, Seigneur, qu'en toute affaire,
Procès, négoce, hymen, ou bâtiment,
L'argent sur tout est chose nécessaire.

1. Tome IV, p. 57 et note 1.
2. Pauvreté n'est pas vice.
3. Voyez le tome II des *Inondations en France* par Maurice Champion, Paris, 1858, in-8°.
4. Jusqu'à ce que : tome VII, p. 71 et note 2.

VI

BALLADE

SUR ESCOBAR.

Le texte de cette ballade a été collationné sur deux copies, l'une tirée des manuscrits de Tallemant des Réaux, l'autre trouvée dans les papiers du P. Adry et publiée par Barbier dans le IVe tome du *Dictionnaire des Anonymes*, p. 48, n° 22 611.

Elle a été imprimée à la suite de la satire XII de Boileau « sur l'Équivoque », sans indication de lieu ni de libraire (1711, in-12), p. 35, réimprimée dans les *OEuvres posthumes* de ce poète (Rotterdam, 1722, in-12), p. 36, dans le *Journal de Paris* du 21 avril 1811, dans le *Nouvel Almanach des Muses* de l'année 1812, p. 43, et insérée en 1813 par Firmin Didot dans son édition stéréotype des *OEuvres diverses*, tome I, p. 41.

Voyez l'*Histoire de la Fontaine* par Walckenaer, tome I, p. 165-166; et notre tome I, p. CIV.

    C'est à bon droit que l'on condamne à Rome
    L'évêque d'Ypre [1], auteur de vains débats [2];
    Ses sectateurs nous défendent en somme
    Tous les plaisirs que l'on goûte ici-bas [3].
    En paradis allant au petit pas,   5
    On y parvient, quoi qu'Arnauld [4] nous en die;

1. Corneille Jansénius, né en 1585, nommé évêque d'Ypres en 1635, mort en 1638. Son gros livre l'*Augustinus*, paru en 1640, condamné en 1641 par le pape Urbain VIII, excita dès l'origine de vives disputes : voyez Sainte-Beuve, *Port-Royal*, tomes I, p. 11, 13, 14, 35, II, p. 92-119, et *passim*.
2. Dans la copie du P. Adry : « de maints débats ».
3. Tome III, p. 308 et note 21.
4. Antoine Arnauld, né en 1612, mort en 1694, si célèbre par ses nombreux écrits, par son opposition aux jésuites et à leurs

POÉSIES DIVERSES.

La volupté sans cause il a bannie.
Veut-on monter sur les célestes tours?
Chemin pierreux est grande rêverie :
Escobar[1] sait un chemin de velours[2].   10

Il ne dit pas qu'on peut tuer un homme
Qui, sans raison, nous tient en altercas[3],
Pour un fétu ou bien pour une pomme,
Mais qu'on le peut pour quatre ou cinq ducats.
Même il soutient qu'on peut, en certains cas,   15
Faire un serment plein de supercherie,
S'abandonner aux douceurs de la vie,
S'il est besoin, conserver ses amours.
Ne faut-il pas après que l'on s'écrie[4] :
« Escobar sait un chemin de velours? »   20

Au nom de Dieu, lisez-moi quelque somme[5]

doctrines, et par les persécutions qu'il a subies. On connaît les beaux vers que Boileau a consacrés à sa mémoire.

1. Antoine Escobar y Mendoza, jésuite espagnol, le fameux casuiste, né en 1589, mort en 1669. Pascal lui porta les coups les plus rudes dans ses *Provinciales*, particulièrement dans la ve et la vi^e : voyez Sainte-Beuve, déjà cité, *Port-Royal*, tomes II, p. 167, III, p. 117, 133, et *passim*. Escobar fut quelque peu surpris quand il sut tout le scandale qu'il avait provoqué en France.

2. On lit dans le *Dictionnaire françois* de Richelet (édition de 1680), à l'article VELOURS : « Ce mot se dit quelquefois en riant au figuré. Exemple :

> Veut-on monter sur les célestes tours,
> Escobar *fait* un chemin de velours.
>   (LA FONTAINE, ballade.)

« C'est-à-dire qu'Escobar fait un chemin aisé, doux, et facile, pour gagner le ciel. » — *Fait* est aussi la leçon du P. Adry, ici et plus bas.

3. Tome VIII, p. 444 et note 2. — 4. Dans la copie d'Adry :

Ne faut-il pas après cela qu'on crie.

5. Quelque abrégé.

De ces écrits dont chez lui l'on fait cas ;
Qu'est-il besoin qu'à présent je les nomme ?
Il en est tant qu'on ne les connoît pas.
De leurs avis servez-vous pour compas ;
N'admettez qu'eux en votre librairie [1].
Brûlez Arnauld, quittez sa confrérie ;
Près de ceux-ci ce ne sont qu'esprits lourds [2].
Si [3] m'en croyez [4], ce n'est point raillerie :
Escobar sait un chemin de velours.

ENVOI.

Toi que l'orgueil poussa dans la voirie [5],
Qui tiens là-bas noire [6] conciergerie [7],
Lucifer, chef des infernales cours [8],
Pour éviter les traits de ta furie,
Escobar sait un chemin de velours.

1. *Librairie*, bibliothèque : ce mot avait encore cette signification dans le dictionnaire de Nicot, en 1606 ; mais dans la première édition du Dictionnaire de l'Académie française, 1694, il n'exprime plus que la profession des libraires, leur commerce. — Comparez Rabelais, tome I, p. 244, Amyot, tome I, p. 855, Brantôme, tome VI, p. 91, Montaigne, tome III, p. 247, etc.
2. Page 13, et tome V, p. 49 et note 3. — 3. Page 9 et note 4.
4. Dans la copie d'Adry :

> Brûlez Arnauld avec sa coterie ;
> Près d'Escobar ce ne sont qu'esprits lourds.
> Je vous le dis....

5. Ci-dessus, p. 18.
6. *Notre*, dans la copie du P. Adry.
7. Prison. — 8. Tome IV, p. 470 et note 1.

VII

BALLADE.

Cette ballade a paru dans le second recueil (de Contes) de 1665, p. 87 (tome VIII, p. 237, note 1), dans le troisième de la même année, p. 99, dans celui de 1667, p. 87, dans ceux de 1669 Paris, p. 59, et 1669 Amsterdam, p. 83, dans les *OEuvres diverses* de 1729, tome I, p. 353.

Elle est précédée du petit avis que nous avons transcrit dans notre tome VIII, p. 300, à la suite du *Songe de Vaux :* « .... Comme le dessein de ce recueil a été fait à plusieurs reprises, je me suis souvenu d'une ballade qui pourra encore trouver sa place parmi ces contes, puisqu'elle en contient un en quelque façon, etc. »

Le *Menagiana* (1715, tome I, p. 134) la cite sous le titre de « Ballade des livres d'amour ».

Hier je mis, chez Cloris, en train de discourir
Sur le fait des romans Alizon la sucrée [1].
« N'est-ce pas grand'pitié, dit-elle, de souffrir
Que l'on méprise ainsi la Légende dorée [2],
Tandis que les romans sont si chère denrée [3] ?   5
Il vaudroit beaucoup mieux qu'avec maint vers du temps
De Messire Honoré [4] l'histoire fût brûlée.
— Oui pour vous, dit Cloris, qui passez cinquante ans :
Moi, qui n'en ai que vingt, je prétends que *l'Astrée*
Fasse en mon cabinet [5] encor quelque séjour;   10

1. Tome VII, p. 85 et note 1.
2. Tome IV, p. 379 et note 3.
3. Tome II, p. 303 et note 4.
4. Honoré d'Urfé, auteur de *l'Astrée*. Nous avons donné, au tome VII, p. 505, l'opéra que notre poète a tiré de ce roman.
5. Voyez nos tomes I, p. 346 et note 15, IV, p. 10 et note 2, note ou nous renvoyons à Molière, tome V, p. 467 et 552.

Car, pour vous découvrir le fond de ma pensée,
Je me plais aux livres d'amour¹. »

Cloris eut quelque tort de parler si crûment ;
Non que Monsieur d'Urfé n'ait fait une œuvre exquise :
Étant petit garçon je lisois son roman², 15
Et je le lis encore ayant la barbe grise.
Aussi contre Alizon je faillis d'avoir prise,
Et soutins haut et clair³ qu'Urfé, par-ci par-là,
De préceptes moraux nous instruit à sa guise.
« De quoi, dit Alizon, peut servir tout cela ? 20
Vous en voit-on aller plus souvent à l'église ?
Je hais tous les menteurs⁴ ; et, pour vous trancher court,
Je ne puis endurer qu'une femme me dise :
« Je me plais aux livres d'amour. »

Alizon dit ces mots avec tant de chaleur 25
Que je crus qu'elle étoit en vertus accomplie ;
Mais ses péchés écrits⁵ tombèrent par malheur :
Elle n'y prit pas garde. Enfin, étant sortie,
Nous vîmes que son fait étoit papelardie⁶,
Trouvant entre autres points dans sa confession : 30
« J'ai lu maître Louis⁷ mille fois en ma vie ;
Et même quelquefois j'entre en tentation
Lorsque l'ermite trouve Angélique endormie⁸,

1. .... Et ce n'est pas le temps,
   Madame, comme on sait, d'être prude à vingt ans.
        (Molière, *le Misanthrope*, vers 983-984.)
2. Qui venait de paraitre.
3. Tome IV, p. 110 et note 5.
4. Comparez *ibidem*, p. 44 et note 2.
5. Son examen de conscience, sa confession écrite.
6. Hypocrisie : tome IV, p. 474 et note 7.
7. Ludovico Ariosto.
8.   *Gia resupina nell' arena giace*
       A tutte voglie del vecchio rapace.

Rêvant à tels¹ fatras souvent le long du jour.
Bref, sans considérer censure ni demie², 35
Je me plais aux livres d'amour. »

Ah! ah! dis-je, Alizon! vous lisez les romans,
Et vous vous arrêtez à l'endroit de l'ermite!
Je crois qu'ainsi que vous pleine d'enseignements
Oriane prêchoit, faisant la chattemite³. 40
Après mille façons, cette bonne hypocrite
Un pain sur la fournée emprunta⁴, dit l'auteur⁵ :
Pour un petit poupon l'on sait qu'elle en fut quitte⁶;
Mainte belle sans doute en a ri dans son cœur⁷.

Egli l'abbraccia ed a piacer la tocca,
Ed ella dorme, e non puo fare schermo.
Ora le bacia il petto, ora la bocca, etc.
(*Roland furieux*, chant VIII, stances 48-50.)

1. Tel. (1665, second et troisième recueil, et 1729.)
2. Sans considérer aucune censure : tome IV, p. 244 et note 4.
3. Tome II, p. 188 et note 21.
4. C'est-à-dire prit un acompte sur le mariage, se laissa engrosser avant d'être mariée. Dans les *Contes et Nouvelles* de Bonaventure des Périers, nouvelle v : « Ung homme ne se fie pas voluntiers à une fille qui luy a presté ung pain sus la fornée. » Comparez ci-dessus, p. 13 et note 3.

5. Vous vous marierez donc, ainsi qu'au temps jadis
Oriane épousa Monseigneur Amadis.
(*Clymène*, vers 438-439 et note 3.)

— « Oubliant Amadis son accoustumée discretion, à la charge d'estre importun il lascha la bride à ses desirs : si auantageusement que, quelque priere et foyble resistance que fist Oriane, elle ne se sçeut exempter de sçauoir par experience le bien et le mal ioinctz ensemble, qui rend les filles femmes. » (*Le premier livre d'Amadis de Gaule*, Paris, 1540, in-fol., chapitre xxxv.)

6. « Comment Oriane se trouua en grande perplexité, non seulement à cause du departement d'Amadis, mais pour ce qu'elle se sentit grosse d'enfant. » (*Le second livre d'Amadis de Gaule*, chapitre xxII.)

7. *Les Oies*, vers 5-6.

Cette histoire, Cloris, est du pape maudite ; 45
Quiconque y met le nez devient noir comme un four.
Parmi ceux qu'on peut lire, et dont voici l'élite[1],
    Je me plais aux livres d'amour.

Clitophon[2] a le pas par droit d'antiquité ;
Héliodore[3] peut par son prix le prétendre. 50
Le roman d'Ariane[4] est très bien inventé ;
J'ai lu vingt et vingt fois celui du Polexandre[5] ;
En fait d'événements, Cléopâtre et Cassandre[6]
Entre les beaux premiers[7] doivent être rangés.
Chacun prise Cyrus[8] et la Carte du Tendre[9], 55
Et le frère et la sœur[10] ont les cœurs partagés.   [dre :
Même dans les plus vieux je tiens qu'on peut appren-

1. *Les Filles de Minée*, vers 161.
2. *Les Amours de Clitophon et de Leucippe*, roman grec d'Achille Tatius ou Statius, traduit par Rochemaure en 1556, par Belleforest en 1568, etc. : voyez une courte dissertation sur ce roman et sur celui, qui suit, d'Héliodore dans le *Menagiana*, déjà cité, tome I, p. 133-135.
3. Héliodore, évêque de Tricca en Thessalie, est auteur du roman grec intitulé *les Éthiopiques ou les Amours de Théagène et de Chariclée*, traduit par Amyot en 1549.
4. Par Desmarets (1639).
5. Par Gomberville, Paris, 1632 et 1637, cinq volumes in-4°. L'auteur fit de grands changements dans les trois réimpressions successives publiées en 1641, 1643, et 1647.
6. *Cléopâtre* (1642) et *Cassandre* (1645) sont deux romans de la Calprenède.
7. Tome V, p. 70 et note 5.
8. *Artamène ou le Grand Cyrus* (1650), roman de Mlle de Scudéry, publié sous le nom de son frère.
9. Voyez la Carte de Tendre et les explications qui sont données sur elle dans le livre 1ᵉʳ de la *Clélie* de Mlle de Scudéry (Paris, 1654, in-12, p. 396-405), et une longue note sur la même carte au tome II du Molière de notre Collection, p. 64.
10. Georges de Scudéry et Madeleine de Scudéry, sa sœur, qui tous les deux faisaient des romans.

Perceval le Gallois[1] vient encore à son tour ;
Cervantes me ravit; et, pour tout y comprendre,
    Je me plais aux livres d'amour.   60

ENVOI.

A Rome on ne lit point Boccace sans dispense :
Je trouve en ses pareils bien du contre et du pour.
Du surplus (honni soit celui qui mal y pense!)
    Je me plais aux livres d'amour.

---

1. *Perceval le Gallois*, ancien roman de chevalerie, commencé par Chrétien de Troyes, continué par Gauthier de Doudain, et achevé par Menessier : *Tresplaisante et recreatrice Hystoire du Trespreulx et vaillant cheualier Perceual le Galloys iadis cheualier de la Table ronde, lequel acheua les aduentures de sainct Graal....* Au Palais, à Paris, en la boutique de Iehan Longis.... Et fut acheué de imprimer le premier iour de septembre, l'an mil cinq cens trente.

VIII

BALLADE

POUR MONSEIGNEUR LE DUC DE BOURGOGNE.

Cette ballade fut publiée pour la première fois séparément en 1682, *Ballade pour Mgr le duc de Bourgogne*, s. l., in-4° de trois pages, puis réimprimée, en 1685, dans les *Ouvrages de prose et de poésie*, tome I, p. 66. La Fontaine, qui, dans son épître *à Mme de Fontange*, avait fait un épithalame pour le mariage du Dauphin, célèbre ici la naissance de son fils (6 août 1682).

Voyez Walckenaer, *Histoire de la Fontaine*, tome II, p. 25; et notre tome I, p. cxxxii; et, sur la joie éclatante avec laquelle fut accueillie à la cour et à la ville la venue « dedans notre univers » du jeune duc de Bourgogne, la lettre de Mme de Sévigné au président de Moulceau du 7 août 1682 (tome VII des *Lettres*, p. 190 et note 4).

Or est venu dedans notre univers
Cet héritier d'un assez bel empire[1],
Cet enfant cher à cent peuples divers,
Cher au héros par lequel il respire,
Cher à Louis; et cela, c'est tout dire :   5
C'en est assez pour obliger les dieux
A conserver des jours si précieux,
Jours où leur main tous ses trésors enserre[2].
Depuis qu'on voit la lumière des cieux,
Plus beau présent ne s'est fait à la terre.   10

Notre Apollon, dans ses divins concerts,

---

1. « Le plus riche de tous les sceptres d'ici-bas » (*Pour Mignon*, vers 4-5).
2. Tomes II, p. 438 et note 13, VIII, p. 475.

Chante déjà cet enfant sur sa lyre[1].
Je vois pour lui méditer tant de vers
Qu'impossible est aux neuf Sœurs d'y suffire[2].
Bien que ma Muse aux grands efforts n'aspire,   15
Je m'écrirai d'un ton audacieux :
Par cet enfant, de gloire ambitieux,
Aux bords lointains puisse passer la guerre!
Puisse la paix s'affermir en ces lieux!
Plus riches dons ne se font sur la terre.   20

Il nous promet des printemps sans hivers,
Point d'aquilons, un éternel zéphyre;
Bien peu de cœurs éviteront ses fers :
C'est ce qu'un sage aux astres m'a fait lire.
Amour l'appelle avec un doux sourire ;   25
Bellone aussi le rendra glorieux :
Louis sera, d'un soin laborieux,
Son maître en l'art de lancer le tonnerre[3];
Il en tiendra cet air impérieux[4] :
Plus beau talent ne règne sur la terre.   30

1. Tome VIII, p. 455 :
> Apollon y joindra ses sons;
> Lui-même il apporte sa lyre.

2. D'un feu de joie au Parnasse il est cause;
    A le louer déjà l'on se dispose :
    Son nom, chanté par cent auteurs divers,
    Sera bientôt le sujet de nos vers.
    (Épitre *à Mme la Surintendante*, vers 24-27.)

3. Comparez la ballade suivante, vers 29.
4. Son précepteur à lancer le tonnerre,
    A soutenir cet air impérieux.

(1682.)

ENVOI.

A MADAME LA DAUPHINE[1].

Princesse aimable, et d'esprit gracieux,
Regardez bien ce qui s'est fait de mieux
Depuis qu'hymen des nœuds d'amour nous serre;
Sur cet enfant ayez toujours les yeux :
Plus digne soin n'est pour vous sur la terre[2].

1. Anne-Marie-Christine de Bavière.
2. Depuis qu'Amour de ses doux nœuds vous serre,
Ce dieu ne peut trop repaître vos yeux :
Plus beau patron n'est pour vous sur la terre.
(Variante d'une copie de Tallemant.)

IX

BALLADE

POUR LA NAISSANCE DE MONSEIGNEUR
LE DUC DE BOURGOGNE.

Cette ballade, imprimée pour la première fois dans les *OEuvres diverses* de 1729, tome III, p. 305, a été écrite sans doute peu avant le 30 août 1682, date du bombardement d'Alger par Duquesne.

Or est venu l'enfant si souhaité ;
Voici son sort : j'en ai fait la figure[1].
Premièrement, si j'ai bien supputé,
De cent printemps l'agréable peinture
Viendra pour lui rajeunir la nature[2].   5
Nombre d'Amours, pendant ses jeunes ans,
Lui serviront de premiers courtisans ;
Puis d'autres soins, troupe aux jeux ennemie,
Lui fileront à l'envi le destin
De trois grands dieux directeurs de sa vie :   10
Ces trois dieux sont Mars, Amour, et Jupin.

Amour viendra le beau premier[3] en danse[4].
Je vous le dis, belles, songez à vous ;
Mais que sert-il ? royale adolescence
Pour tous les cœurs est un charme trop doux :   15

---

1. Ou proprement « le thème », figure que tracent les astrologues, lorsqu'ils veulent tirer l'horoscope de quelqu'un, en marquant le lieu où sont à ce moment les étoiles et les planètes.
2. Tome VIII, p. 391 et note 1.
3. Ci-dessus, p. 25 et note 7.
4. Tome V, p. 83.

Tel accident n'est mort d'homme, entre nous¹.
Pleurs et soupirs pourront en cette terre
Régner alors; puis par une autre guerre
Ils passeront aux climats du matin;
Et ne se doit reposer la Victoire   20
Que, tous les Turcs faits François à la fin²,
De trois grands dieux leur vainqueur n'ait la gloire :
Ces trois dieux sont Mars, Amour, et Jupin.

Mars est entré le second dans la lice :
Ce temps doit faire admirer un héros,   25
Un rejeton du maître en l'exercice
Qui fait les dieux; car ce n'est le repos³.
Son petit-fils l'aura dans ses travaux
Pour précepteur à lancer le tonnerre⁴,
A bien régner, à conduire une guerre;   30
Au prix de lui, novices en cet art
Sont réputés Alexandre et César.
Telles leçons finiront la carrière
Du nouveau-né, qui, dans un long destin,
De trois grands dieux fournira la matière :   35
Ces trois dieux sont Mars, Amour, et Jupin.

---

1. *La Fiancée*, vers 801.
2. Comparez l'*Ode pour Madame*, vers 111-117 (tome VIII, p. 389); le *Virelai sur les Hollandois*, vers 77-82 (ibidem, p. 436); et *passim*.
3. Les dieux de la terre, car pour ceux de l'Olympe :

> Ne point souffrir....
> Et ne rien faire,
> Que peut-on souhaiter de mieux?
> Ce qui fait le bonheur des dieux,
> C'est de n'avoir aucune affaire.
> (*Daphné*, prologue.)

4. Ci-dessus, p. 28; et tome III, p. 106 et note 16.

ENVOI.

A MONSEIGNEUR ET A MADAME LA DAUPHINE.

Princesse aimable, et vous, digne Dauphin,
Vos qualités ont formé cet ouvrage,
Triple chef-d'œuvre, enfant plus que divin,
Qui de trois dieux fera voir l'assemblage : 40
Ces trois dieux sont Mars, Amour, et Jupin.

X

BALLADE.

Publiée pour la première fois dans le *Mercure galant* de janvier 1684, p. 167, la pièce y est précédée de l'avertissement suivant : « Cette ballade est du fameux M. de la Fontaine, choisi par Messieurs de l'Académie françoise pour remplir la place que la mort de M. Colbert a laissée vacante dans la Compagnie. Comme il y a quelque surséance à sa réception, il prie le Roi d'avoir la bonté de la lever. C'est ce que vous remarquerez dans l'Envoi qui n'est fait que pour cela. » En 1685, elle fut réimprimée en tête des *Ouvrages de prose et de poésie*, p. 1, et, en 1729, tome I des *OEuvres diverses*, p. 118.

Voyez Walckenaer, *Histoire de la Fontaine*, tome II, p. 30-32 ; et notre tome I, p. CXXVI et p. CXXXII.

AU ROI[1].

Roi vraiment roi (cela dit toutes choses),
Forcez[2] encor quelques remparts flamands,
Et puis la paix, jointe au retour des roses,
Repeuplera l'univers d'agréments ;
Vous domptez[3] tout, même les éléments,
Tant vous savez à propos entreprendre.
Mars, chaque hiver[4], s'en revenoit attendre
A son foyer les zéphyrs paresseux ;
D'autres leçons vous lui faites apprendre[5] :

---

1. Tome VIII, p. 305 et note 5.
2. Domptez. (*Mercure.*) — Rompez. (Copie de Tallemant.)
3. Vous forcez. (*Ibidem*, et *Mercure.*)
4. Chaque jour. (*Mercure ;* faute évidente.)
5.   Louis lui fait d'autres leçons apprendre.
                    (*Ibidem*, et copie de Tallemant.)

L'événement n'en peut être qu'heureux. 10

Entre vos mains tout devient imprenable ;
Attaquez-vous, tout cède en peu de temps :
Il faut dix ans aux héros de la fable ;
A vous, dix jours, quelquefois des instants[1].
Le bruit que font vos exploits éclatants[2] 15
Perce les cieux ; l'Olympe les[3] admire :
Ses habitants protègent votre empire ;
Le Ciel n'y met de bornes que vos vœux[4].
Qu'y manque-t-il ? car vous n'avez qu'à dire :
L'événement n'en peut être qu'heureux. 20

Tel que l'on voit Jupiter, dans Homère,
Emporter seul[5] tout le reste des dieux[6],
Tel, balançant l'Europe toute entière,
Vous luttez seul contre cent envieux.
Je les compare à ces ambitieux 25
Qui, monts sur monts, déclarèrent la guerre
Aux Immortels, Jupin, croulant[7] la terre,

1. Tome VIII, p. 502 et note 4.
2.   Le moindre bruit de vos faits éclatants.
     (*Mercure*, et copie de Tallemant.)
3. Vous. (Copie de Tallemant.)
4. C'est à vous seul à borner votre empire,
 Sans quoi l'Ibère en vain forme des vœux.
     (*Ibidem.*)

  Perce l'Olympe, et fait qu'il vous admire.
  En vain l'Ibère ose former des vœux :
  C'est à vous seul de borner votre empire:
     (*Mercure.*)

5. Tirer à lui. (*Ibidem.*) — Défier seul. (Copie de Tallemant.)
6. Tome III, p. 239 et note 8.
7. Secouant. — « Croullans tous les fruictz des arbres. » (RABELAIS, tome I, p. 102.) Voyez Montaigne, tomes I, p. 432, II, p. 425. Malherbe (tome IV, p. 399) blâme le mot chez des Portes.

Les abîma sous des rochers affreux ;
Ainsi que lui prenez votre tonnerre :
L'événement n'en peut être qu'heureux.   30

Vous n'êtes pas seulement estimable [1]
Par ce grand art qui fait les conquérants [2] :
Terrible aux uns, aux autres tout aimable [3],
Des Scipions vous remplissez les rangs ;
Auguste et Jule, en vertus différents,   35
Vous feront place entre eux deux dans l'histoire [4].
Vos premiers pas courants à la victoire
Ont tout soumis ; et ce cœur généreux
Dans les derniers affecte une autre gloire :
L'événement n'en peut être qu'heureux.   40

ENVOI.

Ce doux penser, depuis un mois ou deux,
Console un peu mes Muses inquiètes.
Quelques esprits ont blâmé certains jeux,
Certains récits, qui ne sont [5] que sornettes [6] ;
Si je défère aux leçons qu'ils m'ont faites,   45
Que veut-on plus ? Soyez moins rigoureux,
Plus indulgent, plus favorable [7] qu'eux ;
Prince, en un mot, soyez ce que vous êtes :
L'événement ne peut m'être qu'heureux [8].

1. Admirable. (Copie de Tallemant.)
2. Pour toute cette strophe, comparez ci-dessous, épître XIX, la dédicace d'*Amadis* au Roi, pour Lulli.
3. Aux autres favorable. (*Ibidem.*) — 4. Tome VIII, p. 506 :
   Mânes des deux Césars ! Louis vous représente.
5. N'étoient. (Copie de Tallemant.)
6. Tome VI, p. 48 et note 3.
7. Débonnaire. (Copie de Tallemant.)
8.   L'événement n'en peut être qu'heureux. (*Mercure.*)

XI

BALLADE.

L'opéra d'*Amadis*, de Lulli, dont on lira ci-dessous la dédicace au Roi, fut l'occasion ou le prétexte de tout un combat poétique. Mme Deshoulières ayant écrit, au lendemain de la représentation (15 janvier 1684), une épître et une ballade adressée au duc de Montaussier, ballade dont le premier vers était :

A caution tous amants sont sujets,

et le refrain :

On n'aime plus comme on aimoit jadis,

il y eut des réponses galantes ou malignes. La Fontaine, qui ne pouvait pardonner à Mme Deshoulières son animosité contre Racine, lui décocha cette pièce, qu'il ne publia pas d'ailleurs, et qui ne fut imprimée pour la première fois qu'en 1750, dans les *OEuvres* de Pavillon, déjà citées, tome II, p. 150[1].

La ballade de Mme Deshoulières que nous venons de mentionner se trouve dans ses *OEuvres*, Paris, 1693, in-8°, tome I, p. 56. On lit une réponse à cette dame dans les poésies choisies de la Fare, données à la suite de celles de l'abbé de Chaulieu, Paris, 1803, in-12, p. 37.

Voyez Walckenaer, *Histoire de la Fontaine*, tome II, p. 51-54 (Walckenaer a eu entre les mains un manuscrit de notre ballade qui fournit trois légères variantes).

Qu'à caution tous amants soient sujets,
C'est une erreur qui les bons décrédite.

---

1. Avec cette note au bas de la page : « Cette pièce ne se trouve point dans les OEuvres de la Fontaine. Nous l'avons prise dans un recueil manuscrit de ce temps-là, lequel vient d'une très grande dame, à laquelle sont adressées beaucoup de pièces de la Fontaine. » — Au même tome des mêmes *OEuvres* il y a, p. 146, la ballade de Mme Deshoulières; p. 148, une réponse du duc de Saint-Aignan; et p. 152, celle de Pavillon lui-même.

On voit au monde assez d'amants discrets[1] :
La race encor n'est pas toute détruite ;
Quoi qu'en ait dit femme un peu trop dépite[2], 5
Rien n'est changé du siècle d'Amadis,
Hors que pour être amitié maintenue
Plus n'est besoin d'Urgande déconnue[3] ;
On aime encor comme on aimoit jadis.

Il est bien vrai qu'on choisit les objets : 10
Plus n'est le temps[4] de dame sans mérite ;
Quand beauté luit sous simples[5] bavolets[6],
Plus prisés sont que reine décrépite ;
Sous quelque toit que Bonne-Grâce habite,
Chacun y court, jusqu'aux plus refroidis : 15
Depuis Adam cela se continue ;
Et, quand Grâce est de Bonté soutenue,
On aime encor comme on aimoit jadis.

Dans les vieux temps il fut des cœurs coquets,

---

1. La Fontaine a souvent dit le contraire : voyez *l Rémois*, vers 54 et note 3.
2. Tome V, p. 122 et note 1.
3. *Urgande la desconnue*, la méconnue, celle qu'on ne reconnaît pas, est la fée protectrice d'Amadis de Gaule : voyez Corneille, *le Menteur*, vers 353 ; et les exemples de Lanoue et de Scarron cités par Littré à DÉCONNU.
4. Plus n'est besoin. (Manuscrit de Walckenaer.)
5. Sous jeunes. (*Ibidem.*)
6. Coiffure villageoise ; proprement, sorte de drapeau qui pendait, par derrière, aux coiffes des femmes du menu peuple, des filles de campagne. On disait *bavolet*, *bavolette*, pour désigner une jeune paysanne, comme une *cale*, une *cornette*, un *chaperon*, etc. (ci-dessous, lettre 1 à Mme de la Fontaine). Tallemant des Réaux, tome VII, p. 81, écrit : « Sa femme s'étoit sauvée à Saint-Germain, déguisée en *bavolette* » ; tome I, p. 426 : « Une fois il pria... de lui faire voir quelque bavolette toute fraîche venue de la vallée de Montmorency. »

Plus qu'à présent Amour fut hypocrite : 20
Pas n'est besoin que je prouve ces faits,
C'est vérité dans mainte histoire écrite.
Amants savoient faire la chattemite[1];
Ce n'est que d'eux que nous l'avons appris;
D'eux jusqu'à nous la chose est parvenue : 25
Puisque par eux elle nous est connue,
On aime encor comme on aimoit jadis.

Quand Céladon au pays de Forêts[2]
Étoit prôné comme un amant d'élite,
On vit Hylas[3], patron des indiscrets, 30
En plein marché tenir autre conduite.
Bref, en tout temps Amour eut à sa suite
Sujets loyaux et sujets étourdis;
Or n'en est pas la coutume perdue :
Comme autrefois la mode en est venue, 35
On aime encor comme on aimoit jadis.

ENVOI.

Toi qui te plains d'Amour et de ses traits,
Dame chagrine, apaise tes regrets[4];
Si quelque ingrat rend ton humeur bourrue,
Ne t'en prends point à l'enfant de Cypris; 40
Cause il n'est pas de ta déconvenue :
Quand la dame est d'attraits assez pourvue[5],
On aime encor comme on aimoit jadis.

1. Ci-dessus, p. 24 et note 3. — 2. Ou *Forez* : tome VII, p. 514.
3. Pour *Céladon* et pour *Hylas*, voyez tome VIII, p. 108-109 et les notes; et l'opéra d'*Astrée* de notre auteur, tome VII, p. 505 et suivantes.
4. Mme Deshoulières avait alors quarante-six ans sonnés.
5. D'appas assez pourvue. (Manuscrit de Walckenaer.)

XII

BALLADE

SUR LE MAL D'AMOUR.

Cette ballade, à laquelle nous ne saurions assigner de date précise, a été, comme la précédente, imprimée pour la première fois, et sous le nom de la Fontaine, dans les *OEuvres* de Pavillon (1750), tome I, p. LIV, où elle est précédée de ces lignes :

« Dans le manuscrit où l'on a recouvré la ballade de la Fontaine qui se lit à la page 150 du tome II de cette édition [notre ballade XI], en est une autre du même auteur, qui ne se trouve pas non plus dans les éditions complètes de ses OEuvres. Comme on nous en a fait présent, et que nous ne voyons pas que l'occasion d'en faire usage doive se présenter si tôt, il nous a paru que nous ne pourrions pas mieux faire que la mettre ici, comme dans un dépôt où l'on pourra, dans l'occasion, la prendre pour la remettre à sa véritable place. La voici donc. »

Voyez Walckenaer, *Histoire de la Fontaine*, tome II, p. 54-55.

    De tant de maux qui traversent la vie,
    Lequel de tous donne plus d'embarras ?
    De grands malheurs la famine est suivie ;
    La guerre aussi cause de grands fracas ;
    La peste encore est un dangereux cas ;   5
    Femme fâcheuse est un méchant partage ;
    Faute d'argent cause bien du ravage ;
    Mais pas ne sont là les plus douloureux :
    Si m'en croyez, aussi bien que le Sage[1],

---

1. Salomon sans doute : tome II, p. 353 et note 9. Voyez les *Proverbes*, chapitres VII, XXX, XXXI, et *passim*. Mais la maxime est de tous les temps, de tous les pays, elle est familière à tous les sages.

Le mal d'amour est le plus rigoureux. 10

De l'éprouver un jour me prit envie;
Mais aussitôt adieu joie et soulas[1] :
Ennuis cuisants, noirs soupçons[2], jalousie,
Cent autres maux je vis venir à tas[3].
Tous mes déduits[4] furent de grands hélas[5] ! 15
Liberté fit place à honteux servage[6];
Tu fus d'abord, pauvre cœur, mis en cage,
D'où tu voudrois sortir, mais tu ne peux.
Lors tu chantas sur un piteux ramage :
« Le mal d'amour est le plus rigoureux. » 20

Quand la beauté que vous avez servie
A vos desirs parfois ne répond pas,
C'est bien alors que c'est la diablerie[7];
Prendre on voudroit le parti de Judas :
On se pendroit pour moins de deux ducats. 25
Sans cesse au cœur on a fureur et rage;
Fer et poison, on met tout en usage
Pour se tirer d'un pas si malheureux.
Qui peut après douter de cet adage :
« Le mal d'amour est le plus rigoureux ? » 30

J'excepte amour qui se traite en Turquie
Dans les sérails de ces heureux bachas[8],

---

1. Tome IV, p. 62 et note 2.
2. Comparez *l'Anneau d'Hans Carvel*, vers 3.
3. Tome V, p. 303 et note 5.
4. *Ibidem*, p. 516 et note 2.
5. « Ses fréquents hélas! » (*La Matrone*, vers 76 et note 1.)
6. Tome IV, p. 67 et note 4.
7. On diroit aujourd'hui : « C'est le diable. »
8. Tome II, p. 302 et note 1.

D'où cruauté fut de tout temps bannie[1],
Où douceur gît toujours entre deux draps[2].
Plaisirs y sont sur des lits de damas,
Chagrin jamais; jamais dame sauvage :
Jusqu'aux tendrons[3] qui font apprentissage[4],
Tout est galant, traitable[5], et gracieux;
Partout ailleurs, dont de bon cœur j'enrage,
Le mal d'amour est le plus rigoureux.

ENVOI.

Objet charmant, de qui la belle image
Tient dès longtemps mon cœur en esclavage,
Soulage un peu mon tourment amoureux.
Si tu me fais un tour si généreux,
Plus ne tiendrai ce déplaisant langage :
« Le mal d'amour est le plus rigoureux. »

1. La cruauté des femmes du moins : ci-dessous, vers 36.
2. Tome V, p. 452. — 3. *Ibidem*, p. 385 et note 1.
4. *Ibidem*, p. 413 et note 2. — 5. *Ibidem*, p. 189.

XIII

BALLADE

SUR LE NOM DE LOUIS LE HARDI,

QUE LES SOLDATS ONT DONNÉ A MONSEIGNEUR PENDANT LE SIÈGE DE PHILISBOURG.

Cette ballade, en l'honneur du Dauphin, qui prit Philisbourg au mois d'octobre 1688, après vingt-trois jours de siège, a été publiée dans les *OEuvres posthumes*, p. 163, et insérée dans les *OEuvres diverses* de 1729, tome I, p. 131.

Voyez l'*Histoire de la Fontaine* par Walckenaer, tome II, p. 183-184; et nos tomes III, p. 183 et note 11, VIII, p. 465-467.

Un de nos fantassins, très bon nomenclateur[1],
Du titre de HARDI baptisant Monseigneur,
Le fera sous ce nom distinguer dans l'histoire ;
Ce soldat par chacun fut d'abord applaudi.
Le prince et son parrain feront dire à leur gloire :   5
Louis le bien nommé, c'est Louis le Hardi.

D'un pareil nom de guerre on traitoit les neuf preux[2] :

1. Tome V, p. 342. — Dans les *OEuvres posthumes*, au lieu de *très bon nomenclateur*, on lit *très bon, nommé Lafleur*, mais c'est évidemment une correction maladroite de l'éditeur.
2. Hector, Alexandre, César, Pompée, Judas Machabée, Artus de Bretagne, Ogier, Charlemagne, et Roland. Mais les listes de ces neuf preux diffèrent selon les historiens et les poètes. Dans une xylographie du commencement du xv° siècle, qui se trouve à la fin d'un manuscrit de la Bibliothèque nationale (n° 4985) intitulé *Généalogies des rois de France*, *s. l. n. d.*, in-fol., les preux représentés sont Josué, le roi David, Judas Machabée, Hector de Troye, le roi Alexandre, Jules César, le roi Artus, Charlemagne, et Godefroy de Bouillon.

Notre jeune héros le mérite mieux qu'eux.
J'aime les sobriquets qu'un corps de garde impose :
Ils conviennent toujours; et, quant à moi, je di, 10
Pour ajouter encor quelque lustre à la chose :
Louis le bien nommé, c'est Louis le Hardi.

Adam, qui sur les fonts tint les êtres divers
Dont il plut au Seigneur de peupler l'univers[1],
Adam, parrain banal de toutes ces[2] familles, 15
Et qui n'imposoit pas le nom en étourdi[3],
N'y rencontroit pas mieux que nos braves soudrilles[4] :
Louis le bien nommé, c'est Louis le Hardi.

ENVOI.

L'homme n'engendre guère à soixante et dix ans[5].
Si le cas m'arrivoit[6], comme à certaines gens, 20
J'irois à ce soldat, et, sans tant de[7] mystère,
Tout autre choix à part, je dirois : « Cadedi,
Viens tenir mon enfant, tu seras mon compère[8] :
Louis le bien nommé, c'est Louis le Hardi. »

1. *Genèse*, chapitre II, versets 19-20 : voyez notre tome V, déjà cité, p. 342, note 1.
2. Les. (Copie de Tallemant, et 1729.)
3. Adam, dis-je, par qui chaque nom fut ourdi.
(1729.)
4. Ou soudards : voyez les exemples de Scarron que donne Littré. On connaît le « caprice » de Saint-Amant intitulé *la Cassation des soudrilles*.
5. La Fontaine en avait alors soixante-sept.
6. Si le cas arrivoit. (*OEuvres posthumes ;* faute évidente.)
7. Et sans autre. (Copie de Tallemant.)
8. Dans une copie manuscrite citée par Mathieu Marais :

.... Cependant écoutez tous, Messieurs mes parents :
De quelque nouveau fils si j'allois être père,
Voyant que ce soldat n'est pas un étourdi :
Viens tenir mon enfant, dirois-je à ce compère.

RONDEAU REDOUBLÉ.

Ce rondeau a paru dans les *Fables nouvelles* de 1671, p. 101, à la fin des *Fables choisies* de 1679 Amsterdam, et a été inséré dans les *OEuvres diverses* de 1729, tome I, p. 46.

> Qu'un vain scrupule[1] à ma flamme s'oppose,
> Je ne le puis souffrir aucunement,
> Bien que chacun en murmure et nous glose[2];
> Et c'est assez pour perdre votre amant.
>
> Si j'avois bruit de[3] mauvais garnement[4], 5
> Vous me pourriez bannir à juste cause;
> Ne l'ayant point, c'est sans nul fondement
> Qu'un vain scrupule à ma flamme s'oppose.
>
> Que vous m'aimiez, c'est pour moi lettre close[5];
> Voire[6] on diroit que quelque changement 10
> A m'alléguer ces raisons vous dispose :
> Je ne le puis souffrir aucunement.
>
> Bien moins pourrois vous cacher mon tourment,
> N'ayant pas mis au contrat cette clause;
> Toujours ferai l'amour ouvertement, 15
> Bien que chacun en murmure et nous glose.

1. Dans *le Cas de conscience*, vers 55 :
    Le scrupule survint, et pensa tout gâter.
2. C'est la première fois que nous rencontrons chez la Fontaine *gloser* employé activement.
3. Tome IV, p. 344 et note 2.
4. Ci-dessus, p. 15. — 5. Tome V, p. 469 et note 4.
6. Même : voyez tomes V, p. 400 et note 1, VIII, p. 445.

Ainsi s'aimer est plus doux qu'eau de rose[1] :
Souffrez-le donc, Philis; car, autrement,
Loin de vos yeux je vais faire une pose[2];
Et c'est assez pour perdre votre amant. 20

Pourriez-vous voir ce triste éloignement?
De vos faveurs doublez plutôt la dose[3].
Amour ne veut tant de raisonnement[4] :
Ce point d'honneur[5], ma foi, n'est autre chose
 Qu'un vain scrupule. 25

1. « Plus doux que miel » (tome IV, p. 80).
2. *Pose*, au lieu de *pause*, dans nos anciennes éditions : même orthographe au vers 235 du *Tableau*.
3. Son regret fut d'avoir enflé la dose
 De ses faveurs.
  (*A Femme avare Galant escroc*, vers 64-65.)

4. Rapprochez le début de *Comment l'esprit vient aux filles*, vers 3-4 et les notes.
5. Tome V, p. 317.

SONNETS

I

POUR S. A. R. MADEMOISELLE D'ALENÇON.

Ce sonnet a paru pour la première fois dans les *Fables nouvelles* de 1671, p. 113, et a été inséré dans les *OEuvres diverses* de 1729, tome I, p. 56.

On peut le dater de 1666 ou 1667 : le mariage de Mlle d'Alençon avec le duc de Guise est du 15 mai de cette dernière année. Le vers 2 d'ailleurs est d'accord avec ces dates, la paix des Pyrénées étant de 1659.

Voyez sur cette princesse notre tome VIII, p. 344 et note 1.

Ne serons-nous jamais affranchis des alarmes?
Six étés n'ont point[1] vu la paix dans ces climats,
Et déjà le démon qui préside aux combats[2]
Recommence à forger l'instrument de nos larmes.

Opposez-vous, Olympe, à la fureur des armes[3]; 5
Faites parler l'Amour, et ne permettez pas

1. Pas. (1729.)
2. Tome VIII, p. 408 et note 1.
3. Louis XIV se préparait, en 1666, après la mort de Philippe IV, à faire valoir, par la force des armes, les droits qu'il prétendait avoir sur le Brabant, comme indemnité de la dot de sa femme, l'infante d'Espagne (ci-dessus, p. 15 et note 10), dot qui n'avait jamais été payée.

48 POÉSIES DIVERSES.

Qu'on décide sans lui du sort de tant d'États ;
Souffrez que votre hymen interpose ses charmes.

C'est le plus digne prix dont on puisse acheter
Ce bien qui ne sauroit aux mortels trop coûter : 10
Je sais qu'il nous faudra vous perdre[1] en récompense[2].

Un souverain bonheur pour l'empire françois,
Ce seroit cette paix avec votre présence ;
Mais le Ciel ne fait pas tous ses dons à la fois.

1. Le Roi négociait-il alors un mariage entre Mlle d'Alençon et quelque prince étranger? Ces vers semblent l'indiquer.
2. Par compensation : comparez tome V, p. 13 et note 2.

II

POUR MADEMOISELLE DE POUSSAY.

Ce sonnet a été publié pour la première fois dans les *Fables nouvelles* de 1671, p. 115, et inséré dans les *OEuvres diverses* de 1729, tome I, p. 57.

Sur Mlle de Poussé ou de Poussay, fille d'une dame d'honneur de la duchesse de Guise (Mlle d'Alençon), et dont la beauté fit sensation à la cour, voyez Walckenaer, *Histoire de la Fontaine*, tome I, p. 176-182; et nos tomes I, p. LXXXIX, II, p. 366 et note 26.

J'avois brisé les fers d'Aminte et de Sylvie[1],
J'étois libre, et vivois content et sans amour :
L'innocente beauté des jardins et du jour
Alloit faire à jamais le charme de ma vie,

Quand du milieu d'un cloître Amarante[2] est sortie. 5
Que de grâces, bons dieux! tout rit dans Luxembourg :
La jeune Olympe[3] voit maintenant à sa cour
Celle[4] que tout Paphos en ces lieux a suivie.

1. Tome VIII, p. 244, 282; et *passim*.
2. *Ibidem*, p. 361.
3. La duchesse de Guise : voyez le sonnet précédent, vers 5.
4. Nièce de ce Poussé, curé de Saint-Sulpice, tristement fameux par ses persécutions contre les jansénistes (Sainte-Beuve, *Port-Royal*, tome VI, p. 290-292), Mlle de Poussé, d'abord destinée au cloître, ne semble avoir été amenée à la cour, par une mère peu scrupuleuse, que pour y marcher sur les traces des « erreurs passagères » du jeune roi Louis XIV, les de Pons, les Chemerault, les la Mothe-Houdancourt, etc., etc. Le fait c'est que, par sa beauté indiscutable, elle y produisit une impression qui naturellement lui valut beaucoup d'ennemis. Mlle de Montpensier (*Mémoires*, tome V, p. 308) avertit un jour le Roi, qui ne l'avait pas vue encore, qu'elle allait passer avec la duchesse de Guise.

Sur ce nouvel objet chacun porte les yeux ;
Mais, en considérant cet ouvrage des cieux, 10
Je ne sais quelle crainte en mon cœur se réveille.

Quoi qu'Amour toutefois veuille ordonner de moi,
Il est beau de mourir des coups d'une merveille
Dont un regard feroit la fortune d'un roi.

« Je vous remercie, lui dit le Roi, de m'avoir prévenu. J'aurai soin de m'appuyer contre la muraille ; car on m'a persuadé qu'il me seroit impossible de voir cette surprenante beauté sans m'évanouir. » « Cette manière de raillerie, dit Mademoiselle, me fit connoître qu'on lui avoit parlé de cette fille chez la Vallière, chez laquelle Mme de Montespan commençoit à aller. » Mlle de Guise (Marie de Lorraine), qui gouvernait son frère (Joseph-Louis, le mari de Mlle d'Alençon, dont Mme de Poussé était, nous l'avons dit, dame d'honneur), craignant qu'il ne devînt amoureux de la charmante Mlle de Poussé, les contraignit sa mère et elle à s'exiler au Luxembourg, séjour morose, où le pauvre Amour « craignait le suisse » (Épître *pour Mignon*).

III

SONNET

SERVANT DE RÉPONSE A UN BOUT-RIMÉ DU SIEUR DE FURETIÈRE.

Imprimé pour la première fois dans le *Recueil de plusieurs vers, épigrammes et autres pièces, etc.*, 1686, ce sonnet fut inséré dans les *Preuves par écrit des faits contenus au procès de Furetière*, Amsterdam, 1688, in-12, p. 36, mais sans nom d'auteur; dans le *Recueil de Factums*, 1694, tome II, p. 345; et dans les *OEuvres posthumes*, 1696, p. 227. C'est, à l'exception du quatrième vers, le texte de celles-ci que nous donnons.

Voici les circonstances où il fut composé. L'académicien Boyer avait écrit la pièce suivante sur la querelle de la Compagnie et de Furetière, querelle provoquée par le *Dictionnaire* de ce dernier :

A MONSEIGNEUR LE CHANCELIER

SONNET.

Toi dont l'Académie implore la justice,
Du mérite outragé généreux protecteur,
Quelque fiel que sur nous l'imposture vomisse,
Nous voulons oublier le nom de l'imposteur.

A tout ce qu'il écrit que l'Envie applaudisse;
De tant d'illustres noms jaloux persécuteur,
Il a beau les noircir par un lâche artifice,
La Vérité confond et l'ouvrage et l'auteur.

Dût-on voir sa fureur triomphante, impunie.
Tranquilles et muets contre la calomnie,
Nous consacrons nos voix à la gloire du Roi.

Si notre retenue enhardit l'impudence,
Le mérite et l'honneur se reposent sur toi :
Oracle de Thémis, venge notre silence.

Furetière riposta sur les mêmes rimes :

A MONSEIGNEUR LE CHANCELIER.

Toi dont l'Académie élude la justice,
Qui du mérite faux n'es point le protecteur,
N'espère pas de voir que son ventre vomisse
Cet œuvre tant promis par son corps imposteur

Ne crois pas que jamais le public applaudisse
A ces monopoleurs dont le persécuteur
Y montre tant de foible et si peu d'artifice
Qu'à peine un écolier s'en voudroit dire auteur.

Leur oisive lenteur qui demeure impunie
Les peut faire à bon droit blâmer sans calomnie ;
Leurs pensions font tort à la gloire du Roi.

Il leur faut, pour répondre, un excès d'impudence ;
Mais tout déguisement disparoît devant toi :
Oracle de Thémis, excuse leur silence.

Et, sur les mêmes rimes, la Fontaine répondit à Furetière :

Te mettre à Saint-Lazare est acte de justice ;
J'en veux faire un placet à notre Protecteur.
Apollon ne lit point le tien[1] qu'il ne vomisse,
Il le dit, et ce dieu n'est point un imposteur[2].

Il semble à tes discours que chacun t'applaudisse[3] ;
Et, toujours du bon sens cruel persécuteur,
Tu veux parler de mots, et confonds l'artifice [4]

---

1. Les tiens. (*Recueil* de 1686.)
2. Nous donnons ici la leçon du *Recueil*. Il y a dans les *OEuvres posthumes* cette mauvaise leçon :

    Et ne connoit en toi qu'un calomniateur

3. Que chacun applaudisse. (*Recueil.*)
4.   Tu te crois Attila, ce grand persécuteur,
    Mais tu n'es qu'un pion ; tu confonds l'artifice.
                              (*Ibidem.*)

Avec l'art[1] : cette faute est crime en un auteur.

Ne t'imagine pas qu'on la laisse impunie;
Mais l'insolence suit en toi la calomnie :
N'en est-ce pas un trait que de blâmer le Roi?

Tu contrôles ses dons, homme plein d'impudence[2];
Ma foi, l'Académie est plus sage que toi :
Apprends d'elle à parler, ou garde le silence.

> 1. Comparez le *Poème du Quinquina*, chant II, vers 167 :
> .... En nous découvrant l'art il laisse l'artifice.
> 2. L'ignorance est en toi sœur de la calomnie;
> Tu manques de respect lorsque tu plains le Roi.
> Contrôler les bienfaits est un trait d'impudence.
> *(Recueil.)*

IV

SONNET

SUR LE RETOUR DE GUILLAUME HENRI DE NASSAU
PRINCE D'ORANGE, EN ANGLETERRE, ETC.[1], À LONDRES,
OÙ IL ARRIVA D'IRLANDE LE.... DU MOIS D.... 1690.

Ce sonnet est dans le Recueil de Maurepas (tome VI, fol. 493),
à la Bibliothèque nationale, Manuscrits français, n° 12621.

Guillaume, étant parti comme un second Achille,
D'un air moins triomphant revient, à ce qu'on dit.
Nous verrons quels projets maintiendront son crédit
Et s'il rendra la France en lauriers moins fertile.

On l'a fait déloger de devant une ville[2]   5
Qu'eût prise un argoulet[3], sans aucun contredit;
Lazare après trois jours sort de terre et revit,
L'usurpateur Guillaume est trois mois immobile.

Ce ressuscité perd l'Empire et l'Empereur,
L'Anglois est divisé, les Turcs reprennent cœur;   10

---

1. Cet *etc.* se rapporte sans doute à son passage en Irlande le 20 juin, avant de retourner le 12 juillet en Angleterre : voyez Dangeau, tome III, p. 162, 183, 184, 186, 189.

2. « La ville de Limerick, très méchante place, dont le prince d'Orange leva le siège le 9 juillet. » (Note du Recueil.)

3. Qu'eût prise un dragon, un hussard, un soldat de cavalerie légère. — *Argoulet*, proprement, cavalier armé d'un arc ou d'une arquebuse : les argoulets faisaient le service d'éclaireurs, de batteurs d'estrade, « les descouuertes et escarmouches çà et là », dit Carloix (*Mémoires de la vie de François de Scepeaux*, livre VII, chapitre XVII).

Les clients de Guillaume ont tous la nappe mise[1].

Si l'Irlande est témoin de ses faits inouïs,
Il met quatre Électeurs et Savoie en chemise[2],
Et le bruit de sa mort me coûte un beau louis[3].

1. Mettre ou servir la nappe, faire les affaires d'autrui : « Celuy qui met la nappe tumbe tousiours des despens. » (MONTAIGNE, tome I, p. 432.)

> La Paix a bien raison de dire aux Palatins :
> « Ouvrez les yeux, le diable vous attrape;
> Car vous avez à vos puissants voisins
> Sans y penser longtemps servi la nappe.
> Vous voudrez donc bien trouver bel et beau
> Que ces voisins partagent le gâteau. »
> (VOLTAIRE, lettre à Frédéric du 16 octobre 1772.)

2. Le roi François ne faillit point
Quand il predit que ceulx de Guise
Mettroient ses enfans en pourpoint
Et tous ses subiets en chemise.
(*Satire Ménippée*, harangue de M. d'Aubray.)

3. « L'auteur, qui est Jean de la Fontaine, si fameux par ses Fables et ses Contes, avoit gagé un louis d'or que le prince d'Orange étoit mort, et le perdit parce qu'on apprit le contraire. (Note du Recueil.) C'est l'abbé de Choisy qui avait tenu ce pari. Voici en effet ce qu'il écrivait à Bussy Rabutin le 23 août 1690 : « Je suis aussi aise d'être guéri que le prince d'Orange de n'être pas mort…. Je viens de parier contre le bonhomme la Fontaine tous ses ouvrages contre le prix qu'ils valent que le prince d'Orange n'est pas mort. »

MADRIGAUX

I

A M....

Cette pièce a été imprimée pour la première fois dans les *Fables nouvelles* de 1671, p. 92, et réimprimée dans les *Œuvres diverses* de 1729, tome I, p. 45. Walckenaer suppose que ce quatrain fut écrit à l'occasion des éloges donnés à la Fontaine pour l'épître à Mme de Coucy, abbesse de Mouzon, et qu'il est adressé à Pellisson, auquel notre poète transmettait les vers qu'il destinait à Foucquet : nous avons tout lieu de croire que cette dernière supposition est erronée, et que ce quatrain, ou madrigal, s'applique, comme la pièce de la page 63, à la marquise de Sévigné.

Je ne m'attendois pas d'être[1] loué de vous :
Cet honneur me surprend, il faut que je l'avoue ;
Mais de tous les plaisirs le plaisir le plus doux,
C'est de se voir loué de ceux que chacun loue.

1. Tome IV, p. 95, note 1.

II

AU ROI ET A L'INFANTE.
MADRIGAL, EN 1660.

Ce madrigal a paru pour la première fois dans les *Œuvres diverses* de 1729, tome III, p. 295, et fut écrit sans doute après la conclusion de la paix des Pyrénées, peut-être quelques jours avant l'entrée de la Reine à Paris (26 août 1660) : voyez la relation de cette entrée (ci-dessous, lettre IX).

Heureux couple[1] d'amants, race de mille rois,
Bien que de voir trembler cent peuples sous vos lois
    Soit une gloire peu commune,
    Vous avouerez pourtant un jour
Qu'on est mieux couronné par les mains de l'Amour 5
    Que par celles de la Fortune.

1. *Couples*, dans l'édition de 1729 ; faute évidente.

III

MADRIGAL.

POUR LE ROI.

Ce madrigal a été publié pour la première fois par Chardon de la Rochette en 1811, à la suite de l'*Histoire de la Fontaine* de Mathieu Marais (p. 124) : voyez notre tome VIII, p. 377 et note 2.

> Que dites-vous du cœur d'Alcandre[1],
> Qui n'avoit jamais soupiré ?
> S'il s'est un peu tard déclaré,
> Il n'a rien perdu pour attendre.

1. Tome VIII, p. 262 et note 4. Aux opuscules cités dans cette note ajoutons le suivant : *le Divorce royal, ou Guerre civile dans la famille du grand Alcandre*, Cologne, 1692, in-12.

IV

MADRIGAL.

Ce madrigal a été publié dans les *OEuvres posthumes*, p. 242, et dans les *OEuvres diverses* de 1729, tome I, p. 94.

« Soulagez mon tourment, disois-je à ma cruelle ;
Ma mort vous feroit perdre un amant si fidèle
Qu'il n'en est point de tel dans l'empire amoureux[1].
— Il le faut donc garder, me répondit la belle :
Je vous perdrois[2] plus tôt en vous rendant heureux. » 5

1. Tome VIII, p. 456 et note 3.
2. Perdois. (1729.)

V

AU SUJET DU MARIAGE DE LA FILLE
DE Mme LA M.... D'AUMONT[1] AVEC M. DE MÉZIÈRE[2].

Ce madrigal, trouvé dans les papiers de Pellisson, a été publié pour la première fois par Chardon de la Rochette en 1811, à la suite de l'*Histoire de la Fontaine* par Mathieu Marais (p. 125) : voyez notre tome VIII, p. 377 et note 2.

Comme j'étois sur le point d'envoyer le terme de la Saint-Jean, l'on m'a mandé que M. de Mézière s'en venoit à Vaux en diligence, et que Mme la M.... d'Aumont y devoit aussi amener Mlle sa fille; que là ils s'épouseroient aussitôt, et que ce mariage avoit été

1. La marquise d'Aumont.
2. Gilles Foucquet, le plus jeune des frères de Nicolas Foucquet, premier écuyer de la grande écurie du Roi, est le personnage désigné sous le nom de M. de Mézière. Il' épousa en mai 1660 la fille du marquis d'Aumont, gouverneur de Touraine, frère aîné du maréchal : voyez la *Gazette de Loret* du 8 mai 1660. Le titre de *maréchale*, donné par les précédents éditeurs à Mme d'Aumont dans l'intitulé du madrigal et dans le préambule écrit par le poète lui-même, provient d'une erreur. Mme d'Aumont, belle-mère de Gilles Foucquet, n'était que marquise d'Aumont. C'était sa belle-sœur qui portait le titre de maréchale. La Fontaine avait mis : Mme la M.... d'Aumont, et les éditeurs ont lu : *Mme la maréchale*, au lieu de : *Mme la marquise*. Ce qui prouverait au besoin que M. de Mézière était bien Gilles Foucquet, frère du surintendant, c'est que, lorsqu'en 1679 la famille de Nicolas Foucquet obtint la permission de le venir voir à Pignerol, nous trouvons parmi les membres de cette famille un M. de Mézière, frère du prisonnier (*Mémoires de Saint-Simon*, tome XII, p. 279; et Chéruel, *Mémoires sur la vie publique et privée de Foucquet*, tome II, p. 547).

conclu si soudainement que les parties ne se doutoient quasi pas du sujet de leur voyage. J'aurois bien voulu pouvoir témoigner par quelque chose de poli le zèle que j'ai pour les deux familles; mais j'ai cru que l'épithalame ne devoit pas être plus prémédité que l'hyménée, et qu'il falloit que tout se sentît de la soudaineté avec laquelle Monseigneur le Surintendant entreprend et exécute la plupart des choses. Je me suis donc contenté d'ajouter au terme ce madrigal :

  Belle d'Aumont et vous Mézière,
  Quand je regarde la manière
Dont vous vous mariez, l'un venant de la cour,
Et l'autre de Paris, ou bien de la frontière,
J'appelle votre hymen un impromptu d'amour.   5
  Avec le temps vous en ferez bien d'autres,
Et nous en pourrons voir dans neuf mois, plus un jour[1],
Un de votre façon qui vaudra tous les nôtres.

1. *La Mandragore*, vers 328.

DIZAINS

I

POUR MADAME DE SÉVIGNÉ.

DIZAIN

ENVOYÉ A M. F. SUR LE SUJET DE L'ÉPÎTRE I
A M. D. C. A. D. M.

Ce dizain, envoyé à Foucquet au sujet de la lettre à l'abbesse de Mouzon, a été imprimé pour la première fois dans les *Fables nouvelles* de 1671, p. 91. Foucquet avait montré à Mme de Sévigné la lettre à l'abbesse dans un « consistoire » (vers 4), c'est-à-dire dans un cercle de beaux esprits tenu chez lui, et l'aimable veuve, très indulgente, comme on le sait, aux plaisanteries un peu libres, aux gauloiseries, aux gaillardises, quand elles étaient « de bonne main », avait paru ravie de cette petite pièce.

Voyez ci-dessus, p. 57; l'*Histoire de la Fontaine* par Walckenaer, tome I, p. 39-40; et notre tome I, p. LXVII-LXVIII.

De Sévigné, depuis deux jours en çà,
Ma lettre tient les trois parts de sa gloire :
Elle lui plut; et cela se passa
Phébus tenant chez vous son consistoire[1].
Entre les dieux, et c'est chose notoire,   5
En me louant Sévigné me plaça[2];

1. Tome VIII, p. 280 et note 1.
2. Me « déifia » (lettre à Sillery).

J'étois alors deux cent mille au-deçà,
Voire encor plus, du temple de Mémoire[1].
Ingrat ne suis : son nom seroit piéça[2]
Delà le ciel, si l'on m'en vouloit croire.   10

1. *Adonis*, vers 123.
2. Il y a longtemps : voyez les exemples de ce mot vieilli cités par Littré ; et Montaigne, tomes I, p. 91, 243, 246, 265, III, p. 249, etc.

II

DIZAIN.

A Mme[1]...

Ce dizain a paru en 1685 dans les *Ouvrages de prose et de poésie*, tome I, p. 116; il a été réimprimé dans les *OEuvres diverses* de 1729, tome I, p. 29, mais la note préliminaire de l'auteur a été transportée à tort avant les vers « Pour la Reine, en suite de la ballade sur la paix des Pyrénées » : voyez ci-dessus, p. 16.

Je devois donner des madrigaux en d'autres temps, et voici ce que j'envoyai pour un de ces termes.

Dedans mes vers on n'entend plus parler
De vos beautés, et Clio s'en est plainte.
J'ai répondu qu'il n'appartient d'aller
A toutes gens, comme on dit, à Corinthe[2].
Par toutes mains qu'aussi vous soyez peinte,   5
C'est un abus : Phébus, sans contredit,
Seul y prétend; j'y perdrois mon crédit.
Vous me direz : « Quelle est donc votre affaire ? »
Quelle elle est donc? Je l'aurai bientôt dit :
C'est d'admirer.... « Quoi! rien plus? ».... et me taire.

1. A Mme la Surintendante. (1729.)
2. *Non licet omnibus adire Corinthum*, cette ville fameuse dans toute la Grèce par son temple de Vénus et la beauté de ses femmes.

III

DIZAIN.

A M....

Ce dizain a été publié en 1685 dans les *Ouvrages de prose et de poésie*, tome I, p. 119, et réimprimé dans les *OEuvres diverses* de 1729, tome I, p. 30. L'autographe a été lithographié dans le recueil de Robert : *Fables inédites des* XIIe, XIIIe, *et* XIVe *siècles, et fables de la Fontaine* (Paris, 1825, in-8°), tome I, p. XLII. Il y porte pour titre : « Épigramme à Monseigneur le Surintendant qui ne s'étoit pas contenté de trois madrigaux à la dernière Saint-Jean. » Voyez notre tome I, p. LXI.

Sur ce que M[1].... souhaitoit un plus grand nombre de petits ouvrages que celui qu'il avoit reçu, les deux pièces suivantes[2] lui furent envoyées pour supplément :

    Trois madrigaux, ce n'est pas votre compte,
    Et c'est le mien : que sert de vous flatter?
    Dix fois le jour au Parnasse je monte,
    Et n'en saurois plus de trois ajuster[3].
    Bien vous dirai qu'au nombre s'arrêter   5
    N'est pas le mieux, Seigneur, et voici comme :
    Quand ils sont bons, en ce cas tout prud'homme
    Les prend au poids au lieu de les compter;
    Sont-ils méchants[4], tant moindre en est la somme,
    Et tant[5] plutôt on s'en doit contenter.   10

1. Sur ce que M. Foucquet. (1729.)
2. Ce dernier dizain et le premier des sizains.
3. Page 13. — *Ajuster* corrige *enfanter* dans l'autographe.
4. Tome V, p. 12 et note 3.
5. Voyez les *Lexiques de Malherbe* et *de Corneille*.

SIZAINS

I

POUR LE ROI.

Ce sizain a paru pour la première fois en 1685 dans les *Ouvrages de prose et de poésie*, tome I, p. 118; il a été inséré dans les *OEuvres diverses* de 1729, tome I, p. 29.

Voyez l'*Histoire de la Fontaine* par Walckenaer, tome I, p. 50-51.

Dès que l'heure est venue, Amour parle en vainqueur;
Soit de gré, soit de force, il entre dans un cœur,
Et veut de nos soupirs le tribut ou l'offrande.
Alcandre[1] de ce droit s'est longtemps excusé :
Mais par les yeux d'Olympe[2] Amour le lui demande; 5
Et jamais à ces yeux on n'a rien refusé.

1. Le Roi : ci-dessus, p. 59 et note 1.
2. Olympe Mancini? mais il eût été bien contraire aux habitudes de notre poète d'écrire ainsi son vrai prénom. Ne serait-ce pas plutôt la Reine?

II

POUR S. A. E. MONSEIGNEUR LE CARDINAL
DE BOUILLON,
APRÈS SON BREVET DE CARDINALAT.

Ce sizain a été imprimé pour la première fois dans les *Fables nouvelles* de 1671, p. 125, et inséré dans les *OEuvres diverses* de 1729, tome I, p. 65.
Voyez ci-dessous, l'épître *à Mme la princesse de Bavière*, p. 133 et note 2; l'*Histoire de la Fontaine* par Walckenaer, tome I, p. 191; et notre tome VI, p. 276 et note 1.

Je n'ai pas attendu pour vous un moindre prix;
De votre dignité je ne suis point surpris :
S'il m'en souvient, Seigneur, je crois l'avoir prédite[1].
Vous voilà deux fois prince[2]; et ce rang glorieux
Est en vous désormais la marque du mérite, 5
Aussi bien qu'il l'étoit de la faveur des Cieux.

1. Dans l'épître citée *à Mme la princesse de Bavière*, vers 80-84.
2. Tome VI, p. 278 et note 4.

III

VERS PAR M. DE LA FONTAINE

POUR MADEMOISELLE SIMON,

TRÈS BELLE PERSONNE, ET TRÈS SAGE, FILLE D'UN ARCHITECTE DU ROI.

1695

Ces vers se trouvent, sous ce titre et avec cette date, dans le tome XXVII du Recueil de Maurepas (fol. 21 v°), à la Bibliothèque nationale, Manuscrits français, n° 12642. Ils ont été publiés pour la première fois par M. Ludovic Lalanne dans la *Correspondance littéraire* (1re année, p. 193). « Je ne vois aucune raison, dit ce critique, pour ne pas admettre l'attribution et les indications si précises que donne le manuscrit. Les vers sont assez gracieux pour être sortis de la plume de la Fontaine, et il est bien probable qu'ils auront été communiqués à M. de Maurepas par la famille même de Mlle Simon, où on avait dû les conserver d'autant plus précieusement que ce sont peut-être les derniers qui aient été écrits par le grand poëte. Ils sont en effet datés de 1695, et lui-même, malade depuis longtemps, mourut le 13 avril de la même année. »

Voyez ci-dessous, la lettre de la Fontaine à M. Simon de Troyes, l'architecte, père de Mlle Simon.

> Qui voit, Iris, vos traits charmants,
> Pousse loin l'ardeur de son zèle :
> Tous vos amis sont vos amants.
> Quel dessein avez-vous, la belle ?
> Quel pouvoir sur tous les esprits ?
> Tous vos amants sont vos amis.

CHANSONS

I

CHANSON DE M. DE LA FONTAINE

POUR M. DE MAUCROIX.

Cette chanson a été publiée par M. Louis Paris (*OEuvres diverses de Maucroix*, Paris, 1854, in-8°, tome I, p. cxvi). Il l'a tirée des manuscrits du chanoine Favart conservés à la Bibliothèque de Reims.

  Tandis qu'il étoit avocat,
  Il n'a pas fait gain d'un ducat;
  Mais vive le canonicat!
   Alleluia!

  Il lui rapporte force écus   5
  Qu'il veut offrir au dieu Bacchus,
  Ou bien en faire des cocus!
   Alleluia!

II

CHANSONNETTE DE M. DE LA FONTAINE.

Sur l'air des *Lampons*.

Cette chansonnette est, comme la précédente, dans les manuscrits du chanoine Favart. Elle a été publiée pour la première fois par Paul Lacroix à la page 86 des *OEuvres inédites*. Elle porte sa date avec elle (1656), année où les coureurs des troupes allemandes et espagnoles, commandées par don Juan d'Autriche et le prince de Condé, envahirent le nord de la France. C'est l'imitation d'un couplet dirigé contre le maréchal de Gramont, battu, le 26 mai 1642, à Honnecourt, en Picardie, et qui commençait par ces quatre vers :

> Le prince de Bidache [1]
> Crioit aux Allemands :
> « Rendez-moi mon bardache !
> Voilà six régiments.... »

et d'un autre sur le même thème :

> Monseigneur, prenez courage,
> Il vous reste encore un page.
> Lampon ! Lampon !
> Camarade Lampon !

Tallemant des Réaux, qui donne l'amorce de ces couplets (tome III, p. 175-176), nous apprend que le maréchal fut ridiculisé quelque temps sous le nom de « maréchal Lampon », à cause de « plusieurs vaudevilles qu'on appeloit les *Lampons* », qu'on avait faits contre lui. *Lampon* ou *Lampons* (buvons), comme *Lanlair*, *Lanturlu*, *Lérida*, *Ouida*, etc., était en effet un refrain de vaudevilles très à la mode. Les Anglais ont encore *lampoon*, satire, pasqui-

---

1. Bidache, bourg du département des Basses-Pyrénées, tout proche de Gramont, berceau de la famille de ce nom.

nade, *to lampoon*, faire des satires, des lampons, *lampooner*, faiseur de lampons.

Comparez, au sujet de ce curé et de sa chambrière, une anecdote racontée par Brantôme (tome I des OEuvres, p. 222). Mais le curé de Brantôme, bien différent du nôtre, réclame à cor et à cri sa servante[1] que les soldats ont enlevée, et il fait bon marché de ses poules et de son lard qu'ils ont mangés, de son vin qu'ils ont bu.

> Le curé de Bussière
> Disoit aux Allemands :
> « Prenez ma chambrière,
> Rendez-moi ma jument !
> Tenez, la voilà ;   5
> F.....-la tous, je vous en prie[2] !
> Ma pauvre jument,
> Ramenez-la
> Dans l'écurie. »
> Le roi des Lampons,   10
> Sus, courage, compagnons !
> Le roi des Lampons[3]
> A de fort bons éperons.

1. Une de ces servantes ou concubines de prêtres que le célèbre prédicateur du XIII° siècle Foulques de Neuilly appelait les « juments du diable ». (Jacques de Vitry, *Histoire des Croisades*, livre II, chapitre VII, tome XXII, p. 298, de la collection Guizot.)

2. « Tapez, daubez..., je vous en prie. » (RABELAIS, tome II, p. 312.)

3. Rapprochez une chanson de Maucroix, tome I de ses *OEuvres diverses*, p. 135-136.

III

POUR MADAME....,

Sur l'air des *Folies d'Espagne*.

Cette chanson a paru pour la première fois dans les *Œuvres posthumes*, p. 216, et a été réimprimée dans les *Œuvres diverses* de 1729, tome I, p. 103. Mathieu Marais nous apprend dans son *Histoire de la Fontaine* et la date de cette pièce et le nom de la personne pour laquelle elle a été composée, Mme d'Hervart : « En 1687, les couplets sur l'air des *Folies d'Espagne* qu'il fit pour Mme d'Hervart trouveront bien leur place. » Cette date est celle de l'année qui suivit le mariage de cette dame.

Voyez Walckenaer, *Histoire de la Fontaine*, tome II, p. 146; et, ci-dessous, la lettre à M. de Bonrepaus du 31 août 1687.

« On languit, on meurt[1] près de Sylvie[2] :
C'est un sort dont les rois sont jaloux,
Si les dieux pouvoient perdre la vie,
Dans vos fers ils mourroient comme nous.

« Soupirant pour un si doux martyre, 5
A Vénus ils ne font plus la cour;
Et Sylvie accroîtra son empire
Des autels de la mère d'Amour[3].

« Le Printemps paroît moins jeune qu'elle;

1. Tome VIII, p. 364 et note 5.
2. « Je veux et entends qu'à l'avenir Mme d'Hervart s'appelle Sylvie dans tous les domaines que je possède sur le double mont, et, pour commencer,
  « C'est un plaisir de voir Sylvie, etc. »
  (Lettre citée.)
3. Comme Psyché.

D'un beau jour la naissance rit moins[1] :
Tous les yeux disent qu'elle est plus belle,
Tous les cœurs en servent de témoins.

« Ses refus sont si remplis de charmes,
Que l'on croit recevoir des faveurs :
La douceur est celle de ses armes
Qui se rend la plus fatale aux cœurs.

« Tous les jours entrent à son service
Mille Amours, suivis d'autant d'amants;
Chacun d'eux, content de son supplice,
Avec soin lui cache ses tourments.

« Sa présence embellit nos bocages[2];
Leurs ruisseaux sont enflés par mes pleurs[3] :
Trop heureux d'arroser des ombrages
Où ses pas ont fait naître des fleurs.

« L'autre jour, assis sur l'herbe tendre,
Je chantois son beau nom dans ces lieux;
Les Zéphyrs, accourant pour l'entendre,
Le portoient aux oreilles des dieux[4].

« Je l'écris sur l'écorce des arbres[5];
Je voudrois en remplir l'univers.

---

1.   Amarante et le Printemps
     Ont un air qui se ressemble.
           (Lettre à l'abbé Vergier du 4 juin 1688.)

2. Peut-être est-ce à Bois-le-Vicomte, où Mme d'Hervart passait la belle saison, que cette chanson a été composée, ou sous tout autre ombrage, il est vrai.

3. Tome VIII, p. 355 et note 2. — 4. *Clymène*, vers 535.

5. Tome VIII, p. 152 et note 2.

Nos bergers l'ont gravé sur des marbres
Dans un temple, au-dessus de mes vers. »

C'est ainsi qu'en un bois solitaire
Lycidas exprimoit son amour.
Les échos, qui ne sauroient se taire, 35
L'ont redit aux bergers d'alentour.

IV

CHANSON

Cette chanson a paru dans les *OEuvres posthumes*, p. 248, et dans les *OEuvres diverses* de 1729, tome I, p. 124. — Voyez, tome VIII, p. 361-374, les quatre élégies où notre poète se plaint de la cruelle Clymène.

Tout se suit ici-bas, le plaisir et la peine,
Le printemps, les hivers, tout garde cette loi;
    Amour en exempta Clymène :
L'ingrate n'a jamais que des rigueurs pour moi.

V.

AUTRE.

Cette chanson a été publiée dans les mêmes recueils et aux mêmes pages que la précédente.

On y reconnaît une imitation d'Horace (livre II, ode VIII) :

> *Ulla si juris tibi pejerati*
> *Pœna, Barine, nocuisset unquam,*
> *Dente si nigro fieres, vel uno*
>   *Turpior ungui,*
> *Crederem. Sed tu, simul obligasti*
> *Perfidum votis caput, enitescis*
> *Pulchrior multo, juvenumque prodis*
>   *Publica cura.*

  Si nos langueurs et notre plainte
  Faisoient perdre à la jeune Aminte[1]
  Ou quelque charme ou quelque amant,
  On pourroit fléchir la cruelle ;
Mais lorsque je la vois rire de mon tourment,   5
  Je ne l'en trouve que plus belle[2].

1. Ci-dessus, p. 49.
2. Voyez encore une autre chanson de notre poète dans sa lettre à Racine du 6 juin 1686.

ÉPITAPHE

I

ÉPITAPHE D'UN PARESSEUX.

Nous avons eu plusieurs fois l'occasion de citer cette épitaphe, et de dire ce qu'il fallait penser de la « paresse » de la Fontaine.

Elle a été publiée, sous le titre que nous donnons, dans les *Fables nouvelles* de 1671, p. 99.

Chardon de la Rochette l'a fait précéder[1] de cette note autographe de Pellisson qu'il avait lue au bas de notre épître II, (ci-dessous, p. 107) : « Je ne fais pas difficulté d'ajouter à cette lettre, que M. de la Fontaine m'a envoyée, un tableau qu'il fit de la vie d'un de ses proches, au lieu d'épitaphe, le jour de sa mort (l'*Épitaphe d'un grand parleur*, ci-dessous, p. 81), et une épigramme de six vers, que j'ai trouvée assez belle, et parfaitement bien appliquée au sujet, qui convient à un paresseux. »

L'*Épitaphe d'un paresseux* a été bien souvent réimprimée à la suite des Contes et des Fables, et aussi dans le *Recueil de vers choisis* du P. Bouhours, p. 288[2], dans les *OEuvres posthumes*, 1696, p. 276, dans le *Recueil des plus belles épigrammes*, 1698, tome I, p. 241, dans les *Pièces de théâtre*, 1702, dans les *OEuvres diverses* de 1729, tome I, p. 164, etc., etc.

Elle a été traduite en latin par le P. Sanadon.

Voyez l'*Histoire de la Fontaine* de Walckenaer, tome I, p. 54-55; l'édition des *OEuvres diverses de Maucroix* par Louis Paris, tome I, p. CXVII-CXVIII ; et notre tome I, p. XCV-XCVI.

1. Dans l'*Histoire de la Fontaine* par Mathieu Marais, p. 24.
2. Édition de 1693; elle n'est pas dans celle de 1701.

Jean s'en alla comme il étoit venu[1],
Mangea le fonds avec le revenu[2],
Tint les trésors chose peu nécessaire[3].
Quant à son temps, bien le sut dispenser[4] :
Deux parts en fit, dont il souloit[5] passer   5
L'une à dormir et l'autre à ne rien faire[6].

1. *La Servante justifiée*, vers 69.
2. En effet il abandonna ou vendit successivement sa maison et ses fermes à sa femme, à son beau-frère, à ses amis, c'est-à-dire au plus bas prix possible.
3. On lit dans le texte donné par Chardon de la Rochette :

> Mangea le fonds après le revenu,
> Tint le travail chose peu nécessaire.

Dans le recueil cité du P. Bouhours, dans une édition des *Contes*, Amsterdam, 1696, et dans les *Pièces de théâtre*, 1702 :

> Mangeant son fonds après le revenu,
> Croyant le bien chose peu nécessaire.

Dans le *Recueil des plus belles épigrammes* :

> Mangea le fonds, mangea le revenu,
> Jugea trésors chose peu nécessaire.

4. Tome VI, p. 280. — « Bien sut le dépenser », dans le *Recueil des plus belles épigrammes*.
5. Avait coutume : du latin *solere*.
6. *Le Diable de Papefiguière*, vers 7-8. — Voyez aussi le recueil intitulé *Ducatiana* (Amsterdam, 1738, in-8°), tome I, p. 4-5.

II

AUTRE ÉPITAPHE.
D'UN GRAND PARLEUR.

Chardon de la Rochette (ci-dessus, p. 79) ne transcrit pas cette épitaphe-ci. Elle suit immédiatement la précédente dans les *Fables nouvelles* de 1671, p. 99, elle est à la fin des *Fables choisies* de 1679 Amsterdam, et a été réimprimée dans les *OEuvres diverses* de 1729, tome I, p. 45.

 Sous ce tombeau pour toujours dort
 Paul, qui toujours contoit merveilles :
 Louange à Dieu, repos au mort,
 Et paix en terre à nos oreilles !

III

ÉPITAPHE DE MOLIÈRE.

Molière mourut le 17 février 1673, et, le 19 mars de la même année, Mlle du Pré envoyait cette épitaphe à Bussy Rabutin : « Je vous envoie, Monsieur, une épitaphe de Molière par la Fontaine » (Correspondance de Bussy Rabutin, tome IV, p. 53, de l'édition de 1697, tome IV, p. 47, de celle de 1720, tome II, p. 233, de l'édition Lalanne). Elle a été aussi imprimée dans un *Recueil des épitaphes les plus curieuses faites sur la mort du fameux comédien le sieur Molière* (Utrecht, 1697), p. 132. Pourtant, dans les *Œuvres diverses* de 1729, où elle est donnée également (tome I, p. 81), elle est marquée de deux astérisques, à la table des matières, comme inédite.

Voyez Walckenaer, *Histoire de la Fontaine*, tome I, p. 247-248; le tome X du Molière de notre Collection, p. 448-449; notre tome I, p. cxiii; et ci-dessous, la lettre à Maucroix du 22 août 1661.

Sous ce tombeau gisent Plaute et Térence,
Et cependant le seul[1] Molière y gît.
Il les faisoit revivre en son esprit
Par leur bel art réjouissant la France[2].
Ils sont partis! et j'ai peu d'espérance
De les revoir malgré tous nos efforts.
Pour un long temps[3], selon toute apparence,
Térence, et Plaute, et Molière, sont morts.

1. Le sieur. (1729.)
2. Dans les lettres de Bussy Rabutin et le texte de 1729 :
   Leurs trois talents ne formoient qu'un esprit
   Dont le bel art réjouissoit la France.
3. De les revoir. Malgré tous nos efforts,
   Pour un long temps, etc. (*Ibidem.*)

VERS POUR DES PORTRAITS

I
SUR UN PORTRAIT DU ROI[1].

Cette pièce a paru dans les *OEuvres posthumes*, p. 120, et dans les *OEuvres diverses* de 1729, tome I, p. 103.

A l'air de ce héros, vainqueur de tant d'États,
On croit du monde entier considérer le maître.
Mais, s'il fut assez grand pour mériter de l'être,
Il le fut encor plus de ne le vouloir pas[2].

1. Sans doute celui de Nanteuil, peint au pastel en 1679, après a paix de Nimègue.
2. Tome III, p. 176.

II

POUR LE PORTRAIT DE M. BERTIN.

On lit ce quatrain dans les *OEuvres posthumes*, p. 168, et dans les *OEuvres diverses* de 1729, tome I, p. 135.

Il fut écrit pour le portrait de M. Bertin, conseiller-secrétaire du Roi et secrétaire général de la Chancellerie. Ce portrait, gravé par Édelinck, est en tête de la collection intitulée : *Recueil des meilleurs desseins de Raimond la Fage, gravé par cinq des plus habiles graveurs, et mis en lumière par les soins de Vander-Bruggen*. Se vend chez Jean Vander-Bruggen, marchand et graveur à Paris, rue Saint-Jacques, au grand magasin d'Images; avec privilège du Roi; 1689, in-fol.

Les vers ne figurent pas au bas de la planche pour laquelle ils avaient été composés, du moins dans l'exemplaire du recueil cité, qui est à la Bibliothèque nationale.

Ces dessins à Bertin, des beaux-arts protecteur,
    Sont dédiés avec justice :
Le portrait et le nom de leur adorateur
    Conviennent à leur frontispice.

III

POUR LE PORTRAIT DE VANDER-BRUGGEN,

Ces vers sont inscrits sans titre et sans nom d'auteur au bas d'un portrait de Vander-Bruggen gravé par lui-même d'après un tableau de Largillière. Ils se trouvent dans le recueil que nous venons de décrire, auquel nous les empruntons.

Le texte que nous donnons n'est pas celui des *OEuvres posthumes* de 1696, qui contiennent deux rédactions assez différentes[1], aux pages 168-169, à la suite de la pièce précédente, et comme si ces vers-ci avaient été faits pour le portrait de Bertin. La première n'a point de titre ; la seconde est précédée du mot *Autre*. Les voici :

> Ce juste admirateur des dessins de la Fage,
> D'un auteur si parfait multipliant l'ouvrage,
> En va rendre le fruit désormais plus commun :
> Il veut que son héros devienne aussi le nôtre,
> Et que le monde entier puisse apprendre de l'un
>   Par les soins que s'est donnés l'autre.

> *Autre.*
> Ce juste admirateur des dessins de la Fage,
>   En vous donnant leur assemblage,
>   Fournit des leçons à chacun :
> Il veut que son héros devienne aussi le nôtre,
>   Et que l'on doive aux soins de l'un
>   Les fruits des ouvrages de l'autre.

Ce juste admirateur des dessins de la Fage[2]
    Nous en présente un assemblage
Où tout est d'un mérite au-dessus du commun.

---

1. La première version seule a été recueillie dans les *OEuvres diverses* de 1729, tome I, p. 135, mais avec cet intitulé : *Pour M. Vanderbruge.*
2. Raimond la Fage, dessinateur et graveur (1654-1684).

Il veut que son héros devienne aussi le nôtre,
    Et que l'on doive aux soins de l'un 5
    Le fruit des ouvrages de l'autre.

IV

POUR LE PORTRAIT DE MEZZETIN[1],
PEINT PAR DE TROYE, ET GRAVÉ PAR VERMEULEN.

Ces vers ont été publiés pour la première fois par Gacon, à la suite de ses *Discours satiriques en vers*, Cologne, 1696, in-12, p. 160. Il les a fait précéder de la note suivante : « Ce n'est pas une chose aisée que de faire de bons vers, et en peu de mots, pour des portraits. La Fontaine, les délices du Parnasse françois, est, ce me semble, un peu outré dans ceux qu'il a faits pour Mezzetin, comédien italien, peint par M. de Troye et gravé par Vermeulen.... Mezzetin est un bon comédien à la vérité ; mais l'expression dont on se sert pour le louer me parut si forte que j'envoyai ces vers à une personne qui s'en étonnoit comme moi :

> « Sur le portrait de Mezzetin,
> Un homme d'un goût assez fin
> Lisant l'éloge qu'on lui donne
> D'être un si grand comédien

1. Angelo Constantini, dit le Mezzetin, acteur de l'ancienne comédie italienne, né à Vérone en 1654, vint à Paris en 1680, y doubla, dans le rôle d'Arlequin, le fameux Dominique, lui succéda à sa mort en 1688, passa en Pologne lors de la fermeture du Théâtre-Italien par Louis XIV (1697), s'y fit emprisonner pendant plus de vingt années, reparut à Paris, à l'hôtel de Bourgogne, dans la nouvelle troupe italienne, le 5 février 1729, mais n'y demeura que peu de temps, et mourut quelques mois après dans sa ville natale, où il s'était retiré. — Le portrait de lui au bas duquel figure ce sizain sans titre, mais signé DE LA FONTAINE, est dû au pinceau de Jean-François de Troye, et gravé par Corneille Vermeulen, d'Anvers. Mezzetin y est représenté en pied, posant la main sur un bas-relief où Protée est couché sur des tritons. — Il est l'auteur d'une *Vie de Scaramouche* (Tiberio Fiurelli), Paris, 1695, in-8°, réimprimée en 1878, avec une introduction et des notes par M. Louis Moland.

Que qui ne le voit ne voit rien,
Et qu'on voit tout en sa personne,
Disoit : « Je ne vois pas qu'il soit si bon acteur,
« Il ne fait rien qui nous surprenne.
« — Monsieur, lui dis-je alors pour le tirer de peine,
« Ne voyez-vous pas bien qu'un discours si flatteur
« Est un conte de la Fontaine? »

« Pour le portrait de Mezzetin
La Fontaine a fait un sizain
Où l'on voit cet acteur traité d'incomparable :
Si la Fontaine a cru la chose véritable,
Je n'oserois le garantir ;
Mais je sais bien qu'étant fort porté pour la fable,
Il n'enrage pas pour mentir. »

Ces deux épigrammes et les vers de la Fontaine se retrouvent dans les autres éditions des œuvres de Gacon, intitulées *le Poète sans fard*, Libreville, 1698, in-12, p. 179; et 1701, *s. l.*, p. 239.

Ici de Mezzetin, rare et nouveau Protée,
    La figure est représentée :
    La nature l'ayant pourvu
    Des dons de la métamorphose[1],
    Qui ne le voit pas n'a rien vu ;   5
    Qui le voit a vu toute chose.

1. Mezzetin jouait toujours sans masque.

ÉPIGRAMMES

I
ÉPITHALAME
EN FORME DE CENTURIE[1].

Cet épithalame a été publié dans les *Œuvres diverses* de 1729, tome I, p. 19.

Après festin, rapt, puis guerre intestine ;
Rude combat, en champ clos, quoique à nu ;
Point d'assistants ; blessure clandestine ;
Fille damée[2] ; et le vainqueur vaincu[3].

1. C'est-à-dire dans la même forme que les prédictions de Nostradamus, qui sont rangées par centaines de quatrains ou de sizains nommées *centuries*.
2. Tome V, p. 218 et notes 2, 3.
3. *Le roi Candaule*, vers 268.

II

CONTRE LE MARIAGE.
ÉPIGRAMME TIRÉE D'ATHÉNÉE.

Cette épigramme a été publiée dans les *Fables nouvelles* de 1671, p. 100, à la fin des *Fables choisies* de 1679 Amsterdam, dans le *Nouveau Choix de pièces de poésies* de Duval de Tours (1715), tome II, p. 142, et insérée dans les *OEuvres diverses* de 1729, tome I, p. 45.

Elle est empruntée à un passage de la comédie d'Eubule intitulée *Chrysille*, et cité par Athénée, livre XIII[1] :

« Eubule dit dans sa *Chrysille :* « Périsse misérablement le « malheureux qui se marie une seconde fois! Je pardonne à « celui qui l'a fait une fois, car il ignorait dans quel abîme de « maux il se précipitait : mais l'autre savait par expérience quel « méchant animal est la femme. »

Athénée transcrit ensuite cinq vers d'une comédie d'Aristophon, *la Calonide*, qui expriment la même idée.

C'est le vieux conte si connu : « Un pauvre homme s'étant présenté à la porte du paradis, saint Pierre lui demanda : « Avez-« vous été marié ? — Oui. — Alors entrez, car vous avez fait votre « purgatoire sur la terre. — J'ai même été marié deux fois. — « Sortez alors, car, si vous avez pris femme une seconde fois, vous « êtes indigne de pardon. »

Homme qui femme prend se met en un état
Que de tous à bon droit on peut nommer le pire :
Fol étoit le second qui fit un tel contrat ;
A l'égard du premier, je n'ai rien à lui dire.

---

1. Page 559 de l'édition de 1612, in-fol.; tome V, p. 14, de celle de 1791, in-4°.

III

SUR UN MARIAGE CONTRACTÉ DANS LA VIEILLESSE.

Cette épigramme a paru sans titre et sans nom d'auteur dans l'édition de l'*Abrégé de la Versification françoise* qui précède le *Dictionnaire de rimes* de Richelet (1692), remarque XVI. Bruzen de la Martinière l'a insérée en 1720 dans les *Épigrammatistes françois*, tome I, p. 377.

Assez bizarrement un jeune homme en usa,
De femme se passant tant qu'il en eut affaire :
    Devenu vieux, il s'avisa
    D'en prendre, et n'en sut plus[1] que faire.

1. Le mot *plus* manque dans le texte donné par l'*Abrégé de la Versification*.

IV

AUTRE ÉPIGRAMME TIRÉE D'ATHÉNÉE.

Ubi lavantur qui hic lavantur ?

Cette épigramme est dans le même recueil que l'avant-dernière, p. 100, et à sa suite; elle a été insérée dans les *OEuvres diverses* de 1729, tome I, p. 46.

Elle est tirée, non d'Athénée, mais de Diogène Laërce (livre VI, § XLVII[1]), qui met ce trait dans la bouche de Diogène le cynique : *Diogenes ingressus sordidum balneum :* « *Qui hic se lavant, ait, ubi lavantur?* »

Ne cherchons point en ce bain nos amours[2];
Nous y voyons fréquenter[3] tous les jours
De gens crasseux une malpropre bande.
Sire baigneur, ôtez-moi de souci;
Je voudrois bien vous faire une demande :   5
Où lave-t-on ceux que l'on lave ici?

1. Page 193 de l'édition de 1570, in-8°.
2. Tome VI, p. 304 et note 4.
3. Au vers 22 de *la Jument du compère Pierre*, « fréquenter chez ».

V

ÉPIGRAMME
SUR UN MOT DE SCARRON[1],
QUI ÉTOIT PRÈS DE MOURIR.

Scarron mourut le 14 octobre 1660. Avant de mourir, il avait exprimé le désir de faire une satire contre le hoquet, car il avait eu un hoquet très violent quelques jours auparavant, et avait déjà failli passer : la Fontaine écrivit à ce sujet cette épigramme qu'il publia dans les *Fables nouvelles* de 1671, p. 98 ; elle parut ensuite à la fin des *Fables choisies* de 1679 Amsterdam, et dans les *OEuvres diverses* de 1729, tome I, p. 19.
Voyez l'*Histoire de la Fontaine* par Walckenaer, tome I, p. 72-73.

Scarron, sentant approcher son trépas,
Dit à la Parque : « Attendez, je n'ai pas
Encore fait de tout point ma satire.
— Ah ! dit Clothon[2], vous la ferez là-bas :
Marchons, marchons ; il n'est pas temps de rire. »

1. Tome II, p. 211 et note 18.
2. Tome VIII, p. 194 et note 1.

VI

DIALOGUE.

Cette épigramme a été trouvée par Walckenaer dans les manuscrits de Tallemant des Réaux où elle suit immédiatement la *Ballade sur Escobar* (ci-dessus, p. 19). Elle y est intitulée : *Madrigal par le même* [la Fontaine], *en dialogue*, et a été publiée pour la première fois dans l'édition de 1827, tome VI, p. 280.

Soupez le soir, et jeûnez à dîner.
— Cela me cause un léger mal de tête.
— Ne jeûnez point. — Arnauld me fait jeûner.
— Escobar dit qu'Arnauld n'est qu'une bête.
Fi des auteurs qu'on crut au temps jadis !　　　5
Qu'ont-ils d'égal aux maximes du nôtre?
Ils promettoient au plus un paradis :
En voici deux, pour ce monde et pour l'autre.

VII

ÉPIGRAMME SUR LA MORT DE M. COLBERT,
QUI ARRIVA PEU DE TEMPS APRÈS UNE GRANDE MALADIE QU'EUT LE CHANCELIER M. LE TELLIER, 1683[1].

Cette pièce fut publiée pour la première fois en 1765 dans les *Variétés sérieuses et amusantes* de Sablier, tome II, p. 123. Voyez Walckenaer, *Histoire de la Fontaine*, tome II, p. 26; et nos tomes I, p. cxxiv, VI, p. 351.

Colbert jouissoit par avance
De la place de chancelier,
Et sur cela pour le Tellier[2]
On vit gémir toute la France.
L'un revint, l'autre s'en alla : 5
Ainsi ce fut scène nouvelle,
Car la France, sur ce pied-là,
Devoit bien rire.... Aussi fit-elle[3].

1. Le 6 septembre.
2. Michel le Tellier, né à Paris le 19 avril 1603, mort le 28 octobre 1685. Sur sa nomination de chancelier le 29 octobre 1677, et sur sa brouille avec Colbert, voyez Saint-Simon, tomes IX, p. 185, II, p. 247-248.
3. On sait en effet avec quelle joie peu raisonnée fut accueillie la mort du grand ministre, déjà en disgrâce auprès du Roi, et qu'il fallut enterrer nuitamment pour soustraire son cadavre aux insultes de la foule.

VIII

CONTRE FURETIÈRE.

Cette pièce a été publiée dans le *Recueil des plus belles épigrammes des poètes françois*, 1698, in-12, tome I, p. 242, et réimprimée dans les *OEuvres diverses* de 1729, tome I, p. 125.

L'histoire en est assez connue. On lit, à la fin du portrait de la Fontaine dans le *Second Factum pour Messire Antoine Furetière, abbé de Chalivoy, contre quelques-uns de l'Académie* : « Sa capacité est telle qu'après avoir exercé trente ans la charge de maître particulier des eaux et forêts, il avoue qu'il a appris dans le Dictionnaire universel ce que c'est que du bois en grume, qu'un bois marmenteau, qu'un bois de touche, et plusieurs autres termes de son métier, qu'il n'a jamais su. » La Fontaine riposta par cette épigramme, que Furetière inséra lui-même, en 1687, dans son *Recueil de plusieurs vers, épigrammes et autres pièces qui ont été faites entre Monsieur l'abbé Furetière et Messieurs de l'Académie françoise*. Voici la version qu'en offre ce recueil, version assez différente de la nôtre, et les remarques et répliques auxquelles elle a donné lieu de la part de Furetière :

RÉPONSE DE M. DE LA FONTAINE A M. FURETIÈRE
QUI LUI A REPROCHÉ QU'IL NE SAIT PAS CE QUE C'EST QUE LE BOIS
EN GRUME ET BOIS MARMENTEAU, QUOIQU'IL AIT ÉTÉ OFFICIER DES
EAUX ET FORÊTS.

« Toi qui de tout as connoissance entière,
Écoute, ami Furetière :
Lorsque certaines gens,
Pour se venger de tes dits outrageants,
Frappoient sur toi comme sur une enclume,
Avec un bois porté sous le manteau,
Dis-moi si c'étoit bois en grume,
Ou si c'étoit bois marmenteau.

« Cette épigramme, ajoute en note le *Recueil de plusieurs vers*, etc., montre clairement que l'objection qu'on a faite au sieur de la Fontaine d'ignorer la nature du bois en grume et du bois marmenteau est bien fondée. Le bois en grume est du bois de charpente et de charronnage débité avec son écorce, et qui n'est point équarri[1]. Le bois marmenteau est un bois de haute futaie qui est conservé pour la décoration d'une maison à laquelle il est attaché, qu'il n'est pas même permis à un usufruitier de couper. L'un et l'autre de ces bois ne sont pas propres à venger des traits médisants.

RÉPONSE DE FURETIÈRE.

« Dangereux inventeur de cent vilaines fables,
Sachez que, pour livrer de médisants assauts,
Si vous ne voulez pas que le coup porte à faux,
Il doit être fondé sur des faits véritables.
 Çà, disons-nous tous deux nos vérités :
 Il est du bois de plus d'une manière ;
Je n'ai jamais senti celui que vous citez;
  Notre ressemblance est entière,
Car vous ne sentez point celui que vous portez.

AUTRE ÉPIGRAMME DE FURETIÈRE.

« M. de la Fontaine, ayant reproché, pour toutes répliques, à son adversaire qu'il falloit qu'il fût ladre, a donné sujet à cette autre épigramme :

« Quelque ladre qu'on fût, il seroit impossible
 Qu'un bois en grume ou marmenteau
 Ne se rendît pas très sensible,
Si l'on étoit chargé d'un si pesant fardeau.
  Mais quand un infâme préfère
  A son honneur son intérêt,
  Son cocuage volontaire
 Le peut charger de toute une forêt,
Qu'il doit encor filer doux et se taire. »

Ces calomnies de Furetière, remarque M. Marty-Laveaux, ne reposaient, comme il nous l'apprend lui-même dans son *Second Factum*, que sur la façon maligne dont il interprétait un passage des *Contes* : « Dans celui de *la Coupe enchantée*, dit-il en parlant de la Fontaine, il donne tant d'éloges au cocuage volontaire que

---

1. *Esquarré* dans le texte.

quelques-uns pourroient conclure de là qu'il y a apparence qu'il s'en est bien trouvé. » Dans son *Troisième Factum*, sous prétexte de se rétracter, il insiste sur son accusation : « Quand j'ai parlé des éloges qu'il a donnés au cocuage volontaire, je n'ai point tiré la conséquence à son désavantage que j'ai dit que quelques-uns en pourroient tirer; je ne suis point garant du vraisemblable que les autres y trouveront. »

Voyez, pour les querelles de notre poète avec Furetière, Walckenaer, *Histoire de la Fontaine*, tome II, p. 118-124; notre tome I, p. cxlvi-cxlix; et ci-dessus, p. 51-53.

Toi qui crois tout savoir, merveilleux Furetière,
Qui décides toujours, et sur toute matière,
  Quand, de tes chicanes outré,
  Guilleragues[1] t'eut rencontré,
Et, frappant sur ton dos comme sur une enclume,   5
Eut à coups de bâton secoué[2] ton manteau,
Le bâton, dis-le nous, étoit-ce bois de grume,
  Ou bien du bois de marmenteau?

 1. Gabriel-Joseph de la Vergne, vicomte de Guilleragues, premier président de la Cour des aides à Bordeaux, puis nommé, en 1677, ambassadeur à Constantinople, où il mourut le 5 mars 1685. C'est à lui que Boileau a adressé son épître v. — Comparez Saint-Simon, tome I, p. 347.
 2. Tome IV, p. 141 et note 5.

IX

CONTRE UN PÉDANT DE COLLÈGE.

Cette épigramme a été publiée, en 1806, par Fayolle, dans *les Quatre Saisons du Parnasse*, tome IV, p. 41, et deux fois dans les *OEuvres diverses* de 1813 (tome I, p. XII, des Remarques sur la Fontaine, et tome I, p. 184, des Poésies).

On a voulu croire, sur la foi de quelques manuscrits dénués de toute autorité, qu'elle était dirigée contre Boileau. Walckenaer (tome I, p. 260, de son *Histoire de la Fontaine*) repousse avec raison cette supposition hasardée : Boileau était atrabilaire, hypocondriaque, mais il ne passa jamais pour un pédant.

Comparez la fable v du livre IX, *l'Écolier, le Pédant, etc.*, et la notice de cette fable.

Il est trois points dans l'homme de collège,
Présomption, injures, mauvais sens.
De se louer il a le privilège :
Il ne connoît arguments plus puissants.
Si l'on le fâche, il vomit des injures ; 5
Il ne connoît plus brillantes figures.
Veut-il louer un roi l'honneur des rois ?
Il ne le prend que pour sujet de thème[1].
J'avois promis trois points, en voilà trois ;
On y peut joindre encore un quatrième : 10
Qu'il aille voir la cour tant qu'il voudra,
Jamais la cour ne le décrassera.

1. Au sens propre du mot : proposition que l'on entreprend de traiter. Il ne le choisit que comme un motif de composition de rhétorique, une belle matière à mettre en vers latins.

ÉPÎTRES

I

LETTRE A M. D. C. A. D. M.

Cette pièce a paru pour la première fois dans les *Fables nouvelles* de 1671, p. 86.

Elle est adressée dans l'édition originale à M. D. C. A. D. M., et intitulée dans les *OEuvres diverses* de 1729, tome I, p. 41 : « Lettre à Madame de C., abbesse de M. », c'est-à-dire, comme l'explique Walckenaer, « à Madame de Coucy, abbesse de Mouzon », Claude-Gabrielle-Angélique de Coucy de Mailly, prieure du couvent des Bénédictines de Sainte-Marie de Mouzon (Ardennes) de 1654 à 1668, année où elle fut appelée à la cour de Lorraine par la duchesse sa nièce, puis de nouveau prieure en 1678, et qui finit par être exilée à l'abbaye de Malnoue par lettre de cachet. C'était la quatrième fille de Louis de Mailly, IIIe du nom, dit de Coucy, marié à une fille de Philippe de Croy[1]. Les incursions des Espagnols l'ayant forcée à se retirer à Château-Thierry, elle alla loger chez la Fontaine, « et sa femme un jour les surprit. Il ne fit que rengainer, lui faire la révérence, et s'en aller[2]. »

Enfin rétablie et maintenue, après son exil à Malnoue, elle acheta à Vaugirard, près de Paris, une maison où elle plaça sa communauté par contrat du 28 mai 1689.

Sur cette abbesse peu scrupuleuse on peut consulter D. Michel Félibien, *Histoire de la ville de Paris*, 1725, in-fol., tome II, p. 1518 ;

1. Le P. Anselme, *Histoire générale, etc., de la maison royale de France*, tome VIII, p. 335 et 646.
2. Tallemant des Réaux, *Historiettes*, tome II, p. 370.

Walckenaer, *Histoire de la Fontaine*, tome I, p. 13 et 37-38; et notre tome I, p. xli-xlii.

Cette épître a été écrite en 1657, comme le prouve l'événement auquel elle fait allusion, l'aventure toute récente de Girardin, homme très riche qui, en se rendant à Bagnolet, fut enlevé par Barbezière et par son frère Chemeraut, puis transporté à Bruxelles où l'on négociait encore pour sa rançon.

> Très révérende[1] mère en Dieu,
> Qui révérende n'êtes guère,
> Et qui moins encore êtes mère[2],
> On vous adore en certain lieu
> D'où l'on n'ose vous l'aller dire   5
> Si l'on n'a patente[3] du sire
> Qui fit attraper Girardin[4],
> Lequel alloit voir son jardin,
> Puis le mit à grosse finance.

1. Comparez *l'Eunuque*, vers 1489. — *Révérente* ici dans nos anciens textes; mais nous préférons l'orthographe de *l'Eunuque* : « révérende ».
2. *Mazet*, vers 194-196.
3. Patentes. (1729.)
4. Voyez ci-dessus, la fin de la notice; les *Mémoires* de Montglat, tome LI, p. 38, de la collection Petitot; les *Lettres* de Gui Patin, tomes II, p. 316, III, p. 393, 564; et ce passage des *Défenses* de Foucquet, tome II, p. 269 : « .... Reste la mystérieuse déposition de Tabouret : il est revenu à charge de déposer contre moi; à quoi il étoit peut-être assez porté par le ressentiment de la mort du sieur Barbezière, frère du sieur Chemeraut, son gendre, lequel Barbezière étant venu à Paris pour faire les bourgeois de Paris prisonniers de guerre, par intelligence avec lesdits Tabouret et Chemeraut, ayant enlevé le sieur Girardin, le procès fut fait par mes soins, suivant les ordres du Roi et de M. le Cardinal, qui sont entre mes papiers. Ledit Barbezière fut condamné et exécuté à mort [le 4 octobre 1657]; lesdits Tabouret et son gendre enfermés à la Bastille, en vertu d'un ordre signé de moi. » Gui Patin prétend que c'est Foucquet lui-même que Barbezière avait voulu prendre tandis qu'il allait se promener à la campagne.

Les Rocroix[1], gens sans conscience,   10
Me prendroient aussi bien que lui,
Vous allant conter mon ennui.
J'aurois beau dire à voix soumise :
« Messieurs, cherchez meilleure prise;
Phébus n'a point de nourrisson   15
Qui soit homme à haute rançon.
Je suis un homme de Champagne,
Qui n'en veux point au roi d'Espagne;
Cupidon seul me fait marcher[2]. »
Enfin j'aurois beau les prêcher,   20
Montal[3] ne se souciroit guère
De Cupidon ni de sa mère :
Pour cet homme en fer tout confit[4]
Passeport d'Amour ne suffit.

En attendant que Mars m'en donne un, et le sine[5]   25
(Mars ou Condé, car c'est tout un[6],

---

1. Les Espagnols, alors maîtres de Rocroy, et qui se répandaient dans toutes les provinces environnantes.
2. *Féronde*, vers 104-106.
3. Montal, chef entreprenant, hardi, commandait dans Rocroy, pour l'Espagne, une garnison nombreuse, et se signalait auprès et au loin par ses exactions, ses déprédations, ses rapines. Il envoyait des coureurs jusqu'aux portes de Reims, d'autres jusqu'au bois de Vincennes : l'Hôpital, gouverneur de Paris, pour les attraper ou les mettre en fuite, faisait jour et nuit des patrouilles. Enfin Montal fut surpris et battu, le 30 août 1657, par le comte de Grandpré[a], près de Sillery, et abandonna aux mains de son vainqueur beaucoup de prisonniers et la plus grande partie de ses approvisionnements et de son butin.
4. Tome IV, p. 254 et note 7.
5. Tome V, p. 386 et note 3.
6. Tome VIII, p. 502 :

    Condé formoit le siège, instruit en ce métier;
    Mars et lui ne font qu'un.

a Un des protecteurs de l'abbesse de Mouzon.

Comme tout un vous et Cyprine[1]),
Je ne bouge ; et j'ai bien la mine
De ne vous pas être importun.
Votre séjour sent un peu trop la poudre ;   30
  Non la poudre à têtes friser,
  Mais la poudre à têtes briser :
Ce que je crains comme la foudre,
C'est-à-dire un peu moins que vous ;
    Car tous vos coups   35
    Ne sont pas doux
    Comme ils le semblent :
Le cœur dès l'abord ils nous emblent[2],
  Puis le repos, puis le repas,
Puis ils font tant qu'ils causent le trépas.   40

Je vis pourtant, à ne vous point mentir :
Que serviroit de déguiser les choses ?
Mais comment vis-je ? et qu'il nous faut pâtir
Dans vos prisons, où l'on fait longues poses[3] !
Noires ne sont, et pourtant sont mieux closes   45
Qu'aucun châtel[4]. Quand léans[5] on se voit,
Pleurs et soupirs ce sont boutons de roses[6] :
On n'en sort pas ainsi que l'on voudroit.
  Aussi, quand on vous fit abbesse
  Et qu'on renferma vos appas,   50

1. Rapprochez le conte xi de la III⁰ partie (tome V, p. 237 et note 3).
2. Volent, dérobent : comparez l'*Ancien Théâtre françois*, tome X, p. 215, Marot, tome II, p. 209, Ronsard, tome II, p. 302, 391, du Bellay, tomes I, p. 83, 128, 168, II, p. 203, Remy Belleau, tomes I, p. 120, II, p. 98, Jodelle, tome II, p. 93, etc. ; et la locution *d'emblée* dans notre tome IV, p. 420 et note 1.
3. *Poses*, pour la rime. Voyez ci-dessus, p. 45 et note 2.
4. Ou châtelet, prison, cachot.
5. Là dedans : tome V, p. 30 et note 6.
6. Ce sont des armes inoffensives.

ÉPITRES.

Qui fut camus¹? c'est le trépas.
Que les champs libres on leur laisse
    Un peu,
    Je gage
Qu'on verra, s'ils sortent de cage,
    Beau jeu².

Dessous la clef on les a mis
Comme une chose et rare³ et dangereuse;
Et, pour épargner ses amis,
Le Ciel vous fit jurer d'être religieuse.
Comme vos yeux alloient tout embraser,
Il fut conclu par votre parentage⁴
Qu'on vous feroit un couvent épouser⁵ :
Deux ans après se fit le mariage.
De s'y trouver votre bonté fut sage;
Sans point de faute Hymen en fit autant :
Mot ne sonnoit⁶; et, quant à moi, je gage
Que de l'affaire il n'étoit pas content.

Ce même jour, pour le certain⁷,
Amour se fit bénédictin;
Et, sans trop faire la mutine⁸,
Vénus se fit bénédictine;
Les Ris, ne bougeant d'avec vous,
Bénédictins se firent tous;
Et les Grâces, qui vous suivirent,

---

1. Étonné, attrapé, confondu : qui eut le nez cassé? voyez *Ragotin*, vers 954, et *Je vous prends sans verd*, vers 361.
2. *Les Lunettes*, vers 160.
3. Chose rare. (1729.)
4. Tome III, p. 17 et note 18.
5. Comparez la fable XXI du livre VI, vers 33.
6. *Le Muletier*, vers 74.
7. Tome VIII, p. 441. — 8. Tome V, p. 398.

Bénédictines se rendirent[1] :
Tous les dieux qu'en Cypre on connoît.
Prirent l'habit de saint Benoît.

Vous vêtir d'or, ce seroit grand dommage,
Puisque en habits sans coûts et sans façon 80
De triompher votre beauté fait rage[2];
Si[3] qu'à la cour elle en feroit leçon.
Pardonnez-moi si j'ai quelque soupçon
Que cet habit dont vous êtes vêtue,
En vous voilant, soit receleur d'appas[4] : 85
N'en est-il point dont il puisse à ma vue
Se confier? je ne le dirois pas.

1. Tome V, p. 459 et note 1.
2. Ci-dessus, p. 15 et note 2. — 3. Tellement.
4.   En mille endroits nichoit l'Amour,
    Sous une guimpe, un voile, et sous un scapulaire,
    Sous ceci, sous cela, que voit peu l'œil du jour,
    Si celui du galant ne l'appelle au mystère.
        (*Le Tableau*, vers 98-101 et les notes.)

II

Cette pièce a paru pour la première fois en 1685 dans les *Ouvrages de prose et de poésie des sieurs de Maucroix et de la Fontaine*, tome I, p. 99. Dans les *OEuvres diverses* de 1729, tome I, p. 19, au lieu de *M.* ***, on lit : *M. Foucquet.*

Nous ne croyons pas que cette épître ait été écrite précisément pour Pellisson; mais elle lui fut envoyée pour être remise à Foucquet : c'est aussi ce que pense Mathieu Marais, qui la place au commencement de 1659. Chardon de la Rochette, l'éditeur de l'ouvrage de Mathieu Marais, dit (p. 24) qu'il a vu et collationné une copie manuscrite de cette pièce sur laquelle se trouvait une apostille de la main de Pellisson qui prouve qu'il s'était empressé de la transmettre à Foucquet.

Voyez ci-dessus, p. 79; et notre tome I, p. LX; et rapprochez la fin de l'épître de Marot *au Roy, pour auoir esté derobé* (tome I des OEuvres, p. 197-198), dont s'est probablement inspiré la Fontaine.

M. *** ayant dit que je lui devois donner pension pour le soin qu'il prenoit de faire valoir mes vers[1], j'envoyai quelque temps après cette lettre-ci à M....

> Je vous l'avoue, et c'est la vérité,
> Que Monseigneur n'a que trop mérité
> La pension qu'il veut que je lui donne.
> En bonne foi je ne sache personne
> A qui Phébus s'engageât aujourd'hui   5
> De la donner plus volontiers qu'à lui[2].

1. Comparez le dizain *pour Mme de Sévigné*, ci-dessus, p. 63.
2. Voyez la comédie de *Clymène*, vers 10.

Son souvenir, qui me comble de joie,
Sera payé tout en belle monnoie
De madrigaux, d'ouvrages ayant cours.
(Cela s'entend, sans manquer de deux jours   10
Aux termes pris, ainsi que je l'espère.)
Cette monnoie est sans doute légère,
Et maintenant peu la savent priser;
Mais c'est un fonds qu'on ne peut épuiser.
Plût aux destins, amis de cet empire,   15
Que de l'Épargne[1] on en pût autant dire!
J'offre ce fonds avec affection;
Car, après tout, quelle autre pension
Aux demi-dieux[2] pourroit être assinée[3]?

Pour acquitter celle-ci chaque année,   20
Il me faudra quatre termes égaux.
A la Saint-Jean je promets madrigaux,
Courts et troussés, et de taille mignonne :
Longue lecture en été n'est pas bonne.
Le chef d'octobre[4] aura son tour après;   25
Ma Muse alors prétend se mettre en frais :
Notre héros[5], si le beau temps ne change,
De menus vers aura pleine vendange;
Ne dites point que c'est menu présent,
Car menus vers sont en vogue à présent[6].   30
Vienne l'an neuf[7], ballade est destinée :

1. Le trésor public.
2. Tome VIII, p. 251 et note 3.
3. Ci-dessus, p. 103 et note 5.
4. Le 1er octobre.
5. Ci-dessous, vers 48.
6. Comparez tome IV, p. 8-9. — Ce vers manque dans les *OEuvres diverses* de 1729.
7. La nouvelle année, le 1er janvier. Rapprochez la scène VI de l'acte I d'*Astrée*.

ÉPITRES.

Qui rit ce jour, il rit toute l'année ;
Or la ballade a cela, ce dit-on,
Qu'elle fait rire ou ne vaut un bouton¹.
Pâques, jour saint, veut autre poésie :   35
J'envoirai lors, si Dieu me prête vie,
Pour achever toute la pension,
Quelque sonnet plein de dévotion.
Ce terme-là pourroit être le pire :
On me voit peu sur tels sujets écrire ;   40
Mais tout au moins je serai diligent,
Et, si j'y manque, envoyez un sergent²,
Faites saisir, sans aucune remise,
Stances, rondeaux, et vers de toute guise :
Ce sont nos biens ; les doctes nourrissons   45
N'amassent rien, si ce n'est des chansons.
Ne pouvant donc présenter autre chose,
Qu'à son plaisir le héros en dispose.

Vous lui direz³ qu'un peu de son esprit⁴
Me viendroit bien⁵ pour polir chaque écrit.   50
Quoi qu'il en soit, je me fais fort de quatre ;
Et je prétends, sans⁶ un seul en rabattre⁶,
Qu'au bout de l'an le compte y soit entier :
Deux en six mois, un par chacun⁷ quartier.
Pour sûreté, j'oblige par promesse⁸   55
Le bien que j'ai sur les bords⁹ du Permesse ;
Même au besoin notre ami Pellisson

1. Ou ne vaut rien.
2. Un sergent royal : officier de justice qui donnait des exploits, des assignations, faisait des contraintes, des saisies, des criées. Comparez tome VII, p. 136 et note 4.
3. A Foucquet. — 4. Tome VI, p. 220 et note 4.
5. Tome IV, p. 255 et note 5.
6. Tome V, p. 410 et note 8. — 7. Livre II, fable xx, vers 22.
8. J'engage « dessous bonne promesse » : tome IV, p. 109.
9. Le bord. (1729.)

Me pleigera¹ d'un couplet de chanson.
Chanson de lui tient lieu de longue épître;
Car il en est sur un autre chapitre :   60
Bien nous en prend; nul de nous n'est fâché
Qu'il soit ailleurs jour et nuit empêché².

A mon égard je juge nécessaire
De n'avoir plus sur les bras qu'une affaire:
C'est celle-ci. J'ai donc intention   65
De retrancher³ toute autre pension;
Celle d'Iris même; c'est tout vous dire.
Elle aura beau me conjurer d'écrire;
En lui payant pour ses menus plaisirs
Par an trois cent soixante et cinq soupirs   70
(C'est un par jour, la somme est assez grande),
Je n'entends point après qu'elle demande
Lettre ni vers, protestant de bon cœur
Que tout sera gardé pour Monseigneur⁴.

1. Sera ma caution, s'engagera pour moi.

> Et si sentez que sois foible de reins
> Pour vous payer, les deux princes Lorrains
> Me plegeront.
> (MAROT, Épître citée dans la notice.)

Voyez aussi les *Lexiques de Malherbe* et *de Corneille*. Les Anglais ont encore ce verbe : *to pledge*. Comparez Brantôme, tome III, p. 150 : « Qui fut aise? ce fut le soldat d'auoir rencontré ung si bon pleige et payeur pour son homme. »

2. Pellisson était premier commis de Foucquet depuis 1657 (voyez tome VIII, p. 249 et note 2), et se montrait en toute circonstance un utile intermédiaire pour les gens de lettres et les artistes.

3. Supprimer. — Chez Boileau, satire III, vers 4 : « un arrêt qui retranche un quartier ».

4. Monseigneur le surintendant.

III

A M. LE SURINTENDANT.

Cette pièce a paru pour la première fois dans les *OEuvres diverses* de 1729, tome I, p. 33.

Notre poète se rendit un jour à Saint-Mandé pour voir le surintendant; mais, ayant fait le pied de grue pendant une heure à sa porte sans avoir l'honneur d'être admis en sa présence, il lui écrivit cette épître.

Voyez notre tome I, p. LXII; et, sur les merveilleuses collections que Foucquet avait rassemblées de toutes parts, le livre de M. Bonnaffé cité à la page 238 de notre tome VIII, et *le Château de Vaux-le-Vicomte*, également cité, par Rodolphe Pfnor et Anatole France, p. 22, 30, 38, 40.

> Dussé-je une fois vous déplaire,
> Seigneur, je ne me saurois taire.
> Celui qui, plein d'affection,
> Vous promet une pension
> Bien payable et bien assinée[1]   5
> A tous les quartiers de l'année ;
> Qui, pour tenir ce qu'il promet,
> Va souvent au sacré sommet,
> Et, n'épargnant aucune peine,
> Y dort[2] après tout d'une haleine   10
> Huit ou dix heures réglément[3],
> Pour l'amour de vous seulement[4],
> J'entends à la bonne mesure,
> Et de cela je vous assure :

1. Les *OEuvres diverses* portent *assignée*; mais la Fontaine avait évidemment écrit *assinée* pour la rime : ci-dessus, p. 108 et note 3.
2. *Daphné*, vers 860 et note 4.
3. Tome VI, p. 332 et note 5. — 4. Ci-dessus, p. 110.

Celui-là, dis-je, a contre vous 15
Un juste sujet de courroux.

L'autre jour, étant en affaire,
Et le jugeant peu nécessaire,
Vous ne daignâtes recevoir
Le tribut qu'il croit vous devoir 20
D'une profonde révérence.
Il fallut prendre patience,
Attendre une heure, et puis partir.
J'eus le cœur gros, sans vous mentir,
Un demi-jour[1], pas davantage; 25
Car enfin ce seroit dommage
Que, prenant trop mon intérêt,
Vous en crussiez plus qu'il n'en est.
Comme on ne doit tromper personne,
Et que votre âme est tendre et bonne, 30
Vous m'iriez plaindre un peu trop fort,
Si, vous mandant mon déconfort[2],
Je ne contois au vrai l'histoire;
Peut-être même iriez-vous croire
Que je souhaite le trépas 35
Cent fois le jour, ce qui n'est pas.

Je me console, et vous excuse :
Car après tout on en abuse;
On se bat à qui vous aura.
Je crois qu'il vous arrivera 40
Choses dont aux courts jours se plaignent
Moines d'Orbès[3], et surtout craignent :

1. Tome IV, p. 341.
2. Comparez *ibidem*, p. 475 et note 4.
3. Orbès, Orbais, ou Orbay, village, et abbaye de bénédictins, en Champagne, à six lieues au S.-E. de Château-Thierry.

C'est qu'à la fin vous n'aurez pas
Loisir de prendre vos repas.
Le Roi, l'État, votre patrie,
Partagent toute votre vie :
Rien n'est pour vous, tout est pour eux.
Bon Dieu! que l'on est malheureux
Quand on est si grand personnage!
Seigneur, vous êtes bon et sage,
Et je serois trop familier
Si je faisois le conseiller;
A jouir pourtant de vous-même
Vous auriez un plaisir extrême[1] :
Renvoyez donc en certains temps
Tous les traités, tous les traitants,
Les requêtes, les ordonnances,
Le parlement, et les finances,
Le vain murmure des frondeurs,
Mais plus que tout, les demandeurs[2],
La cour, la paix, le mariage,
Et la dépense du voyage[3],
Qui rend nos coffres épuisés,
Et nos guerriers les bras croisés.
Renvoyez, dis-je, cette troupe[4],
Qu'on ne vit jamais sur la croupe
Du mont où les savantes sœurs

---

1. Tomes III, p. 344 et note 33, VIII, p. 357-358.
2. « La vue d'un demandeur lui donne des convulsions. » (MOLIÈRE, *l'Avare*, acte II, scène IV.)
3. Ces vers datent l'épître : la paix des Pyrénées (tome VIII, p. 380 et note 3), le mariage du Roi, son voyage à Saint-Jean-de-Luz (1659-1660).
4. Semblable à celle dont parlent Virgile (*Géorgiques*, livre II, vers 461-462), et notre poète dans l'Élégie I, *pour M. Foucquet*, vers 39-40 (tome VIII, p. 358).

POÉSIES DIVERSES.

Tiennent boutique¹ de douceurs.
Mais que pour les amants des Muses
Votre suisse n'ait point d'excuses,   70
Et moins pour moi que pour pas un :
Je ne serai pas importun;
Je prendrai votre heure et la mienne².

Si je vois qu'on vous entretienne,
J'attendrai fort paisiblement   75
En ce superbe appartement
Où l'on a fait d'étrange³ terre,
Depuis peu, venir à grand'erre⁴
(Non sans travail et quelques frais)
Des rois Céphrim et Kiopès⁵   80
Le cercueil, la tombe, ou la bière⁶ :
Pour les rois, ils sont en poussière ;
C'est là que j'en voulois venir.
Il me fallut entretenir
Avec ces monuments⁷ antiques,   85
Pendant qu'aux affaires publiques
Vous donniez tout votre loisir.

---

1. Tome VII, p. 191 et note 1.
2. Tome VI, p. 222.
3. Étrangère : tome V, p. 496 et note 7.
4. Ci-dessus, p. 6 et note 8.
5. Céphrim (Chéphren, Khéphren, Chafra), frère et successeur de Kiopès : il bâtit la seconde pyramide, à peu de distance de celle de Kiopès. — Kiopès (Khéops, Chéops, Choufou), successeur de Rhampsinite, ferma les temples, interdit les sacrifices aux Égyptiens, et les contraignit à travailler pour lui : c'est ainsi qu'il parvint à construire la plus vaste, la plus grande, des pyramides.
6. Probablement peu authentiques : la Fontaine plaisante ici. Ce n'est que dans notre siècle qu'on a, sinon ouvert pour la première fois, du moins reconnu ou cru reconnaître les tombeaux de ces rois.
7. Tombeaux, sarcophages. Voyez tome VIII, p. 395 et note 5.

ÉPITRES.

Certes j'y pris un grand plaisir :
Vous semble-t-il pas que l'image
D'un assez galant personnage[1]
Sert à ces tombeaux d'ornement?
Pour vous en parler franchement,
Je ne puis m'empêcher d'en rire.
« Messire Orus[2], me mis-je à dire,
Vous nous rendez tous ébahis :
Les enfants de votre pays
Ont, ce me semble, des bavettes[3]
Que je trouve plaisamment faites. »
On m'eût expliqué tout cela ;
Mais il fallut partir de là
Sans entendre l'allégorie.

Je quittai donc la galerie,
Fort content, parmi mon chagrin,
De Kiopès et de Céphrim,
D'Orus et de tout son lignage[4],
Et de maint autre personnage.
Puissent ceux d'Égypte en ces lieux,
Fussent-ils rois, fussent-ils dieux,
Sans violence et sans contrainte,
Se reposer dessus leur plinthe
Jusques au bout du genre humain !
Ils ont fait assez de chemin
Pour des personnes de leur taille.

Et vous, Seigneur, pour qui travaille
Le temps qui peut tout consumer,

---
1. D'un phallus.
2. Orus ou Hôrus, l'Apollon égyptien, le Soleil, fils d'Osiris (ci-dessous, vers 135) et d'Isis.
3. Tome V, p. 105. — 4. Tome VIII, p. 436 et note 5.

Vous, que s'efforce de charmer
L'antiquité qu'on idolâtre,
Pour qui le dieu de Cléopâtre,
Sous nos murs enfin abordé,
Vient de Memphis[1] à Saint-Mandé[2], 120

---

1. Qui pour la Fontaine personnifie toujours l'Égypte. — Il parle ici, dit Mathieu Marais, « d'un tombeau de certains rois d'Égypte, que l'on avait fait venir pour satisfaire la curiosité de Foucquet. » — Le surintendant était du reste à l'affût de toutes les antiquités, de tous les objets d'art : en 1657, il fit transporter de Lyon à Vaux des statues et des figures antiques de marbre qui provenaient de la démolition d'une vieille masure de la ville de Lyon, et qui lui avaient été données par le Tellier. Voyez le *Recueil des défenses de M. Foucquet*, tome I, p. 266-267 : « …. La troisième (lettre), datée du 21 août 1657, adressée audit Courtois, écrite auparavant par ledit sieur Foucquet, contenant entre autres choses ces mots : « Celle-ci est pour vous avertir qu'il « doit arriver à Melun, demain, ou après, des ballots et caisses « de figures de marbre qui viennent de Lyon par terre ; il est « important de donner ordre en diligence que M. Mûnier y « prenne garde et fasse en sorte... de les faire mener jusques à « Vaux. » En 1661, il enleva, au prix de 80 000 écus, toute une collection des plus beaux tableaux d'Italie, de Titien, Paul Véronèse, Michel-Ange, etc.

2. « Un des chefs d'accusation dirigés contre Foucquet fut, dit Walckenaer, la somptuosité de sa maison de Saint-Mandé. La bibliothèque était une des plus riches de l'Europe. Foucquet, dans ses défenses, déclare qu'elle lui avait été donnée par son père, et que le reste provenait des livres de MM. de Morangis, le Ragois, Arnoul, Cramoisy, et des dons des auteurs et des libraires (*De la Production de M. Foucquet contre celle de M. Talon*, 1665, in-18, tome III, p. 139, du *Recueil des défenses*). Cette maison de Saint-Mandé se trouve décrite dans le tome I, p. 25, et p. 180 et suivantes, du même recueil. M. Titon l'acheta pour les hospitalières de Gentilly, et elles s'y sont établies en 1705. Marolles, dans ses *Mémoires*, tome I, p. 278, et tome III, p. 285, parle des belles peintures que Foucquet avait fait exécuter à Saint-Mandé, et pour lesquelles la Fontaine avait composé des vers français, que nous n'avons pu retrouver, et Nicolas Gervaise, médecin et ami de Foucquet, des vers latins. »

Puissiez-vous voir ces belles choses
Pendant mille moissons de roses !
Mille moissons ! c'est un peu trop,
Car nos ans s'en vont au galop [1],
Jamais à petites journées.
Hélas ! les belles destinées
Ne devroient aller que le pas [2] :
Mais quoi ! le Ciel ne le veut pas.
Toute âme illustre s'en console,
Et, pendant que l'âge s'envole,
Tâche d'acquérir un renom
Qui fait encor vivre le nom
Quand le héros n'est plus que cendre [3] :
Témoin celui qu'eut Alexandre,
Et celui du fils d'Osiris,
Qui va revivre dans Paris.

1. Comparez, pour cette image, notre tome V, p. 252.
2. Que le petit pas : ci-dessus, p. 19.
3. Ci-dessus, vers 82.

IV

A MADAME LA SURINTENDANTE
SUR LA NAISSANCE DE SON DERNIER FILS[1] A FONTAINEBLEAU.

Cette épître parut pour la première fois dans les *OEuvres diverses* de 1729, tome I, p. 38.
Voyez notre tome I, p. LXII-LXIII; et rapprochez les Ballades pour la naissance du duc de Bourgogne, ci-dessus, p. 27-32.

Vous avez fait des poupons le héros,
Et l'avez fait sur un très bon modèle[2].
Il tient déjà mille menus propos;
Sans se méprendre il rit à la plus belle.
C'est, ce dit-on, la meilleure cervelle 5
De nourrisson qui soit sous le soleil :
Pour bien teter il n'a pas son pareil;
Il fait en tout son jugement paroître.
Quelqu'un m'a dit qu'il sera du Conseil
(Sans y manquer) du Dauphin qui va naître. 10

Or vous voilà mère de trois Amours[3];
Dieu soit loué! La reine de Cythère

---

1. Louis, marquis de Belle-Isle, baron de Villars, seigneur de Pomai, troisième fils du surintendant; il fut d'abord chevalier de l'ordre de Saint-Jean de Jérusalem; ayant quitté la croix, il épousa Catherine-Agnès de Lévis, dont il eut quatre enfants, et mourut à Paris, dans sa soixante-dix-huitième année, le 26 août 1738.
2. Tome III, p. 41; et ci-dessus, p. 12.
3. Tome VIII, p. 379 et note 1. — Notre poète avait écrit « deux Amours » dans le manuscrit envoyé à la surintendante : il avoue cette distraction dans sa lettre x, à Foucquet.

N'en a qu'un seul, qu'elle montre toujours ;
Et cet enfant ne va pas sans sa mère :
A se conduire il n'a pas peu d'affaire,
Étant privé de la clarté des cieux[1].
Mais vos trois fils[2] ont chacun deux beaux yeux,
Deux magasins[3] de lumière et de flamme,
Deux vrais soleils dont l'éclat radieux
Éblouira quelque jour plus d'une âme.

De vos aînés d'autres gens ont écrit ;
De ce cadet je dirai quelque chose.
C'est un enfant tout sens et tout esprit ;
D'un feu de joie au Parnasse il est cause[4] :
A le louer déjà l'on se dispose.
Son nom, chanté par cent auteurs divers,
Sera bientôt le sujet de nos vers,
Et remplira, selon son horoscope[5],
Tous les échos qui sont dans l'univers :
Pour un tel nom trop petite est l'Europe.

J'ai de mon dire Apollon pour garant ;
Voici de plus ce qu'ajoute Uranie[6] :
« Notre petit doit un jour être grand,
C'est Jupiter qui réglera sa vie ;
Il lui promet des biens dignes d'envie,
De hauts emplois, des honneurs à foison ;

1. Voyez la fable XIV du livre XII.
2. Nicolas Foucquet, comte de Vaux, Charles-Armand, qui se fit oratorien, et Louis, marquis de Belle-Isle.
3. Tome VIII, p. 248.
4. Ci-dessus, p. 27-28 :

  Notre Apollon, dans ses divins concerts,
  Chante déjà cet enfant sur sa lyre, etc.

5. Page 30 et note 1.
6. Tome VI, p. 227, note 2

Et cet enfant est né dans sa maison[1],
Ce qui présage une grandeur suprême. »
Vous voyez bien que la Muse a raison;
Car Jupiter et Louis, c'est le même. 40

Dans l'horoscope il est encor parlé
Des qualités nobles, grandes, et belles,
Par qui sera cet enfant signalé[2],
Et dont il a déjà des étincelles :
Je crois qu'en lui la raison a des ailes. 45
Comme son père il aimera l'honneur;
Il logera quelque jour dans son cœur[3]
De rares dons une troupe infinie :
Ce me seroit un insigne bonheur
Si je logeois en telle compagnie. 50

1. A Fontainebleau.
2. Comparez tome III, p. 233 et note 11.
3. Tome V, p. 186 et note 2.

V
ÉPÎTRE
A MONSIEUR LE DUC DE BOUILLON.

L'autographe de cette épître est dans les Manuscrits de Conrart à la Bibliothèque de l'Arsenal, n° 5131, p. 821-825; elle a été publiée pour la première fois par Monmerqué dans les *Mémoires de M. de Coulanges suivis de lettres inédites de Jean de la Fontaine* (Paris, 1820, in-12), p. 359, en fac-similé à la page 561, puis insérée par Walckenaer dans les *Nouvelles œuvres diverses de la Fontaine et Poésies de F. de Maucroix* (Paris, 1820, in-8°), p. 106.

Voyez l'Avertissement écrit par Monmerqué en tête des lettres et autres pièces inédites de notre poète qu'il donne dans le recueil cité; l'*Histoire de la Fontaine* par Walckenaer, tome I, p. 110-113; l'opuscule de M. P. Biston intitulé *De la Noblesse maternelle en Champagne et de l'abus des changements de noms* (Châlons, 1859, in-12), p. 30, et *passim*; nos tomes I, p. v-vii, lxxiii, et V, p. 160 et notes.

    Fils et neveu de favoris de Mars[1],
    Qui ne voyez chez vous de toutes parts
    Ni de vertu ni d'exemple vulgaire,
    Qui de par vous et de par votre père
    Avez acquis l'amour de tous les cœurs,   5
    Digne héritier d'un peuple de vainqueurs,
    Écoutez-moi; qu'un moment de contrainte
    Tienne votre âme attentive à ma plainte :
    Sur mon malheur daignez vous arrêter;
    En ce temps-ci, c'est beaucoup d'écouter.   10

1. Godefroy-Maurice de la Tour d'Auvergne, duc de Bouillon, fils de Frédéric-Maurice et neveu du grand Turenne : voyez tome VIII, p. 15 et note 3, 16 et notes 3 et 4.

La sotte peur d'importuner un prince,
Vice non pas de cour, mais de province,
Comme Phébus est mauvais courtisan,
M'avoit lié la voix jusqu'à présent ;
Une autre peur à son tour me domine,   15
Et j'ai chassé cette honte enfantine ;
Je parle enfin, et fais parler encor,
Non mon mérite, il n'est pas assez fort,
Mais mon seul zèle et sa ferveur constante :
Car tout héros de cela se contente ;   20
Puis, pour toucher un prince généreux,
C'est bien assez que l'on soit malheureux[1].

Je le suis donc, grâces à l'écurie[2],
Et ne suis pas seul de ma confrérie ;
Un partisan[3] nous ruine tout net :   25
Ce partisan, c'est la Vallée Cornay.
Dessous sa griffe il faut que chacun danse ;

1. Comparez tome VIII, p. 355, et p. 390.
2. La qualité d'écuyer : on disait « écuyer d'écurie ». — Le poète en effet fut inquiété, poursuivi par les traitants, remarque M. P. Biston dans l'opuscule cité (p. 30), non point à cause de la particule dont son nom était décoré, et qui n'est pas, quoi que l'on pense, une preuve incontestable de noblesse, mais parce qu'il avait pris sans droit, ou plutôt sans payer, le titre d'*écuyer*. Ajoutons qu'autrefois les maîtres des eaux et forêts, comme les notaires royaux, contrôleurs des aides, conseillers-secrétaires du Roi, maires, et bien d'autres agents de l'État, pouvaient assez aisément acquérir la noblesse, ou du moins jouir de ses droits et privilèges, *être réputés nobles*, et se qualifier d'écuyers : mais ils n'étaient pas gentilshommes. Du reste, au sujet des titres nobiliaires, l'usage a toujours toléré chez nous d'incroyables abus : la Fontaine était bien innocent comparativement à tant d'autres qui ne se gênaient pas pour s'affubler des titres de marquis, de comtes, etc. : il est vrai qu'ils les avaient achetés. Ils oubliaient que le titre ne confère pas forcément la noblesse, et que la moitié des nobles n'ont point de titres.
3. Tome I, p. 373, note 5 ; et la Bruyère, tome I, p. 22, et p. 249.

ÉPITRES.

D'autre Antechrist je ne connois en France :
Homme rusé, Janus à double front,
L'un de rigueur, l'autre à composer prompt.   30
Les distinguer n'est pas chose facile;
L'un après l'autre ils exercent ma bile :
Quand la Vallée, en se faisant prier,
Dit qu'il me veut manger tout le dernier,
Cornay poursuit; et, quand Cornay retarde,   35
A la Vallée il me faut prendre garde.

Prince, je ris, mais ce n'est qu'en ces vers;
L'ennui me vient de mille endroits divers,
Du Parlement, des Aides, de la Chambre[1],
Du lieu fameux par le sept de septembre[2],   40
De la Bastille[3], et puis du Limosin[4];
Il me viendra des Indes à la fin.

Je ne dis pas qu'il soit juste qu'on voie
Le nom de noble à toutes gens en proie;

1. La Chambre de justice de l'Arsenal qui instruisait le procès de Foucquet, mais devant laquelle il ne comparut que le 14 novembre 1664.
2. *C'est le jour où M. Fouquet fut arrêté.* (Note de la main de la Fontaine, écrite en marge à côté de ce vers[a].) Elle est inexacte. C'est le 5 septembre 1661 que Foucquet fut arrêté : voyez tome VIII, p. 355, note 1 ; et les *Conclusions de ses défenses*, 1668, in-18, p. 261 : *Mémoires et remarques sur une partie du procédé qui a été tenu à mon égard depuis le 5ᵉ septembre 1661 jusqu'au 9ᵉ décembre 1662* : « Le 5ᵉ septembre 1661..., je fus arrêté prisonnier en vertu d'un ordre de Sa Majesté par M. d'Artagnan », etc.
3. Pellisson, ami de la Fontaine, et premier commis de Foucquet (ci-dessus, p. 210), avait été arrêté en même temps que le surintendant, et enfermé à la Bastille au mois de septembre 1661.
4. Mme Foucquet avait été conduite à Limoges. — Il y a bien *Limosin* dans le texte. Rapprochez Molière, tome VII, p. 241 et note 4.

[a] Il avait d'abord placé l'étoile au-dessus de *lieu*, et il avait écrit *Nantes*, puis il a transporté l'étoile après *sept* et a substitué à *Nantes* : *C'est le jour.*

C'est un abus, il faut le prévenir, 45
Et sans pitié les coupables punir;
Il le faut, dis-je, et c'est où nous en sommes.
Mais le moins fier, mais le moins vain des hommes,
Qui n'a jamais prétendu s'appuyer
Du vain honneur de ce mot d'écuyer[1], 50
Qui rit de ceux qui veulent le parêtre[2],
Qui ne l'est point, qui n'a point voulu l'être :
C'est ce qui rend mon esprit étonné !

Avec cela je me vois condamné,
Mais par défaut[3]. J'étois lors en Champagne, 55
Dormant, rêvant, allant par la campagne,
Mon procureur dessus quelque autre point[4],
Et ne songeant à moi ni peu ni point,
Tant il croyoit que l'affaire étoit bonne.
On l'a surpris ; que Dieu le lui pardonne ! 60
Il est bon homme, habile, et mon ami,
Sait tous les tours ; mais il s'est endormi.
Thomas Bousseau[5] n'en a pas fait de même,
Sa vigilance en tels cas est extrême ;
Il prend son temps et fait tout ce qu'il faut 65
Pour obtenir un arrêt par défaut.

1. Comparez livre X, fable xv, vers 32 ; et le conte v de la III° partie, vers 62 et suivants.
2. *Sic* dans le manuscrit, pour la rime.
3. A deux mille livres d'amende.
4. Étant dessus quelque autre point, occupé à d'autres affaires.
5. « M° Bousseau, dit Monmerqué, procureur au parlement de Paris, occupait pour les traitants qui, ayant affermé les tailles, avaient droit aux amendes prononcées contre ceux qui cherchaient à se soustraire au payement de cet impôt. On le voit par la déclaration du 8 février 1661, où il est dit que M°° Bousseau et du Caution seront tenus de mettre au greffe un état signé d'eux, contenant les noms de ceux qu'ils prétendent faire assigner comme usurpateurs de noblesse. »

ÉPITRES.

Le rapporteur m'en a donné l'endosse[1],
En celui-ci mettant toute la sausse[2].

S'il eût voulu quelque peu différer,
La cour, Seigneur, eût pu considérer   70
Que j'ai toujours été compris aux tailles[3],
Qu'en nul partage, ou contrat d'épousailles,
En jugements intitulés de moi,
En acte aucun qui puisse nuire au Roi,
Je n'ai voulu passer pour gentilhomme;   75
Thomas Bousseau n'a su produire en somme
Que deux contrats[4] si chétifs que rien plus,
Signés de moi, mais sans les avoir lus :
Et lisez-vous tout ce qu'on vous apporte?
J'aurois signé ma mort de même sorte.   80

Voilà, Seigneur, le fait en peu de mots :
Je vous arrête à d'étranges propos;
N'en accusez que ma raison troublée;
Sous le chagrin mon âme est accablée,
L'excès du mal m'ôte tout jugement.   85
Que me sert-il de vivre innocemment,

1. L'ennui, l'incommodité : m'a mis sur le dos tout ce qu'il a voulu, m'a chargé tant qu'il a pu. Voyez Mme de Sévigné, tomes VI, p. 370, VIII, p. 80.
2. Il y a bien *sausse* dans le manuscrit, pour la rime. — Chez Saint-Simon, tome II, p. 42 : « Elle perdit son procès avec toutes les sauces, et avec une acclamation générale. »
3. Impôts que payaient ceux qui n'appartenaient ni à la noblesse ni à l'Église : voyez la Bruyère, tome I, p. 251.
4. « Nous avons la certitude, dit Monmerqué, que la Fontaine s'est qualifié du titre d'écuyer dans un acte où il était partie, passé devant Saint-Vaast, notaire au Châtelet de Paris, le 15 août 1661. Il est aussi qualifié écuyer dans un extrait des registres de la prévôté de Château-Thierry, qui constate que sa femme a renoncé aux biens de la communauté; mais cet acte n'aurait pu le faire condamner, parce qu'il n'y était pas partie. »

D'être sans faste et cultiver les Muses?
Hélas! qu'un jour elles seront confuses,
Quand on viendra leur dire en soupirant :
« Ce nourrisson que vous chérissiez tant,   90
Moins pour ses vers que pour ses mœurs faciles,
Qui préféroit à la pompe des villes
Vos antres cois[1], vos chants simples et doux,
Qui dès l'enfance a vécu parmi vous,
Est succombé sous une injuste peine;   95
Et d'affecter une qualité vaine
Repris à faux, condamné sans raison,
Couvert de honte, est mort dans la prison! »

Voilà le sort que les dieux me promettent :
Et sous Louis ces choses se permettent[2],   100
Louis, ce sage et juste souverain!
Que ne sait-il qu'un arrêt inhumain
M'a condamné, moi qui n'ai point fait faute!
A quelle amende? Elle est, Seigneur, si haute[3]
Qu'en la payant je ne ferai point mal   105
De stipuler qu'au moins dans l'hôpital,
Puisqu'il ne faut espérer nulles grâces,
Pour mon argent j'obtiendrai quatre places :
Une pour moi, pour ma femme une aussi,
Pour mon frère[4] une, encor que de ceci   110
Il soit injuste après tout qu'il pâtisse,
Bref, pour mon fils[5], y compris sa nourrice.

1. Tome VII, p. 164 et note 3.
2. Rapprochez le couplet de l'Exempt dans *le Tartuffe* de Molière, vers 1906 et suivants.
3. Deux mille livres, comme nous l'avons dit.
4. Ce frère, Claude de la Fontaine, qui se fit prêtre, avait abandonné tous ses biens à notre poète, par acte sous seing privé, daté du 21 janvier 1649, moyennant onze cents livres de pension.
5. Charles de la Fontaine, né le 30 octobre 1653. Son parrain

ÉPITRES.

Sans point d'abus[1] les voilà justement[2],
Comptant pour un la nourrice et l'enfant;
Il est petit, et la chose est bien juste.

Si toutefois notre monarque auguste
Cassoit l'arrêt, cela seroit, Seigneur,
Selon mon sens, bien plus à son honneur.
De lui parler, je n'en vaux pas la peine :
S'il s'agissoit de quelque grand domaine,
De quelque chose importante à l'État,
Si c'étoit, dis-je, une affaire d'éclat,
Je vous prierois d'implorer sa justice.
A ce défaut il est bon que j'agisse
Près de celui qui dispose de tout[3],
Qui par ses soins peut seul[4] venir à bout
De réformer, de rétablir la France,
Chasser le luxe, amener l'abondance,
Rendre le prince et les sujets contents;
Mais il lui faut encore un peu de temps,
Et le mal est que je ne puis attendre :
Moi mort de faim, on aura beau m'apprendre
L'heureux état où seront ces climats,
Pour en jouir je ne reviendrai pas.

Demandez donc à ce ministre rare
Que par pitié du reste il me sépare :
Il le fera, n'en doutez point, Seigneur.
Si votre épouse[5] étoit même d'humeur

fut François de Maucroix, l'ami intime de notre poète; et sa marraine, Geneviève Herbelin, femme de M⁰ Jehan Josse, avocat au Parlement : voyez notre tome I, p. ccxiv.

1. Sans erreur : tome V, p. 213 et note 4.
2. Les quatre lits. — 3. Colbert.
4. *Peut seul* est écrit au-dessus du mot *prétend* effacé.
5. Marie-Anne Mancini : tome VIII, p. 15 et note 1.

A dire encore[1] un mot sur cette affaire,
Comme elle sait persuader et plaire, 140
Inspire un charme à tout ce qu'elle dit,
Touche toujours le cœur quant et l'esprit[2],
Je suis certain qu'une double entremise
De cette amende obtiendroit la remise.
Demandez-la, Seigneur, et m'en croyez : 145
Mais que ce soit si bien que vous l'ayez,
Et vous l'aurez; j'engage à Votre Altesse
Ma foi, mon bien, mon honneur, ma promesse[3],
Que ce ministre, aimé de notre Roi,
Si vous parlez, inclinera pour moi. 150

1. A dire aussi.
2. Avec, en même temps que, l'esprit : locution encore usitée dans beaucoup de provinces. Comparez Marot, tomes I, p. 275, III, p. 240, IV, p. 35; Baïf, tome II, p. 5; Belleau, tome I, p. 161, 164; des Périers, tome I, p. 138; du Fail, tome II, p. 228, 229; Brantôme, tomes II, p, 349, VI, p. 413; Montaigne, tomes I, p. 50, 108, II, p. 36, 81, et *passim.*
3. Ci-dessus, p. 109 et note 8.

VI

A SON ALTESSE SÉRÉNISSIME
MADAME LA PRINCESSE DE BAVIÈRE[1].

Cette épître a paru pour la première fois dans les *Fables nouvelles* de 1671, p. 119, ensuite dans les *OEuvres diverses* de 1729, tome I, p. 60.

Voyez Walckenaer, *Histoire de la Fontaine*, tome I, p. 182-191; et notre tome I, p. xcviii.

Votre Altesse Sérénissime
A, dit-on, pour moi quelque estime,
Et veut que je lui mande en vers
Les affaires de l'univers :
J'entends les affaires de France ;   5
J'obéis et romps mon silence.

L'intérêt et l'ambition
Travaillent à l'élection
Du monarque de la Pologne[2].
On croit ici que la besogne   10
Est avancée; et les esprits

---

1. Mauricette-Fébronie de la Tour, sœur du duc de Bouillon (ci-dessous, vers 63), mariée, à Château-Thierry, le 24 avril 1668, à Maximilien-Philippe-Jérôme, comte palatin du Rhin, duc de Bavière, morte le 20 juin 1705, à l'âge de cinquante ans. Elle était fille de Frédéric-Maurice de la Tour, duc de Bouillon, et d'Eléonore-Catherine-Fébronie de Bergh. Sur elle et son mari voyez Saint-Simon, tome IV, p. 252 et 446.

2. Il s'agissait de remplacer Jean-Casimir, roi de Pologne, qui, ayant abdiqué le 16 septembre 1668, après vingt ans de règne, s'était retiré à Paris, à l'abbaye de Saint-Germain-des-Prés.

Font tantôt accorder le prix
Au Lorrain[1], puis au Moscovite[2],
Condé, Nieubourg[3]; car le mérite
De tous côtés fait embarras : 15
Condé, je crois, n'en manque pas.
Si votre époux vouloit, Madame,
Régner ailleurs que sur votre âme,
On ne peut faire un meilleur choix.
Heureux qui vivroit sous ses lois! 20
Ceux qui des affaires publiques
Parlent toujours en politiques,
Réglant ceci, jugeant cela
(Et je suis de ce nombre-là);
Les raisonneurs, dis-je, prétendent 25
Qu'au Lorrain plusieurs princes tendent.
Quant à Moscou, nous l'excluons;
Voici sur quoi nous nous fondons :
Le schisme y règne; et puis son prince
Mettroit la Pologne en province. 30
Nieubourg nous accommoderoit :
Au roi de France il donneroit
Quelque fleuron pour sa couronne,
Moyennant tant, comme l'on donne,
Et point autrement ici-bas. 35
Nous serions voisins des États[4];

1. Le duc Charles de Lorraine : ci-dessous, p. 145.
2. Alexis Mikhaïlowitch, czar de Russie, succéda à son père Michel Federowitch en 1645, et mourut en 1676.
3. Au grand Condé, et à Philippe-Guillaume, duc de Neubourg, né le 25 octobre 1615, mort le 2 septembre 1690. — Sur ces compétitions, voyez dom Calmet, *Histoire de la Lorraine*, Nancy, 1728, in-fol., tome III, col. 787 et suivantes.
4. De la Hollande. « Louis XIV, pour prix de l'appui qu'il accordoit au duc de Neubourg, espéroit obtenir la cession du duché de Juliers, ce qui auroit rendu la France limitrophe des États de Hollande. Le gouvernement de cette république, le

ÉPITRES.

Ils en ont l'alarme, et font brigue :
Contre Louis chacun se ligue.
Cela lui fait beaucoup d'honneur,
Et ne lui donne point de peur.   40

Que craindroit-il, lui dont les armes
Vont aux Turcs causer des alarmes[1] ?
Nous attendons du Grand Seigneur
Un bel et bon ambassadeur :
Il vient avec grande cohorte ;   45
Le nôtre est flatté par la Porte[2].
Tout ceci la paix nous promet
Entre saint Marc et Mahomet.
Notre prince en sera l'arbitre :
Il le peut être à juste titre,   50
Et feroit même contre soi
Justice au Turc en bonne foi.

Pendant que je suis sur la guerre

prince Charles de Lorraine, et les autres princes d'Allemagne, qui avoient le plus à redouter de ces projets de Louis XIV, s'agitèrent pour lui susciter partout des ennemis, et parvinrent, par leurs négociations, à opérer une triple alliance entre l'Empereur, l'Espagne et la Hollande, pour empêcher la conquête des Pays-Bas. » (*Ibidem*, col. 693-694.)

1. Les Turcs assiégeaient Candie, après l'avoir bloquée pendant huit ans. Le duc de Rouannez, depuis maréchal de la Feuillade, y avait mené cinq cents gentilshommes levés et entretenus à ses dépens. Louis XIV y expédia un secours plus important encore, six mille hommes, sous la conduite du duc de Navailles, mais ne put retarder que de trois mois la prise de cette ville par le grand vizir Achmet Kuperli, qui eut lieu le 6 septembre 1669.

2. Les renforts que Louis XIV avait expédiés aux Vénitiens n'empêchèrent pas le sultan Mahomet IV de faire rendre au marquis de Nointel, ambassadeur de France auprès de la Sublime Porte, de grands honneurs à son entrée à Constantinople, et d'envoyer Soliman en ambassade au roi de France.

Que saint Marc souffre dans sa terre,
Deux de vos frères[1] sur les flots 55
Vont secourir les Candiots[2].
Oh! combien de sultanes prises!
Que de croissants dans nos églises[3]!
Quel nombre de turbans fendu!
Tête et turban, bien entendu. 60

Puisqu'en parlant de ces matières
Me voici tombé sur vos frères,
Vous saurez que le chambellan[4]
A couru cent cerfs en un an. 65
Courir des hommes, je le gage,
Lui plairoit beaucoup davantage;
Mais de longtemps il n'en courra :

1. Les deux plus jeunes, Constantin-Ignace et Henri-Maurice, qui se trouvaient avec les d'Aubusson, les Créquy, les Tavannes, les Sévigné, etc., dans la troupe de la Feuillade. L'aîné des deux, Constantin-Ignace, n'avait pas encore atteint l'âge de six ans lorsque les ducs de Bouillon et de la Rochefoucauld, ayant vu s'élever à Bordeaux une sédition contre leur autorité, imaginèrent de faire monter à cheval le jeune Constantin, et de lui faire parcourir les rues. On le lança au milieu de la populace mutinée, qui, charmée de sa hardiesse, s'apaisa aussitôt. Constantin servit dans la marine, fut grand-croix de l'ordre de Malte, général des galères de la religion. Il mourut le 3 octobre 1670, à l'âge de vingt-quatre ans, des blessures qu'il avait reçues, deux jours auparavant, dans un combat singulier. Son plus jeune frère, Henri-Maurice, fut également tué en duel, et mourut à Colmar le 20 février 1675. Il avait le titre de duc de Château-Thierry (Baluze, *Histoire généalogique de la maison d'Auvergne*, Paris, 1708, in-fol., tome I, p. 455-456).

2. Ces vers, ainsi que les vers 113-116, semblent prouver que cette épître a été écrite au mois de juillet 1669.

3. Prédiction cruellement démentie par l'événement : ci-dessus, p. 131, note 1.

4. Godefroy-Maurice de la Tour, duc de Bouillon, grand chambellan, auquel est adressée l'Épître précédente.

Son ardeur se contentera,
S'il lui plaît, d'une ombre de guerre.

D'Auvergne[1] s'est dans notre terre 70
Rompu le bras : il est guéri.
Ce prince a dans Château-Thierri
Passé deux mois et davantage.
Rien de meilleur, rien de plus sage,
Et de plus selon mes souhaits, 75
Parmi les grands ne fut jamais.

Le duc d'Albret[2] donne à l'étude
Sa principale inquiétude.
Toujours il augmente en savoir;
Je suis jeune assez pour le voir 80
Au-dessus des premières têtes.
Son bel esprit, ses mœurs honnêtes[3],
L'élèveront à tel degré
Qu'enfin je m'en contenterai.

Veuille le Ciel à tous ses frères 85
Rendre toutes choses prospères,
Et leur donner autant de nom,
Autant d'éclat et de renom,
Autant de lauriers et de gloire
Que par les mains de la Victoire 90

1. Frédéric-Maurice de la Tour, IIe du nom, chef de la branche des comtes d'Auvergne, lieutenant général des armées du Roi, colonel général de la cavalerie légère de France, gouverneur du Limousin, etc., le second des frères de la princesse, né le 15 janvier 1642, mort le 23 novembre 1707.
2. Emmanuel-Théodose, troisième frère de la princesse, duc d'Albret, depuis cardinal et grand aumônier de France : ci-dessus, p. 68.
3. Voyez tome VI, p. 277 et note 3.

L'oncle¹ en reçoit depuis longtemps!
Si leurs desirs n'en sont contents,
Et que plus haut leur âme aspire,
Je serai le premier à dire
Qu'ils auront tort, et que les cœurs 95
Ne sont jamais soûls de grandeurs.
Trouveront-ils en des familles,
Par les garçons et par les filles,
Par le père et par les aïeux,
Un tel nombre de demi-dieux², 100
Et de déesses tout entières?
Car demi-déesses n'est guères
En usage, à mon sentiment;
Puis, quand je n'aurois seulement
Qu'à parler de votre mérite, 105
L'expression seroit petite.
Veuille le Ciel, à votre tour,
Vous donner un petit Amour³
Qui, par la suite des années,
D'un grand Mars ait les destinées! 110

Au moment que j'écris ces vers,
Et m'informe des bruits divers,
Je viens d'apprendre une nouvelle :
C'est que, pour éviter querelle,
On s'est en Pologne choisi 115
Un roi dont le nom est en ski⁴.
Ces Messieurs du Nord font la nique⁵

1. Turenne : ci-dessus, p. 121 et note 1.
2. Tome VIII, p. 251 et note 3.
3. Elle mourut sans avoir eu d'enfant.
4. Michel Koribut Wiesnowieski, né en 1638, élu le 19 juin 1669, mort le 10 novembre 1673.
5. Tome VII, p. 127 et note 1.

ÉPITRES.

A toute notre politique.
Notre argent, celui des États [1],
Et celui d'autres potentats
Bien moins en fonds, comme on peut croire,
Force santés aura fait boire [2];
Et puis c'est tout. Je crois qu'en paix
Dans la Pologne désormais
On pourra s'élire des princes;
Et que l'argent de nos provinces
Ne sera pas une autre fois
Si friand de faire des rois [3].

1. Ci-dessus, p. 130.
2. Pour ces « santés » continuelles, qui faisaient nager la Pologne dans la bière et le vin, comparez Saint-Simon, tome IV de notre Collection, p. 203 et note 7, et, pour l'argent nécessaire à toute élection en ce pays, *ibidem*, tomes III, p. 308 et note 2, IV, p. 133 et note 3, etc.
3. Mauvaise prophétie : la même intervention dispendieuse recommença en 1697 pour l'élection de François-Louis de Bourbon, prince de Conti.

VII

A MADAME DE LA FAYETTE[1],
EN LUI ENVOYANT UN PETIT BILLARD.

Cette épître a été publiée pour la première fois dans les *OEuvres posthumes*, p. 199, puis insérée dans les *OEuvres diverses* de 1729, tome I, p. 136.
Sur les relations de notre poète avec Mme de la Fayette, voyez l'*Histoire de la Fontaine* par Walckenaer, tome I, p. 209-211.

Ce billard est petit; ne l'en prisez pas moins :
    Je prouverai par bons témoins
    Qu'autrefois Vénus en fit faire
    Un tout semblable pour son fils.
Ce plaisir occupoit les Amours et les Ris,   5
    Tout le peuple enfin de Cythère.
Au joli jeu d'aimer[2] je pourrois aisément
Comparer après tout ce divertissement,
Et donner au billard un sens allégorique :
Le but est un cœur fier; la bille, un pauvre amant; 10
La passe[3] et les billards[4], c'est ce que l'on pratique

---

1. Marie-Madeleine Pioche de la Vergne, fille d'Aymar, seigneur de la Vergne, gouverneur du Havre, et de Marie de Pena, née en 1634, mariée en 1655 au comte François de la Fayette, morte en 1693. Voyez le tome I du la Rochefoucauld de notre Collection, p. LXXVII-LXXXVI.
2. Tome V, p. 582.
3. Petite arcade de fer par laquelle il faut que la bille passe. — Sur les origines du jeu de billard et ses améliorations successives, voyez une brochure de M. Peyraud-Rudolphe, *Guide de l'amateur du jeu de billard* (Paris, 1891, in-12).
4. Instruments recourbés, avec lesquels on poussait les billes, et qui ont été remplacés par les queues.

ÉPITRES.

Pour toucher au plus tôt l'objet de son amour;
Les belouses[1], ce sont maint périlleux détour,
Force pas dangereux, où souvent de soi-même
    On s'en va se précipiter,
Où souvent un rival s'en vient nous y jeter
    Par adresse et par stratagème.
Toute comparaison cloche[2], à ce que l'on dit :
    Celle-ci n'est qu'un jeu d'esprit
    Au-dessous de votre génie.
Que vous dirai-je donc pour vous plaire, Uranie ?
Le Faste et l'Amitié sont deux divinités
Enclines, comme on sait, aux libéralités;
Discerner leurs présents n'est pas petite affaire :
L'Amitié donne peu, le Faste beaucoup plus,
    Beaucoup plus aux yeux du vulgaire;
Vous jugez autrement de ces dons superflus.
Mon billard est succinct[3], mon billet ne l'est guère;
Je n'ajouterai donc à tout ce long discours
Que ceci seulement, qui part d'un cœur sincère :
    Je vous aime, aimez-moi toujours.

1. On *blouses* : trous, en forme de poches, des anciens billards : on connaît l'expression figurée : « se blouser ».
2. Tome VIII, p. 317.
3. Resserré, petit.

VIII

A MONSEIGNEUR LE PRINCE DE CONTI[1].

Louis-Henri de Loménie, comte de Brienne, retiré dans la congrégation de l'Oratoire, à Saint-Magloire, de 1663 à 1670, composa, pour l'éducation du prince de Conti, un choix de poésies que la Fontaine publia sous son propre nom, et auquel cette pièce sert de dédicace. Elle fut insérée dans les *Œuvres diverses* de 1729, tome I, p. 80.

« C'est à la considération de celui-ci (du prince de Conti), et par l'ordre de sa vertueuse mère, qu'il [Loménie de Brienne] entreprit cet ingrat et fatigant travail. Le Privilège lui fut accordé sous le nom supposé de Lucile-Hélie de Brèves, parce qu'il se nomme Louis-Henri de Brienne », dit-il, parlant de lui-même à la troisième personne, dans un passage de ses *Mémoires* manuscrits[2] cité par Boissonade[3].

Le choix est intitulé : *Recueil de poésies chrétiennes et diverses. Dédié à Mgr le prince de Conti. Par M. de la Fontaine.* Paris, Pierre le Petit, 1671, 3 volumes in-12. Il est accompagné d'un privilège « donné à Paris le vingtième jour de janvier de l'an de grâce 1669 », au bas duquel on lit : « Achevé d'imprimer pour la première fois le 20° décembre 1670 ». Il y a une seconde édition sous la date de 1679 : permis d'imprimer du 20° décembre 1678.

L'*Avertissement* est de Brienne, la *Préface*, ou de Lancelot, alors précepteur du jeune prince Louis-Armand de Conti, ou plutôt sans doute de Nicole.

Voyez Walckenaer, *Histoire de la Fontaine*, tome I, p. 233-234; Sainte-Beuve, *Port-Royal*, tome V, p. 16-23 ; et notre tome I, p. CIII[4].

1. Louis-Armand, prince de Conti (tome VIII, p. 315, et ci-dessous, p. 197 et note 1).
2. Publiés par F. Barrière en 1828, 2 vol. in-8°.
3. *Journal de l'Empire* du 9 juin 1812, article sur Saurin.
4. Où il faut corriger à la note 1 « 3 avril » en « 20 janvier ».

ÉPITRES.

Prince chéri du Ciel, qui fais voir à la France
Les fruits de l'âge mûr joints aux fleurs de l'enfance[1],
Conti, dont le mérite avant-courrier[2] des ans
A des astres bénins épuisé les présents,
A l'abri de ton nom les mânes des Malherbes[3]
Paroîtront désormais plus grands et plus superbes;
Les Racans, les Godeaux[4], auront d'autres attraits;
La scène semblera briller de nouveaux traits[5];
Par ton nom tu rendras ces ouvrages durables[6] :
Après mille soleils[7] ils seront agréables.
Si le pieux y règne, on n'en a point banni
Du profane innocent le mélange infini.
Pour moi, je n'ai de part en ces dons du Parnasse
Qu'à la faveur de ceux que je suis à la trace :
Ésope me soutient par ses inventions[8];
J'orne de traits légers ses riches fictions;
Ma Muse cède en tout aux Muses favorites
Que l'Olympe doua de différents mérites.
Cependant à leurs vers je sers d'introducteur :
Cette témérité n'est pas sans quelque peur.

1. Comparez tome III, p. 172-173.
2. L'Académie, qui admet *avant-courrière*, n'a le masculin *avant-courrier* dans aucune de ses éditions. Nous ne connaissons pas d'autre exemple du mot employé comme il l'est ici.
3. Un quart environ du second volume du recueil est composé de poésies empruntées à Malherbe.
4. Les poésies choisies de Racan occupent, dans le tome II, les pages 90-106, 409-417, et celles de Godeau, dans le tome I, parmi les poésies chrétiennes, les pages 287-356.
5. Il y a dans le tome III du *Recueil* des extraits de Corneille et de Racine.
6. Rapprochez *Philémon et Baucis*, vers 167-168.
7. *Galatée*, acte II, scène v, vers 282.
8. Seize fables de la Fontaine sont reproduites dans ce *Recueil*, tome III, p. 354-368 (par erreur pour 358-372) : ce sont les fables I, II, III, V, VII, X, XVI, XXII, du livre I; II, V, XIV, du livre II; III, XXII, du livre IV; III du livre V; IV, XIX, du livre VI.

De ce nouveau recueil je t'offre l'abondance,
Non point par vanité, mais par obéissance :
Ceux qui par leur travail l'ont mis en cet état
Te le pouvoient offrir en termes pleins d'éclat ;
Mais, craignant de sortir de cette paix profonde   25
Qu'ils goûtent en secret loin du bruit et du monde[1],
Ils m'engagent pour eux à le produire au jour,
Et me laissent le soin de t'en faire leur cour.
Leur main l'eût enrichi d'un plus beau frontispice[2] :
La mienne leur a plu simple et sans artifice.   30
Conti, de mon respect sois du moins satisfait,
Et regarde le don, non celui qui le fait.

1. .... Loin du monde et du bruit goûter l'ombre et le frais.
(Livre XI, fable IV, vers 24.)

2. Rapprochez *Belphégor*, vers 1 :
De votre nom j'orne le frontispice
Des derniers vers, etc.

IX

POUR MIGNON,

CHIEN DE S. A. R. MADAME DOUAIRIÈRE D'ORLÉANS[1].

Cette épître a été imprimée pour la première fois dans les *Fables nouvelles* de 1671, p. 116, et insérée dans les *OEuvres diverses* de 1729, tome I, p. 58.

Voyez Walckenaer, *Histoire de la Fontaine*, tome I, p. 168-174; et notre tome I, p. LXXXVIII-LXXXIX.

> Petit chien, que les destinées
> T'ont filé d'heureuses années!
> Tu sors de mains[2] dont les appas
> De tous les sceptres d'ici-bas
> Ont pensé porter le plus riche[3];   5
> Les mains de la maison d'Autriche
> Leur ont ravi ce doux espoir[4] :

---

1. Marguerite-Louise de Lorraine, née en 1613, morte en 1672, seconde femme de Gaston d'Orléans (tome VIII, p. 343 et note 2). Sur les poursuites exercées contre son mariage, dont le cardinal de Richelieu voulait la dissolution, voyez dom Calmet, *Histoire de la Lorraine*, tome III, col. 295-296.

2. De celles de la fille aînée de la duchesse douairière, des mains de Marguerite-Louise d'Orléans, qui suit, qui avait donné ce petit chien à sa mère.

3. Le sceptre du royaume de France. — Marguerite-Louise d'Orléans, née le 28 juillet 1645, morte le 17 septembre 1721, avait à peine six ans lorsque la Reine mère et le cardinal Mazarin manifestèrent l'intention de la marier à Louis XIV, alors seulement âgé de treize ans.

4. Par le mariage du Roi avec Marie-Thérèse. — Marguerite-Louise d'Orléans épousa, le 19 avril 1661, Côme de Médicis, III⁰ du nom, grand-duc de Toscane.

Nous ne pouvions que bien échoir.
Tu sors de mains pleines de charmes :
Heureux le dieu de qui les larmes 10
Mériteroient, par leur amour,
De s'en voir essuyer un jour !
De ces mains, hôtesses des Grâces[1],
Petit chien, en d'autres tu passes
Qui n'ont pas eu moins de beauté, 15
Sans mettre en compte leur bonté.
Elles te font mille caresses ;
Tu plais aux dames, aux princesses ;
Et, si la reine t'avoit vu,
Mignon à la reine auroit plu. 20
Mignon a la taille mignonne :
Toute sa petite personne
Plaît aux Iris des petits chiens[2],
Ainsi qu'à celles des chrétiens.

Las ! qu'ai-je dit qui te fait plaindre ? 25
Ce mot d'Iris est-il a craindre ?
Petit chien, qu'as-tu ? dis-le-moi :
N'es-tu pas plus aise qu'un roi[3] ?
Trois ou quatre jeunes fillettes
Dans leurs manchons aux peaux douillettes 30
Tout l'hiver te tiennent placé ;
Puis de Madame de Crissé
N'as-tu pas maint dévot sourire[4] ?

1. Tome VIII, p. 364 :
    Votre bouche sera la demeure des Grâces.
2. Tome V, p. 237 et note 2. — 3. *La Jument*, vers 63-64.
4. La comtesse de Crissé, qui est, croit-on, l'original de la comtesse de Pimbesche dans *les Plaideurs* de Racine : voyez Boileau, édition Saint-Marc (Amsterdam, 1772, in-12), tome I, p. 62 et 259 ; et Racine, tome II de notre Collection, p. 165, note 1.

ÉPITRES.

D'où vient donc que ton cœur soupire ?
Que te faut-il ? un peu d'amour.
Dans un côté de Luxembourg[1]
Je t'apprends qu'Amour craint le suisse ;
Même on lui rend mauvais office
Auprès de la divinité
Qui fait ouvrir l'autre côté[2].
— Cela vous est facile à dire,
Vous qui courez partout, beau sire[3] ;
Mais moi.... — Parle bas, petit chien ;
Si l'évêque de Bethléem[4]
Nous entendoit, Dieu sait la vie[5].
Tu verras pourtant ton envie
Satisfaite dans quelque temps :
Je te promets à ce printemps
Une petite camusette[6],

1. Comparez ci-dessus, p. 49, vers 6.
2. Mlle de Montpensier, la grande Mademoiselle, belle-fille de la duchesse douairière d'Orléans : elle ne put s'accorder avec sa belle-mère (Saint-Simon, tome X, p. 52), et leur inimitié fut même poussée si loin qu'habitant toutes deux le palais du Luxembourg, elles firent partager le jardin afin de ne pas se rencontrer à la promenade.
3. *La Gageure*, vers 81.
4. François de Batailler, sorti de l'ordre des Capucins, nommé, par l'influence de la duchesse d'Orléans, évêque de Bethléem, le 25 juin 1664. — Voici quelle était l'origine de ce singulier évêché : chassé de la Terre-Sainte, Raynaud, évêque de Bethléem, suivit en France, l'an 1223, Guy, comte de Nevers ; et ce seigneur lui donna l'administration d'un hôpital, qui était à Clamecy. Depuis, en mémoire de ce Raynaud, on établit au même lieu un titre d'évêque de Bethléem, à la nomination des comtes et ducs de Nevers, titre sans territoire, ou à peu près, car l'évêché prétendu se réduisait au faubourg de Panthenoz-lez-Clamecy, ou Bethléem, sur la rive droite de l'Yonne, rivière qui le séparait de la ville de Clamecy, dans l'intendance d'Orléans.
5. Tome VII, p. 562 et note 2.
6. *Ibidem*, p. 360 et note 3.

Friponne, drue¹, et joliette²,
Avec qui l'on t'enfermera ;
Puis s'en démêle qui pourra³.

1. Tome V, p. 344 et note 3.
2. *Ibidem*, p. 183 et note 2.
3. Tome IV, p. 104 et note 7.

X

LETTRE A M. DE TURENNE.

Cette épître a été publiée pour la première fois dans les *Œuvres posthumes*, p. 201, puis réimprimée dans le *Nouveau Choix* de Duval de Tours (1715), tome II, p. 10, et dans les *Œuvres diverses* de 1729, tome I, p. 85.

Voyez l'*Histoire de la Fontaine* par Walckenaer, tome I, p. 249-251; et notre tome I, p. xcviii.

> Vous avez fait, Seigneur, un opéra[1].
> Quoi! le vieux duc, suivi de Caprara[2]?
> Quoi! la bravoure et la matoiserie[3]?

1. « .... Opéra, dit le P. Bouhours, se prend aussi pour une chose excellente, et pour un chef-d'œuvre .... Un de nos plus agréables écrivains (Scarron) écrit à un de ses amis : « Vos deux « lettres sont des choses admirables, dignes d'être apprises par « cœur, et, en un mot, ce qu'on appelle des opéra. » (*Remarques nouvelles sur la langue françoise*, 1676, p. 174.) — « .... Et, pour son opéra..., une soupe à bouillon perlé, soutenue d'un jeune gros dindon cantonné de pigeonneaux. » (MOLIÈRE, *le Bourgeois gentilhomme*, acte IV, scène 1.) — « On ne doute plus du mariage de la comtesse de P***. C'est son amie qui a fait cet opéra ; le tout pour de l'argent. » (Mlle DE SCUDÉRY, lettre au comte de Bussy Rabutin du 6 juin 1673.) — « Vous vous souvenez bien de la lettre que vous m'avez promise dès que vous auriez appris que je serois grand-père. Je m'attends à un opéra. » (BUSSY RABUTIN, lettre à Mme de Grignan du 3 janvier 1676.)

2. Le prince Charles, duc de Lorraine (« le Lorrain », ci-dessus, p. 130, et ci-dessous, vers 18), alors âgé de soixante-dix ans, et Albert, comte de Caprara, général de l'Empereur, qui avaient réuni leurs troupes, plus de soixante-dix mille hommes, n'en furent pas moins battus, à Sintzheim, le 16 juin 1674, par Turenne, qui ne disposait guère que de vingt mille.

3. Tome III, p. 133 et note 2.

146 POÉSIES DIVERSES.

Grande est la gloire, ainsi que la tuerie :
Vous savez coudre avec encor plus d'art 5
Peau de lion avec peau de renard[1].
La joie en est parvenue à sa cime ;
Car on vous aime autant qu'on vous estime[2] :
Qui n'aimeroit un Mars plein de bonté ?
En telles gens[3] ce n'est pas qualité 10
Trop ordinaire. Ils savent déconfire,
Brûler, raser, exterminer, détruire ;
Mais qu'on m'en montre un qui sache Marot.
Vous souvient-il, Seigneur, que mot pour mot,
Mes créanciers, qui de dizains n'ont cure[4], 15
Frère Lubin[5], et mainte autre écriture,
Me fut par vous récitée en chemin ?
Vous alliez lors rembarrer le Lorrain.

Reviens au fait, Muse, va plus grand' erre[6],
Laisse Marot, et reparle de guerre. 20
En surmontant Charles et Caprara,
Vous avez fait, Seigneur, un opéra.
Nous en faisons un nouveau[7], mais je doute[8]
Qu'il soit si bon, quelque effort qu'il m'en coûte[9].
Le vôtre est plein de grands événements : 25
Gens envoyés peupler les monuments[10],

1. Voyez Brantôme, tomes III, p. 270, 360, IV, p. 319 ; et Amyot, *Vie de Lysander*, traduite de Plutarque, tome I, p. 798 : « .... Quand la peau de lion n'y peut fournir, disoit il, il y faut coudre aussi celle de regnard. »
2. *Philémon et Baucis*, vers 176-177.
3. Car en tels gens. (1715 et 1729.)
4. *Replique à la royne de Nauarre* (Marot, tome III, p. 39).
5. Ballade intitulée *de frere Lubin* (*ibidem*, tome II, p. 63).
6. Ci-dessus, p. 114 et note 4. — 7. *Galatée* (tome VII, p. 249).
8. Nous en faisons un, mais je doute.
(1715).
9. Qu'il nous coûte. (*Ibidem*.) — 10. Tome VIII, p. 395 et note 5.

ÉPITRES.

Beaucoup d'effets de fureur martiale,
D'amour très peu, très peu de pastorale :
Mars sans armure y fut vu, ce dit-on,
Mêlé trois fois comme un simple piéton¹.   30
Bien lui valut la longue expérience,
Et le bon sens, et la rare prudence ;
Dans le combat ces trois divinités
Alloient toujours marchant à ses côtés.
Ce Mars, Seigneur, n'est le Mars de la Thrace, 35
Mais pour cet an c'est le Mars de l'Alsace² ;
Ainsi qu'il fut et sera d'autres fois
Très bien nommé le Mars d'autres endroits :
Enfin c'est vous, afin qu'on ne s'y trompe ;
Or en sont faits feux de joie en grand'pompe.   40

Bien est-il vrai qu'il nous³ en coûte un peu ;
Mais gagne-t-on sans rien perdre à ce jeu ?
Louis lui-même, effroi de tant de princes,
Preneur de⁴ murs⁵, subjugueur⁶ de provinces,
A-t-il conquis ces États et ces murs   45
Sans quelque sang, non de guerriers obscurs,

1. Chez Marot, tome III, p. 132 : « trois cent mil pietons hardis souldards ». Comparez notre tome V, p. 42 et note 5. — *Pithon*, dans les *OEuvres posthumes*.

2. Après sa victoire de Sintzheim, Turenne, poursuivant l'ennemi jusque dans le Palatinat, l'avait battu de nouveau à Ladenbourg, sur le Neckar, et, une troisième fois, à Entzheim. Alors, dans une retraite fameuse, il feignit d'abandonner l'Alsace aux Impériaux, mais pour revenir bientôt sur eux (voyez l'épître suivante), les culbuter à Mulhouse, à Turkheim, et les forcer à repasser le Rhin.

3. Vous. (1715.) — 4. Livre V, fable v, vers 2.

5. De forts, dans le *Nouveau Choix*.

6. Ce mot, qui n'est dans aucune des éditions du Dictionnaire de l'Académie, semblerait de l'invention de la Fontaine s'il ne se trouvait déjà dans les *Curiosités françoises* d'Antoine Oudin.

Mais de héros qui mettoient tout en poudre[1]?
Les Bourguignons[2] en éprouvant sa foudre
Ont fait pleurer celui qui la lançoit.
Sous les remparts que son bras renversoit   50
Sont enterrés et quelques chefs fidèles,
Et les Titans à sa valeur rebelles[3].

1. Dans la seconde et définitive conquête de la Franche-Comté, qui s'accomplissait pendant que Turenne battait les Impériaux à Sintzheim (voyez Racine, tome V, p. 257-259), il périt plusieurs personnages considérables, notamment à l'attaque de la citadelle de Besançon et à la prise de la petite ville de Faverney (Pellisson, *Lettres historiques*, tome II, p. 135).

2. La Fontaine dit les *Bourguignons* en parlant des *Francs-Comtois*, parce qu'alors, pour désigner la Franche-Comté, on disait plus habituellement la Bourgogne-Comté.

3. Dans le recueil de Duval de Tours, la pièce se termine ainsi :

> Bien est-il vrai qu'il vous en coûte un peu;
> Mais gagne-t-on sans rien perdre à ce jeu?
> Il ôte aux gens dans le temps qu'il leur donne :
> J'en fais témoins ces enfants de Bellone,
> Qui ne sont morts, hélas! en leur foyer,
> Non plus qu'a fait le pauvre Saint-Loyer[a].
> Que, sans souiller de pleurs votre victoire,
> Nous honorions à jamais leur mémoire,
> Et que le Ciel, parmi tant de lauriers,
> Ainsi que vous épargne nos guerriers!

[a] Écuyer de M. de Turenne.

XI

ÉPITRE A M. DE TURENNE.

Cette pièce a été publiée dans le *Nouveau Choix* de Duval de Tours, tome II, p. 8, dans les *OEuvres diverses* de 1729, tome I, p. 82, et donnée ensuite plus complètement dans le même recueil (*ibidem*, p. 356). On lit en note, au bas de cette dernière version : « Cette épître se trouve ci-devant, p. 82. Mais la copie que nous suivons ici est plus correcte et plus étendue. » L'abbé Sablier l'a transcrite aussi dans ses *Variétés sérieuses et amusantes*, tome I, p. 114.

Voyez l'*Histoire de la Fontaine* par Walckenaer, tome I, p. 252; et notre tome I, p. xcviii-xcix.

Hé quoi! Seigneur, toujours nouveaux combats!
Toujours dangers! Vous ne croyez donc pas
Pouvoir mourir[1]? Tout meurt, tout héros passe.
Clothon ne peut nous[2] faire d'autre grâce
Que de filer nos jours plus lentement; 5
Mais Clothon va toujours étourdiment.
Songez-y bien; si ce n'est pour vous-même,
Pour nous, Seigneur, qui sans douleur extrême
Ne pourrions[3] voir un triomphe acheté

---

1. .... Et qu'un peu de plomb sait casser
La plus belle tête du monde.
(Voiture, Épître à Mgr le Prince sur son retour d'Allemagne, l'an 1645.)

.... Et qu'un plomb dans un tube entassé par des sots
Peut casser d'un seul coup la tête d'un héros.
(Voltaire, Épître LIX, à Frédéric.)

2. *Vous*, ici, et *vos* au vers suivant, dans le premier des deux textes insérés dans les *OEuvres diverses* de 1729.

3. Saurions. (*Ibidem.*)

Du moindre sang qu'il vous auroit coûté.　　　10
C'est un avis qu'en passant je vous donne¹,
Et je reviens à ce que fait Bellone.

A peine un bruit fait faire ici des vœux,
Qu'un autre bruit y fait faire des feux² :
C'est un concours³ de victoires nouvelles.　　15
La Renommée a-t-elle encor des ailes
Depuis le temps qu'elle vient annoncer :
« Tout est perdu, l'hydre va s'avancer;
Tout est gagné, Turenne l'a vaincue⁴,
Et, se voyant mainte tête abattue,　　　　　　20
Elle retourne en son antre à grands pas. »
Quelque démon, que l'on ne connoît pas,
Lui rend en hâte un nombre d'autres têtes,
Qui sous vos coups sont à choir toutes prêtes.

Voilà, Seigneur, ce qui nous en paroît :　　25
Car, d'aller voir sur les lieux ce que c'est,
Permettez-moi de laisser cette envie
A vos⁵ guerriers, qui n'estiment la⁶ vie
Que comme un bien qui les doit peu toucher,
Ne laissant pas de la⁷ vendre bien cher.　　30
Toute l'Europe admire leur vaillance,
Toute l'Europe en craint l'expérience.
Bon fait de loin regarder tels acteurs :

---

1. Avis tristement prophétique : Turenne, fut tué le 27 juillet 1675, quelques mois après (ci-dessous, p. 151, note 1).
2. Tome I, p. 176, et ci-dessus, p. 147.
3. *Retour*, dans le premier des deux textes de 1729.
4. Tome VIII, p. 399 et note 2.
5. Rapprochez la *Lettre à M. D. C. A. D. M.*, vers 17-33. — *Nos*, dans le premier texte.
6. Premier texte : *leur*.
7. Le. (*Ibidem.*)

Ceux de Strasbourg, devenus spectateurs
Un peu voisins, comme tout se dispose,   35
Pourroient bientôt devenir autre chose[1].

Je ne suis pas un oracle; et ceci
Vient de plus haut : Apollon, Dieu merci,
Me l'a dicté; souvent il ne dédaigne
De m'inspirer. Maint auteur nous enseigne   40
Qu'Apollon sait un peu de l'avenir[2].
L'autre jour donc j'allai l'entretenir.
Du grand concours des Germains tous en armes;
L'Hélicon[3] même avoit quelques alarmes.
Le dieu sourit, et nous tint ce propos :   45
« Je vous enjoins de dormir en repos,
Poètes picards et poètes de Champagne;
Ni les Germains, ni les troupes d'Espagne,
Ni le Batave, enfant de l'Océan,
Ne vous viendront visiter[4] de cet an[5],   50
Tout aussi peu la campagne prochaine.
Je vois Louis, qui des bords de la Seine,
La foudre en main, au printemps partira.
Malheur alors à qui ne se rendra!
Je vois Condé, prince à haute aventure[6],   55
Plutôt démon qu'humaine créature :
Il me fait peur de le voir plein de sang[7],

---

1. C'est en 1681 seulement que Strasbourg sera réuni à la France; mais ses habitants purent croire qu'il allait dès lors être occupé. — Les vers 34-36 indiquent que cette lettre est de la fin de 1674, ou même du commencement de 1675 : voyez Racine, tome V, p. 263-264; et Mme de Sévigné, tome III, p. 430 et note 5.
2. Tome VIII, p. 412. — 3. Les poètes.
4. *Éveiller*, dans le premier texte. — 5. Racine, tome V, p. 264.
6. Livre VIII, fable xxiv, vers 10.
7. Mathieu Marais, en citant ce passage, écrit :
   Il me fait peur, je le vois plein de sang.

Souillé, poudreux, qui court de rang en rang ;
Le plomb volant siffle autour sans l'atteindre ;
Le fer, le feu¹, rien ne l'oblige à craindre². 60
Quand telles gens³ couvriront vos remparts,
Je vous dirai : Dormez, poëtes picards.
Devers la Somme on est en assurance ;
Devers le Rhin tout va bien pour la France :
Turenne est là, l'on n'y doit craindre rien. 65
Vous dormirez, ses soldats dorment bien ;
Non pas toujours : tel a mis mainte lieue
Entre eux et lui, qui les sent⁴ à sa queue.
Deux de la troupe avec peine marchoient ;
Les pauvres gens à tout coup trébuchoient, 70
Et ne laissoient de tenir ce langage :
« Le conducteur, car il est bon et sage,
« Quand il voudra, nous fera reposer. »
Après cela, qui peut vous excuser
De n'avoir pas une assurance entière ? 75
Morphée eut tort de quitter la frontière.

1. *Le plomb*, dans le premier texte.
2. Comparez la façon dont le peint Mademoiselle (*Mémoires*, tome II, p. 262, de la collection Petitot), lorsque, racontant comment elle le sauva, lui et son armée, en assurant sa retraite dans Paris, après le combat si meurtrier de la porte Saint-Antoine, le 2 juillet 1652, elle ajoute : « J'entrai dans la maison d'un maître des comptes nommé M. de la Croix, qui me la vint offrir ; c'est la plus proche de la Bastille, et les fenêtres donnent sur la rue. Aussitôt que j'y fus, Monsieur le Prince m'y vint voir ; il étoit dans un état pitoyable ; il avoit deux doigts de poussière sur le visage, ses cheveux tout mêlés ; son collet et sa chemise étoient pleins de sang, quoiqu'il n'eût pas été blessé ; sa cuirasse étoit toute pleine de coups, et il tenoit son épée à la main, ayant perdu le fourreau. » Voyez aussi les *Mémoires* de la Rochefoucauld, tome II, p. 403, 405, 407, 410, et 411.
3. *Quand de tels gens*, dans le premier texte.
4. *Qui les voit*, dans le premier texte, où ce vers termine la pièce.

Dormez sans crainte à l'ombre de vos bois,
Poètes picards et poètes champenois. »

Ainsi parla le dieu qui nous inspire;
Et je ne fais, Seigneur, que vous redire, 80
Mot après mot, le discours qu'il nous tint.
Un temps viendra que ceci sera peint
Sur les lambris du temple de Mémoire.
Les deux soldats sont un point de l'histoire,
A mon avis, digne d'être noté.
Ces vers, dit-on, seront mis à côté : 85
« Turenne eut tout : la valeur, la prudence,
L'art de la guerre, et les soins sans repos[1].
Romains et Grecs, vous cédez à la France[2] :
Opposez-lui de semblables héros. »

1. Comparez l'épître précédente, vers 31-34.
2. Mouvement analogue chez Properce, livre II, élégie xxxiv, vers 65 :

Cedite, Romani scriptores; cedite, Graii.

XII

A M. DE NIERT.

SUR L'OPÉRA.

Cette épître a paru, mais incomplète, dans le *Nouveau Choix* de Duval de Tours, tome II, p. 5. On réimprima ce fragment dans l'édition des *OEuvres diverses de la Fontaine* de 1758, in-12. Elle ne fut publiée en entier qu'en 1765, dans les *Variétés sérieuses et amusantes* de l'abbé Sablier, tome II, 1re partie, p. 115; elle a été retranchée de la seconde édition de ce recueil. Nous avons lu à la Bibliothèque Cousin une copie manuscrite insérée à la suite du premier volume des *Ouvrages de prose et de poésie*, et qui n'offre aucune variante : ce volume appartenait à Walckenaer.

Voyez l'*Histoire de la Fontaine* du même, tome I, p. 269-279.

Niert, qui, pour charmer le plus juste des rois [1],
Inventas le bel art de conduire la voix [2],
Et dont le goût sublime à la grande justesse
Ajouta l'agrément et la délicatesse ;
Toi qui sais mieux qu'aucun le succès que jadis   5
Les pièces de musique eurent dedans Paris,
Que dis-tu de l'ardeur dont la cour échauffée
Frondoit en ce temps-là les grands concerts d'Orphée [3],

  1. Louis XIII, dit le Juste.
  2. Pierre de Niert ou de Nyert, appelé aussi de Nière et même de Niel, né à Bayonne en 1597, musicien du duc d'Épernon, puis du duc de Créquy, qu'il accompagna à Rome en 1633, était un des quatre premiers valets de chambre de Louis XIV, comme il l'avait été de son père Louis XIII. Il mourut le 12 février 1682. Voyez Tallemant des Réaux, tome VI, p. 192-195; Saint-Simon, tome I, p. 58, 60; etc.
  3. *Orfeo e Euridice*, opéra de Rossi, représenté en 1647. Il en est parlé dans l'Extraordinaire de la *Gazette* du 8 mars; et

ÉPITRES.

Les passages d'Atto et de Léonora[1],
Et ce déchaînement qu'on a pour l'opéra? 10

Des machines[2] d'abord le surprenant spectacle
Éblouit le bourgeois, et fit crier miracle;
Mais la seconde fois il ne s'y pressa plus;
Il aima mieux le Cid, Horace, Héraclius.
Aussi de ces objets l'âme n'est point émue, 15
Et même rarement ils contentent la vue.
Quand j'entends le sifflet, je ne trouve jamais
Le changement si prompt que je me le promets :
Souvent au plus beau char le contre-poids résiste;

dans les *Mémoires* de Montglat, tome L, p. 59, de la collection Petitot : « En 1647, la prospérité des affaires de France causa une grande joie; et, pour cette raison, tout l'hiver se passa en réjouissances. Comme celui qui gouvernoit étoit Italien, tout le monde se conformoit tellement à son humeur, que, depuis les plus petits jusqu'aux plus grands, on n'avoit que des plaisirs italiens. On fit venir de Rome une signora Léonora[a] pour chanter devant la Reine, et un signor Torelli pour faire des machines avec des changements de théâtre en perspective. On manda des comédiens qui représentèrent en musique la pièce d'*Orphée*, dont les machines coûtèrent plus de quatre cent mille livres. Cette comédie duroit plus de six heures, et étoit fort belle à voir pour une fois, tant les changements de décorations étoient surprenants; mais la grande longueur ennuyoit sans qu'on l'osât témoigner, et tel n'entendoit pas l'italien qui n'en bougeoit et l'admiroit par complaisance : la Reine même ne perdoit pas une fois sa représentation, laquelle se fit trois fois la semaine deux mois durant, tant elle prenoit soin de plaire au cardinal, et par la crainte qu'elle avoit de le fâcher. »

1. Les longs passages d'Atto et de Léonora. (1765.)
— Voyez, sur le sens du mot *passages*, et la façon de scander ou le vers ou sa variante, notre tome II, p. 217 et note 5.
2. Les machines de Giacomo Torelli.

[a] En même temps que le musicien Atto. (*Mémoires du maréchal de Grammont*, tome LVI, p. 464-465, de la collection Petitot.)

Un dieu pend à la corde, et crie au machiniste ;   20
Un reste de forêt demeure dans la mer,
Ou la moitié du ciel au milieu de l'enfer.

« Quand le théâtre[1] seul ne réussiroit guère,
La comédie[2] au moins, me diras-tu, doit plaire :
Les ballets, les concerts, se peut-il rien de mieux   25
Pour contenter l'esprit et réveiller les yeux ? »
Ces beautés, néanmoins, toutes trois séparées,
Si tu veux l'avouer, seroient mieux savourées.
Des genres si divers le magnifique appas
Aux règles de chaque art ne s'accommode pas.   30
Il ne faut point, suivant les préceptes d'Horace,
Qu'un grand nombre d'acteurs le théâtre embarrasse ;
Qu'en sa machine un dieu vienne tout ajuster[3].
Le bon comédien ne doit jamais chanter :
Le ballet fut toujours une action muette.   35
La voix veut le téorbe[4], et non pas la trompette ;
Et la viole, propre aux plus tendres amours[5],
N'a jamais jusqu'ici pu se joindre aux tambours.

Mais en cas de vertus, Louis, qui, par pratique,
Sait que, pour en avoir une seule héroïque,   40
Il faut en avoir mille, et toutes à la fois,
Veut voir si, comme il est le plus puissant des rois,
En joignant, comme il fait, mille plaisirs de même,
Il en peut avoir un dans le degré suprême.

---

1. La mise en scène, le spectacle.
2. La fable, le livret.
3. *Nec Deus intersit, nisi dignus vindice nodus
   Inciderit : nec quarta loqui persona laboret.*
   (HORACE, *aux Pisons*, vers 191-192.)
4. Tome VIII, p. 272 et note 3.
5. Les anciennes violes se nommaient, on le sait, *violes d'amour*.

ÉPITRES. 157

Comme il porte au dehors la terreur et l'amour, 45
Humain dans son armée autant que dans sa cour,
Il veut sur le théâtre, ainsi qu'à la campagne¹,
La foule qui le suit, l'éclat qui l'accompagne² :
Grand en tout, il veut mettre en tout de la grandeur.
La guerre fait sa joie et sa plus forte ardeur; 50
Ses divertissements ressentent tous la guerre :
Ses concerts d'instruments ont le bruit du tonnerre,
Et ses concerts de voix ressemblent aux éclats
Qu'en un jour de combat font les cris des soldats.
Les danseurs, par leur nombre, éblouissent la vue, 55
Et le ballet paroît exercice, revue,
Jeu de gladiateurs, et tel qu'au champ de Mars
En leurs jours de triomphe en donnoient les Césars³.
Glorieux, tous les ans, de nouvelles conquêtes,
A son peuple il fait part de ses nouvelles fêtes; 60
Et son peuple, qui l'aime et suit tous ses desirs,
Se conforme à son goût, ne veut que ses plaisirs.

Ce n'est plus la saison de Raymon ni d'Hilaire⁴ :
Il faut vingt clavecins, cent violons, pour plaire,

1. En campagne, au cours de ses campagnes.
2. Les douze vers qui suivent celui-ci sont omis dans le recueil de Duval. Walckenaer les a le premier insérés, d'après l'abbé Sablier, dans son édition de 1820, in-18.
3. « Il n'y a point en Europe de danseurs qui approchent des danseurs françois, de l'aveu même des Italiens .... Nul combat de théâtre ne présente une image si naturelle de la guerre que ceux que les François font quelquefois paroître sur la scène. » (*Parallèle des Italiens et des François en ce qui regarde la musique et les opéras*, Paris, 1702, in-12, p. 20 et 22.)
4. Gourville, dans ses *Mémoires* (tome LII, p. 399, de la collection Petitot), nous les montre toutes les deux chantant à un souper donné par Monsieur le Duc, Henri-Jules de Bourbon, dans sa petite maison de la rue Saint-Thomas du Louvre (1668). — Pour Mlle Raymon, qui, à l'époque où écrivait la Fontaine, s'était retirée chez les Visitandines de la rue du Bac, voyez

On ne va plus chercher au bord de quelque bois 65
Des amoureux bergers la flûte et le hautbois.
Le téorbe charmant, qu'on ne vouloit entendre
Que dans une ruelle, avec une voix tendre,
Pour suivre et soutenir par des accords touchants
De quelques airs choisis les mélodieux chants, 70
Boisset[1], Gaultier[2], Hémon, Chambonnière[3], la Barre[4],
Tout cela seul déplaît, et n'a plus rien de rare;
On laisse là du But[5], et Lambert[6], et Camus[7];
On ne veut plus qu'Alceste[8], ou Thésée[9], ou Cadmus[10].

Mme de Sévigné, tomes II, p. 66, 95, 96, 191, et V, p. 113-114, 131. Quant à Mlle Hilaire, qui chantait les premiers rôles dans les ballets du Roi, elle était la belle-sœur du musicien Lambert. Elle a son historiette dans Tallemant des Réaux.

1. Ou Boësset : un des surintendants de la musique du Roi (*État de la France* pour 1678, tome I, p. 128; du Tillet, *Parnasse françois*, p. 392).

2. Il y avait deux Gaultier, cousins, tous deux excellents joueurs de luth, tous deux nés à Marseille. La plus grande partie de leurs œuvres a été donnée en un volume, ayant pour titre : *Livre de tablature des pièces de luth de M. Gaultier, sieur de Neüe, et de M. Gaultier, son cousin, gravé par Reinher* (du Tillet, *Parnasse françois*, p. 405).

3. Hémon et Chambonnière étaient clavecinistes; ce dernier, qui le fut de la chambre du Roi, était mort depuis 1670.

4. Dans le *Recueil des plus beaux airs qui ont été mis en chant*, 1661, tome I, p. 16 et 29, on trouve deux airs composés par la Barre.

5. Compositeur, et un des meilleurs élèves des Gaultier (du Tillet, *ibidem*, p. 405).

6. Tome VIII, p. 271 et note 3.

7. Maître et compositeur de la chambre du Roi.

8. Ou *le Triomphe d'Alcide*, tragédie lyrique en cinq actes, paroles de Quinault, musique de Lulli, représentée le 19 janvier 1674.

9. Tragédie lyrique en cinq actes et un prologue, paroles de Quinault, musique de Lulli, jouée le 2 février 1675.

10. *Cadmus et Hermione*, tragédie lyrique en cinq actes et un prologue, paroles de Quinault, musique de Lulli, donnée pour la première fois le 11 février 1673. — Voyez le tome VIII du Molière de notre Collection, p. 60, note 4.

Que l'on n'y trouve point de machines nouvelles, 75
Que les vers soient mauvais, que les voix soient cruelles
(De Baptiste¹ épuisé les compositions
Ne sont, si vous voulez, que répétitions²) :
Le François, pour lui seul contraignant sa nature,
N'a que pour l'opéra de passion qui dure. 80
Les jours de l'Opéra, de l'un à l'autre bout,
Saint-Honoré³, rempli de carrosses partout,
Voit, malgré la misère à tous états commune,
Que l'opéra tout seul fait leur bonne fortune.
Il a l'or de l'abbé, du brave, du commis; 85
La coquette s'y fait mener par ses amis;
L'officier, le marchand, tout son rôti retranche
Pour y pouvoir porter tout son gain le dimanche;
On ne va plus au bal, on ne va plus au Cours :
Hiver, été, printemps, bref, opéra toujours; 90
Et quiconque n'en chante, ou bien plutôt n'en gronde⁴
Quelque récitatif, n'a pas l'air du beau monde⁵.

Mais que l'heureux Lulli ne s'imagine pas
Que son mérite seul fasse tout ce fracas :
Si Louis l'abandonne à ce rare mérite, 95

1. Il était de mode à la cour de ne désigner Lulli, Jean-Baptiste Lulli, que par son prénom de Baptiste.

Baptiste, le très cher,
N'a point vu ma courante, et je le vais chercher.
(MOLIÈRE, *les Fâcheux*, acte I, scène III.)

2. Sur les démêlés de la Fontaine et de Lulli, voyez ci-après, la satire du *Florentin*, l'épître *à Mme de Thiange*, et les notes.
3. La rue Saint-Honoré : à la mort de Molière, en 1673, Lulli avait obtenu pour l'Opéra la salle du Palais-Royal.
4.   Grondez-vous point un air?
(*Ragotin*, vers 459 et note 3.)
5. Les trente-deux vers qui suivent celui-ci manquent dans les recueils de 1715 et 1758.

Il verra si la ville et la cour ne le quitte¹.
Ce grand prince a voulu tout écouter, tout voir;
Mais il sait de nos sens jusqu'où va le pouvoir,
Et que, si notre esprit a trop peu de portée,
Leur puissance est encor beaucoup plus limitée; 100
Que lorsqu'à quelque objet l'un d'eux est attaché,
Aucun autre de rien ne peut être touché :
Si les yeux sont charmés, l'oreille n'entend guères;
Et tel, quoiqu'en effet il ouvre les paupières,
Suit attentivement un discours sérieux, 105
Qui ne discerne pas ce qui frappe ses yeux².
Car³ ne vaut-il pas mieux, dis-moi ce qu'il t'en semble,
Qu'on ne puisse saisir tous les plaisirs ensemble,
Et que, pour en goûter les douceurs purement,
Il faille les avoir chacun séparément? 110
La musique en sera d'autant mieux concertée⁴;
La grave tragédie, à son point remontée,
Aura les beaux sujets, les nobles sentiments,
Les vers majestueux, les heureux dénoûments⁵;
Les ballets reprendront leurs pas et leurs machines, 115
Et le bal éclatant de cent nymphes divines,

---

1. Comparez chez Corneille (*Cinna*, acte V, scène 1) :

> Ta fortune est bien haut, tu peux ce que tu veux,
> Mais tu ferois pitié même à ceux qu'elle irrite,
> Si je t'abandonnois à ton peu de mérite.

2. « Quoique dans les opéras d'Italie il n'y ait ni chœurs ni divertissements, et qu'ils durent des cinq ou six heures, on ne s'y ennuie cependant jamais; au lieu qu'après quelques représentations des nôtres, qui durent la moitié moins, il y a très peu de personnes qui n'en soient rassasiées, et qui ne s'y ennuient. » (*Parallèle des Italiens et des François en ce qui regarde la musique et les opéras*, p. 123.)
3. Mais. (1765.)
4. Comparez *Ragotin*, vers 476.
5. Les dénouements bien amenés.

Qui de tout temps des cours a fait la majesté,
Reprendra de nos jours sa première beauté.

Ne crois donc pas que j'aie une douleur extrême
De ne pas voir Isis[1] pendant tout ce carême.   120
Si nous ne pouvons pas de l'auguste Louis
Savoir encor si tôt les projets inouïs,
Le jour de son départ, sa marche, et quelles places
Foudroyent ses canons, embrasent ses carcasses[2],
Avec mille autres biens le jubilé[3] fera   125
Que nous serons un temps sans parler d'opéra ;
Mais aussi, de retour de mainte et mainte église,
Nous irons, pour causer de tout avec franchise,
Et donner du relâche[4] à la dévotion,

1. Tragédie-opéra en cinq actes et un prologue, paroles de Quinault, musique de Lulli, représentée le 5 janvier 1677. Elle fut pour Quinault la cause d'une disgrâce de deux ans, loin de la cour et du théâtre. Le sujet de cette pièce est l'histoire de la nymphe Io, aimée par Jupiter, persécutée par Junon, et finalement admise au rang des divinités sous le nom d'Isis. Quelques railleurs affectèrent de reconnaître dans Junon Mme de Montespan ; et Quinault porta la peine d'allusions auxquelles il n'avait très certainement pas songé. — Le vers 120 date la lettre ainsi que le vers 125.

2. « Machine à feu, composée de deux cercles de fer qui, en se croisant, forment une manière d'ovale. On met une bombe au milieu de ces deux cercles, qui contiennent en dedans une espèce de sac de toile goudronnée, remplie d'étoupes frottées d'huile et de goudron, de grenades, de canons de pistolet chargés, de feu d'artifice, et autres choses de cette nature.... On jette les carcasses de la même sorte qu'on jette les bombes, et leur feu dure plus d'une demi-heure. » (*Le Dictionnaire des Arts et des Sciences*, 1694.) — Ce fut aux mois de mars et d'avril de cette année (1677) que Louis XIV s'empara de Valenciennes, de Cambrai, et de Saint-Omer (tome VIII, p. 503-505).

3. Ce jubilé, ouvert par le pape Clément X, commença le 20 février et se termina le 20 avril 1677.

4. Se donne qui voudra, ce jour-ci, du relâche.
(*Les Filles de Minée*, vers 22.)

Chez l'illustre Certain[1] faire une station[2] :   130
Certain, par mille endroits également charmante,
Et dans mille beaux arts également savante,
Dont le rare génie et les brillantes mains
Surpassent Chambonnière, Hardel, les Couperains[3].

1. *Certain* ou *Certin*, « amie particulière de M. de Niert, premier valet de chambre du Roi, âgée alors de quinze ans, et très habile claveciniste. Elle mourut de la petite vérole en 1711. » (Note du *Nouveau Choix* de Duval.) En 1705, selon du Tillet, *Parnasse françois*, p. 637, et non en 1711. — Il se donnait chez elle de très beaux concerts où les plus renommés compositeurs faisaient jouer leur musique ; mais elle acquit autant de célébrité par ses charmes et par ses intrigues galantes que par son talent. On trouve dans Chaulieu (*OEuvres*, 1774, in-8°, tome II, p. 86) les vers suivants, adressés par lui à M. de Villiers pour l'inviter à venir entendre jouer du clavecin Mlle Certain dont ils se disaient tous deux amoureux :

> Je dois ce soir voir une belle
> Dont le savoir et la beauté
> Font douter s'il faut qu'on l'appelle
> Muse, Grâce, ou Divinité.
> Je me fais un plaisir extrême
> De pouvoir partager ce bonheur avec vous ;
> Après cela, jugez vous-même
> Où je vous donne un rendez-vous.

2. Allusion quelque peu ironique aux stations du jubilé.
3. Les plus habiles maîtres de clavecin et d'orgue de ce temps (du Tillet, *Parnasse françois*, p. 402). — André Champion de Chambonnières (ci-dessus, p. 158), mort en 1670, fils et petit-fils de deux organistes célèbres sous Louis XIII, Thomas et Jacques Champion, fut premier claveciniste de la chambre du Roi. On s'accorde à le considérer comme le fondateur d'une école dont les disciples inspirèrent les premières compositions de Rameau. — *Couperain* ou *Couperin* est le nom d'une famille d'où sont sortis pendant près de deux siècles, un grand nombre de musiciens de valeur. Ceux d'entre eux auxquels la Fontaine fait ici allusion sont les trois frères, tous trois nés à Chaumes-en-Brie : Louis (1630-1665), organiste de Saint-Gervais et de la chapelle du Roi ; François (1631-1701), aussi organiste de Saint-Gervais après la mort du troisième, Charles (1632-1669), qui y avait remplacé leur aîné. Leur exécution était, dit-on, parfaite.

De cette aimable enfant le clavecin unique 135
Me touche plus qu'Isis et toute sa musique.
Je ne veux rien de plus, je ne veux rien de mieux
Pour contenter l'esprit, et l'oreille, et les yeux;
Et si je puis la voir une fois la semaine,
A voir jamais Isis je renonce sans peine[1]. 140

1. Ces deux derniers vers manquent dans les recueils de 1715 et de 1758.

XIII

A MADAME DE FONTANGE[1].

Cette épître a été imprimée dans les *OEuvres posthumes*, p. 228, et dans les *OEuvres diverses* de 1729, tome I, p. 105.

Deux épithalames y sont mêlés, l'un pour le prince de Conti et Mademoiselle de Blois, fille du Roi et de Mlle de la Vallière (tome VIII, p. 449-452), qui furent unis le 16 janvier 1680, l'autre pour le Dauphin qui épousa la princesse Anne-Marie-Christine de Bavière (ci-dessus, p. 29) le 7 mars suivant.

Mme de Sévigné écrit le 22 septembre 1680 (tome VII, p. 86-87), au sujet de cette épître : « Mon fils m'a fait voir ces petits ouvrages de la Fontaine; je ne sais comment je ne vous l'ai point mandé. Il est vrai que ceux qui ont vu cette belle beauté *prunier*[2] ont peine à se persuader qu'elle vienne directement du troisième ciel; je pense qu'on auroit plus de peine que jamais à se l'imaginer. On dit que les visites ne se font plus que pour l'amour de Dieu; c'est le contraire du temps passé. »

Voyez l'*Histoire de la Fontaine* par Walckenaer, tome II, p. 10-13; notre tome I, p. cxviii et cli; l'abbé de Choisy, *Mémoires pour servir à l'histoire de Louis XIV*, livre vi, tome II, p. 164, de l'édition de 1727; les *Mémoires de Mme de Maintenon*, tome II, p. 100, de l'édition de 1755; et, dans les *Amours des dames illustres de notre siècle*, Cologne, 1680, in-12, tome II, p. 271, « le Passe-temps royal ou les amours de Mme de Fontange », vers attribués au duc de Saint-Aignan.

Charmant objet, digne présent des cieux,
Et ce n'est point langage de Parnasse,

1. Tome VIII, p. 447. — Marie-Angélique de Scorraille de Roussille, duchesse de Fontange, née en 1661, morte en 1681.
2. Allusion peut-être au conte de cet homme qui refusait d'honorer un crucifix fait avec le bois de son prunier; ou bien

ÉPITRES.

Votre beauté vient de la main des dieux :
Vous l'allez voir au récit que je trace.
Puissent mes vers mériter tant de grâce   5
Que d'être offerts au dompteur des humains[1],
Accompagnés d'un mot de votre bouche,
Et présentés par vos divines mains,
De qui l'ivoire[2] embellit ce qu'il touche!

Je me trouvai chez les dieux l'autre jour :   10
Par quel moyen? j'en perdis la mémoire;
Il me suffit que de l'humain séjour[3]
Je fus porté dans ce lieu plein de gloire.
Un dieu s'en vint; et m'ayant abordé :
« Mortel, dit-il, Jupin m'a commandé   15
De te montrer par grâce singulière
L'Olympe entier et tout le firmament. »
Ce dieu, c'étoit Mercure assurément :
Il en avoit tout l'air et la manière.

Après l'abord[4], il me montra du doigt   20
Force clartés qui partoient d'un endroit :
« Vois-tu, dit-il, cet enclos de lumière ?
C'est le palais du monarque des dieux »;
Et moi d'ouvrir incontinent les yeux.

Ce que je vis étoit d'une matière   25
Qui ne sauroit dignement s'exprimer.

---

plutôt, allusion à la sottise de la belle duchesse (Mme de Sévigné, tome VI, p. 511). On dit : sot comme un prunier.

1. Louis XIV.
2. Tome VIII, p. 44.
3. Comparez un emploi un peu différent de la même expression au vers 15 de la fable IV du livre XI : « pendant l'humain séjour ».
4. Tome IV, p. 241 et note 9.

POÉSIES DIVERSES.

Figurez-vous tout ce qui peut charmer,
Tout ce qui peut éblouir tout ensemble,
Astres brillants et soleils radieux :
N'y comprenez toutefois vos beaux yeux, 30
Car leur éclat n'a rien qui lui ressemble.

Avec Mercure en ce palais entré,
Selon leur rang je vis sur maint degré
Les dieux assis, Jupiter à la[1] tête :
Tous paroissoient en des atours de fête. 35
Le Sort ouvrit un livre à cent fermoirs[2],
Puis fit crier dans les sacrés manoirs
Par trois hérauts, à trois fois différentes,
Le contenu des paroles suivantes :
« De par Jupin soient les dieux avertis, 40
Conformément à nos divins usages,
Que l'on va faire au ciel deux mariages
Avant qu'ils soient sur la terre accomplis. »

Au mot d'hymen je vis chacun se taire,
Et les ouïs par trois fois publier ; 45
L'un pour Conti, l'autre pour l'héritier[3]
Du Jupiter de ce bas hémisphère[4].
On applaudit ; puis, silence étant fait,
Le dieu des vers lut deux épithalames.

En voici l'un : « Couple heureux et parfait, 50
Couple charmant, faites durer vos flammes

---

1. Leur. (1729.)
2. Le livre du Destin : tome I, p. 168 et note 4.
3. *L'héritière*, dans nos anciens textes ; faute évidente.
4. Pour ces deux épithalames, voyez ci-dessus la notice. — Il est inutile d'expliquer que « le Jupiter de ce bas hémisphère » est Louis XIV.

Assez longtemps pour nous rendre jaloux :
Soyez amants aussi longtemps qu'époux[1].
Douce journée, et nuit plus douce encore[2] !
Heures, tardez, laissez au lit l'Aurore[3].　　55
Le temps s'envole ; il est cher aux amants ;
Profitez donc de ses moindres moments[4].
Jeune princesse, aimable autant que belle,
Jeune héros, non moins aimable qu'elle[5],
Le temps s'envole, il faut le ménager ;　　60
Plus il est doux, et plus il est léger. »

Phébus se tut, et, bien que dans leur âme
Les Immortels enviassent Conti,
Du couple heureux et si bien assorti[6]
L'on dit au Sort qu'il prolongeât la trame,　　65
S'il se pouvoit. Puis le père des vers,

1. *Astrée*, vers 723-724. — Rapprochez, tome VIII, p. 455, l'épithalame *à Leurs Altesses Sérénissimes Mlle de Bourbon et Mgr le prince de Conti*, vers 40-55.
2. Dans l'opéra de *Daphné*, vers 460-461 :

   O douce journée !
   O plus douce nuit !

3. 　　L'Aurore vint trop tôt pour Callimaque ;
　　Trop tôt encor pour l'objet de ses vœux.
　　　　　　　(*La Mandragore*, vers 289-290.)

4. Tome IV, p. 308 et note 4 :

　　Et des moindres moments
　　Bons ménagers furent nos deux amants.

5. Mme de Sévigné écrit à sa fille, le 17 janvier, c'est-à-dire le lendemain même de la cérémonie : « C'étoit le soleil à midi qui éclaira le mariage ; la lune a été témoin du reste. Le Roi l'embrassa tendrement quand elle fut au lit, et la pria de ne rien contester à M. le prince de Conti, et d'être douce et obéissante : nous croyons qu'elle l'a été. »

6. Jamais couple ne fut si bien assorti qu'eux.
　　　　　　　(*Les Filles de Minée*, vers 39.)

168 POÉSIES DIVERSES.

Changeant de ton pour l'autre épithalame,
Lut ce qui suit : « Chantez, peuples divers;
Que tout fleurisse aux terres leurs demeures¹.
Ne tardez plus, avancez, lentes Heures; 70
Allez porter aux humains un printemps
Tel que celui qui commença les temps².
Heures, volez; hâtez l'heur³ et la joie
Du fils des dieux à qui l'Olympe envoie
Une princesse au regard enchanteur. 75
Mille beaux dons éclatent dans son cœur;
En son esprit, en son corps, mille charmes⁴;
Amour la suit, Amour a pris des armes
Qui soutiendront l'honneur de son carquois :
Prince, il faudra se rendre cette fois. » 80

1. Telle est bien la leçon de nos anciens textes, et non :

Que tout fleurisse aux terrestres demeures,

comme quelques éditeurs modernes ont cru devoir imprimer.
2. *Ver erat æternum.* (OVIDE, *Métamorphoses*, livre I, vers 107.)
3. Tome VIII, p. 381. — On a relevé chez Molière (*les Fâcheux*, vers 622-623) un rapprochement analogue de *heure* et de *heur* :

Et j'ai, pour vous trouver, pris l'*heure* que voici :
Encore est-ce un grand *heur* dont le destin m'honore.

4. Si les louanges accordées à son esprit sont méritées, il y aurait à rabattre de celles que la Fontaine fait de ses charmes physiques. Voyez, entre autres témoignages, Mme de Sévigné, tome VI, p. 283, 286-287, et p. 304-305 : « Le Roi avoit une impatience extrême de savoir comme elle étoit faite : il envoya Sanguin (son premier maître d'hôtel), comme un homme vrai et qui ne sait point flatter. « Sire, dit-il, sauvez le premier coup « d'œil, et vous en serez fort content. » Cela est dit à merveilles; car il y a quelque chose à son nez qui est trop long, à proportion du reste : cela fait un mauvais effet d'abord; mais on dit qu'elle a si bonne grâce, de si beaux bras, de si belles mains, une si belle taille, une si belle gorge, de si belles dents, de si beaux cheveux, et tant d'esprit et de bonté, caressante sans être fade, familière avec dignité, enfin tant de manières propres à charmer, qu'il faut lui pardonner ce premier coup d'œil. »

Ces chants finis, je ne saurois vous dire
Comment enfin chacun se sépara :
Mercure seul avec moi demeura;
J'obtins de lui que de ce vaste empire
L'on m'ouvriroit les temples; et je vis   85
Deux noms fameux, deux noms rivaux prétendre
Le premier rang aux célestes lambris :
L'un, c'est Louis; l'autre, c'est Alexandre.
De ces deux rois je comparai les faits,
Non la personne; elle est trop différente[1];   90
Et Statira[2], qui se méprit aux traits
Du conquérant dont la Grèce se vante,
Au roi des Francs n'auroit jamais erré[3] :
Toujours ce prince aux regards se présente
Mieux fait qu'aucun dont il soit entouré.   95
Je vis encore une jeune merveille;
Si ce n'est vous, c'en est une pareille :
Mais c'est vous-même; et Mercure me dit
Comment le Ciel un tel œuvre entreprit.

« Mortel, dit-il, il est bon de t'apprendre   100
Par quel motif ce chef-d'œuvre fut fait.
Un jour Jupin, se trouvant satisfait
Des vœux qu'en terre on venoit de lui rendre,
Nous dit à tous : « Je veux récompenser
« De quelque don la terrestre demeure. »   105
Le don fut beau, comme tu peux penser;
Minerve en fit un patron tout à l'heure :

---

1. Tome VIII, p. 330 : « (Alexandre) étoit d'une taille au-dessous de la médiocre. »

2. Femme de Darius Codoman (*ibidem*, p. 331), qui prit Ephestion pour le conquérant macédonien.

3. Ses chagrins le rendoient pourtant méconnoissable;
    Un œil indifférent à le voir eût erré.
          (*Les Filles de Minée*, vers 418-419.)

L'éclat fut pris des feux du firmament ;
Chaque déesse, et chaque objet charmant
Qui brille au ciel avec plus d'avantage, 110
Contribua du sien à cet ouvrage :
Pallas y mit son esprit si vanté,
Junon son port, et Vénus sa beauté,
Flore son teint, et les Grâces leurs grâces[1].
Heureux mortel ! en un point tu surpasses 115
Tous tes pareils ; car lequel d'entre vous,
Favorisé jusqu'à ce point par nous,
A jamais vu l'Olympe et sa structure ?
Retourne-t'en ; conte ton aventure,
Chante aux humains ces miracles divers[2]. » 120

Il n'eut pas dit que, sans autre machine,
Je me revis dans le bas univers.
Divin objet, voilà votre origine,
Agréez-en le récit dans ces vers.

1. Tome VIII, p. 475 et note 3.
2. Va chez les mortels le redire !
(*Ode pour la Paix*, vers 113.)

XIV

LE FLORENTIN.

Cette satire a paru d'abord dans les *Contes et Nouvelles en vers de M. de la Fontaine* (Amsterdam, 1686, in-12), tome II, p. 1, et a été insérée dans les *OEuvres diverses* de 1729, tome I, p. 94.

Elle fut écrite contre Jean-Baptiste Lulli, qui, après avoir engagé notre poète à composer l'opéra de *Daphné*, refusa de le mettre en musique[1], et préféra l'*Alceste* de Quinault, nous disons *Alceste*, représentée le 19 janvier 1674, et non, comme on l'a cru trop longtemps, *Proserpine*, du même auteur, jouée le 3 février 1680 : c'est ce que prouve une copie de la satire du *Florentin*, datée d'octobre 1674, qui est à l'Arsenal, dans les Manuscrits de Trallage, volume 6541, fol. 194-195, sous ce titre : « Conte de M. de la Fontaine ».

On connaît Lulli, sa basse extraction, le moulin des environs de Florence où son père était meunier, son admission, en qualité de marmiton, dans les cuisines de Mademoiselle, qui lui fit apprendre la musique. Mais un vent meilleur que celui de son moulin, nous raconte Boindin[2], le poussa à la cour : un jour que la princesse venait de passer dans son cabinet, les personnes restées dans sa chambre entendirent un bruit qu'elles voulurent bien appeler un soupir. Des couplets furent faits sur cet accident, et l'ingrat Lulli leur donna une grande vogue par la musique qu'il adapta aux paroles, et surtout par la ritournelle, qui était très expressive. L'écho en vint aux oreilles de Mademoiselle, qui le chassa. Louis XIV ne tarda pas à le recueillir.

On ne saurait beaucoup s'en étonner, car on n'ignore pas non plus l'esprit d'intrigue, l'ambition, l'avidité éhontée, de ce Florentin, qui fut musicien du Roi (le soupir de Mademoiselle mis en musique avait paru très réjouissant en haut lieu), surin-

---

1. Voyez notre tome VII, p. 187.
2. *Lettre sur l'Opéra*, Paris, 1753, in-12, p. 79.

tendant de la musique du Roi, secrétaire du Roi, sur lequel le monarque fit pleuvoir les places, les honneurs, les pensions, les lettres de noblesse, tant ce bouffon, ce baladin, cette sorte de fou de cour, le divertissait, tant cet indigne favori avait pris sur lui d'ascendant.

Comparez, sur Lulli, et sur les traits sanglants dont l'a marqué notre poète, outre les mémoires, épigrammes, et pamphlets de l'époque, Walckenaer, *Histoire de la Fontaine*, tome II, p. 2–3; le tome X des OEuvres de Molière, p. 417 et 428; notre tome I, p. cxxxxii-cxxxix; et ci-dessus, l'Épître à M. de Niert, qui montre qu'en 1677 le ressentiment de la Fontaine n'était pas encore apaisé. Voyez aussi l'ouvrage de M. Edmond Radet, intitulé : *Lulli, homme d'affaires, propriétaire, et musicien*, Paris, 1891, in-fol.

   Le Florentin
   Montre à la fin
   Ce qu'il sait faire :
Il ressemble à ces loups qu'on nourrit, et fait bien,
Car un loup doit toujours garder son caractère[1],   5
   Comme un mouton garde le sien.
J'en étois averti; l'on me dit : « Prenez garde;
Quiconque s'associe avec lui se hasarde;
Vous ne connoissez pas encor le Florentin;
   C'est un paillard[2], c'est un mâtin[3]   10
   Qui tout dévore,
Happe[4] tout, serre[5] tout : il a triple gosier[6].

1. Rapprochez les fables III et IX du livre III, et V du livre X.
2. Tome V, p. 44 et note 5. — Au sens, ici, de brigand, larron, aigrefin, écornifleur : « un petit coquin, un paillardeau, un friandeau », comme dit Remy Bellau (tome II, p. 381).
3. Tome V, p. 45 et note 3. — Dans *le Mistere du Viel Testament*, tome III, p. 77 :
  Le chien mastin, plein de tout blasme, etc.
4. Comparez nos tomes I, p. 392, II, p. 245, III, p. 37, 164, 257, 315, etc.
5. « Chacun serre son fait » (*l'Eunuque*, acte IV, scène VIII).
6. Tome II, p. 305.

ÉPITRES.

Donnez-lui, fourrez-lui, le glout[1] demande encore[2] :
Le Roi même auroit peine à le rassasier. »

Malgré tous ces avis, il me fit travailler ; 15
    Le paillard s'en vint réveiller
Un enfant des neuf Sœurs ; enfant à barbe grise[3],
    Qui ne devoit en nulle guise[4]
Être dupe ; il le fut, et le sera toujours :
Je me sens né pour être en butte aux méchants tours ;
Vienne encore un trompeur, je ne tarderai guère.
    Celui-ci me dit : « Veux-tu faire,
    Presto, presto, quelque opéra,
    Mais bon ? ta Muse répondra
    Du succès par-devant notaire. 25
    Voici comment il nous faudra
    Partager le gain de l'affaire :
Nous en ferons deux lots, l'argent et les chansons ;
    L'argent pour moi, pour toi les sons ;
Tu t'entendras chanter, je prendrai les testons[5] ; 30
    Volontiers je paye en gambades :
    J'ai huit ou dix trivelinades[6]

1. Vieux mot, pour glouton, de *gluto, glutonis*. On le trouve dans les dictionnaires de Nicot, de Ménage : glous et glout ; de du Cange : mauvais glout ; chez le Roux de Lincy, *Proverbes*, tome II, p. 198 : Glout a tout, ou il perd tout. Voyez aussi le *Roman du Renart*, vers 2788 ; Joinville, p. 103 ; Rabelais, tomes II, p. 15, 134, III, p. 5 ; Marot, tome IV, p. 99 ; Ronsard, tome II, p. 182 ; Belleau, tome II, p. 88, 126 ; Jodelle, tome II, p. 307 ; Voiture, tome II, p. 419-420 ; etc., etc. — De *glout*, on disait : *gloutenie, gloutonnie, gloutement, englouter, déglouter*.
2. Aussi avare qu'avide : les courtisans le nommaient « le ladre ».
3. Tome I, p. 202, et ci-dessus, p. 23.
4. Même expression, *en nulle guise*, au vers 143 des *Rémois*.
5. Ancienne monnaie d'argent qui, sous François Ier, valait dix sols, et dont la valeur était montée par degrés à une livre trois deniers.
6. Bouffonneries dignes de Trivelin ; comme on dit des *panta-*

Que je sais sur mon doigt; cela joint à l'honneur
De travailler pour moi, te voilà grand seigneur. »

Peut-être n'est-ce pas tout à fait sa harangue; 35
　　Mais, s'il n'eut ces mots sur la langue[1],
Il les eut dans le cœur. Il me persuada;
　　A tort, à droit[2], me demanda
　　Du doux, du tendre, et semblables sornettes,
　　　Petits mots, jargons[3] d'amourettes 40
　　Confits au miel[4]; bref, il m'enquinauda[5].
　　Je n'épargnai ni soins ni peines
Pour venir à son but et pour le contenter :
　　Mes amis devoient m'assister;
J'eusse, en cas de besoin, disposé de leurs veines. 45
　　« Des amis ! disoit le glouton,
　　　En a-t-on?
Ces gens te tromperont, ôteront tout le bon;
　　Mettront du mauvais en la place. »
　　Tel est l'esprit du Florentin :
　　Soupçonneux, tremblant, incertain, 50
　　Jamais assez sûr de son gain,
　　Quoi que l'on dise ou que l'on fasse.
Je lui rendis en vain sa parole cent fois;

---

lonnades, des *turlupinades*. — L'Académie, qui a *pantalonnade* dans toutes ses éditions, n'a admis *trivelinade* que dans les deux dernières, et *turlupinade* qu'à partir de la seconde.

1. Sur sa langue. (1729.)
2. Tome VIII, p. 323 : « balancer le droit et le tort ».
3. Tome VI, p. 6, note 2.
4. Tome III, p. 57 : « paroles miellées ».
5. Me fit *quinaud*, vieille expression française, ou *quinault*, par un jeu de mots assez plaisant ici. — Voyez Voltaire, lettre au comte d'Argental du 19 novembre 1757 : « Quand le roi de Prusse m'enquinauda à Berlin... »; et lettre au même du 12 octobre 1765 : « Elle (la Clairon) avait si bien joué Électre..., elle avait été si honnête et si polie, que j'en fus enquinaudé. »

Le bougre¹ avoit juré de m'amuser six mois.
Il s'est trompé de deux : mes amis, de leur grâce, 55
Me les ont épargnés, l'envoyant où je croi
    Qu'il va bien sans eux et sans moi.

Voilà l'histoire en gros : le détail a des suites
    Qui valent bien d'être déduites,
   Mais j'en aurois pour tout un an ; 60
Et je ressemblerois à l'homme de Florence,
Homme long à conter, s'il en est un en France.
Chacun voudroit qu'il fût dans le sein d'Abraham ;
    Son architecte, et son libraire,
    Et son voisin, et son compère, 65
      Et son beau-père²,
Sa femme, et ses enfants, et tout le genre humain,
    Petits et grands, dans leurs prières,
    Disent le soir et le matin :
« Seigneur, par vos bontés pour nous si singulières, 70
    Délivrez-nous du Florentin. »

   1. Les mœurs de Lulli passaient pour être infâmes. Étaient-ce ses intimités avec le chevalier de Lorraine, les Vendôme, et *tutti quanti?* Le fait, c'est que, malgré la faveur dont il jouissait auprès du Roi, la police, avertie par la clameur publique, fit enlever et mettre à Saint-Lazare son petit valet Brunet (*OEuvres de Pavillon*, tome II, p. 177; *OEuvres de Chaulieu*, tome II, p. 91). — Pour le mot lui-même, que la Fontaine emploie dans son sens le plus injurieux (les vers 56-57 suffiraient à le prouver), voyez Joinville, p. 287; Rabelais, tome I, p. 13 : « bougrins », p. 75 : « .... s'il ne vous faict tous vifz brusler comme bougres »; Brantôme, tomes VI, p. 278 : « Prouillau auoit dict que tous les Italiens estoient bougres », VII, p. 53 : « Il fut bruslé parce qu'il estoit bougron »; Béroalde de Verville, p. 195, 207 : « bougrerie »; d'Aubigné, *Confession de Sancy*, tome II, p. 250-251; Saint-Amant, tome I, p. 124 :
    J'abhorre aussi le bougre ennemi de nature;
Saint-Évremond, tome II, p. 551; Scarron, tome I des *OEuvres*, p. 286, 288, 294, 295; etc., etc.
   2. Le musicien Lambert (ci-dessus, p. 158 et note 6).

XV

A MADAME DE THIANGE[1],

AU SUJET DE LA PIÈCE PRÉCÉDENTE.

Cette épître a été publiée, en 1715, par Duval de Tours, dans son *Nouveau Choix*, tome II, p. 1, et, la même année, dans la *Vie de Quinault*, tome I, p. 45, du Théâtre de ce poète; elle a été réimprimée dans les *OEuvres diverses* de 1729, tome I, p. 98.

Comme le prouve une lettre de Bussy Rabutin[2] au P. Bouhours du 26[3] février 1675, elle ne fut écrite qu'au commencement de l'année 1675 : « Je viens de recevoir votre lettre du 6ᵉ de ce mois, mon Révérend Père, avec celle de la Fontaine à Mme de Thiange; cette lettre est, comme tout ce qu'il fait, d'un caractère aisé et naturel, cependant j'aime mieux ses Contes. »

Voyez l'*Histoire de la Fontaine* par Walckenaer, tome II, p. 5-6.

Vous trouvez que ma satire
Eût pu ne se point écrire,
Et que tout ressentiment,
Quel que soit[4] son fondement,
La plupart du temps peut nuire,   5
Et ne sert que rarement.
J'eusse ainsi raisonné si le Ciel m'eût fait ange,
  Ou Thiange;

---

1. Gabrielle de Rochechouart-Mortemart, sœur aînée de Mme de Montespan, mariée, en 1655, à Claude-Léonor Damas, marquis de Thiange, morte en 1693.
2. La 805ᵉ de l'édition Lalanne, tome II, p. 431.
3. Et non du 6, comme il a été imprimé par erreur dans notre tome I, p. cxvii, note 4, erreur que nous avons déjà rectifiée du reste à la page cxxxix du même tome.
4. Quel que fût. (*Vie de Quinault*.)

ÉPITRES.

Mais il m'a fait auteur, je m'excuse par là :
    Auteur, qui pour tout fruit moissonne
Un peu de gloire. On le lui ravira[1],
    Et vous croyez qu'il s'en taira[2] ?
Il n'est donc plus auteur[3] : la conséquence est bonne.
    S'il s'en rencontre un qui pardonne,
Je suis cet indulgent; s'il ne s'en trouve point,
Blâmez la qualité, mais non pas la personne.

Je pourrois alléguer encore un autre point :
Les conseils. « Et de qui? » Du public. C'est la ville,
C'est la cour, et ce sont toute sorte de gens[4],
    Les amis, les indifférents,
Qui m'ont fait employer le peu que j'ai de bile[5] :
Ils ne pouvoient souffrir cette atteinte à mon nom;
    La méritois-je[6] ? On dit que non.
Mon opéra, tout simple, et n'étant, sans spectacle,
Qu'un ours qui vient de naître, et non encor léché[7],
Plaît déjà. Que m'a donc Saint-Germain[8] reproché ?
Un peu de pastorale? enfin ce fut l'obstacle.
J'introduisois[9] d'abord des bergers; et le Roi
Ne se plaît à donner qu'aux héros de l'emploi[10] :
Je l'en loue. Il falloit qu'on lui vantât la suite;

1.   Quelque petit honneur qu'un autre ravira.
                              (*Vie de Quinault.*)
2. Qu'il se taira? (*Ibidem.*)
3. Il n'est donc pas auteur. (*Ibidem.*)
4.   Les conseils; et de qui? du public, de la ville,
    De la cour; oui, ce sont toutes sortes de gens.
                              (*Ibidem.*)
5. Tout ce que j'ai de bile. (*Ibidem.*)
6. Le méritois-je? (*Ibidem.*)
7. Tome V, p. 185 et note 5.
8. La cour, qui se tenait alors à Saint-Germain-en-Laye.
9. Tome VI, p. 14 et note 5.
10. Comparez l'épître à *M. de Niert*, vers 47-58.

J. DE LA FONTAINE. IX

Faute de quoi ma Muse aux plaintes est réduite[1].
Que si le nourrisson de Florence[2] eût voulu,
  Chacun eût fait ce qu'il eût pu.
Celui qui nous a peint un des travaux d'Alcide
  (Je ne veux dire Euripide,   35
Mais Quinault[3]), Quinault donc pour sa part auroit eu
Saint-Germain, où sa Muse au grand jour eût paru;
  Et la mienne, moins parfaite[4],
Eût eu du moins Paris, partage de cadette[5] :
Cadette que peut-être on eût cru quelque jour   40
Digne de partager en aînée à son tour;
Quelque jour j'eusse pu divertir le monarque.
Heureux sont les auteurs connus à cette marque!
Les neuf Sœurs proprement n'ont qu'eux pour favoris :
  Qu'est-ce qu'un auteur de Paris?   45
Paris a bien des voix; mais souvent, faute d'une,
  Tout le bruit qu'il fait est fort vain[6].

1. J'ai fait un opéra; que m'a-t-on reproché,
Sinon que c'est un ours non encore léché,
  Et qui, dénué du spectacle,
  D'ailleurs ne trouve aucun obstacle?
J'introduisois d'abord des bergers; mais le Roi
Ne se plaît plus qu'à voir des héros. Quant à moi,
Je l'en loue. Il falloit qu'on lui fît voir la suite;
Et c'est pourquoi ma Muse aux plaintes est réduite.
    (*Vie de Quinault.*)

2. Le Florentin, Lulli.
3. Dans *Alceste ou le Triomphe d'Alcide* : ci-dessus, p. 158 et p. 171.
4.   Et la mienne, moins satisfaite.
    (*Vie de Quinault.*)
5. Si l'épître n'était adressée à une grande dame de la cour, tout ce parallèle entre Saint-Germain et Paris (vers 36 et suivants) pourrait sembler fort ironique.
6.   La gloire
  Ne compte pas toujours les voix :
  Elle les pèse quelquefois.
(*A Mgr le procureur général du Parlement*, tome VIII, p. 348.)

ÉPITRES.

Chacun attend sa gloire ainsi que sa fortune
　　　Du suffrage de Saint-Germain.
Le maître y peut beaucoup; il sert de règle aux autres[1]:
　　　Comme maître premièrement,
Puis comme ayant un sens meilleur que tous les nôtres.
Qui voudra l'éprouver obtienne seulement
　　　Que le Roi lui parle un moment.

Ah! si c'étoit ici le lieu de ses louanges! 55
Que ne puis-je en ces vers avec grâce parler
　　　Des qualités qui font voler
　　　Son nom jusqu'aux peuples étranges[2]!
　　　On verroit qu'entre tous les rois
　　　Le nôtre est digne qu'on l'estime; 60
　　　Mais il faut pour une autre fois
　　　Réserver le feu qui m'anime.
Je ne puis seulement qu'étaler aujourd'hui
Son esprit et son goût à juger d'un ouvrage,
L'honneur et le plaisir de travailler pour lui. 65
Ceux dont je me suis plaint m'ôtent cet avantage :
　　　Puis-je jamais vouloir du bien
　　　A leur cabale trop heureuse?
D'en dire aussi du mal la chose est dangereuse;
　　　Je crois que je n'en dirai rien. 70

　　　Si pourtant notre homme se pique
D'un sentiment d'honneur, et me fait à son tour[3]
　　　Pour le Roi travailler un jour,
　　　Je lui garde un panégyrique.

---

1. Une copie qui se trouve à l'Arsenal dans les Manuscrits de Coulanges donne ici *nôtres* au lieu d'*autres*, et, deux vers plus loin, *autres* au lieu de *nôtres*.
2. Ci-dessus, p. 114 et note 3.
3. A mon tour. (*Vie de Quinault.*)

Il est homme de cour, je suis homme de vers : 75
    Jouons-nous tous deux des paroles[1] ;
    Ayons deux langages divers,
    Et laissons les hontes frivoles[2].

Retourner à Daphné[3] vaut mieux que se venger ;
Je vous laisse d'ailleurs ma gloire à ménager : 80
Deux mots de votre bouche et belle et bien disante[4]
    Feront des merveilles pour moi ;
    Vous êtes bonne et bienfaisante,
    Servez ma Muse auprès du Roi.

---

1. De paroles. (*Vie de Quinault*.)
2. Les sottes frivoles. (*Ibidem* ; faute évidente.)
3. C'est, nous l'avons dit (p. 171), le titre de l'opéra cause de la querelle.
4. *La Coupe enchantée*, vers 314.

XVI

A M. GALIEN,

EN LUI RENDANT SES POÉSIES ENVELOPPÉES
D'UNE ARMOIRIE D'ENTERREMENT[1].

Cette épître monorime a été publiée en 1729 dans les *OEuvres diverses*, tome I, p. 101.

J'ai lu tes vers, dont je n'eus cure
Dès que j'en vis la couverture :
C'étoit un drap de sépulture
Qui me sembloit de triste augure.
Aussitôt je fis conjecture   5
Que ces vers seroient la pâture
De ceux[2] qui sous la tombe dure
N'épargnent nulle créature ;
Mais quand j'en eus fait la lecture,
Il me fut force d'en conclure   10
Que cette plaisante écriture[3]
Fait rire les gens sans mesure.
Que si ta belle humeur te dure,
Tu feras descendre Voiture
Du Pégase à la corne dure,   15
Et ne saurois à la Couture[4]

1. Un drap de sépulture (ci-dessous, vers 3), un morceau d'étoffe noire brodée d'armoiries.
2. Jeu de mots que fait pardonner le ton familier de la pièce.
3. Ci-dessus, p. 146.
4. « Célèbre foire de Reims », dit une note des *OEuvres diverses*; Walckenaer ajoute qu'elle commençait le premier mardi après Pâques, et durait huit jours. Elle se tenait dans la rue de *la*

Trouver de plus fine monture.
Mais prends garde, je te conjure,
Qu'il ne t'affole¹ la fressure²,
Ou fasse au chef une blessure
Qui soit de difficile cure :
Car il est gai de sa nature,
Fringant, délicat d'embouchure³,
Et ce n'est pas chose trop sûre
Que d'y monter à l'aventure.
Si tu le domptes, je t'assure
Qu'un jour chez la race future
Tu seras en bonne posture;
Mais diable, c'est là l'enclouure⁴.

Couture, plantée d'arbres, et fort large, à l'extrémité occidentale de la ville, entre l'église et la porte Saint-Jacques, qui depuis a pris le nom de Porte-Neuve. Il paraît que cette rue, ou celle de *la Vieille-Couture*, qui est peu éloignée, était célèbre par ses tonneliers, car Maucroix dit, dans son épître à Mme de Bérieux (tome I, p. 142) :

> Je vous rends grâces du tonneau,
> Je n'en vis jamais un si beau;
> Nos tonneliers de *la Couture*,
> Si savants en architecture,
> Un tel n'en feroient en dix ans.

1. Tome V, p. 374 et note 5.
2. Tome VIII, p. 441 et note 3.
3. Proprement, la partie du mors qui entre dans la bouche du cheval.
4. Le difficile : voyez Molière, *l'Étourdi*, vers 623 et note 1.

XVII

DISCOURS

A MADAME DE LA SABLIÈRE.

Ce discours fut publié pour la première fois en 1685, dans les *Ouvrages de prose et de poésie*, tome I, p. 126, et réimprimé dans les *OEuvres diverses* de 1729, tome I, p. 137. On sait que la Fontaine l'avait lu à l'Académie française, le 2 mai 1684, jour de sa réception.

Voyez Walckenaer, *Histoire de la Fontaine*, tome II, p. 37-38; notre tome I, p. cxxix; et Saint-Marc Girardin, *la Fontaine et les fabulistes*, tome I, p. 302-308, et p. 352.

Désormais que ma Muse, aussi bien que mes jours,
Touche de son déclin l'inévitable cours,
Et que de ma raison le flambeau va s'éteindre[1],
Irai-je en consumer les restes à me plaindre,
Et, prodigue d'un temps par la Parque attendu[2],   5
Le perdre à regretter celui que j'ai perdu?
Si le Ciel me réserve encor quelque étincelle
Du feu dont je brillois en ma saison nouvelle,
Je la dois employer, suffisamment instruit
Que le plus beau couchant[3] est voisin de la nuit.   10
Le temps marche toujours; ni force, ni prière,
Sacrifices ni vœux, n'allongent la carrière :
Il faudroit ménager ce qu'on va nous ravir[4].

1. Tome III, p. 183 et note 7. — 2. Tome VIII, p. 239.
3. .... En cet âge penchant
Où mon peu de lumière est si près du couchant.
(MALHERBE, tome I, p. 264.)
4. Rapprochez *Adonis*, vers 151-154 et note 5.

Mais qui vois-je que vous sagement s'en servir?
Si quelques-uns l'ont fait, je ne suis pas du nombre; 15
Des solides plaisirs je n'ai suivi que l'ombre :
J'ai toujours abusé du plus cher de nos biens;
Les pensers amusants, les vagues entretiens,
Vains enfants du loisir, délices chimériques ;
Les romans[1], et le jeu[2], peste[3] des républiques, 20
Par qui sont dévoyés les esprits les plus droits,
Ridicule fureur qui se moque des lois;
Cent autres passions, des sages condamnées,
Ont pris comme à l'envi la fleur de mes années.

L'usage des vrais biens répareroit ces maux, 25
Je le sais, et je cours encore à des biens faux.
Je vois chacun me suivre : on se fait une idole
De trésors, ou de gloire, ou d'un plaisir frivole :
Tantales obstinés, nous ne portons les yeux
Que sur ce qui nous est interdit par les Cieux[4]. 30
Si faut-il qu'à la fin de tels pensers nous quittent;
Je ne vois plus d'instants qui ne m'en sollicitent.
Je recule, et peut-être attendrai-je trop tard :
Car qui sait les moments prescrits à son départ[5]? [je?
Quels qu'ils soient, ils sont courts ; à quoi les emploirai-

Si j'étois sage, Iris (mais c'est un privilège
Que la nature accorde à bien peu d'entre nous),
Si j'avois un esprit aussi réglé que vous,
Je suivrois vos leçons, au moins en quelque chose :

---

1. Voyez ci-dessus, p. 22, la ballade VII.
2. Il se défend cependant de la passion du jeu dans une lettre à Jannart du 1ᵉʳ février 1659; mais ce discours est de 1684.
3. Tome VI, p. 174 et note 4.
4. Comparez tome VIII, p. 419, vers 20-27.
5 Rapprochez le début de la fable 1 du livre VIII.

Les suivre en tout¹, c'est trop; il faut qu'on se propose
Un plan moins difficile à bien exécuter,
Un chemin dont sans crime on se puisse écarter.
Ne point errer est chose au-dessus de mes forces²;
Mais aussi, de se prendre à toutes les amorces,
Pour tous les faux brillants courir et s'empresser! 45
J'entends que l'on me dit : « Quand donc veux-tu cesser?
Douze lustres et plus³ ont roulé sur ta vie :
De soixante soleils⁴ la course entresuivie⁵
Ne t'a pas vu goûter un moment de repos.
Quelque part que tu sois, on voit à tous propos 50
L'inconstance d'une âme en ses plaisirs légère,
Inquiète, et partout hôtesse passagère⁶.
Ta conduite et tes vers, chez toi tout s'en ressent;
On te veut là-dessus dire un mot en passant :
Tu changes tous les jours de manière et de style⁷; 55
Tu cours en un moment de Térence à Virgile;
Ainsi rien de parfait n'est sorti de tes mains.
Eh bien! prends, si tu veux, encor d'autres chemins :
Invoque des neuf Sœurs la troupe toute entière;
Tente tout, au hasard de gâter la matière : 60

1. Les suivre jusqu'à se retirer du monde presque complètement comme elle : comparez la lettre de notre auteur, du 31 août 1687, à M. de Bonrepaus.
2.   Hé! qui pourroit être surpris
   Lorsque la Fontaine s'égare?
Tout le cours de ses ans n'est qu'un tissu d'erreurs, etc.
   (Réponse de l'abbé Vergier à la lettre de la Fontaine
   du 4 juin 1688; voyez ci-dessous, p. 416-417.)
3. La Fontaine avait alors soixante-trois ans.
4. *Soleils*, au sens d'années, comme ci-dessus, p. 139, et tome VIII, p. 475 et note 5.
5. Tome VII, p. 210 et note 2.
6. Tome VIII, p. 370 et note 4.
7. Voyez le passage de la lettre de Mme de Sévigné transcrit dans notre notice des *Oies de frère Philippe* (tome V, p. 7).

On le souffre, excepté tes contes d'autrefois. »
J'ai presque envie, Iris, de suivre cette voix;
J'en trouve l'éloquence aussi sage que forte.
Vous ne parleriez pas ni mieux, ni d'autre sorte :
Seroit-ce point de vous qu'elle viendroit aussi ? 65
Je m'avoue, il est vrai, s'il faut parler ainsi,
Papillon du Parnasse, et semblable aux abeilles[1]
A qui le bon Platon[2] compare nos merveilles :
Je suis chose légère, et vole à tout sujet;
Je vais de fleur en fleur, et d'objet en objet; 70
A beaucoup de plaisirs je mêle un peu de gloire.
J'irois plus haut peut-être au temple de Mémoire
Si dans un genre seul j'avois usé mes jours;
Mais quoi! je suis volage en vers comme en amours.

En faisant mon portrait, moi-même je m'accuse, 75
Et ne veux point donner mes défauts pour excuse;
Je ne prétends ici que dire ingénument
L'effet bon ou mauvais de mon tempérament.
A peine la raison vint éclairer mon âme,
Que je sentis l'ardeur de ma première flamme. 80

---

1. Et, semblable à l'abeille en nos jardins éclose,
De différentes fleurs j'assemble et je compose
Le miel que je produis.
(J.-B. ROUSSEAU, *Ode à M. le comte du Luc.*)

Comparez André Chénier, *Élégies*, I, XIX, vers 19-22. »

2. « Les poètes nous disent que les vers qu'ils nous apportent ils les ont ravis à des fontaines de miel, dans les vergers et les jardins des Muses, où, semblables aux abeilles, ils voltigent çà et là; et ils disent vrai, car le poète est un être léger, ailé, et sacré. » (PLATON, *Ion.*) — Rapprochez Horace, livre IV, ode II; voyez aussi Pindare, x^e *Pythique*, vers 82-84; Euripide, *Hercule furieux*, vers 487-489, où il est fait de cette comparaison un emploi tragique; Lucrèce, livre III, vers 11-12; Boileau, *Discours au Roi*, vers 74-76; etc., etc.

Plus d'une passion a depuis dans mon cœur
Exercé tous les droits d'un superbe vainqueur[1];
Tel que fut mon printemps, je crains que l'on ne voie
Les plus chers de mes jours aux vains desirs en proie.

Que me servent ces vers avec soin composés ?   85
N'en attends-je autre fruit que de les voir prisés?
C'est peu que leurs conseils, si je ne sais les suivre,
Et qu'au moins vers ma fin je ne commence à vivre[2];
Car je n'ai pas vécu; j'ai servi deux tyrans :
Un vain bruit et l'amour ont partagé mes ans.   90
Qu'est-ce que vivre, Iris? Vous pouvez nous l'apprendre.
Votre réponse est prête; il me semble l'entendre :
C'est jouir des vrais biens avec tranquillité;
Faire usage du temps et de l'oisiveté;
S'acquitter des honneurs dus à l'Être suprême;   95
Renoncer aux Philis[3] en faveur de soi-même;
Bannir le fol amour et les vœux impuissants,
Comme hydres dans nos cœurs sans cesse renaissants.

1.   Amour, que t'ai-je fait? etc.
                       (Élégie II, vers 1.)
2. Tome III, p. 285.
3. Tome VI, p. 91.

XVIII

LE COMTE DE FIESQUE

AU ROI.

Cette pièce fut imprimée pour la première fois en 1685, dans les *Ouvrages de prose et de poésie*, tome I, p. 62. Voici dans quelles circonstances elle avait été composée : la Fontaine était fort lié avec le comte Jean-Louis de Fiesque, descendant des Fiesques de Gênes, qui avaient été chassés de leur patrie et obligés de se réfugier en France, après la conjuration tramée, en 1547, contre les Doria et la République, par J.-L. de Fiesque, comte de Lavagna (voyez, dans notre Collection, les *OEuvres du cardinal de Retz*, tome V, p. 473-658). Ce comte de Fiesque, dit Saint-Simon (*Mémoires*, tome VI, p. 181-182), « étoit un homme de fort bonne compagnie, d'esprit, et orné, un fort honnête homme, qui avoit été galant, avec une belle voix, qui chantoit bien, et qui faisoit rarement des vers, mais aisément, jolis, et d'un tour fort naturel. Il fit une chanson sur Béchameil et son entrée en sa terre de Nointel, si plaisante, si ridicule, si fort dans le caractère de Béchameil, qu'on s'en est toujours souvenu. Le Roi, qui le sut, la lui fit chanter un jour à une chasse, et en pensa mourir de rire. Il étoit singulier, brusque, particulier, avoit peu servi, et fait quelques campagnes aide de camp du Roi, qui, bien aise de l'obliger sans qu'il lui en coûtât rien, et aux dépens des Génois, qu'il vouloit mortifier, lui fit payer cent mille écus par eux pour de vieilles prétentions, lorsque le doge de Gênes vint en France. Ce fut M. de Seignelay, son ami, qui les lui valut, sans que lui-même y eût pensé[1]. » Cette dernière assertion de Saint-Simon n'est peut-être pas tout à fait exacte.

1. Voyez aussi Mme de Sévigné, tomes II, p. 24, 147, III, p. 394, 525, IV, p. 17, 287, 530; et, tome VII, p. 336, dans une lettre à sa fille du 27 décembre 1684 : « Il vous faudroit vraiment cent mille écus comme au comte de Fiesque; mais ce ne seroit pas encore assez. Je mandois l'autre jour que je plaindrois

En 1681, le comte de Fiesque avait publié une *Requeste au Roy, et memoire de M^r le comte de Fiesque, pour ses Pretentions et Droits, contre la Republique de Gennes*, Paris, chez J. Guignard et J. Villery, 36 pages in-4°. A la page 35 se trouve une *Declaration du Roy, en faveur du sieur Comte de Fiesque et ses freres*[1]. Le Roi ayant favorisé ces prétentions et la Fontaine ayant écrit ce remerciement pour son ami, celui-ci le lut à Sa Majesté le 7 novembre 1684 : « Ce jour-là le comte de Fiesque remercia le Roi du soin qu'il avoit de ses intérêts avec les Génois. C'est que Sa Majesté avoit eu la bonté pour lui de dire à M. le Nonce qu'il vouloit que les Génois fissent raison au comte de Fiesque, et qu'en attendant qu'on eût liquidé ses prétentions et jugé l'affaire, ils lui donnassent cent mille écus d'argent comptant. » (*Journal de Dangeau*, tome I, p. 67-68.)

Voyez Walckenaer, *Histoire de la Fontaine*, tome II, p. 55-58.

Vous savez conquérir les États et les hommes ;
Jupiter prend de vous des leçons de grandeur ;
Et nul des rois passés, ni du siècle où nous sommes,
N'a su si bien gagner l'esprit avec le cœur[2].

Dans les emplois de Mars[3], vos soins, votre conduite[4],
Votre exemple et vos yeux animent nos guerriers[5] ;
Vous étendez partout l'ombre de vos lauriers :
    La terre enfin se voit réduite
A vous venir offrir cent hommages divers ;

plus le comte de Fiesque quand il les auroit, que je ne le plains quand il est à pied enveloppé dans son honnête pauvreté. »

1. En 1682, le géographe Nicolas de Fer avait dressé une carte de la Haute-Lombardie, qui fut gravée et publiée pour appuyer les réclamations de la maison de Fiesque. On y voit tous les Etats possédés par cette maison (selon le géographe) jusqu'à l'an 1547. Un exemplaire de cette carte est dans l'Atlas Baudrand, volume I (n° 142), à la Bibliothèque nationale.

2. Comparez, pour ce dernier vers, dans le *Poëme du Quinquina*, chant I, vers 7 :

Ne laissant rien de libre au cœur ni dans l'esprit.

3. Même hémistiche dans la fable VIII du livre XI, vers 31.
4. Tome VIII, p. 505 et note 2. — 5. *Ibidem*, p. 501.

Vous avez enfin su contraindre
Tous les cantons de l'univers
A vous obéir ou vous craindre.

J'étois près de céder aux destins ennemis,
    Quand j'ai vu les Génois soumis[1]
    Malgré les faveurs de Neptune,
    Malgré des murs où l'art humain
    Croyoit enchaîner la Fortune
    Que vous tenez en votre main[2].

Cette main me relève ayant abaissé[3] Gêne ;
Je ne l'espérois plus, je n'en suis plus en peine.
Vos moindres volontés sont autant de décrets ;
    Vos regards sont autant d'oracles ;
Je ne consulte qu'eux ; et, malgré les obstacles,
Je laisse agir pour moi vos sentiments secrets.

Vous témoignez en tout une bonté profonde,
Et joignez aux bienfaits un air si gracieux
    Qu'on ne vit jamais dans le monde
De roi qui donnât plus, ni qui sût donner mieux[4].

1. La flotte française, sous les ordres de Duquesne, avait lancé plus de douze mille bombes sur la malheureuse cité, mai 1684, et une escadre commandée par Tourville la bloquait encore.
2. Tome III, p. 212.
3. Sur la forme presque cruelle de cet abaissement, voyez le *Journal de Dangeau*, tome I, p. 46, 60, 118, 120, 151, 170, 171, 174, 177, 179, 180, 181.
4. Nous savons d'ailleurs par la Fontaine que Louis XIV ne s'entendait pas moins bien à refuser qu'à accorder : « Notre prince ne fait rien qui ne soit orné de grâces, soit qu'il donne, soit qu'il refuse ; car, outre qu'il ne refuse que quand il le doit, c'est d'une manière qui adoucit le chagrin de n'avoir pas obtenu ce qu'on lui demande. » (*Remerciement à l'Académie françoise*, tome VIII, p. 311.)

XIX

AU ROI.

POUR LULLI, QUI DÉDIE A SA MAJESTÉ L'OPÉRA D'AMADIS.

Amadis, opéra en cinq actes, paroles de Quinault, fut représenté à Paris le 15 janvier 1684, et à Versailles, devant le Roi, qui « le trouva fort beau »[1], le 5 mars 1685.

Cette dédicace, écrite par la Fontaine, figure en tête d'*Amadis, tragédie, mise en musique par M. de Lully*, à Paris, par Christophe Ballard, M.DC.LXXXIV, in-fol., et y est signée J.-B. DE LULLY. Elle a été réimprimée dans les *Ouvrages de prose et de poésie*, tome I, p. 53, et dans les *OEuvres diverses* de 1729, tome I, p. 111.

Voyez Walckenaer, *Histoire de la Fontaine*, tome II, p. 4; notre tome I, p. cxxxix; et ci-dessus, p. 171-180. La colère de la Fontaine n'avait pas duré bien longtemps.

Du premier Amadis je vous offre l'image;
Il fut doux, gracieux, vaillant, de haut corsage[2] :
J'y trouverois votre air, à tout considérer[3],
Si quelque chose à vous se pouvoit comparer.
La Victoire pour lui sut étendre ses ailes,   5
Mars le fit triompher de tous ses concurrents;
Passa-t-il à l'amour, il eut le cœur des belles[4] :
Vous vous reconnoissez à ces traits différents[5].

1. *Journal de Dangeau*, tome I, p. 131.
2. Tome V, p. 413 et note 1.
3. En examinant tout, j'y trouverois votre air.
(Variante d'une copie de Tallemant.)
4. Rapprochez la fin du Prologue de *Daphné*.
5. Vous vous reconnoissez à ces traits....
(*Poème du Quinquina*, chant 1, vers 9.)

Nul n'a porté si haut cette double conquête :
Les deux moitiés du monde ont su vous couronner ; 10
Et les myrtes qu'Amour vous a fait moissonner
Sont tels que Jupiter en auroit ceint sa tête.

    En vous tout est enchantement[1] :
    Plus d'un illustre événement
Rendra chez nos neveux votre histoire incroyable. 15
Vos beaux faits ont partout tellement éclaté
Que vous nous réduisez à chercher[2] dans la fable
    L'exemple de la vérité.

Voilà, Sire, sur vous quelles sont mes pensées :
Pour vous plaire Uranie en vers les a tracées[3].
Quant à moi, dont les chants vous attiroient jadis, 20
Je dois à votre choix ce sujet d'Amadis[4] ;
Je vous dois son succès, car j'aurois peine à dire
Entre vous et Phébus lequel des deux m'inspire.

    Je ne puis, pour m'en ressentir,
    Qu'employer à vous divertir 25
    Mes soins, mon art, et mon génie,
    Et tous les moments de ma vie.
Veuillent dans ce projet m'assister les neuf Sœurs !
Je le trouve assez beau pour donner de l'envie
Aux chantres dont l'Olympe admire les douceurs. 30

1.   Tout est en vous enchantement.
                                   (Édition in-fol.)
2. A prendre. (*Ibidem.*)
3.   Clio, sur son giron, à l'exemple d'Homère,
    Vient de les retoucher, attentive à vous plaire.
                  (*Philémon et Baucis*, vers 187-188.)

4. C'était le Roi lui-même qui avait donné le sujet d'Amadis à Quinault (*OEuvres de Quinault*, 1715, in-12, tome I, p. 55). Comparez ci-dessus, p. 191 et note 1.

XX

AU ROI.

POUR LULLI, QUI DÉDIE A SA MAJESTÉ L'OPÉRA DE ROLAND.

Roland, opéra en cinq actes et un prologue, paroles de Quinault, fut représenté à Versailles, devant le Roi, le 8 janvier 1685, et à Paris le 9 mars suivant [1].

Cette dédicace, écrite par la Fontaine, figure en tête de *Roland, tragédie, mise en musique par M. de Lully*, Paris, Christophe Ballard, M.DC.LXXXV, in-fol., et y est signée LULLY. Elle a été réimprimée dans les *Ouvrages de prose et de poésie*, tome I, p. 57, et dans les *Œuvres diverses* de 1729, tome I, p. 112.

Voyez Walckenaer, *Histoire de la Fontaine*, tome II, p. 4-5; et notre tome I, p. CXXXIX.

Agréez de mon art les présents ordinaires;
Ne les recevez point en hommages vulgaires,
Dans la foule de ceux qu'attire ce séjour :
Votre mérite est tel que tout lui fait la cour.
    La déesse aux ailes légères[2]   5
    Lui fait partout des tributaires;
    Il en vient des portes du jour[3].

---

1. *Journal de Dangeau*, tome I, p. 106, 133.
2. La Renommée; ci-dessous, p. 261:

    Légère et déployant les ailes.

3. Tome VIII, p. 284 :

    Aux portes du matin la clarté paroissoit;

et, *ibidem*, p. 255 :

    Que la porte du jour se ferme, ou qu'elle s'ouvre, etc.

— Il s'agit ici d'une première ambassade de délégués venus de

C'est de là que partit la belle[1]
Qui préféra Médor[2] au héros de ces vers[3].
Son hymen attira cent monarques divers :
L'amante de Pâris[4] avoit jadis, comme elle,
    Intéressé dans sa querelle
    Tous les maîtres de l'univers.

Le bruit que ces beautés au dieu Mars ont fait faire
N'est rien près des combats qu'il entreprend pour vous :
Vos exploits ont rempli l'un et l'autre hémisphère
    D'admirateurs et de jaloux.
Au milieu des plaisirs d'un triomphe si doux,
Plaignez le paladin que mon art vous présente.
Son malheur fut d'aimer; quelle âme en est exempte?
Il suivit à la fin de plus sages conseils :
Au lieu de ses amours il servit sa patrie,
Son prince disposa du reste de sa vie[5];
Vous savez mieux qu'aucun employer ses pareils.

Siam « pour négocier quelque chose sur le commerce avec les ministres du Roi à qui seuls ils étoient envoyés ». Arrivés à Paris le 5 octobre 1684, ils n'eurent point en effet d'audience de Louis XIV, mais, le 27 novembre, celui-ci, « en allant à la messe, les vit dans sa galerie.... Ils se prosternèrent en terre dès qu'ils virent de loin paroître Sa Majesté. » (*Journal de Dangeau*, tome I, p. 59, 75, 115.) — Les Siamois. (*Note de l'édition in-fol.*)

1. Angélique était reine de Catay : c'est la grande Tartarie et le royaume de la Chine. (*Ibidem.*)

2. Médor, amant, puis époux d'Angélique, dans le *Roland furieux*.

3. A Roland.

4. Hélène.

5. Au cinquième acte en effet, Roland, que sa passion contrariée avait rendu fou (voyez notre tome VI, p. 58), revient à la raison, et cède aux conseils des fées guerrières, de la Gloire, de la Renommée, de la Terreur, et d'un chœur d'ombres de héros :

Ne suivez plus l'Amour, c'est un guide infidèle.

Charlemagne vous cède[1] : il vainquit, mais la suite 25
Détruisit après lui ces grands événements.
Maintenant notre empire a, par votre conduite[2],
    D'inébranlables fondements.

    Ici les Muses sans alarmes
    Se promènent parmi les bois : 30
Leurs chants en sont plus beaux, aussi bien que leurs voix.
Si j'en crois Apollon, les miens ont quelques charmes :
Puissent-ils relâcher[3] tous vos soins désormais !
Vous imposez silence à la fureur des armes ;
Goûtez dans nos chansons les douceurs de la paix. 35

1. *Galatée*, vers 194 ; et ci-dessus, p. 153.
2. Ci-dessus, p. 189 et note 4.
3. Servir de relâche à. — Comparez tome VIII, p. 372 et note 3.

XXI

A SON ALTESSE SÉRÉNISSIME
Mgr LE PRINCE DE CONTI.

Cette épître a paru dans les *OEuvres posthumes*, p. 243, puis a été réimprimée dans les *OEuvres diverses* de 1729, tome I, p. 120. Elle est adressée à François-Louis, prince de la Roche-sur-Yon (tome VIII, p. 453-457), devenu prince de Conti, le 9 novembre 1685, par le décès de Louis-Armand, son frère aîné, mort en soignant sa femme malade de la petite vérole. Le prince de Conti vivait alors retiré dans son château de l'Isle-Adam, sur les bords de l'Oise, où il se trouvait exilé par la volonté du Roi, qui avait saisi sa correspondance tandis qu'il était à l'armée. Son portrait est chez Saint-Simon, tome VI, p. 271-280.

Voyez Walckenaer, *Histoire de la Fontaine*, tome II, p. 99-100; et notre tome I, p. CLII.

   Pleurez-vous aux lieux où vous êtes?
La douleur vous suit-elle au fond de leurs retraites?
   Ne pouvez-vous lui résister?
   Dois-je enfin, rompant le silence,
   Ou la combattre, ou la flatter,   5
   Pour adoucir sa violence?
   Le dieu de l'Oise est sur ces bords,
   Qui prend part à votre souffrance;
Il voudroit les orner par de nouveaux trésors,
   Pour honorer votre présence.   10
   Si j'avois assez d'éloquence,
Je dirois qu'aujourd'hui tout y doit rire aux yeux.
Je ne le dirois pas : rien ne rit sous les cieux
   Depuis le moment odieux

Qui vous ravit un frère aimé d'amour extrême[1]. 15
    Ce moment, pour en parler mieux,
    Vous ravit dès lors à vous-même.

    Conti dès l'abord nous fit voir
    Une âme aussi grande que belle.
    Le Ciel y mit tout son savoir,
    Puis vous forma sur ce modèle. 20
Digne du même encens que les dieux ont là-haut,
Vous attiriez des cœurs l'universel hommage;
L'un et l'autre servoit d'exemplaire[2] et d'image :
    Vous aviez tous deux ce qu'il faut
    Pour être un parfait assemblage. 25
    Je n'y trouvois qu'un seul défaut,
    C'étoit d'avoir trop de courage.

    Par cet excès on peut pécher :
    Conti méprisa[3] trop la vie.
A travers les périls pourquoi toujours chercher 30
Les noms dont après lui sa mémoire est suivie?
    Ces noms, qu'alors aucun n'envie,
    N'ont rien là-bas[4] de consolant :
    Achille en est un témoignage.
    Il eut un desir violent 35
    De faire honneur à son lignage[5];
Il souhaita d'avoir un temple et des autels :
    Homère en ses vers immortels
    Le lui bâtit[6]. Sa propre gloire 40

---

1. Voyez le *Journal de Dangeau*, tome I, p. 249; et dans notre tome VIII, p. 450, la fin de la notice du *Songe*.
2. Tome VI, p. 351 et note 3 :
  Un prince que le Ciel prendra pour exemplaire.
3. Méprise. (1696 et 1729.)
4. Livre X, fable xv, vers 48 et note 19.
5. Ci-dessus, p. 115. — 6. Tome VIII, p. 348.

Y dure aussi dans la mémoire
Des habitants de l'univers.
Cependant Achille, aux enfers,
Prise moins l'honneur de ce temple
Que la cabane d'un berger¹.   45
Profitez-en : c'est un exemple
Qui mérite bien d'y songer.

Songez y donc, Seigneur; examinez la chose,
D'autant plus qu'on ne peut y faillir qu'une fois :
L'Achéron ne rend rien². Si nos pleurs étoient cause 50
    Qu'il révoquât ces tristes lois,
Nous reverrions Conti; mais ni le sang des rois,
    Ni la grandeur, ni la vaillance,
Ne font changer du Sort la fatale ordonnance
Qui rend sourd à nos cris le noir tyran des morts³. 55
    Ne vous fiez point aux accords
    D'un autre Orphée⁴ : a-t-il lui-même
    Rien gagné sur la Parque blême⁵ ?
    Il obtint en vain ses amours;
Tous deux avoient du Styx repassé les contours :   60
    Il vit redescendre Eurydice⁶.
    Il protesta de l'injustice;
Il implora l'Olympe, et neuf jours et neuf nuits
    Importuna de ses ennuis

---

1. *Odyssée*, chant XI, vers 489-491. Voyez aussi chez Lucien le début du Dialogue d'Achille et d'Antiloque.

2.   Et l'avare Achéron ne lâche point sa proie.
                  (RACINE, *Phèdre*, vers 626.)

3. Tome II, p. 208 et note 4. — 4. Tome VIII, p. 210-211.
5. Tome VII, p. 267 et note 3.
6. Virgile, *Géorgiques*, livre IV, vers 494-527. — On connaît la jolie épigramme de J.-B. Rousseau :

    Quand, pour ravoir son épouse Eurydice, etc.

Les échos des rivages sombres[1].   65
Quand j'irois, comme lui, redemander aux ombres
　　Les Contis, princes belliqueux,
　　On me diroit que le Cocyte[2]
　　Ne considère aucun mérite :
　　Je ne reviendrois non plus qu'eux.   70

Je ne vous dis ici que ce qu'a dit Voiture[3].
L'ami de Mécénas, Horace[4], dans ses sons,
L'avoit dit devant lui ; devant eux la nature
　　L'avoit fait dire en cent façons[5].
　　Les neuf Sœurs et leurs nourrissons   75
　　Depuis longtemps, en leurs chansons,
Répètent que l'on va recommencer l'année,
　　Et que jamais la Destinée
Ne permit aux humains le retour en ces lieux.
Conservez donc, Seigneur, des jours si précieux ;   80
　　Que le temps sèche au moins vos larmes :
Celui que vous pleurez, loin d'y trouver des charmes,
　　En goûte un bonheur moins parfait.
Je crains que les raisons ne soient de peu d'effet
　　Dans la douleur qui vous possède ;   85
Mais le temps n'aura-t-il pour vous seul nul remède ?

1. Tome VI, p. 271, note 3. — 2. *Le roi Candaule*, vers 107.
3. Dans son épître, déjà citée, *à Mgr le Prince*.
4. 　　*Multis ille bonis flebilis occidit :*
　　　Nulli flebilior quam tibi, Virgili!
　　Tu frustra pius, heu! non ita creditum
　　　　Poscis Quintilium Deos.
　　Quid? si Threïcio blandius Orpheo
　　Auditam moderere arboribus fidem,
　　Non vanæ redeat sanguis imagini
　　　Quam virga semel horrida,
　　Non lenis precibus fata recludere,
　　Nigro compulerit Mercurius gregi.
　　　　　　(HORACE, livre I, ode XXIV : à Virgile.)
5. Comparez la fin de l'épître IV d'André Chénier.

XXII

ÉPITRE

A MONSEIGNEUR L'ÉVÊQUE DE SOISSONS,
EN LUI DONNANT UN QUINTILIEN DE LA TRADUCTION
D'HORATIO TOSCANELLA.

Cette épître a paru pour la première fois, jointe à la lettre à M. de Bonrepaus du 28 janvier 1687, en un cahier de sept pages in-8°, à Paris, chez André Pralard, rue Saint-Jacques, à l'Occasion, avec permis d'imprimer du 5 février 1687. Elle a été réimprimée dans les *OEuvres posthumes*, p. 52, sous le titre : « à Monsieur l'évêque d'Avranches ».

Huet est en effet plus connu comme évêque d'Avranches que comme évêque de Soissons. Né à Caen le 8 février 1630, Pierre-Daniel Huet, nommé en 1685 à l'évêché de Soissons, n'en prit jamais possession, et il n'en avait pas même les bulles en 1689, quand Fabio Brûlart de Sillery, nommé à l'évêché d'Avranches, l'engagea à permuter avec lui.

La pièce que lui dédia la Fontaine est une réponse aux doctrines littéraires défendues par Charles Perrault à l'Académie (séance du 27 janvier 1687), dans son poème intitulé *le Siècle de Louis le Grand*, et à sa révolte contre l'antiquité.

Voyez Walckenaer, *Histoire de la Fontaine*, tome II, p. 131-136; notre tome I, p. XVII-XVIII, et p. CXLVIII-CXLIX ; et l'*Histoire de la querelle des anciens et des modernes*, dans les OEuvres d'H. Rigault, tome I, p. 150, et p. 188.

Dans ses Mémoires, *Commentarius de rebus ad eum pertinentibus* (Amsterdam, 1718, in-12), livre v, Daniel Huet dit au sujet de notre poète et de cette épître : « J'eus le bonheur cette même année (1687) de voir s'accroître encore le nombre de mes amis. Jean de la Fontaine, cet auteur de fables pleines de grâce et de finesse, mais parmi lesquelles il y en a d'un peu trop licencieuses (ce mot s'applique aux Contes), ayant appris que je désirais voir la traduction italienne des *Institutions de Quintilien*, ouvrage d'Horace

Toscanella, non seulement il me l'apporta, mais il accompagna son présent d'un brillant morceau poétique qu'il m'adressa, et dans lequel il s'élève contre la folie de ceux qui opposent et même préfèrent le siècle présent à l'antiquité. En quoi l'on peut admirer sa candeur; car, bien qu'il se soit placé parmi les plus délicieux écrivains de notre nation, il a mieux aimé en quelque sorte plaider contre lui-même que de frustrer les anciens de l'hommage qui leur est dû. »

Je vous fais un présent capable de me nuire.
Chez vous Quintilien[1] s'en va tous nous détruire;
Car enfin qui le suit? qui de nous aujourd'hui
S'égale aux anciens tant estimés chez lui?
Tel est mon sentiment, tel doit être le vôtre[2].   5
Mais si votre suffrage en entraîne quelque autre,
Il ne fait pas la foule; et je vois des auteurs
Qui, plus savants que moi, sont moins admirateurs[3].
Si vous les en croyez, on ne peut sans foiblesse
Rendre hommage aux esprits de Rome et de la Grèce :   10
« Craindre ces écrivains! on écrit tant chez nous!
La France excelle aux arts, ils y fleurissent tous[4];
Notre prince avec art nous conduit aux alarmes,
Et sans art nous louerions le succès de ses armes!
Dieu n'aimeroit-il plus à former des talents?   15
Les Romains et les Grecs sont-ils seuls excellents? »

1. La traduction italienne de Quintilien par Toscanella : *l'Institutioni oratorie*, parut à Venise en 1566, 1567, 1568, et 1584, in-4°; les quatre dates se rapportent à une seule édition dont le titre a été plusieurs fois renouvelé.

2. Voyez, dans un recueil de *Pièces fugitives d'histoire et de littérature*, Paris, 1704, in-12, une lettre de Huet à Perrault sur ses *Parallèles des anciens et des modernes* dont le premier volume parut en octobre 1688.

3. *Ragotin*, vers 864.

4.   Ils refleuriront tous.
  (*Ode pour la paix*, vers 100, tome VIII, p. 412.)

Ces[1] discours sont fort beaux, mais fort souvent frivoles :
Je ne vois point l'effet répondre à ces paroles;
Et, faute d'admirer les Grecs et les Romains,
On s'égare en voulant tenir d'autres chemins.   20

Quelques imitateurs[2], sot bétail, je l'avoue,
Suivent en vrais moutons le pasteur de Mantoue[3] :
J'en use d'autre sorte; et, me laissant guider,
Souvent à marcher seul j'ose me hasarder.
On me verra toujours pratiquer cet usage;   25
Mon imitation n'est point un esclavage :
Je ne prends que l'idée, et les tours, et les lois,
Que nos maîtres suivoient eux-mêmes autrefois.
Si d'ailleurs quelque endroit plein chez eux d'excellence
Peut entrer dans mes vers sans nulle violence,   30
Je l'y transporte, et veux qu'il n'ait rien d'affecté,
Tâchant de rendre mien cet air d'antiquité.
Je vois avec douleur ces routes méprisées :
Art et guides, tout est dans les Champs Élysées.
J'ai beau les évoquer, j'ai beau vanter leurs traits,   35
On me laisse tout seul admirer leurs attraits.
Térence est dans mes mains; je m'instruis dans Horace;
Homère et son rival sont mes dieux du Parnasse.
Je le dis aux rochers; on veut d'autres discours :
Ne pas louer son siècle est parler à des sourds.   40
Je le loue, et je sais qu'il n'est pas sans mérite;
Mais près de ces grands noms notre gloire est petite :
Tel de nous, dépourvu de leur solidité,

---

1. Leurs. (*OEuvres posthumes.*)
2. Rapprochez, pour tout ce passage, la comédie de *Clymène*, vers 340-347 et les notes. — « Dieu vous garde des pâles imitateurs, troupe nuisible et innombrable de singes salissants et maladroits. » (ALFRED DE VIGNY, *Stello.*)
3. Virgile. (*Note de la Fontaine.*)

N'a qu'un peu d'agrément, sans nul fonds de beauté ;
Je ne nomme personne : on peut tous nous connoître. 45
Je pris certain auteur autrefois pour mon maître¹ ;
Il pensa me gâter². A la fin, grâce aux dieux,
Horace, par bonheur, me dessilla les yeux³.
L'auteur avoit du bon, du meilleur ; et la France
Estimoit dans ses vers le tour et la cadence. 50
Qui ne les eût prisés ? J'en demeurai ravi ;
Mais ses traits ont perdu quiconque l'a suivi.
Son trop d'esprit s'épand en trop de belles choses :
Tous métaux y sont or, toutes fleurs y sont roses⁴.

On me dit là-dessus : « De quoi vous plaignez-vous ? »
De quoi ? Voilà mes gens aussitôt en courroux ;
Ils se moquent de moi, qui, plein de ma lecture,
Vais partout prêchant l'art de la simple nature.
Ennemi de ma gloire et de mon propre bien,
Malheureux, je m'attache à ce goût ancien. 60
« Qu'a-t-il sur nous, dit-on, soit en vers, soit en prose ?
L'antiquité des noms ne fait rien à la chose,
L'autorité non plus, ni tout Quintilien. »
Confus à ces propos, j'écoute, et ne dis rien.
J'avouerai cependant qu'entre ceux qui les tiennent 65
J'en vois dont les écrits sont beaux et se soutiennent :
Je les prise, et prétends qu'ils me laissent aussi

---

1. Voiture : tome IV, p. 148 et note 4.
2. Quelques auteurs de ce temps-là affectoient les antithèses, et ces sortes de pensées qu'on appelle *concetti*. Cela a suivi immédiatement Malherbe. (*Note de la Fontaine.*)
3. *Clymène*, vers 380-382.
4. Vers de Malherbe. (*Note de la Fontaine.*) Ce vers se trouve en effet, mais sous une forme un peu différente, dans la pièce intitulée *Récit d'un berger, au ballet de Madame, princesse d'Espagne* (tome I, p. 232) :

Tous métaux seront or, toutes fleurs seront roses.

Révérer les héros du livre que voici.
Recevez leur tribut des mains de Toscanelle ;
Ne vous étonnez pas qu'il donne pour modèle   70
A des ultramontains un auteur sans brillants :
Tout peuple peut avoir du goût et du bon sens,
Ils sont de tout pays, du fond de l'Amérique[1] ;
Qu'on y mène un rhéteur habile et bon critique,
Il fera des savants. Hélas ! qui sait encor   75
Si la science à l'homme est un si grand trésor[2] ?
Je chéris l'Arioste et j'estime le Tasse ;
Plein de Machiavel, entêté de Boccace,
J'en parle si souvent qu'on en est étourdi ;
J'en lis qui sont du Nord, et qui sont du Midi.   80

Non qu'il ne faille un choix dans leurs plus beaux ouvra-
Quand notre siècle auroit ses savants et ses sages, [ges :
En trouverai-je un seul approchant de Platon[3] ?
La Grèce en fourmilloit dans son moindre canton.
La France a la satire et le double théâtre[4] ;   85
Des bergères d'Urfé[5] chacun est idolâtre ;
On nous promet l'histoire[6], et c'est un haut projet.
J'attends beaucoup de l'art, beaucoup plus du sujet :

---

1. Ils sont tous d'un pays du fond de l'Amérique.
(*Œuvres posthumes ;* faute évidente.)

2. Rapprochez le *Poème du Quinquina*, chant 1, vers 128 et note 3.
3. Platon est précisément l'auteur que Perrault déprécie le plus dans son poème sur *le Siècle de Louis le Grand :* voyez notre tome VIII, p. 340, note 5.
4. « Je crois, dit Walckenaer, que la Fontaine entend par là le théâtre ordinaire où l'on jouait la comédie et la tragédie, et le théâtre de l'Opéra. » Il entend simplement, croyons-nous, la comédie et la tragédie.
5. L'auteur de *l'Astrée :* ci-dessus, p. 22.
6. L'histoire du règne de Louis XIV, commencée par Pellisson, et confiée depuis 1677 à Racine et à Boileau.

Il est riche, il est vaste, il est plein de noblesse;
Il me feroit trembler pour Rome et pour la Grèce.   90
Quant aux autres talents, l'ode, qui baisse un peu,
Veut de la patience[1]; et nos gens ont du feu.
Malherbe avec Racan, parmi les chœurs des anges,
Là-haut de l'Éternel célébrant les louanges,
Ont emporté leur lyre; et j'espère qu'un jour   95
J'entendrai leur concert au céleste séjour.
Digne et savant prélat, vos soins et vos lumières
Me feront renoncer à mes erreurs premières :
Comme vous je dirai l'auteur de l'univers;
Cependant agréez mon rhéteur et mes vers.   100

1. Voyez la comédie de *Clymène*, vers 348-352 et 360-361.

XXIII
A M. DE VENDÔME.

Cette épître a paru pour la première fois dans le *Nouveau Choix* de Duval de Tours (1715), tome II, p. 12, et a été réimprimée dans les *OEuvres diverses* de 1729, tome I, p. 146.

Voyez l'*Histoire de la Fontaine* par Walckenaer, tome II, p. 235-238; notre tome I, p. CLXXX-CLXXXI; et, sur les relations de notre poète avec Vendôme, le *Bulletin de la Société archéologique du Vendômois*, année 1863, p. 117.

  Prince[1], qui faites les délices,
  Et de l'armée et de la cour,
  Du vieux soldat et des milices,
Et de toute la gent qu'assemble le tambour,
  Le bruit de votre maladie   5
  A fait trembler pour votre vie ;
Il n'est pèlerinage où nous n'ayons songé.
  Que si personne n'a bougé,
  C'est que le monarque lui-même
  Rassura d'abord les esprits ;   10
  Et ce qu'il dit vint à Paris
  Avec une vitesse extrême[2].
  Sans cela tout étoit perdu :
  Le poète avoit l'air d'un rendu[3].
  Comment! d'un rendu ? D'un ermite,   15
  D'un Santoron, d'un Santena[4];

1. Louis-Joseph, duc de Vendôme : tome VI, p. 147 et note 1.
2. Ce fut en effet le Roi qui annonça à la cour la nouvelle de la guérison de M. de Vendôme.
3. Ci-dessus, p. 106 et note 1.
4. Courtisans qui se sont retirés. (*Note du* Recueil *de* 1715 *et*

ÉPITRES.

D'un déterré, bref, d'un qui n'a
Vu de longtemps plat ni marmite[1].
Il sembloit, à me voir, que je fusse aux abois;
Fieubet[2], auprès de Gros-Bois,   20

des OEuvres diverses.) — « On a dit, écrit Walckenaer à l'endroit où nous renvoyons dans la notice, que Santoron et Santena étaient deux officiers qui s'étaient retirés à la Trappe. Nous ignorons si cela est exact pour le premier; mais quant au comte de Santena, il était originaire du Piémont, fils du marquis de Tana, gouverneur de Turin, et il avait un régiment au service de France. Après avoir mené une vie de débauche, il se convertit et se retira à l'Oratoire, où se trouvait déjà le comte de Charmel, son ami. Il y fit bâtir une très petite maison, et apprit l'état de menuisier. Une visite qu'il fit à la Trappe lui inspira le désir d'entrer dans un couvent et d'en suivre les austères pratiques. Il paraît qu'il y entra d'abord comme novice en 1691[a]; mais il ne fut reçu trappiste que le 14 juillet 1692. Il se fit remarquer par l'excès de son zèle pour les plus dures pénitences. On le faisait voir à tous ceux qui allaient visiter le couvent de la Trappe. Il portait dans cette retraite le nom de frère Palémon. Le roi d'Angleterre, les maréchaux de Bellefonds et d'Humières, le cardinal de Bouillon, eurent la curiosité de s'entretenir avec lui. Il mourut le 9 novembre 1694. » — Pour Santoron, Walckenaer ne pouvait trouver aucun renseignement historique, par la bonne raison qu'il n'a jamais existé. Comme le remarque M. Marty-Laveaux, la Fontaine s'est tout simplement rappelé son Rabelais : « Chatemites, sanctorons, cagotz, hermites » (tome II, p. 496), et (tome III, p. 242): « Moines, hermites, hypocrites, chatemites, sanctorons ». Le mot *sanctoron* est dans Cotgrave : « an hypocrite, or an counterfeiter of saints ». Étymologie : *sanctorum*, soit que l'on sous-entende *unus e sanctorum numero*, soit que l'on pense aux prières marmottées par les dévots, et où revient souvent le mot *sanctorum*.

1. Tome V, p. 170 et note 1.
2. Gaspard de Fieubet, conseiller au Parlement, chancelier de la Reine et conseiller d'État ordinaire du Roi, né en 1626, mort en 1694, se retira, après la mort de sa femme, aux Camaldules de Gros-Bois en août 1691 (Dangeau, tome III, p. 381); mais il eut

---

[a] Voyez le *Journal* de Dangeau, tome III, p. 369; et la lettre de Boileau sur la retraite de Santena à la Trappe (*Mercure* d'août 1691, p. 222-236).

Tient contenance moins contrite[1],
Non qu'il se soit du tout privé
Des commodités de la vie ;
Même on dit qu'il s'est réservé
Sa cuisine et son écurie, 25
Des gens pour le servir, le nécessaire enfin ;
Un peu d'agréable ; et lui fin[2].
Cet exemple est fort bon à suivre ;
J'en sais un meilleur : c'est de vivre.
Car est-ce vivre, à votre avis, 30
Que de fuir toutes compagnies,
Plaisants repas, menus devis,
Bon vin, chansonnettes jolies,
En un mot, n'avoir goût à rien[3] ?
Dites que non, vous direz bien. 35
Je veux de plus qu'on se comporte
Sans faire mal à son prochain ;
Qu'on quitte aussi tout mauvais train :
Je ne l'entends que de la sorte.

Tant que Votre Altesse, Seigneur, 40
Et celle encor du grand prieur,
Aurez une santé parfaite,
Je renonce à toute retraite.
Mais, dès qu'il vous arrivera
Le moindre mal, on me verra 45
Vite à Saint-Germain de la Truite[4],

soin, en s'enfermant, de conserver, comme le dit la Fontaine, sa cuisine et son écurie, pour tempérer ses regrets.
1. *L'Oraison*, vers 351.
2. Lui pas sot.
3. Comparez ci-dessus, p. 187. Notre poète n'avait pas persisté dans ses bonnes résolutions.
4. Prieuré de l'abbé de Chaulieu, construit sur une fontaine à laquelle il devait son nom, à Ézy. C'était une dépendance du châ-

ÉPITRES.

—Frère servant d'un autre ermite,
Qui sera l'abbé de Chaulieu[1] :
Sur ce, je vous commande[2] à Dieu.

teau d'Anet, de ce château qui a hébergé tant de poètes depuis Pontus de Tyard jusqu'à Voltaire (voyez notre tome VI, p. 166 et note 3).

1. Guillaume Anfrye de Chaulieu, né en 1639 à Fontenay dans le Vexin normand, mort au Temple, le 17 juin 1720, favori et intendant du duc de Vendôme : voyez Saint-Simon, tomes I, p. 162, II, p. 198, XVII, p. 87.

2. Recommande. — « .... Le gentilhomme, voyant que c'estoient femmes, ne put pis faire que de les commander à tous les diables. » (*L'Heptaméron*, p. 134.)

XXIV

AUTRE ÉPITRE
A M. DE VENDÔME.

Cette seconde épître à Vendôme a été publiée dans le *Nouveau Choix* de Duval de Tours (1715), tome II, p. 13, et réimprimée dans les *OEuvres diverses* de 1729, tome I, p. 148.

Voyez l'*Histoire de la Fontaine* par Walckenaer, tome II, p. 239-240; et notre tome I, p. clxxxi-clxxxii.

  Quand on croyoit la campagne achevée,
  Et toute chose au printemps réservée,
  Arrive un fait sous les ordres d'un roi
  Né pour donner au monde entier la loi;
  Sage et puissant, grand sur mer et sur terre,   5
  Voulant la paix, quoiqu'il fasse la guerre
  Avec succès depuis plus de trente ans;
  Très bien servi par tous ses combattants;
  Craint au dehors, au dedans chacun l'aime,
  Tout se soumet à son pouvoir suprême.   10
Or je croyois devoir m'étendre sur ceci;
  Car vous l'aimez comme il vous aime aussi.
  Il vous l'écrit (c'est beaucoup que d'écrire,
  Pour un roi tel qu'est le Roi notre sire!)
  Avec des mots d'estime et d'amitié;   15
  Et je n'en dis encor que la moitié.

  Venons au fait[1]. En Piémont notre armée,
  Sous Catinat à vaincre accoutumée,

---

1. Ci-dessus, vers 3.

ÉPITRES.

Complétement a battu l'ennemi,
Et la Victoire a pris notre parti[1] ; 20
De Catinat[2] je dirai quelque chose.
Sur lui le Prince a bon droit se repose :
Ce général n'a guère son pareil;
Bon pour la main, et bon pour le conseil[3].
De vous, Seigneur, on en peut autant dire; 25
Et quelque jour je veux encor l'écrire.
C'est mon dessein. Sur ce, je finirai,
Vous assurant que je suis et serai
De Votre Altesse humble servant et poète[4],
Qui tous honneurs et tous biens vous souhaite : 30
Ce mot de biens, ce n'est pas un trésor,
Car chacun sait que vous méprisez l'or.
J'en fais grand cas; aussi fait sire Pierre,
Et sire Paul, enfin toute la terre;
Toute la terre a peut-être raison. 35
Si je savois quelque bonne oraison[5]
Pour en avoir, tant que[6] la paix se fasse,
Je la dirois de la meilleure grâce
Que j'en dis onc : grande stérilité

1. Victoire de la Marsaille, 4 octobre 1693, dans laquelle Catinat défit complètement l'armée du duc de Savoie, lui prit tout son canon, plus de cinquante drapeaux, et lui tua six ou sept mille hommes.
2. Nicolas Catinat, né le 1er septembre 1637, lieutenant général depuis 1688, fut nommé maréchal de France en 1693, et mourut le 25 février 1712.
3. Imitation de ce vers du Tasse (*Jérusalem délivrée*, chant I, vers 2) :
    Molto egli opro col senno et con la mano.
4. Walckenaer, qui n'a pas voulu faire *poète* de deux syllabes, a modifié ainsi ce vers :
    De Votre Altesse humble et servant poète.
5. Tome IV, p. 239 et note 2.
6. Jusqu'à ce que, en attendant que : tome VIII, p. 131.

Sur le Parnasse en a toujours été. 40
Qu'y feroit-on, Seigneur? Je me console,
Si vers Noël l'abbé¹ me tient parole.
Je serai roi : le sage l'est-il pas?
Souhaiter l'or, est-ce l'être? Ce cas
Mérite bien qu'à vous je m'en rapporte : 45
Je tiens la chose à résoudre un peu forte².

1. L'abbé de Chaulieu, qui donnoit quelque gratification à la Fontaine de la part de M. de Vendôme. (*Note du* Recueil *de* 1715.) — Voyez ci-dessus, p. 209.
2. Rapprochez *la Gageure*, vers 324-327.

XXV

A M. GIRIN[1].

Cette épître fut imprimée pour la première fois dans les *OEuvres posthumes*, p. 66, et réimprimée dans les *OEuvres diverses* de 1729, tome II, p. 91.

Voyez Walckenaer, *Histoire de la Fontaine*, tome II, p. 114.

Sans esprit, c'est la phrase, et non *sans de l'esprit;*
Je tiens ce dernier condamnable;
Et l'auteur du rondeau l'avoit trop bien écrit
Pour soutenir un point si fort insoutenable.
Il affoiblit par là ses cinq vers les plus beaux; 5
Le sens, la chute[2], tout m'y paroît admirable.
Il finit par un mot constant et véritable :
C'est que l'esprit fait tout[3]. Nul de nos jouvenceaux
Ne doit sans celui-là fréquenter chez[4] les belles,
    Ni se présenter aux ruelles. 10
Or celui-là s'entend parfois en deux façons :
L'un dira, c'est l'esprit; c'est l'argent, dira l'autre;

1. M. Girin, contrôleur des finances à Grenoble, envoya un rondeau à M. de la Fontaine, pour savoir de lui si le dernier vers qui étoit
    Sans de l'esprit, c'est peu de chose
    Que d'être beau,
se devoit mettre avec ou sans article. Il le fit juge d'une gageure considérable que l'on avoit faite à Grenoble sur cela. M. de la Fontaine lui fit réponse, et écrivit les vers suivants au bas de sa lettre. (*Note de l'édition des* OEuvres posthumes *et de celle de* 1729.)

2. Voyez Molière, *le Misanthrope*, vers 333.

3. Tome VI, p. 156 et note 1 :
    C'est le cœur qui fait tout.

4. Ci-dessus, p. 92 et note 3.

Pour moi, mon avis est que tous les deux sont bons[1].
  Un siècle fait comme le nôtre
Veut de l'argent, et veut qu'on le donne à propos :   15
Tout est fin diamant aux mains d'un habile homme,
Tout devient happelourde[2] entre les mains des sots;
Bref, avec de l'esprit on va jusques à Rome[3].

    Si *sans de l'esprit* étoit bon,
      Voici l'unique occasion   20
     Où je pourrois lui trouver place :
Sans de l'esprit, dirois-je, on ne peut faire un pas.
     Mais par malheur, quoi que l'on fasse,
      Sans de l'esprit ne se dit pas.
L'idiome gascon souffriroit cette phrase;   25
Sans esprit paroît foible aux gens du Dauphiné ;
     Sans de l'esprit a plus d'emphase,
     Mais tout Paris l'a condamné.
Cependant tout Paris n'est pas toute la France ;
Votre province veut peut-être une éloquence   30
     Où l'on s'exprime en appuyant.
L'auteur en vos cantons peut soutenir la chose,
Et près des tribunaux que la Garonne arrose
     Se sauver par ce faux-fuyant.
Je ne me donne point ici pour un oracle ;   35

---

1. Comparez *le Magnifique*, vers 6-11.

2. *Happelourde*, pierre fausse, ayant l'apparence d'une pierre précieuse. Au figuré, ce mot s'appliquait à tout ce qui n'a qu'un faux éclat et point de valeur. — « .... Fais seulement bonne trongne, car tu es une assez belle happelourde, et capable d'en tromper une bien affetée. » (Du Fail, tome II, p. 143.) « Vous voulez faire passer entre vos mains les happelourdes pour diamants. » (Balzac, livre VII, lettre xv.) « Mme Galland n'étoit qu'une happelourde. » (Tallemant des Réaux, tome V, p. 458.) C'est-à-dire une personne d'un aspect agréable, mais dépourvue d'intelligence et de savoir-vivre.

3. Tome III, p. 89.

Et, sans chercher si loin, Grenoble en possède un :
        Il sait notre langue à miracle ;
Son esprit est en tout au-dessus du commun.
C'est votre cardinal[1] que j'entends ; ses lumières
Dédaignent, il est vrai, de semblables matières[2],   40
Je ne vous tiens pas gens à lui lire ceci.
Sans de l'esprit je crois que l'on le pourroit faire :
Ballades et rondeaux, ce n'est point son affaire ;
A l'égard du salut, unique nécessaire[3],
        Il n'est point de difficulté   45
Qui ne doive occuper, en pareille occurrence,
        Non seulement Son Éminence,
        Mais même encor Sa Sainteté.

1. Étienne le Camus, homme de beaucoup d'esprit, avec lequel la Fontaine avait été fort lié ; né en 1632, d'abord aumônier du Roi, évêque de Grenoble en 1671, cardinal en 1686, mort le 12 septembre 1706. Voyez les *Mémoires* de Saint-Simon, tome V, p. 340.

2. Walckenaer rappelle ici avec à propos ce que Boileau nous apprend dans une de ses lettres à Brossette (lettre CII), que longtemps après (en 1701) une question analogue, non pas identique toutefois, était encore indécise. Il dit, en parlant de l'Académie de Lyon : « Je vois bien qu'il s'agit dans vos conférences d'autre chose que de savoir s'il faut dire : *Il a extrêmement d'esprit*, ou *Il a extrêmement de l'esprit.* » Au sujet de cette locution, l'abbé Tallemant, un des principaux coopérateurs du Dictionnaire de l'Académie, écrit dans ses *Remarques et décisions de l'Académie,* 1698 : « Il est certain qu'on dit *Il a extrêmement d'esprit*, et non pas *Il a extrêmement de l'esprit*. L'Académie néanmoins se trouve partagée. L'usage et l'oreille feront toujours douter de beaucoup de façons de parler. » Voyez le *Traité de la grammaire françoise* de Regnier Desmarais, Paris, 1706, in-12, p. 143 : « De la nécessité de l'article ».

3. *Porro unum est necessarium.* (Saint Luc, chapitre X, verset 42.) — « C'est là (dans la virginité) qu'on ne vaque qu'à l'unique nécessaire. » (BOSSUET, Sermon pour une profession, III.)

LETTRES

LETTRES DE LA FONTAINE

A SA FEMME

A MADAME DE LA FONTAINE.
RELATION D'UN VOYAGE DE PARIS EN LIMOUSIN.

LETTRE I[1].

Vous[2] n'avez jamais voulu lire d'autres voyages que ceux des chevaliers de la Table Ronde; mais le nôtre mérite bien que vous le lisiez. Il s'y rencontrera pourtant des matières peu convenables à votre goût : c'est à moi de les assaisonner, si je puis, en telle sorte qu'elles vous plaisent; et c'est à vous de louer en cela mon intention, quand elle ne seroit pas suivie du succès. Il pourra même arriver, si vous goûtez ce récit, que vous en goûterez après de plus sérieux. Vous ne jouez, ni ne travaillez, ni ne vous souciez du ménage ; et, hors le temps que vos bonnes amies vous donnent par charité, il n'y a que

---

1. Cette lettre et les trois suivantes ont paru pour la première fois dans les *OEuvres diverses* de 1729, tome II, p. 26-56. — Lisez sur ce voyage forcé en Limousin l'*Histoire de la Fontaine* par Walckenaer, tome I, p. 116-137; et notre tome I, p. xxxvi-xlvii, et p. lxxiv-lxxvi.
2. Marie Héricart, fille de Louis Héricart, lieutenant criminel à la Ferté-Milon, et d'Agnès Petit, épousa la Fontaine au mois de novembre 1647; leur contrat du moins est daté du 10 novembre de cette année. Voyez sur ce mariage notre tome I, p. xxx et suivantes.

les romans qui vous divertissent. C'est un fonds bientôt épuisé. Vous avez lu tant de fois les vieux que vous les savez ; il s'en fait peu de nouveaux, et, parmi ce peu, tous ne sont pas bons : ainsi vous demeurez souvent à sec. Considérez, je vous prie, l'utilité que ce vous seroit si, en badinant, je vous avois accoutumée à l'histoire, soit des lieux, soit des personnes : vous auriez de quoi vous désennuyer toute votre vie, pourvu que ce soit sans intention de rien retenir, moins encore de rien citer. Ce n'est pas une bonne qualité pour une femme d'être savante; et c'en est une très mauvaise d'affecter de paroître telle[1].

Nous partîmes donc de Paris le 23 du courant, après que M. Jannart eut reçu les condoléances de quantité de personnes de condition et de ses amis[2]. M. le lieutenant criminel en usa généreusement, libéralement, royalement : il ouvrit sa bourse, et nous dit que nous n'avions qu'à puiser. Le reste du voisinage fit des merveilles. Quand il eût été question de transférer le quai des Orfèvres, la cour du Palais, et le Palais même, à Limoges, la chose ne se seroit pas autrement passée. Enfin ce n'étoit chez nous que processions de gens abattus et tombés des nues. Avec tout cela, je ne pleu-

---

1. Comparez Molière, *les Femmes savantes*, acte I, scène III :

Je consens qu'une femme ait des clartés de tout;
Mais je ne lui veux point la passion choquante
De se rendre savante afin d'être savante, etc.

2. Compris, enveloppé, comme tant d'autres, dans les persécutions dirigées contre Foucquet, Jannart, son ami et son substitut dans la charge de procureur au Parlement (ci-dessus, p. 4 et 7), fut exilé à Limoges, où la femme de Foucquet avait été aussi reléguée (p. 123). La Fontaine le suivit dans son exil. Jannart avait épousé une tante de Mme de la Fontaine, qui s'appelait Marie Héricart comme elle, et c'était lui qui avait fait connaître notre poète à Foucquet.

rai point; ce qui me fait croire que j'acquerrai une grande réputation de constance dans cette affaire.

La fantaisie de voyager m'étoit entrée quelque temps auparavant dans l'esprit, comme si j'eusse eu des pressentiments de l'ordre du Roi. Il y avoit plus de quinze jours que je ne parlois d'autre chose que d'aller tantôt à Saint-Cloud, tantôt à Charonne, et j'étois honteux d'avoir tant vécu sans rien voir. Cela ne me sera plus reproché, grâces à Dieu. On nous a dit, entre autres merveilles, que beaucoup de Limousines de la première bourgeoisie portent des chaperons[1] de drap rose-sèche sur des cales[2] de velours noir. Si je trouve quelqu'un de ces chaperons qui couvre une jolie tête, je pourrai m'y amuser en passant, et par curiosité seulement.

1. Voyez ci-dessous, p. 225, ce mot pris au figuré.
2. Proprement, petit béguin, ou coiffe portée sous le chaperon. Voici la définition qui est donnée du mot *cale* dans la première édition du *Dictionnaire de l'Académie françoise* (1694) : « Il signifie une espèce de bonnet et de coiffure de tête pour les femmes de fort basse condition ; il veut dire aussi les femmes mêmes qui portent cette sorte de bonnet. *Il n'y avoit que des cales, toutes les cales étoient là.* » — Comparez Brantôme, tome VIII, p. 187 : « En sa teste auoit ung gros bonnet blanc, que l'on appelle une cale, et nous autres appelons calotte, ou bonnette blanche de laine nouée ou bridée par dessoubs le menton. » On dit aussi *calipetto*; et même, au figuré, *faire les calipettes*, *des calipettes*, courir comme une fille des champs, comme une fille des rues. — Chez Scarron, Rondeau *à Mme Radigue* :

> Un matin ma servante à cale....
> Fit entrer dans ma chambre sale
> Votre laquais vert, jaune, ou gris;

chez Tallemant des Réaux, tome III, p. 249 : « Gombaud, qui se piquoit de n'aimer qu'en bon lieu, cajoloit une petite cale crasseuse » ; dans le *Procez des Prétieuses*, comédie en vers burlesques, par Somaise, imprimée en 1660, p. 46 (scène XII) :

> Il vint à la susdite porte
> Une cale ou laquais, n'importe,
> Qui nous ouvrit civilement.

Quoi qu'il en soit, j'ai tout à fait bonne opinion de notre voyage : nous avons déjà fait trois lieues sans aucun mauvais accident, sinon que l'épée de M. Jannart s'est rompue; mais, comme nous sommes gens à profiter de tous nos malheurs, nous avons trouvé qu'aussi bien elle étoit trop longue, et l'embarrassoit. Présentement nous sommes à Clamart, au-dessous de cette fameuse montagne où est situé Meudon[1]; là nous devons nous rafraîchir[2] deux ou trois jours. En vérité, c'est un plaisir que de voyager; on rencontre toujours quelque chose de remarquable[3]. Vous ne sauriez croire combien est excellent le beurre que nous mangeons; je me suis souhaité vingt fois de pareilles vaches, un pareil herbage, des eaux pareilles, et ce qui s'ensuit, hormis la batteuse[4], qui est un peu vieille.

Le jardin de Madame C....[5] mérite aussi d'avoir place dans cette histoire; il a beaucoup d'endroits fort champêtres, et c'est ce que j'aime sur toutes choses. Ou vous l'avez vu, ou vous ne l'avez pas vu; si vous l'avez vu, souvenez-vous de ces deux terrasses que le parterre a en face et à la main gauche, et des rangs de chênes et de châtaigniers qui les bordent : je me trompe bien si cela n'est beau. Souvenez-vous aussi de ce bois qui

---

1. « Le château de Meudon est sur une éminence extraordinaire. » (*Dictionnaire historique de la ville de Paris*, tome III, p. 537.) — Situé dans un vallon fort verdoyant, « à deux petites lieues de Paris, vers le couchant d'hiver (*ibidem*, tome II, p. 349), le territoire de Clamart s'étend beaucoup sur le haut de la montagne, le long des murs du parc de Meudon » : d'où les terrasses et les marches que va signaler la Fontaine.
2. Nous reposer, nous refaire : tome IV, p. 443 et note 4.
3. Rapprochez le commencement de la fable ix du livre VIII.
4. De beurre.
5. Dans l'édition de 1729, on lit ici et plus bas : M. C.; mais dans la lettre suivante, du 30 août, il y a *Madame*, en toutes lettres.

paroît en l'enfoncement, avec la noirceur d'une forêt
âgée de dix siècles[1] : les arbres n'en sont pas si vieux,
à la vérité; mais toujours peuvent-ils passer pour les
plus anciens du village, et je ne crois pas qu'il y en
ait de plus vénérables sur la terre. Les deux allées qui
sont à droite et à gauche me plaisent encore : elles ont
cela de particulier que ce qui les borne est ce qui les
fait paroître plus belles. Celle de la droite a tout à fait
la mine d'un jeu de paume; elle est à présent bordée
d'un amphithéâtre de gazons, et a le fond relevé de
huit ou dix marches : il y a de l'apparence que c'est
l'endroit où les divinités du lieu reçoivent l'hommage
qui leur est dû.

> Si le dieu Pan, ou le Faune,
> Prince des bois, ce dit-on,
> Se fait jamais faire un trône,
> C'en sera là le patron[2].
>
> Deux châtaigniers, dont l'ombrage
> Est majestueux et frais,
> Le couvrent de leur feuillage,
> Ainsi que d'un riche dais.
>
> Je ne vois rien qui l'égale,
> Ni qui me charme à mon gré
> Comme un gazon qui s'étale
> Le long de chaque degré.
>
> J'aime cent fois mieux cette herbe
> Que les précieux tapis
> Sur qui l'Orient superbe
> Voit ses empereurs assis.
>
> Beautés simples et divines,

---

1. Voilà en effet ce qu'on appelait autrefois un « jardin ».
Comparez *Psyché*, tome VIII, p. 124.
2. Le modèle : ci-dessus, p. 169.

Vous contentiez nos aïeux,
Avant qu'on tirât des mines[1]
Ce qui nous frappe les yeux.

De quoi sert tant de dépense?
Les grands ont beau s'en vanter :
Vive la magnificence[2]
Qui ne coûte qu'à planter !

Nonobstant ces moralités, j'ai conseillé à Madame C.... de faire bâtir une maison proportionnée en quelque manière à la beauté de son jardin, et de se ruiner pour cela. Nous partirons de chez elle demain 26, et nous irons prendre au Bourg-la-Reine la commodité[3] du carrosse[4] de Poitiers, qui y passe tous les dimanches. Là se doit trouver un valet de pied du Roi[5], qui a ordre de nous accompagner jusques à Limoges. Je vous écrirai ce qui nous arrivera en chemin, et ce qui me semblera digne d'être observé. Cependant faites bien mes recommandations à notre marmot[6], et dites-lui que peut-être j'amènerai de ce pays-là quelque beau petit

---

1. D'or, de diamants, de rubis, etc.
2. Tome V, p. 472.
3. Comparez Bossuet, *Lettres*, LXXVIII : « Je vous enverrai par la première commodité un ouvrage »; et Regnard, *Voyage de Flandre* (tome I des OEuvres, 1822, p. 32) : « A toutes les demi-heures il part de ces commodités qui vont, etc. » Même expression chez Malherbe (tome IV, p. 188), en parlant d'un courrier : « J'ai certes été quelques jours sans vous écrire, Madame; mais l'homme par qui j'avois accoutumé de vous faire tenir mes lettres n'étant pas en vos quartiers, vous jugez bien que sans nous exposer aux inconvénients qui en semblables occasions n'arrivent que trop souvent, je ne pouvois tenter une autre commodité. »
4. « Le carrosse de voiture », comme on disait.
5. Lisez : un exempt.
6. Son fils, Charles de la Fontaine, qui avait alors dix ans, étant né le 30 octobre 1653. Il se maria en 1706 à Jeanne-Françoise du Tremblay, et mourut en 1723 : voyez ci-dessus, p. 126 et note 5.

chaperon[1] pour le faire jouer et pour lui tenir compagnie.

A Clamart, ce 25e août 1663.

1. Une belle petite servante, ou demoiselle de compagnie. On disait de même, d'une fille, d'une grisette, une gentille cale, une belle coiffe, une jolie bonnette ou cornette, un joli bavolet, etc. Rapprochez ci-dessus, p. 37, note 6, p. 221, note 2, tome IV, p. 47, note 4; et comparez *Féronde*, vers 68 et note 5 :

> Féronde avoit un joli chaperon
> Dans son logis, femme sienne....

LETTRE II.

A LA MÊME.

SUITE DU MÊME VOYAGE.

Les occupations que nous eûmes à Clamart, votre oncle et moi, furent différentes. Il ne fit aucune chose digne de mémoire : il s'amusa à des expéditions, à des procès, à d'autres affaires. Il n'en fut pas ainsi de moi : je me promenai, je dormis, je passai le temps avec les dames qui nous vinrent voir.

Le dimanche étant arrivé, nous partîmes de grand matin. Madame C.... et notre tante[1] nous accompagnèrent jusqu'au Bourg-la-Reine. Nous y attendîmes près de trois heures; et, pour nous désennuyer, ou pour nous ennuyer encore davantage (je ne sais pas bien lequel je dois dire), nous ouïmes une messe paroissiale. La procession, l'eau bénite, le prône, rien n'y manquoit. De bonne fortune pour nous, le curé étoit ignorant, et ne prêcha point. Dieu voulut enfin que le carrosse passât : le valet de pied[2] y étoit; point de moines[3], mais en récompense trois femmes, un mar-

1. Mme Jannart. — 2. Ci-dessus, p. 224 et note 5.
3. Livre VII, fable IX, vers 4. — « .... Jamais homme n'a été si trompé que je le fus à cette voiture-là. Je me flattois de faire un voyage fort agréable, parce que nous n'avions dans notre carrosse ni femmes ni moines, dont toutes les hôtelleries de la route s'étonnèrent; et en effet c'étoit une chose sans exemple. » (A Monsieur du Pré, tome I des *Lettres nouvelles de feu M. Boursault*, 4ᵉ édition, Paris, 1722, in-12, p. 193.) Rapprochez le *Ver-Vert* de Gresset, chant III, vers 1 et suivants :

La même nef légère et vagabonde,
Qui voituroit le saint oiseau sur l'onde,

chand qui ne disoit mot, et un notaire qui chantoit toujours, et qui chantoit très mal : il reportoit en son pays quatre volumes de chansons[1]. Parmi les trois femmes, il y avoit une Poitevine qui se qualifioit comtesse ; elle paroissoit assez jeune et de taille raisonnable[2], témoignoit avoir de l'esprit, déguisoit son nom, et venoit de plaider en séparation contre son mari : toutes qualités de bon augure, et j'y eusse trouvé matière de cajolerie[3], si la beauté s'y fût rencontrée ; mais sans elle rien ne me touche ; c'est à mon avis le principal point : je vous défie de me faire trouver un grain de sel dans une personne à qui elle manque. Telle étoit donc la compagnie que nous avons eue jusques au Port-de-Pilles[4].

Il fallut à la fin que l'oncle et la tante se séparassent ; les derniers adieux furent tendres, et l'eussent été beaucoup davantage si le cocher nous eût donné le loisir de les achever. Comme il vouloit regagner le temps qu'il avoit perdu, il nous mena d'abord avec diligence. On laisse, en sortant du Bourg-la-Reine, Sceaux à la droite, et à quelques lieues de là Chilly à la gauche, puis Montléry du même côté[5]. Est-ce Mont-

> Portoit aussi deux nymphes, trois dragons,
> Une nourrice, un moine, deux Gascons, etc. ;

le *Voyage de Bourgogne* du chevalier Bertin, Paris, 1888, in-12, p. 293 et 295 ; etc.

1. Peut-être les *Chansons folastres et recreatives* de Gaultier Garguille ; ou les *Chansons pour danser et à boire recueillies de divers auteurs*, Boyer, Mollier, Macé, Rosier, de Beaulieu, Lamarre, Guyot, et autres (Paris, 1640 et années suivantes, in-12).

2. *Le Tableau*, vers 96. — 3. Tome V, p. 248 et note 3.

4. Petit hameau au passage de la Creuse, département de la Vienne, arrondissement de Châtellerault, canton de Dangé.

5.
> Nous vîmes dedans la nue,
> La tour de Mont-le-Heris
> Qui, pour regarder Paris,
> Allongeoit son col de grue,

léry qu'il faut dire, ou Montlehéry? C'est Montlehéry quand le vers est trop court, et Montléry quand il est trop long[1]. Montléry donc ou Montlehéry, comme vous voudrez, étoit jadis une forteresse que les Anglois, lorsqu'ils étoient maîtres de la France, avoient fait bâtir[2] sur une colline assez élevée. Au pied de cette colline est un bourg qui en a gardé le nom. Pour la forteresse, elle est démolie, non point par les ans; ce qui en reste, qui est une tour fort haute, ne se dément[3] point, bien qu'on en ait ruiné un côté : il y a encore un escalier qui subsiste, et deux chambres où l'on voit des peintures angloises, ce qui fait foi de l'antiquité et de l'origine du lieu. Voilà ce que j'en ai appris de votre oncle, qui dit avoir entré dans les chambres; pour moi, je n'en ai rien vu : le cocher ne vouloit arrêter qu'à Châtres[4], petite ville qui appartient à M. de Condé, l'un de nos grands maîtres[5].

> Et, pour y voir vos beaux yeux,
> S'élevoit jusques aux cieux.
> (VOITURE, Chanson *sur l'air du branle de Metz.*)

Comparez Boileau, *le Lutrin*, chant III, vers 4-10.

1. Sur cette prosodie commode, voyez l'*Essai* de M. Marty-Laveaux *sur la langue de la Fontaine*, p. 51-52.

2. Elle fut construite non par les Anglais, mais, en 991, par un nommé Thibaud, de la maison de Montmorency, surnommé File-Etoupes à cause de la couleur de ses cheveux.

3. *Se démentir*, tomber en ruine, locution encore usitée dans plusieurs provinces : ci-après, p. 245; et la Bruyère, tomes I, p. 252, II, p. 265. — Chez Ambroise Paré, *Des Monstres tant terrestres que marins*, etc., Paris, 1573, in-8°, p. 5 : « Il fut ouy ung horrible tonnerre auec ung esclat bruyant tout ainsy que les grosses artilleries, dont plusieurs maisons se desmentirent. »

4. Aujourd'hui *Arpajon*. Les terres et seigneuries de *Châtres* ou *Chastres-sous-Montlhéry*, de *la Bretonnière* et de *Saint-Germain*, toutes trois contiguës, furent unies et érigées en marquisat d'Arpajon par lettres patentes d'octobre 1720; en même temps la ville de Châtres prit le nom d'Arpajon.

5. Des eaux et forêts.

Nous y dînâmes. Après le dîner, nous vîmes encore à droite et à gauche force châteaux, je n'en dirai mot, ce seroit une œuvre infinie. Seulement nous passâmes auprès du Plessis-Pâté¹, et traversâmes ensuite la vallée de Caucatrix², après avoir monté celle de Tréfou³; car, sans avoir étudié en philosophie, vous pouvez vous imaginer qu'il n'y a point de vallée sans montagne. Je ne songe point à cette vallée de Tréfou que je ne frémisse.

C'est un passage dangereux,
Un lieu pour les voleurs d'embûche et de retraite,
A gauche un bois, une montagne à droite,
Entre les deux
Un chemin creux⁴.
La montagne est toute pleine
De rochers faits comme ceux
De notre petit domaine.

Tout ce que nous étions d'hommes dans le carrosse,

1. La Fontaine doit se tromper. Puisqu'il dîna à Châtres ou Arpajon, il avait déjà dépassé le Plessis-Pâté, autrement dit le Plessis-d'Argouges.
2. Cocatrix, ou Val-Cocatrix, maison, fief, et seigneurie, qui portait le nom de la famille des Cocatrix, ses anciens possesseurs.
3. Torfou est le vrai nom de ce lieu, du latin *Tortafagus*. Le pouillé parisien du XIII siècle appelle cette cure *ecclesia de Tortafago*. Dans le cartulaire de Philippe Auguste sur les feudataires de Montlhéry on lit *Torfol*. Aujourd'hui pays de labourage, c'était autrefois une forêt, très fréquentée par les voleurs, les gueux, les gens sans aveu, dont Martin Franc fait mention lorsqu'il parle de l'affluence aux fêtes des Pays-Bas :

Là tu verras des gens dix milles,
Plus qu'en la forest de *Torfolz*,
Qui seruent par sales, par villes,
A ton dieu le prince des folz.
(*Bibliothèque françoise*, Amsterdam, 1723, in-12, tome IX, p. 217.)

Voyez aussi Tallemant des Réaux, tome I, p. 110, 119.
4. Tome IV, p. 248.

nous descendîmes, afin de soulager les chevaux. Tant que le chemin dura, je ne parlai d'autre chose que des commodités de la guerre : en effet, si elle produit des voleurs, elle les occupe ; ce qui est un grand bien pour tout le monde, et particulièrement pour moi, qui crains naturellement de les rencontrer. On dit que ce bois que nous côtoyâmes en fourmille[1] : cela n'est pas bien ; il mériteroit qu'on le brûlât.

>République de loups, asile de brigands,
>   Faut-il que tu sois dans le monde?
>   Tu favorises les méchants
>   Par ton ombre épaisse et profonde.
> Ils égorgent celui que Thémis, ou le gain,
> Ou le desir de voir[2], fait sortir de sa terre!
> En combien de façons, hélas! le genre humain
>   Se fait à soi-même la guerre!
> Puisse le feu du ciel désoler ton enceinte[3]!
> Jamais celui d'amour ne s'y fasse sentir,
>   Ni ne s'y laisse amortir[4]!

1. Il était devenu presque aussi fameux que la forêt de Bondy par les meurtres et les vols que deux gardes-chasse de Mme la maréchale de Bassompierre y avaient commis quinze à vingt ans auparavant. « Alors la grande route approchoit tout à fait de Torfou.... Le chemin dans la vallée, avant que l'on aperçût le village, étoit aussi plus étroit qu'aujourd'hui. Les deux gardes avoient pratiqué sous une roche une espèce de cave qui leur servoit de retraite. Là ils avoient des habits de différents ordres religieux, et aussi des livrées les plus distinguées : par ce moyen ils changeoient de forme et de figure à toutes les heures du jour, et, à la faveur de ces déguisements répétés plusieurs fois, ils se répandoient le long du grand chemin, et ne faisoient point de quartier à ceux qui tomboient entre leurs mains. Etant enfin découverts et arrêtés, ils furent condamnés à être rompus vifs ; ce qui fut exécuté, dit-on, au bas de la vallée ; au moins leurs corps y furent exposés longtemps sur la roue. » (Le Beuf, *Histoire du diocèse de Paris*, 1757, in-12, tome XI, p. 20-21.)

2. *Les Deux Pigeons*, vers 20.

3. Tome II, p. 315 et note 12.

4. Amortir, éteindre : qu'on n'y fasse jamais l'amour.

Qu'au lieu d'Amaryllis, de Diane, et d'Aminte,
On ne trouve chez toi que vilains bocherons[1],
    Charbonniers noirs comme démons,
    Qui t'accommodent de manière
    Que tu sois à tous les larrons
Ce qu'on appelle un cimetière!

Notre première traite[2] s'acheva plus tard que les autres; il nous resta toutefois assez de jour pour remarquer, en entrant dans Étampes, quelques monuments de nos guerres. Ce n'est pas les plus riches que j'aie vus; j'y trouvai beaucoup de gothique : aussi est-ce l'ouvrage de Mars, méchant maçon s'il en fut jamais[3].

    Il nous laisse ces monuments
    Pour marque de nos mouvements.
    Quand Turenne assiégea Tavanne[4],
    Turenne fit ce que la cour lui dit;

---

1. Ancienne forme de *bûcherons*. — « Et s'en vint droict à la ville, en guise d'ung vilain boscheron, une grant coigniée à son col. » (*Merlin*, manuscrit français de la Bibliothèque nationale coté 7170, fol. 41.)

2. Comparez *l'Oraison*, vers 25.

3. « .... M. de Turenne, qui avoit déjà quelque temps auparavant (4 mai 1652) assez maltraité les troupes de Messieurs les Princes dans le faubourg d'Étampes..., se résolut de les opprimer toutes en gros dans la ville même.... Le comte de Tavannes, qui y commandoit..., fit l'une des plus belles et des plus vigoureuses résistances qui se soit faite de nos jours. Il y eut beaucoup de sang répandu de part et d'autre; les chevaliers de la Vieuville et de Parabère y furent tués du côté du Roi.... Les attaques y furent fréquentes et vives; la défense n'y fut pas moindre. Le petit nombre eût enfin cédé au plus fort, si M. de Lorraine ne fût arrivé à propos, qui obligea M. de Turenne à lever le siège. » (Retz, *Mémoires*, tome IV, p. 248-250.) Voyez aussi les *Mémoires* de la Rochefoucauld, tome II, p. 375, et p. 393-397, ceux de Mlle de Montpensier, tome II, p. 47-52, ceux de Montglat, p. 267; etc.

4. Jacques de Saulx, comte de Tavannes, petit-fils du maréchal de ce nom, mort en 1683, à soixante-trois ans. Premier gen-

Tavanne non : car il se défendit,
Et joua de la sarbacane[1].

Beaucoup de sang françois fut alors répandu :
On perd des deux côtés dans la guerre civile ;
Notre prince eût toujours perdu,
Quand même il eût gagné la ville.

Enfin nous regardâmes avec pitié les faubourgs d'Étampes. Imaginez-vous une suite de maisons sans toits, sans fenêtres, percées de tous les côtés : il n'y a rien de plus laid et de plus hideux. Cela me remet en mémoire les ruines de Troie la grande. En vérité, la fortune se moque bien du travail des hommes. J'en entretins le soir notre compagnie, et le lendemain nous traversâmes la Beauce, pays ennuyeux, et qui, outre l'inclination que j'ai à dormir, nous en fournissoit un très beau sujet.

Pour s'en empêcher, on mit une question de controverse sur le tapis; notre comtesse en fut cause : elle est de la religion[2], et nous montra un livre de du Moulin[3]. M. de Châteauneuf (c'est le nom du valet de pied[4]) l'entreprit, et lui dit que sa religion ne valoit rien, pour bien des raisons. Premièrement, Luther a eu je ne sais combien de bâtards; les huguenots ne vont jamais à la messe; enfin il lui conseilloit de se convertir, si elle ne vouloit aller en enfer : car le purgatoire n'étoit pas fait

tilhomme du prince de Condé, qu'il suivit pendant les deux Frondes, il a laissé des *Mémoires* qui vont depuis la prison des Princes jusqu'en 1653.

1. C'est-à-dire Turenne obéit à la cour en assiégeant Étampes contre son gré et par l'ordre exprès de Mazarin), et Tavannes, qui y commandait, en se défendant, fut rebelle.

2. Elle est protestante.

3. Pierre du Moulin, célèbre théologien de la religion réformée, né dans le Vexin le 18 octobre 1568, mort à Sedan le 10 mars 1658. Il a laissé près de quatre-vingts ouvrages dont la liste est donnée dans *la France protestante*

4. Ci-dessus, p. 226.

pour des gens comme elle. La Poitevine se mit aussitôt sur l'Écriture[1], et demanda un passage où il fût parlé du purgatoire; pendant cela, le notaire chantoit toujours; M. Jannart et moi nous endormîmes.

L'après-dînée, de crainte que M. de Châteauneuf[2] ne nous remît sur la controverse, je demandai à notre comtesse inconnue s'il y avoit de belles personnes à Poitiers; elle nous en nomma quelques-unes, entre autres une fille appelée Barigny, de condition médiocre, car son père n'étoit que tailleur; mais, au reste, on ne pouvoit dire assez de choses de la beauté de cette personne. C'étoit une claire brune, de belle taille, la gorge admirable, de l'embonpoint ce qu'il en falloit[3], tous les traits du visage bien faits, les yeux beaux : si bien qu'à tout prendre il y avoit peu de choses à souhaiter, car rien, c'est trop dire. Enfin non seulement les astres de la province, mais ceux de la cour, lui devoient céder, jusque-là que dans un bal où étoit le Roi, dès que la Barigny fut entrée, elle effaça ce qu'il y avoit de brillant: les plus grands soleils ne parurent auprès que de simples étoiles. Outre cela elle savoit les romans[4], et ne manquoit pas d'esprit. Quant à sa conduite, on la tenoit dans Poitiers pour honnête fille, tant qu'un mariage de conscience se peut étendre. Autrefois, un gentilhomme appelé Miravaux en avoit été passionnément amoureux, et vouloit l'épouser à toute force; les parents du gentilhomme s'y opposèrent; ils n'y eussent pourtant rien gagné, si Clothon ne se fût mise de la partie : l'amant mourut à l'armée, où il commandoit un régiment. Les

---

1. Glosa sur l'Évangile : tome IV, p. 179.
2. Ici, et dans le suite de cette lettre, ainsi que dans les lettres III et IV, « M. Châteauneuf »; dans les autographes de la Fontaine (lettres V et VI), partout « M. de Châteauneuf ».
3. *L'Oraison*, vers 254. — 4. Comparez ci-dessus, p. 220.

dernières actions de sa vie et ses derniers soupirs ne furent que penser à maîtresse[1]. Il lui laissa douze mille écus par son testament, outre quantité de meubles et de nippes de conséquence, qu'il lui avoit donnés dès auparavant[2]. A la nouvelle de cette mort, Mlle Barigny dit les choses du monde les plus pitoyables[3], protesta qu'elle se laisseroit mourir tôt ou tard, et en attendant recueillit le legs que son amant lui avoit fait[4]. Procès pour cela au présidial de Poitiers; appel à la cour. Mais qui ne préféreroit une belle à des héritiers? Les juges firent ce que j'aurois fait. Le cœur de la dame fut contesté avec plus de chaleur encore : ce fut un nommé Cartignon qui en hérita. Ce dernier amant s'est trouvé plus heureux que l'autre : la belle eut soin qu'il ne mourût point sans être payé de ses peines. Il y a, dit-on, sacrement entre eux; mais la chose est tenue secrète. Que dites-vous de ces mariages de conscience[5]? Ceux qui en ont amené l'usage n'étoient pas niais. On est fille et femme tout à la fois: le mari se comporte en galant[6]; tant que l'affaire demeure en cet état, il n'y a pas lieu de s'y opposer; les parents ne font point les diables; toute chose vient en son temps; et, s'il arrive qu'on se lasse les uns des autres, il ne faut aller ni au juge ni à l'évêque. Voilà l'histoire de la Barigny.

1. Tel est le texte de l'édition de 1729; dans les éditions suivantes : « ne furent que pour sa maîtresse ».
2. Tome V, p. 344.
3. Les plus propres à émouvoir la pitié : tome VIII, p. 131 et note 2.
4. Rapprochez *la Matrone d'Éphèse*, vers 29-31.
5. On disait au même sens une *femme de conscience* : « La Melson, belle fille, femme de conscience de Camus.... » (Tallemant des Réaux, tome VII, p. 487.)
6. Tome VIII, p. 99 et note 1.

Ces aventures nous divertirent de telle sorte que nous entrâmes dans Orléans sans nous en être presque aperçus : il sembloit même que le soleil se fût amusé à les entendre aussi bien que nous, car, quoique nous eussions fait vingt lieues, il n'étoit pas encore au bout de sa traite. Bien davantage, soit que la Barigny fût cette soirée à la promenade, soit qu'il dût se coucher au sein de quelque rivière charmante comme la Loire, il s'étoit tellement paré¹ que M. de Châteauneuf et moi nous l'allâmes regarder de dessus le pont. Par même moyen, je vis la Pucelle; mais, ma foi, ce fut sans plaisir : je ne lui trouvai ni l'air, ni la taille, ni le visage, d'une amazone; l'infante² Gradafilée³ en vaut dix comme elle; et, si ce n'étoit que M. Chapelain est son chroniqueur⁴, je ne sais si j'en ferois mention. Je la regardai, pour l'amour de lui, plus longtemps que je n'aurois fait. Elle est à genoux devant une croix, et le roi Charles en même posture vis-à-vis d'elle, le tout fort chétif et

---

1. Rapprochez la fin de *Psyché* (tome VIII, p. 234 et note 2) : « Le Soleil avoit pris son char le plus éclatant et ses habits les plus magnifiques.

Il sembloit qu'il se fût paré
Pour plaire aux filles de Nérée. »

2. Tome IV, p. 401 et note 2.

3. Gradafilée est le nom d'une demi-géante dans l'*Amadis* (livres VI, chapitre xvi, VII, chapitre xxiv, etc.). — « Je me garderai de Gradafilée comme de Scylle et de Carybde. » (Voiture, tome I, p. 117, lettre à Mlle de Rambouillet du 3 mars 1634 : il veut parler d'une grande Allemande qu'il avait courtisée.) Plus bas, dans une lettre à la même de la même année, *ibidem*, p. 243 : « .... Forte et membrue comme l'infante Gradafilée. » Voyez aussi les *Lettres* de Mme de Sévigné, tome X, p. 205.

4. Jean Chapelain, né le 4 décembre 1595, mort le 22 février 1674. Son poème de *la Pucelle* parut en douze livres, chacun de douze cents vers : il en avait vingt-quatre, mais Chapelain eut la discrétion de n'en publier que la moitié. Les douze derniers ont été imprimés à Orléans, chez Herluiseau, en 1881.

de petite apparence. C'est un monument qui se sent de la pauvreté de son siècle[1].

Le pont d'Orléans ne me parut pas non plus d'une largeur ni d'une majesté proportionnée à la noblesse de son emploi et à la place qu'il occupe dans l'univers.

> Ce n'est pas petite gloire
> Que d'être pont sur la Loire.
> On voit à ses pieds rouler
> La plus belle des rivières
> Que de ses vastes carrières
> Phébus regarde couler.

Elle est près de trois fois aussi large à Orléans que la Seine l'est à Paris, l'horizon très beau de tous les côtés, et borné comme il le doit être. Si bien que cette rivière étant basse à proportion, ses eaux fort claires, son cours sans replis, on diroit que c'est un canal. De chaque côté du pont on voit continuellement des barques qui vont à voiles : les unes montent, les autres descendent; et comme le bord n'est pas si grand qu'à Paris, rien n'empêche qu'on ne les distingue toutes : on les compte, on remarque en quelle distance elles sont les unes des autres; c'est ce qui fait une de ses beautés : en effet, ce seroit dommage qu'une eau si pure fût entièrement couverte par des bateaux. Les voiles de ceux-ci sont fort amples : cela leur donne une majesté de navires, et je m'imaginai voir le port

---

1. Enlevé, replacé, réparé, à différentes époques, il a été détruit en 1793; alors la figure de la Pucelle dont parle la Fontaine ne s'y trouvait déjà plus : on lui en avait substitué une autre. Son érection remontait à 1458 : ce monument de bronze représentait Jeanne d'Arc et Charles VII à genoux devant une vierge qui tenait le corps de Jésus-Christ étendu. Dès 1567, pendant les troubles religieux, les statues avaient été brisées, à l'exception de celle du roi, mais refondues, bientôt après, en 1571.

de Constantinople en petit. D'ailleurs Orléans, à le regarder de la Sologne, est d'un bel aspect. Comme la ville va en montant, on la découvre quasi toute entière. Le mail et les autres arbres qu'on a plantés en beaucoup d'endroits le long du rempart font qu'elle paroît à demi fermée de murailles vertes; et, à mon avis, cela lui sied bien. De la particulariser[1] en dedans, je vous ennuierois : c'en est déjà trop pour vous de cette matière. Vous saurez pourtant que le quartier par où nous descendîmes au pont est fort laid, le reste assez beau : des rues spacieuses, nettes, agréables, et qui sentent leur bonne ville. Je n'eus pas assez de temps pour voir le rempart, mais je m'en suis laissé dire beaucoup de bien, ainsi que de l'église Sainte-Croix[2].

Enfin notre compagnie, qui s'étoit dispersée de tous les côtés, revint satisfaite. L'un parla d'une chose, l'autre d'une autre. L'heure du souper venue, chevaliers et dames se furent seoir à leurs tables assez mal servies; puis se mirent au lit incontinent, comme on peut penser. Et sur ce, le chroniqueur fait fin au présent chapitre.

A Amboise, ce 30° août 1663.

1. Voyez Brantôme, tomes I, p. 124, III, p. 215, IV, p. 360; et Chapelain, *Correspondance*, tome II, p. 53, où M. Tamizey de Larroque rappelle que ce mot est déjà ancien, qu'il se trouve chez Voltaire, Pascal, Scarron, Montaigne, Amyot, Paré, Juvénal des Ursins, etc.

2. La cathédrale : fondée au IV° siècle, détruite en 999 par un incendie qui dévora presque toute la ville, réédifiée par l'évêque Arnould, ruinée par les protestants, elle fut rebâtie par Henri IV, qui en posa la première pierre le 18 avril 1601; le clocher ne fut terminé que vers l'époque à laquelle la Fontaine écrivait cette lettre.

LETTRE III.

A LA MÊME.
SUITE DU MÊME VOYAGE.

Autant que la Beauce m'avoit semblé ennuyeuse, autant le pays qui est depuis Orléans jusqu'à Amboise me parut agréable et divertissant. Nous eûmes au commencement la Sologne, province beaucoup moins fertile que le Vendômois, lequel est de l'autre côté de la rivière. Aussi a-t-on un niais du pays pour très peu de chose; car ceux-là ne sont pas fous comme ceux de Champagne ou de Picardie[1]. Je crois que les niaises coûtent davantage.

Le premier lieu où nous arrêtâmes, ce fut Cléry[2]. J'allai aussitôt visiter l'église. C'est une collégiale[3] assez bien rentée pour un bourg; non que les chanoines en demeurent d'accord, ou que je leur aie ouï dire. Louis XI y est enterré[4]; on le voit à genoux sur son tombeau, quatre enfants aux coins : ce seroient quatre

---

1. Ils aiment mieux quitter leur province que d'y mourir de faim. On connaît les proverbes : *Niais de Sologne, qui prend des sous marqués pour des liards;* et

> Les Solognots sots à demi,
> Qui se trompent à leur profit;

et sur les Champenois, au contraire : « Quatre-vingt-dix-neuf moutons et un Champenois font cent bêtes »; il y a un dicton analogue, et aussi peu justifié, sur les Picards.

2. Petite ville du département du Loiret, à 15 kilomètres S.-O. d'Orléans, sur la rive gauche de la Loire.

3. Église où il n'y a pas de siège épiscopal, et qui est desservie par des chanoines.

4. Louis XI, qui avait fait rebâtir l'église de Cléry, détruite

anges, et ce pourroient être quatre Amours, si on ne leur avoit point arraché les ailes. Le bon apôtre[1] de roi fait là le saint homme[2], et est bien mieux pris que quand le Bourguignon[3] le mena à Liège.

> Je lui trouvai la mine d'un matois;
> Aussi l'étoit ce prince, dont la vie
> Doit rarement servir d'exemple aux rois,
> Et pourroit être en quelques points suivie.

A ses genoux sont ses heures[4] et son chapelet, et autres menues ustensiles[5], sa main de justice, son sceptre, son chapeau et sa Notre-Dame; je ne sais comment le statuaire n'y a point mis le prévôt Tristan : le tout est de marbre blanc, et m'a semblé d'assez bonne main[6].

Au sortir de cette église, je pris une autre hôtellerie pour la nôtre; il s'en fallut peu que je n'y commandasse à dîner, et, m'étant allé promener dans le jardin, je m'attachai tellement à la lecture de Tite-Live qu'il se passa plus d'une bonne heure sans que je fisse réflexion sur mon appétit : un valet de ce logis m'ayant averti de cette méprise, je courus au lieu où nous étions descendus, et j'arrivai assez à temps pour compter[7].

De Cléry à Saint-Dié, qui est le gîte[8] ordinaire, il n'y a que quatre lieues, chemin agréable et bordé de haies :

par les Anglais en 1428, voulut y être inhumé. On sait qu'il portait à son chapeau une médaille de Notre-Dame de Cléry.
1. Ci-dessus, p. 13.
2. Livre VII, fable xv, vers 34. — 3. Charles le Téméraire.
4. Livre où sont contenues les prières dites *heures canoniales* matines, laudes, vêpres, etc.
5. Voyez *la Jument*, vers 26 et note 2.
6. Tome IV, p. 279 et note 2.
7. Non pour payer, mais pour dîner, pour compter parmi les convives.
8. La couchée.

ce qui me fit faire une partie de la traite à pied. Il ne m'y arriva aucune aventure digne d'être écrite, sinon que je rencontrai, ce me semble, deux ou trois gueux et quelques pèlerins de Saint-Jacques. Comme Saint-Dié n'est qu'un bourg, et que les hôtelleries y sont mal meublées, notre comtesse n'étant pas satisfaite de sa chambre, M. de Châteauneuf voulant toujours que votre oncle fût le mieux logé, nous pensâmes tomber dans le différend de Potrot et de la dame de Nouaillé. Les gens de Potrot et ceux de la dame de Nouaillé ayant mis, pendant la foire de Niort, les hardes de leur maître et de leur maîtresse en même hôtellerie et sur même lit, cela fit contestation. Potrot dit : « Je coucherai dans ce lit-là. — Je ne dis pas que vous n'y couchiez, repartit la dame de Nouaillé, mais j'y coucherai aussi. » Par point d'honneur, et pour ne se pas céder, ils y couchèrent tous deux[1]. La chose se passa d'une autre manière; la comtesse se plaignit fort, le lendemain, des puces. Je ne sais si ce fut cela qui éveilla le cocher; je veux dire les puces du cocher, et non celles de la comtesse : tant y a qu'il nous fit partir de si grand matin

1. La Fontaine emprunte cette anecdote aux *Aventures du baron de Fæneste* par Agrippa d'Aubigné, livre III, chapitre XIII : Histoire de Pautrot et de la dame de Noaillé. « .... Voilà mon lit, dit-elle, où j'ai accoutumé de coucher, et j'y coucherai cette nuit. » Pautrot réplique : « Voilà le lit où j'ai couché la nuit passée, et j'y coucherai encore cette-ci. — Je dis que j'y coucherai », repart la dame. — *Pautrot* : « Et moi aussi. » — *La Dame* : « Je ne dis pas que vous n'y couchiez, mais j'y coucherai. » — *Pautrot* : « Et moi je ne dis pas que vous n'y couchiez, mais si sçai-je bien que j'y coucherai aussi. » — *La Dame* : « Et pour vous faire paroître mon courage, j'y coucherai dès à présent. » D'Aubigné avait lui-même tiré son histoire des *Facéties de Bebelius*, au chapitre : *De puella et amatore vera historia*. On la retrouve, sous le même titre, au tome I des *Sermones convivales* de Gassius, et chez Eutrapel : « De ceulx qui prennent en refusant. » Sterne paraît s'en être souvenu à la fin de son *Voyage sentimental*.

qu'il n'étoit quasi que huit heures quand nous nous trouvâmes vis-à-vis de Blois, rien que la Loire entre deux.

Blois est en pente comme Orléans, mais plus petit et plus ramassé; les toits des maisons y sont disposés, en beaucoup d'endroits, de telle manière qu'ils ressemblent aux degrés d'un amphithéâtre. Cela me parut très beau, et je crois que difficilement on pourroit trouver un aspect plus riant et plus agréable. Le château est à un bout de la ville, à l'autre bout Sainte-Solenne[1]. Cette église paroît fort grande, et n'est cachée d'aucunes maisons; enfin elle répond tout à fait bien au logis du prince[2]. Chacun de ces bâtiments est situé sur une éminence dont la pente se vient joindre vers le milieu de la ville, de sorte qu'il s'en faut peu que Blois ne fasse un croissant dont Sainte-Solenne et le château font les cornes. Je ne me suis pas informé des mœurs anciennes. Quant à présent, la façon de vivre y est fort polie, soit que cela ait été ainsi de tout temps, et que le climat et la beauté du pays y contribuent, soit que le séjour de Monsieur ait amené cette politesse, ou le nombre de jolies femmes. Je m'en fis nommer quelques-unes à mon ordinaire. On me voulut outre cela montrer des bossus, chose assez commune dans Blois, à ce qu'on me dit; encore plus commune dans Orléans. Je crus que le Ciel,

1. *Saint-Solenne* et non pas *Sainte-Solenne*. Saint Solenne était évêque de Chartres (*Gregorii Turonensis opera omnia*, 1699, in-fol.: *liber de gloria confessorum*, chapitre XXI, col. 910, et col. 1399; et *Gallia christiana*, tome VIII, col. 1095, *Episcopi Carnotenses. XIV, S. Solennis*).

2. Fait bien pendant au château. Le prince, c'est Monsieur, comme nous l'allons voir. — Un violent orage renversa cette église de fond en comble dans la nuit du 5 au 6 juin 1678, à la réserve pourtant de la tour, de deux piliers et de quelques chapelles sur les ailes.

ami de ces peuples, leur envoyoit de l'esprit par cette voie-là : car on dit que bossu n'en manqua jamais ; et cependant il y a de vieilles traditions qui en donnent une autre raison. La voici telle qu'on me l'a apprise. Elle regarde aussi la constitution de la Beauce et du Limousin.

> La Beauce avoit jadis des monts en abondance[1],
>   Comme le reste de la France :
>   De quoi la ville d'Orléans,
> Pleine de gens heureux, délicats, fainéants,
>   Qui vouloient marcher à leur aise,
>   Se plaignit, et fit la mauvaise[2] ;
>   Et messieurs les Orléanois
>   Dirent au Sort, tous d'une voix,
>   Une fois, deux fois, et trois fois,
>   Qu'il eût à leur ôter la peine
> De monter, de descendre, et remonter encor.
>   « Quoi ! toujours mont et jamais plaine !
>   Faites-nous avoir triple haleine,
>   Jambes de fer, naturel fort,
>   Ou nous donnez une campagne
>   Qui n'ait plus ni mont ni montagne.
>   — Oh ! oh ! leur repartit le Sort,
> Vous faites les mutins ! et dans toutes les Gaules
> Je ne vois que vous seuls qui des monts vous plaignez !
>   Puisqu'ils vous nuisent à vos pieds,
>   Vous les aurez sur vos épaules. »
>   Lors la Beauce de s'aplanir,
>   De s'égaler, de devenir
>   Un terroir uni comme glace ;

---

1. Chez Rabelais, tome I, p. 63-64, ce sont des bois. Mais la jument de Gargantua, en s'émouchant, les abat à coups de queue, « à tort, à trauers, de çà, de là, par cy, par là, de long, de large, dessus, dessoubs, comme ung fauscheur faict d'herbes, en sorte que depuis n'y eut boys, mais fut tout le pays reduict en campaigne. »

2. Comparez tome V, p. 193 et note 1.

A SA FEMME.

Et bossus de naître en la place,
Et monts de déloger des champs.
Tout ne put tenir sur les gens ;
Si bien que la troupe céleste,
Ne sachant que faire du reste,
S'en alloit les placer dans le terroir voisin,
Lorsque Jupiter dit : « Épargnons la Touraine
Et le Blésois ; car ce domaine
Doit être un jour à mon cousin[1] ;
Mettons-les dans le Limousin. »

Ceux de Blois, comme voisins et bons amis de ceux d'Orléans, les ont soulagés d'une partie de leurs charges. Les uns et les autres doivent encore avoir une génération de bossus, et puis c'en est fait.

Vous aurez pour cette tradition telle croyance qu'il vous plaira. Ce que je vous assure être fort vrai est que M. de Châteauneuf et moi nous déjeunâmes très bien, et allâmes voir ensuite le logis du prince. Il a été bâti à plusieurs reprises, une partie sous François Ier, l'autre sous quelqu'un de ses devanciers[2]. Il y a en face un corps de logis à la moderne, que feu Monsieur a fait commencer[3] : toutes ces trois pièces ne font, Dieu merci,

---

1. Jean-Baptiste-Gaston de France, duc d'Orléans, fils de Henri IV et frère de Louis XIII, qui, en 1635, lui donna le Blésois pour apanage. Il était né à Fontainebleau le 25 avril 1608, et mourut à Blois le 2 février 1660.

2. Les premiers comtes de Blois des maisons de Champagne et de Châtillon avaient construit au douzième siècle la partie occidentale, dont il ne restait plus qu'une grosse tour lorsque la Fontaine écrivait : Gaston, en 1635, avait fait démolir cette partie pour la rebâtir à neuf. Notre poète vit la façade principale qui regarde l'orient, et celle qui fait face au midi, toutes deux édifiées par Louis XII, et la façade septentrionale qu'avait élevée François Ier : voyez l'*Histoire de la ville de Blois*, par J. Bernier, Paris, 1682, in-4°, p. 11 et 17 ; et l'*Histoire du château de Blois*, par la Saussaye, Blois, 1840, in-18.

3. Sur les plans de Mansard. Monsieur y fit travailler trois ans, et ne l'acheva point.

nulle symétrie, et n'ont rapport ni convenance l'une avec l'autre; l'architecte a évité cela autant qu'il a pu. Ce qu'a fait faire François Ier, à le regarder du dehors, me contenta plus que tout le reste : il y a force petites galeries, petites fenêtres, petits balcons, petits ornements, sans régularité et sans ordre; cela fait quelque chose de grand qui plaît assez. Nous n'eûmes pas le loisir de voir le dedans; je n'en regrettai que la chambre où Monsieur est mort, car je la considérois comme une relique : en effet, il n'y a personne qui ne doive avoir une extrême vénération pour la mémoire de ce prince. Les peuples de ces contrées le pleurent encore avec raison : jamais règne ne fut plus doux, plus tranquille, ni plus heureux, que l'a été le sien; et en vérité de semblables princes devroient naître un peu plus souvent, ou ne point mourir. J'eusse aussi fort souhaité de voir son jardin de plantes, lequel on tenoit, pendant sa vie, pour le plus parfait qui fût au monde[1] : il ne plut pas à notre cocher, qui ne se soucia que de déjeuner largement, puis nous fit partir.

Tant que la journée dura nous eûmes beau temps, beau chemin, beau pays : surtout la levée ne nous quitta point, ou nous ne quittâmes point la levée; l'un vaut l'autre. C'est une chaussée qui suit les bords de la Loire, et retient cette rivière dans son lit : ouvrage qui a coûté bien du temps à faire, et qui en coûte encore beaucoup à entretenir. Quant au pays, je ne vous en saurois dire assez de merveilles. Point de ces montagnes pelées qui choquent tant notre cher M. de Maucroix; mais, de part et d'autre, coteaux les plus agréablement

---

1. Jardin magnifique, riches parterres, qu'il entretenait avec amour : il avait en effet beaucoup de goût pour la botanique, et se plaisait à herboriser.

vêtus qui soient dans le monde. Vous m'en entendrez parler plus d'une fois; mais, en attendant,

> Que dirons-nous que fut la Loire
> Avant que d'être ce qu'elle est?
> Car vous savez qu'en son histoire
> Notre bon Ovide s'en tait.
> Fut-ce quelque aimable personne,
> Quelque reine, quelque amazone,
> Quelque nymphe au cœur de rocher,
> Qu'aucun amant ne sut toucher?
> Ces origines sont communes;
> C'est pourquoi n'allons point chercher
> Les Jupiters et les Neptunes,
> Ou les dieux Pans, qui poursuivoient
> Toutes les belles qu'ils trouvoient.
> Laissons là ces métamorphoses,
> Et disons ici, s'il vous plaît,
> Que la Loire étoit ce qu'elle est
> Dès le commencement des choses.

> La Loire est donc une rivière
> Arrosant un pays favorisé des cieux,
> Douce, quand il lui plaît, quand il lui plaît, si fière
> Qu'à peine arrête-t-on son cours impérieux.
> Elle ravageroit mille moissons fertiles,
> Engloutiroit des bourgs, feroit flotter des villes.
> Détruiroit tout en une nuit :
> Il ne faudroit qu'une journée
> Pour lui voir entraîner le fruit
> De tout le labeur d'une année,
> Si le long de ses bords n'étoit une levée
> Qu'on entretient soigneusement :
> Dès lors qu'un endroit se dément[1],
> On le rétablit tout à l'heure;
> La moindre brèche n'y demeure
> Sans qu'on n'y touche incessamment;

1. Ne garde pas sa solidité, s'ébranle : ci-dessus, p. 228.

Et pour cet entretènement[1],
Unique obstacle à tels ravages[2],
Chacun a son département,
Communautés, bourgs, et villages.

Vous croyez bien qu'étant sur ses rivages,
Nos gens et moi nous ne manquâmes pas
De promener à l'entour notre vue :
J'y rencontrai de si charmants appas[3]
Que j'en ai l'âme encore tout émue.
Coteaux riants y sont des deux côtés :
Coteaux non pas si voisins de la nue
Qu'en Limousin, mais coteaux enchantés,
Belles maisons, beaux parcs, et bien plantés,
Prés verdoyants dont ce pays abonde,
Vignes et bois, tant de diversités
Qu'on croit d'abord être en un autre monde.

Mais le plus bel objet, c'est la Loire sans doute :
On la voit rarement s'écarter de sa route ;
Elle a peu de replis[4] dans son cours mesuré ;
Ce n'est pas un ruisseau qui serpente en un pré,
    C'est la fille d'Amphitrite,
    C'est elle dont le mérite,
    Le nom, la gloire, et les bords,
    Sont dignes de ces provinces
    Qu'entre tous leurs plus grands trésors

---

1. « .... Il s'est résolu d'y travailler (au rétablissement du commerce) par l'entretènement d'un suffisant nombre de vaisseaux. » (MALHERBE, tome IV, p, 108; *ibidem*, tomes II, p. 188, IV, p. 19.) Voyez aussi Mme de Sévigné, tome VIII, p. 408; et, dans les OEuvres de Racine, tome VI, p. 356, une citation de Vaugelas.

2.   Ainsi la rivière de Loire,
    Quand elle sort hors de son lit,
    Bouleverse, à ce qu'on m'a dit,
    Ce qu'on appelle la levée.
        (SCARRON, *le Virgile travesti*, chant II.)

3. Tome VIII, p. 58 et note 4.
4. Ci-dessus, p. 236.

A SA FEMME.

>   Ont toujours placé[1] nos princes.
>   Elle répand son cristal
>   Avec magnificence ;
>   Et le jardin de la France
>   Méritoit un tel canal.

Je lui veux du mal en une chose : c'est que, l'ayant vue, je m'imaginai qu'il n'y avoit plus rien à voir ; il ne me resta ni curiosité ni desir. Richelieu m'a bien fait changer de sentiment.

C'est un admirable objet que ce Richelieu : j'en ai daté ma troisième lettre, parce que je l'y ai achevée. Voyez l'obligation que vous m'avez ; il ne s'en faut pas un quart d'heure qu'il ne soit minuit, et nous devons nous lever demain avant le soleil, bien qu'il ait promis en se couchant qu'il se lèveroit de fort grand matin. J'emploie cependant les heures qui me sont les plus précieuses à vous faire des relations, moi qui suis enfant du sommeil et de la paresse. Qu'on me parle après cela des maris qui se sont sacrifiés pour leurs femmes ! Je prétends les surpasser tous, et que vous ne sauriez vous acquitter envers moi, si vous ne me souhaitez d'aussi bonnes nuits que j'en aurai de mauvaises avant que notre voyage soit achevé.

A Richelieu, ce 3⁰ septembre 1663

1. *Placé*, au lieu de *placées*, pour la mesure du vers.

LETTRE IV.

A LA MÊME.

SUITE DU MÊME VOYAGE.

Nous arrivâmes à Amboise d'assez bonne heure, mais par un fort mauvais temps : je ne laissai pas d'employer le reste du jour à voir le château. De vous en faire le plan, c'est à quoi je ne m'amuserai point, et pour cause. Vous saurez, sans plus, que devers la ville il est situé sur un roc, et paroît extrêmement haut[1]. Vers la campagne, le terrain d'alentour est plus élevé. Dans l'enceinte il y a trois ou quatre choses fort remarquables. La première est ce bois de cerf dont on parle tant, et dont on ne parle pas assez selon mon avis : car, soit qu'on le veuille faire passer pour naturel ou pour artificiel, j'y trouve un sujet d'étonnement presque égal. Ceux qui le trouvent artificiel tombent d'accord que c'est bois de cerf, mais de plusieurs pièces : or le moyen de les avoir jointes sans qu'il y paroisse de liaison? De dire aussi qu'il soit naturel, et que l'univers ait jamais produit un animal assez grand pour le porter, cela n'est guère croyable[2].

Il en sera toujours douté,
Quand bien ce cerf auroit été
Plus ancien qu'un patriarche :

---

1. Voyez *le Château d'Amboise*, par J. Monthelier, A. Baillargé, et J. Walsh, Blois, 1851, in-fol.; et *le Château d'Amboise, son histoire et sa description*, par Vatout, Paris, 1852, in-8°.

2. On avait cru longtemps que ce bois de cerf était naturel; mais on reconnut à la fin qu'il était de main d'homme, aussi bien qu'un os du cou et quelques côtes qu'on montrait également.

Tel animal, en vérité,
N'eût jamais su tenir dans l'arche.

Ce que je remarquai encore de singulier, ce furent deux tours bâties en terre comme des puits : on a fait dedans des escaliers en forme de rampe par où l'on descend jusqu'au pied du château; si bien qu'elles touchent, ainsi que les chênes dont parle Virgile,

D'un bout au ciel, d'autre bout aux enfers [1].

Je les trouvai bien bâties, et leur structure me plut autant que le reste du château nous parut indigne de nous y arrêter. Il a toutefois été un temps qu'on le faisoit servir de berceau à nos jeunes rois [2]; et, véritablement, c'étoit un berceau d'une matière assez solide, et qui n'étoit pas pour se renverser si facilement. Ce qu'il y a de beau, c'est la vue : elle est grande, majestueuse, d'une étendue immense; l'œil ne trouve rien qui l'arrête; point d'objet qui ne l'occupe le plus agréablement du monde. On s'imagine découvrir Tours, bien qu'il soit à quinze ou vingt lieues [3]; du reste, on a en aspect

1. *Æsculus in primis, quæ quantum vertice ad auras Ætherias, tantum radice in Tartara tendit.*
(VIRGILE, *Géorgiques*, livre II, vers 291-292.)
La Fontaine a imité plus heureusement ces vers dans sa fable du *Chêne et le Roseau*, vers 31-32 et notes 8-9 :
Celui de qui la tête au ciel étoit voisine,
Et dont les pieds touchoient à l'empire des morts.
Rapprochons aussi Scarron, le *Virgile travesti*, livre IV :
Si sa tête est des cieux voisine,
Ses pieds, qu'on nomme sa racine,
Sont proches du pays d'enfer;
et Bossuet, sermon *sur l'ambition* : « Autant que ce grand arbre s'étoit poussé en haut, autant sembloit-il avoir jeté en bas de fortes et profondes racines. »
2. Le roi Charles VIII était né à Amboise, et y mourut.
3. A six lieues seulement.

la côte la plus riante et la mieux diversifiée que j'aie encore vue, et au pied d'une prairie[1] qu'arrose la Loire, car cette rivière passe à Amboise.

De tout cela le pauvre M. Foucquet ne put jamais, pendant son séjour[2], jouir un petit moment : on avoit bouché toutes les fenêtres de sa chambre, et on n'y avoit laissé qu'un trou par le haut[3]. Je demandai de la voir : triste plaisir, je vous le confesse, mais enfin je le demandai. Le soldat qui nous conduisoit n'avoit pas la clef : au défaut, je fus longtemps à considérer la porte, et me fis conter la manière dont le prisonnier étoit gardé. Je vous en ferois volontiers la description; mais ce souvenir est trop affligeant.

> Qu'est-il besoin que je retrace
> Une garde au soin nonpareil[4],
> Chambre murée, étroite place,
> Quelque peu d'air pour toute grâce,
>   Jours sans soleil[5],
>   Nuits sans sommeil,
> Trois portes en six pieds d'espace?
> Vous peindre un tel appartement,
> Ce seroit attirer vos larmes;
> Je l'ai fait insensiblement :
> Cette plainte a pour moi des charmes.

Sans la nuit, on n'eût jamais pu m'arracher de cet endroit : il fallut enfin retourner à l'hôtellerie; et le len-

---

1. C'est-à-dire : et au pied l'aspect d'une prairie, etc.
2. Arrêté à Nantes, il avait été emprisonné au château d'Angers, puis à celui d'Amboise, en attendant son transfert à Vincennes et à la Bastille.
3. Voyez une lettre de Foucquet publiée par Walckenaer dans les *Nouvelles OEuvres diverses* de la Fontaine, Paris, 1820, in-8°, p. 164.
4. Tome IV, p. 240; et *passim*.
5. Pour lui les plus beaux jours sont de secondes nuits.
   (Élégie 1, vers 15.)

demain nous nous écartâmes de la Loire, et la laissâmes à la droite. J'en suis très fâché ; non pas que les rivières nous aient manqué dans notre voyage.

> Depuis ce lieu jusques au Limousin,
> Nous en avons passé quatre en chemin,
> De fort bon compte, au moins qu'il m'en souvienne :
> L'Indre, le Cher, la Creuse, et la Vienne.
> Ce ne sont pas simples ruisseaux :
> Non, non ; la carte nous les nomme.
> Ceux qui sont péris sous leurs eaux
> Ne l'ont pas été dire à Rome.

La première que nous rencontrâmes ce fut l'Indre[1]. Après l'avoir passée, nous trouvâmes au bord trois hommes d'assez bonne mine, mais mal vêtus et fort délabrés. L'un de ces héros guzmanesques[2] avoit fait une tresse de ses cheveux, laquelle lui pendoit en derrière comme une queue de cheval. Non loin de là nous aperçûmes quelques Philis[3], je veux dire Philis d'Égypte[4], qui venoient vers nous, dansant, folâtrant, montrant leurs épaules, et traînant après elles des douégnas[5] détestables à proportion, et qui nous regardoient avec autant de mépris que si elles eussent été belles et jeunes. Je frémis d'horreur à ce spectacle, et j'en ai été plus de deux jours sans pouvoir manger[6]. Deux femmes fort blanches marchoient ensuite ; elles avoient le teint

1. Ce fut le Cher.
2. Semblables à Guzman d'Alfarache, le héros du roman picaresque de l'espagnol Mateo Aleman (1599), roman imité et rajeuni par le Sage (1732). On sait que Guzman, tour à tour mendiant, page et laquais, vit au milieu de vagabonds, de bohémiens, de bandits.
3. Tome VI, p. 89 et note 3. — 4. Des bohémiennes.
5. Duègnes : tome V, p. 575 et note 3.
6. Comparez Mme de Sévigné, tome II, p. 255 et note 2 : « Nous avons eu de vilains bohèmes qui nous ont fait mal au cœur. » — Il y a des édits de 1560, de 1666, etc., qui ordonnent

délicat, la taille bien faite, de la beauté médiocrement, et n'étoient anges, à bien parler, qu'en tant que les autres étoient de véritables démons. Nous saluâmes ces deux avec beaucoup de respect, tant à cause d'elles que de leurs jupes, qui véritablement étoient plus riches que ne sembloit le promettre un tel équipage. Le reste de leur habit consistoit en une cape d'étoffe blanche; et sur la tête un petit chapeau à l'angloise, de taffetas de couleur, avec un galon d'argent. Elles ne nous rendirent notre salut qu'en faisant une légère inclination de la tête, marchant toujours avec une gravité de déesses[1], et ne daignant presque jeter les yeux sur nous, comme simples mortels que nous étions. D'autres douégnas les suivoient, non moins laides que les précédentes; et la caravane étoit fermée par un cordelier[2]. Le bagage marchoit en queue, partie sur chariots, partie sur bêtes de somme; puis quatre carrosses vides et quelques valets à l'entour,

Non sans écureuils et turquets[3],
Ni, je pense, sans perroquets :

le tout escorté par M. de la Fourcade, garde du corps.

d'attacher les bohémiens ou égyptiens à la chaîne, et de les conduire aux galères sans autre forme ni figure de procès, et de fouetter, flétrir, et bannir hors du Royaume les femmes et filles qui les accompagnent, « sorcières, larronnesses, et diseuses de bonne aventure ». Le fouet était d'ailleurs appliqué sans distinction à toutes les femmes de mauvaise vie : voyez le *Ballet donné à Fontainebleau par les dames d'amour, ensemble leurs complaintes* (Paris, 1625, in-4°), pièce relative à l'expulsion et à la fustigation préalable des filles de joie qui avaient suivi la cour dans un de ses voyages à cette résidence.

1. *Incessu patuit dea* (Virgile, *Énéide*, livre I, vers 405).
2. Qui lui servait d'aumônier.
3. Petits chiens à nez camus et poil ras. Il y a dans l'édition de 1729 : « écureuils à turquets », ce qui n'offre point un sens raisonnable.

Je vous laisse à deviner quelles gens c'étoient[1]. Comme ils suivoient notre route, et qu'ils débarquèrent à la même hôtellerie où notre cocher nous avoit fait descendre, le scrupule nous prit à tous de coucher en mêmes lits qu'eux, et de boire en mêmes verres. Il n'y en avoit point qui s'en tourmentât plus que la comtesse.

Nous allâmes le jour suivant coucher à Montels[2], et dîner le lendemain au Port-de-Pilles[3], où notre compagnie commença de se séparer. La comtesse envoya un laquais, non chez son mari, mais chez un de ses parents, porter les nouvelles de son arrivée, et donner ordre qu'on lui amenât un carrosse avec quelque escorte. Pour moi, comme Richelieu n'étoit qu'à cinq lieues, je n'avois garde de manquer de l'aller voir : les Allemands se détournent bien pour cela de plusieurs journées. M. de Châteauneuf, qui connoissoit le pays, s'offrit de m'accompagner : je le pris au mot ; et ainsi votre oncle demeura seul, et alla coucher à Châtellerault, où nous promîmes de nous rendre le lendemain de grand matin.

Le Port-de-Pilles est un lieu passant, et où l'on trouve toutes sortes de commodités, même incommodes : il s'y rencontre de méchants chevaux,

> Encore mal ferrés, et plus mal embouchés,
> Et très mal enharnachés.

Mais quoi ! nous n'avions pas à choisir : tels qu'ils étoient, je les fais mettre en état,

---

1. Des gens sans aveu, des aventurières qu'on menait sans doute aux îles, aux colonies. Comparez p. 410 ; et, à la fin du roman de *Manon Lescaut* de l'abbé Prévost, la bande de filles publiques que des archers conduisent au Havre pour les embarquer.
2. Non *Montels*, mais probablement *Manthelan* (entre Amboise et le Port-de-Pilles), où se trouve une auberge qui a pour enseigne : *A la Fontaine*.
3. Ci-dessus, p. 227.

LETTRES.

Laisse le pire, et sur le meilleur monte[1].

Pour plus d'assurance nous prîmes un guide, qu'il nous fallut mener en trousse l'un après l'autre, afin de gagner du temps. Avec cela nous n'en eûmes que ce qu'il fallut pour voir les choses les plus remarquables. J'avois promis de sacrifier aux vents du midi une brebis noire, aux zéphyrs une brebis blanche, et à Jupiter le plus gras bœuf[2] que je pourrois rencontrer dans le Limousin; ils nous furent tous favorables. Je crois toutefois qu'il suffira que je les paye en chansons : car les bœufs du Limousin sont trop chers, et il y en a qui se vendent cent écus dans le pays.

Étant arrivés[3] à Richelieu, nous commençâmes par le château, dont je ne vous enverrai pourtant la description qu'au premier jour. Ce que je vous puis dire en gros de la ville, c'est qu'elle aura bientôt la gloire d'être le plus beau village de l'univers. Elle est désertée petit à petit, à cause de l'infertilité du terroir, ou pour être à quatre lieues de toute rivière et de tout passage. En cela son fondateur, qui prétendoit en faire une ville de renom[4], a mal pris ses mesures : chose qui ne lui arrivoit pas fort souvent. Je m'étonne, comme on dit qu'il pouvoit tout, qu'il n'avoit pas fait transporter la Loire au pied de cette nouvelle ville, ou qu'il n'y ait fait passer le grand chemin de Bordeaux[5]. Au défaut, il

---

1. Vers de Marot, dans son épître *au Roy pour auoir esté derobé* (tome I, p. 196).
2. Livre IX, fable XIII, vers 10 et suivants :
   Un passager, pendant l'orage,
   Avoit voué cent bœufs au vainqueur des Titans.
   Il n'en avoit pas un, etc.
3. *Arrivé* dans le texte.
4. Dans le *Poème de la captivité de saint Malc*, vers 508 : « un bourg de peu de nom ».
5. *Bourdeaux* dans le texte.

devoit choisir un autre endroit, et il en eut aussi la pensée ; mais l'envie de consacrer les marques de sa naissance l'obligea de faire bâtir autour de la chambre où il étoit né. Il avoit de ces vanités que beaucoup de gens blâmeront, et qui sont pourtant communes à tous les héros : témoin celle-là d'Alexandre le Grand, qui faisoit laisser où il passoit des mors et des brides plus grands[1] qu'à l'ordinaire, afin que la postérité crût que lui et ses gens étoient d'autres hommes, puisqu'ils se servoient de si grands chevaux[2]. Peut-être aussi que l'ancien parc de Richelieu et les bois de ses avenues, qui étoient beaux, semblèrent à leur maître dignes d'un château plus somptueux que celui de son patrimoine ; et ce château attira la ville, comme le principal fait l'accessoire.

> Enfin elle est, à mon avis,
> Mal située et bien bâtie :
> On en a fait tous les logis
> D'une pareille symétrie.
>
> Ce sont des bâtiments fort hauts ;
> Leur aspect vous plairoit sans faute.
> Les dedans ont quelques défauts :
> Le plus grand, c'est qu'ils manquent d'hôte.
>
> La plupart sont inhabités ;
> Je ne vis personne en la rue :
> Il m'en déplut ; j'aime aux cités
> Un peu de bruit et de cohue.
>
> J'ai dit la rue, et j'ai bien dit ;
> Car elle est seule, et des plus droites :
> Que Dieu lui donne le crédit
> De se voir un jour des cadettes !

1. *Grandes* dans le texte.
2. Tome VIII, p. 330.

Vous vous souviendrez bien et beau[1]
Qu'à chaque bout est une place
Grande, carrée, et de niveau ;
Ce qui sans doute a bonne grâce.

C'est aussi tout, mais c'est assez :
De savoir si la ville est forte,
Je m'en remets à ses fossés,
Murs, parapets, remparts, et porte.

Au reste, je ne vous saurois mieux dépeindre tous ces logis de même parure que par la place Royale ; les dedans sont beaucoup plus sombres, vous pouvez croire, et moins ajustés.

J'oubliois à vous marquer que ce sont des gens de finance et du conseil, secrétaires d'État et autres personnes attachées à ce cardinal, qui ont fait faire la plupart de ces bâtiments, par complaisance et pour lui faire leur cour[2]. Les beaux esprits auroient suivi leurs exem-

---

1. Tome V, p. 46 et note 9.
2. La Bibliothèque nationale possède un curieux plan de Richelieu, qui fait partie des Portefeuilles de Lancelot. Il a pour titre : *Dessin de la ville de Richelieu le 6ᵉ aoust.* « On lit, dit M. Marty-Laveaux, auquel nous empruntons cette note, au bas de la façade de chaque maison le nom plus ou moins défiguré de son propriétaire. Nous avons réuni toutes ces indications pour en former la liste suivante : M. Thiriot ; M. Boutilier, bâtie par Barbet ; M. de la Basinier ; M. Agueseau ; M. le Camus ; M. du Housay ; M. le Cœur ; M. de Gueneguault ; M. de Nouveau ; M. Garnie ; M. Briais ; M. Morand ; M. de Chevri ; M. Demeri ; M. de Fieubet ; M. Martineau ; M. Citois ; M. le Ragois ; M. le Barbié ; M. Lapin ; M. de Rambouillet ; M. le Conte ; M. de Bordeaux. Dans le voisinage de ce dernier hôtel sont deux petites habitations, au-dessous desquelles on lit : Lamoureux, Bartellemi, sans le mot Monsieur, et qui étaient sans doute destinées à des intendants ou à des valets de chambre. Enfin, au-dessous d'une demeure de plus belle apparence se trouve cette indication : M. de Bordeaux, secrétaire, bâtie par M. Thiriot. »

ples, si ce n'étoit qu'ils ne sont pas grands édificateurs, comme dit Voiture[1] : car d'ailleurs ils étoient tous pleins de zèle et d'affection pour ce grand ministre. Voilà ce que j'avois à vous dire touchant la ville de Richelieu. Je remets la description du château à une autre fois, afin d'avoir plus souvent occasion de vous demander de vos *nouvelles, et pour ménager un amusement qui vous* doit faire passer notre exil avec moins d'ennui.

A Châtellerault, ce 5° septembre 1663.

1. Voiture, dans sa lettre à Costar (p. 273 de ses *OEuvres*, édition de 1656, lettre cxxv), dit : « Nous autres beaux esprits, nous *ne sommes pas grands édificateurs*, et nous fondons sur ces vers d'Horace :

*Ædificare casas, plaustello adjungere mures...,
Si quem delectet barbatum, amentia verset.*
(Livre II, satire III, vers 247-249.)

Au moins M. de Gombaut, M. de l'Estoile, et moi, avons résolu de ne point bâtir que quand le temps reviendra que les pierres se mettent d'elles-mêmes les unes sur les autres au son de la lyre. Je ne sais si c'est qu'Apollon se soit dégoûté de ce métier-là, depuis qu'il fut mal payé des murailles de Troie; mais il me semble que ses favoris ne s'y adonnent point, et que leur génie les porte à d'autres choses qu'à faire de grands bâtiments. »

LETTRE V[1].

A LA MÊME.

SUITE DU MÊME VOYAGE.

A Limoges, ce 12° septembre 1663.

Je vous promis par le dernier ordinaire la description du château de Richelieu[2]; assez légèrement, pour ne vous en point mentir, et sans considérer mon peu de mémoire, ni la peine que cette entreprise me devoit donner. Pour la peine, je n'en parle point, et, tout mari que je suis, je la veux bien prendre[3] : ce qui me retient, c'est le défaut de mémoire; pouvant dire la plupart du temps que n'ai[4] rien vu de ce que j'ai vu, tant je sais bien oublier les choses. Avec cela, je crois qu'il est bon de ne point passer par-dessus cet endroit de mon voyage

---

1. Cette lettre a été publiée pour la première fois par Monmerqué, aux pages 15-39 des *Opuscules inédits de la Fontaine*, Paris, Blaise, 1820, in-8°. Elle est dans les Manuscrits de Conrart à la Bibliothèque de l'Arsenal, n° 5132, p. 123-139, où nous l'avons collationnée.

2. Comparez à ce qui va suivre *la Description de Richelieu, à la mémoire du Cardinal-Duc*, poème par Colardeau, Paris, 1643, in-4°; *les Promenades de Richelieu ou les Vertus chrétiennes*, par J. Desmarets, Paris, 1653, in-8°; *le Château de Richelieu ou l'Histoire des dieux et des héros de l'antiquité, avec des réflexions morales*, par Vignier, Saumur, 1676, in-8°, sorte de catalogue de tout ce que renfermait le château, où chaque objet cité est accompagné d'un madrigal et quelquefois d'une description en prose, mais qui n'existait pas à la date où écrivait notre poète; l'*Histoire de Richelieu et des environs*, par Bossebœuf, Tours, 1890, in-8°; les *Historiettes* de Tallemant des Réaux, tome II, p. 24, 26, 91, 179; etc.

3. Ci-dessus, p. 234 : « Le mari se comporte en galant. »

4. Tel est bien le texte.

sans vous en faire la relation. Quelque mal que je m'en acquitte, il y aura toujours à profiter; et vous n'en vaudrez que mieux de savoir, sinon toute l'histoire de Richelieu, au moins quelques singularités qui ne me sont point échappées, parce que je m'y suis particulièrement arrêté. Ce ne sont peut-être pas les plus remarquables; mais que vous importe? De l'humeur dont je vous connois, une galanterie[1] sur ces matières vous plaira plus que tant d'observations savantes et curieuses. Ceux qui chercheront de ces observations savantes dans les lettres que je vous écris se tromperont fort. Vous savez mon ignorance en matière d'architecture, et que je n'ai rien dit de Vaux que sur des mémoires[2]. Le même avantage me manque pour Richelieu : véritablement au lieu de cela j'ai eu les avis de la concierge et ceux de M. de Châteauneuf : avec l'aide de Dieu et de ces personnes, j'en sortirai. Ne laissez pas de mettre la chose au pis : car il vaut mieux, ce me semble, être trompée de cette façon que de l'autre. En tous cas, vous aurez recours à ce que M. Desmarets a dit de cette maison : c'est un grand maître en fait de descriptions. Je me garderois bien de particulariser[3] aucun des endroits où il a pris plaisir à s'étendre, si ce n'étoit que la manière dont je vous écris ces choses n'a rien de commun avec celle de ses *Promenades*[4].

Nous arrivâmes donc à Richelieu par une avenue qui borde un côté du parc. Selon la vérité[5], cette avenue peut avoir une demi-lieue; mais, à compter[6] selon l'im-

1. Tome IV, p. 9 et note 3.
2. Tome VIII, p. 237. — 3. Ci-dessus, p. 237 et note 1.
4. *Les Promenades de Richelieu ou les Vertus chrétiennes*, par Jean Desmarets de Saint-Sorlin, que nous venons de citer.
5. Dans le manuscrit : « Selon la vérité de l'affaire », mais les trois derniers mots ont été effacés.
6. *Conter* dans le manuscrit.

patience où j'étois, nous trouvâmes qu'elle avoit une bonne lieue tout au moins. Jamais préambule ne s'est rencontré si mal à propos, et ne m'a semblé si long. Enfin on se trouve en une place fort spacieuse ; je ne me souviens pas bien de quelle figure elle est : demi-rond ou demi-ovale, cela ne fait rien à l'histoire ; et pourvu que vous soyez avertie que c'est la principale entrée de cette maison, il suffit. Je ne me souviens pas non plus en quoi consiste la basse-cour, l'avant-cour, les arrière-cours, ni du nombre des pavillons et corps de logis du château, moins encore de leur structure. Ce détail m'est échappé ; de quoi vous êtes femme encore une fois à ne vous pas soucier bien fort : c'est assez que le tout est d'une beauté, d'une magnificence, d'une grandeur, dignes de celui qui l'a fait bâtir. Les fossés sont larges et d'une eau très pure. Quand on a passé le pont-levis, on trouve la porte gardée par deux dieux, Mars et Hercule. Je louai fort l'architecte de les avoir placés en ce poste-là : car, puisque Apollon servoit quelquefois de simple commis aux secrétaires de Son Éminence, Mars et Hercule pouvoient bien lui servir de suisses. Ils mériteroient que je m'arrêtasse à eux un peu davantage, si cette porte n'avoit des choses encore plus singulières. Vous vous souviendrez surtout qu'elle est couverte d'un dôme, et qu'il y a une Renommée au sommet : c'est une déesse qui ne se plaît pas d'être enfermée, et qui s'aime mieux en cet endroit que si on lui avoit donné pour retraite le plus bel appartement du logis.

Même elle est en une posture
Toute prête à prendre l'essor ;
Un pied dans[1] l'air, à chaque main un cor,

---

1. Le manuscrit porte *en* écrit au-dessus de *dans*, mais ce dernier mot n'a pas été raturé.

A SA FEMME.

> Légère et déployant les ailes,
> Comme allant porter les nouvelles
> Des actions de Richelieu,
> Cardinal, duc, et demi-dieu :
> Telle enfin qu'elle devoit être
> Pour bien servir un si bon maître;
> Car tant moins elle a de loisir,
> Tant plus on lui fait de plaisir.

Cette figure est de bronze, et fort estimée[1]. Aux deux côtés du frontispice que je décris, on a élevé, en manière de statues, de pyramides, si vous voulez, deux colonnes du corps desquelles sortent des bouts de navires[2]. (*Bouts de navires* ne vous plaira guère, et peut-être aimeriez-vous mieux le terme de pointes ou celui de becs ; choisissez le moins mauvais de ces trois mots-là : je doute fort que pas un soit propre; mais j'aime autant m'en servir que d'appeler cela colonnes rostrales.) Ce sont des restes d'amphithéâtre qu'on a rencontrés fort heureusement, n'y ayant rien qui convienne mieux à l'amirauté, laquelle celui qui a fait bâtir ce château joignoit à tant d'autres titres[3]. De dedans la cour, et sur le fronton de la même entrée, on voit trois petits Hercules, autant poupins[4] et autant mignons que le peuvent

---

1. Elle est de Guillaume Berthelot, ainsi qu'une statue en marbre blanc de Louis XIII, qui se trouve en face du dôme (ci-dessus, p. 260). Voyez Desmarets, *les Promenades de Richelieu*, chants IV, p. 22, V, p. 21-22.
2. Des proues de vaisseaux sculptées.
3. Le cardinal de Richelieu était revêtu de la charge de grand amiral. C'est par cette raison, dit Walckenaer, qu'on voit dans une des ailes du Palais-Royal (galerie parallèle à la rue de Valois), « qu'occupe actuellement (1823) Mgr le duc d'Orléans », des proues de vaisseaux sculptées, parce que cette aile faisait partie de l'ancien Palais-Cardinal.
4. I'ay dedans mon serail quatreuingts concubines,
   En leur ieunesse tendre et belles et poupines.
   (RÉMY BELLEAU, tome II, p. 317.)

être de petits Hercules; chacun d'eux garni de sa peau de lion et de sa massue[1]. (Cela ne vous fait-il point souvenir de ce saint Michel garni de son diable?) Le statuaire, en leur donnant la contenance du père, et en les proportionnant à sa taille, leur a aussi donné l'air d'enfants, ce qui rend la chose si agréable qu'en un besoin ils passeroient pour Jeux ou pour Ris, un peu membrus[2] à la vérité. Tout ce frontispice est de l'ordonnance de Jacques Lemercier[3], et a de part et d'autre un mur en terrasse qui découvre entièrement la maison, et par où il y a apparence que se communiquent deux pavillons qui sont aux deux bouts.

Si le reste du logis m'arrête à proportion de l'entrée, ce ne sera pas ici une lettre, mais un volume; qu'y feroit-on[4]? Il faut bien que j'emploie à quelque chose le loisir que le Roi nous donne. Autour du château sont force bustes et force statues, la plupart antiques[5], comme vous pourriez dire des Jupiters et des Apollons, des Bacchus, des Mercures, et autres gens de pareille étoffe[6]; car, pour les dieux[7], je les connois

1. Du côté de ce petit dôme qui regarde la cour, il y a deux obélisques de marbre, et dans l'ouverture du dôme trois petits Hercules de marbre, antiques, et très beaux (Vignier, p. 10).

2. Tome V, p. 492 et note 5 :

Ta femme étant jument forte et membrue....

3. Jacques Lemercier (1590-1660), premier architecte du Roi, construisit la Sorbonne, le Palais-Cardinal, l'église de l'Oratoire, l'église Saint-Roch, à Paris, celle de l'Annonciade, à Tours, l'église paroissiale et le château de Richelieu, etc.

4. Ci-dessus, p. 18.
5. Vignier (p. 13-54) en donne la liste.
6. Tome IV, p. 205 et note 7.
7. « .... C'est chez la Fontaine qu'ils se sont réfugiés.... Il les aime; il les a dans l'esprit habituellement, en bon adorateur.... Il parle d'eux sans cesse et souvent sans besoin, comme Homère. Les images mythologiques naissent chez lui d'elles-mêmes. Il n'a

bien, mais pour les héros et grands personnages, je n'y suis pas fort expert : même il me souvient qu'en regardant ces chefs-d'œuvre je pris Faustine pour Vénus (à laquelle des deux faut-il que je fasse réparation d'honneur?); et puisque nous sommes sur le chapitre de Vénus, il y en a quatre de bon compte dans Richelieu, une entre autres divinement belle, et dont M. de Maucroix dit que le Poussin[1] lui a fort parlé, jusqu'à la mettre au-dessus de celle de Médicis[2]. Parmi les autres statues qui ont là leur appartement et leurs niches, l'Apollon et le Bacchus[3] emportent le prix, au goût des savants : ce fut toutefois Mercure que je considérai davantage, à cause de ces hirondelles qui sont si simples que de lui confier

pas besoin de les chercher; on voit que sa pensée habite dans ce monde.... Il est si bon païen qu'il invente en mythologie. Hérodote eût pu dire de lui, comme d'Hésiode et d'Homère, qu'il a créé un monde divin. » (TAINE, *la Fontaine et ses Fables*, p. 225-226.)

1. Nicolas Poussin, né aux Andelys, en Normandie, en 1594, mort, le 19 novembre 1665, à Rome, où Maucroix (ci-dessous, p. 342, note 1) a pu s'entretenir avec lui : voyez les *Œuvres diverses* de Maucroix, tome I, p. cxxxii.

2. Vignier fait mention de six statues de Vénus dans le château de Richelieu, l'une, fort belle, qu'on croyait de Praxitèle (p. 22), probablement celle dont parle la Fontaine ; et (p. 25 et 49) il nomme aussi dans sa liste deux statues de Faustine.

3. Le même Vignier cite trois statues d'Apollon, p. 12, 25, 42, et trois statues de Bacchus, p. 27, 43, 46. — La Fontaine avait d'abord écrit *Mercure* au lieu de *Bacchus*. Le Bacchus dont il parle ici fut transporté depuis par le maréchal de Richelieu dans son hôtel à Paris; il appartient au Musée du Louvre, et a été gravé dans le *Musée royal* d'Henri Laurent (Paris, 1816), et dans le *Musée de sculpture antique et moderne* du comte de Clarac (Paris, 1841), tome IV, p. 190, et planche 272 : « Le fils de Sémélé, debout et absolument nu, s'appuie du bras gauche sur un tronc d'orme auquel se marie un cep de vigne. Sa tête, parfaitement conservée, est couronnée de feuilles de lierre et ceinte du bandeau bachique ou crédemnon, ses cheveux descendent en longs anneaux sur sa poitrine. »

leurs petits, tout larron qu'il est : lisez cet endroit des *Promenades de Richelieu*[1]; il m'a semblé beau, aussi bien que la description de ces deux captifs[2] dont M. Desmarets dit que l'un porte ses chaînes patiemment, l'autre avec force et contrainte. On les a placés en lieu remarquable, c'est-à-dire à l'endroit du grand degré, l'un d'un côté du vestibule, l'autre de l'autre : ce qui est une espèce de consolation pour ces marbres, dont Michel-Ange[3] pouvoit faire deux empereurs.

> L'un toutefois de son destin soupire,
> L'autre paroît un peu moins mutiné.
> Heureux captifs! si cela se peut dire[4]
> D'un marbre dur[5] et d'un homme enchaîné.

> Je ne voudrois être ni l'un ni l'autre
> Pour embellir un séjour si charmant;
> En d'autres cas, votre sexe et le nôtre
> De l'un des deux se pique également :

> Nous nous piquons d'être esclaves des dames;
> Vous vous piquez d'être marbres pour nous;
> Mais c'est en vers, où les fers et les flammes
> Sont fort communs et n'ont rien que de doux.

Pardonnez-moi cette petite digression; il m'est impossible de tomber sur ce mot d'esclave[6] sans m'arrêter : que voulez-vous? chacun aime à parler de son métier, ceci soit dit toutefois sans vous faire tort. Pour revenir à nos deux captifs, je pense bien qu'il y a eu autrefois

---

1. Commencement de la *Promenade quatrième*, p. 22.
2. *Promenade première*, p. 3.
3. Michel-Ange Buonarotti (1474-1564).
4. *Première rédaction :*
    Pauvres captifs! car cela se peut dire.
5. Tome V, p. 569.
6. Voyez *les Oies*, vers 24; l'élégie II (tome VIII, p. 359); ci-dessus, la ballade XII, vers 16; etc.

des esclaves de votre façon qu'on a estimés; mais ils
auroient de la peine à valoir autant que ceux-ci. On dit
qu'il ne se peut rien voir de plus excellent, et qu'en ces
statues Michel-Ange a surpassé non seulement les sculp-
teurs modernes, mais aussi beaucoup de choses des
anciens. Il y a un endroit qui n'est quasi qu'ébauché,
soit que la mort, ne pouvant souffrir l'accomplissement
d'un ouvrage qui devoit être immortel, ait arrêté Michel-
Ange en cet endroit-là, soit que ce grand personnage
l'ait fait à dessein, et afin que la postérité reconnût que
personne[1] n'est capable de toucher à une figure après lui.
De quelque façon que cela soit, je n'en estime que
davantage ces deux captifs, et je tiens que l'ouvrier[2] tire
autant de gloire de ce qui leur manque que de ce qu'il
leur a donné de plus accompli.

> Qu'on ne se plaigne pas que la chose ait été
> Imparfaite trouvée :
> Le prix en est plus grand, l'auteur plus regretté,
> Que s'il l'eût achevée[3].

Au lieu de monter aux chambres par le grand degré,
comme nous devions en étant si proches, nous nous laissâmes conduire par la concierge, ce qui nous fit perdre
l'occasion de le voir, et il n'en fut fait[4] nulle mention.
M. de Châteauneuf lui-même, qui l'avoit vu, ne se sou-
vint pas d'en parler :

1. *Première rédaction :* nul.
2. Tome VIII, p. 65 et note 3.
3. Ces deux statues, données par Robert Strozzi à François Ier,
et par celui-ci au connétable de Montmorency, qui les avait
placées à Écouen, et ensuite acquises par le cardinal de Richelieu, appartiennent actuellement au Musée du Louvre. Mlle de
Montpensier en parle dans ses *Mémoires*, tome XL de la collection Petitot, p. 386.
4. La Fontaine avait écrit ici *depuis*, mais il l'a effacé.

De quoi je ne lui sais aucunement bon gré;
Car d'autres gens m'ont dit qu'ils avoient admiré
Ce degré,
Et qu'il est de marbre jaspé[1].

Pour moi, ce n'est ni le marbre ni le jaspe que je regrette, mais les antiques qui sont au haut; particulièrement ce favori de l'empereur Adrien, Antinoüs, qui dans sa statue contestoit de [2] beauté et de bonne mine contre Apollon, avec cette différence pourtant que celui-ci avoit l'air d'un dieu et l'autre d'un homme[3].

Je ne m'amuserai point à vous décrire les divers enrichissements ni les meubles de ce palais. Ce qui s'en peut dire de beau, M. Desmarets l'a dit : puis nous n'eûmes quasi pas le loisir de considérer ces choses, l'heure et la concierge nous faisant passer de chambre en chambre[4] sans nous arrêter qu'aux originaux des Albert Dure[5], des Titians[6], des Poussins, des Pérusins[7], des Mantègnes[8], et autres héros dont l'espèce est aussi commune en Italie que les généraux d'armée en Suède.

Il y eut pourtant un endroit où je demeurai longtemps. Je ne me suis pas avisé de remarquer si c'est un cabinet ou une antichambre[9] : quoi que ce soit, le lieu est tapissé de portraits,

1. *Promenades*, p. 55.
2. Tome VIII, p. 145, 251; et *passim*.
3. Vignier, p. 30.
4. Les appartements étaient petits, et répondaient mal à la grandeur du dehors, parce que le cardinal avait voulu que l'on conservât la chambre où il était né, et que l'on n'y changeât rien : voyez les *Mémoires* de Mlle de Montpensier, p. 387.
5. Albert Durer, peintre et graveur allemand (1471-1528).
6. Tiziano Vecellio (1477-1576).
7. Pietro Vannucci, dit le Pérugin ou Pérusin (1446-1524).
8. Il y a deux peintres italiens du nom de Mantegna : Andrea, le plus célèbre, et Carlo, son parent et disciple (xve et xvie siècles).
9. D'après la description de Vignier, ces portraits étaient dans

Pour la plupart environ grands
Comme des miroirs de toilette;
Si nous eussions eu plus de temps,
Moins de hâte, une autre interprète,
Je vous dirois de quelles gens.

Vous pouvez juger que ce ne sont pas gens de petite étoffe[1]. Je m'attachai particulièrement au cardinal de Richelieu, cardinal qui tiendra plus de place dans l'histoire que trente papes; au duc[2] qui a hérité de son nom, de ses belles inclinations, et de son château; au feu amiral duc de Brézé[3]; c'est dommage qu'il soit mort si jeune, car chacun en parle comme d'un seigneur qui étoit merveilleusement accompli, et bien auprès de Mars, d'Armand, et de Neptune. Monsieur le Prince et lui avoient entrepris de remplir le monde de leurs merveilles : Monsieur le Prince la terre, et le duc de Brézé la mer. Le premier est venu à bout de son entreprise; l'autre l'auroit fort avancée s'il eût vécu, mais un coup de canon l'arrêta, et l'alla choisir au milieu d'une armée navale. Je ne sais si on me montra le marquis[4] et

---

la chambre même du cardinal, ainsi que dans l'antichambre et le cabinet qui en dépendaient (p. 93-95).

1. Ci-dessus, p. 262 et note 6.

2. Armand-Jean Vignerot, substitué par son grand-oncle aux nom et armes du Plessis (en Poitou), et au duché de Richelieu, né en 1629, mort en 1715.

3. Armand de Maillé-Brézé, duc de Fronsac et de Caumont, fils d'Urbain de Maillé, marquis de Brézé, et de Nicole du Plessis-Richelieu, sœur puînée du cardinal. Grand maître, chef, et surintendant général de la navigation et commerce de France, il fut tué sur mer, au siège d'Orbitello, d'un coup de canon, le 14 juin 1646, à l'âge de vingt-sept ans. Il avait plusieurs fois battu les flottes espagnoles, notamment devant Cadix, devant Rosas, etc.

4. *Première rédaction* : Je considérai aussi avec grande attention le feu marquis de Richelieu. — Jean-Baptiste-Amador Vignerot, marquis de Richelieu, né le 8 novembre 1632, marié le

l'abbé[1] de Richelieu. Il y a toutefois apparence que leurs portraits sont aussi dans ce cabinet, quoiqu'ils ne fussent qu'enfants lorsqu'on le mit en l'état qu'il est. Tous deux sont bien dignes d'y avoir place. Tant que le marquis a vécu, il a été aimé du Roi et des belles; l'abbé l'est de tout le monde par une fatalité dont il ne faut point chercher la cause parmi les astres[2].

Outre la famille de Richelieu[3] je parcourus celle de Louis XIII[4]. Le reste est plein de nos rois et reines, des grands seigneurs, des grands personnages de France (je fais deux classes des grands personnages et des grands seigneurs, sachant bien qu'en toute chose il est bon d'éviter la confusion[5]); enfin c'est l'histoire de notre nation que ce cabinet. On n'a eu garde d'y oublier les personnes qui ont triomphé de nos rois. Ne vous allez

---

6 novembre 1652 avec Jeanne-Baptiste de Beauvais, l'une des filles de la célèbre Mme de Beauvais, première femme de chambre d'Anne d'Autriche, mort le 11 avril 1662.

1. Son frère : Emmanuel-Joseph Vignerot, comte de Richelieu, abbé de Marmoutier et de Saint-Ouen de Rouen, mort à Venise le 9 janvier 1665, dans sa vingt-sixième année.

2. *Première rédaction :* Par une fatalité dont tous ceux qui connoissent son mérite n'iront point chercher la cause dans les astres. — La Fontaine a biffé ces mots, et les a remplacés en marge par ceux qu'on lit dans notre texte.

3. Dans l'antichambre de la pièce où était le portrait du cardinal, il y avait trois grands portraits en pied, celui de Louis du Plessis, seigneur de Richelieu, grand-père de Son Éminence; celui de François du Plessis, grand prévôt de France, capitaine des gardes du corps, père de Son Éminence; et celui de Mme Suzanne de la Porte, sa mère (Vignier, p. 93).

4. Dans une pièce dépendante de la chambre de la Reine, on voyait les portraits de Henri IV, de Marie de Médicis, de Louis XIII, d'Anne d'Autriche, et du duc d'Orléans; et dans des pièces voisines, celui de Gustave-Adolphe, en pied, et celui de la reine d'Angleterre, peint par Van Dyck (*ibidem*, p. 78, 83, 84).

5. Comparez le dernier vers de la fable xiv du livre IV.

pas imaginer que j'entende par là des Anglois ou des Espagnols ; c'est un peuple bien plus redoutable et bien plus puissant dont je veux parler : en un mot ce sont les Jocondes[1], les belles Agnès, et ces conquérantes illustres sans qui Henri quatrième auroit été un prince invincible[2]. Je les regardai d'aussi bon cœur que je voudrois voir votre oncle à cent lieues d'ici.

Enfin nous sortîmes de cet endroit, et traversâmes je ne sais combien de chambres riches, magnifiques, des mieux ornées, et dont je ne dirai rien ; car de m'amuser à des lambris et à des dorures, moi que Richelieu a rempli d'originaux et d'antiques, vous ne me le conseilleriez pas ; toutefois je vous avouerai que l'appartement du Roi m'a semblé merveilleusement superbe : celui de la Reine ne l'est pas moins ; il y a tant d'or qu'à la fin je m'en ennuyai[3]. Jugez ce que peuvent faire les grands seigneurs, et quelle misère c'est d'être riche : il a fallu qu'on ait inventé les chambres de stuc où la magnificence se cache sous une apparence de simplicité. Il est encore bon que vous sachiez que l'appartement du Roi consiste en diverses pièces, dont l'une, appelée le grand cabinet[4], est remplie de peintures exquises : il y a, entre autres, des Bacchanales du Poussin[5], et un com-

1. Monna Lisa, dite *la Joconde*, parce qu'elle épousa Francesco del Giocondo, gentilhomme florentin. Elle fut, dit-on, la maîtresse de François Ier. Son portrait, qui est au Louvre, est l'œuvre la plus célèbre de Léonard de Vinci.

2.   Il observait les différents attraits
     De ces beautés qui, dans leur douce guerre,
     Donnent des fers aux maîtres de la terre.
     Chacune était auprès de son héros,
     Et l'enchaînait des chaînes de Paphos, etc.
                          (VOLTAIRE, tome XI, p. 216.)

3. Desmarets, p. 54. — 4. *Ibidem*, p. 57.
5. L'un de ces tableaux représentait le banquet de Silène ; l'autre le triomphe de Bacchus, dont le char, tiré par des Cen-

bat burlesque et énigmatique de Pallas et de Vénus, d'un peintre que la concierge ne nous put nommer[1] : Vénus a le casque en tête et une longue estocade[2]. Je voudrois pour beaucoup me souvenir des autres circonstances de ce combat et des différents personnages dont est composé le tableau, car chacune de ces déesses a son parti qui la favorise. Vous trouveriez fort plaisantes les visions que le peintre a eues. Il fait demeurer l'avantage à la fille de Jupiter; mais à propos elles sont toutes deux ses filles : je voulois donc dire à celle qui est née dans son cerveau. La pauvre Vénus est blessée par son ennemie. En quoi l'ouvrier[3] a représenté les choses non comme elles sont, car d'ordinaire c'est la beauté qui est victorieuse de la vertu, mais plutôt comme elles doivent être : assurément sa maîtresse lui avoit joué quelque mauvais tour.

Ce grand cabinet dont je parle est accompagné d'un autre petit[4] où quatre tableaux pleins de figures représentent les quatre éléments. Ces tableaux sont du ....[5], la concierge nous le dit, si je ne me trompe; et

---

taures, était suivi par des Ménades jouant de divers instruments (Vignier, p. 62-63).

1. Ce tableau était du Pérugin. Vignier (p. 63) le décrit : « Ce tableau représente un combat de l'Amour et de la Chasteté. L'on y voit quantité de petits Amours : les uns tirent des femmes par les cheveux, et les autres avec des cordons de soie, étant tous armés de flèches d'or et de toutes sortes d'instruments propres à l'Amour. La Chasteté brise leurs traits et leurs arcs, en bat d'autres avec leurs flambeaux, et en tire pareillement par les cheveux. On voit dans le lointain toutes les métamorphoses que l'Amour a causées. » Comparez Desmarets, p. 58.
2. « Sorte de grande épée déliée et pointue, dit Richelet, qui n'est plus guère en usage. »
3. Ci-dessus, p. 265 et note 2.
4. C'était le cabinet de la Reine (Vignier, p. 71).
5. La Fontaine a effacé dans le manuscrit le nom du *Poussin*,

quand je me tromperois, ce n'en seroient pas moins les quatre éléments. On y voit des feux d'artifice, des courses de bagues, des carrousels, des divertissements de traîneaux, et autres gentillesses semblables. Si vous me demandez ce que tout cela signifie, je vous répondrai que je n'en sais rien[1].

Au reste le cardinal de Richelieu, comme cardinal qu'il étoit, a eu soin que son château fût suffisamment fourni de chapelles : il y en a trois, dont nous vîmes les deux d'en haut; pour celle d'en bas, nous n'eûmes pas le temps de la voir[2], et j'en ai regret à cause d'un saint Sébastien que l'on prise fort. Dans l'une de celles qui sont en haut je trouvai l'original de cette dondon[3] que

---

et n'en a pas substitué d'autre. On verra, à la note suivante, qu'ils étaient de Drevet et de Claude Lorrain.

1. Vignier décrit ainsi ces quatre tableaux : « Au-dessus du lambris on voit jusqu'au haut du plafond quatre tableaux dans leurs cadres, représentant les quatre éléments. Le premier représente la terre, ou le triomphe de Louis XIII, pour la naissance de Sa Majesté à présent régnante et de Monsieur. Le second représente l'air : c'est une chasse d'oiseaux, où Madame de Lorraine paroit avec toutes les dames de la cour, montées sur des superbes chevaux. Le troisième représente le feu par des feux d'artifice tirés de nuit au milieu d'une place environnée de bâtiments. Et le quatrième, qui représente l'eau, fait voir les divertissements des dames et des galants de Hollande durant la glace. Les figures de ce tableau sont de Drevet, et les paysages de Claude Lorrain. »

2. Desmarets la dépeint en ces termes :

Mais il faut avant tout rendre l'honneur à Dieu :
Sous ce pavillon gauche allons voir le saint lieu.
C'est l'auguste chapelle, où vingt blanches colonnes
Ont leurs chapiteaux d'or, comme autant de couronnes;
En la base, en la frise, et dans la voûte encor,
Du blanc la douceur règne avec celle de l'or.
Que d'illustres tableaux ornent ces feints portiques!
Que de nobles enfants des grands peintres antiques!

3.   Cependant la reine Didon

notre cousin a fait mettre sur la cheminée de sa salle. C'est une Magdelaine[1] du Titian[2], grosse et grasse, et fort agréable; de beaux tetons comme aux premiers jours de sa pénitence, auparavant que le jeûne eût commencé d'empiéter sur elle. Ces nouvelles pénitentes sont dangereuses, et tout homme de sain entendement les fuira.

Il me semble que je n'ai pas parlé trop dévotement de la Magdelaine; aussi n'est-ce pas mon fait[3] que de raisonner sur des matières spirituelles : j'y ai eu mauvaise grâce toute ma vie; c'est pourquoi je passerai sous silence les raretés de ces deux chapelles, et m'arrêterai seulement à un saint Hiérôme tout de pièces rapportées, la plupart grandes comme des têtes d'épingles, quelques-unes comme des cirons[4]. Il n'y en a pas une[5] qui n'ait été employée avec sa couleur; cependant leur assemblage est un saint Hiérôme si achevé que le pinceau n'auroit pu mieux faire : aussi semble-t-il que ce soit peinture, même à ceux qui regardent de près cet ouvrage. J'admirai non seulement l'artifice, mais la patience de l'ouvrier[6]. De

> Perdoit sa face de dondon....
> (SCARRON, *le Virgile travesti*, livre IV.)

> C'étoit une grosse dondon
> Grasse, vigoureuse, bien saine.
> (*Ibidem*, livre I.)

« Monsieur, voilà une dondon qui me paroît assez résolue.... » (REGNARD, *les Filles errantes*, acte I, scène II.)

1. Telle est bien l'orthographe de la Fontaine.
2. Une copie du Titien, selon Vignier (p. 94).
3. Tome V, p. 194 et note 3.
4. Ce sont à peu près les expressions de Vignier (*ibidem*). Cette mosaïque était dans l'antichambre du salon de Son Éminence.
5. *Première rédaction :* une seule.
6. Page 270 et note 3.

A SA FEMME.

quelque façon que l'on considère son entreprise, elle ne peut être que singulière,

> Et dans l'art de niveler [1],
> L'auteur de ce saint Hiérôme
> Devoit sans doute exceller
> Sur tous les gens du royaume.

Ce n'est pas que je sache son pays, pour en parler franchement, ni même son nom; mais il est bon de dire que c'est un François, afin de faire paroître cette merveille d'autant plus grande. Je voudrois, pour comble de nivelerie [2], qu'un autre entreprît de compter les pièces qui la composent.

Mais ne passerai-je point moi-même pour un nivelier [3], de tant m'arrêter à ce saint Hiérôme [4]? Il faut le laisser; aussi bien dois-je réserver mes louanges pour cette fameuse table dont vous devez avoir entendu parler, et qui fait le principal ornement de Richelieu. On l'a mise dans le salon, c'est-à-dire au bout de la galerie, le salon n'en étant séparé que par une arcade. Il me semble que j'aurois bien fait d'invoquer les Muses pour parler de cette table assez dignement [5].

> Elle est de pièces de rapport [6],
> Et chaque pièce est un trésor;

1. Terme de mosaïste, employé ici à la fois au propre et au figuré : s'amuser à des vétilles, à des niaiseries, à des bagatelles. Voyez la 1re édition du *Dictionnaire de l'Académie* (1694).
2. De minutie, de vétillerie.
3. *Nivelier* ou *nivelleux*, un vétilleur.
4. *Première rédaction* : Mais je passerois moi-même pour un nivelier, si je m'arrêtois davantage à ce saint Hiérôme.
5. Au dire de Vignier (p. 100), elle avait six pieds de long sur quatre de large; et ces mosaïques en pierres précieuses se faisaient à Florence. A Venise aussi, et à Rome.
6. Ci-dessus, p. 272, « pièces rapportées ».

Car ce sont toutes pierres fines,
Agates, jaspe, et cornalines,
Pierres de prix, pierres de nom.
Pierres d'éclat et de renom :
Voilà bien de la pierrerie.
Considérez que de ma vie
Je n'ai trouvé d'objet qui fût si précieux.
Ce qu'on prise aux tapis de Perse et de Turquie,
Fleurons, compartiments, animaux, broderie,
Tout cela s'y présente aux yeux ;
L'aiguille et le pinceau ne rencontrent[1] pas mieux.
J'en admirai chaque figure ;
Et qui n'admireroit ce qui naît sous les cieux ?
Le savoir de Pallas[2], aidé de la teinture,
Cède au caprice heureux de la simple nature ;
Le hasard produit des morceaux
Que l'art n'a plus qu'à joindre, et qui font sans peinture
Des modèles parfaits de fleurons et d'oiseaux.

Tout cela pourtant n'est de rien compté[3] : ce qui fait la valeur de cette table, c'est une agate qui est au milieu, grande presque comme un bassin[4], taillée en ovale, et de couleurs extrêmement vives. Ses veines sont délicates, et mêlées de feuille morte, isabelle, et couleur d'aurore. Au reste vraie agate d'Orient, laquelle[5] a toutes les qualités qu'on peut souhaiter[6] aux pierres de cette espèce ;

Et, pour dire en un mot, la reine des agates.

1. Comparez tome IV, p. 60 et note 4.
2. Tome V, p. 109.
3. *Conté*, dans le manuscrit.
4. Elle avait, selon Vignier (p. 100), un pied et demi de long sur un pied de large, et était entourée par une douzaine d'autres agates encadrées dans des fleurons de cornaline, de jaspe et de lapis-lazuli.
5. *Laquelle* remplace *et qui* biffé.
6. *Première rédaction :* qu'on souhaite.

Dans tout l'empire des camaïeux (ce sont peuples dont les agates font une branche[1]) je ne crois pas qu'il se trouve encore une merveille aussi grande que celle-ci, ni que rien de plus rare nous soit venu

Des bords où le soleil commence sa carrière.

J'en excepte cette agate qui représentoit Apollon et les neuf Muses[2]; car je la mets la première, et celle de Richelieu la seconde.

> Ce palais si fameux des princes de Florence,
> Riche et brillant séjour de la magnificence;
> Le trésor de Saint-Marc; celui dont les François
> Recommandent la garde aux cendres de leurs rois;
> Les vastes magasins dont le sérail abonde,
> Magasins enrichis des dépouilles du monde;
> Jule[3] enfin n'eut jamais rien de plus précieux.

Et pour m'exprimer familièrement et en termes moins poétiques,

> Saint-Denis, et Saint-Marc, le palais du grand-duc,
> L'hôtel de Mazarin, le sérail du grand Turc,
> N'ont rien, à ce qu'on dit, de plus considérable.
> Je me suis informé du prix de cette table :
> Voulez-vous le savoir? Mettez cent mille écus,
> Doublez-les, ajoutez cent autres par-dessus :
> Le produit en sera la valeur véritable.

Dans le même lieu où on l'a mise[4], sont quatre ou

---

1. Il y a ici cinq lignes raturées, presque indéchiffrables. On y lit cependant : « camay[eux] dont les agates font partie »; et au-dessus : « que l'on confond bien souvent avec les agates ».

2. L'agate de Pyrrhus, roi d'Epire, où étaient gravés les neuf Muses et Apollon tenant sa harpe.

3. Le cardinal Mazarin (ci-dessus, p. 15).

4. *Premières rédactions :* où on a mis cette table; où on a mis cette merveille.

cinq bustes, et quelques statues, parmi lesquelles on me nomma Tibère[1] et Livie[2]; ce sont personnes que vous connoissez, et dont M. de la Calprenède[3] nous entretient quelquefois. Je ne vous en dirai rien davantage, aussi bien ma lettre commence[4] à me sembler un peu longue. Il m'est pourtant impossible de ne point parler d'un certain buste dont la draperie est de jaspe[5] : belle tête, mais mal peignée; des traits de visage grossiers, quoique bien proportionnés, et qui ont quelque chose d'héroïque et de farouche[6] tout à la fois, un regard fier et terrible, enfin la vraie image d'un jeune Scythe : vous ne prendriez jamais cette tête pour celle d'un de nos galants[7]; c'est aussi celle d'Alexandre. J'eusse fait tort à ce prince si j'eusse regardé après lui un moindre héros que le grand Armand. Nous rentrâmes pour ce sujet dans la galerie. On y voit ce ministre peint en habit de cavalier et de cardinal, encourageant des troupes par sa présence, et monté sur un cheval[8] parfaitement beau[9]. Ce pourroit bien être ce barbe qu'on appeloit *l'impu-*

1. Après avoir écrit d'abord : « Non le Tibère de Calprenède, mais celui de Corneille Tacite; quant à Livie, vous la connoissez, c'est cette femme qui, dans le *Cinna* de M. Corneille, dissuade.... », la Fontaine s'est interrompu, et a refait ainsi la dernière phrase : « quant à Livie, vous la connoissez par le *Cinna* de M. Corneille. » Enfin il a effacé tous ces tâtonnements.
2. Vignier, p. 140 et 141; Desmarets, p. 61, *Promenade* VIII.
3. Ci-dessus, p. 25 et note 6.
4. *Première rédaction :* aussi bien cette lettre commençant....
5. *Première rédaction :* parler d'une certaine tête embrassée en aspe, laquelle fait un des principaux bustes de ce salon.
6. *Première rédaction :* et de barbare.
7. On lisait ici : « avouez-le moi »; ces mots ont été biffés.
— Vignier en parle, p. 140. Chez Desmarets, *Promenade* VIII, p. 2 :
   La valeur d'Alexandre en ce buste respire.
8. *Première rédaction :* barbe blanc.
9. Voyez Vignier, p. 135; et Desmarets, p. 61, *Promenade* VIII.

dent: animal sans considération ni respect, et qui devant les Majestés et les Éminences rioit à toutes celles qui lui plaisoient¹. Les tableaux de cette galerie représentent une partie des conquêtes que nous avons faites sous le ministère d'Armand.

Après que j'eus jeté l'œil sur les principales, nous descendîmes dans les jardins, qui sont beaux sans doute et fort étendus ; rien ne les sépare d'avec le parc. C'est un pays que ce parc², on y court le cerf³. Quant aux jardins, le parterre est grand et l'ouvrage de plus d'un jour⁴. Il a fallu, pour le faire, qu'on ait tranché toute la croupe d'une montagne. La retenue des terres est couverte d'une palissade de philiréa⁵ apparemment ancienne, car elle est chauve en beaucoup d'endroits : il est vrai que les statues qu'on y a mises réparent en quelque façon les ruines de sa beauté. Ces endroits, comme vous savez, sont d'ordinaire le quartier des Flores : j'y en vis une, et une Vénus, un Bacchus moderne, un consul (que fait ce consul parmi de jeunes déesses?), une dame grecque, une autre dame romaine, avec une autre sortant du bain⁶. Avouez le vrai, cette dame sortant du bain n'est pas celle que vous verriez le moins volontiers. Je ne vous saurois dire comme elle est faite, ne l'ayant

---

1. A toutes les juments. — 2. Ci-dessus, p. 222 et note 5.
3. Au vers 1 de la fable vi du livre XII : « En pays pleins de cerfs.... »
4. Tome VIII, p. 375 et note 1 ; dans l'opéra de *Daphné*, vers 859 :

    Ce n'est pas l'ouvrage d'un jour.

5. Les terres sont retenues, maintenues en place par cette palissade. — *Phyllirea*, communément *filaria*, genre d'arbustes qui croît abondamment dans les haies.
6. Vignier, p. 152-155, parle aussi de la statue de Flore qui se trouvait dans les jardins, ainsi que de la dame grecque, et de la dame romaine sortant du bain.

considérée que fort peu de temps. Le déclin du jour et la curiosité de voir une partie des jardins en furent la cause. Du lieu où nous regardions ces statues, on voit à droite une fort longue pelouse, et ensuite quelques allées profondes, couvertes, agréables, et où je me plairois extrêmement à avoir une aventure amoureuse; en un mot, de ces ennemies du jour tant célébrées par les poètes : à midi véritablement on y entrevoit quelque chose,

> Comme au soir, lorsque l'ombre arrive en un séjour,
> Ou lorsqu'il n'est plus nuit et n'est pas encor jour[1].

Je m'enfonçai dans l'une de ces allées. M. de Châteauneuf, qui étoit las, me laissa aller. A peine eus-je fait dix ou douze pas, que je me sentis forcé par une puissance secrète de commencer quelques vers à la gloire du grand Armand. Je les ai depuis achevés sur les mémoires que me donnèrent les nymphes de Richelieu; leur présence, à la vérité, m'a manqué trop tôt; il seroit à souhaiter que j'eusse mis la dernière main à ces vers au même lieu qui me les a fait ébaucher[2]. Imaginez-vous que je suis dans une allée où je médite ce qui s'ensuit :

> Mânes du grand Armand, si ceux qui ne sont plus
> Peuvent goûter encor des honneurs superflus,
> Recevez ce tribut de la moindre des Muses.
> Jadis de vos bontés ses sœurs étoient confuses[3];
> Aussi n'a-t-on point vu que d'un silence ingrat
> Phébus de vos bienfaits ait étouffé l'éclat.
> Ses enfants ont chanté les pertes de l'Ibère,

---

1. L'ombre et le jour luttoient dans les champs azurés.
 (*Les Filles de Minée*, vers 104 et note 6.)
2. *Première rédaction :* qui m'aida à les ébaucher.
3. Tome VI, p. 221 et note 3.

A SA FEMME.

Et le destin forcé de nous être prospère,
Partout où vos conseils, plus craints que le dieu Mars,
Ont porté la terreur de nos fiers étendards;
Ils ont représenté les vents et la fortune
Vainement indignés du tort fait à Neptune,
Quand vous tîntes ce dieu si longtemps enchaîné [1].
Le rempart qui couvroit un peuple mutiné,
Nos voisins envieux de notre diadème,
Et les rois de la mer [2], et la mer elle-même,
Ne purent arrêter le cours de vos efforts [3].
La Seine vous revit triomphant sur ses bords.
Que ne firent alors les peuples du Permesse [4]!
On leur ouït chanter vos faits, votre sagesse,
Vos projets élevés, vos triomphes divers ;
Le son en dure encore aux bouts de l'univers.
Je n'y puis ajouter qu'une simple prière :
Que la nuit d'aucun temps ne borne la carrière
De ce renom si beau, si grand, si glorieux!
Que Flore et les Zéphyrs ne bougent de ces lieux ;
Qu'ainsi que votre nom leur beauté soit durable;
Que leur maître ait le sort à ses vœux favorable;
Qu'il vienne quelquefois visiter ce séjour,
Et soit toujours content du Prince et de la cour!

Je serois encore au fond de l'allée [5] où je commençai ces vers, si M. de Châteauneuf ne fût venu m'avertir qu'il étoit tard. Nous repassâmes dans l'avant-cour afin de gagner plus tôt l'autre côté des jardins. Comme nous étions près du pont-levis, un vieux domestique nous aborda fort civilement, et me demanda ce qu'il me sembloit de Richelieu. Je lui répondis que c'étoit une

1. Allusion à la digue de la Rochelle, dont on voit encore les restes à la marée basse.
2. Les Anglais.
3. Comparez Corneille, *Poésies diverses*, tome X des OEuvres, p. 109 et note 3.
4. Les poètes.
5. *Première rédaction :* encor dans l'all[ée].

maison accomplie; mais que, n'ayant pu tout voir, nous reviendrions le lendemain, et reconnoîtrions ses civilités et les offres qu'il nous faisoit (je ne songeois pas à notre promesse[1]). « On ne manque jamais de dire cela, repartit cet homme; j'y suis tous les jours attrapé par des Allemands. » Sans[2] la crainte de nous fâcher, et par conséquent de ne rien avoir, il auroit, je pense, ajouté : « à plus forte raison le serai-je par des François »; même je vis bien que le haut-de-chausses[3] de M. de Châteauneuf lui sembloit de mauvais augure. Cela me fit rire, et je lui donnai quelque chose.

A peine l'eûmes-nous congédié[4] que le peu qui restoit de jour nous quitta. Nous ne laissâmes pas de nous renfoncer en d'autres allées, non du tout si sombres[5] que les précédentes; elles pourront l'être dans deux cents ans. De tout ce canton je ne remarquai qu'un mail et deux jeux de longue paume, dont l'un pourroit bien être tourné vers l'orient, et l'autre vers le midi ou vers le septentrion : je suis assuré que c'est l'un des deux; on se sert apparemment de ces jeux de paume selon les différentes heures du jour, pour n'avoir pas le soleil en vue[6]. Du lieu où ils sont il fallut rentrer en de nou-

1. De rejoindre le lendemain Jannart à Châtellerault : ci-dessus, p. 253.
2. *Première rédaction :* Si ce n'eût été.
3. Son haut-de-chausses et ses grosses bottes d'exempt, d'officier de police (ci-dessus, p. 224 et note 5).
4. D'abord *quitté*, puis *laissé*, et enfin *congédié*.
5. Bien moins sombres, pas du tout si sombres : voyez tome IV, p. 68 et note 2.
6. En face, dans les yeux. — « Le mail commence proche la porte de l'anticour; il est à tournant, et passe autour de deux jeux de longue paume. Il a trois cent quarante-six toises de long, et de large quatre toises et demie; il y a une petite allée, qui va d'une passe à l'autre, pour la commodité de ceux qui veulent jouer. » (Vignier, p. 4.) En 1665, deux ans après l'épo-

velles obscurités, et marcher quelque temps sans nous voir, tant qu'enfin nous nous retrouvâmes dans cette place qui est au-devant du château, moi fort satisfait, et M. de Châteauneuf, qui étoit en grosses bottes, fort las.

que du voyage de la Fontaine, le duc de Richelieu fit construire, proche du mail et de la porte de l'anticour, un jeu de courte paume. « C'est, dit Vignier, p. 5, un des plus beaux du Royaume. »

LETTRE VI[1].

A LA MÊME.

SUITE DU MÊME VOYAGE.

A Limoges, ce 19e septembre 1663.

Ce seroit une belle chose que de voyager, s'il ne se falloit point lever si matin. Las que nous étions, M. de Châteauneuf et moi, lui, pour avoir fait tout le tour de Richelieu en grosses bottes[2], ce que je crois vous avoir mandé, n'ayant pas dû omettre une circonstance si remarquable, moi, pour m'être amusé à vous écrire[3] au lieu de dormir : notre promesse[4] et la crainte de faire attendre le voiturier nous obligèrent de sortir du lit devant que l'Aurore fût éveillée. Nous nous disposâmes à prendre congé de Richelieu[5] sans le voir. Il arriva

---

1. Cette lettre a été publiée pour la première fois par Monmerqué dans ses *Opuscules inédits de la Fontaine*, p. 39-48, d'après l'autographe contenu dans les Manuscrits de Conrart à la Bibliothèque de l'Arsenal, n° 5131, p. 875-881, autographe sur lequel nous avons collationné le texte.

2. En grosses bottes et haut-de-chausses (ci-dessus, p. 280-281).

3. Allusion à sa lettre III. — 4. Page 280 et note 1.

5. « La principale rue est composée de vingt-huit gros pavillons, quatorze de chaque côté, tous à portes cochères, et d'une même symétrie; à chaque bout il y a une place de quarante-six toises en carré, avec des pavillons doubles aux quatre coins. L'église est dans la place la plus proche du château. Le palais et les halles sont dans la même place, avec une fontaine dans un des coins, et une autre fontaine dans l'autre place. » (Vignier, p. 3.) Walckenaer ajoute que cette ville est près de deux petites rivières, l'Amable et la Vide ou Veude; la première remplit les fossés de la ville, qui, comme l'a dit la Fontaine dans sa description (ci-dessus, p. 254-256), n'était qu'un village avant

malheureusement pour nous, et plus malheureusement encore pour le sénéchal, dont nous fûmes contraints d'interrompre le sommeil, que les portes se trouvèrent fermées par son ordre. Le bruit couroit que quelques gentilshommes de la province avoient fait complot de sauver certains prisonniers soupçonnés[1] de l'assassinat du marquis de Faure[2]. Mon impatience ordinaire me fit maudire cette rencontre. Je ne louai même que sobrement la prudence du sénéchal. Pour me contenter, M. de Châteauneuf lui parla, et lui dit que nous portions le paquet du Roi[3] : aussitôt il donna ordre qu'on nous ouvrît; si bien que nous eûmes du temps de reste, et arrivâmes à Châtellerault qu'on nous croyoit encore à moitié chemin.

Nous y trouvâmes votre oncle en maison d'ami. On lui avoit promis des chevaux pour achever son voyage;

---

le cardinal de Richelieu. Il l'a bâtie en 1637, après avoir fait ériger la seigneurie qui en dépendait en duché-pairie, par lettres patentes du Roi de 1631. On trouve un plan de cette ville et une vue du château dans l'ouvrage intitulé *Topographia Galliæ*, Francfort, 1657, in-fol., p. 57, plan et vue copiés d'après ceux qui avaient paru à Paris en quatre feuilles, et dont une réduction se voit dans les *Délices de la France*, Leyde, 1685, in-12, p. 417. — Richelieu était autrefois une ville du diocèse de Poitiers, du ressort d'Anjou, de la généralité de Tours, et du gouvernement de Saumur, et appartenait ainsi à quatre provinces : pour le spirituel au Poitou; pour la justice à l'Anjou; pour les finances à la Touraine; pour le militaire au Saumurois. C'est aujourd'hui un chef-lieu de canton du département d'Indre-et-Loire, et l'on y compte deux mille six cents habitants.

1. *Première rédaction :* accusés.

2. Le marquis de Faure ou Fors s'appelait Poussart du Vigean. Il était frère de la duchesse de Richelieu; son autre sœur mourut aux Carmélites de Paris. Il fut assassiné dans son carrosse comme il allait rendre visite à un de ses amis.

3. Le paquet ou la valise du Roi : que nous étions ses courriers, que nous portions ses ordres.

et il s'étoit résolu de laisser Poitiers, comme le plus long, pourvu que je n'eusse pas une curiosité trop grande de voir cette ville. Je me contentai de la relation qu'il m'en fit, et son ami le pria de ne point partir qu'il n'en fût pressé par le valet de pied qui l'accompagnoit[1]. Nous accordâmes à cet ami un jour seulement. Ce n'est pas qu'il ne dépendît de nous de lui en accorder davantage, M. de Châteauneuf étant honnête homme et s'acquittant de telles commissions au gré de ceux qu'il conduit aussi bien que de la cour; mais nous jugeâmes qu'il valoit mieux obéir ponctuellement aux ordres du Roi.

Tout ce qui se peut imaginer de franchise, d'honnêteté, de bonne chère, de politesse, fut employé pour nous régaler. La Vienne passe au pied de Châtellerault, et en ce canton elle porte des carpes qui sont petites quand elles n'ont qu'une demi-aune. On nous en servit des plus belles, avec des melons que le maître du logis méprisoit, et qui me semblèrent excellents. Enfin cette journée se passa avec un plaisir non médiocre; car nous étions non seulement en pays de connoissance, mais de parenté.

Je trouvai à Châtellerault un Pidoux[2] dont notre hôte avoit épousé la belle-sœur. Tous les Pidoux ont du nez, et abondamment[3]. On nous assura de plus qu'ils vivoient longtemps, et que la mort, qui est un accident si commun chez les autres hommes, passoit pour prodige parmi ceux de cette lignée. Je serois merveilleusement curieux que la chose fût véritable[4]. Quoi que

1. Châteauneuf : ci-dessus, p. 280, note 3.
2. La Fontaine était, par sa mère, de la famille des Pidoux tome I, p. vii-x.
3. On sait que notre poète avait lui-même le nez long.
4. Désireux qu'elle le fût. Et elle l'était : les Pidoux, dit Walckenaer, formaient, au temps de la Fontaine, une des familles les plus considérables de la bourgeoisie du Poitou, et leur

c'en soit, mon parent de Châtellerault demeure onze
heures à cheval sans s'incommoder, bien qu'il passe
quatre-vingts ans. Ce qu'il a de particulier et que ses
parents de Château-Thierry n'ont pas, il aime la chasse
et la paume, sait l'Écriture[1], et compose des livres de
controverse; au reste l'homme le plus gai que vous
ayez vu, et qui songe le moins aux affaires, excepté
celles de son plaisir. Je crois qu'il s'est marié plus d'une
fois; la femme qu'il a maintenant est bien faite, et a
certainement du mérite. Je lui sais bon gré d'une chose,
c'est qu'elle cajole[2] son mari, et vit avec lui comme si
c'étoit son galant[3]; et je sais bon gré d'une chose à son
mari, c'est qu'il lui fait encore des enfants[4]. Il y a ainsi
d'heureuses vieillesses, à qui les plaisirs, l'amour, et
les grâces, tiennent compagnie jusqu'au bout : il n'y en
a guère, mais il y en a, et celle-ci en est une. De vous
dire quelle est la famille de ce parent, et quel nombre
d'enfants il a, c'est ce que je n'ai pas remarqué, mon humeur n'étant nullement de m'arrêter à ce petit peuple[5].

réputation de longévité était bien établie. On trouve un Pierre
Pidoux, trésorier de France et maire de Poitiers, en 1575, qui
fut nommé maire pour la seconde fois en 1615, et qui mourut
le 8 mars 1636, à l'âge de quatre-vingt-six ans ; ensuite un Jean
Pidoux, qui fut assesseur civil et maire en 1618, et qui mourut
le 28 janvier 1656, âgé de quatre-vingt-un ans. Son fils, Pierre
Pidoux, fut lieutenant général au siège royal de Châtellerault.
Jean Pidoux, docteur en médecine, fut maire de Poitiers en 1631,
et mourut en 1662, âgé de soixante-dix-huit ans. Le Pidoux que
la Fontaine trouva dans cette ville était le troisième octogénaire
de cette famille dont nous ayons connaissance; car il ne pouvait
être aucun de ceux que l'on vient de mentionner.

1. Ci-dessus, p. 233 et note 1.
2. Page 227. — 3. Page 258 et note 3.
4. Malgré ses quatre-vingts ans passés. A cet âge, il est vrai,
dit un malin proverbe, le vieillard qui se marie a toujours des
enfants.
5. Tome II, p. 364 et note 19.

Trop bien¹ me fit-on voir une grande fille, que je considérai volontiers, et à qui la petite vérole a laissé des grâces et en a ôté. C'est dommage : on dit que jamais fille n'a eu de plus belles espérances que celle-là.

    Quelles imprécations
  Ne mérites-tu point, cruelle maladie,
   Qui ne peux voir qu'avec envie
   Le sujet de nos passions !
 Sans ton venin, cause de tant de larmes,
Ma parente m'auroit fait moitié plus d'honneur :
   Encore est-ce un grand bonheur
  Qu'elle ait eu tel nombre de charmes².
Tu n'as pas tout détruit, sa bouche en est témoin,
 Ses yeux, ses traits, et d'autres belles choses :
Tu lui laissas des lis, si tu lui pris des roses³ ;
 Et comme elle est ma parente de loin,
   On peut penser qu'à le lui dire
   J'aurois pris un fort grand plaisir ;
J'en eus la volonté, mais non pas le loisir :
   Cet aveu lui pourra suffire.

On nous assura⁴ qu'elle dansoit bien, et je n'eus pas de peine à le croire ; ce qui m'en plut davantage fut le ton de voix et les yeux ; son humeur aussi me sembla douce. Du reste ne m'en demandez rien de particulier : car, pour parler franchement, je l'entretins peu, et de choses indifférentes ; bien résolu, si nous eussions fait un plus long séjour à Châtellerault, de la tourner de tant de côtés que j'aurois découvert ce qu'elle a dans l'âme⁵, et si elle est capable d'une passion secrète. Je

---

1. Bien mieux : tome V, p. 414 et note 7 ; et *passim*.
2. « Bien lui prit d'avoir des charmes à moissonner, etc. » (*Psyché*, livre II, tome VIII, p. 173.)
3. *Ibidem*, p. 226.
4. *Première rédaction :* On nous dit.

5. C'est pour mettre en plein jour tout ce qu'elle a dans l'âme.
 (*Je vous prends sans verd*, vers 8 et note 1.)

ne vous en saurois apprendre¹ autre chose, sinon qu'elle aime fort les romans; c'est à vous, qui les aimez fort aussi², de juger quelle conséquence on en peut tirer³. Outre cette parente de Châtellerault, je dois avoir à Poitiers un cousin germain, dont je n'ai point mémoire qu'on m'ait rien dit : je m'en souviens seulement parce qu'il m'a plaidé⁴ autrefois.

Poitiers est ce qu'on appelle proprement une villace⁵, qui, tant en maisons que terres labourables, peut avoir deux ou trois lieues de circuit; ville mal pavée, pleine d'écoliers, abondante en prêtres et en moines⁶. Il y a en récompense nombre de belles, et l'on y fait l'amour aussi volontiers qu'en lieu de la terre; c'est de la comtesse⁷ que je le sais. J'eus quelque regret de n'y point passer; vous en pourriez aisément deviner la cause.

Ce n'est ni la Pierre-Levée⁸

1. *Première rédaction :* dire. — 2. Ci-dessus, p. 219-220.
3. Tome VIII, p. 154 et note 3.
4. M'a fait un procès. — On a vu, dans la note 4 de la page 284, que la tige principale de sa famille maternelle était à Poitiers.
5. Une grande ville mal bâtie et peuplée de gens mêlés.
6. Il y avait à Poitiers une université, cinq abbayes, deux séminaires, trois hôpitaux, neuf couvents d'hommes, douze de femmes, etc., et vingt-deux paroisses, pour une population que d'Expilly ne portait pas à plus de neuf mille six cent quatre-vingt-dix-huit individus en 1768 : voyez le *Dictionnaire.... des Gaules et de la France*, tome V, p. 730.
7. Ci-dessus, p. 227.
8. Ou le palet de Pantagruel : sorte de dolmen, mais d'édification relativement récente, et comme il en existe beaucoup d'autres en France et dans toute l'Europe, la *Pierre-Levée*, dont il est ici question, se trouve à un kilomètre à l'est de Poitiers, en sortant par la porte du Pont-Joubert, à gauche de la route de Bourges. C'est une masse de forme oblongue, irrégulière, d'environ vingt pieds de long sur dix-sept de large, montée sur cinq piliers hauts de trois pieds et demi. Quoique d'après les chroniqueurs, Bouchet entre autres, *Annales d'Aquitaine* (Paris, 1535, in-fol.), fol. 128, il soit constant qu'elle fut posée en cet endroit l'an 1478,

Ni le rocher Passe-Lourdin[1];
Pour vous en dire ma pensée,
Je les ai laissés sans chagrin;
Et quant à cet autre cousin,
Mon âme en est fort consolée;
Mais je voudrois bien avoir vu
La Landru[2].

pour monument de la foire qui se tenait en octobre dans le Vieux Marché de Poitiers, les bonnes gens du pays aimaient mieux croire que l'entassement de ces roches était dû à sainte Radegonde, qui aurait apporté là les cinq bornes ou piliers dans son tablier, et le plateau sur sa tête.

1. C'est une grosse roche voisine de Poitiers, et nommée de la sorte parce que les écoliers débarquant à l'université de cette ville n'étaient tenus pour déniaisés que quand leurs camarades les avaient contraints d'y *passer :* « .... D'autant que le bonhomme n'estoit encore passé sous l'arche de Saint-Longin, à Mantoue, pour estre desniaisé, ny sur le roc de Passe-Lourdin à Poictiers, pour se bien former la ceruelle », écrit Belleforest dans la 32ᵉ de ses *Histoires* (Paris, 1581, in-12). L'épreuve n'était pas sans danger : dans cette roche, pendant en précipice sur la rivière Clain, était creusée une « cache », retraite des paysans durant les guerres civiles, où devait pénétrer le *lourdin*, lisez le lourdaud, le balourd, et à laquelle on ne parvenait qu'en longeant, au ras de l'eau, sur une étroite corniche, le pied de l'énorme bloc. Rabelais, au chapitre v de son *Pantagruel* (tome I, p. 237-238), parle aussi de la *Pierre-Levée* et du rocher *Passe-Lourdin :* « .... De faict vint (Pantagruel) à Poictiers, pour estudier, et profita beaucoup, auquel lieu voyant que les escoliers estoient aulcunes fois de loysir et ne sçauoient à quoy passer temps, en eut compassion. Et ung iour prit d'ung grand rochier qu'on nomme Passe-Lourdin une grosse roche ayant enuiron de douze toises en quarré et d'espesseur quatorze pans. Et la mit sur quatre piliers au milieu d'ung champ bien à son ayse : afin que lesdicts escoliers, quand ilz ne sçauroient aultre chose faire, passassent temps à monter sur ladicte pierre, et là banqueter à force flacons, iambons, et pastez, et escrire leurs noms dessus auec ung cousteau, et de present l'appelle on la Pierre-Leuée. Et en memoire de ce n'est auiourd'huy passé aulcun en la matricule de ladicte uniuersité de Poictiers, sinon qu'il ait beu en la fontaine Caballine de Croustelles, passé à Passe-Lourdin, et monté sur la Pierre-Leuée. »

2. Est-ce, sous un pseudonyme, la beauté à la mode tant

Toutefois, ayant le cœur tendre,
Je suis certain que Cupidon
N'eût jamais manqué de me prendre,
S'il m'eût tendu ce hameçon ;
Et puis me voilà beau garçon,
Car au départ il se faut pendre :
Je serois fâché d'avoir vu
    La Landru [1].

Cependant je l'aurois vue si nous eussions continué notre route ; j'en avois déjà trouvé un moyen que je vous dirai.

Pour revenir à Châtellerault, vous saurez qu'il est mi-parti de huguenots et de catholiques, et que nous n'eûmes aucun commerce avec les premiers. Le terme dont nous étions convenus avec notre hôte étant écoulé, il fallut prendre congé de lui. Ce ne fut pas sans qu'il renouvelât ses prières : nous lui donnâmes le plus de temps qu'il nous fut possible, et le lui donnâmes de bonne grâce, c'est-à-dire en déjeunant bien, et tenant table longtemps, de sorte qu'il ne nous resta de l'heure

vantée dans la lettre II, p. 233 ? N'est-ce pas plutôt le nom d'une fille de joie célèbre de Poitiers, ou de la patronne, jeune encore, de quelque mauvais lieu fameux, où les écoliers, comme dit aussi Rabelais (tome I, p. 241), « en extase venereique », avaient coutume de s'ébattre avec les jolies dariolettes, « les meretricules amicabilissimes » ? On sait que la Fontaine ne se gênait guère avec sa femme, et que ce genre de plaisanteries ne lui répugnait pas. — Si nous en croyons une supposition hasardée, cette Landru serait plutôt une dame Bitton, dont il est parlé dans les Lettres du chevalier de Méré ; mais nous ne sommes guère disposé à partager cet avis que rien ne justifie.

1. Vers qui rappellent, à moins qu'on n'y voie l'expression d'un regret purement sentimental, certaines chansons de soldats et de matelots, au refrain lamentablement ironique comme celui-ci :

    Non, non, non, non, je n'irai plus
        Chez la Brelu.

que pour gagner Chavigny[1], misérable gîte, et où commencent les mauvais chemins et l'odeur des aulx, deux propriétés qui distinguent le Limousin des autres provinces du monde.

Notre seconde couchée[2] fut Bellac. L'abord de ce lieu m'a semblé une chose singulière, et qui vaut la peine d'être décrite. Quand, de huit ou dix personnes qui y ont passé sans descendre de cheval ou de carrosse, il n'y en a que trois ou quatre qui se soient rompu le cou, on remercie Dieu[3].

> Ce sont morceaux de rochers
> Entés[4] les uns sur les autres,
> Et qui font dire aux cochers
> De terribles patenôtres[5].
>
> Des plus sages à la fin
>   Ce chemin
> Épuise la patience.
> Qui n'y fait que murmurer,
>   Sans jurer,
> Gagne cent ans d'indulgence.

> M. de Châteauneuf l'auroit cent fois maudit,
>   Si d'abord je n'eusse dit :
>   « Ne plaignons point notre peine ;
>   Ce sentier rude et peu battu

1. Chavigny ou mieux Chauvigny : bourg sur la Vienne, à trois lieues de Poitiers.
2. Tome IV, p. 246 et note 5.
3. La petite ville de Bellac est bâtie, à la jonction de trois vallées, sur le penchant d'un coteau rapide, dont le Vincou et son affluent, le ruisseau de Basine, baignent le pied. Outre ses défenses naturelles, les premiers comtes de la Marche l'avaient couronnée d'un château fort, souvent assiégé, notamment par les Ligueurs en 1591, et jamais pris. — La direction de cette route a été changée sous Turgot.
4. Tome VIII, p. 228.
5. Tome IV, p. 402 et note 3.

Doit être celui qui mène
Au séjour de la vertu [1]. »

Votre oncle reprit qu'il falloit donc que nous nous fussions détournés. « Ce n'est pas, ajouta-t-il, qu'il n'y ait d'honnêtes gens à Bellac aussi bien qu'ailleurs; mais quelques rencontres ont mis ses habitants en mauvaise odeur. » Là-dessus il nous conta qu'étant de la commission des grands jours [2], il fit le procès à un lieutenant de robe courte de ce lieu-là, pour avoir obligé un gueux à prendre la place d'un criminel condamné à être pendu, moyennant vingt pistoles données à ce gueux et quelque assurance de grâce dont on le leurra. Il se laissa conduire et guinder [3] à la potence fort gaiement, comme un homme qui ne songeoit qu'à ses vingt pistoles, le prévôt lui disant toujours qu'il ne se mît point en peine, et que la grâce alloit arriver. A la fin le pauvre diable s'aperçut de sa sottise; mais il ne s'en aperçut qu'en faisant le saut, temps mal propre à se repentir et à déclarer qui on est. Le tour est bon, comme vous voyez [4], et Bellac se peut vanter d'avoir eu un prévôt aussi hardi et aussi pendable qu'il y en ait.

1. Comparez dans la fable II du livre XI, vers 43-44 et note 19 :
.... les sentiers peu battus
Qui mènent aux honneurs sur les pas des vertus.

2. Les guerres civiles ayant interrompu le cours ordinaire de la justice, et entraîné beaucoup de désordres, principalement dans le Poitou, le Roi jugea devoir y faire tenir une cour de grands jours, et nomma en 1634 une commission de conseillers au parlement de Paris et de maîtres des requêtes, présidée par M. Séguier. On renouvela depuis cette mesure. On doit remarquer que la sénéchaussée de Bellac était régie par le droit écrit; les appellations en étaient portées au parlement de Paris. (Thibaudeau, *Abrégé de l'Histoire du Poitou*, livre VIII, chapitre v, tome VI, p. 130.)

3. Hisser : tome VII, p. 295 et note 4.

4. C'est tout à fait l'histoire du « guillotiné par persuasion ».

Autant que l'abord de cette ville est fâcheux, autant est-elle désagréable, ses rues vilaines, ses maisons mal accommodées et mal prises. Dispensez-moi, vous qui êtes propre, de vous en rien dire. On place en ce pays-là la cuisine au second étage. Qui a une fois vu ces cuisines n'a pas grande curiosité pour les sauces qu'on y apprête. Ce sont des gens capables de faire un très méchant mets d'un très bon morceau. Quoique nous eussions choisi la meilleure hôtellerie, nous y bûmes du vin à teindre les nappes, et qu'on appelle communément la *tromperie de Bellac.* Ce proverbe a cela de bon que Louis XIII en est l'auteur.

Rien ne m'auroit plu sans la fille du logis, jeune personne[1] et assez jolie. Je la cajolai[2] sur sa coiffure : c'étoit une espèce de cale[3] à oreilles, des plus mignonnes, et bordée d'un galon d'or large de trois doigts. La pauvre fille, croyant bien faire, alla querir aussitôt sa cale de cérémonie pour me la montrer. Passé Chavigny, l'on ne parle quasi plus françois; cependant cette personne m'entendit sans beaucoup de peine[4] : les fleurettes[5] s'entendent par tout pays, et ont cela de commode qu'elles portent avec elles leur truchement[6]. Tout méchant qu'étoit notre gîte, je ne laissai pas d'y avoir une nuit fort douce. Mon sommeil ne fut nullement bigarré de songes comme il a coutume de l'être : si pourtant Morphée m'eût amené[7] la fille de l'hôte[8], je pense bien que

1. A la place de *personne* la Fontaine avait d'abord écrit *vertu*.
2. Ci-dessus, p. 285 et note 2. — 3. Page 221 et note 2.
4. *Premières rédactions :* ne laissa pas de m'entendre; m'entendit assez aisément.
5. Tome V, p. 68 et note 3.
6. Tome VIII, p. 268 et note 1. — *Trucheman* dans le manuscrit.
7. La Fontaine avait écrit ici : « la Landru ou du moins.... » ; il a effacé ces mots.
8. Rapprochez Horace, livre I, satire v, vers 82-85.

je ne l'aurois pas renvoyée; il ne le fit point, et je m'en passai.

M. Jannart se leva devant qu'il fût jour; mais sa diligence ne servit de rien, car tous nos chevaux étant déferrés, il fallut attendre; et, pour mes péchés, je revis les rues de Bellac encore une fois. Tandis que je faisois presser le maréchal, M. de Châteauneuf, qui avoit entrepris de nous guider ce jour-là, s'informa tant des chemins que cela ne servit pas peu à lui faire prendre les plus longs[1] et les plus mauvais. De bonne fortune notre traite n'étoit pas grande : comme Limoges n'est éloigné de Bellac que d'une petite journée, nous eûmes tout loisir de nous égarer; de quoi nous nous acquittâmes très bien, et en gens qui ne connoissoient ni la langue ni le pays.

Dès que nous fûmes arrivés, mon fidèle Achate (qui pourroit-ce être que M. de Châteauneuf?) disposa les choses pour son retour, et choisit la voie du messager à cheval[2], qui devoit partir le lendemain. Je fus fâché de ce qu'il nous quittoit si tôt; car, en vérité, il est honnête homme, et sait débiter ce qui se passe à la cour de fort bonne grâce[3]; puis il me semble qu'il ne fait pas mal[4] son personnage dans cette relation. Désormais nous tâcherons de nous en passer, avec d'autant moins de peine qu'il ne reste à vous apprendre que ce qui concerne le lieu de notre retraite : cela mérite une lettre entière[5].

1. *Mau[vais]* d'abord écrit, puis biffé.
2. Ou courrier.
3. *Premières rédactions :* ne débite pas mal ce qui se passe à la cour; sait débiter ce qui se passe à la cour d'assez bonne grâce.
4. *Première rédaction :* qu'il fait assez bien.
5. Lettre qui n'a pas été retrouvée. Il semble que la Fontaine ait peu séjourné à Limoges, quelques mois tout au plus, puisque dès le 14 janvier 1664 il obtenait du Roi son privilège pour l'im-

En attendant, si vous desirez savoir comme je m'y trouve, je vous dirai : assez bien; et votre oncle s'y doit trouver encore mieux, vu les témoignages d'estime et de bienveillance que chacun lui rend, l'évêque principalement : c'est un prélat qui a toutes les belles qualités que vous sauriez vous imaginer[1]; splendide surtout, et qui tient la meilleure table du Limousin. Il vit en grand seigneur, et l'est en effet. N'allez pas vous figurer que le reste du diocèse[2] soit malheureux et disgracié du ciel, comme on se le figure dans nos provinces. Je vous donne les gens de Limoges pour aussi fins et aussi polis que peuple de France : les hommes ont de l'esprit en ce pays-là, et les femmes de la blancheur[3]; mais leurs coutumes, façon de vivre, occupations, com-

---

pression de *Joconde*. L'exil de Jannart fut plus sérieux et plus long. « Cependant le sieur Jannart, un ancien officier, lequel a vieilli sans reproche dans l'exercice de son emploi au Parlement, lequel avoit été chargé toute sa vie des affaires les plus particulières qui concernoient le service du Roi, lequel, par une générosité qui devoit être estimée de mes ennemis mêmes, s'ils avoient eu les moindres sentiments d'honneur, avoit demandé et obtenu la permission d'assister ma femme, qui se trouvoit destituée de conseil, dès le premier pas qu'il a fait contre les inclinations de ces Messieurs, ils l'ont calomnié auprès du Roi, et ont fait expédier des ordres souverains contre lui, en vertu desquels il a été arraché à sa famille, interdit de la fonction de sa charge, exilé à plus de cent lieues, et relégué en un pays rude, où il est depuis dix-sept ou dix-huit mois, sans habitude et sans consolation. » (*Inventaire des pièces baillées à la chambre de justice par M*[re] *Nicolas Foucquet contre M. le Procureur général, concernant les défauts des Inventaires*, tome VII de la suite, ou tome XII de la collection, p. 91, *s. l.*, 1667, in-18.)

1. François de la Fayette, abbé de Dalon, oncle du mari de Mme de la Fayette. Il avait été nommé évêque en 1627, et mourut le 3 mai 1676, à l'âge de quatre-vingt-six ans. Voyez la *Gallia christiana*, tome II, col. 541-543.
2. *Première rédaction :* de la province.
3. Tomes I, p. 272, V, p. 587, et *passim*.

pliments sur tout, ne me plaisent point. C'est dommage
que *** n'y ait été mariée ; quant à mon égard,

>   Ce n'est pas un plaisant séjour :
>   J'y trouve aux mystères d'Amour
>   Peu de savants, force profanes;
>   Peu de Philis, beaucoup de Jeannes[1];
>   Peu de muscat de Saint-Mesmin[2],
>   Force boisson peu salutaire;
>   Beaucoup d'ail et peu de jasmin :
>   Jugez si c'est là mon affaire.

1. *Jeannes* ou *Jeannetons*, femmes du commun, par opposition aux *Philis;* ailleurs il leur a opposé les *Clymènes :* voyez tome V, p. 240, note 4; et ci-dessous, p. 436, 447. Comparez aussi, sans parler des Jeannetons de Villon et autres poètes à la vie vagabonde, la chanson de Béranger intitulée *Jeannette* dont on connaît le refrain :

>   Fi des coquettes maniérées!
>   Fi des bégueules du grand ton !
>   Je préfère à ces mijaurées
>   Ma Jeannette, ma Jeanneton.

Mais la Fontaine témoigne, ici du moins, d'un goût contraire.

2. Il y a un Saint-Mesmin dans le département de l'Aube, près de Méry-sur-Seine; un autre dans le département de la Côte-d'Or, près de Vitteaux. Mais, comme on l'a remarqué, ni celui-là, ni celui-ci, ne produisent de « muscats » ; et quant aux Saint-Mesmin de Vendée, de Sologne, leurs terroirs ne sont renommés par aucune sorte de vignobles. Il est probable que la Fontaine, qui était Champenois, fait allusion au Saint-Mesmin de Champagne, et prend le mot muscat au sens de bon, d'excellent vin.

LETTRES A DIVERS

LETTRE I[1].

A M. JANNART[2].

A Reims, ce lundi 14° février 1656.

Monsieur mon oncle,

J'ai enfin vendu ma ferme de Damar, moyennant

---

1. Les lettres I, V, VII, ont paru d'abord à la suite des *Mémoires de Coulanges*, p. 497-504, et dans le tirage à part portant le titre d'*Opuscules inédits de la Fontaine*, publié par Monmerqué, en 1820, Paris, Blaise, in-8°, p. 49-56. Elles appartenaient à M. Héricart de Thury, descendant de Louis Héricart (ci-dessous, p. 298 et note 1) : voyez tome XV, p. 89, de l'édition in-18 des *OEuvres de la Fontaine*, Paris, 1820. « Il en était sans doute ainsi, remarque M. Marty-Laveaux, des lettres II, IV, VI, publiées pour la première fois en 1822, tome VI, p. 473, par Walckenaer, qui n'en fait point connaître l'origine. Nous avons du moins la certitude que la III° appartenait à la même collection (ci-dessous, p. 305, note 1). C'est probablement à ces quatre lettres que Monmerqué fait allusion lorsqu'il dit qu'il en a eu sous les yeux plusieurs qu'il ne publie pas, parce qu'elles n'offrent aucun intérêt. Elles ne présentent, il est vrai, aucun intérêt littéraire, mais elles ne sont pas sans importance pour la biographie de notre poète. » — Pour ces sept lettres à Jannart, nous renvoyons le lecteur à l'*Histoire de la Fontaine* par Walckenaer, tome I, p. 16-19, et à notre tome I, p. XXXI, XL, et p. LI-LVI.

2. Les suscriptions ou adresses de ces lettres portent : *A Monsieur Jeannart, conseiller du Roy, substitut de Monsieur le Procureur*

19 114 liv., à mon beau-frère¹ : c'est-à-dire qu'il a fait échange avec moi de son bien de Châtillon, qu'il a promis par un acte séparé de me faire valoir 10 600 liv., m'a baillé 214 liv., m'a fait une promesse, payable dans trois mois, de 1 300 liv.; et du surplus, montant à 7 000 liv., il m'a fait constitution². Ainsi il a fallu que j'aie vendu le bien de Châtillon, ce qui nous a fait une difficulté : car celui qui l'a acheté a dit qu'il vouloit que quelqu'un s'obligeât à la garantie et entretènement³ de la vendition⁴ que je lui faisois, jusqu'à ce que Mlle de la Fontaine⁵ eût l'âge et eût ratifié. J'en ai parlé à M. Héricart, mon beau-frère, qui s'en est excusé, et a dit que, s'il intervenoit à ladite vendition, l'échange paroîtroit simulé, et que cela lui feroit tort pour les lods et ventes⁶. J'ai cru qu'il vouloit peut-être laisser cet

général, sur le quay des Augustins. La Fontaine écrit toujours *Jeannart*, mais les minutes originales de plusieurs actes de famille signés de Jannart et autres démontrent que c'était à tort que notre poète ajoutait un *e* à ce nom.

1. Louis Héricart (voyez onze lignes plus bas), qui remplaça son père dans la charge de lieutenant de bailliage à la Ferté-Milon : tome I, p. ccvi, note 1.
2. Il s'est engagé à m'en faire la rente.
3. Ci-dessus, p. 246.
4. « *Vendition*, dit Nicot, là où le vendeur ne s'oblige à rendre que le prix en cas d'éviction, *venditiones simplariæ*. »
5. La femme de la Fontaine : les femmes mariées de la moyenne et petite noblesse ou de la bourgeoisie étaient qualifiées *demoiselles*; voyez tome V, p. 218, note 2. — Elle avait alors vingt-quatre ans : on n'était majeur qu'à vingt-cinq. Au mois de novembre 1647, date de son mariage, elle n'avait pas encore quinze ans, étant née le 26 avril 1633.
6. Droit de mutation payé au seigneur par celui qui achetait un bien dans sa censive, mais l'achetait réellement, et à deniers comptants. Ce n'est qu'en 1673 et 1674 qu'il fut ordonné, par deux édits successifs, que cette ancienne redevance s'étendrait aux échanges de terres contre des rentes. En 1656 donc Louis Héricart n'était tenu à rien de ce chef pour l'échange de Damar; mais

obstacle afin de se dédire; et ayant reçu depuis peu une lettre de M. Faur, où je ne trouvois pas mon compte à beaucoup près, j'ai cru qu'il falloit achever l'affaire à quelque prix que ce fût....[1] au marchand qui vous portera 3 000 écus et vous demandera votre garantie; s'il eût voulu de celle de M. de Villemontée[2] et de ma sœur, je ne vous aurois pas importuné de cela; mais il a dit qu'il ne les connoissoit pas. Pour mon père, il en vouloit bien; mais je ne romps jamais la tête à mon père de mes affaires. Je dirai à M. Bellenger[3] et à mon beau-frère que je vous fais toucher l'argent de ladite vendition pour votre sûreté, en attendant que je vous aie fait bailler une indemnité de votre garantie par M. de Villemontée, mon beau-frère, ou bien par qui il vous plaira; et cela sera bien de la sorte. Je vous prie aussi, si on vous en écrit, de mander la même chose.

Quand vous aurez l'argent entre vos mains, mon père vous prie de lui en prêter 4 500 liv. pour racheter partie d'une rente qu'il doit conjointement avec ma sœur aux héritiers de M. Pidoux[4]; moyennant quoi il sera

il s'exposait en effet, s'il se mêlait, en quoi que ce fût, de la vente de Châtillon, à ce que les traitants, à la piste de toutes les fraudes, ne lui intentassent procès.

1. Il manque ici une partie de la lettre.
2. Henri de Villemontée avait épousé la demi-sœur de la Fontaine, Anne de Jouy. Une des Historiettes de Tallemant des Réaux est consacrée à un M. de Villemontée, intendant de justice en Poitou, peut-être son père ou son oncle. Il y avait aussi en 1665 un M. de Villemontée, évêque de Saint-Malo.
3. Sans doute le beau-père du beau-frère de la Fontaine, de Louis Héricart, qui avait épousé, le 15 novembre 1642, Catherine Bellenger.
4. Valentin Pidoux, bailli de Coulommiers, frère de la mère de la Fontaine. — « Cette rente ne fut pas remboursée, dit Walckenaer, et on la trouve sur l'état des dettes de la succession de Charles de la Fontaine, père de notre poète, à la suite d'un acte, en date du 20 mars 1670, entre la Fontaine, sa femme, et Claude

déchargé de la garantie. Du reste, ma sœur vous en entretiendra si vous voulez, et vous ne sauriez mieux faire valoir votre argent. Premièrement, je me contenterai de l'intérêt sur et tant moins[1] d'autant de la pension que vous savez; et puis après la mort de mon père je vous rembourserai infailliblement, et vous donnerai ensuite une partie considérable de ce qui me restera, aux conditions que je vous ai dites.

Je vous écris de Reims, où je suis chez MM. de Maucroix, attendant votre réponse sur tous ces points. Le messager qui vous porte celle-ci part aujourd'hui lundi; vous pourrez, si vous en voulez prendre la peine, me récrire mercredi; il ne faut que demander le messager[2] de Reims, sur le pont Notre-Dame, ou écrire

---

de la Fontaine, son frère. Le principal de cette rente était de 4 800 livres. On a souvent accusé avec raison la Fontaine d'avoir eu peu d'ordre dans ses affaires, mais nous devons dire pour sa justification qu'il avait trouvé de grandes charges dans la succession de son père. » Monmerqué a dressé l'état du passif de cette succession, d'après les pièces originales communiquées par la famille :

Il était dû aux héritiers Pidoux, pour principal et intérêts.	4 067
A M. de Maucroix, pour principal et arrérages depuis 1652.	17 600
A Jean de la Fontaine, pour principal et cinq années d'intérêts.	11 977
A M. Jannart, 600 l. De plus, pour des legs pieux, 1000 l.; pour des dons à des domestiques, 800 l.; pour des frais funéraires, 600 l. Ensemble	3 000
Total du passif. . . .	36 644

Voyez aussi des détails sur la fortune de notre poète dans l'*Histoire de la Fontaine* par Walckenaer, déjà cité, tome I, p. 55-58.

1. En déduction. — « Claudine, je t'en prie, sur l'et tant moins. » (MOLIÈRE, *Georges Dandin*, acte II, scène 1, tome VI. p. 544 et note 2.)

2. Le courrier : ci-dessus, p. 293.

par la poste de Champagne, et adresser les lettres à
*M. de la Fontaine, chez M. de Maucroix, chanoine à
Reims.* Le plus tôt sera le meilleur, car le marchand
de Châlons attend votre réponse pour vous porter l'argent. La copie de l'obligation que je vous envoie est de
la main de M. de Maucroix, à cause que le messager
me pressoit. Je vous prie très humblement de me faire
réponse au plus tôt, et suis,

    Monsieur mon oncle,

        Votre très humble et obéissant serviteur,

                De la Fontaine.

LETTRE II.

AU MÊME.

Chaûry[1], ce 29° février 1656.

Monsieur mon oncle,

J'ai reçu vos deux lettres, la première à Reims, la seconde de Jeanne Brayer, et vous remercie de la grâce que vous nous faites à mon père et à moi[2]. Il prendra 4 500 liv. sur l'argent qu'on vous portera; le reste de ce qu'il doit en principal, qui est environ 300 liv. et un peu moins d'une année d'arrérages, il vous le fera tenir par la première commodité[3] qui sera, comme je crois, devant la quinzaine. J'écris à ma sœur, qui a aussi dessein de rembourser sa part, de vous entretenir là-dessus. Vous vous ferez subroger en la place de celui à qui on doit, ou bien mon père remboursera et vous fera une nouvelle constitution[4], comme vous le jugerez à propos, pour le moins de frais et le plus de sûreté pour vous et

---

1. Abréviation de Château-Thierry. On disait de même Chaûleraut pour Châtellerault, etc.
2. De vouloir bien accorder ce que nous demandions dans la précédente lettre.
3. Le premier carrosse : ci-dessus, p. 224 et note 3.
4. Ou bien vous paierez vous-même à Valentin Pidoux, et vous ferez substituer votre nom au sien dans l'ancienne constitution, dans l'ancien contrat de rente, ou bien vous enverrez l'argent à mon père qui paiera de ses propres mains et vous fera, à vous, constitution nouvelle. — Il semble d'ailleurs, puisque la rente figurait encore sur l'état des dettes de la succession de Charles de la Fontaine (ci-dessus, p. 299, note 4), que si, comme il paraît dans les lettres suivantes, Jannart consentit à prêter l'argent, cet argent ne fut point réellement versé.

pour nous. Celui qui a acheté le bien de Châtillon vous portera 3 000 écus la première semaine de carême. Je pourvoirai aux moyens de vous faire tenir le reste; et cependant je demeurerai, après avoir fait mes très humbles baisemains à Mademoiselle Jannart[1],

Monsieur mon oncle,

Votre très humble et très obéissant serviteur et neveu,

DE LA FONTAINE.

P. S. J'ai écrit au sieur Castel de vous aller trouver, et vous supplier d'accommoder notre affaire. Ma belle-mère lui doit 620 livres. Il ne faut premièrement point qu'il parle des frais; et quant au principal, je lui donnerai volontiers 100 fr. Il sera tout heureux de les prendre, car il aura de la peine assez à se faire payer; et ma belle-mère m'a dit qu'il ne lui en étoit pas tant dû légitimement.

J'ai compté depuis peu avec M. Bellenger[2] de quelques dettes de ma belle-mère; mais je n'ai pas jugé qu'il soit de la bienséance de lui parler de 12 écus d'argent dont j'ai compté avec vous, et que vous me baillâtes pour les affaires de M. de Bressay[3]. J'en donnai 4 à M. Vabeil, et en rendis 8 à M. de Bressay. Ainsi c'est à moi qu'on les doit; vous leur en ferez, s'il vous plaît, souvenir; autrement je les perdrois. Ce n'est pas que je les redemande, c'est seulement afin que la mémoire n'en soit pas abolie : je ne sais si c'est au beau-père ou au gendre

---

1. Marie Héricart, femme de Jannart, et tante de Mme de la Fontaine (ci-dessus, p. 220, note 2).

2. Ci-dessus, p. 299.

3. Antoine Josse, chevalier de Bressay, qui avait épousé une Bellenger. C'est lui sans doute qui remplissait le rôle de la femme du savetier dans *les Rieurs du Beau-Richard* (tome VII, p. 126 et note 2).

d'acquitter cela. Les écus d'argent valoient lors 12 sous.

Si je n'avois peur de donner atteinte à[1] la neutralité que vous avez promise, je vous écrirois un mot en faveur de M. de la Haye[2], quand ce ne seroit que pour apprendre à Messieurs du présidial ce que c'est qu'*alea judiciorum*; et que M. le lieutenant, qui veut faire passer ses raisons pour des démonstrations mathématiques, n'est pas du tout si savant qu'Archimède. Je suis son serviteur; mais j'incline pour le prévôt aussi bien que tous les honnêtes gens de Chaûry[3].

1. Tome VIII, p. 309 et note 2.
2. M. de la Haye, prévôt du duc de Bouillon à Château-Thierry. Il joua le rôle du savetier dans *les Rieurs du Beau-Richard :* voyez tome VII, p. 126 et note 3, et ci-dessous, p. 360.
3. De Château-Thierry : p. 302.

LETTRE III[1].

AU MÊME.

Chaûry, ce 5° janvier 1658.

Monsieur mon oncle,

Je vous envoie le papier que M. de Bressay m'a donné suivant votre lettre, et crois que M. Visinier[2] vous le portera lui-même pour plus d'assurance. Nous vous avons beaucoup d'obligation de ce que vous voulez bien donner la somme que je vous ai prié de donner à M. de Villemontée; ce n'est pas la première fois que vous m'avez témoigné la bonne volonté que vous avez pour moi, et je vois bien d'après les termes de votre lettre que ce ne sera pas la dernière. J'essaierai de mériter cette bonne volonté par mes services, étant,

Monsieur mon oncle, etc.

1. L'original a figuré, sous le numéro 372, dans le catalogue de la vente de M. Renouard qui eut lieu le 21 juin 1855; il était accompagné d'un billet daté de Paris, 5 janvier 1824, par lequel M. Héricart de Thury (ci-dessus, p. 297, note 1) faisait hommage de cette lettre à M. Renouard.
2. Nicolas de Visinier, vétéran des gardes du Roi, habitant de Château-Thierry. C'est chez lui que fut conclu l'acte de vente, en date du 2 janvier 1676, par notre poète à Pintrel de sa maison de la rue des Cordeliers.

LETTRE IV.

AU MÊME.

A Chaûry, le 25° février 1658

Monsieur mon oncle,

J'ai montré votre lettre à mon père, qui est bien aise de ne plus devoir qu'à vous, et vous en écrit. Je crois que sa lettre peut tenir lieu de procuration. Le principal intérêt qu'il a en cette affaire est d'être déchargé envers tous du total de la rente, et de n'être plus obligé que pour sa part envers vous. Il vous supplie d'y prendre garde, et de ne point rembourser sa part que ma sœur n'ait aussi remboursé ou ne rembourse la sienne.

Mlle de la Fontaine a eu deux accès de fièvre depuis deux jours. Je crois que ce ne sera rien. Nous avons résolu d'aller incontinent après Pâques à Paris, pour accommoder notre affaire; cependant je baise très humblement les mains à Mademoiselle Jannart, avec votre permission, et suis,

Monsieur mon oncle,

Votre, etc.

LETTRE V.

AU MÊME.

A Chaûry, ce 26° mars 1658.

Monsieur mon oncle,

Vous ne recevrez point encore par cet ordinaire de lettre de mon père; il est toujours malade, et a été saigné encore une fois. Ce n'est pourtant pas chose fort dangereuse[1]. Dès qu'il sera en meilleur état, il ne manquera pas de vous écrire touchant l'affaire de ma sœur, qu'il vous prie d'achever au plus tôt, si vos affaires vous le permettent.

Je vous écrivis au long, mardi dernier, touchant votre ferme des Aulnes-Bouillans; par celle-ci vous trouverez bon que je fasse le solliciteur, et vous recommande une affaire où Mme de Pont-de-Bourg a intérêt. Je n'ai pas l'honneur d'être connu d'elle, mais quantité de personnes de mérite prennent part à ses intérêts. Je suis prié de vous en écrire de si bonne part qu'il a fallu malgré moi vous être importun, si c'est vous être importun que de vous solliciter pour une dame de qualité qui a une parfaitement belle fille[2]. J'ai vu le temps que vous

---

1. Cependant il mourut peu de jours après. « On en parle, dit Monmerqué, comme d'un défunt, dans une transaction passée entre Jean et Claude de la Fontaine, devant Belier, notaire à Château-Thierry, le mercredi 24 avril 1658. »

2. Cette « parfaitement belle fille » de Mme de Pont (ou Pons)-de-Bourg se nommait Élisabeth, et mourut le 23 février 1714. Elle avait certainement quelque notoriété, car on lit sur elle, parmi les dictons consacrés aux personnages les plus connus de ce temps-là, cette lubrique équivoque, digne des halles, que rap-

vous laissiez toucher à ces choses, et ce temps n'est pas éloigné : c'est pourquoi j'espère que vous interpréterez les lois en faveur de Mme de Pont-de-Bourg. Vous en aurez des remercîments de l'Académie[1] ; mais je les compte pour rien, à comparaison de ceux que vous fera cette belle fille, dont la beauté doit être fort éloquente de la façon qu'on me l'a dépeinte.

porte Walckenaer : « Serre la main, et dis que tu ne tiens rien. » (Manuscrits de Conrart, à la Bibliothèque de l'Arsenal, tome IX, p. 1239.) Loret, dans sa *Muse historique* du 29 novembre 1659, nous apprend qu'elle avait cinq pieds, qu'elle était protestante, et qu'elle épousa, à la fin de l'année 1659, François Amanieu, comte de Miossens, chevalier d'Albret :

> J'ai su d'un homme assez discret
> Que le sieur chevalier d'Albret
> Épousoit une créature
> Ayant cinq grands pieds de stature
> Depuis l'orteil jusques au front :
> C'est Mademoiselle de Pont;
> Non pas véritablement celle
> Que le Louvre trouvoit si belle,
> Mais une autre de même nom,
> Pucelle aussi de grand renom,
> Pucelle d'aimable prestance,
> Pucelle d'illustre naissance,
> D'éclat, d'honneur, et de crédit,
> Et qui passe, comme j'ai dit,
> La hauteur d'une demi-pique,
> Mais qui n'est pas trop catholique,
> Croyant plutôt à feu Calvin
> Que non pas au texte divin.

1. Racine parle de ce cercle littéraire dans une lettre écrite à notre poète, et datée d'Usez, 4 juillet 1662 : « Je vous prie de me renvoyer cette bagatelle des *Bains de Vénus*; ayez la bonté de mander ce qu'il vous en semble.... Je fais la même prière à votre Académie de Château-Thierry, surtout à Mademoiselle de la Fontaine. » — Ces petites académies, cercles, sociétés, coteries, de province (comparez tome VIII, p. 403-404), tantôt se réunissaient chez un des principaux de l'endroit, tantôt louaient à frais communs un appartement, et le garnissaient des meubles nécessaires. Chapelle et Bachaumont, dans leur célèbre *Voyage*, se sont

J'irai à Paris devant la fin du carême, et peut-être devant la fin de la semaine où nous allons entrer; ce sera pour aviser avec vous au moyen de terminer notre affaire. Mlle de la Fontaine m'en presse : ce n'est pas qu'elle soit plus mal qu'elle n'étoit il y a six mois; mais il est bon d'assurer la chose au plus tôt. J'y ai un intérêt trop grand pour la laisser plus longtemps au hasard, outre que Mlle de la Fontaine ne veut pas faire à Paris un long séjour, et sera bien aise de trouver les affaires toutes disposées. Avec votre permission, Mademoiselle Jannart aura pour agréables mes très humbles baisemains.

Je suis,

Monsieur mon oncle,

Votre très humble et très obéissant serviteur,

De la Fontaine.

agréablement moqués des académiciennes, des précieuses, de campagne, de leurs grimaces, de leur parler gras, de leurs mignardises.

LETTRE VI.

AU MÊME.

Reims, ce 19° août [1658].

Je vous renvoie le calcul de ma sœur, bien différent du mien. La différence vient de ce que, dans le mémoire des quittances que vous m'avez envoyées, il y en a une de 400 liv., du 2 septembre 1656, dont il n'est point fait mention dans le mémoire de ma sœur; et peut-être impute-t-elle cela sur les arrérages qui précèdent la dernière quittance de 57, dont je vous ai envoyé copie : car mon père n'étoit pas encore mort, et possible avez-vous payé, en son acquit, ces 400 liv. pour les arrérages de la rente ; car il me souvient qu'environ ce temps vous fournîtes quelque argent pour lui à Paris, qu'il rendit à Jeanne Brayer. Vous n'avez qu'à voir les termes de cette quittance de 400 liv. Le mécompte[1] vient aussi de ce que je n'imputois pas les sommes données sur les arrérages précédents fait à fait[2] qu'elles ont été données ; mais je faisois un gros de tous ces arrérages jusqu'à présent, et je le déduisois sur les sommes données et sur l'intérêt, et en cela ma sœur pourroit bien avoir raison ; mais dans son mémoire il y a une erreur de 240 liv. ou environ, que j'ai marquée à la marge. C'est pourquoi la chose vaut bien la peine que vous fassiez calculer le tout sur une table d'intérêt : je n'en ai point en ce pays-ci.

1. La Fontaine a écrit *méconte*, comme, plus haut, *conte*, *conté*, etc.
2. A mesure : tome II, p. 142, note 7.

Je ne puis aller à Paris de plus d'un mois, et ne m'y crois nullement nécessaire ; je vous écris de Reims, où vos lettres m'ont été envoyées. Je serai dans trois ou quatre jours à Chaûry. Ma sœur me mande qu'elle a ort affaire d'argent : c'est à vous de prendre votre commodité.

LETTRE VII.

AU MÊME.

A Chaûry, ce 1ᵉʳ février 1659.

Monsieur mon oncle,

Ce qu'on vous a mandé de l'emprunt et du jeu est très faux[1]; si vous l'avez cru, il me semble que vous ne pouviez moins que de m'en faire la réprimande : je la méritois bien par le respect que j'ai pour vous, et par l'affection que vous m'avez toujours témoignée. J'espère qu'une autre fois vous vous mettrez plus fort en colère, et que, s'il m'arrive de perdre mon argent, vous n'en rirez point. Mlle de la Fontaine ne sait nullement bon gré à ce donneur de faux avis, qui est aussi mauvais politique qu'intéressé. Notre séparation peut avoir fait quelque bruit à la Ferté[2]; mais elle n'en a pas fait beaucoup à Chaûry, et personne n'a cru que cela fût nécessaire.

J'ai fait une sommation pour recevoir l'annuel, mais je n'ai point consigné; mandez-moi s'il est encore temps. La commission dont je vous ai écrit est une excellente affaire pour le profit, et je ne suis pas assez ambitieux pour ne courir qu'après les honneurs; quand l'un et l'autre se rencontreront ensemble, je ne les rejetterai pas; cependant, dès que M. Nacquart fera un

---

1. Voyez cependant ce qu'il dit ci-dessus, p. 184.
2. Dans l'acte de vente, en date du 2 janvier 1676, de la maison qu'ils possédaient à Château-Thierry, la Fontaine et sa femme figurent comme séparés de biens : voyez l'*Histoire de la Fontaine* par Walckenaer, tome II, p. 299.

tour à Château-Thierry, je lui ferai la proposition, sauf de m'en rapporter à vous touchant le choix.

J'espère qu'aujourd'hui votre échange avec Madame de l'Hôtel-Dieu sera bien avancé; je suis sur le point d'en faire encore un. M. de la Place me doit un surcens de trois setiers et mine de blé, et deux setiers d'avoine; le surcens est assis sur dix arpents de terre qui sont à la porte d'une de ses fermes. Il me veut donner en échange dix autres arpents, enfermés dans vos terres de la Trueterie[1]. Je trouve la chose à propos; mais il faut qu'elle se fasse sous votre nom, et auparavant il faudroit que je vous eusse cédé le surcens; il me semble que cela se peut faire par procuration, et qu'il n'est pas besoin d'attendre un voyage de Paris pour cela. Suivant ce que vous m'en manderez, j'enverrai mémoire.

Si vous n'avez trouvé à troquer vos terres de Clignon, M. Oudan, de Reims, s'en accommodera avec vous, et vous donnera de l'argent ou des terres dans la prairie. Si l'affaire d'Étampes se faisoit, je vous conseillerois de choisir des terres.

Vous ne me mandez rien touchant le rachat que j'ai fait de vos rentes sous seing privé; je ne l'ai pas voulu faire par devant notaire sans avoir auparavant votre avis, à cause des lods et ventes : souvenez-vous, s'il vous plaît, de m'en écrire.

Je suis,

  Monsieur mon oncle,

    Votre très humble et très obéissant serviteur,

      De la Fontaine.

Je vous écrivis hier vendredi, et vous priai de vous

1. Tome VII, p. 118, note 2.

employer pour celui qui vous portera la lettre, car peut-être recevrez-vous celle-ci la première. Je n'osai, à cause de la parenté de Mlle de la Fontaine, lui refuser de vous écrire ; mais, comme c'est pour essayer de lui procurer quelque emploi qu'on lui a fait espérer, et que ces choses ne se demandent ni ne s'obtiennent facilement, vous en userez comme il vous plaira, et vous vous réserverez, si vous le jugez à propos, pour quelque meilleure occasion ; enfin je ne prétends point vous importuner pour autrui dans une affaire de cette nature : c'est bien assez que je le fasse pour moi seulement ; je vous prie de vous excuser de la meilleure grâce qu'il sera possible, et cela suffit.

LETTRE VIII.

A M....[1]

2 juillet 1659.

Vous vous étonnez, dites-vous, de ce que tant d'honnêtes gens ont été les dupes de Mlle C........[2], et de ce que j'y ai été moi-même attrapé. Ce n'est pas un sujet d'étonnement que ce dernier point; au contraire, c'en seroit un si la chose s'étoit autrement passée à mon égard. Ainsi vous faites très sagement de me mettre au nombre des honnêtes gens, puisque aussi bien je ne puis nier que je ne sois de celui des dupes[3]. Cela vous est-il nouveau? Et d'où venez-vous de vous étonner ainsi? Savez-vous pas bien que, pour peu que j'aime, je ne vois dans les défauts des personnes non plus qu'une taupe[4] qui auroit cent pieds de terre sur elle? Si vous ne vous en êtes pas aperçu[5], vous êtes cent fois plus taupe que moi. Dès que j'ai un grain d'amour[6], je ne manque pas d'y mêler tout ce qu'il y a d'encens

---

1. Cette lettre, imprimée pour la première fois dans les *Fables nouvelles et autres poésies* de 1671, p. 92, et réimprimée dans les *OEuvres diverses* de 1729, tome II, p. 8, sert, dans ces deux recueils, d'introduction aux pièces de vers sur Mme Colletet qui suivent. — Voyez notre tome I, p. LXVI-LXVII.
2. La femme de Colletet : ci-dessous, p. 317. — Dans l'édition de 1729, il y a *Colletet* en toutes lettres.
3. Comparez ci-dessus, p. 173.
4. Livre I, fable VII, vers 28.
5. Si vous ne vous en êtes aperçu. (1729.)
6. *Clymène*, vers 48 et note 3. — On sait que le devin Tirésias prétendait qu'il y a neuf grains d'amour dans le cœur de la femme et trois seulement dans le cœur de l'homme, parole pour laquelle Junon lui ôta la vue.

dans mon magasin : cela fait le meilleur effet du monde ; je dis des sottises en vers et en prose, et serois fâché d'en avoir dit une qui ne fût pas solennelle ; enfin je loue de toutes mes forces.

Homo sum qui ex stultis insanos reddam[1].

Ce qu'il y a, c'est que l'inconstance remet les choses en leur ordre. Ne vous étonnez donc plus ; voyez seulement ma palinodie ; mais voyez-la sans vous en scandaliser. Pourquoi ne me rétracterois-je pas ? Tant de grands hommes se sont rétractés ! Et puis fiez-vous à nous autres faiseurs de vers[2] !

---

[1]. *Scitum hercle hominem! hic homines prorsum ex stultis insanos facit.*
(TÉRENCE, *l'Eunuque*, acte III, scène III, vers 23.)

[2]. Puis fiez-vous à rimeur qui répond
D'un seul moment. (*La Clochette*, vers 7-8.)

— Il est homme de cour, je suis homme de vers :
Jouons-nous tous deux des paroles ;
Ayons deux langages divers,
Et laissons les hontes frivoles.
(Épitre à Mme de Thiange.)

SONNET

POUR MADEMOISELLE C....... [1]

Nous renvoyons, pour ce sonnet et les trois pièces suivantes, aux nombreux renseignements donnés dans l'*Histoire de la Fontaine* de Walckenaer, tome I, p. 40-46, et dans notre tome I, p. LXVI-LXVII, sur le poète Colletet[2] et sa servante Claudine le Nain, qu'il avait épousée, et nous nous bornons à transcrire les réflexions de Ménage sur les amours « ancillaires » de cet académicien :

« Guillaume Colletet a épousé trois servantes ; il étoit *ancillariolus :* c'est un mot qui se trouve dans Martial (*Épigrammes*, XII, 58) sur un certain Alauda :

Ancillariolum tua te vocat uxor, et ipsa
Lecticariola est; estis, Alauda, pares.

Ce mari dans Martial aimoit les servantes, et la femme aimoit les porteurs de chaise[3]. »

Colletet aurait pu répondre par l'élégie VIII du livre II des *Amours* d'Ovide, et surtout par l'ode IV du livre II d'Horace qui commence ainsi :

Ne sit ancillæ tibi amor pudori, etc.,

ode qui n'est point, il est vrai, parmi les meilleures du poète latin.

Ajoutons que cette réputation d'*ancillomanie*, que plusieurs de ses contemporains lui ont faite, est quelque peu contestable. En effet, un de ses amis intimes, son confrère, comme avocat au Parlement, P. Cadot, affirmait dans l'*Éloge et abrégé de la vie de M. Guillaume Colletet*, etc., mis en tête de la copie des *Vies des poètes françois*, consumée, en 1871, avec l'original, qu'il n'eut

---

1. *Colletet*, en toutes lettres, dans les *Œuvres diverses* de 1729.
2. Auteur des *Vies des poètes françois*, dont le manuscrit fut brûlé en mai 1871 dans l'incendie de la Bibliothèque du Louvre.
3. *Menagiana*, Paris, 1715, in-12, tome II, p. 83.

que deux femmes en sa vie et non pas trois, comme quelques-uns ont cru, que sa première femme n'avait jamais été sa servante, et qu'il ne se mésallia qu'en épousant Claudine, laquelle, dit-il, était d'une beauté à faire des adorateurs.

Cette pièce et les trois suivantes ont paru pour la première fois dans les *Fables nouvelles et autres poésies* de 1671, p. 94-97, où elles sont précédées de la lettre d'envoi que nous venons de publier ci-dessus (p. 315). Elles ont été insérées dans les *OEuvres diverses* de 1729, tome II, p. 9-11.

Sève[1], qui peins l'objet dont mon cœur suit la loi[2],
Son pouvoir sans ton art assez loin peut s'étendre ;
Laisse en paix l'univers ; ne lui va point apprendre
Ce qu'il faut ignorer, si l'on veut être à soi[3].

Aussi bien manque-t-il ici je ne sais quoi
Que tu ne peux tracer, ni moi te faire entendre ;
J'en conserve les traits, qui n'ont rien que de tendre :
Amour les a formés, plus grand peintre que toi.

Par d'inutiles soins pour moi tu te surpasses ;
Clarice[4] est en mon âme avec toutes ses grâces ;
Je m'en fais des tableaux où tu n'as point de part.

Pour me faire sans cesse adorer cette belle,
Il n'étoit pas besoin des efforts de ton art :
Mon cœur, sans ce portrait, se souvient assez d'elle.

1. Le peintre Gilbert Sève, né en 1615, mort en 1698. Walckenaer cite un madrigal de Claudine Colletet à Sève au sujet du portrait qu'il avait fait d'elle, pour le féliciter sur la ressemblance, et une réponse du peintre, qui sont dans le *Cabinet des Muses choisies* (Paris, 1668, in-12), p. 304 et 310, et suivis du madrigal d'un anonyme sur le même portrait.
2. Tome V, p. 235 :

      O toi qui peins d'une façon galante....

3. Rester maître de soi, ne pas devenir esclave.
4. Lisez « Claudine ».

MADRIGAL

POUR LA MÊME.

Damon voyant Clarice peinte,
Soudain en ressentit l'atteinte;
Il s'écria dans ce moment :
« Est-il une beauté sur les cœurs plus puissante?
Pendant que Clarice est absente,
Son portrait lui fait un amant. »

POUR LA MÊME.

UNE MUSE PARLE.

Recevez de nos mains cette illustre couronne,
Dont l'éclat immortel a des charmes si doux[1];
   Nous n'avons encor vu personne
   Qui la méritât mieux que vous.
Vos vers sont d'un tel prix que rien ne les surpasse[2];
Ce mont en retentit de l'un à l'autre bout;
   Vous saurez régner au Parnasse :
Qui règne sur les cœurs sait bien régner partout[3].

1. Le laurier d'Apollon.
2. Les vers de son mari qu'elle lisait comme siens, vers très médiocres, du reste, et qu'il fallait beaucoup de complaisance pour trouver beaux.
3. Comparez tome III, p. 108, note 21.

CONTRE LA MÊME

QUI FAISOIT DES VERS PENDANT LE VIVANT DE SON MARI ET QUI N'EN FIT PLUS APRÈS SA MORT[1].

Les oracles ont cessé :
Colletet est trépassé.

Dès qu'il eut la bouche close,
Sa femme ne dit plus rien ;
Elle enterra vers et prose
Avec le pauvre chrétien[2].

En cela je plains son zèle,
Et ne sais au par-dessus
Si les Grâces sont chez elle ;
Mais les Muses n'y sont plus.

Sans gloser sur le mystère[3]
Des madrigaux qu'elle a faits,

---

1. Colletet mourut le 11 février 1659, et sa femme ne lut plus de vers à ses amis, ne publia plus rien, ne fit plus de nouvelles dupes : cette dixième muse parut ce qu'elle était en réalité, une femme très ignorante et quelque peu sotte. — « Voici, dit Ménage (*Menagiana*, tome II, p. 85), les sept vers que fit Colletet, peu de temps avant sa mort, sous le nom de Claudine, afin de couvrir la chose :

Le cœur gros de soupirs, les yeux noyés de larmes,
Plus triste que la mort dont je sens les alarmes,
Jusque dans le tombeau je vous suis, cher époux.
Comme je vous aimai d'un amour sans seconde,
Comme je vous louai d'un langage assez doux,
Pour ne plus rien aimer ni rien louer au monde,
J'ensevelis mon cœur et ma plume avec vous.

Le père Vavasseur prit la peine de traduire ces vers en huit latins. La belle Claudine ayant tenu parole trop exactement, son silence fit douter que les vers qu'on avoit crus d'elle en fussent véritablement. Bien des gens qui l'avoient admirée se désabusèrent. La Fontaine fut du nombre. »

2. Tome V, p. 516.
3. Tome IV, p. 111 et note 3.

Ne lui parlons désormais
Qu'en la langue de sa mère [1].

Les oracles ont cessé :
Colletet est trépassé.

1. Marie Soyer, femme d'un tailleur de pierres. Après la mort de son mari, Claudine le Nain profita de sa liberté ; elle avait, il est vrai, toute sa famille à entretenir. « Maintenant qu'elle est veuve, dit Tallemant des Réaux (tome VII, p. 112-113), un de mes parents y dépense assez, et il n'est pas seul, car elle a bien du monde à nourrir. Elle disoit une fois : « Que la multitude des « valets est incommode ! Ma femme de charge me ferre la mule « (c'est sa mère) ; ma cuisinière fait un feu enragé (c'est sa cousine) ; « ma femme de chambre a égaré un mouchoir (c'est sa sœur) ; et « ma demoiselle (c'est la fille de son mari) a tout roussi mon « point de Venise. » Insensiblement elle se décria très fort.... Elle devint misérable jusqu'à demander l'aumône dans les allées reculées du Luxembourg : elle épousa un je ne sais qui, et gardoit toujours le nom de veuve Colletet. Elle buvoit comme un Templier ; et enfin elle mourut soûle dans l'hôtel où elle creva pour avoir trop bu ; et, comme elle ne fut malade que quelques heures, cela causa un plaisant effet ; car, pour escroquer Furetière, trois ou quatre jours devant sa mort, elle alla lui demander de quoi enterrer sa mère qui se portoit bien, et, quand la mère vint lui demander de quoi faire enterrer sa fille : « Vous vous moquez, « lui dit-il, c'est vous qui êtes morte, et non pas elle. »

LETTRE IX[1].

A M. FOUCQUET,
SURINTENDANT DES FINANCES.
RELATION DE L'ENTRÉE DE LA REINE DANS PARIS, LE 26° AOUT 1660.

Monseigneur,

Comme je serai bientôt votre redevable[2], j'ai cru que la magnificence de ces jours passés étoit une occasion de m'acquitter, et que je ne pouvois rien faire de mieux que de vous entretenir[3] d'une si agréable matière. Je vous dirai donc que l'Entrée[4] ne se passa point sans moi,

---

1. Cette lettre fut imprimée pour la première fois dans les *OEuvres posthumes*, p. 189, puis insérée dans les *OEuvres diverses* de 1729, tome II, p. 1. Les variantes que nous donnons sont tirées d'un manuscrit autographe cité par M. Pauly, et des papiers de Tallemant des Réaux, provenant de la bibliothèque Trudaine, et achetés en 1825, par Monmerqué, chez le libraire Bluet. Cette collection a été décrite dans une *Note bibliographique* placée en tête de la seconde édition des *Historiettes*. — Voyez Walckenaer, *Histoire de la Fontaine*, tome I, p. 71; et notre tome I, p. LXI.

2. Ci-dessus, p. 107 : allusion à l'engagement qu'il avait pris de fournir une pièce de vers pour chaque quartier de la pension que lui payait Foucquet. Le terme courant ne devait échoir qu'au 1ᵉʳ octobre, c'est-à-dire cinq semaines après l'époque à laquelle cette lettre fut écrite.

3. Et que je ne pouvois mieux faire que de vous entretenir (Manuscrit autographe, et copie de Tallemant.)

4. Sans oublier une lettre de Mme Scarron à Mme de Villarceaux, du 27 août 1660[a], cette entrée se trouve minutieusement décrite (entre autres récits très nombreux, dont on trouvera

---

[a] Tome I, p. 23-28, des *Lettres de Mme de Maintenon*, 1756, in-12.

que j'y eus ma place aussi bien[1] que beaucoup d'autres

une fort longue liste au tome II, p. 212-217, du Catalogue des livres imprimés de la Bibliothèque nationale relatifs à l'histoire de France) dans un volume orné de planches, et publié par ordre des magistrats de la ville de Paris, intitulé *l'Entrée triomphante de Leurs Majestés Louis XIV*, roi de France et de Navarre, et Marie-Thérèse d'Autriche, son épouse, dans la ville de Paris, capitale de leurs royaumes, au retour de la signature de la paix générale et de leur heureux mariage. Enrichie de plusieurs figures, des harangues, et de diverses pièces considérables pour l'histoire. Le tout exactement recueilli par l'ordre de Messieurs de Ville. Et imprimée l'an* M.DC.LXII, *avec Privilège du Roi. Les exemplaires se vendent à Paris, chez Thomas Joly..., Louis Bilaine..., au Palais; Pierre le Petit, imprimeur ordinaire du Roi, rue Saint-Jacques, à la Croix d'or;* in-fol. Le Roi et la Reine, arrivés le 13 juillet à Fontainebleau, où ils demeurèrent jusqu'au 19, gagnèrent de là le château de Vincennes, où, durant les trente-sept jours qu'ils y restèrent, les trois compagnies souveraines, le corps de Ville de Paris, les députés de tout le royaume, etc., vinrent les complimenter, et où la reine d'Angleterre vint se réjouir avec eux du rétablissement du roi son fils (*Mémoires* de Montglat, collection Petitot, tome LI, p. 106). — Il s'éleva, avant d'entrer dans Paris, une dispute de préséance entre les maréchaux de France et les ambassadeurs des puissances étrangères. Les ambassadeurs, n'ayant pas voulu transiger, n'accompagnèrent pas le cortège[a]. Les ducs et pairs, sauf ceux à brevet[b], se retirèrent aussi pour ne pas céder au comte de Soissons. On peut voir les détails de cette querelle dans un livre intitulé *Curiosités historiques, ou Recueil de pièces utiles à l'histoire de France, et qui n'ont jamais paru,* Amsterdam, 1759, in-12, tome I, p. 88-100.

1. Ne se fit point sans moi, que j'y eus ma place, sur un échafaud s'entend, aussi bien. (Copie de Tallemant.)

[a] « Sa Majesté me dit : « Puisque cela est ainsi, faites donc avertir les « ambassadeurs pour le *Te Deum* seulement ; et, en disant, de ma part, « aux maréchaux de France de se trouver demain à mon entrée, que ce « soit de manière qu'ils connoissent que j'aimerois mieux voir les ambas- « sadeurs qu'eux, et que je suis fort mal satisfait de leur procédé. » Messieurs les maréchaux de France ne répondirent rien à ce que je leur dis de la part du Roi; et le maréchal d'Albret dit seulement en sortant : « Qu'importe si on reçoit la grâce qu'on attendoit du Roi, ou musquée ou « salée, pourvu qu'on la reçoive. » (*Curiosités historiques...,* tome I, p. 97 : Pièces sans date d'un cahier intitulé : *Ordres et Mémoires de M. le C. M.*)

[b] « (Les ducs et pairs) à brevet lui cédèrent (au comte de Soissons),

provinciaux¹, et que ce monde de regardants est une des choses qui me parut la plus belle en cette action².

>De toutes parts on y vit
>Une nombreuse³ affluence,
>Et je crois qu'elle se fit⁴
>Aux yeux de toute la France.
>
>Ce jour-là le Soleil fut assez matineux⁵;
>Mais, pour mieux laisser voir ce pompeux équipage,
>Il tempéra son éclat lumineux;
>En quoi je tiens qu'il fut sage :
>Car, quand il eût eu des habits⁶
>Tout parsemés de rubis,
>Et couverts des trésors du Pactole et du Tage,
>Qu'il eût paru plus beau qu'il n'est au plus beau jour,
>Le moins brillant des seigneurs de la cour
>Eût brillé cent fois davantage⁷.

1. Sur cette grande affluence de provinciaux, citons, parmi les satires et pasquinades du temps, « la Requeste presentée à M. le Prevost des marchands par cent mille provinciaux qui se ruinent à Paris en attendant l'Entrée », et « l'Adieu des provinciaux à la ville de Paris aprez l'Entrée de Leurs Majestés ».
2. En ce jour si remarquable. (Copie de Tallemant.)
3. Une incroyable. (*Ibidem.*)
4.   L'entrée, à bien parler, se fit.
                              (*Ibidem.*)
5. Tome VII, p. 325 et note 2.
6. « Le Soleil avoit pris.... ses habits les plus magnifiques. » (*Pscyhé*, livre II, tome VIII, p. 234.)
7.   Semés de perles, de rubis,
     Et couverts des trésors du Pactole et du Tage,
       Le moins brillant des seigneurs de la cour
             Auroit éclaté davantage.
                              (Copie de Tallemant.)

comme le Roi voulut, par l'appréhension que, n'étant ducs que par la grâce du Roi, et n'étant pas encore confirmés par le Parlement, le Roi ne pût défaire ce qu'il avoit fait en leur faveur, s'ils n'obéissoient. » (*Ibidem*, p. 99-100.)

A DIVERS.

La cour ne se mit pas seule sur le bon bout¹,
Et le luxe passa jusqu'à la bourgeoisie ;
Chacun fit de son mieux, ce n'étoit qu'or partout;
    Vous n'avez vu de votre vie
    Une si belle² infanterie :
On eût dit qu'ils sortoient tous de chez le baigneur³,
    Imaginez-vous⁴, Monseigneur,
    Dix mille hommes en broderie.

Ce fut un bel objet que Messieurs du Conseil :
Aussi Leurs Majestés s'en tiennent⁵ honorées ;
On n'en peut trop louer le pompeux appareil ;
    Leur troupe étoit des mieux parées.
Tout le monde admira leurs superbes atours,
  Leurs cordons d'or, leurs housses de velours,
    Et leurs différentes livrées.
    Leur chef, vêtu de brocart d'or
    Depuis les pieds jusqu'à la tête,
    Ce jour-là, parut un Médor⁶,
    Et fut un des beaux de la fête :
    Je ne puis assez dignement
    Louer le riche accoutrement
    Qui le para cette journée⁷ ;
Ni le⁸ coffret des sceaux, que portoit fièrement
    La chancelière haquenée⁹,

---

1. Tome V, p. 371, fin de la note 4.
2. Une si leste. (Copie de Tallemant.)
3. Tome IV, p. 68 et note 5.
4. Représentez-vous. (Copie de Tallemant.) — Figurez-vous. (Manuscrit autographe.)
5. S'en tinrent. (Copie de Tallemant.) — 6. Ci-dessus, p. 194.
7. « Messire Pierre Séguier, chancelier de France, vêtu d'une soutane et robe de Conseil de drap d'or, avec un chapeau de velours noir, bordé d'un large tissu d'or, et chargé d'un cordon de même étoffe, parut en ce lieu, monté sur une haquenée blanche, etc. » (*L'Entrée triomphante*, p. 23 du chapitre intitulé : « Marche à l'Entrée de Leurs Majestés ».)
8. Ni du. (*OEuvres posthumes*; faute évidente.)
9. « .... Cette haquenée d'un beau poil blanc étoit couverte

LETTRES.

Nommée ainsi très justement[1].

De vouloir peindre aussi les trois cours souveraines[2],
  Et leur auguste majesté,
Ma Muse n'y perdroit que son temps et ses peines[3] :
C'est un sujet trop vaste et trop peu limité[4].
Messieurs de Ville eurent en vérité

d'une housse traînante, de velours bleu, semée de fleurs de lys d'or en broderie, enharnachée et caparaçonnée de même. Elle portoit les sceaux dans un coffret de vermeil doré, couvert d'un voile d'or, et rattaché de deux courroies tissues d'or et de soie violette, dont les bouts étoient tenus par les quatre chauffecire, qui marchoient des deux côtés à pied, et tête nue, en manteaux à manches de velours violet, qui leur descendoient jusqu'au gras des jambes. » (*L'Entrée triomphante*, ibidem.)

1. « A cause que cette haquenée tomba. » (Note des *OEuvres posthumes* et des *OEuvres diverses*.) Dans le manuscrit autographe :

Chancelière à bon droit nommée ;

et ensuite cette note : « A cause qu'elle chancela et se laissa choir ». — Dans la copie de Tallemant, on lit, au lieu de ces six derniers vers :

Qui pourroit parler dignement
Des sceaux que portoit fièrement
La chancelière haquenée
Qui chancela si bien qu'en fut presque errenée?

Cette plaisanterie aurait été faite sur les mots *chanceler* et *chancelier*, à la suite d'un léger accident que les relations officielles ont passé sous silence, et qui n'a rien d'étonnant du reste, étant donnés la charge et les caparaçons décrits à la note 9 de la page 325. — Pour l'inversion, et pour le mot *chancelière* employé adjectivement, comparez *le Tableau*, vers 88.

2. Le Parlement, la Cour des Comptes, et la Cour des Aides. — Mme Scarron (la future Maintenon) n'admire pas le Parlement : « Les présidents à mortier, dit-elle (p. 27), étoient assez ridicules avec leurs mortiers sur la tête, qui de loin paraissoient de ces boîtes plates de confitures. »

3. Ne ferait qu'y perdre son temps et ses peines. Rapprochez *l'Eunuque*, vers 1370 :

Je n'y perds que mes peines.

4. Ce vers manque dans la copie de Tallemant.

Bonne part de l'honneur en cette illustre fête.
Je trouvai surtout bien monté
Celui qui marchoit à la[1] tête[2].
Il n'est pas jusqu'à Rocollet[3]
Qui ne fût sur sa bonne mine[4] :
Son cheval qui n'étoit pas laid,
Et sembloit de taille assez fine[5],
Lui secouoit un peu l'échine,
Et pensa mettre en désarroi
Ce brave serviteur du Roi.

Si je m'étois trouvé plus près
Des harangueurs et des harangues[6],

---

1. Leur. (Copie de Tallemant.)
2. Alexandre de Sève, alors prévôt des marchands. Voici comment il l'était devenu : c'était pendant la Fronde, en 1652, lorsque la cour était à Saint-Germain. « Les députés de la maison de Ville et les colonels de Paris y vinrent aussi, les uns demandant grâce, et les autres pardon du passé ; tous assurant que, si le Roi y vouloit rentrer, il y seroit obéi. M. de Sève, qui pour sa récompense fut fait prévôt des marchands, porta la parole avec tant de force et d'éloquence qu'il fit impression sur l'esprit de Leurs Majestés, et leur persuada de rentrer dans la ville de Paris. » (*Mémoires* de Brienne, collection Petitot, tome XXXVI, p. 212.) Voyez aussi les *Mémoires* de Retz, tome IV, p. 310 et note 5, et p. 391.
3. « .... Pierre Rocollet, imprimeur et libraire (du Roi), choisi de Messieurs de la Ville pour être leur imprimeur, et qui, durant ces derniers mouvements (la Fronde), a paru aussi généreux capitaine que bon citoyen ; pour marque de quoi Sa Majesté lui a fait don et présent d'une chaîne d'or avec la médaille de sa figure et pourtrait. » (*État de la France en* 1657, p. 179.)
4. Qui n'eût bonne mine, bon air.
— Je ne le vis jamais mieux sur sa bonne mine.
(CORNEILLE, *la Suivante*, vers 469.)
5. Tome V, p. 163 et note 4, et ci-dessus, p. 182.
6.   Des harangueurs et des harangues
    Si je m'étois trouvé plus près.
(Copie de Tallemant.)
— Voyez tome VI, p. 355.

Vous auriez en vers quelques traits
De ce qu'ont dit ces doctes langues[1].
Sans mentir, j'ai beaucoup perdu
De n'en avoir rien entendu :
Car, en fait de magnificence,
Les compliments sur les habits
L'ont emporté, comme je pense[2].
Mais tout cela n'est rien au prix
Des mulets de Son Éminence[3].

Leur attirail doit avoir coûté cher;
Ils se suivoient en file ainsi que patenôtres[4] :

1. Lenglet, recteur de l'Université; Sève, prévôt des marchands ; d'Aubray, lieutenant civil au Châtelet ; Pajot, premier président de la Cour des Monnaies; Lamoignon, premier président du Parlement; Amelot, premier président de la Cour des Aides; Nicolaï, premier président de la Chambre des Comptes. — « On dit que les plus courtes (harangues) ont été les moins mauvaises » (Mme de Maintenon, p. 27). — Louis XIV reçut ces hommages assis sur un trône magnifique, élevé à l'entrée du faubourg Saint-Antoine, et qui dominait toutes les maisons environnantes. (*L'Entrée triomphante*, p. 33-34 du chapitre intitulé : « Préparatifs dans la ville de Paris, pour la réception de Leurs Majestés; Trône ou haut dais »; et p. 6-19 du chapitre intitulé : « Marche à l'Entrée, etc. »)

2. Leurs sages propos, leurs beaux dits,
Ce jour-là, sur les beaux habits
L'emportèrent, comme je pense.
(Copie de Tallemant.)

3. « La maison de M. le cardinal de Mazarin ne fut pas ce qu'il y eut de plus laid. Elle commença par soixante-douze mulets de bagage; les vingt-quatre premiers avoient des couvertures assez simples; les autres en avoient de plus belles, plus fines, plus éclatantes, que les plus belles tapisseries que vous ayez jamais vues; et les derniers en avoient de velours rouge en broderie d'or et d'argent, avec des mors d'argent et des sonnettes : tout cela d'une magnificence, etc. » (Mme de Maintenon, p. 23-24.) « J'oubliois dans celle (la maison) de Monsieur le Cardinal vingt-quatre chevaux de main, couverts de housses si belles, et si beaux eux-mêmes, que je n'en pouvois ôter les yeux. » (*Ibidem*, p. 24.)

4. Comme les grains d'un chapelet.

A DIVERS.

On en voyoit d'abord vingt et quatre marcher,
Puis autres vingt et quatre, et puis vingt et quatre autres.
Les housses des premiers étoient d'un fort grand prix[1],
Les seconds les passoient, passés par les troisièmes ;
    Mais ceux-ci n'ont, à mon avis,
    Rien laissé pour les quatrièmes[2].
Monsieur le Cardinal l'entend[3], en bonne foi ;
Car après ces mulets marchoient quinze attelages,
    Puis sa maison, et puis ses pages[4],

1. D'assez grand prix. (Copie de Tallemant.)

2. « .... Au lieu que les vingt-quatre premiers (mulets) n'avoient que des couvertures de drap rouge en broderie de soie, avec des plumes et des têtières ordinaires, la seconde troupe, pareille en nombre, portoit des couvertures d'une très fine haute-lice, à fond de soie, rehaussées d'or, et avoit ses sonnettes, ses plaques, ses têtières, et ses muselières, d'argent massif, et de tissu d'or et de soie ; et les derniers, pour enchérir par-dessus ceux qui les devançoient, outre leurs harnois qui n'étoient pas moins riches que les précédents, avoient de superbes bouquets de plumes blanches et incarnates sur leurs têtes surmontées d'une très riche aigrette, et, pour couvertures, de grandes pièces de velours rouge cramoisi, semées de chiffres et de devises sur des cartouches soutenus et accolés par des cornes d'abondance, desquelles on voyoit sortir quantité de fruits et de fleurs : le tout d'une broderie si riche et si bien entendue qu'on peut dire qu'il ne s'en vit jamais de plus accomplie, soit pour l'ouvrage, soit pour le dessin. Une trentaine de muletiers, en chausses et pourpoints, marchoient à côté en égales distances. » (*L'Entrée triomphante*, p. 21 du chapitre intitulé : « Marche à l'Entrée, etc. ») — Comparez ce que dit Brantôme, tome III, p. 69, des mulets de l'amiral Bonnivet, lors de son voyage en Angleterre, août 1518 : « Entre aultres sumptuositez est qu'il auoit vingt cinq mullets de coffres harnachez trez superbement, et les couuertes toutes de velours cramoisy, auecques ses armes toutes en broderie d'or et d'argent, que le roy d'Angleterre et sa cour admirerent fort. »

3. Entend bien les choses.

4. Au nombre de vingt-quatre. Ils étaient suivis de onze carrosses à six chevaux, accompagnés de vingt-quatre gentilshommes, et d'une compagnie de cent gardes à cheval, qui tous faisaient partie de la maison de Mazarin (*L'Entrée*, etc., p. 21-22).

Se panadant¹ en bel arroi,
Montés sur chevaux aussi sages²
Que pas un d'eux, comme je croi.
Figurez-vous que dans la France
Il n'en est point de plus haut prix³,
Que l'un bondit, que l'autre danse ;
Et que cela n'est rien au prix
Des mulets de Son Éminence.

Bientôt après les seigneurs de la cour,
Propres, dorés, et beaux comme des anges,
   Ou comme le dieu d'Amour,
    Attirèrent nos louanges :
J'entends le dieu d'Amour, quand il tient du dieu Mars,
Et qu'il marche tout fier du pouvoir de ses dards ;
  Car ces seigneurs⁴, qui sont près d'une belle

Monsieur, par esprit de critique, avait affecté, pour lui et pour sa suite, une simplicité extrême : « La maison de Monsieur parut.... très pitoyable, et il y avoit, dit-on, du dessein : c'étoit pour montrer l'excessive opulence du Cardinal. » (Mme de Maintenon, p. 25.) Elle ajoute (p. 26) : « Le chevalier de Gramont, Rouville, Bellefonds, et quelques autres courtisans, suivoient la maison de Monsieur le Cardinal, ce qui surprit tout le monde : on dit que c'étoit par flatterie, et je m'en informerai. »

1. Se panadoient. (Copie de Tallemant.) — Sur ce verbe, voyez tome I, p. 300 et note 5 ; et, pour *bel arroi*, bel ordre, bel équipage, Marot, tomes III, p. 73, 126, 231, IV, p. 153, II, p. 82 :

Sus ung hault lieu se mit en bel arroy.

2. Tome IV, p. 95 et note 4. — Sur des chevaux plus sages. Copie de Tallemant.)

3. De si grand prix. (*Ibidem.*)

4. Le duc de Navailles, à la tête des chevau-légers, avec justaucorps d'écarlate, bottes, écharpes et plumes blanches ; le marquis de Vardes commandant les Cent-Suisses ; le comte de Guiche, qui marchait seul, accompagné de quelques gardes, remarquable par l'abondance éblouissante de ses pierreries ; et le duc de la Feuillade par la singularité de son accoutrement, qui consistait en plumes noires et en rubans noirs sur de la broderie (*l'Entrée triomphante*, p. 24). « .... Entre les archers et les Cent-Suisses.... l'on vit, dans un assez bref espace de temps et de place,

A DIVERS.

> Aussi doux que des moutons,
> Sont pires que vrais lions [1]
> Quand ils [2] ont une querelle,
> Ou que le bruit des canons
> Leur échauffe la cervelle.
> En habits sous l'or tout cachés,
> En chevaux bien enharnachés,
> Ils avoient fait grosse dépense ;
> Et quant à moi je fus surpris
> De voir une telle abondance [3],
> Et n'estimai plus rien au prix
> Les mulets de Son Éminence.
>
> Incontinent on vit passer
> Des légions de mousquetaires [4].

filer ce qu'il y a de meilleure mine, de plus leste, et de plus galant à la cour, et par conséquent dans l'Europe ; aussi ce poste avoit-il été conservé pour les gouverneurs et lieutenants de Roi des provinces, et pour les grands et principaux officiers du Roi et de la Reine ; parmi lesquels nombre de personnes qualifiées se placèrent.... » (*Ibidem*, p. 25.)

1. Que des lions. (Copie de Tallemant.)
2. Lorsqu'ils. (*Ibidem*.)
3. Une telle bombance. (*Ibidem*, et manuscrit autographe.)
4. « Cette belle marche fut continuée par les mousquetaires, qui filèrent quatre à quatre sous deux compagnies différentes. La première, qui est des petits mousquetaires, étoit conduite par le sieur de Marsal, lieutenant, accompagné de deux officiers qui alloient en tête avec lui ; les autres étoient à la serre-file. Elle avoit six tambours à cheval : quatre vers la tête, et deux à la queue. Les casaques de ces deux cents cavaliers, qui portoient tous le mousquet, étoient de drap bleu, doublées de rouge à l'ordinaire, avec un galon d'argent sur les coutures, et des croix blanches fleuronnées devant et derrière. L'autre compagnie des mousquetaires à cheval de la garde du Roi étoit commandée par le sieur d'Artagnan. Elle marchoit aussi sur quatre lignes et avoit ses tambours et ses principaux officiers avec leurs casaques de velours, à la tête et à la queue ; mais ce qui lui étoit particulier, c'est que ses factionnaires étoient beaucoup plus richement vêtus, quoique de même drap et de mêmes couleurs, tant à cause du nombre et de la qualité des galons, que par les

C'est un bel endroit à tracer,
Mais, sans que je m'attire un tel nombre d'affaires,
Leur maître n'a que trop de quoi m'embarrasser.
    Vous le voyez quelquefois :
Croyez-vous que le monde ait eu beaucoup de rois
Ou de taille aussi belle ou de mine aussi bonne?
Ce n'est pas mon avis; et, lorsque je le vois,
Je crois voir la grandeur elle-même en personne[1].

    Comme jadis le monarque des cieux
        Dans le ciel fit son entrée,
    Après avoir puni l'orgueil audacieux
        Des suppôts[2] de Briarée[3];
Ou bien comme Apollon, des traits de son carquois

croix formées de lys, de chiffres, et de couronnes, toutes en broderies d'or et d'argent, et que tous leurs chevaux étoient blancs. Outre cette différence générale qui distinguoit ces mousquetaires des autres, ils en avoient encore une particulière qui divisoit cette même compagnie en quatre brigades. Les soixante et seize premiers avoient des bouquets de plumes blanches; les soixante et douze suivants portoient des plumes blanches, jaunes, et noires; les plumes de la troisième troupe, qui se trouva de cinquante deux, étoient blanches, bleues, et noires; et enfin, celles des soixante derniers étoient blanches et vertes; auxquelles la plupart avoient assorti leurs garnitures. Chaque brigadier alloit à la tête de sa troupe, et le guidon au milieu de tous. » (*L'Entrée triomphante*, p. 24.)

1. Je voudrois fort, en cet endroit,
    Vous dire un mot des mousquetaires,
    Mais, las! j'ai bien d'autres affaires,
    Et je m'en excuse à bon droit :
        Voici bien pis. Apollon et les Muses,
    Si vous leur ordonniez de vous peindre le Roi,
        Chercheroient d'honnêtes excuses;
        Que pourriez-vous donc attendre de moi?
    L'image du héros sans cesse m'environne,
        Mais je ne puis vous la tracer.
    Vous suffise qu'on vit, en le voyant passer,
        La bonne mine elle-même en personne.
                        (Copie de Tallemant.)
2. Ci-dessus, p. 6 et note 2.
3. Tome VII, p. 353 et note 3.

Ayant du fier Python percé l'énorme masse,
  Triompha sur le Parnasse[1];
Ou comme Mars entra pour la première fois
  Dans la capitale de Thrace[2];
Ainsi je crois encor voir le Prince qui passe,
  Et vous pouvez choisir de ces trois-là
    Celui qu'il vous plaira[3].
Mais comment de ces vers sortir à mon honneur[4]?
Ceci de plus en plus m'embarrasse et m'empêche;
Et de fièvre en chaud mal me voici, Monseigneur,
    Enfin tombé[5] sur la calèche[6].

1. *Adonis*, vers 313-314.
2. Ci-dessus, p. 147.
3. Ces douze derniers vers manquent dans la copie de Tallemant. — « Quand tout cet appareil n'auroit pas désigné la marche prochaine du Triomphateur, le port et la mine de celui qui suivoit l'auroient toujours fait prendre pour le principal acteur et le maître de cette grande cérémonie. Ainsi toute cette escorte d'officiers, qui marchoient à pied autour de sa personne, sembloit plutôt ordonnée pour satisfaire à la coutume et à l'usage que pour la distinction du Roi d'avec les autres princes et seigneurs qui eurent l'honneur de l'accompagner.... Sa monture... étoit d'un cheval d'Espagne bai fort brun, richement enharnaché, et couvert d'une housse de pareille étoffe et broderie que l'habit de Sa Majesté. » (*L'Entrée triomphante*, p. 26.) Quant à son habit : « Le Roi étoit vêtu d'un habit en broderie d'argent trait par bord, chargé d'une riche garniture d'argent et de soie incarnat; il avoit l'épée au côté, et sur son chapeau un superbe bouquet de plumes assorti à la garniture, attaché d'une superbe enseigne de diamants. » (*Ibidem*, p. 2.)
4. Pourrai-je de ces vers sortir à mon honneur?
    (Copie de Tallemant.)
— Je ne puis de ces vers sortir à mon honneur.
    (Manuscrit autographe.)
5. Tome VII, p. 388.
6. « La Reine étoit seule dans sa calèche que l'on ne peut mieux représenter que par ces magnifiques chars de triomphe dont l'ancienne Rome nous a laissé quelque peinture. Elle étoit toute découverte, à la réserve d'un petit dais en forme de pavillon à pans, assez élevé sur le derrière, et soutenu par deux légères colonnes couvertes, aussi bien que le dehors et le dedans

On dit qu'elle étoit d'or¹, et sembloit d'or massif,
    Et qu'il s'en fait peu de pareilles ;
Mais je ne la pus voir, tant j'étois attentif
    A regarder d'autres merveilles.
Ces merveilles étoient de fort beaux cheveux blonds,
Une vive blancheur, les plus beaux yeux du monde,
    Et d'autres appas sans seconds
    D'une personne sans seconde².
    Qu'on ne me demande pas

de ce char, d'une riche étoffe d'argent, brodée d'or, trait avec tant d'adresse que, dans l'abondance et la magnificence d'un dessin si surprenant en toutes ses parties, on ne laissoit pas d'y remarquer en certains lieux des branches et des fleurs de ces arbres qui sont les symboles de la Paix et de l'Amour.... » (*L'Entrée triomphante*, p. 27.) Voyez *ibidem*, p. 2, le costume de la Reine : Elle « étoit coiffée et habillée comme le sont nos dames de France, à la réserve de la couronne fermée qu'elle portoit au plus haut de sa tête ; l'or, les perles, et les pierreries, chargeoient si fort sa robe qu'à peine en pouvoit-on remarquer l'étoffe. » Le duc de Bournonville, gouverneur de Paris, son chevalier d'honneur, l'ambassadeur d'Espagne, comte de Fuensaldagne, son majordome, les ducs de Guise, d'Elbeuf, et d'autres grands personnages, l'accompagnaient à cheval : derrière cette calèche suivaient cinq carrosses dans lesquels étaient les princesses du sang, les autres princesses, les dames d'honneur et les dames d'atour, les filles de la Reine, et autres suivantes.

1. Riche. (Manuscrit autographe, et copie de Tallemant.)

2.   Cette belle nymphe du Tage,
    Pour qui nous fîmes tant de vœux,
    Tient ce miracle de cet âge
    Dans les chaînes de ses cheveux :
    Les Grâces dont elle est suivie
    La font admirer de l'Envie ;
    Tous les mortels sont éblouis
    D'y voir tant de flammes paroître.
    Aussi les dieux l'avoient fait naître
    Pour Jupiter ou pour Louis.
           (Racan, ode *au Roi*, tome II des OEuvres,
             Paris, 1724, in-12, p. 9.)

Comparez aussi Racine, *la Nymphe de la Seine à la Reine*, vers 178-180, et *passim*.

A DIVERS.

Qui c'étoit que la personne
En qui logeoient tant d'appas :
La question seroit bonne[1] !
Tant d'agrément, tant de beauté,
Tant de douceur, et tant de majesté[2],
Tant de grâces si naturelles,
Où l'on trouveroit de quoi
Faire un million de belles,
Ne peuvent en bonne foi
Se trouver qu'en la merveille,
Sans égale et sans pareille,
Qui donne[3] aux autres la loi,
Et qui dort avec le Roi.

1. Ces quatre derniers vers manquent dans la copie de Tallemant.

2. Tant d'agrément, avec (sic) tant de majesté.
(Manuscrit autographe.)

3. Tant de grâce si naturelle
Ne se rencontre qu'en celle
Qui donne, etc.
(Ibidem.)

LETTRE X[1].

A M. FOUCQUET

EN LUI ENVOYANT L'ODE[2] SUR LE MARIAGE DE MONSIEUR, FRÈRE UNIQUE DU ROI, AVEC HENRIETTE-ANNE D'ANGLETERRE, EN MARS 1661.

Monseigneur,

Le zèle que vous avez pour toute la maison royale me fait espérer que ce terme-ci[3] vous sera plus agréable que pas un autre, et que vous lui accorderez la protection qu'il vous demande. Avec ce passe-port qui n'a jamais été violé, il vous ira trouver sans rien craindre. J'y loue la merveille que nous ont donnée les Anglois. Encore que sa naissance vienne des dieux, ce n'est pas ce qui fait son plus grand mérite; mille autres qualités, toutes excellentes, font qu'elle est l'ornement aussi bien que l'admiration de notre cour. C'est ce qu'on peut dire de plus à l'avantage de cette princesse; car notre cour est telle à présent que son approbation seroit glorieuse à la mère même des Grâces[4]. L'entreprise de louer dans le même ouvrage le digne frère de notre Monarque étoit infiniment au-dessus de moi. Cependant ce n'étoit pas

---

1. Cette lettre a été imprimée pour la première fois dans les *Fables nouvelles et autres poésies* de 1671, p. 64, où elle porte seulement pour titre : *A M. F.* Elle a été réimprimée, avec l'intitulé que nous reproduisons, dans les *OEuvres diverses* de 1729, tome II, p. 11. — Voyez l'*Histoire de la Fontaine* par Walckenaer, tome I, p. 74; et notre tome I, p. LXII–LXIII.
2. Donnée par nous au tome VIII, p. 384.
3. Ci-dessus, p. 322 et note 2.
4. Dans les *OEuvres diverses :* « Son approbation seroit même glorieuse à la mère des Grâces. »

A DIVERS.

encore assez faire; il falloit, Monseigneur, vous dire aussi quelque chose touchant la grossesse de la Reine. Je serois coupable si je me taisois, tandis que chacun raisonne sur la qualité du présent qu'elle nous fera. Il sera beau, l'on n'en doute point; mais que ce doive être un dieu ou une déesse, c'est ce qui n'est pas encore tout à fait certain. Quoi que ce puisse être, on s'en réjouit dans l'Olympe, malgré tous les sujets d'envie qu'on y peut avoir. Ces nouvelles divinités pourroient bien ravir aux autres leurs temples[1]. Je ne parle pas de ceux que nous avons bâtis dans nos cœurs[2] à Leurs Majestés, qui ne sauroient, avec toute leur puissance, nous rien donner de plus parfait qu'Elles. Je ne pouvois, Monseigneur, vous entretenir de sujets qui méritassent mieux d'interrompre vos occupations et vos soins. La grossesse de la Reine est l'attente de tout le monde. On a déjà consulté les astres sur ce sujet.

Quant à moi, sans être devin,
J'ose gager que d'un Dauphin
Nous verrons dans peu la naissance :
Thérèse, accomplissant le repos de la France,
Y fera, je m'assure, encor cette façon[3].
Ce qui confirme mon soupçon,
C'est la faveur des dieux, qui sert notre monarque
Comme il mérite, et qui[4] ne put jamais
Lui refuser aucune marque
Du respect que le Sort a pour tous ses souhaits.
La conjecture que je fais
N'est pas, Seigneur, fort difficile;
Car, sans vous étaler d'un discours inutile
Toutes les raisons que j'en ai,

1. Tome VIII, p. 230.
2. *Ibidem*, p. 348 et note 6.
3. Locution analogue au tome V, p. 451 et note 7.
4. *Qu'il* dans le texte de 1671, faute évidente.

338 LETTRES.

> Nous avons un roi trop habile
> Pour ne pas réussir en tous ses coups d'essai[1].

> A peine il commença ses premiers exercices,
> Qu'il se fit admirer des héros de sa cour;
> Puis, d'un cœur ennemi de ces molles délices
> Qui loin du champ de Mars ont choisi leur séjour,
>   Il sortit des bras de l'Amour,
> Fit trembler cent cités, porta partout la guerre;
> Maint rempart fut ouvert, maint escadron rompu :
>   Les Flamands, s'ils eussent pu,
>   Se fussent cachés sous terre.
>   Tel on voit un jeune lion
>   Courir à sa première proie[2].
> La Flandre alloit souffrir plus de maux qu'Ilion :
> Ses peuples ignoroient l'usage de la joie[3];
> Louis eût renversé le reste de leurs tours,
>   Si la fille du prince Ibère[4]
>   N'eût interposé les Amours,
>   Qui firent plus en quatre jours
>   Qu'aucun plénipotentiaire,
>   Par son travail et ses discours,
>   En quatre mois n'auroit su faire.

>   Que si notre monarque aux tournois de Bellone
>   Se fit dès l'abord renommer,
>   N'a-t-il pas mieux fait que personne
>   Son apprentissage d'aimer?
>   Pour l'objet qui l'a su charmer
>   N'a-t-il pas cédé des conquêtes,
> Refusé des trésors, méprisé des États,

1. *Ses* pareils à deux fois ne se font point connoître,
Et pour leurs coups d'essai veulent des coups de maître.
(CORNEILLE, *le Cid*, acte II, scène II.)

2. Comparez *la Captivité de saint Malc*, vers 485-486.
3. Tome VIII, p. 367 :
Vous ne m'avez laissé que l'usage des larmes.

4. Marie-Thérèse d'Autriche, infante d'Espagne. — Voyez pour le mot *Ibère*, tome VIII, p. 502 et note 2.

A DIVERS.

Et préféré Thérèse aux palmes toutes prêtes
Que le Sort promettoit aux efforts de son bras?

Mais comment s'est-il pris tout d'un coup aux affaires?
Quel roi mieux que le nôtre entend le cabinet¹?
Peut-on développer d'un jugement plus net
    Tant de conseils si nécessaires?
Les soins de son État ne le lassent jamais;
    Et dans les travaux de la paix
    Il agit encore en Hercule.
Un autre eût tout perdu quand nous perdîmes Jule²;
Mais de quel changement est suivi son trépas?
Louis, ne l'ayant plus, sait régir ses provinces :
    La machine de nos États
    Qui sans l'effort de cet Atlas
    Eût fait succomber d'autres princes,
Ne pèse point au nôtre, et, non plus que les cieux,
N'a besoin pour support que du maître des dieux.

Tous ses commencements ayant été si beaux,
Celui de son hymen nous promet des miracles :
J'en attends un Dauphin, dont les exploits nouveaux
Ne pourront rencontrer d'assez puissants obstacles.
La victoire en tous lieux le doit accompagner;
Sans qu'il se fasse craindre on le verra régner :
    C'est bien le mieux, qui³ le sait faire.
Les peuples les plus fiers sous un joug volontaire
    Se verront d'eux-mêmes soumis.
    Aux dépens de ses ennemis
    Son État un jour doit s'accroître⁴.
    Il aura les dieux pour amis,

---

1. Sait mieux tenir sa place dans le conseil où se traitent les affaires de l'État.

2. Mazarin : ci-dessus, p. 275. — Il était mort dans la nuit du 8 au 9 mars 1661 à Vincennes.

3. Pour qui, si on : tour très fréquent en latin et dans l'ancien français. Comparez tome V, p. 437 et note 3.

4. Voyez, pour la prononciation de ce mot, tome III, p. 98 et note 23.

Il aura son père pour maître[1].

Thérèse, le portant avec un soin si tendre,
L'ornera de vertus et de dons inouïs :
Jugez quel il doit être, et ce qu'on peut attendre
D'un chef-d'œuvre formé par elle et par Louis.
De sa mère il tiendra la douceur et les charmes,
Et de son père l'art de dompter par les armes
Ceux qui résisteront à toutes ses bontés.
Il sera conquérant en diverses manières;
Et son empire un jour n'aura plus de frontières,
Non pas même les cœurs des plus fières beautés.

Celle dont nous venons de chanter l'hyménée
Ne peut qu'elle ne rende un tel œuvre accompli;
De bien moins de fleurons sa tête est couronnée
Que son cœur de vertus ne se montre rempli.
Les grâces, les beautés, qui reluisent en elle
Ne font que la moitié d'un tout si précieux;
Son esprit est divin, son âme est toute belle :
Thérèse est un chef-d'œuvre achevé par les Cieux.

Je me croyois sorti d'une haute entreprise,
Et mon chant me sembloit ne pouvoir mieux finir :
Anne[2], par ses bontés dont mon âme est éprise,
S'est encor présentée à mon ressouvenir.
  Notre Dauphin en doit tenir
  Les mêmes dons, mais d'une autre manière :
La sagesse aux conseils, l'esprit plein de lumière,
  La fermeté que l'on trouve aux héros,
  Et la constance dans les maux;
Mais quoi! de l'exercer il n'est plus de matière.
  Vous dépeindre Anne toute entière,
  C'est pour ma Muse un trop hardi projet :

1. Dans la *Ballade pour la naissance de Mgr le duc de Bourgogne* :

  .... Son petit-fils l'aura dans ses travaux
  Pour précepteur à lancer le tonnerre,
  A bien régner, à conduire une guerre, etc.

2. Anne d'Autriche, la reine mère.

Si vous regardez mon sujet,
Que dirai-je d'assez sublime?
Que ne dirai-je point, si je suis mon devoir?
Dieux! qu'on est empêché quand il faut qu'on exprime
Ce qu'on ne sauroit concevoir!

Dispensez-moi de cette peine :
Vous savez, Monseigneur, quelle est Anne et Louis;
Vous voyez tous les jours notre nouvelle reine;
Si vos yeux n'en sont éblouis,
Je les tiens bons; ils le sont, et personne
N'en a douté jusques ici;
Puissent-ils dans vingt ans veiller pour la couronne[1]!
Je ne vous plaindrai pas d'avoir un tel souci.

Voilà, Monseigneur, ce que je pense sur ce sujet. J'ai corrigé les derniers vers que vous avez lus, et qui ont eu l'honneur de vous plaire; j'espère que vous les trouverez en meilleur état qu'ils n'étoient. Entre autres fautes, j'y avois mis un deux pour un trois, ce qui est la plus grande rêverie dont un nourrisson du Parnasse se pût aviser; la bévue ne vient que de là, car je prends trop d'intérêt en tout ce qui regarde votre famille pour ne pas savoir de combien d'Amours et de Grâces elle est composée[2]. Je me rétracterai plus amplement à la première occasion; et cependant je serai toujours, Monseigneur, etc.

1. Vœu cruellement déçu.
2. Voyez ci-dessus p. 118 et note 3; et comparez, p. 285, dans une lettre écrite à sa femme deux ans plus tard, le 19 septembre 1663 : « De vous dire quelle est la famille de ce parent, et quel nombre d'enfants il a, c'est ce que je n'ai pas remarqué, mon humeur n'étant nullement de m'arrêter à ce petit peuple. »

LETTRE XI[1].

A M. DE MAUCROIX[2].

RELATION D'UNE FÊTE DONNÉE A VAUX.

Si tu[3] n'as pas reçu réponse à la lettre que tu m'as écrite, ce n'est pas ma faute; je t'en dirai une autre fois la raison, et je ne t'entretiendrai pour ce coup-ci[4] que de ce qui regarde M. le Surintendant : non que je m'engage à t'envoyer des relations de tout ce qui lui arrivera de remarquable : l'entreprise seroit trop grande, et en ce cas-là je le supplierois très humblement de se donner quelquefois la peine de faire des choses qui ne méritassent point que l'on en parlât, afin que j'eusse le

---

1. Cette lettre a été imprimée pour la première fois dans les OEuvres diverses de 1729, tome III, p. 296. Les variantes sont tirées des portefeuilles de Tallemant des Réaux, et d'un des manuscrits de Conrart à la Bibliothèque de l'Arsenal (n° 5171, p. 150-161), sous ce titre : « Lettre de M. de la Fontaine à M. de Maucroix, étant à Rome pour les affaires de M. Foucquet, surintendant des finances, ou Description de la fête de Vaux. » Elle se trouve également dans un autre recueil de la même bibliothèque : *Elogia Julii Mazarini cardinalis* (HF, n° 191 bis). — Voyez Walckenaer, *Histoire de la Fontaine*, tome I, p. 75; notre tome I, p. LXIV-LXV, et p. LXVIII; et le Molière de notre Collection, tome III, p. 5, et p. 97-103.
2. Le surintendant l'avoit envoyé à Rome comme ami de Pellisson. (Note de Tallemant.) — Il était chargé d'une mission diplomatique, sous le titre d'abbé de Cressy; ce n'était pas un faux nom, comme l'ont prétendu les ennemis de Foucquet, car Maucroix était, sinon abbé, du moins prieur, de Cressy.
3. Dans les copies de Tallemant et de Conrart, il y a *vous* dans toute la lettre.
4. Pour aujourd'hui. (Copies de Tallemant et de Conrart.)

A DIVERS. 343

loisir de me reposer[1]. Mais je crois[2] qu'il y seroit aussi empêché que je le suis à présent[3]. On diroit que la Renommée n'est faite que pour lui seul, tant il lui donne d'affaires tout à la fois. Bien en prend à[4] cette déesse de ce qu'elle est née avec cent bouches, encore n'en a-t-elle pas la moitié de ce qu'il faudroit pour célébrer dignement un si grand héros ; et je crois que, quand elle en auroit mille, il trouveroit de quoi les occuper toutes[5].

Je ne te conterai donc que ce qui s'est passé à Vaux le 17 de ce mois. Le[6] Roi, la Reine mère, Monsieur, Madame, quantité de princes et de seigneurs, s'y trouvèrent[7] : il y eut un souper magnifique, une excellente

1. Cette phrase rappelle l'épître VIII de Boileau, vers 1 :
   Grand Roi, cesse de vaincre, ou je cesse d'écrire.
2. Mais je pense. (Copie de Tallemant.)
3. Que je le suis à cette heure. (*Ibidem.*)
4. Tant il lui donne d'affaires. Bien prend à. (*Ibidem*, et copie de Conrart.)
5. Ci-dessus, p. 260-261.
6. Je ne vous raconterai donc que ce qui s'est passé depuis peu à Vaux. Le. (Copie de Tallemant.)
7. Loret (*Muse historique*), dans une lettre en date du 20 août 1661, nous apprend que cette fête eut lieu un mercredi (17 août), et il la décrit longuement. Foucquet avait déjà traité la cour à Vaux le lundi 12 juillet précédent. On y avait joué *l'École des maris* de Molière. La reine d'Angleterre, Monsieur, et Madame, se trouvaient à cette fête ; mais le Roi n'y était pas. (*Ibidem*, lettre du 17 juillet 1661 ; voyez aussi Molière, tome II, p. 334, et p. 337-338.) — C'est par ces visites mêmes que Foucquet, dans ses *Défenses*, explique le luxe par lui déployé à Vaux.

Extrait du préambule de l'inventaire de production de M. Talon, procureur général de la Chambre de justice.

« On a trouvé pour plus d'un million de bien en la maison de Vaux, en pierreries, en vaisselle d'argent, en tapisseries, et en d'autres meubles, sans compter le revenu de la terre, le château, les bâtiments, les peintures, les jardins, les canaux, les fontaines,

comédie, un ballet fort divertissant, et un feu qui ne devoit rien à celui qu'on fit pour l'Entrée[1].

> Tous les sens furent enchantés ;
> Et le régal eut des beautés[2]

les cascades, et une infinité d'autres embellissements d'une dépense prodigieuse, et qui, d'une maison très commune, ont fait un palais si magnifique qu'il attire maintenant la curiosité, l'admiration, et en même temps l'étonnement et l'indignation de toute la France. »

Réponse de Foucquet.

« .... Je ne sais pas la valeur des meubles qui étoient à Vaux; on les estime ce que l'on veut : il faut savoir pour combien les prendront mes créanciers. Mais je dirai que tout ce que nous avions de meubles considérables, ma femme et moi, fut porté à Vaux, pour ce que la maison de Paris, où ils étoient auparavant, étoit abandonnée aux ouvriers, et pour ce que le Roi m'ayant fait l'honneur de m'avertir, peu avant le voyage de Nantes, qu'il desiroit que la reine d'Angleterre, Monsieur, et Madame, y fussent reçus, et depuis Sa Majesté même, la Reine mère, et toute la cour, ayant fait dessein d'y venir, je fus obligé, pour les recevoir, d'y faire porter tous les meubles que j'avois, et d'en acheter encore. Toutes les années précédentes, on sait que Leurs Majestés ou Monsieur le Cardinal, des ambassadeurs, et d'autres personnes par son commandement, y étoient reçues ; en sorte que je fus contraint d'incommoder mes affaires pour avoir de la vaisselle et des meubles dix fois au delà de ce que j'en eusse eu sans ces ordres fréquents, et sans que je croyois devoir rendre au Roi le respect le plus grand que je pouvois, et que je faisois chose agréable à Sa Majesté de m'acquitter honorablement de toutes ces choses, quoiqu'elles me fussent onéreuses. Pour le surplus des ouvrages de Vaux, j'en ai dit les raisons, et, ayant intention de faire passer cette terre à Monsieur, ou à Monsieur le Cardinal depuis qu'il m'obligea d'acheter Belle-Isle, il falloit proportionner les embellissements à ce dessein, pour leur en donner envie, ce que j'espérois faire réussir, sans les changements qui sont arrivés. » (*De la production de M. Foucquet contre celle de M. Talon*, tome III du *Recueil des défenses de M. Foucquet*, p. 135-138.)

1. Pour l'Entrée de la Reine à Paris.
2. Et cette fête eut des beautés. (Copies de Tallemant et de Conrart.)

A DIVERS. 345

Dignes du lieu, dignes du maître,
Et dignes de Leurs Majestés,
Si quelque chose pouvoit l'être.

On commença par la promenade. Toute la Cour regarda les eaux avec grand plaisir. Jamais Vaux ne sera plus beau qu'il le fut cette soirée-là, si la présence de la Reine ne lui donne encore un lustre qui véritablement lui manquoit. Elle[1] étoit demeurée à Fontainebleau pour une affaire fort importante : tu vois bien que j'entends parler de sa grossesse[2]. Cela fit qu'on se consola, et enfin on ne pensa plus qu'à se réjouir. Il y eut grande contestation entre la Cascade, la Gerbe d'eau, la Fontaine de la Couronne, et les Animaux[3], à qui plairoit davantage ; les dames n'en firent pas moins de leur part.

Toutes entre elles de beauté
Contestèrent aussi chacune à sa manière :
La Reine avec ses fils[4] contesta[5] de bonté ;
Et Madame[6], d'éclat avecque la lumière.

Je remarquai une chose à quoi peut-être on ne prit pas garde : c'est que les nymphes de Vaux eurent toujours les yeux sur le Roi ; sa bonne mine[7] les ravit toutes, s'il est permis d'user de ce mot en parlant d'un si grand prince.

Ensuite de la promenade on alla souper. La délica-

1. Ne lui donne quelque jour de nouveaux charmes, car elle. (Copie de Tallemant.) — Le Roi avoit demandé encore une fête pour les relevailles de la Reine. (*Ibidem*; note de Tallemant.)
2. Ce dernier membre de phrase n'est pas chez Tallemant.
3. Tome VIII, p. 293-294.
4. La Reine mère, le Roi, et Monsieur. — Avec son fils. (Copie de Tallemant.)
5. Ci-dessus, p. 266 et note 2.
6. Henriette d'Angleterre (voyez p. 343). — 7. Ci-dessus, p. 332.

tesse et la rareté des mets furent grandes; mais la grâce avec laquelle M. et Mme la Surintendante firent les honneurs de leur maison le fut encore davantage.

Le souper fini, la comédie eut son tour : on avoit dressé le théâtre au bas de¹ l'allée des sapins.

> En cet endroit qui n'est pas le moins beau
> De ceux qu'enferme un lieu si délectable,
> Au pied de ces sapins et sous la grille d'eau²,
> Parmi la fraîcheur agréable
> Des fontaines, des bois, de l'ombre, et des zéphyrs,
> Furent préparés les plaisirs
> Que l'on goûta cette soirée.
> De feuillages touffus la scène étoit parée,
> Et de cent flambeaux éclairée :
> Le Ciel en fut jaloux. Enfin figure-toi
> Que lorsqu'on eut tiré les toiles³,
> Tout combattit à Vaux pour le plaisir du Roi :
> La musique, les eaux, les lustres⁴, les étoiles.

Les décorations furent magnifiques; et⁵ cela ne se passa pas sans musique.

> On vit des rocs s'ouvrir, des termes se mouvoir⁶,
> Et sur son piédestal⁷ tourner mainte figure.
> Deux enchanteurs pleins de savoir

---

1. Au bout de. (Copies de Tallemant et de Conrart.)
2. Et de leurs grilles d'eau. (Copie de Tallemant.)
3. Le Ciel en fut jaloux. Enfin, mon cher Maucroy,
   Lorsque l'on eut tiré les toiles....
   (Ibidem.)
4. Les flambeaux. *(Ibidem.)*
5. Furent magnifiques, et les machines surprenantes; et. *(Ibidem, et copie de Conrart.)*
6. On vit les rocs s'ouvrir, les termes se mouvoir.
   (Ibidem.)
7. *Pié d'estal* dans le texte de 1729 : comparez tome VIII, p. 177 et note 2.

Firent tant, par leur imposture,
Qu'on crut qu'ils avoient le pouvoir
De commander à la nature :
L'un de ces enchanteurs est le sieur Torelli [1],
Magicien expert, et faiseur de miracles ;
Et l'autre c'est le Brun [2], par qui Vaux embelli
Présente aux regardants mille rares spectacles ;
Le Brun dont on admire et l'esprit et la main,
Père d'inventions agréables et belles,
Rival des Raphaëls, successeur des Apelles,
Par qui notre climat ne doit rien au romain [3] ;
Par l'avis de ces deux la chose fut réglée.

D'abord aux yeux de l'assemblée
Parut un rocher si bien fait
Qu'on le crut rocher en effet ;
Mais, insensiblement se changeant en coquille,
Il en sortit une nymphe gentille
Qui ressembloit à la Béjart [4],
Nymphe excellente dans son art,

1. Giacomo Torelli, né à Fano, province d'Urbino, en 1608, mort dans la même ville en 1678 : voyez ci-dessus, p. 155, et Corneille, tome V, p. 277 et note 2. — On l'avait surnommé le Grand Sorcier.
2. Charles le Brun, né à Paris le 24 février 1619, mort dans la même ville le 12 février 1690, protégé du chancelier Séguier, élève de Vouet et de Poussin. Foucquet l'attacha à son service, avec douze mille livres de pension fixe, sans préjudice du payement des ouvrages qu'il lui commandait.
3. Tome I, p. ccxx.
4. Madeleine Béjart (1618-1672) : voyez Molière, tome X, p. 248, et *passim*.

— Peut-on voir nymphe plus gentille
Qu'étoit Béjart l'autre jour ?
Lorsqu'on vit ouvrir sa coquille,
Tout le monde dit à l'entour,
Lorsqu'on vit ouvrir sa coquille,
« Voici la mère d'Amour. »
(*Recueil manuscrit de chansons historiques et critiques*,
cité par Walckenaer.)

Et que pas une ne surpasse.
Aussi récita-t-elle avec beaucoup de grâce
Un Prologue, estimé l'un des plus accomplis
   Qu'en ce genre on pût écrire,
   Et plus beau que je ne dis,
   Ou bien que je n'ose dire :
   Car il est de la façon
   De notre ami Pellisson[1].
   Ainsi, bien que je l'admire,
Je m'en tairai, puisqu'il n'est pas permis
   De louer ses amis[2].

Dans ce Prologue, la Béjart, qui représente la nymphe de la fontaine où se passe cette action, commande aux divinités qui lui sont soumises de sortir des marbres qui les enferment, et de contribuer de tout leur pouvoir au divertissement de Sa Majesté : aussitôt les termes et les statues qui font partie de l'ornement du théâtre se meuvent[3], et il en sort, je ne sais comment, des faunes et des bacchantes qui font l'une des entrées du ballet. C'est une fort plaisante chose que de voir accoucher un terme, et danser l'enfant en venant au monde[4]. Tout cela fait place à la comédie, dont le sujet est un homme arrêté par toutes sortes de gens, sur le point d'aller à une assignation amoureuse[5].

   C'est un ouvrage de Molière[6] :
   Cet écrivain par sa manière
   Charme à présent toute la cour.

1. On sait que le Prologue de la comédie des *Fâcheux* fut en effet composé par Pellisson : voyez Molière, tome III, p. 32-33.
2. Ces trois derniers vers ne sont pas dans nos manuscrits.
3. « Ces termes marcheront, etc. » (Prologue de Pellisson, vers 17-20.)
4. Un enfant venant au monde. (Copie de Tallemant.)
5. Tome V, p. 585 et note 2.
6. Chef de la troupe des comédiens de Monsieur, où est la Béjart. (Note de Tallemant.)

De la façon que son nom court,
Il doit être par delà Rome[1] :
J'en suis ravi, car c'est mon homme[2].
Te souvient-il bien qu'autrefois
Nous avons conclu d'une voix
Qu'il alloit ramener en France
Le bon goût et l'air de Térence[3]?
Plaute n'est plus qu'un plat bouffon ;
Et jamais il ne fit si bon
Se trouver à la comédie ;
Car ne pense pas qu'on y rie[4]
De maint trait jadis admiré,
Et bon *in illo tempore;*
Nous avons changé de méthode :
Jodelet[5] n'est plus à la mode,
Et maintenant il ne faut pas
Quitter la nature d'un pas[6].

On avoit accommodé le ballet à la comédie, autant qu'il étoit possible, et tous les danseurs y représentoient des fâcheux de plusieurs manières : en quoi certes ils ne parurent nullement fâcheux à notre égard ; au contraire, on les trouva fort divertissants, et ils se retirèrent trop tôt au gré de la compagnie. Dès que ce plaisir fut cessé, on courut à celui du feu.

Je voudrois bien t'écrire[7] en vers
Tous les artifices divers

1. Où Maucroix était alors (ci-dessus, p. 342, note 2).
2. Notre homme. (Copies de Tallemant et de Conrart.)
3. Ci-dessus, p. 82 ; et *Lettres* de J. Chapelain, tome II, p. 820.
4. Car je ne pense pas qu'on rie.
(Copie de Tallemant.)
5. Tome VII, p. 133 et note 5.
6. Voyez Molière, tome X, p. 244-245 et note 1. — Les quatre derniers vers ne sont pas dans nos manuscrits.
7. Je voudrois bien dépeindre. (Copies de Tallemant et de Conrart.)

De ce feu le plus beau du monde,
Et son combat avecque l'onde,
Et le plaisir des assistants.
Figure-toi qu'en même temps
On vit partir mille fusées,
Qui par des routes embrasées
Se firent toutes dans les airs
Un chemin tout rempli d'éclairs,
Chassant la nuit, brisant ses voiles.
As-tu vu tomber des étoiles[1]?
Tel est le sillon enflammé,
Ou le trait qui lors est formé.
Parmi ce spectacle si rare,
Figure-toi le tintamarre[2],
Le fracas, et les sifflements,
Qu'on entendoit à tous moments.
De ces colonnes embrasées
Il renaissoit d'autres[3] fusées,
Ou d'autres formes de pétard,
Ou quelque autre effet de cet art:
Et l'on voyoit régner la guerre
Entre ces enfants du tonnerre.
L'un contre l'autre combattant,
Voltigeant, et pirouettant,
Faisoit un bruit épouvantable,
C'est-à-dire un bruit agréable.
Figure-toi que les échos
N'ont pas un moment de repos,
Et que le chœur des Néréides
S'enfuit sous ses grottes humides.
De ce bruit Neptune étonné
Eût craint de se voir détrôné,
Si le monarque de la France
N'eût rassuré, par sa présence,

---

1. Comme on voit tomber des étoiles.
   (Copie de Tallemant.)
2. Tome I, p. 279.
3. Il renaissoit mille. (Copies de Tallemant et de Conrart.)

A DIVERS. 351

Ce dieu des moites[1] tribunaux,
Qui crut que les dieux infernaux
Venoient donner des sérénades
A quelques-unes des Naïades.
Enfin, la peur l'ayant quitté,
Il salua Sa Majesté :
Je n'en vis rien, mais il n'importe :
Le raconter de cette sorte
Est toujours bon; et quant à toi,
Ne t'en fais pas un point de foi[2].

Au bruit de ce feu succéda celui des tambours : car, le Roi voulant s'en retourner à Fontainebleau cette même nuit, les mousquetaires étoient commandés. On retourna donc au château, où la collation étoit préparée. Pendant le chemin, tandis qu'on s'entretenoit de ces choses, et lorsqu'on ne[3] s'attendoit plus à rien, on vit en un moment le ciel obscurci d'une épouvantable nuée de fusées et de serpenteaux. Faut-il dire obscurci ou éclairé[4]? Cela[5] partoit de la lanterne du dôme : ce fut en cet endroit que la nuée creva d'abord. On crut que tous les astres, grands et petits, étoient descendus en terre, afin de rendre hommage à Madame; mais, l'orage étant cessé, on les vit tous en leur place. La catastrophe de ce fracas fut la perte de deux chevaux.

Ces chevaux, qui jadis un carrosse tirèrent,

1. Tome VIII, p. 124 et note 4.
2.   Et puis, Maucroy,
 N'en faites pas un point de foi.
 (Copies de Tallemant et de Conrart.)
3. Comme on s'entretenoit des choses qu'on avoit vues, et qu'on ne. (Copie de Tallemant.)
4. On vit tout à coup une si épouvantable nuée de fusées et de serpenteaux que le ciel fut tout obscurci, ou éclairé. (*Ibidem.*)
5. Que le ciel en fut obscurci, ou éclairé, si vous voulez. Cela. (Copie de Conrart.) — Comparez le feu d'artifice décrit par Corneille dans *le Menteur*, vers 285-290.

352 LETTRES.

> Et tirent maintenant la barque de Caron,
> Dans les fossés de Vaux tombèrent,
> Et puis de là dans l'Achéron.

Ils étoient attelés à l'un des carrosses de la Reine[1]; et s'étant cabrés à cause du feu et du bruit, il fut impossible de les retenir. Je ne croyois pas que cette relation dût avoir une fin si tragique[2] et si pitoyable[3]. Adieu. Charge ta mémoire de toutes les belles choses que tu verras au lieu où tu es[4].

Ce 22° août 1661.

1. De la Reine mère. (Copie de Tallemant.)
2. Voyez tome I, p. LXV : « Paroles bien plus vraies qu'il ne pensait; car il n'avait en vue, quand il les écrivait, que deux chevaux d'un des carrosses de la Reine, qui, effrayés par le fracas du feu d'artifice, étaient tombés dans un fossé du château, et il ne prévoyait pas une tout autre fin tragique, une tout autre chute au fond de l'abîme qu'allait ouvrir la foudre royale dans la même magnifique demeure. » — Voici comment Loret termine son récit (lettre du 20 août 1661) :

> O romans qui représentez
> Tant de beaux palais enchantés,
> Arioste, Amadis, le Tasse,
> Hé ! dites-moi, tous trois, de grâce,
> Et vous aussi, Monsieur Maugis[a],
> Fîtes-vous jamais des logis
> A celui de Vaux comparables?
> Confond-il pas toutes vos fables?
> Et, si vous pouviez faire un jour
> Dans le monde quelque retour,
> Diriez-vous pas, en conscience :
> « Cela passe notre science »?

3. Ci-dessus, p. 234 et note 3.
4. A Rome : p. 349 et note 1.

[a] Le sorcier Maugis, cousin des fils Aymon, constructeur du magnifique château de Montalban sur la Dordogne.

LETTRE XII[1].

A M. DE MAUCROIX.

Ce samedi matin [10 septembre 1661].

Je ne puis te rien dire de ce que tu m'as écrit sur mes affaires, mon cher ami; elles me touchent pas[2] tant que le malheur qui vient d'arriver au surintendant. Il est arrêté, et le Roi est violent contre lui, au point qu'il dit avoir entre les mains des pièces qui le feront pendre[3]. Ah! s'il le fait, il sera autrement cruel que ses ennemis, d'autant qu'il n'a pas, comme eux, intérêt d'être injuste. Mme de B....[4] a reçu un billet où on lui mande qu'on a de l'inquiétude pour M. Pellisson : si ça est, c'est encore un grand surcroît de malheur. Adieu, mon cher ami; t'en dirois beaucoup davantage si j'avois l'esprit tranquille présentement; mais, la prochaine fois, je me dédommagerai pour aujourd'hui.

Feriunt summos fulmina montes[5].

1. Cette lettre a été publiée pour la première fois par Walckenaer dans son édition de 1827 (tome VI, p. 484), d'après un autographe qui lui appartenait. — Voyez son *Histoire de la Fontaine*, tome I, p. 98-99; et notre tome I, p. LXXI-LXXII.

2. *Elles me touchent pas*, pour *elles ne me touchent pas* : rapprochez ci-après, p. 362.

3. Voyez, dans les *Mémoires historiques et authentiques sur la Bastille* (Paris, 1789, 3 vol. in-8°), tome I, p. 40 et suivantes : Lettres et billets trouvés dans les papiers de Foucquet.

4. Mme de Bellière (Suzanne de Bruc), parente et amie de Foucquet, morte en 1705, âgée de 99 ans.

5.   *Decidunt turres, feriuntque summos*
   Fulmina montes.
    (HORACE, livre II, ode x, vers 11-12.)

LETTRE XIII[1].

A M. FOUCQUET[2].

Monseigneur,

J'ai toujours bien cru que vous sauriez conserver la liberté de votre esprit dans la prison même; et je n'en veux pour témoignage que vos défenses[3] : il ne se peut rien voir de plus convaincant, ni de mieux écrit. Les apostilles que vous avez faites à mon ode ne sauroient partir non plus que d'un jugement très solide et d'un goût extrêmement délicat[4]. Vous voulez, Monseigneur, que l'endroit de Rome soit supprimé; et vous le voulez, ou parce que vous avez trop de piété, ou parce que vous n'êtes pas instruit de l'état présent des affaires[5]. Ceux qui vous gardent ne font que trop bien leur

---

1. Cette lettre a été imprimée pour la première fois dans les *OEuvres diverses* de 1729, tome II, p. 24. — Voyez Walckenaer, *Histoire de la Fontaine*, tome I, p. 100-102; et notre tome I, p. LXXIII.

2. La Fontaine avait fait parvenir à Foucquet, dans sa prison, l'ode qu'il avait composée pour lui (tome VIII, p. 390). Celui-ci la lui renvoya avec quelques observations critiques. C'est à ces observations que répond cette lettre.

3. Ces *Défenses* de Foucquet, dont nous avons déjà donné des extraits, ont été recueillies et imprimées par les Elzévirs, en 14 volumes in-18 : le premier est daté de 1665. Il ne faut pas les confondre avec les beaux plaidoyers que composa pour lui Pellisson en 1661, et qui se trouvent dans les *OEuvres diverses* de ce dernier (1785, 3 volumes in-12) : « Discours au Roi par un de ses fidèles sujets. »

4. Tome VI, p. 219-220.

5. Foucquet ignorait l'insulte faite au duc de Créqui. Il avait

devoir. L'exemple de César étant chez les anciens, il vous semble qu'il ne sera pas assez connu. Cela pourroit arriver, sans le jour que les écrivains lui ont donné : ils ne manquent jamais de l'alléguer en de pareilles occasions. Je m'en suis servi, parce qu'il est consacré à cette matière. D'ailleurs, ayant déjà parlé d'Henri IV dans mon élégie[1], je ne voulois pas proposer à notre prince de moindres modèles que les actions de clémence du plus grand personnage de l'antiquité. Quant à ce que vous trouvez de trop poétique pour pouvoir plaire à notre monarque, je le puis changer en cas que l'on lui présente mon ode; ce que je n'ai jamais prétendu. Que pourroient ajouter les Muses aux sollicitations qu'on fera pour vous? Car je ne doute nullement que les premières personnes du monde ne s'y emploient. J'ai donc composé cette ode à la considération du Parnasse : vous savez assez quel intérêt le Parnasse prend à ce qui vous touche. Or ce sont les traits de poésie qui font valoir les ouvrages de cette nature. Malherbe en est plein, même aux endroits où il parle au Roi[2]. Je viens enfin à cette apostille où vous dites que je demande trop bassement une chose qu'on doit mépriser. Ce sentiment est digne de vous, Monseigneur; et, en vérité, celui qui regarde la vie avec une telle indifférence ne mérite aucunement de mourir; mais peut-être n'avez-vous pas considéré que c'est moi qui parle, moi qui demande une grâce qui nous est plus chère qu'à vous. Il n'y a point de termes si humbles, si pathétiques, et si pressants, que je ne m'en doive servir en cette rencontre. Quand

pris cette allusion aux affaires de l'Europe pour une déclamation inutile, et demandait la suppression des beaux vers :

Mais si les dieux à ton pouvoir, etc.

1. L'élégie aux Nymphes de Vaux (tome VIII, p. 355).
2. Voyez notre tome VII, p. 164-165.

je vous introduirai[1] sur la scène, je vous prêterai des paroles convenables à la grandeur de votre âme. Cependant permettez-moi de vous dire que vous n'avez pas assez de passion pour une vie telle que la vôtre. Je tâcherai pourtant de mettre mon ode en l'état où vous souhaiterez qu'elle soit; et je serai toujours, etc.

A Paris, ce 30ᵉ janvier 1663.

1. Ci-dessus, p. 177 et note 9.

LETTRE XIV[1].

A M. BAFOY,

INTENDANT DES AFFAIRES DE SON ALTESSE MGR LE DUC DE BOUILLON,
A PARIS.

Monsieur,

Voici le temps de faire nos ventes[2] venu. Nous avons sursis l'exploitation de celles de l'an passé, par déférence aux volontés de Son Altesse, et à ce que son conseil avoit exigé de nous. Ainsi il y a tantôt deux ans que nous ne touchons rien de nos charges. Je m'adresse à vous plutôt qu'à pas un autre, sachant très bien que vous êtes pour la justice, et vous supplie, en mon particulier, et au nom de tous les officiers, de considérer qu'il n'y en a pas un de nous qui puisse ainsi attendre la jouissance de son revenu sans une extrême incommodité. Je ne crois pas que Son Altesse veuille que des gens qui ont eu assez de respect pour ne se pas vouloir servir de leurs arrêts soient réduits à ne pouvoir subsister, ni qu'Elle veuille que nous soyons plus malheu-

---

1. Cette lettre a été publiée pour la première fois, d'après l'original appartenant à M. Delort, par Walckenaer dans son édition de 1827 (tome VI, p. 489). — Voyez son *Histoire de la Fontaine*, tome I, p. 161.

2. *Ventes*, terme d'eaux et forêts : coupe de bois d'un certain nombre d'arpents qu'on fait tous les ans. C'étaient les officiers des eaux et forêts qui allaient asseoir les ventes, faire les ventes dans les forêts du Roi, et sur l'exploitation ils prélevaient leurs gages, parfois même « prenaient des chauffages sur un pied excessif, et commettaient une infinité d'autres malversations » : voyez dans l'édition de M. Marty-Laveaux, tome V, p. 364, une ettre de Colbert à la Fontaine du 7 août 1666.

reux que tous ses autres sujets. Je vous prie, Monsieur, de faire savoir à M. de Vivarais l'ordre que le conseil de Son Altesse prétend y mettre. Quoiqu'il arrive, je serai toujours,

Monsieur,

Votre très humble et très obéissant serviteur,

DE LA FONTAINE.

A Reims, ce 1er septembre 1666.

LETTRE XV[1].

A MADAME LA DUCHESSE DE BOUILLON.

Je ne sais, Madame, qu'écrire à Votre Altesse qui soit digne d'elle, et qui puisse la réjouir. Il m'a semblé que la poésie s'acquitteroit mieux de ce devoir que la simple prose. Il m'a encore paru qu'il vous falloit donner un nom du Parnasse. Je crois vous avoir déjà donné celui d'Olympe[2] en des occasions de pareille nature. Ne pourroit-on point mettre en chant ces paroles ?

> Qu'Olympe a de beautés, de grâces, et de charmes[3] !
> Elle sait enchanter les esprits et les yeux :
> Mortels, aimez-la tous ; mais ce n'est qu'à des dieux
> Qu'est réservé l'honneur de lui rendre les armes.

Ce que je vais ajouter n'est pas moins vrai, et m'a été confirmé par des correspondants que j'ai toujours eus à Paphos, à Cythère, et à Amathonte. Je me doutois bien que cela seroit, et m'en étois déjà aperçu la dernière fois que j'eus l'honneur de vous voir.

> La mère des Amours et la reine des Grâces,
> C'est Bouillon ; et Vénus lui cède ses emplois.
> Tout ce peuple à l'envi s'empresse sur vos traces,

---

1. Cette lettre a été imprimée dans le recueil de *Pièces curieuses et nouvelles*, la Haye, 1694, in-18, tome II, p. 559, et réimprimée dans les *Œuvres diverses* de 1729, tome II, p. 56. — Voyez Walckenaer, *Histoire de la Fontaine*, tome I, p. 223 ; et notre tome I, p. LXXVIII.

2. Non, mais celui d'Uranie, et probablement d'Aminte : tome VI, p. 226 et note 3.

3. Voyez les *Mémoires* de Saint-Simon, tome X, p. 196-197.

Plus nombreux qu'il n'étoit, et tout fier de vos lois.

Vous fîtes dire l'année passée à M. de la Haye[1] qu'il eût soin que je ne m'ennuyasse point à Château-Thierry. Il est fort aisé à M. de la Haye de satisfaire à cet ordre; car, outre qu'il a beaucoup d'esprit,

> Peut-on s'ennuyer en des lieux
> Honorés par les pas, éclairés par les yeux[2]
> D'une aimable et vive princesse,
> A pied blanc et mignon[3], à brune et longue tresse[4]?
> Nez troussé[5]? c'est un charme encor selon mon sens :
> C'en est même un des plus puissants.
> Pour moi, le temps d'aimer est passé, je l'avoue[6],
> Et je mérite qu'on me loue
> De ce libre et sincère aveu,
> Dont pourtant le public se souciera très peu :
> Que j'aime ou n'aime pas, c'est pour lui même chose;
> Mais, s'il arrive que mon cœur
> Retourne à l'avenir dans sa première erreur,
> Nez aquilins et longs n'en seront pas la cause.

A Château-Thierry, juin 1671.

1. Ci-dessus, p. 304 et note 2.
2. Livre IX, fable II, vers 74.
3. *Clymène*, vers 625.
4. *Le Songe de Vaux*, tome VIII, p. 282.
5. Retroussé. « Mme de Monglas a les yeux petits, noirs et brillants, la bouche agréable, le nez un peu troussé. » (BUSSY-RABUTIN, *Histoire amoureuse des Gaules*, p. 220.)
6. Comparez tome II, p. 367 et note 31.

LETTRE XVI[1].

A MADEMOISELLE DE CHAMPMESLÉ[2].

Château-Thierry, ce jeudi 12º [décembre 1675].

Je suis à Chaûry, Mademoiselle; jugez si je dois penser à vous, moi qui ne vous oublierois point au milieu de la plus brillante cour. M. Racine avoit promis de m'écrire; pourquoi ne l'a-t-il pas fait? Il auroit sans doute parlé de vous, n'aimant rien tant que votre charmante personne : ç'auroit été le plus grand soulagement à la peine que j'éprouve à ne plus vous voir. S'il savoit que j'ai suivi en partie les conseils qu'il m'a donnés, sans cesser pourtant d'être fidèle à la paresse et au sommeil, il auroit peut-être par reconnoissance mandé de vos nouvelles et des siennes; mais véritablement je l'excuse, aussi bien les agréments de votre société remplissent tellement les cœurs que toutes les autres impressions s'affoiblissent.

Que vous aviez raison, Mademoiselle, de dire qu'ennui galoperoit avec moi[3] devant que j'aie perdu de vue

1. Cette lettre a été publiée pour la première fois en 1822, par Walckenaer (tome VI, p. 518), d'après l'original appartenant au comte Orloff. Elle ne porte point d'autre date dans le manuscrit que « ce jeudi 12º », mais il paraît certain que la Fontaine l'écrivit en 1675, époque à laquelle il se rendit à Château-Thierry pour vendre sa maison et terminer plusieurs affaires de famille. — Voyez Walckenaer, *Histoire de la Fontaine*, tome I, p. 280; notre tome I, p. cxiv; et le Racine de notre Collection, tome I, p. 87.
2. Tome VI, p. 89 et note 2. — La Fontaine écrit ici et plus bas *Chanmeslay*.
3. *Le Faucon*, vers 103-104 et note 6.

les clochers du grand village[1]! C'est chose si vraie que je suis présentement d'une mélancolie qui ne pourra, je le sens, se dissiper qu'à mon retour à Paris.

> A guérir un atrabilaire,
> Oui, Champmeslé saura mieux faire
> Que de Fagon[2] tout le talent;
> Pour moi, j'ose affirmer d'avance
> Qu'un seul instant de sa présence
> Peut me guérir incontinent.

Bois, champs, ruisseaux, et nymphes des prés, me[3] touchent plus guère, depuis qu'avez enchaîné le bonheur près de vous; aussi compté-je partir bientôt. Toutefois je m'occupe si peu de mes affaires que je ne sais quand elles finiront. C'est chose de dégoût[4] que compte, vente, arrérages; parler votre langage est mieux mon fait; mais n'allez pas imaginer que je prétende parler si bien que vous : c'est chose impossible, et que ne tenterai de ma vie.

Voudrez-vous engager M. Racine à m'écrire; vous ferez œuvre pie, j'en réponds. J'espère qu'il me parlera de vos triomphes; en quoi je suis d'autant persuadé que la matière ne lui manquera pas. Je me flatte qu'il m'écrira aussi que vous pensez à moi, assurant que ce me sera la nouvelle la plus agréable à apprendre, et que jamais ne trouverez de serviteur plus fidèle ni plus dévoué que

De la Fontaine.

1. Les clochers de Paris.
2. Gui-Crescent Fagon, né le 11 mai 1638, fils d'un commissaire ordinaire des guerres, professeur de botanique et de chimie au Jardin royal, dont son grand-oncle, Gui de la Brosse, fut fondateur et intendant, premier médecin de la Dauphine en 1680, puis de la Reine, et enfin de Louis XIV en 1693; mort le 11 mars 1718 : voyez Saint-Simon, tome I, p. 105-106.
3. Ci-dessus, p. 353. — 4. Tome VII, p. 321 et note 5.

LETTRE XVII[1].

A LA MÊME.

ÉCRITE DE LA CAMPAGNE EN 1678.

Comme vous êtes la meilleure amie du monde, aussi bien que la plus agréable, et que vous prenez beaucoup de part à ce qui regarde vos amis, il est à propos de vous mander ce que font ceux qui ne vous ont pas suivie. Ils boivent, depuis le matin jusqu'au soir, de l'eau, du vin, de la limonade, *et cætera;* rafraîchissements légers à qui est privé de vous voir. La chaleur et votre absence nous jettent tous en d'insupportables langueurs. Quant à vous, Mademoiselle, je n'ai pas besoin que l'on me mande ce que vous faites: je le vois d'ici. Vous plaisez depuis le[2] matin jusqu'au soir, et accumulez cœurs sur cœurs. Tout sera bientôt au roi de France[3] et à Mademoiselle de Champmeslé. Mais que font vos courtisans? Car, pour ceux du Roi, je ne m'en mets pas autrement en peine. Charmez-vous l'ennui, le malheur au jeu, toutes les autres disgrâces de M. de la Fare[4]? et

---

1. Cette lettre a été publiée pour la première fois dans les *OEuvres diverses* de 1729, tome II, p. 61. — Voyez Walckenaer, *Histoire de la Fontaine*, tome I, p. 282; et notre tome I, p. cxv.
2. *De* dans le texte de 1729; faute évidente.
3. Louis XIV avait pris Gand le 9 mars de cette année 1678, Ypres le 25 du même mois, Lewe le 4 mai, Puicerda le 28 du même mois, et le fort de Kehl le 27 juillet.
4. Charles-Auguste, marquis de la Fare-Laugère, né à Valgorge, en Vivarais, en 1644, mort le 22 mai 1712 : son portrait est dans les *Mémoires de Saint-Simon*, tome IX, p. 315.

M. de Tonnerre[1] rapporte-t-il toujours au logis quelque petit gain? Il ne sauroit plus en faire de grands après l'acquisition de vos bonnes grâces. Tout le reste n'est qu'un surcroît de peu d'importance, et quiconque vous a gagnée ne se doit que médiocrement réjouir de toutes les autres fortunes. Mandez-moi s'il n'a point entièrement oublié le plus fidèle de ses serviteurs, et si vous croyez qu'à son retour il continuera de m'honorer de ses niches et de ses brocards.

1. François-Joseph de Clermont, comte de Tonnerre, qui supplanta Racine auprès de la Champmeslé, mort le 30 octobre 1705, à l'âge de cinquante ans : voyez sur lui les *Mémoires de Saint-Simon*, tomes I, p. 211, III, p. 44, IV, p. 320.

LETTRE XVIII[1].

A MONSIEUR SIMON DE TROYES.

Votre Phidias et le mien,
Et celui de toute la terre,
Girardon[2], notre ami, l'honneur du nom troyen,
M'oblige à vous mander, non la paix ou la guerre,
　　Dont, sur ma foi, je ne sais rien;
Non la ligue d'Augsbourg[3], que je sais moins encore;
Non, dans un bel écrit plein de moralité,
Des sottises du temps le nombre, que j'ignore
　　(Eh[4]! sauroit-il être compté?);
　　Mais la défaite d'un pâté.
L'esprit s'échauffe à table, et, d'un propos à l'autre[5],
Bacchus nous inspira comme eût fait Apollon[6].
Rien n'altéra ses dons; l'eau du sacré vallon
Auroit profané même[7] un vin tel que le nôtre :
　　Pur et sans mélange on le but.
　　Votre pâté, dès qu'il parut,
Ramena les santés, et fit naître l'envie

---

1. Cette lettre a été imprimée d'abord en partie dans le *Recueil de vers choisis* du P. Bouhours, Paris, 1693, p. 170, et publiée en entier pour la première fois dans les *OEuvres posthumes*, p. 60, puis dans les *OEuvres diverses* de 1729, tome II, p. 86. — Voyez Walckenaer, *Histoire de la Fontaine*, tome II, p. 101; Grosley, *Mémoires sur les Troyens célèbres*, tome II, article SIMON; et, ci-dessus, p. 69, des *Vers*, attribués à la Fontaine, *pour Mlle Simon, très belle personne, et très sage, fille d'un architecte du Roi.*
2. François Girardon, né à Troyes en 1628, mort à Paris le 1ᵉʳ septembre 1715 (Grosley, *ibidem*, tome I, p. 302).
3. Tome VIII, p. 466 et note 2.
4. Et. (1729.)
5. De propos en autre. (Recueil de Bouhours.)
6. Tome VI, p. 348 et note 5.
7. « L'eau même du, etc. »

De boire à Chloris, à Sylvie⁴,
A ce qu'on aime enfin² : bonne et louable loi.
    De la maîtresse on vint au Roi;
    Du Roi l'on vint à la statue;
    De la statue on prit sujet
D'examiner la place, et cet autre projet
Où l'image du prince est encore attendue.
    Il faut du temps; le temps a part
    A tous les chefs-d'œuvre de l'art³.

La reine des cités⁴, dans sa vaste étendue,
N'aura rien qui ne cède à ce double ornement⁵.
L'équestre en est encore à son commencement⁶;
La pédestre, à la fin le monarque l'a vue⁷.

1. Ci-dessus, p. 49. — 2. *Le Cas de conscience*, vers 136.
3. Tome III, p. 232. — 4. Paris sans pair : tome VI, p. 51.
5. La place des Victoires et la place de Louis le Grand, depuis place Vendôme : destinées à recevoir, la première une statue pédestre, la seconde une statue équestre, de Louis XIV (*Dictionnaire historique de la ville de Paris*, tome IV, p. 32-42).
6. En effet, on n'en voyait encore qu'un modèle dans l'atelier de Girardon, qui était le vieux Jeu de paume de la cour du Louvre. Trouvée trop petite, cette statue fut donnée à la ville de Beauvais. Girardon en fit une autre, qui, jetée en fonte le 1ᵉʳ décembre 1692 par J.-B. Keller, ne fut érigée que le 13 août 1699. Voyez la *Description nouvelle de ce qu'il y a de plus remarquable dans Paris*, par B*** (Brice), 1685, in-12, tome I, p. 22, et *passim*, qui parle des projets, des ébauches, des modèles des places et des statues; et la *Description de Paris*, etc., par Piganiol de la Force, 1742, in-12, tome II, p. 404-414.
7. Notre poète avait sans doute vu avant le Roi cette statue, élevée aux frais du maréchal-duc de la Feuillade, à l'hôtel Saint-Chaumont qu'habitait celui-ci entre la rue Saint-Denis et la rue du Ponceau. C'est là que Desjardins travaillait depuis trois ans au monument qui fut achevé le 6 mars 1686. La dédicace eut lieu le 28 suivant, en présence de Monseigneur. La Feuillade à cheval, et à la tête du régiment des gardes (*Journal de Dangeau*, tome I, p. 315), fit trois fois le tour de la statue. Celle-ci était en bronze, ou plutôt en plomb doré, et fondue d'un seul jet. Le Roi ne la vit, dressée sur son piédestal, que le 30 janvier 1687, lors-

A DIVERS.

Desjardins[1], il faut l'avouer,
Mérite par cette œuvre[2] une éternelle gloire.
Nous en louâmes tout, car tout est à louer,
 Et le vainqueur, et la Victoire,
 Et les captifs[3]. Vous pouvez croire
Que du maréchal-duc[4] on s'entretint aussi;
 Son monument a réussi :
Où d'autres échoûroient il se rend tout facile.
Quand on eut admiré ce qu'il fit en Sicile[5],
Parlé de son adresse et de sa fermeté,
Et de l'honneur qu'au Râb il avoit remporté[6],
Nous avouâmes tous que pour Sa Majesté
Il n'épargne aucuns soins, ne le cède à nul homme,

qu'il fit son entrée à Paris pour aller à Notre-Dame rendre grâce à Dieu de sa guérison. Ayant mis pied à terre à la place des Victoires, il examina « la statue de M. de la Feuillade » (*ibidem*, tome II, p. 15); détruite le 10 août 1792, elle fut remplacée par celle de Bosio, le 25 août 1822. Voyez *Paris ancien et nouveau*, par le Maire, 1685, in-12, tome III, p. 255; et la *Description de Paris*, par Piganiol de la Force, tome II, p. 475-506.

1. Martin Vanden Bogaert, plus connu sous le nom de Desjardins, naquit à Breda en 1640, vint jeune à Paris, fut reçu à l'Académie royale à l'âge de trente et un ans, et mourut en 1694.

2. Cet œuvre. (Recueil de Bouhours.)

3. La Victoire qui couronnait le Roi; et les quatre groupes d'esclaves enchaînés au piédestal.

4. François, troisième du nom, vicomte d'Aubusson, comte, puis duc de la Feuillade, né en 1631, entré au service en 1647, maréchal de camp en 1663, lieutenant général en 1667, colonel des gardes françaises en 1672, gouverneur de Dôle en 1674, maréchal de France en 1675, mort subitement dans la nuit du 18 au 19 septembre 1691 : voyez Saint-Simon, tome XI, p. 87. — M. Simon de Troyes était son intendant.

5. Lorsqu'il remplaça le duc de Vivonne dans le commandement de l'armée navale opérant contre les Espagnols sur les côtes de Sicile (1678), il fit évacuer habilement les Français qui se trouvaient dans cette île, avec quatre cent cinquante familles de Messine qui avaient pris leur parti.

6. A la bataille de Saint-Gothard (village de la basse Hongrie), le 1ᵉʳ août 1664, la Feuillade, avec sa troupe, renversa les janissaires, et força le grand vizir à repasser le Raab.

Ne dort ni ne permet qu'on dorme d'un long somme.
La France entière n'auroit pu
Seule occuper deux la Feuillades [1],
Ainsi que la Grèce n'eût su
Contenir deux Alcibiades.
Nous revînmes au Roi; l'on y revient toujours :
Quelque entretien qu'on se propose,
Sur Louis aussitôt retombe le discours ;
La déesse aux cent voix ne parle d'autre chose.
Girardon, dîmes-nous, se saura surpasser,
Exprimant ce héros qu'il commence à tracer.
L'exprimer! c'est beaucoup; et si le seul Lysippe [2]
Fut digne de mouler l'héritier de Philippe [3],
Si nul autre sculpteur ne le tailla que lui,
Peu de mains doivent entreprendre
D'employer leur art aujourd'hui
Pour un roi mieux fait qu'Alexandre [4] :
Notre prince a l'air grand, il a l'air du dieu Mars.

Je m'écarte un peu trop, rentrons dans nos limites ;
Les lois que cet écrit [5] dès l'abord s'est prescrites
M'empêchent de m'étendre ainsi de toutes parts ;
On s'en va me nommer l'avocat des trois chèvres :
Le fait étoit d'un vol, il citoit des Césars [6] ;
Pour un pâté de trois canards
Les grands mots comme à lui me naissent sur les lèvres [7].

1. « Une espèce comme celle-là, dans une cour, y est assez bien; pour deux, c'en seroit beaucoup trop », dit Saint-Simon (tome II, p. 306), mais en parlant d'un autre courtisan.
2. Lysippe, statuaire grec qui florissait vers l'an 350 avant J.-C.
3. « Quant à la forme de toute sa personne, les images faictes de la main de Lysippus sont celles qui la representent le mieulx au naturel. Aussi ne voulut il point qu'aultre imager le taillast que luy, etc. » (PLUTARQUE, *Vie d'Alexandre*, traduction d'Amyot, tome II, p. 260.)
4. Ci-dessus, p. 169.
5. Ce récit. (Recueil de Bouhours.)
6. Martial, livre VI, épigramme XIX.
7. Dans le *Recueil*, l'ordre de ces deux vers est interverti, et la pièce se termine à cet endroit.

Aux journaux de Hollande il nous fallut passer ;
Je ne sais plus sur quoi, mais on fit leur critique :
Bayle[1] est, dit-on, fort vif, et, s'il peut embrasser
L'occasion d'un trait piquant et satirique,
Il la saisit, Dieu sait, en homme adroit et fin ;
Il trancheroit sur tout, comme enfant de Calvin,
S'il osoit, car il a le goût avec l'étude.
Le Clerc[2] pour la satire a bien moins d'habitude ;
Il paroît circonspect, mais attendons la fin[3] :
Tout faiseur de journaux doit tribut au Malin[4].
Le Clerc prétend du sien tirer d'autres usages ;
Il est savant, exact, il voit clair aux ouvrages ;
Bayle aussi. Je fais cas de l'une et l'autre main ;
Tous deux ont un bon style et le langage sain.
Le jugement en gros sur ces deux personnages,
  Et ce fut de moi qu'il partit,
  C'est que l'un cherche à plaire aux sages,
  L'autre veut plaire aux gens d'esprit.
Il leur plaît. Vous aurez peut-être peine à croire
Qu'on ait dans un repas de tels discours tenus :
  On tint ces discours ; on fit plus,
  On fut au sermon après boire.

---

1. Pierre Bayle, né au Carlat, dans l'ancien comté de Foix, le 18 novembre 1647, mort le 28 septembre 1706. Le journal de sa composition dont parle la Fontaine est celui qui est intitulé *Nouvelles de la république des lettres*. Commencé en mars 1684, il était donc alors nouveau ; il fut continué, depuis février 1687 jusqu'en avril 1689, par la Roque et Barrin ; puis par Jacques Bernard jusqu'en juin 1718, et forme cinquante-six volumes in-12 (Amsterdam, 1684-1718).

2. Jean le Clerc, né à Genève en 1657, mort le 8 janvier 1736. Il s'établit en Hollande en 1683, fut d'abord un des collaborateurs de Bayle, puis entreprit un journal pour son compte, intitulé *Bibliothèque universelle et historique*. Le journal de le Clerc, rédigé conjointement avec Lacroze, parut avec succès de 1686 à 1693 (vingt-six volumes in-12) ; il fut continué sous le titre de *Bibliothèque choisie*, de 1703 à 1713 (vingt-huit volumes in-12) ; puis, sous le nom de *Bibliothèque ancienne et moderne*, de 1714 à 1730 (vingt-neuf volumes in-12).

3. Tome I, p. 127. — 4. Tome V, p. 475 et note 4.

Je crains que ce dernier vers ne vous semble pas assez sérieux. Pardonnez à la nécessité que je m'étois imposée de finir tous mes Contes comme le Tassone[1] les[2] stances[3], dans *la Secchia rapita*[4]. Pour rectifier cet endroit, je vous dirai en langue vulgaire que nous allâmes au sermon l'après-dînée; que nous y portâmes tous le sens froid qu'auroient eu des philosophes à jeun, et que même nous accourcîmes[5] notre repas pour ne rien perdre de cette action[6]. C'étoit la seconde de M. L. D. C[7]. J'y trouvai de la piété et de l'éloquence, des expressions et un bon tour, en beaucoup d'endroits, tout à fait selon mon goût. J'en ferois un plus long éloge, si je ne craignois de déplaire à M. L. D. C. Ce sera donc la fin de ma lettre, comme ce fut celle de notre journée. Je suis, Monsieur, votre, etc.

1. Alexandre Tassoni, poète italien, né à Modène en 1565, mort dans la même ville en 1635.
2. Ses. (1729.)
3. D'une façon badine, par une pointe plus ou moins piquante et satirique.
4. Ce poème héroï-comique, *le Seau enlevé*, a pour sujet la guerre qu'entreprirent les Bolonais afin de recouvrer un seau de sapin que les Modenais avaient fait enlever, au treizième siècle, d'un puits public de Bologne.
5. Tome VI, p. 304. — 6. Tome VIII, p. 290 et note 1.
7. Walckenaer, après avoir rappelé que plusieurs commentateurs ont interprété ces initiales par ces mots : *Monseigneur l'évêque de Condom*, et conclu de là que ce sermon était de Bossuet, fait justement observer que Bossuet donna sa démission de l'évêché de Condom en 1671, et reçut celui de Meaux en 1681. L'évêque de Condom, à l'époque où la Fontaine écrivait cette lettre, était Jacob Gojon de Matignon, des comtes de Thorigni. Il succéda à Bossuet, fut sacré à Paris en 1673, et resta évêque de Condom jusqu'au mois de septembre 1693 (*Gallia christiana*, tome II, col. 973-974). Mais il n'y a aucune raison pour que ces initiales s'appliquent à un évêque plutôt qu'à un abbé.

LETTRE XIX[1].

A M. RACINE.

Du 6° juin 1686.

Poignan[2], à son retour de Paris, m'a dit que vous preniez mon silence en fort mauvaise part : d'autant plus qu'on vous avoit assuré que je travaillois sans cesse depuis que je suis à Château-Thierry, et qu'au lieu de m'appliquer à mes affaires je n'avois que des vers en tête. Il n'y a de tout cela que la moitié de vrai : mes affaires m'occupent autant qu'elles en sont dignes, c'est-à-dire nullement; mais le loisir qu'elles me laissent, ce n'est pas la poésie, c'est la paresse qui l'emporte. Je trouvai ici, le lendemain de mon arrivée, une lettre et un couplet d'une fille âgée seulement de huit ans : j'y ai répondu; ç'a été ma plus forte occupation depuis mon arrivée. Voici donc le couplet, avec le billet qui l'accompagne :

SUR L'AIR DE *Joconde*.

Quand je veux faire une chanson
  Au parfait la Fontaine,
Je ne puis rien tirer de bon
  De ma timide veine.
Elle est tremblante à ce moment,
  Je n'en suis pas surprise :

---

1. Cette lettre a été imprimée pour la première fois dans les *OEuvres diverses* de 1729, tome III, p. 317. — Voyez Walckenaer, *Histoire de la Fontaine*, tome II, p. 125; et notre tome I, p. cxxxiv.
2. Antoine Poignan, ou Poignant, fils de Jeanne Chéron, qui était tante maternelle de la mère de Racine.

Devant lui un[1] foible talent
Ne peut être de mise.

Je crois en vérité que je ne serois jamais parvenue à faire une chanson pour vous, Monsieur, si je n'avois en vue de m'en attirer une des vôtres; vous me l'avez promise, et vous avez affaire à une personne qui est vive sur ses intérêts; songez que je vous assassinerai jusqu'à ce que vous m'ayez tenu votre parole. De grâce, Monsieur, ne négligez point une petite Muse qui pourroit parvenir si vous lui jetiez un regard favorable.

Ce couplet et cette lettre, si ce qu'on me mande de Paris est bien vrai, n'ont pas coûté une demi-heure à la demoiselle, qui quelquefois met de l'amour dans ses chansons, sans savoir ce que c'est qu'amour[2]. Comme j'ai vu qu'elle ne me laisseroit point en repos que je n'eusse écrit quelque chose pour elle, je lui ai envoyé les trois couplets suivants : ils sont sur le même air :

Paule, vous faites joliment
Lettres et chansonnettes :
Quelques grains d'amour[3] seulement,
Elles seroient parfaites.
Quand ses soins au cœur sont connus,
Une Muse sait plaire :
Jeune Paule, trois ans de plus
Font beaucoup à l'affaire.

Vous parlez quelquefois d'amour,
Paule, sans le connoître ;
Mais j'espère vous voir un jour
Ce petit dieu pour maître.
Le doux langage des soupirs
Est pour vous lettre close[4] :

1. *Sic*, avec l'hiatus. — 2. Tome V, p. 173 et note 4.
3. Ci-dessus, p. 315 et note 6.
4. Page 46 et note 5.

A DIVERS.

>   Paule, trois retours de zéphyrs
>   Font beaucoup à la chose.
>
>   Si cet enfant dans vos chansons
>   A des grâces naïves,
>   Que sera-ce quand ses leçons
>   Seront un peu plus vives?
>   Pour aider l'esprit en ces vers
>   Le cœur est nécessaire :
>   Trois printemps sur autant d'hivers
>   Font beaucoup à l'affaire.

Voyez, Monsieur, s'il y avoit là de quoi vous fâcher de ce que je ne vous envoie pas les belles choses que je produis. Il est vrai que j'ai promis une lettre au prince de Conti[1]; elle est à présent sur le métier : les vers suivants y trouveront leur place :

>   Un sot plein de savoir est plus sot qu'un autre homme[2];
>   Je le fuirois jusques à Rome,
>   Et j'aimerois mille fois mieux
>   Un glaive aux mains d'un furieux
>   Que l'étude en certains génies.
>   Ronsard est dur, sans goût, sans choix,
>   Arrangeant mal ses mots, gâtant par son françois
>   Des Grecs et des Latins les grâces infinies[3].
>   Nos aïeux, bonnes gens, lui laissoient tout passer,
>   Et d'éruditions[4] ne se pouvoient lasser.
>   C'est un vice aujourd'hui : l'on oseroit à peine
>   En user seulement une fois la semaine.

1. François-Louis : ci-dessus, p. 196.
2. Molière avait dit quatorze ans auparavant, dans *les Femmes savantes*, acte IV, scène III :

>   Vous avez cru fort mal, et je vous suis garant
>   Qu'un sot savant est sot plus qu'un sot ignorant.

3. Ce qui n'empêchait pas la Fontaine de le lire et relire, et de lui faire nombre d'emprunts.
4. Tome VIII, p. 452, vers 29.

Quand il plaît au hasard de vous en envoyer,
Il faut les bien choisir, puis les bien employer,
Très sûrs qu'avec ce soin l'on n'est pas sûr de plaire.
« Cet auteur a, dit-on, besoin d'un commentaire[1];
On voit bien qu'il a lu; mais ce n'est pas l'affaire :
Qu'il cache son savoir, et montre son esprit.
Racan ne savoit rien; comment a-t-il écrit? »
Et mille autres raisons, non sans quelque apparence.
Malherbe de ces traits usoit plus fréquemment :
Sous lui la cour n'osoit encore ouvertement
    Sacrifier à l'ignorance.

Puisque je vous envoie ces petits échantillons, vous en conclurez, s'il vous plaît, qu'il est faux que je fasse le mystérieux avec vous. Mais, je vous en prie, ne montrez ces derniers vers à personne : car Mme de la Sablière ne les a pas encore vus.

---

1. Un des reproches que Louis XIV faisait à la Fontaine lui-même. Voyez tome II, p. 275, et tome I, p. CXXI-CXXII.

LETTRE XX[1].

A M. DE BONREPAUS[2].

A LONDRES.

28° janvier 1687.

. . . .

Le Roi est parfaitement guéri[3]. Vous ne sauriez vous imaginer combien ses sujets en ont témoigné de joie.

1. Cette lettre a été imprimée pour la première fois à la suite de l'*Épître à Monseigneur l'évêque de Soissons*, in-8° de sept pages, avec approbation en date du 5 février 1687, p. 5 (ci-dessus, p. 200). Elle commence et finit par deux lignes de points indiquant que ce n'est là qu'un fragment. Elle a été reproduite dans les *OEuvres posthumes*, p. 57, où *Bonrepaus* est écrit *Bonrespaux*, et dans les *OEuvres diverses* de 1729, tome II, p. 93. — Voyez Walckenaer, *Histoire de la Fontaine*, tome II, p. 146-151; et notre tome I, p. cxxxiv.

2. François Dusson de Bonrepaus, sous-lieutenant dans le corps des galères en 1671, commissaire général de la marine du Ponant en 1676, intendant général de justice, police, et finances de la marine et des armées navales, avec rang de chef d'escadre, le 10 juin 1683, acquit en 1685 la charge de lecteur du Roi, remplit plusieurs missions diplomatiques en Angleterre, 1686, 1687, et 1688, et, revêtu du grade de lieutenant général des armées navales le 10 janvier 1690, faillit, la même année, remplacer Seignelay comme secrétaire d'État de la marine; ambassadeur en Danemark de mai 1693 à décembre 1697, puis en Hollande de janvier 1698 à octobre 1699; du conseil de marine sous la Régence; mort le 12 août 1719.

3. On lui avait fait, le 18 novembre 1686, l'opération de la fistule, et le 30 janvier 1687, c'est-à-dire le surlendemain du jour où écrit la Fontaine, il devait se rendre en pompe à Notre-Dame (ci-dessus, p. 366, note 7). Il y eut alors de grandes fêtes dans Paris. Le 27, l'Académie avait assisté, dans la chapelle du Louvre, à un *Te Deum* d'actions de grâces, et tenu, l'après-dînée, une

Ils offriroient leurs jours pour prolonger les siens ;
Ils font de sa santé le plus cher de leurs biens :
Les preuves qu'à l'envi chaque jour ils en donnent,
Les vœux et les concerts dont leurs temples résonnent,
   Forcent le Ciel de l'accorder.
  On peut juger à cette marque,
Par la crainte qu'ils ont de perdre un tel monarque,
   Du bonheur de le posséder.
   De quelle sorte de mérite
   N'est-il pas aussi revêtu[1] ?
   Sa principale favorite
   Plus que jamais est la vertu.
   Autrefois il a combattu
   Pour la grandeur et pour la gloire ;
   Maintenant d'une autre victoire
   Son cœur devient ambitieux :
Les vaines passions chez lui sont étouffées ;
L'histoire a peu de rois, la fable point de dieux,
   Qui se vantent de ces trophées.

Il pourroit se donner tout entier au repos :
   Quelqu'un trouveroit-il étrange
Que, digne en cent façons du titre de héros,
Il en voulût goûter à loisir la louange ?
Les deux mondes sont pleins de ses actes guerriers ;
Cependant il poursuit encor d'autres lauriers :
Il veut vaincre l'Erreur ; cet ouvrage s'avance,
Il est fait ; et le fruit de ces succès divers
Est que la Vérité règne en toute la France[2],
   Et la France en tout l'univers.

Non content que sous lui la Valeur se signale,
Il met la Piété sur le trône à son tour ;

---

assemblée extraordinaire. (*Journal de Dangeau*, tomes I, p. 417, II, 14-15.)

1. Mais aussi de quelle sorte de mérite, etc.?
2. L'édit de Nantes avait été révoqué le 22 octobre 1685, et l'intolérance, qui était l'esprit dominant de l'époque, avait applaudi à cette révocation. Comparez ci-dessous, p. 446 et note 1.

A DIVERS.

Ses soins la font régner, ainsi que sa rivale,
    Au milieu même de la cour.
C'est pour lui plaire aussi qu'Astrée[1] est de retour ;
Ces trois divinités font fleurir son empire,
Il a su les unir pour le bien des humains.
C'est proprement de lui qu'on a sujet de dire
    Que le sage a tout en ses mains[2].
Vient-il pas d'attirer, et par divers chemins[3],
La dureté du[4] cœur, et l'erreur envieillie,
Monstres dont les projets se sont évanouis ?
On voit l'œuvre d'un siècle en un mois accomplie
    Par la sagesse de Louis.

Mais je crains de passer le but de mon ouvrage :
Il faut plus de loisir pour louer ce héros ;
    Une Muse modeste et sage
Ne touche qu'en tremblant à des sujets si hauts.
Je me tais donc, et rentre au fond de mes retraites ;
    J'y trouve des douceurs secrètes[5].
La fortune, il est vrai, m'oubliera dans ces lieux ;
Ce n'est point pour mes vers que ses faveurs sont faites :
Il ne m'appartient pas d'importuner les dieux.
. . . .
. . . .

            De la Fontaine.

1. La Paix : tome VIII, p. 409 et note 1.
2. *Cuncta prompta et obvia habet,* comme dit Tacite.
3. Ce vers ne se trouve que dans l'édition de 1687.
4. De. (1696 et 1729.)
5.   Solitude, où je trouve une douceur secrète....
            (Livre XI, fable iv, vers 22.)

LETTRE XXI[1].

AU MÊME.

A LONDRES.

Du 31ᵉ août 1687.

Je ne croyois pas, Monsieur, que les négociations et les traités[2] vous laissassent penser à moi. J'en suis aussi fier que si l'on m'avoit érigé une statue sur le sommet du mont Parnasse. Pour me revancher[3] de cet honneur, je vous place en ma mémoire auprès de deux dames[4] qui me feront[5] oublier les traités et les négociations, et peut-être les rois aussi. Je voudrois que vous vissiez

---

1. Cette lettre a été publiée pour la première fois dans les OEuvres posthumes, p. 69, réimprimée dans les OEuvres diverses de 1729, tome II, p. 96, et dans les OEuvres de Saint-Évremond, 1709, tome III, p. 146, et 1753, tome V, p. 201. — Voyez Walckenaer, Histoire de la Fontaine, tome II, p. 146-151; et notre tome I, p. CXLVI, CLXI, CLXIV-CLXVI, CLXXII, CLXXIII.

2. M. de Bonrepaus se rendit plusieurs fois en Angleterre pour des négociations secrètes (voyez ci-dessus, p. 375, note 2) : notamment de décembre 1685 à mai 1686, puis en 1687. Il avait alors deux missions : l'une ostensible, le règlement de nos difficultés avec Londres dans l'Amérique septentrionale, tant pour ce qui regardait les forts de la baie d'Hudson, que pour les limites du Canada du côté du midi; l'autre secrète, la rentrée en France de tous les religionnaires fugitifs qu'il y pourrait engager. En ce qui concerne la première, deux traités furent conclus par lui avec Jacques II, décembre 1687 et septembre 1688. Chargé sur ces entrefaites d'avertir celui-ci des projets du prince d'Orange, et de lui offrir, de la part de Louis XIV, un secours de trente mille hommes, il ne put le convaincre, et dut revenir en France, avec un refus formel d'accepter nos propositions.

3. Tome VII, p. 56 et note 1.

4. Mmes de la Sablière et d'Hervart. — 5. Me feroient. (1729.)

présentement Mme d'Hervart[1] ; on ne parle non plus chez elle ni de vapeurs ni de toux que si ces ennemies du genre humain s'en étoient allées dans un autre monde. Cependant leur règne est encore de celui-ci : il n'y a que Mme d'Hervart[2] qui les ait congédiées pour toujours. Au lieu d'hôtesses si malplaisantes, elle a retenu la gaieté et les grâces, et mille autres jolies choses que vous pouvez bien vous imaginer. Je me contente de voir ces deux dames. Elles adoucissent l'absence de celles de la rue Saint-Honoré, qui véritablement nous négligent un peu : je n'ai osé dire qu'elles nous négligent un peu trop. M. de Barrillon[3] se peut souvenir que ce sont de telles enchanteresses qu'elles faisoient passer du vin médiocre et une omelette au lard pour du nectar et de l'ambrosie[4]. Nous pensions nous être repus d'ambrosie, et nous soutenions que Jupiter avoit mangé l'omelette[5] au lard. Ce temps-là n'est plus. Les Grâces de la rue Saint-Honoré[6] nous négligent. Ce sont des ingrates à qui nous présentions plus d'encens

1. Ici, et quatre lignes après, *Mme Hervart*, sans particule, dans le texte de 1696.
2. Françoise le Ragois de Bretonvilliers, fille d'un président à la Chambre des comptes, mariée en 1686 à Anne d'Herwarth, maître des requêtes au conseil du Roi, fils du riche financier Barthélemy Herwarth, d'Augsbourg, qui avait rendu de grands services à Mazarin et à Louis XIV : voyez Walckenaer, déjà cité, *ibidem*, p. 143-149.
3. Paul de Barrillon d'Amoncourt, marquis de Branges, conseiller d'État ordinaire du Roi, mort le 23 juillet 1691. C'est à lui que la Fontaine a dédié la fable IV du livre VIII (voyez tome II, p. 227 et note 1). Il était alors ambassadeur de France en Angleterre, où il resta jusqu'à la chute de Jacques II.
4. Tome VIII, p. 263 et note 2.
5. Auroit mangé de l'omelette. (1729.)
6. Sans doute Mmes Misson et de la Mésangère, filles de Mme de la Sablière (tome III, p. 329, note 5), qui habitait, on le sait, rue Saint-Honoré, en face de la rue de la Sourdière.

qu'elles ne vouloient[1]. Par ma foi, Monsieur, je crains que l'encens ne se moisisse au temple. La divinité qu'on y venoit adorer en écarte tantôt un mortel, et tantôt un autre, et se moque du demeurant sans considérer ni le comte, ni le marquis, aussi peu le duc[2] :

Tros Rutulusve fuat, nullo discrimine habebo[3],

voilà la[4] devise. Il nous est revenu de Montpellier une des premières de la troupe ; mais je ne vois pas que nous en soyons plus forts. Toute persuasive qu'elle est, et par son langage et par ses manières, elle ne relèvera pas le parti.

Vous êtes un de ceux qui ont le plus de sujet de la[5] louer. Nous savons, Monsieur, qu'elle vous écrivit il y a huit jours[6]. Aussi je n'ai rien[7] à vous mander de sa santé, sinon qu'elle continue d'être bonne, à un rhume près, que même cette dame n'est point fâchée d'avoir : car je tâche de lui persuader qu'on ne subsiste que par les rhumes, et je crois que j'en viendrai à la fin à bout. Autrefois je vous aurois écrit une lettre qui n'auroit été pleine que de ses louanges : non qu'elle se souciât d'être louée ; elle le souffroit seulement, et ce n'étoit pas une chose pour laquelle elle eût un si grand mépris. Cela est changé.

1. Tome III, p. 330 et note 7.
2. Mme de la Sablière, devenue dévote, faisait de fréquentes retraites aux Incurables de la rue de Sèvres (comparez ci-dessus, p. 184-185, vers 39-43, et tome III, p. 276, fin de la note 16). La Fontaine continuait de demeurer chez elle, moins choyé, nécessairement, et plus abandonné à lui-même.
3. Virgile, *Énéide*, livre X, vers 108. — 4. Sa. (1729.)
5. *La :* Mme de la Sablière.
6. Elle était en effet en correspondance avec Bonrepaus : voyez ci-dessous, p. 385.
7. Aussi n'ai-je rien. (1729.)

J'ai vu le temps qu'Iris[1] (et c'étoit l'âge d'or
    Pour nous autres gens du bas monde),
J'ai vu, dis-je, le temps qu'Iris goûtoit encor,
Non cet encens commun dont le Parnasse abonde :
    Il fut toujours, au sentiment d'Iris,
        D'une odeur importune ou plate[2];
        Mais la louange délicate
        Avoit auprès d'elle son prix.
Elle traite aujourd'hui cet art de bagatelle ;
Il l'endort ; et, s'il faut parler de bonne foi,
        L'éloge et les vers sont pour elle
        Ce que maints sermons sont pour moi[3].

J'eusse pu m'exprimer de quelque autre manière ;
Mais, puisque me voilà tombé sur la matière,
Quand le discours est froid, dormez-vous pas aussi ?
        Tout homme sage en use ainsi :
Quarante beaux esprits[4] certifieront ceci.
Nous sommes tout autant, qui dormons comme d'autres
Aux ouvrages d'autrui, quelquefois même aux nôtres ;
        Que cela soit dit entre nous.
Passons sur cet endroit : si j'étendois la chose,
Je vous endormirois ; et ma lettre pour vous
        Deviendroit, en vers comme en prose,
        Ce que maints sermons sont pour tous.

J'en demeurerai donc là pour ce qui regarde la dame qui vous écrivit il y a huit jours. Je reviens à Mme d'Hervart, dont je voudrois bien aussi vous écrire quelque chose en vers. Pour cela il lui faut donner un nom de Parnasse[5]. Comme j'y suis le parrain de

1. Page 184.
2. Tome II, p. 458.
3. Ci-dessus, p. 161.
4. Messieurs de l'Académie françoise. (Note de des Maizeaux, qui a inséré cette lettre dans son édition de Saint-Évremond.)
5. Ci-dessus, p. 359 : « Il vous falloit donner un nom du Parnasse. »

plusieurs belles¹, je veux et entends qu'à l'avenir Mme d'Hervart² s'appelle Sylvie³ dans tous les domaines que je possède sur le double mont; et pour commencer,

> C'est un plaisir de voir Sylvie ;
> Mais n'espérez pas que mes vers
> Peignent tant de charmes divers :
> J'en aurois pour toute ma vie.
>
> S'il prenoit à quelqu'un envie
> D'aimer ce chef-d'œuvre des cieux,
> Ce quelqu'un, fût-il roi des cieux,
> En auroit pour toute sa vie.
>
> Votre âme en est encor ravie,
> J'en suis sûr, et dis quelquefois :
> « Jamais cette beauté divine
> N'affranchit un cœur de ses lois.
> Notre intendant de la marine⁴
> A beau courir chez les Anglois ;
> Puisqu'une fois il l'a servie,
> Qu'il aille et vienne à ses emplois,
> Il en a pour toute sa vie. »
>
> Que cette ardeur, où nous convie
> Un objet si rare et si doux,
> Ne soit de nulle autre suivie,
> C'est un sort commun pour nous tous ;
> Mais je m'étonne de l'époux :
> Il en a pour toute sa vie.

1. Comparez le début du *Cas de conscience*.
2. *Mme Hervart* ici, sans particule, dans l'édition de 1696, comme ci-dessus, p. 379.
3. La Fontaine, dans *le Songe de Vaux*, avait donné le nom de Sylvie à Mme Foucquet ; il l'avait donné aussi à Mme d'Hervart en cette même année 1687 (ci-dessus, p. 74).
4. M. de Bonrepaus. (Note de des Maizeaux.) Il l'était en effet, nous l'avons dit, depuis le 10 juin 1683.

J'ai tort de dire¹ que je m'en étonne² ; il faudroit au contraire s'étonner que cela ne fût pas ainsi. Comment cesseroit-il d'aimer une femme souverainement jolie, complaisante, d'humeur égale, d'un esprit doux, et qui l'aime de tout son cœur? Vous voyez bien que toutes ces choses, se rencontrant dans un seul sujet, doivent prévaloir à³ la qualité d'épouse. J'ai tant de plaisir à en parler que je reprendrai une autre fois la matière. Que Mme d'Hervart ne prétende pas en être quitte.

Je devrois finir par l'article de ces deux dames. Il faut pourtant que je vous mande, Monsieur, en quel état est la chambre des philosophes. Ils sont cuits⁴, et embellissent tous les jours. J'y ai joint un autre ornement qui ne vous déplaira pas, si vous leur faites l'honneur de les venir voir avec ceux de vos amis qui doivent être de la partie.

> Mes philosophes cuits, j'ai voulu que Socrate,
> Et Saint-Dié⁵ mon fidèle Achate,
> Et de la gent porte-écarlate⁶
> D'Hervart tout l'ornement, avec le beau berger
> Verger⁷,

1. J'ai tort de vous dire. (1729.)
2. C'est la contre-partie du *Pâté d'anguille*, vers 1-4, 18-23, et de maint autre passage des Contes.
3. L'emporter sur. — « Pourquoi son sentiment prévaudra-t-il au nôtre? » (Bossuet, *Vᵉ avertissement aux protestants*.) « L'esprit de pique et de jalousie prévaut chez eux à l'intérêt de l'honneur. » (La Bruyère, tome II, p. 127.)
4. *Nota* qu'il avoit fait jeter en moule de terre tous les plus grands philosophes de l'antiquité, qui faisoient l'ornement de sa chambre. (Notes des *Œuvres posthumes* et des *Œuvres diverses*.)
5. Cyprien Perrot de Saint-Dié est mentionné de nouveau à la fin de cette lettre. Il était fils du président Jean Perrot de Saint-Dié : voyez notre tome I, p. CLXV et note 2.
6. Les Anglais.
7. Jacques Vergier (la Fontaine écrit toujours Verger), né à

Pussent avoir quelque musique
Dans le séjour philosophique.
Vous vous moquez de mon dessein :
J'ai cependant un clavecin.
Un clavecin chez moi! Ce meuble vous étonne;
Que direz-vous si je vous donne
Une Chloris de qui la voix
Y joindra ses sons quelquefois?
La Chloris[1] est jolie, et jeune, et sa personne
Pourroit bien ramener l'amour
Au philosophique séjour.
Je l'en avois banni ; si Chloris le ramène,
Elle aura chansons pour chansons[2] :
Mes vers exprimeront la douceur de ses sons.
Qu'elle ait à mon égard le cœur d'une inhumaine,
Je ne m'en plaindrai point, n'étant bon désormais
Qu'à chanter les Chloris et les laisser en paix[3].
Vous autres chevaliers tenterez l'aventure ;
Mais de la mettre à fin, fût-ce le beau berger
Qu'OEnone eut autrefois le pouvoir d'engager[4],
Ce n'est pas chose qui soit sûre.

J'allois fermer cette lettre, quand j'ai reçu celle

Lyon, le 5 janvier 1655, vint à Paris, se fit recevoir bachelier en Sorbonne, prit ensuite le petit collet, fut précepteur de M. d'Hervart, et resta dans sa maison comme secrétaire et ami. Ayant définitivement renoncé à la carrière ecclésiastique, il entra dans l'administration de la marine en 1688, devint commissaire, fut attaché au port de Dunkerque, et se retira après vingt-six ans d'exercice. Il fut assassiné à Paris, dans la nuit du 17 au 18 août 1720, par des hommes de la bande de Cartouche.

1. Tome I, p. CLXV et note 1.
2. Chansons sur chansons. (1729.)
3. Ci-dessus, p. 360 et note 5.
4. OEnone, une des nymphes du mont Ida, fut l'amante de Pâris, « le beau berger », qui, après l'avoir abandonnée, revint à elle quand il eut été blessé par Philoctète. Ayant vainement tenté de le guérir, elle se tua de désespoir auprès de son cadavre. La mort d'OEnone forme un des plus beaux épisodes du poème de Quintus de Smyrne connu sous le titre d'*Homeri Paralipomenon*.

que vous m'avez fait l'honneur de m'écrire; et ce que je dis au commencement n'est qu'une réponse à quelque chose qui me concerne dans la vôtre à Mme de la Sablière. Si j'eusse vu le témoignage si ample d'un souvenir à quoi je ne m'attendois pas, j'aurois poussé bien plus loin la figure et l'étonnement; ou peut-être que je me serois tenu à une protestation toute simple qu'il ne me pouvoit rien arriver de plus agréable que ce que vous m'avez écrit de Windsor[1]. Il y a plusieurs choses considérables, entre autres vos deux Anacréons, M. de Saint-Évremond[2], et M. Waller[3] en qui l'imagination et l'amour ne finissent point. Quoi! être amoureux et bon poëte à quatre-vingt-deux ans? Je n'espère pas du Ciel tant de faveurs. C'est du Ciel dont il est fait mention au pays des Fables que je veux parler : car celui que l'on prêche à présent en France veut que je renonce

1. La cour d'Angleterre était alors à Windsor, ainsi que Barrillon, ambassadeur de France (ci-dessus, p. 379 et note 3), et toute une brillante société cosmopolite de dames, de seigneurs, et de philosophes mondains. Voyez dans les *OEuvres* de Saint-Évremond, 1753, tome V, p. 162, un dialogue en vers, composé cette même année, sur l'absence de Mme de Mazarin, partie de Windsor, avec M. de Bonrepaus, pour retourner à Londres.

2. Charles de Marguetel de Saint-Denis, sieur de Saint-Évremond, né le 1er avril 1610, à Saint-Denis-le-Guast, près de Coutances, mort à Londres le 29 septembre 1703. Maréchal de camp en 1652, après s'être distingué, sous Condé, à Rocroy et à Nordlingen, une lettre satirique sur la paix des Pyrénées ne lui ayant laissé le choix qu'entre l'exil et la Bastille, il passa d'abord en Hollande (1661), puis en Angleterre (1662). Le Roi lui tint rigueur jusqu'à l'année *1688* où il fit savoir au banni qu'il pouvait rentrer en France; mais celui-ci répondit qu'il était un peu tard, qu'il était trop vieux pour recommencer un autre genre de vie.

3. Edmond Waller, né le 3 mars 1605, à Coleshill dans le Herdfordshire, mourut à Beaconsfield le 21 octobre 1687, c'est-à-dire moins de deux mois après que la Fontaine eut écrit cette lettre. Il était à la fois cousin de Cromwell et favori des Stuarts.

aux Chloris[1], à Bacchus, et à Apollon, trois divinités que vous me recommandez dans la vôtre. Je concilierai tout cela le moins mal et le plus longtemps qu'il me sera possible ; et peut-être que vous me donnerez quelque bon expédient pour le faire, vous qui travaillez à concilier des intérêts opposés, et qui en savez si bien les moyens. J'ai tant entendu dire de bien de M. Waller que son approbation me comble de joie. S'il arrive que ces vers-ci aient le bonheur de vous plaire (ils lui plairont par conséquent), je ne me donnerai pas pour un autre, et continuerai encore quelques années de suivre Chloris, et Bacchus[2], et Apollon, et ce qui s'ensuit; avec la modération requise, cela s'entend[3].

Au reste, Monsieur, n'admirez-vous point Mme de Bouillon, qui porte la joie partout? Ne trouvez-vous pas que l'Angleterre a de l'obligation au mauvais génie qui se mêle de temps en temps des affaires de cette princesse[4]?

1. Ci-dessus, p. 187 :

              Renoncer aux Philis, etc. ;

et p. 384.

. De suivre Chloris, Bacchus. (1729.)

3. Voyez ci-dessous, p. 447-448, la lettre au duc de Vendôme du mois de septembre 1689.

4.   Princesse, dont la patience
           S'exerce dans les déplaisirs,
           Et qui maîtrisez vos désirs
           Par une dure expérience :
           A force de faire des vœux,
           Si je pouvois rompre les nœuds
           Du Sort qui vous tient enchaînée,
           Des dieux contre vous irrités
           La haine seroit terminée ;
           Et, parmi les prospérités,
           Vous auriez une destinée
           Telle que vous la méritez.

(*OEuvres de Chaulieu*, tome II, p. 129, la Haye, 1774, in-8°, lettre à la duchesse de Bouillon [prose et vers], datée d'Anet, 30 décembre, sans mention d'année.)

A DIVERS.

Sans lui ce climat ne l'auroit point vue[1]; et c'est un plaisir que de la voir, disputant, grondant, jouant, et parlant de tout avec tant d'esprit que l'on ne sauroit s'en imaginer davantage[2]. Si elle avoit été du temps des païens, on auroit déifié une quatrième Grâce pour l'amour d'elle. Je veux lui écrire, et invoquer pour cela

1. Est-ce afin de ne pas blesser la duchesse de Bouillon encore vivante que des Maizeaux, dans sa notice sur Saint-Évremond, tome I de l'édition de 1709, p. 183, prétend que, si elle passa alors en Angleterre, ce fut uniquement pour y voir sa sœur, Mme de Mazarin? Le « prétexte de ses sœurs », dit Saint-Simon (tome X, p. 197), lui servait dans les promenades à Londres, à Rome, aux Pays-Bas, auxquelles l'obligeait une galanterie souvent fort dangereuse. Elle fut par exemple impliquée un moment dans le procès de la Voisin, à qui elle serait allée demander « un peu de poison pour faire mourir un vieux mari qu'elle avoit qui la faisoit mourir d'ennui » (Sévigné, tome VI, p. 230), et, innocente ou non, relâchée par la chambre de justice, se vanta si bien des réponses faites par elle aux interrogatoires, qu'elle s'attira (ibidem, p. 266) « une bonne lettre de cachet » pour se retirer à Nérac, février 1680. Cinq ans après, la saisie, ordonnée par le Roi, de la correspondance des princes de Conti, amenait son envoi à Évreux, cette fois, il est vrai, en compagnie du duc, dont la famille la forçait presque aussitôt à s'enfermer dans le couvent de Montreuil, près d'Arques en Normandie, à la suite d'une aventure galante avec Louvigny, frère cadet du comte de Guiche. Quant à l'exil en Angleterre, Saint-Évremond lui-même (tome V de l'édition d'Amsterdam, 1706, p. 243) nous en indique assez clairement le motif : le marquis de Miremont et le comte de Roye jouèrent un grand rôle dans cette affaire. Sa conduite avait exaspéré le Roi, car on lit dans le Journal de Dangeau, tome II, p. 167, sous la date du 12 septembre 1688 : « Mme de Bouillon, qui est en Angleterre, a fait demander au Roi, par M. de Seignelay, la permission de s'en aller à Venise. Le Roi a répondu qu'elle iroit partout où il lui plairoit, hormis à la cour et à Paris. »

2. « En des contestations assez ordinaires, elle dispute toujours avec esprit, souvent, à ma honte, avec raison, mais une raison animée, qui paroît de la passion aux connoisseurs médiocres, et que les délicats mêmes auroient de la peine à distinguer de la colère dans une personne moins agréable qu'elle n'est. » (Lettre de Saint-Évremond à la Fontaine de décembre 1687.) — « Elle

M. Waller. Mais qui est le philosophe qu'elle a mené en ce pays-là? La description que vous me faites de cette rivière sur les bords de laquelle on va se promener après qu'on a sacrifié longtemps au sommeil ; cette vie mêlée de philosophie, d'amour, et de vin, sont aussi d'un poète ; et vous ne le pensiez peut-être pas être.

La fin de la lettre où vous dites que M. Waller et M. de Saint-Évremond ne sont contents que parce qu'ils ne connoissent pas nos deux dames[1], me charme. Aussi je trouve cela très galant, et le ferai valoir dès que l'occasion s'en présentera. Surtout je suivrai votre conseil, qui m'exhorte de vous attendre à Paris[2], où vous reviendrez aussitôt que les affaires le permettront.

M. Hessein[3] a la fièvre, qui lui[4] a duré continue pendant trois ou quatre jours, et puis a cessé ; puis il est venu un redoublement que nous ne croyons pas dangereux. Il avoit été saigné trois fois jusques au[5] jour d'hier. Je ne sais pas si depuis on y aura ajouté une quatrième saignée[6]. Il n'y a nul mauvais accident dans sa maladie[7].

---

savoit, parloit bien, disputoit volontiers, et quelquefois alloit à la botte. » (Saint-Simon, tome X, p. 196.)

1. Mme de la Sablière et Mme d'Hervart : ci-dessus, p. 378.
2. Bonrepaus, après le traité conclu au mois de décembre 1687, revint en effet à Paris ; mais, ainsi que nous l'avons dit (p. 375 et 378), il retourna l'année suivante à Londres, où il demeura jusqu'à la fin de septembre.
3. Pierre Hessein, frère de Mme de la Sablière.
4. La fièvre ; elle lui. (1729.) — 5. Jusqu'au. (*Ibidem.*)
6. Voyez le *Poème du Quinquina*, tome VI, p. 322 et note 4.
7. Elle semble avoir été fort grave au début. Racine écrivait à Boileau, le 13 août : « Je sors de chez le pauvre M. Hessein, que j'ai laissé à l'extrémité : je doute qu'à moins d'un miracle je le retrouve demain en vie. » Puis, le 17 du même mois : « Je vous avois mandé qu'il falloit un miracle pour sauver M. Hessein : il est sauvé, et c'est votre bon ami le quinquina qui a fait ce miracle. L'émétique l'avoit mis à la mort ; M. Fagon arriva fort à

Je ne doute point que les d'Hervarts et les Saint-Diez[1] ne fassent leur devoir de[2] vous écrire. Ce seront des lettres de bon endroit, et si bon que je n'en sais qu'un qui se puisse dire meilleur. Je vous le souhaite. Cependant, Monsieur, faites-moi toujours l'honneur de m'aimer, et croyez que je suis, etc.

propos, qui, le croyant à demi mort, ordonna au plus vite le quinquina. Il est présentement sans fièvre. »

1. Pluriel de ce M. de Saint-Dié, que la Fontaine, p. 383, nomme son fidèle Achate.
2. Tome VI, p. 72 et note 1.

LETTRE XXII[1].

A MADAME LA DUCHESSE DE BOUILLON[2].

[Paris, novembre 1687.]

Madame,

Nous commençons ici de murmurer contre les Anglois

1. Cette lettre a été imprimée pour la première fois dans le *Retour des pièces choisies ou Bigarrures curieuses*, Emmerik, chez la veuve de Renouard Varius, 1688, 2 vol. in-12, puis réimprimée dans les *OEuvres posthumes*, p. 85, et dans les *OEuvres diverses* de 1729, tome II, p. 104. — Walckenaer aurait eu sous les yeux l'original, et c'est le texte reconstitué par lui que nous donnons. Mais nous y joignons les variantes fournies à M. Marty-Laveaux par un manuscrit lui appartenant, et qu'il décrit en ces termes « Ce volume se compose d'un feuillet de titre et de 118 pages petit in-4°. Le titre primitif, soigneusement effacé, a été remplacé par le suivant : *Manuscrit ou Receuil* (sic) *De Plusieurs Pieces Françoises*. Au-dessous se trouve ce nom : M° *de Chavaudru;* en haut, d'une écriture plus récente : *Du Chemin le j*°, 1728; au bas un timbre à l'encre bleue portant : *ex libris de Cayrol*. Ce recueil renferme des opuscules très divers. Le premier est en prose, c'est un : *Extraict de l'histoire du temps. Sur la mort de Mons*[r] *le premier President arriuée le mardy xiije mars* 1657. On y trouve des pièces sur Foucquet, des vers de Racine, de Mme Deshoulières, etc. A la page 49, on lit :

LETTRES
DE (sic) MADAME LA DUCHESSE
DE BOUILLON
PAR MONSIEUR DE LA
FONTAINE.

Cette copie renferme d'intéressants détails, d'élégants tours de phrase, qu'on ne trouve point dans les imprimés. » — Voyez Walckenaer, *Histoire de la Fontaine*, tome II, p. 157-162, et p. 250; et notre tome I, p. CLXI-CLXIII.

2. A Madame la duchesse de Bouillon étant à Londres. (Manuscrit M.-L.)

de ce qu'ils vous retiennent si longtemps. Je suis d'avis qu'ils vous rendent à la France avant la fin de l'automne[1], et qu'en échange nous leur donnions deux ou trois îles dans l'Océan. S'il ne s'agissoit que de ma satisfaction, je leur céderois tout l'Océan même. Mais peut-être avons-nous plus de sujet de nous plaindre de votre sœur que de l'Angleterre. On ne quitte pas Mme la duchesse Mazarin comme l'on voudroit[2]. Vous êtes toutes deux environnées de ce qui fait oublier le reste du monde, c'est-à-dire d'enchantements et de grâces de toutes sortes[3].

> Moins d'Amours, de Ris, et de Jeux,
> Cortège de Vénus, sollicitoient[4] pour elle,
>   Dans ce différend si fameux
>   Où l'on déclara la plus belle
>   La déesse des agréments[5] ;
> Celle aux yeux bleus[6], celle aux bras blancs[7],
> Furent au tribunal par Mercure conduites :
>   Chacune[8] étala ses talents.
> Si le même débat renaissoit[9] en nos temps,

1. Je suis d'avis qu'ils vous rendent avant la fin de l'automne. (Manuscrit M.-L.)
2. Tome III, p. 325 et note 43. — Comme on voudroit. (Manuscrit M.-L.)
3. Vous êtes toutes deux si environnées d'enchantements et de grâces que vous oubliez le reste du monde facilement. (*Ibidem.*)
4. Terme de procédure. — Dans *le Misanthrope* de Molière, vers 186-187 (tome V, p. 454 et note 2) :

> Mais qui voulez-vous donc qui pour vous sollicite ?
> — Qui je veux ? la raison, mon bon droit, l'équité.

5. Tome VIII, p. 47 et note 4.
6. Minerve : Γλαυκῶπις Ἀθήνη.
7. Junon : Λευκώλενος Ἥρη.
8. *Chacun,* dans les *OEuvres diverses.*
9. Revenoit. (Manuscrit M.-L.)

Le procès auroit d'autres suites,
Et vous, et votre sœur, emporteriez le prix
Sur les clientes de Pâris.
Tous les citoyens d'Amathonte
Auroient beau parler pour Cypris :
Car vous avez, selon mon compte,
Plus d'Amours, de Jeux, et de Ris.

Vous excellez en mille choses;
Vous portez en tous lieux la joie et les plaisirs ;
Allez en des climats inconnus aux zéphyrs,
Les champs se vêtiront de roses[1].
Mais, comme aucun bonheur n'est constant dans son cours,
Quelques noirs aquilons troublent de si beaux jours.
C'est là que vous savez témoigner du courage :
Vous envoyez aux vents[2] ce fâcheux souvenir[3];
Vous avez cent secrets pour combattre l'orage :
Que n'en aviez-vous un qui le[4] sût prévenir[5] ?

On m'a mandé que Votre Altesse étoit[6] admirée de tous les Anglois, et pour l'esprit, et pour les manières, et pour mille qualités qui se sont trouvées de leur goût[7]. Cela vous est d'autant plus glorieux que les Anglois ne

---

1. Pour elle le printemps s'est habillé de roses.
(*Clymène*, vers 71.)

Comparez Lucrèce, livre I, vers 7-8; Perse, satire II, vers 38 Claudien, *Laus Serenæ reginæ*, vers 90; etc.

2. Au vent. (*OEuvres posthumes* et *OEuvres diverses*.)
3. Tome III, p. 57 et note 10.

— *Tristitiam et metus*
Tradam protervis in mare Creticum
Portare ventis.
(HORACE, livre I, ode XXVI, vers 1-3.)

4. Les. (*OEuvres posthumes;* faute évidente.)
5. Ci-dessus, p. 386, note 4. — 6. Avoit été. (Manuscrit M.-L.)
7. Saint-Simon, dans ses additions au *Journal de Dangeau*, dit d'elle, le 20 juin 1714, jour de sa mort : « C'étoit la reine de Paris et des lieux où elle fut exilée. » Et il ajoute (*ibidem*) : « Mais elle régna moins à Rome et à Londres qu'à Paris. »

sont pas de fort grands admirateurs. Je me suis seulement aperçu qu'ils connoissent[1] le vrai mérite, et en sont touchés[2].

Votre philosophe[3] a été bien étonné quand on lui a dit que Descartes n'étoit pas l'inventeur de ce système que nous appelons la machine des animaux[4], et qu'un Espagnol l'avoit prévenu[5]. Cependant, quand on ne lui en auroit point apporté de preuves, je[6] ne laisserois pas de le croire, et ne sais que les Espagnols qui pussent bâtir un château tel que celui-là. Tous les jours je découvre ainsi quelque[7] opinion de Descartes répandue de côté et d'autre dans les ouvrages des anciens, comme celle-ci : qu'il n'y a point de couleurs au monde; ce ne sont que de différents effets[8] de la lumière sur de différentes superficies[9]. Adieu les lis et les roses de nos Amintes. Il n'y a ni peau blanche ni cheveux noirs; notre passion n'a pour fondement qu'un corps sans couleur. Et, après

1. Connoissoient. (Manuscrit M.-L.)
2. Livre XII, fable XXIII, vers 12-13.
3. La Fontaine lui-même.
4. Voyez le premier *Discours à Mme de la Sablière*, tome II, p. 454-480 et les notes.
5. Bayle avait avancé cela dans les *Nouvelles de la république des lettres*, mars 1684, p. 20; mais il se rétracta dans son *Dictionnaire*, article Pereira, p. 2227 de l'édition de 1725, in-fol.
6. Quand on ne m'apporteroit aucune preuve de ce fait-là, e. (Manuscrit M.-L.)
7. Un pareil château. Je découvre ainsi tous les jours quelque. (*Ibidem.*)
8. Qu'il n'y a point de couleurs réelles dans l'univers, ce ne sont que des différents effets. (*Ibidem.*)
9. Dans le système des Cartésiens, reproduisant une hypothèse d'Épicure, le même rayon de lumière, différemment modifié, c'est-à-dire différemment réfléchi à nos yeux, tantôt avec plus, tantôt avec moins de force, donne des couleurs d'une espèce différente. Les corps n'en possèdent aucune. Ce système est abandonné depuis Newton.

cela, je ferai des vers pour¹ la principale beauté des femmes !

Ceux qui ne seront pas suffisamment informés de ce que sait Votre Altesse, et de ce qu'elle voudroit savoir sans se donner d'autres peines que² d'en entendre parler à table, me croiront³ peu judicieux de vous entretenir ainsi de philosophie; mais je leur apprends que toutes sortes de sujets vous conviennent, aussi bien que⁴ toutes sortes de livres, pourvu qu'ils soient bons.

Nul auteur de renom n'est ignoré de vous;
L'accès leur est permis à tous.   [battre⁵ :
Pendant qu'on lit leurs vers, vos chiens ont beau se

1. Je ferai des vœux pour. (Manuscrit M.-L.)
2. Ceux qui ne seront pas informés de ce que sait Votre Altesse, et de ce qu'elle voudroit bien savoir sans se donner d'autre peine que. (*Ibidem.*)
3. Me croiroient. (*OEuvres posthumes* et *OEuvres diverses.*)
4. Mais je leur apprends que tout vous amuse, depuis le cèdre jusqu'à l'hysope, aussi bien que. (Manuscrit M.-L.) — Comparez le premier *Discours à Mme de la Sablière*, vers 12-23.
5. Nul auteur de renom ne vous est inconnu ;
De quoi que l'on écrive on est le bienvenu.
Quand on lit devant vous, vos chiens ont beau se battre.
(Manuscrit M.-L.)

— La duchesse de Bouillon aimait beaucoup les bêtes, si nous en croyons Chaulieu : « La galère que la république de Gênes avoit commandée pour porter votre petite chienne a péri malheureusement avec cette précieuse charge. Il passa hier au soir un courrier, qui porte à Spinola la commission d'Envoyé extraordinaire de la République pour vous faire ses compliments de condoléance.... Je ne sais que d'hier au soir que vous avez perdu un de vos singes, qui mourut sans parler. Si je l'avois su avant que de partir de Paris, je me serois donné l'honneur de vous voir là-dessus, Madame, et de vous marquer la part que j'y prends.. Vous avez plus de bêtes que je n'ai d'imagination, etc. » (Lettre à la duchesse de Bouillon, tome II des *OEuvres*, p. 161-162.)
« .... J'offris l'autre jour deux cents écus d'un petit crocodile en nourrice, que l'on menoit à Versailles. C'est le premier qui

Vous mettez les holas en écoutant l'auteur ;
Vous égalez¹ ce dictateur ²
Qui dictoit tout d'un temps à quatre.

C'étoit, ce me semble, Jules César : il faisoit à la fois quatre dépêches sur quatre matières différentes³. Vous ne lui devez rien⁴ de ce côté-là ; et il me souvient qu'un matin, vous lisant des vers, je vous trouvai en même temps attentive à ma lecture et à trois querelles d'animaux. Il est vrai qu'ils étoient sur le point de s'étrangler : Jupiter le conciliateur n'y auroit fait œuvre. Qu'on juge par là, Madame, jusqu'où votre imagination peut aller quand il n'y a rien qui la détourne. Vous jugez⁵ de mille sortes d'ouvrages, et en jugez bien.

soit jamais sorti vivant d'Égypte.... Je lui demandai des nouvelles des Pyramides, et de celles de la santé d'Isis et d'Osiris, mais il est si jeune qu'il ne fait encore que balbutier, et on ne l'entend quasi point. » (*Ibidem*, p. 167.)

1. Imitez. (Manuscrit M.-L.)

2. Jeu de mots. — Voltaire écrit, ou plutôt dicte, dans une lettre à Thiriot du 5 décembre 1759 : « Ermite de l'Arsenal, l'ermite de Tournay et des Délices est dictateur parce qu'il a mal aux yeux. »

3. « Il auoit tousiours auprez de luy dedans son chariot ung secretaire assis, lequel estoit accoustumé à escrire en allant par pays.... Mais en la guerre de la Gaule, il s'exercita encore dauantage à dicter lettres missiues en cheuauchant par les champs, et à fournir à deux secretaires ensemble, tant qu'ilz en pouuoient escrire, encore, dit Oppius, à plus de deux. » (Amyot, *Vie de César*, traduite de Plutarque, tome II, p. 346.)

4. Tome VIII, p. 325 et note 4.

5. Car il me souvient qu'un matin que je vous lisois quelque poésie, je vous trouvai en même temps attentive à ma lecture et à trois querelles d'animaux qui étoient sur le point de s'étrangler; vous fîtes les trois accommodements en faisant l'éloge des vers que je lisois : chacun s'en alla content. Jupiter le conciliateur et tout le Parnasse ensemble ne s'en seroient pas si bien acquittés que vous; qu'on s'imagine par là combien de sortes d'esprit vous avez, et jusqu'où votre pénétration peut aller quand vous n'êtes occupée que d'une chose. Vous jugez. (Manuscrit M.-L.)

Vous savez dispenser à propos votre estime ;
 Le pathétique, le sublime,
 Le sérieux, et le plaisant,
 Tour à tour vous vont amusant.
 Tout vous duit[1], l'histoire et la fable,
 Prose et vers, latin et françois.
 Par Jupiter! je ne connois
 Rien pour nous de si favorable[2].
 Parmi ceux qu'admet à sa cour
Celle qui des Anglois embellit le séjour,
Partageant avec vous tout l'empire d'Amour[3],
 Anacréon et les gens de sa sorte,
 Comme Waller, Saint-Évremond, et moi,
 Ne se feront jamais fermer la porte.
 Qui n'admettroit Anacréon chez soi ?
 Qui banniroit Waller et la Fontaine ?
 Tous deux sont vieux, Saint-Évremond aussi :
 Mais verrez-vous au bord de l'Hippocrène
 Gens moins ridés dans leurs vers que ceux-ci ?
 Le mal est que l'on veut ici
 De plus sévères moralistes ;
Anacréon s'y tait devant les jansénistes[4].
Encor que leurs leçons me semblent un peu tristes,
 Vous devez priser ces auteurs

1. *Le Remède*, vers 30.
2. Rien pour nous de si souhaitable.
  (*OEuvres posthumes* et *OEuvres diverses*.)
 Rien pour vous de plus souhaitable.
  (Manuscrit M.-L.)
3. Tomes VI, p. 227, VIII, p. 202, etc.
4. Anacréon vivoit devant les jansénistes.
  (*OEuvres posthumes*.)
 Anacréon cité devant des jansénistes !
  (*OEuvres diverses*.)

La vraie leçon : « s'y tait », est donnée dans les *OEuvres de Saint-Évremond*, et elle est confirmée par l'autographe, et par le manuscrit de M. Marty-Laveaux.

Pleins d'esprit et bons disputeurs[1].
Vous en savez goûter de plus d'une manière :
Les Sophocles du temps[2] et l'illustre Molière
Vous donnent toujours lieu d'agiter quelque point[3].
 Sur quoi ne disputez-vous point?

A propos d'Anacréon, j'ai presque envie d'évoquer son ombre; mais je pense qu'il vaudroit[4] mieux le ressusciter tout à fait. Je m'en irai pour cela trouver un gymnosophiste, de ceux qu'alla voir Apollonius Tyaneus[5]. Il apprit tant de choses d'eux qu'il ressuscita une jeune fille[6]. Je ressusciterai un vieux poëte. Vous et Mme Mazarin nous rassemblerez. Nous nous rencontrerons en Angleterre, M. Waller, et[7] M. de Saint-Évremond, le vieux Grec[8], et moi[9]. Croyez-vous, Ma-

1. Tome I, p. civ-cv.
2. La duchesse de Bouillon était à la tête de la cabale qui soutint la *Phèdre* de Pradon contre celle de Racine en janvier 1677. Le complot avait été ourdi dans son salon, un des plus recherchés de Paris, où se faisaient et se détruisaient les réputations.
3. Vous donnant toujours lieu d'agiter quelque point.
 (*OEuvres posthumes* et *OEuvres diverses*.)
4. Vaudra. (Manuscrit M.-L.)
5. Apollonius de Tyane, philosophe et thaumaturge, né vers le commencement de l'ère chrétienne, devenu célèbre par ses voyages à Antioche, à Éphèse, à Babylone, jusque dans l'Inde, puis en Grèce et en Italie, mort l'an 97. Ses contemporains lui accordaient le don des miracles, et les païens le mettaient en parallèle avec le Christ.
6. Voyez la *Vie d'Apollonius de Tyane*, par Philostrate, livre IV, chapitre xlv.
7. Le mot *et* ne se trouve pas dans les *OEuvres posthumes*.
8. Anacréon.
9. Qu'il ressuscita une jeune fille. Il est vrai qu'Anacréon est un peu malaisé à ressusciter : j'en viendrai toutefois à bout. Mme Dacier l'a déjà fait, et a entrepris aussi de ressusciter Térence; elle en sortira à son honneur. Vous et Mme Mazarin nous rassemblerez. Nous nous trouverons en Angleterre, M. Waller, M. de Saint-Évremond, le vieux Grec, et moi. (Manuscrit M.-L.)

dame, qu'on pût¹ trouver quatre poètes mieux assortis²?

Il nous feroit beau voir parmi de jeunes gens
Inspirer le plaisir³, danser, et nous ébattre⁴,
Et, de fleurs couronnés, ainsi que le printemps,
Faire trois cents ans à nous quatre.

Après une entrevue comme celle-là, et que j'aurai renvoyé Anacréon aux Champs Élysées, je vous demanderai mon audience de congé. Il faudra que je voie auparavant cinq ou six Anglois⁵, et autant d'Angloises (les Angloises sont bonnes à voir, à ce que l'on dit⁶). Je ferai souvenir notre ambassadeur⁷ de la rue Neuve-des-Petits-Champs⁸, et de la dévotion que j'ai toujours eue pour lui. Je le prierai, et M. de Bonrepaus, de me charger de quelques dépêches. Ce sont à peu près toutes⁹ les affaires que je puis avoir en Angleterre. J'avois fait aussi dessein de convertir Mme d'Hervart¹⁰, Mme de

1. Peut. (Manuscrit M.-L.)
2. Mieux assortis, ni meilleurs patrocinants de Bacchus et de quelques autres divinités? (*Ibidem.*)
3. Tome VII, p. 575 et note 1.
4. Inspirer le plaisir, la tristesse combattre.
(*OEuvres posthumes.*)
Solemniser ce dieu, chanter, et nous ébattre.
(Manuscrit M.-L.)
5. Faire trois cents ans à nous quatre.
Vous reconnoissez Anacréon à cet équipage; nous tâcherions de vous donner une idée des temps où il a vécu : après quoi, et que je l'aurois renvoyé aux Champs Élysées, je vous demanderois mon audience de congé; il faudroit auparavant que je visse cinq ou six Anglois. (*Ibidem.*)
6. A ce qu'on dit. (*Ibidem.*) — 7. Barrillon.
8. Où était l'hôtel Mazarin.
9. De nous charger de quelques dépêches. Voilà à peu près toutes. (Manuscrit M.-L.)
10. La veuve, la belle-mère, Esther Wymar. — De les convertir, de les déterminer, non, comme le croit Walckenaer, à passer en Angleterre, où elles étaient déjà; mais de les convertir en effet,

Gouvernet[1], et Mme d'Helang[2], parce que ce sont des personnes que j'honore; mais on m'a dit que je ne trouverois pas les sujets encore assez disposés[3]. Or je ne suis bon, non plus que Perrin Dandin, que quand les parties sont lasses de contester[4]. Une chose que je souhaiterois avant toutes, ce seroit que l'on me[5] procurât l'honneur de faire la révérence au monarque; mais je ne l'oserois espérer[6]. C'est un prince qui mérite qu'on passe la mer afin de le voir, tant il a de qualités convenables à[7] un souverain, et de véritables passions[8] pour la gloire. Il n'y en a pas beaucoup qui[9] y tendent, quoique tous le dussent faire en ces places-là.

> Ce n'est pas un vain fantôme
> Que la gloire et la grandeur;

de les arracher à l'hérésie, projet plus badin que sérieux : voyez notre tome I, p. CLXII, note 2.

1. Ci-dessous, p. 462 et note 3.

2. Ou plutôt d'Eland : Esther de Gouvernet, petite-fille de Barthélemy Herwarth, mariée, en 1684, à lord Eland, fils de Georges Saville, marquis d'Halifax.

3. Mais on m'a dit que leurs esprits ne sont pas encore assez disposés. (Manuscrit M.-L.)

4. Chez Rabelais, le tiers livre, chapitre XLI, tome II, p. 196-197 : « Tu n'apoinctes iamais, dit Dandin à son fils Tenot, les differens. Pour quoy? Tu les prens dez le commencement estant encore verds et cruds. Ie les apoincte tous. Pour quoy? Ie les prens sur leur fin, bien meurs et digerez.... Par ceste methode, ie pourrois paix mettre... entre le grand Roy et les Venitiens, entre l'Empereur et les Suisses, entre les Anglois et les Escossois, entre le Pape et les Ferrarois.... Entens bien : ie les prendrois sur l'instant que les uns et les aultres seroient las de guerroier, etc. » Voyez aussi notre tome II, p. 404 et note 10.

5. Qu'on me. (Manuscrit M.-L.)

6. Ce dernier membre de phrase n'est pas dans le manuscrit de M. Marty-Laveaux.

7. Qualités qui conviennent à. (Manuscrit M.-L.)

8. Et de véritable passion. (*Ibidem*, et *OEuvres diverses*.)

9. Il y en a peu qui. (Manuscrit M.-L.)

Et Stuart en son royaume
Y court avec plus d'ardeur
Qu'un amant à sa maîtresse.
Ennemi de la mollesse,
Il gouverne son État
En habile potentat [1].
De cette haute science
L'original est en France :
Jamais on n'a vu[2] de roi
Qui sût mieux se rendre maître,
Fort souvent jusques à l'être
Encore ailleurs que chez soi.
L'art est beau, mais toutes têtes
N'ont pas droit de l'exercer :
Louis a su s'y tracer
Un chemin par ses conquêtes.
On trouvera ses leçons
Chez ceux qui feront l'histoire :
J'en laisse à d'autres la gloire,
Et reviens à mes moutons.

Ces moutons, Madame, c'est Votre Altesse et Mme Mazarin. Ce seroit le[3] lieu de faire aussi son éloge, afin de le joindre au vôtre; mais, toutes réflexions faites[4], comme ces sortes d'éloges sont une matière un peu délicate, je crois qu'il vaut mieux que[5] je m'en abstienne.

Vous vous aimez en sœurs; cependant j'ai raison

1. La Fontaine écrivait ces vers en novembre 1687, et en janvier 1689 Jacques II quittait l'Angleterre, non pas malgré elle, mais malgré lui.
2. On n'a jamais vu. (*OEuvres diverses*.)
3. Ce seroit ici le. (*OEuvres posthumes* et *OEuvres diverses*.)
4. Ces quatre derniers mots ne sont pas dans les *OEuvres posthumes*.
5. Ce seroit ici lieu de faire aussi son éloge, afin de le joindre au vôtre; mais, comme ces sortes de parallèles sont une matière un peu délicate, il vaut mieux que. (Manuscrit M.-L.)

D'éviter la comparaison¹ :
L'or se peut partager, mais non pas la louange.
Le plus grand orateur, quand ce seroit un ange,
Ne contenteroit pas², en semblables desseins,
Deux belles, deux héros, deux auteurs, ni deux saints

Je suis avec un profond respect,

Madame³,

de Votre Altesse Sérénissime, le très humble,
très obéissant, et très fidèle serviteur⁴.

1. Dans les OEuvres posthumes, on lit, au lieu de ces deux vers : « Vous vivez en sœurs; cependant il faut éviter la comparaison. »
2. Ne sauroit contenter. (Manuscrit M.-L.)
3. Le mot *Madame* est placé après *Je suis*, dans le manuscrit de M. Marty-Laveaux.
4. Voyez la réponse de Saint-Évremond (du mois de décembre 1687, au nom de Mme de Bouillon) à cette lettre dans ses OEuvres mêlées, Paris, 1866, in-4°, tome III, p. 369. Elle est aussi dans les OEuvres posthumes, p. 99, dans les OEuvres diverses de 1729, tome II, p. 111; etc. Nous en donnons quelques extraits dans le commentaire de la lettre suivante qui y répond.

LETTRE XXIII[1].

A M. DE SAINT-ÉVREMOND.

Ni vos leçons, ni celles des neuf Sœurs,
N'ont su charmer la douleur qui m'accable;
Je souffre un mal qui résiste aux douceurs,
Et ne saurois rien penser d'agréable :
Tout rhumatisme, invention du diable,
Rend impotent et de corps et d'esprit.
Il m'a fallu, pour forger cet écrit,
Aller dormir sur la tombe d'Orphée[2];
Mais je dors moins que ne fait un proscrit,
Moi dont l'Orphée étoit le dieu Morphée.
Si me faut-il répondre à vos beaux vers,
A votre prose et galante et polie.
Deux déités[3], par leurs charmes divers,
Ont d'agréments votre lettre remplie ;
Si celle-ci n'est autant accomplie,
Nul ne s'en doit étonner à mon sens :
Le mal me tient, Hortense[4] vous amuse;
Cette déesse, outre tous vos talents,
Vous est encore une dixième Muse ;
Les neuf m'ont dit adieu jusqu'au printemps.

Voilà, Monsieur, ce qui m'a empêché de vous remercier, aussi tôt que je le devois, de l'honneur que vous

---

1. Cette lettre a été publiée pour la première fois dans les OEuvres posthumes, p. 106, puis réimprimée dans les OEuvres diverses de 1729, tome II, p. 115.
2. Comparez ci-dessus, p. 111 et note 2.
3. La duchesse de Bouillon et la duchesse de Mazarin.
4. Hortense Mancini, duchesse de Mazarin (ci-dessus, p. 391 et note 2). Saint-Evremond était, on le sait, son ami, son conseiller, son guide. Elle avait inspiré semblable dévouement à l'abbé de Saint-Réal, un des esprits les plus libres aussi de ce temps-là.

m'avez fait de m'écrire. Moins je méritois une lettre si obligeante, plus j'en dois être reconnoissant. Vous me louez de mes vers et de ma morale[1], et cela de si bonne grâce que la morale a fort à souffrir, je veux dire la modestie[2].

> L'éloge qui vient de vous
> Est glorieux et bien doux :
> Tout le monde vous propose
> Pour modèle aux bons auteurs ;
> Vos beaux ouvrages sont cause
> Que j'ai su plaire aux neuf Sœurs :
> Cause en partie et non toute,
> Car vous voulez bien sans doute
> Que j'y joigne les écrits
> D'aucuns de nos beaux esprits.
> J'ai profité[3] dans Voiture ;
> Et Marot par sa lecture
> M'a fort aidé, j'en conviens.
> Je ne sais qui fut son maître :

1. En le félicitant de sa dernière lettre à Mme de Bouillon (ci-dessus, p. 390), « assez galante et assez ingénieuse pour donner de la jalousie à Voiture, s'il vivoit encore », Saint-Évremond écrivait, dans sa réponse à la Fontaine, mentionnée p. 401 :

> « Vous possédez tout le bon sens
> Qui sert à consoler des maux de la vieillesse ;
> Vous avez plus de feu que n'ont les jeunes gens,
> Eux, moins que vous, de goût et de justesse. »

Et il ajoutait : « Après avoir parlé de votre esprit, il faut dire un mot de votre morale :

> « S'accommoder aux ordres du Destin,
> Aux plus heureux ne porter point d'envie,
> De ce faux air d'esprit que prend un libertin
> Connoître avec le temps comme nous la folie,
> Et dans les vers, jeu, musique, et bon vin,
> Entretenir son innocente vie :
> C'est le moyen d'en reculer la fin. »

2. Dans *Ragotin*, vers 435 :
    Ma pudeur à t'ouïr souffre terriblement.
3. Tomes IV, p. 85, V, p. 187.

Que ce soit qui ce peut être,
Vous êtes tous trois les miens.

J'oubliois maître François[1], dont je me dis encore le disciple, aussi bien que celui à maître[2] Vincent[3], et celui de maître Clément[4]. Voilà bien des maîtres pour un écolier de mon âge. Comme je ne suis pas fort savant en certain art de railleur, où vous excellez, je prétends en aller prendre de vous des leçons[5] sur les bords de l'Hippocrène; bien entendu qu'il ait[6] des bouteilles qui rafraîchissent. Nous serons entourés de nymphes et de nourrissons du Parnasse, qui recueilleront sur leurs tablettes les moindres choses que vous direz. Je les vois d'ici qui apprennent dans votre école à juger de tout avec pénétration et avec finesse.

Vous possédez cette science;
Vos jugements en sont les règles et les lois :
Outre certains écrits que j'adore en silence[7],
Comme vous adorez Hortense et les deux Rois[8].

Au même endroit où vous dites que vous voulez rendre un culte secret à ces trois puissances, aussi bien à Mme Mazarin qu'aux deux Princes[9], vous me faites son

---

1. François Rabelais.
2. Que celui de maître. (Manuscrit M.-L., et *Œuvres diverses*.)
3. Vincent Voiture. — 4. Clément Marot.
5. En certain art où vous excellez, je prétends en aller prendre des leçons. (Manuscrit M.-L.)
6. Qu'il y ait. (*Ibidem*, et *Œuvres diverses*.)
7. Que j'admire en silence. (*Ibidem*.)
8. Louis XIV et Jacques II.

— Je ne parlerai point des Rois :
Ce sont des dieux vivants que j'adore en silence.
(Réponse de Saint-Évremond à la lettre précédente.)

9. « Je passerai le chapitre de Mme Mazarin, comme celui des Rois, dans le silence d'une secrète adoration. » (*Ibidem*.)

portrait en disant qu'il est impossible de le bien faire, et en me donnant la liberté de me figurer des beautés et des grâces à ma fantaisie[1]. Si j'entreprends d'y toucher[2], vous défiez en son nom la vérité et la fable, et tout ce que l'imagination peut fournir d'idées agréables et propres à enchanter. Je vous ferois mal ma cour si je me laissois rebuter par telles[3] difficultés. Il faut vous représenter votre héroïne autant que l'on peut. Ce projet est un peu vaste pour un génie aussi[4] borné que le mien. L'entreprise vous conviendroit mieux qu'à moi, que l'on a cru jusqu'ici ne savoir représenter que des animaux. Toutefois, afin de vous plaire et pour rendre ce portrait le plus approchant qu'il sera possible, j'ai parcouru le pays des Muses, et n'y ai trouvé en effet que de vieilles expressions que vous dites que l'on méprise. De là j'ai passé au pays des Grâces, où je suis tombé dans le même inconvénient. Les Jeux et les Ris sont encore des galanteries rebattues[5], que vous connoissez beaucoup mieux que[6] je ne fais. Ainsi le mieux que je puis[7] faire est de dire tout simplement que rien ne manque à votre héroïne de ce qui plaît, et de ce qui plaît un peu trop.

Que vous dirai-je davantage ?
Hortense eut du Ciel en partage

1. « Travaillez, Monsieur, tout grand poète que vous êtes, à vous former une belle idée ; et, malgré l'effort de votre esprit, vous serez honteux de ce que vous aurez imaginé quand vous verrez une personne, etc. » (Réponse de Saint-Évremond citée.)
2. Si je suis si téméraire que d'y toucher. (Manuscrit M.-L.)
3. Par de telles. (*Ibidem.*)
4. Pour un esprit aussi. (*Ibidem.*)
5. Tome VI, p. 67 et note 1.
6. Sont encore des galanteries que vous connoissez mieux que. (Manuscrit M.-L.)
7. Que je puisse. (*Ibidem.*)

La grâce, la beauté, l'esprit ; ce n'est pas tout :
Les qualités du cœur ; ce n'est pas tout encore,
Pour mille autres appas le monde entier l'adore,
Depuis l'un jusqu'à l'autre bout.
L'Angleterre en ce point le dispute à la France :
Votre héroïne rend nos deux peuples rivaux.
O vous, le chef de ses dévots,
De ses dévots[1] à toute outrance,
Faites-nous l'éloge d'Hortense !
Je pourrois en charger le dieu du double mont ;
Mais j'aime mieux Saint-Évremond.

Que direz-vous d'un dessein qui m'est venu dans l'esprit ? Puisque vous voulez que la gloire de Mme Mazarin remplisse tout l'univers, et que je voudrois que celle de Mme de Bouillon allât au delà, ne dormons, ni vous ni moi, que nous n'ayons mis à fin une si belle entreprise. Faisons-nous chevaliers de la Table Ronde[2] : aussi bien est-ce en Angleterre que[3] cette chevalerie a commencé. Nous aurons deux tentes en notre équipage, et au haut de ces deux tentes les deux portraits des divinités que nous adorons[4].

1. Tome VII, p. 166 et note 2.
2. Ci-dessus, p. 219.
3. Comme vous voudriez que la gloire de Mme de Mazarin remplit l'univers, et que je ne suis pas moins bien intentionné pour Mme de Bouillon, quittons le silence respectueux, faisons-nous chevaliers de la Table Ronde : aussi bien c'est en Angleterre que. (Manuscrit M.-L.)

4.
Ici est le perron
D'amour loyale et bonne,
Où maint coup d'esperon
Et de glaiue se donne.
Ung cheualier royal
Y a dressé sa tente,
Et sert de cueur loyal
Une dame excellente, etc.

(MAROT, tome III, p. 65-66 ; *ibidem*, p. 106-107.)

A DIVERS.

Au passage d'un pont, ou sur le bord d'un bois,
Nos hérauts publieront ce ban à haute voix :
MARIANNE SANS PAIR, HORTENSE SANS SECONDE,
  VEULENT LES CŒURS DE TOUT LE MONDE [1].
Si vous en êtes cru, le parti le plus fort
  Penchera du côté d'Hortense ;
Si l'on m'en croit aussi, Marianne d'abord
  Doit faire incliner la balance.
Hortense ou Marianne, il faut y venir [2] tous ;
  Je n'en sais point de si profane
  Qui, d'Hortense évitant les coups,
  Ne cède à ceux de Marianne.
Il nous faudra prier Monsieur l'ambassadeur
  Que, sans égard à notre ardeur,
Il fasse le partage, à moins que des deux belles [3]
  Il ne puisse accorder les droits,
Lui dont l'esprit foisonne en adresses nouvelles
  Pour accorder ceux de deux rois.

Nous attendrons le retour des feuilles et celui de ma santé : autrement il me faudroit [4] chercher en litière les aventures. On m'appelleroit le chevalier du rhumatisme : nom qui, ce me semble, ne convient guère à un chevalier errant [5]. Autrefois, que toutes saisons m'étoient bonnes, je me serois embarqué sans raisonner.

Rien ne m'eût fait souffrir, et je crains toute chose ;
En ce point seulement je ressemble à l'Amour.
Vous savez qu'à sa mère il se plaignit un jour

1.   Cest endroict de forest
  Nul cheualier ne passe
  Sans confesser qu'elle est
  Des dames l'oultrepasse.
    (MAROT, tome III, p. 66.)
2. Il y faut venir. (Manuscrit M.-L.)
3. De deux belles. (*Ibidem.*)
4. De ma santé : il me faudroit. (*Ibidem.*)
5. Ne convient guère aux chevaliers errants. (*Ibidem.*) — Comparez tome IV, p. 437 et note 4.

Du pli d'une feuille de rose ;
Ce pli l'avoit blessé. Par quels cris forcenés
Auroit-il exprimé sa plainte
Si de mon rhumatisme il eût senti l'atteinte
Il eût été[1] puni de ceux qu'il a donnés[2].

C'est dommage que M. Waller nous ait quittés[3] ; il auroit été du voyage. Je ne devrois peut-être pas le faire entrer dans une lettre aussi peu sérieuse que celle-ci. Je crois toutefois être obligé de vous rendre compte de ce qui lui est arrivé au delà du fleuve d'Oubli. Vous regarderez cela comme un songe, si c'en peut être un[4] ; cependant la chose m'est demeurée dans l'esprit comme je vais vous la dire.

Les beaux esprits, les sages, les amants,
Sont en débat[5] dans les Champs Élysées :
Ils veulent tous en leurs départements
Waller pour hôte, ombre de mœurs aisées.
Pluton leur dit : « J'ai vos raisons pesées ;
Cet homme sut en quatre arts exceller :

1. Dans les *OEuvres diverses*, et dans le manuscrit M.-L., *Il eût été* est omis, *atteinte* suivi d'une virgule, et *donnés* d'un point d'interrogation.
2. Comparez l'ode d'Anacréon intitulée : *L'amour piqué d'une mouche à miel.*
3. Nous avons dit ci-dessus, p. 385, que Waller était mort le 21 octobre 1687. Voici en quels termes Saint-Évremond l'apprenait à la Fontaine : « M. Waller, dont nous regrettons la perte sensiblement, a poussé la vie et la vigueur de l'esprit jusqu'à l'âge de quatre-vingt-deux ans.

« Et, dans la douleur que m'apporte
Ce triste et malheureux trépas,
Je dirois en pleurant que toute Muse est morte,
Si la vôtre ne vivoit pas.
O vous, nouvel Orphée ! ô vous de qui la veine
Peut charmer des enfers la noire souveraine, etc. »

4. Et c'en est peut-être un. (Manuscrit M.-L.)
5. *Le Berceau*, vers 153. — En débats. (*OEuvres diverses.*)

Amour et vers, sagesse et beau parler ;
Lequel d'eux tous l'aura dans son domaine ? »
Sire Pluton[1], vous voilà bien en peine.
S'il possédoit ces quatre arts en effet,
Celui d'amour, c'est chose toute claire,
Doit l'emporter : car, quand il est parfait,
C'est un métier qui les autres fait faire[2].

J'en reviens à ce que vous dites de ma morale, et suis fort aise que vous ayez de moi l'opinion que vous en avez. Je ne suis pas moins ennemi que vous du faux air d'esprit que prend un libertin[3]. Quiconque l'affectera, je lui donnerai la palme du ridicule.

Rien ne m'engage à[4] faire un livre ;
Mais la raison m'oblige à vivre
En sage citoyen de ce vaste univers ;
Citoyen qui, voyant un monde si divers,
Rend à son auteur les hommages
Que méritent de tels ouvrages.
Ce devoir acquitté, les beaux vers, les doux sons,
Il est vrai, sont peu nécessaires :
Mais qui dira qu'ils soient contraires
A ces éternelles leçons ?

On peut goûter[5] la joie en diverses façons :
Au sein de ses amis répandre mille choses,
Et, recherchant de tout les effets et les causes,
A table, au bord d'un bois, le long d'un clair ruisseau,
Raisonner avec eux sur le bon, sur le beau,
Pourvu que ce dernier[6] se traite à la légère,
Et que la nymphe ou la bergère [7]

1. Si c'est Pluton. (Manuscrit M.-L.; faute évidente.)
2. Tome IV, p. 223 et note 7.
3. Ci-dessus, p. 403, note 1. — D'un faux air d'esprit que prendra un libertin. (Manuscrit M.-L.)
4. Rien ne m'oblige à. (*Ibidem.*) — 5. Tome VI, p. 303 et note 4.
6. Pourvu que le dernier. (Manuscrit M.-L.)
7. Tome V, p. 516 et note 9.

N'occupe notre esprit et nos yeux qu'en passant :
Le chemin du cœur est glissant[1].

Sage Saint-Évremond, le mieux est de m'en taire,
Et surtout n'être plus chroniqueur de Cythère,
　　Logeant dans mes vers[2] les Chloris,
　　Quand on les chasse de Paris.
　　On va faire embarquer ces belles ;
Elles s'en vont peupler l'Amérique d'Amours[3].
　　Que maint auteur puisse[4] avec elles
　　Passer la Ligne[5] pour toujours !
　　Ce seroit un heureux passage[6].

Ah ! si tu les suivois, tourment qu'à mes vieux jours
L'hiver de nos climats promet[7] pour apanage !
Crois-moi, triste tourment, consens à notre adieu ;
　　En ma faveur change de lieu[8],

1. Tome III, p. 49.
2. Logeant en mes vers. (Manuscrit M.-L.)
3. Dans le temps que M. de la Fontaine écrivit cette lettre, on fit enlever à Paris un grand nombre de courtisanes, qu'on envoya peupler l'Amérique. (Note de des Maizeaux.) — Sur ces enlèvements, très fréquents au XVII° siècle, surtout à partir du « double règlement » de Colbert, de 1684, applicable aux « femmes d'une débauche publique et scandaleuse », lequel aggravait encore les peines des ordonnances disant qu'elles seraient « rasées, brûlées (marquées d'un fer rouge), attachées au pilori, mises aux malaises », notamment l'ordonnance du lieutenant civil de la prévôté de Paris du 30 mars 1635, comparez *le Tocsin des filles d'amour*, par Turlupin et Pierre Dupuis, Paris, 1618, in-12 ; *les Regrets des filles de joie de Paris sur le sujet de leur bannissement*, Paris, 1620, in-8° ; *la Déroute et l'Adieu des filles de joie de la ville et faubourgs de Paris, avec leur nom, leur nombre, les particularités de leur prise, etc.*, s. l., 1668, in-12 ; et ci-dessus, p. 251-252. Voyez aussi Bussy Rabutin, *Amours des dames illustres de notre siècle*, Cologne, 1681, in-12, p. 374 ; et Saint-Amant, *le Poète crotté*, tome I, p. 227, de l'édition Livet.
4. Pût. (Manuscrit M.-L.) — 5. La Ligne équatoriale.
6. Ce vers manque dans le manuscrit de M. Marty-Laveaux.
7. Promit. (*Ibidem.*)
8. Dans l'édition de Saint-Évremond de Londres, 1709, et dans

Déloge enfin, ou dis que tu veux être cause
Que mes vers comme toi[1] deviennent malplaisants.
S'il ne tient qu'à ce point, bientôt l'effort des ans
Fera sans ton secours cette métamorphose;
De bonne heure il faudra s'y résoudre sans toi.
Sage Saint-Évremond, vous vous moquez de moi[2] :
De bonne heure ! est-ce un mot qui me convienne encore,
A moi qui tant de fois ai vu naître l'aurore[3],
Et de qui les soleils[4] se vont précipitant
Vers le moment fatal que je vois qui m'attend[5]?

Mme de la Sablière se tient extrêmement honorée de ce que vous vous êtes souvenu d'elle, et m'a prié de vous en remercier. J'espère que cela me tiendra lieu de recommandation auprès de vous, et que j'en obtiendrai[6] plus aisément l'honneur de votre amitié. Je vous la demande, Monsieur, et vous prie de croire que personne n'est plus véritablement que moi, votre, etc.[7].

A Paris, ce 18° décembre 1687.

le manuscrit M.-L., à la place de ces deux vers, on lit les trois qui suivent :

  Triste fils de Saturne, hôte obstiné d'un lieu,
  Rhumatisme, va-t'en ; suis-je ton héritage?
  Suis-je un prélat? Crois-moi, consens à notre adieu.

— Rapprochez la fable de *la Goutte et l'Araignée*.
1. Comme moi. (Manuscrit M.-L.)
2. Vous allez vous moquer de moi. — 3. Tome III, p. 158.
4. Les jours : tome VIII, p. 78 ; comparez ci-dessus, p. 185.
5.   …. En ce dernier jour de ma vie
  Qui penche déjà vers le soir.
      (RACAN, tome I, p. XII.)

6. De recommandation ; auprès de vous j'obtiendrai. (Manuscrit M.-L.)

7. Et vous prie de me croire votre très humble serviteur. (*Ibidem.*)

LETTRE XXIV[1].

AU PÈRE BOUHOURS[2].

[Paris, novembre ou décembre 1687.]

Mon révérend Père, sans un rhumatisme qui m'empêche presque de marcher et d'aller plus loin que la rue Saint-Honoré, j'aurois été vous remercier du plaisir que m'ont fait vos *Dialogues*[3]; tout y est bien remarqué et d'un goût exquis; tout y est parfaitement écrit, car vous êtes un de nos maîtres. Mme de la Sablière est aussi très satisfaite de cet ouvrage. Votre traduction sur les Quiétistes[4] est aussi de bonne main[5]; mais j'aurois voulu que vous eussiez employé votre talent sur une autre matière que celle-là, et ayant un autre original. Une chose qui est tout à fait de mon goût, simplement et élégamment écrite, et avec beaucoup de jugement, c'est

1. Ce billet a été donné d'abord en fac-similé, dans l'*Iconographie françoise* publiée par Delpech, d'après un original appartenant à M. Parison. — Voyez l'*Histoire de la Fontaine* par Walckenaer, tome II, p. 170.

2. Né à Paris en 1628, mort en 1702, le P. Bouhours fut chargé de l'éducation des princes de Longueville, et ensuite de celle du marquis de Seignelay, fils de Colbert. On lui doit, entre autres ouvrages, outre ceux qui sont cités plus bas : *Entretiens d'Ariste et Eugène* (1671), et *Doutes sur la langue françoise* (1674).

3. *La manière de bien penser dans les ouvrages d'esprit, Dialogues*, Paris, 1687, in-4°, achevés d'imprimer le dernier octobre de la même année.

4. Sa traduction anonyme et manuscrite de *la Guide spirituelle de Molinos* (Rome, 1685, Leipsig, même année), qui fut imprimée à Amsterdam, dans le « Recueil de diverses pièces concernant le Quiétisme et les Quiétistes » (1688, in-8°).

5. Ci-dessus, p. 239 et note 6.

l'éloge que vous avez fait du pauvre P. Rapin. Cela me plaît fort[1]. Je suis, mon révérend Père, votre très humble et très obéissant serviteur,

DE LA FONTAINE.

1. L'*Éloge du P. Rapin* par le P. Bouhours parut au mois de novembre 1687. « C'est, dit Bayle (tome III, p. 2433, de son Dictionnaire, article RAPIN), un écrit assez court et fort bien tourné. » Et il ajoute en note : « Son article dans le Supplément de Moréri est tiré de là. » Voyez un extrait de cet Éloge dans l'*Histoire des ouvrages des savants*, novembre 1687, p. 413 ; et Bussy Rabutin, lettres XXXI et XXXII de la IIe partie, et lettre CXXVIII de la IIIe.

LETTRE XXV[1].

A M. L'ABBÉ VERGIER.

A Bois-le-Vicomte[2].

C'est pitié, Monsieur, que de nous autres pauvres mortels[3]. Je trouve heureuse Mme d'Hervart de ne tenir de l'humaine condition qu'autant qu'il lui plaît. Nous ne lui ressemblons guère en cela, et avons beau nous munir de préservatif contre l'attaque[4] des passions, elles nous emportent à la première occasion qui se présente, comme si nous n'avions fait résolution aucune de leur résister. Voilà un commencement bien moral; je ne sais si la suite sera pareille.

Qu'avoit affaire[5] M. d'Hervart de s'attirer la visite qu'il eut dimanche? Que ne m'avertissoit-il[6]? Je lui aurois représenté la foiblesse du personnage, et lui aurois dit que son très humble serviteur étoit incapable de résister à une fille de quinze ans, qui a les yeux beaux, la peau délicate et blanche, les traits

---

1. Publiée pour la première fois dans les *OEuvres posthumes*, p. 133, insérée dans les *OEuvres diverses* de 1729, tome II, p. 124, cette lettre avait été déjà réimprimée dans les *OEuvres de Vergier*, 1727, tome II, p. 32, dont nous relevons les variantes; nous laissons de côté l'édition de 1726, qui est remplie de fautes. — Voyez Walckenaer, *Histoire de la Fontaine*, tome II, p. 190; et notre tome I, p. CLXVII-CLXIX.
2. Château et terre appartenant à M. d'Hervart, à une lieue de Mitry-Mory (Seine-et-Marne).
3. C'est pitié, Monsieur, que nous autres mortels. (1727.)
4. De préservatifs contre les attaques. (*Ibidem*.)
5. Qu'avoit à faire. (*Ibidem*.)
6. Et que ne m'avertissoit-il? (*Ibidem*.)

A DIVERS.

de visage d'un agrément infini, une bouche, et des regards[1].... Je vous en fais juge[2]; sans parler de quelques autres merveilles, sur lesquelles M. d'Hervart m'obligea de jeter la vue. Que ne me fit-il la description toute entière de Mlle de Beaulieu? Je serois parti avant le dîner; je ne me serois pas détourné de trois lieues comme je fis, ni n'aurois été comme un idiot me jeter dans Louvres[3], c'est-à-dire dans un village qui n'en est éloigné que d'un quart de lieue, plus loin[4] de Paris que n'en est le Bois-le-Vicomte. La pluie me fit arrêter près de deux heures à Auney. J'étois encore à cheval qu'il étoit près de dix heures[5]. Un laquais, le seul homme que je rencontrai, m'apprit de combien j'avois quitté la vraie route[6], et me remit[7] dans la voie en dépit de Mlle de Beaulieu, qui m'occupoit tellement que je ne songeois ni à l'heure ni au chemin. Mais cela ne servit de rien : il fallut gîter au village[9]. Vous voyez, Monsieur, que, sans la visite qu'elle nous fit[10], je n'aurois pas eu un gîte dont il plaise à Dieu vous préserver[11]. J'eus beau dire l'oraison de

1. « Vous m'avouerez bien, à votre honte, écrit Vergier à Mme d'Hervart (tome II de ses OEuvres, 1742, Supplément, p. 44), qu'il (la Fontaine) sera moins aise d'être avec vous que vous ne le serez de l'avoir, surtout si Mlle de Beaulieu vient vous rendre visite, et qu'il s'avise d'effaroucher sa jeunesse simple et modeste par ses naïvetés, par les petites façons qu'il emploie quand il veut caresser les jeunes filles, etc. »
2. Le juge. (1727.) — 3. Bourg à cinq lieues N.-E. de Paris.
4. Et plus loin. (Ibidem.) — 5. Dix heures du soir. (Ibidem.)
6. Notre poète avait, par distraction, en sortant de l'avenue de Bois-le-Vicomte, continué droit devant lui par un chemin de traverse qui, passant par Tremblay et Roissy, conduit à Louvres, au lieu de prendre, à gauche, la grande route qui mène à Paris.
7. Et il me remit. (1727.) — 8. Tome IV, p. 246 et note 1.
9. De rien : je ne pouvois gagner Paris qui étoit à quatre grandes lieues, et il fallut gîter au village. (1727.)
10. Qu'elle vous fit. (Ibidem.) — 11. De vous préserver. (Ibidem.)

saint Julien[1], Mlle de Beaulieu fut cause que je couchai dans un malheureux hameau. Elle m'a fait consumer trois ou quatre jours en distractions et en rêveries, dont on fait des contes par tout Paris. Vous conterez, s'il vous plaît, à la compagnie l'Iliade de mes malheurs[2]. Non que je veuille vous attrister[3]. Quand je le voudrois, on ne plaint guère les gens de mon âge qui retombent dans ces erreurs.

Ma lettre vous fera rire[4].
Je vous entends déjà dire :

1. Le patron des voyageurs : voyez tome IV, p. 235.
2. Elle me fait chanter, amoureuse Ménade,
Des combats de Paphos une longue Iliade.
(ANDRÉ CHÉNIER, élégie VIII du livre II, vers 63-64.)

— Vergier, dans sa réponse à cette lettre de la Fontaine, fait observer à celui-ci que ses malheurs constituent moins une Iliade qu'une Odyssée : « En parlant d'Ulysse, je fais réflexion que le titre d'Odyssée conviendroit peut-être mieux à vos aventures que celui d'Iliade que vous leur donnez. En effet les erreurs de ce héros ne me paroissent pas avoir peu de rapport avec votre voyage, et je ne trouverois qu'une différence entre Ulysse et vous :

« Ce héros s'exposa mille fois au trépas,
Il parcourut les mers, presque d'un bout à l'autre,
Pour chercher son épouse et revoir ses appas.
Quels périls ne courriez-vous pas
Pour vous éloigner de la vôtre?

« Mais la différence est petite, et il falloit bien que cette comparaison eût la destinée de toutes les autres, c'est-à-dire qu'elle clochât un peu. »
3. Vous attrister, tous tant que vous êtes. (1727.)
4. « N'en soyez point en peine, Monsieur, le récit de vos malheurs n'a point fait verser des larmes. On a eu là-dessus toute la fermeté que vous pouviez souhaiter; et il n'est pas jusqu'à Mme d'Hervart qui, toute bonne qu'elle est, n'en ait été fort divertie. Enfin tout le monde en a ri, et personne n'en a été surpris.

« .... Qu'en quittant cet objet dont vous êtes épris,
Sur le choix des chemins vous vous soyez mépris,
L'accident est encor moins rare :

« Cet homme n'est-il pas fou
Dans l'entreprise qu'il tente[1]?
Il est plus près du Pérou
Qu'il n'est du cœur d'Amarante. »

Vous aurez raison de parler[2] ainsi, j'en conviens.

Amarante est jeune et belle;
Je suis vieux[3] sans être beau,
Et vais pour quelque rebelle[4]
M'embarquer tout de nouveau[5].
Plus je songe[6] en mon cerveau
De combien peu d'apparence
Seroit pour moi l'espérance
De la toucher quelque jour,
Plus je vois que c'est folie
D'aimer fille[7] si jolie,
Sans être le dieu d'amour.

Hé! qui pourroit être surpris
Lorsque la Fontaine s'égare?
Tout le cours de ses ans n'est qu'un tissu d'erreurs,
Mais d'erreurs pleines de sagesse.
Les plaisirs l'y guident sans cesse
Par des chemins semés de fleurs....

« On s'étonne seulement, Monsieur, que vous ne vous soyez égaré que de trois lieues. Selon l'ordre vous deviez aller sur la même ligne, tant que terre et votre cheval auroient pu vous porter, et cette présence d'esprit doit vous justifier entièrement des distractions dont on vous accuse. » (Réponse, citée, de Vergier.)

1. Dans les *Œuvres de Vergier*, édition de 1727, le point d'interrogation est à la fin du vers précédent, et il y a une virgule à la fin de celui-ci.
2. D'en parler. (*Ibidem.*)
3. Quel âge est à couvert des traits de la beauté?
(Réponse de Vergier.)
4. Une rebelle. (1727.)
5. Tome VIII, p. 363 et note 1.
6. Plus je pense. (1727.)
7. D'aimer nymphe. (*Ibidem.*)

Amarante et le Printemps
Ont un air qui se ressemble[1] ;
Voici comme je prétends
Que l'on les compare ensemble :
Par les lis premièrement
J'entame ce parallèle[2],
Soupçonnant aucunement[3]
Ceux qu'Amarante recèle.
Je suis trompé si son sein
N'en est un plein magasin[4].
Le mal est que ce sont choses
Pour vous et moi lettres closes[5].
Nous sommes simples mortels :
Il faut offrir des autels
A ces lis ; nul diadème
N'est digne d'en approcher,
Bien moins encor d'y toucher,
Et crois que Jupiter même,
Tout Jupiter qu'il se dit,
N'en auroit pas le crédit,
Sans l'hymen et son attache.
Ces endroits délicieux
Pour nos mains et pour nos yeux[6]
Ne sont pas faits, que je sache.

Que ne suis-je de ces dieux
Nommés rois en ces bas lieux[7] !

1. *La Coupe enchantée*, vers 295 ; et ci-dessus, p. 74 :

   Le Printemps paroît moins jeune qu'elle.

2. Le parallèle. (1727.)
3. Et soupçonne aucunement. (*Ibidem.*) — Comparez, p. 106.
4. Épître IV, vers 18.
5. Ci-dessus, p. 372 et note 4.
6. Tome V, p. 148 :

   Quoi ! défendre les yeux ! c'est être trop sévère :
   Passe encor pour les mains. — Ah ! pour les mains, je cro
   Que vous riez.

7. Ci-dessus, p. 404, note 8.

Bientôt par moi ces deux titres,
A la belle dédiés,
Se verroient mis à ses pieds ;
Et vous, bientôt vous auriez
Le revenu[1] de deux mitres :
L'une est Saint-Germain-des-Prés ;
L'autre, Saint-Denis en France.
Voilà Votre Révérence
Ayant musique, où l'on va
Plus souvent qu'à l'Opéra.
L'on n'y reçoit que les bonnes
Et les honnêtes personnes ;
C'est à vous sagement fait.
Hélas ! ce n'est qu'un souhait :
Votre table est renversée,
Votre marmite[2] est cassée.
Peu chanceux[3], et vous et moi,
Nous n'avons eu de nos vies,
Moi, l'encolure d'un roi,
Ni vous, celle, en bonne foi,
D'un homme à deux abbayes[4].

Pour revenir à nos lis,
Ils sont relevés de roses ;
Ceux-là tout nouveaux[5] fleuris,
Celles-ci fraîches écloses.

1. Les revenus. (1727.) — 2. Page 207 et note 1.
3. Tome IV, p. 272 et note 4.
4. « Vous êtes le premier homme du monde pour les châteaux en Espagne....

« Tout indigne que je me sens
Des biens que m'ont donnés vos songes,
J'ai quelque temps abandonné mes sens
A de si doux et si plaisants mensonges.
Déjà mon esprit prévenu
De vos riches bienfaits régloit le revenu ;
Déjà, dressant des équipages,
Je me donnois jusqu'à des pages, etc. »
(Réponse de Vergier.)
5. Tel est bien le texte.

Ici la comparaison
De la nouvelle saison
Cloche un peu[1], je vous l'avoue;
Et la beauté que je loue
Par ces trésors[2] éclatants
Fait honte à ceux du Printemps.
Comment pourrois-je décrire
Des regards si gracieux?
Il semble, à voir son sourire,
Que l'Aurore ouvre les cieux[3].
Il faut aimer Amarante
D'une ardeur persévérante ;
Adieu, volages amours!
Selon l'objet, la constance :
Celui-ci, j'en ai croyance,
M'arrêtera pour toujours.
Si ceci plaît à la belle,
Dites-lui que les neuf Sœurs
Me font réserver pour elle
Encore d'autres douceurs[4].
Cette saison printanière
Ne sera pas la dernière
Des comparaisons qu'Amour
Va m'inspirer à la cour[5]
De cette jeune bergère.
Une autre fois, je l'espère,

1. Ci-dessus, p. 416, fin de la note 2, et p. 137 et note 2.
2. Ses trésors. (1727.)
3. Tome VII, p. 149 et note 2. — « Celle (la comparaison du Printemps (ci-dessus, p. 418) est charmante, et celle de l'Aurore est précieuse et riante au possible. Enfin l'une et l'autre sont telles qu'elles pourroient bien vous avoir fait des affaires : je me doute fort qu'une dame et une demoiselle qui sont ici ne les ont point regardées sans envie. » (Réponse de Vergier.)
4.   De pleins amas de douceurs.
                                         (1727.)
5. Dans les Œuvres de Vergier, on lit :

           Va m'inspirer à sa cour;

et, le sens étant complet, le vers suivant ne s'y trouve pas.

A DIVERS.

Je ferai, moyennant Dieu[1],
Quelque reine de Cythère
D'Amarante de Beaulieu.

Je n'ai pas besoin de vous exhorter à prendre la chose un peu moins tragiquement que ne le comporte mon aventure. Il me semble même que ces vers-là ne sont nullement tragiques. Vous pouvez vous moquer de moi tant qu'il vous plaira, je vous le permets; et, si cette jeune divinité qui est venue troubler mon repos y trouve un sujet de se divertir, je ne lui en saurai point mauvais gré[2]. A quoi servent les radoteurs, qu'à faire rire les jeunes filles? Si Mlle de Gouvernet[3] est encore au Bois-le-Vicomte, je vous conjure de lui dire, de ma part, que sa présence doit avoir fort embelli un lieu auquel je ne croyois pas qu'il se pût rien ajouter. Vous ornerez ce discours des choses les plus gracieuses que vous pourrez, et que vous jugerez les plus convenables à une personne que les grâces ne quittent point[4].

Adieu, Monsieur; je suis tout à vous[5].

A Paris, le 4° juin 1688.

1. Tome VII, p. 407 et note 1.
2. « J'ai fait voir votre lettre à Mlle de Beaulieu. Sa jeunesse et sa modestie ne lui ont pas permis de dire ce qu'elle en pensoit; mais je ne doute point que des douceurs si bien apprêtées ne l'aient touchée comme elles doivent. » (Réponse de Vergier.)
3. Ce qui suit sur Mlle de Gouvernet manque dans les *OEuvres posthumes* et dans les *OEuvres diverses*. — Madeleine-Sabine de la Tour de Gouvernet, que la Fontaine, trois ans plus tard, célébrera (ci-dessous, p. 461) sous le nom de Mme de Virville.
4. « Mlle de Gouvernet me charge de vous dire, Monsieur, qu'elle n'est fâchée de n'avoir pas toutes les grâces dont vous la louez que parce que ce défaut l'empêche de vous remercier comme vous le méritez. » (Réponse de Vergier.)
5. Voyez la Réponse (non datée), que nous venons plusieurs fois de citer, de l'abbé Vergier à cette lettre dans le tome II de ses OEuvres, p. 39, dans les *OEuvres posthumes*, p. 143, et dans les *OEuvres diverses* de 1729, tome II, p. 130.

LETTRE XXVI[1].

A MADAME ***.

[Octobre 1688.]

J'ai reçu, Madame, une lettre de vous, du 28° du passé, et vous avois écrit une seconde lettre où il n'y avoit remontrance aucune. Comme vous n'avez pas résolu de profiter de celles que je vous ai faites, je vous suis fort obligé de ce que vous me dispensez de vous en faire d'autres à l'avenir; c'est là tout à fait mon compte. Je n'ai nullement le caractère de Bastien le remontreur[2]: c'est un quolibet[3]. Cependant délivrez-moi le plus tôt que vous pourrez de l'inquiétude où je suis touchant le retour de votre époux; car je n'en dors point. Cela et mes rhumes me vont jeter dans une insomnie qui durera jusqu'à ce que vous soyez à Paris. Joignez à tous ces ennemis du sommeil (ceci est dit poétiquement) l'amitié violente que j'ai pour vous, et vous trouverez beaucoup de nuits où j'aurai le temps de m'occuper du souvenir de vos charmes, et de bâtir des châteaux. J'accepte, Madame, les perdrix, le vin de Champagne, et les poulardes, avec une chambre chez M. le marquis de Sablé,

1. Cette lettre a été publiée, pour la première fois, dans les *OEuvres posthumes*, p. 249, et insérée dans les *OEuvres diverses* de 1729, tome II, p. 164. — Sur la destinataire, Mme Ulrich (fille d'un des vingt-quatre violons de la musique du Roi), qui édita les *OEuvres posthumes*, voyez Walckenaer, *Histoire de la Fontaine*, tome II, p. 171-182; et notre tome I, p. CLXXIII-CLXXVI.

2. Comme Jean le querelleur, Jacques le têtu, François le raisonneur, Pierre le trembleur, etc., un de ces titres si répandus, aujourd'hui encore, d'historiettes et d'images enfantines.

3. C'est par plaisanterie que vous le dites.

pourvu que cette chambre soit à Paris. J'accepte aussi les honnêtetés, la bonne conversation, et la politesse de M. l'abbé de Servien, et de votre ami[1]. En un mot, j'accepte tout ce qui donne bien du plaisir; et vous en êtes toute pétrie. Mais j'en viens toujours à ce diable de mari, qui est pourtant un fort honnête homme. Ne nous laissons point[2] surprendre[3]. Je meurs de peur que nous ne le voyions, sans nous y attendre, comme le larron de l'Évangile[4]. Évitons cela, je vous en supplie, et si nous pouvons; car je ne suis pas un répondant trop sûr de son fait, non plus que Madame, dont je me suis porté pour caution envers un époux[5] qui est quelquefois un peu mutin[6]. Vous paierez de caresses pleines de charmes : mais moi, de quoi paierai-je? Adieu, Madame, aimez-moi toujours, et me maintenez dans les bonnes grâces des deux frères. Qui a tâté d'eux un

1. Louis-François Servien, marquis de Sablé, et l'abbé Augustin Servien, tous deux fils d'Abel Servien, surintendant des finances, « si connus tous deux, dit Saint-Simon (tome VIII, p. 45), par leurs étranges débauches, avec beaucoup d'esprit, et fort aimable et orné. » — C'est au marquis de Sablé que Mme Ulrich dédia les *OEuvres posthumes*.
2. C'est-à-dire « Ne vous laissez point » : la Fontaine ne pouvait alors être en faute puisque Mme Ulrich n'était pas à Paris, et qu'il ignorait même (ci-dessous, p. 425) le lieu de la retraite, évidemment galante, qu'elle faisait en ce moment-là ; mais il craint que le mari revienne, et ne la trouve pas au logis.
3.   La surprise du favori
          Est aimable;
     Mais celle du mari,
          C'est le diable.
            (*Je vous prends sans verd*, scène XVI.)

4. *Veniam ad te tanquam fur, et nescies qua hora veniam ad te.* (*Apocalypse*, chapitre III, verset 3.)
5. Le suédois Ulrich, maître d'hôtel du comte d'Auvergne.
6. Parce qu'il ne veut pas se laisser faire : comparez tome V, p. 398 et note 4.

moment sans plus ne s'en peut passer qu'avec une peine à laquelle je renonce de tout mon cœur.

J'ai vu Mlle Thérèse[1], qui m'a semblé d'une beauté et d'un teint au-dessus de toutes choses. Il n'y a que la fierté qui m'en choque. Ne vous êtes-vous pas aperçue que votre fille étoit une fière petite peste[2]? Je la verrai encore aujourd'hui, s'il plaît à Dieu.

Ne nous laissons pas surprendre, je vous en prie. Je m'informerai : mais qui diantre sait précisément quand on reviendra? Les jours vous sont des moments en la compagnie des deux frères, et ils me sont des semaines en votre absence. Ne vous étonnez donc pas si je crie si haut, et si je rebats[3] toujours une même note.

1. Fille de Mme Ulrich : le chagrin que lui causa la conduite de sa mère la détermina à se cloîtrer dans un couvent d'Évreux, où elle prit le voile, et où elle voulut même faire enfermer Mme Ulrich, en vertu d'une lettre de cachet. Mais l'abbesse refusa de recevoir une pensionnaire si décriée.
2. Ci-dessus, p. 184 et note 3.
3. Page 405 et note 5.

LETTRE XXVII[1].

A LA MÊME.

[Novembre 1688.]

J'ai reçu, Madame, une de vos lettres, qui est sans date. Elle est si pleine de tendresse à mon égard, et de toutes choses qui me doivent être infiniment agréables, que je voudrois en retenir une que je vous écrivis il y a dix jours, et qui ne vous a été envoyée que de samedi dernier. J'ai vu Mlle Thérèse depuis cela, non pour obéir à vos ordres, mais pour mon plaisir, et très grand plaisir. Elle avoit le plus beau teint que fille que j'aie vue de ma vie. Ne vous allez pas imaginer que nous nous laissions mourir de chagrin pendant votre absence. C'est une chose qui se dit toujours, et qui n'arrive jamais. Je suis au désespoir de vous avoir fait les remontrances que je vous ai faites[2] : non qu'elles ne soient raisonnables; mais votre lettre ne permet pas qu'on écoute la raison en façon du monde, et vous renverserez l'esprit de qui vous voudrez, et quand vous voudrez, fût-ce un philosophe du temps passé. Il me semble, par la vôtre, que vous ne voulez point de réponse : car vous dites que vous ne me marquez point le lieu où vous êtes. Cependant on vous y a envoyé ma lettre, et d'autres encore. On ne se sauroit imaginer une plus agréable compagnie que celle que vous avez[3]. Dieu vous la conserve, et ramenez-la au plus tôt, si vous m'en croyez, non que la campagne

---

1. Cette lettre a été publiée dans les *OEuvres posthumes*, p. 253, et dans les *OEuvres diverses* de 1729, tome II, p. 165.
2. Ci-dessus, p. 422. — 3. Que les deux Servien : p. 423.

doive finir tout à l'heure; mais, comme on dit que le prince d'Orange s'en retourne en Angleterre[1], nos princes et nos grands seigneurs pourroient bien s'en revenir au plus vite[2]. Je n'oserois m'étendre sur le chapitre qui vous a fait partir, et qui vous pourroit arrêter un peu trop longtemps; il me paroit, par la vôtre, que vous ne le souhaitez pas. Je verrai souvent Mlle votre fille, et penserai un peu plus souvent à vous, bien certain que, de votre part, vous n'avez garde de m'oublier.

1. Après avoir plusieurs fois parlé des préparatifs belliqueux du prince d'Orange, notamment aux dates des 11, 12, 17, 20, 22, 23, 26 octobre 1688, Dangeau écrit le 30 du même mois : « De Hollande on mande que M. le prince d'Orange et M. de Schomberg se sont embarqués sur un yacht. On ne sait si c'est pour visiter la flotte ou pour s'embarquer tout à fait. » C'était bien pour s'embarquer et passer en Angleterre; mais une violente tempête l'ayant rejeté, le même jour, 30, dans la Meuse, il dut se refaire à la hâte, repartit le 15 novembre, et le 22 Dangeau enregistrait sa descente à Exmouth, sous Exeter.

2. De la Flandre et des bords du Rhin pour aller au secours de Jacques II.

LETTRE XXVIII[1].

A S. A. S. MGR LE PRINCE DE CONTI.

[Juillet 1689.]

Monseigneur[2],

Dans le temps qu'on alloit juger le procès de Mlle de la F....[3], un de mes amis de province me pria de lui mander ce qui en arriveroit. Je crus que de

---

1. Cette lettre a été publiée, pour la première fois, dans les OEuvres diverses de 1729, tome II, p. 142. — Voyez Walckenaer, Histoire de la Fontaine, tome II, p. 205-216; et notre tome I, p. CLII-CLIII.
2. François-Louis, prince de Conti : ci-dessus, p. 373 et note 1.
3. Charlotte-Rose de Caumont de la Force, petite-fille de Jacques de la Force, maréchal de France. Il s'agit ici du procès intenté contre elle pour faire casser son mariage avec le fils du président Claude Briou; ce procès, qui dura deux ans, fut jugé définitivement, et sur appel, le 15 juillet 1689; le jugement fut tel que la Fontaine le rapporte dans cette lettre; le prêtre même qui avait célébré ce mariage fut poursuivi à la requête du procureur général. Mlle de la Force, qui s'est fait connaître par quelques poésies et par ses romans historiques, mourut à Paris en mars 1724, à l'âge de soixante-dix ans. — Voici les différentes mentions que, dans son *Journal*, Dangeau fait de cette aventure : « Mlle de la Force, fille de M. de Castelmoron, et qui autrefois étoit fille de la Reine, a épousé cette nuit, à l'hôtel d'Elbeuf, à Paris, le fils du président de Briou, qui est fort riche. » (7 juin 1687.) « Le président de Briou vint parler au Roi touchant le mariage de son fils, qu'il prétend nul; le Roi lui a répondu qu'il n'empêchoit point le cours de la justice, mais qu'il étoit fâcheux de rompre un mariage fait avec une fille de la qualité de Mlle de la Force. » (14 juin 1687.) « M. de Briou, qui avoit épousé, il y a quelques mois, Mlle de la Force, jadis fille de la Reine, a consenti que son père fît rompre son mariage, et par là sort de Saint-Lazare, où le président de Briou, son père,

lui écrire simplement le contenu de l'arrêt, et quelque chose de ce qu'auroient dit les avocats, ce seroit ne faire que ce qu'ont fait un nombre infini de gens qui ont informé de cette affaire tout le public. Je jugeai donc à propos de la mettre en vers. Je commence par une espèce de *lamentabile carmen*, à la manière des anciens; et, comme l'aventure est tragi-comique, je me laisse bientôt entraîner à ma façon d'écrire ordinaire. Voici la chose telle qu'elle est. Si je l'avois écrite pour Votre Altesse, j'aurois essayé de lui donner une forme un peu différente.

> Pleurez, citoyens de Paphos,
> Jeux et Ris, et tous leurs suppôts[1] :
> La F.... est enfin condamnée.
> Sur le fait de son hyménée
> On vient de la tympaniser[2];
> Elle n'a qu'à se disposer
> A faire une amitié nouvelle[3].
> Que le Ciel console la belle !
> Et puisse-t-elle incessamment
> Se pourvoir d'époux, ou d'amant,
> Lequel il lui plaira d'élire !
> Elle a de l'esprit, c'est tout dire ;
> Mais a-t-elle eu du jugement
> De manquer l'accommodement?
> B.... lui promettoit monnoie[4].

l'avoit fait enfermer. Elle ne s'appelle plus Mme de Briou. Le duc de la Force est venu ici parler au Roi pour cette créature, et le Roi a promis de lui être favorable. » (8 décembre 1687.) « Mme de Briou perdit son procès, et fut condamnée à l'amende; ainsi la voilà redevenue Mlle de la Force. » (15 juillet 1689.)

1. Ci-dessus, p. 332 et note 2.
2. Proprement de la « tambouriner », de publier l'arrêt, par les rues, au son du tambour. — Comparez le Molière de notre Collection, tome IX, p. 109 et note 1.
3. *Le Tableau*, vers 110 et note 4.
4. Le président Briou, on le voit, lui avait fait offrir une

Dos à dos la cour les renvoie,
Après que la chose a longtemps
Été tout d'un contraire sens.
L'arrêt, entre autres points, ordonne
Que tous d'eux paieront une aumône :
Mille francs la belle, et B..ou
Mille écus sans qu'il manque un sou.
D'intérêt pour l'état de fille
Violé dans telle famille,
Un seul denier ne se paiera :
Qui plus y mit, plus y perdra.

Pleurez, Amours, gens de Cythère :
Celle que Vénus, votre mère
Gratifioit de maints beaux dons,
Va passer des jours un peu longs.
La F.... a sa cause perdue,
Après s'être bien défendue
Par la bouche des avocats;
Et, je crois, en tout autre cas.
Ces messieurs ont dit des merveilles,
Qu'elle a de ses propres oreilles
Entendu[1] très distinctement;
Car elle étoit au jugement.
Et que diable alloit-elle y faire?
Étoit-ce chose nécessaire?
Falloit-il là montrer son nez?
Mille brocards se sont donnés,
Bons et mauvais, de toute espèce :
Quelques-uns emportant la pièce[2].

somme d'argent si elle voulait consentir à la rupture de son mariage : elle s'y était refusée.

1. Avec accord : *entendues*.
2. Chez Regnier, satire XII, vers 55 :

N'est-ce pas cet homme à la satire...?
Il emporte la pièce.

Chez Saint-Simon, tome VII, p. 288 : « C'étoit une meule toujours en l'air, qui faisoit fuir devant elle..., tantôt par des

Un des Cicérons de ce temps
Dit force traits assez plaisants.
L'avocat général lui-même [1],
Avec son sérieux extrême,
Allégua devant tout Paris
L'Écriture [2] et les cinq maris
Que gardoit la Samaritaine [3].
L'orateur de cour souveraine
Fit là-dessus claquer son fouet [4],
Savant en amour comme en droit.
C'est un dieu de sa connoissance.
Hé! pourquoi la Jurisprudence
Banniroit-elle cet enfant
Qui des Catons va triomphant [5]?
Voit-on qu'il épargne personne?
Il soumet jusqu'à la couronne,
J'entends la couronne des rois,
Et non celle de saint François [6].

Pleurez, habitants d'Amathonte :
La F...., non sans quelque honte,

insultes extrêmes, tantôt par des plaisanteries cruelles en face, et des chansons.... qui emportoient la pièce. »

1. Chrétien-François de Lamoignon (1644-1709), avocat général depuis 1673.

2. .... Alléguoit à la créature
Et la Légende et l'Écriture.
(*L'Anneau d'Hans Carvel*, vers 11-12.)

3. *Respondit mulier, et dixit :* « *Non habeo virum.* » *Dicit ei Jesu :* « *Bene dixisti, quia non habeo virum. Quinque enim viros habuisti; et nunc quem habes, non est tuus vir.* » (Saint Jean, chapitre IV, versets 17-18.)

4. « Il a quelque fierté, et jamais personne n'a plus fait claquer son fouet. » (TALLEMANT DES RÉAUX, tome IV, p. 133.)

— Et je faisois claquer mon fouet tout comme un autre.
(RACINE, *les Plaideurs*, vers 8.)

5. En gens coquets il change les Catons.
(*La Courtisane*, vers 4.)

6. La tonsure des Franciscains.

A vu rompre les doux liens
Qui lui promettoient de grands biens.
Doux liens? ma foi non, beau sire;
Sur ce sujet c'est assez rire :
Je soutiens et dis hautement
Que l'hymen est bon seulement
Pour les gens de certaines classes[1];
Je le souffre en ceux du haut rang,
Lorsque la noblesse du sang,
L'esprit, la douceur, et les grâces,
Sont joints au bien, et lit à part[2];
Il me faut plus à mon égard.
Et quoi? de l'argent sans affaire[3];
Ne me voir autre chose à faire,
Depuis le matin jusqu'au soir,
Que de suivre en tout mon vouloir,
Femme, de plus, assez prudente
Pour me servir de confidente;
Et, quand j'aurois tout à mon choix,
J'y songerois encor deux fois.

Je vous supplie, Monseigneur, que cet ouvrage, que je vous envoie seulement pour vous divertir, demeure *sub sigillo confessionis*. Je vous en fais part comme je ferois à mon confesseur, bien que cet emploi ne se donne guère à un prince du sang de votre âge. Votre Altesse empêchera, s'il lui plaît, que cet écrit ne passe en d'autres mains que les siennes; car Mlle de la F.... est fort affligée; il y auroit de l'inhumanité à rire d'une affaire qui la fait pleurer si amèrement. Que si vous voulez que ces vers soient vus des personnes de votre cour, je vous supplie que ce soit de ceux[4] qui

---

1. Pour tout ce passage et ce qui suit, voyez le conte de *la Coupe*, vers 234-235 et note 3; et notre tome I, p. XLII-XLIV.
2. *Le Muletier*, vers 45.
3. Tomes IV, p. 386, VII, p. 190, etc.
4. Tome VIII, p. 180 et note 1.

auront un peu de discrétion, et qui seront capables d'entrer sérieusement dans les déplaisirs d'une fille de ce nom-là [1].

[1]. Dangeau ne parle plus d'elle qu'une fois, et ce qu'il en dit confirme ce que l'on sait de la vie agitée qu'elle continua à mener après la rupture de son mariage : « Mlle de la Force, qu'on appelle communément Mme de Briou, et qui a une pension du Roi de 1000 écus, a ordre de se retirer dans un couvent hors de Paris, moyennant quoi on lui conservera sa pension. » (15 février 1697.)

LETTRE XXIX[1].

AU MÊME.

Monseigneur,

Je n'ai différé d'écrire à Votre Altesse Sérénissime que pour ne pas interrompre une attention qu'apparemment Elle donne à ce qui se passe le long du Rhin[2]. Cependant, comme votre esprit embrasse un nombre infini de choses tout à la fois, il n'est pas impossible que mon tribut ne soit reçu de vous favorablement, aux endroits du moins qui vous sembleront les plus dignes de vous attacher. Je souhaiterois que ce fussent ceux où je vous entretiendrai de vous-même. Si quelque peu d'amour-propre apportoit quelque tempérament à votre mérite aussi bien qu'à la délicatesse de votre goût, on entreprendroit quelquefois de vous louer; mais le trop d'esprit et la modestie vous font tort. Je trouve étrange que cette dernière veuille s'opposer aux éloges dont les autres vertus sont dignes, et qu'elle se fasse toujours valoir au préjudice de ses compagnes. Voilà sans mentir une contrainte qui est trop dure, et qui approche en

---

1. Cette lettre a été imprimée, pour la première fois, dans les *OEuvres posthumes*, p. 177, et insérée dans les *OEuvres diverses* de 1729, tome II, p. 134. — Voyez Walckenaer, *Histoire de la Fontaine*, tome II, p. 217-227; et notre tome I, p. CLIII.

2. Le prince de Conti servait alors comme volontaire dans l'armée du maréchal de Duras, sur le Rhin. Au début de la campagne, il avait, dit Dangeau (17 avril 1689), « prié Sa Majesté de se souvenir de la grâce qu'il lui avoit demandée de le faire servir de brigadier. » Le Roi lui avait répondu que cet emploi-là était au-dessous d'un homme de sa naissance, et qu'il allât volontaire dans l'armée où il croirait qu'il y eût plus de choses à voir.

quelque façon de la tyrannie. Je m'en plaindrai plus au long dans une lettre qui suivra de près celle-ci, et où j'ai résolu d'examiner, en académicien, le bien et le mal qu'il y a d'ordinaire dans nos louanges. Un plus habile que moi sauroit si bien apprêter l'encens¹ que vous auriez honte de le refuser. J'y emploierai quelque jour tout ce que j'ai d'art; et, en attendant, agréez un échantillon de celui que je destine à la princesse² que vous aimez, et qui vous a continuellement dans son souvenir.

> J'ai rang parmi les nourrissons³
> Qui sont chers aux doctes pucelles⁴,
> Et souvent j'ose en mes chansons
> Célébrer des rois et des belles.
>
> Cependant mon art est ici
> Bien au-dessous de la matière :
> Je n'entreprendrai pas aussi⁵
> De louer Bourbon tout entière.
>
> Elle plaît; il n'est point de cœurs
> Qui n'en rendent un témoignage.
> De ce don aux charmes vainqueurs
> Les Grâces font leur apanage.
>
> Bourbon sait sur nous exercer
> Une aimable et douce puissance;
> Elle ravit sans y penser :
> Que fait-elle lorsqu'elle y pense?
>
> En ses yeux un feu luit toujours,
> De qui toute âme est tributaire;

1. Tome VIII, p. 344 et note 3.
2. Marie-Thérèse de Bourbon, que le prince de Conti avait épousée le 29 juin 1688 : voyez *ibidem*, p. 453-457.
3. Ci-dessus, p. 126; et *passim*.
4. *Poème du Quinquina*, chant I, vers 51; et *Clymène*, vers 263.
5. Aussi n'entreprendrai-je pas.

A DIVERS.

Celui qui brille en ses discours
N'est pas moins assuré de plaire.

Je me souviens d'avoir écrit,
Fondé sur des raisons puissantes,
Que sans les beautés de l'esprit
Celles du corps sont languissantes[1] :

Celui-ci fait naître l'amour;
Mais l'autre empêche qu'il ne meure,
Surtout quand au même séjour
Une belle âme a sa demeure[2].

J'ai cité Bourbon à propos :
Joignez tout ce mérite insigne;
Il n'est déesse ni héros
Qui de notre encens soit si digne.

Je ne devois pas commencer ma lettre par un sujet auprès duquel tout le reste vous semblera mériter très peu cette attention que je vous demande. Sans m'arrêter à aucun arrangement, non plus que faisoit Montaigne, je passe de l'hôtel de Conti[3] aux affaires de delà les monts[4], c'est-à-dire d'une princesse extrêmement vive à un pape qui va mourir[5].

1. Nous trouvons la proposition inverse dans la seconde lettre à sa femme, ci-dessus, p. 227; et *passim*.
2. Comparez les « beaux corps, hôtes d'une belle âme », au vers 4 de la fable II du livre VII.
3. Situé sur le quai qui depuis a pris le nom de quai Conti, entre le Pont Neuf et la porte de Nesle, sur l'emplacement qu'occupe actuellement l'hôtel des Monnaies.
4. Tome V, p. 160.
5. Benoît Odescalchi, ou Innocent XI, élu pape le 11 septembre 1676, mort le 12 août 1689; mais la nouvelle de cette mort n'était encore parvenue ni à Paris ni à la cour, car Dangeau écrit, le 18, le même jour par conséquent que la Fontaine : « Le Roi nous dit, à son lever, qu'il lui étoit arrivé un courrier du cardinal d'Estrées, qui lui mande que, le 10 de ce mois, le Pape étoit à l'extrémité, prêt à recevoir l'extrême onction, et que les médecins disoient qu'il n'iroit tout au plus qu'à la fin de la lune,

Pour nouvelles de l'Italie,
Le Pape empire tous les jours :
Expliquez, Seigneur, ce discours
Du côté de la maladie ;
Car aucun saint-père autrement
Ne doit empirer nullement.
Celui-ci véritablement
N'est envers nous ni saint ni père ;
Nos soins, de l'erreur triomphants,
Ne font qu'augmenter sa colère
Contre l'aîné de ses enfants[1].
Sa santé toujours diminue ;
L'avenir m'est chose inconnue,
Et je n'en parle qu'à tâtons ;
Mais les gens de delà les monts
Auront bientôt pleuré cet homme[2] :
Car il défend les Jeannetons[3],
Chose très nécessaire à Rome.

qui est le 15. » Le courrier des cardinaux, porteur de la dépêche officielle, n'arriva que le mardi 23.

1. Le roi de France. — La Fontaine se fait ici l'écho des colères suscitées en France par les blâmes, si courageux, qu'Innocent XI n'avait cessé d'infliger à Louis XIV pour sa conduite cruelle envers les protestants. Tout le clergé semblait insurgé contre le Pape ; et le chanoine Maucroix, ami de notre poète, était l'un des prêtres qui avaient signé les violentes déclarations, qui, sous le nom d'*Actes de l'assemblée générale du clergé de France en 1682*, avaient été envoyées au souverain pontife.

2. Il fut au contraire universellement et justement regretté, excepté par la France, qui s'était opposée à sa nomination. Le peuple de Rome se disputa ses reliques.

3. Ci-dessus, p. 295 et note 1. — Il interdisait les filles de joie, ou du moins les mauvais lieux. Vaincus dans leurs essais de lutte contre la prostitution, les papes durent bientôt ne songer qu'à la réglementer, à l'endiguer. C'est sous Benoît IX (1033-1048) que furent établis à Rome les premiers lupanars. Sous Paul IV (1555-1559), ils étaient devenus si nombreux, et le théâtre de tant de désordres, que Paul, dans ses *Statuta et novæ reformationes urbis Romæ* (Rome, 1558, in-fol.), prit à leur sujet d'énergiques mesures. Mais elles arrêtèrent si peu le mal que, pour se procurer

Comme il ne coûte rien d'appeler les choses par noms honorables[1], et que les nymphes[2] de delà les monts, les bergers même, pourroient s'offenser de celui-ci, je leur dirai que j'ai voulu d'abord les qualifier de Chloris; mais ma rime m'a fait choisir l'autre nom, que j'avois déjà consacré à ces sujets-là. Les registres du Parnasse ont un cérémonial où il y en a pour tous les degrés et pour tous les âges[3]. Je ne m'arrête point à cela, et ne prends pas garde de si près à la distribution de ces dignités, que je donne fort souvent par caprice, ou pour une considération fort légère.

> Je me contente à moins qu'Horace :
> Quand l'objet en mon cœur a place,
> Et qu'à mes yeux il est joli,
> *Do nomen quodlibet illi*[4].

Horace les avoit ennoblies auparavant; mais ce privilège ne m'appartient pas.

Après vous avoir parlé de l'Italie, je viens, Monseigneur, à ce qui concerne l'Angleterre[5].

---

indirectement un partage de bénéfices, le pape Clément X (1670-1676), prédécesseur d'Innocent XI, ordonna, sans parquer les femmes publiques, à l'exemple de la Hollande, dans une sorte de vaste communauté exploitée par l'État, qu'aucune d'elles ne pourrait disposer de ses biens par testament ou donation qu'en abandonnant la moitié de sa fortune au couvent de Sainte-Marie-de-la-Pénitence.

1. Les reines des étangs, grenouilles veux-je dire
    (Car que coûte-t-il d'appeler
    Les choses par noms honorables?)....
    (*Le Soleil et les Grenouilles*, vers 6-8 et note 7.)

2. Ci-dessus, p. 409 et note 7.

3. Pages 381-382. — 4. Tome V, p. 341 et note 4.

5. Dans la contrefaçon faite en Hollande des *OEuvres posthumes de la Fontaine*, 1696, p. 184, on a supprimé *l'Angleterre*, et mis : « à ce qui concerne les autres pays ». On a de plus retranché les dix-sept premiers vers qui suivent, et l'on y a substitué cette

Halifax, Bentinck, et Denbi [1],
N'ont qu'à chercher quelque alibi
Pour justifier leur conduite ;
Quoi qu'en puisse dire la suite,
C'est un très mauvais incident.
Halifax [2] sembloit fort prudent ;
Denbi [3], je ne le connois guère ;
Bentinck [4] à son maître sut plaire :
Jusqu'à quel point, je n'en dis mot [5].

phrase : « On dit que le parlement d'Angleterre va faire une courte recherche de plusieurs particuliers qui se sont engraissés sous les règnes précédents, ou des dépouilles des malheureux, ou des revenus de la Couronne. » Ces changements prouvent que le prince d'Orange ne souffrait pas, pour ce qui le touchait, la liberté de la presse en Hollande. — La Convention (députés des communes et chambre des pairs réunis) lui avait donné, le jeudi 17 février, la couronne à lui et à sa femme, et ils avaient été proclamés souverains le 24 du même mois, ou le 13, vieux style. Cependant, par l'assistance de Louis XIV, le roi Jacques II, parti de Brest le 17 mars, était débarqué, le 30, à Kingsdal, en Irlande (*Dangeau*, tome II, p. 336, 340, 345, 357, 365, etc.).

1. *Bentin* et *Dombi* dans nos anciennes éditions.
2. Georges Saville, beau-père de Mme d'Eland (ci-dessus, p. 399, note 2), créé marquis d'Halifax par Charles II, fut successivement membre du conseil privé (1672), garde des sceaux (1682), et devint président du conseil à l'avènement de Jacques II (1685). Disgracié en 1686, il fut un de ceux qui contribuèrent le plus à mettre le prince d'Orange sur le trône.
3. Edmond Fielding, comte de Denbigh, qui aida de tout son pouvoir au renversement de Jacques II.
4. Jean-Guillaume, baron de Bentinck, né dans la province hollandaise d'Over-Yssel, entré au service de Guillaume d'Orange, comme page d'honneur, puis devenu gentilhomme de sa chambre, et envoyé par lui deux fois en Angleterre, avait été l'un des promoteurs de la révolution de 1688, et Guillaume, en récompense de ses services, l'avait créé conseiller privé, grand écuyer, pair, comte de Portland, etc. (1689). Il se retira des affaires après la mort de son maître, et mourut le 14 novembre 1709, âgé de soixante-deux ans.
5. Des bruits fâcheux couraient sur l'origine de son crédit : voyez le Chansonnier de Maurepas, à la Bibliothèque nationale,

A DIVERS.

S'il n'eût été qu'un jeune sot,
Comme sont tous les Ganymèdes [1],
On auroit enduré [2] de lui,
Et dans la pièce d'aujourd'hui
Bentinck feroit peu d'intermèdes ;
Mais prompt, habile, diligent
A saisir un certain argent,
Somme aux inspecteurs échappée,
Il a [3] du côté de l'épée [4]
Mis, ce dit-on, quelques deniers.
Après tout, est-il [5] des premiers
A qui pareille chose arrive ?
Ne faut-il pas que chacun vive ?
Cependant il a [6] quelque tort,
Si le gain est un peu trop fort,
Vu les Anglois et leurs coutumes.
Le proverbe est bon, selon moi,
Que, qui l'oue [7] a mangé du roi,
Cent ans après en rend les plumes [8].

ms. Fr. 12 690, p. 92 ; et la continuation de l'*Histoire d'Angleterre* de Rapin de Thoyras, la Haye, 1749, in-4°, tome XI, p. 467. Macaulay n'ajoute pas foi à ces accusations.

1. Tome V, p. 173 et note 1.

— .... Qu'èntre eux ils pratiquassent l'art
De l'impudique Ganymède.
(*Les Vertus et les Propriétés des Mignons*, dans les Variétés historiques et littéraires, tome VII, p. 335.)

2. Au vers 224 du fragment d'*Achille* (tome VII, p. 609) :
Endurez, j'y consens.

3. Ils ont. (Contrefaçon de Hollande.)
4. Dans sa poche.
5. Sont-ils. (*Ibidem.*) — 6. Ils ont. (*Ibidem.*)
7. On disoit l'*oue* pour dire l'*oie*, quand ce proverbe a été fait. (Note des *OEuvres posthumes* et des *OEuvres diverses*.)

— Mais endroit moy tu fais cygnes les oues.
(MAROT, *Rondeaux*, XXI.)

8. Dans Carloix, *Mémoires de la vie de François de Scepeaux* (livre I, chapitre XXXII) : « Qui mange de l'oye du roy, en cent ans

Manger celle du peuple anglois
Est plus dangereux mille fois.
Bentinck nous en saura que dire :
Je n'y vois pour lui point à rire;
On va lui barrer[1] bien et beau
Le chemin aux grandes fortunes.
Dieu me garde de feu et d'eau,
De mauvais vin dans un cadeau[2],
D'avoir rencontres importunes,
De liseur de vers sans répit,
De maîtresse ayant trop d'esprit[3],
Et de la chambre des communes!

Londonderry s'en va se rendre,
Voilà ce qu'on me vient d'apprendre :
Mais dans deux jours je m'attends bien
Qu'un bruit viendra qu'il n'en est rien[4].
J'ai même encor certain scrupule :
Ce siège est-il un siège, ou non?
Il ressemble à l'Ascension,
Qui n'avance ni ne recule.
Jacque aura monté sa pendule
Plus d'une fois avant qu'il ait
Tous ces rebelles à souhait.

il en rend la plume. » — La prescription était légalement acquise, autrefois comme aujourd'hui, au bout de trente ans, contre les réclamations des particuliers, mais elle ne pouvait l'être contre celles des agents du domaine royal qu'après un siècle révolu.

1. Dans la contrefaçon de Hollande :

> Ces gens nous en sauront que dire :
> Je n'y vois pour eux point à rire;
> On va leur barrer....

2. Dans une collation, un festin : tome VI, p. 99 et note 2.

3.
> Le trop d'esprit ne l'incommodoit point,
> De ce défaut on n'accusoit la belle.
> (*Le Faiseur d'oreilles*, vers 13-14.)

4. Jacques II échoua, en effet, devant cette place : voyez Dangeau, 16, 22, et 25 août 1689.

On leur a mené pères, mères,
Femmes, enfants, personnes chères,
Qu'on retient par force entassés
Comme moutons dans les fossés [1].
Cette troupe aux assiégés crie :
« Rendez-vous, sauvez-nous la vie ! »
Point de nouvelle. Au diantre l'un
Qui ne soit sourd [2]. Le bruit commun
Est qu'ils n'ont plus de quoi repaître [3] ;
A la clémence de leur maître
Ils se devroient abandonner.
Et puis allez-moi pardonner
A cette maudite canaille !
Les gens trop bons et trop dévots
Ne font bien souvent rien qui vaille :
Faut-il qu'un prince ait ces défauts [4] ?

C'est envoyer de l'eau à la mer que de vous écrire des réflexions. Ainsi je les laisse, pour vous assurer que je suis avec un profond respect,

Monseigneur,

de Votre Altesse Sérénissime, le très humble, très obéissant, et très fidèle serviteur.

A Paris, le 18e août 1689.

1. Le maréchal de Rosen avait donné l'ordre de rassembler tous les protestants des environs de Londonderry, et de les forcer à entrer dans la ville, afin de consommer plus promptement le peu qui restait de vivres. Cet ordre cruel fut révoqué par Jacques II : voyez ses *Mémoires*, tome IV, p. 120-121, Paris, 1825, in-8°.
2. Tome V, p. 305 et note 3.
3. *La Fiancée du roi de Garbe*, vers 439 et note 5. — La famine fut si grande que la chair de cheval, les chats, les chiens, et même les souris et les rats, se vendaient à très haut prix (*Mémoires de Jacques II*, ibidem, p. 121-122).
4. Tome III, p. 118.

LETTRE XXX[1].

A SON ALTESSE MGR LE DUC DE VENDÔME.

[Septembre] 1689.

Prince vaillant, humain, et sage,
Avouez-nous que l'assemblage
De ces trois bonnes qualités
Vaut mieux que trois principautés.
Force grands pensent d'autre sorte :
S'ils ont raison, je m'en rapporte[2] ;
Mais je soutiens encore un point,
C'est que souvent ils ne l'ont point.

Sans traiter ici cette affaire,
Comment, Seigneur, pouvez-vous faire?
Vous plaignez les peuples du Rhin[3].

1. Cette lettre a été publiée, pour la première fois, dans les *OEuvres posthumes*, p. 169, puis réimprimée dans les *OEuvres diverses* de 1729, tome II, p. 147. Walckenaer a donné les variantes d'une *Collection de pièces en vers et en prose, manuscrites et imprimées, sur la politique et la littérature, depuis 1690 jusques et y compris 1723*, appartenant au baron Benjamin Delessert. M. Pauly y a joint celles de deux manuscrits, l'un tiré des Papiers de Tallemant, l'autre, autographe, vendu, en mai 1875, par M. Étienne Charavay. — Voyez Walckenaer, *Histoire de la Fontaine*, tome II, p. 200-205; et notre tome I, p. CLXXVIII-CLXXX.

2. Tome V, p. 396 et note 4.

3. On y brûloit tout. (Note marginale de Tallemant.) — La Fontaine fait allusion au second incendie du Palatinat. Dangeau écrit, à la date du 3 juin 1689 : « On a fait brûler Spire, Worms, et Oppenheim.... On a fait avertir les habitants quelques jours auparavant, afin qu'ils aient le loisir de transporter leurs effets et leurs meubles les plus considérables. » Et, le 2 septembre suivant : « M. de Duras... est toujours au delà du Rhin, où il a fait ruiner Stolhofen et Offenbourg, et généralement tous les lieux fermés qui sont entre la montagne et la rivière. »

A DIVERS.

D'autre côté, le souverain
Et l'intérêt de votre gloire
Vous font courir à la victoire ;
Vous n'aimez que guerre et combats,
Même au sang trouvez des appas¹.
Rarement voit-on, ce me semble,
Guerre et pitié loger ensemble.
Aurions-nous des hôtes plus doux,
Si l'Allemagne entroit chez nous ?
J'aime mieux les Turcs en campagne
Que de voir nos vins de Champagne
Profanés par des Allemands² :
Ces gens ont des hanaps³ trop grands ;
Notre nectar veut d'autres verres⁴.
En un mot, gardez qu'en nos terres
Le chemin ne leur soit ouvert :
Ils nous pourroient prendre sans verd⁵.

1. Mars est dur ; ce dieu des combats
    Même au sang trouve des appas.

(*Recueil.*)

Dans l'autographe : « trouve au sang même » ; dans la copie de Tallemant : « trouve au carnage ».

2. Les Turcs faisaient alors la guerre à l'empereur d'Allemagne, à l'instigation de la France. — « Les Allemands boiuent quasi egalement de tous vins auecques plaisir ; leur fin, c'est l'aualler plus que le gouster. » (MONTAIGNE, tome II, p. 17.) Comparez Marot, tome II, p. 72.

3. Grande tasse à boire, grand gobelet. — « .... Et quelqu'un l'admonesta à demie alaine d'ung grand hanap plein de vin vermeil. » (RABELAIS, tome I, p. 283.) « C'est une chose étrange qu'un homme... d'une mine si grave et si austère, après avoir philosophé tout le jour avec ses disciples, n'ait pas plus tôt bu sur le soir un grand hanap... que tous ses beaux discours s'en vont en fumée. » (PERROT D'ABLANCOURT, traduction des Dialogues de Lucien, Paris, 1687, in-12, tome I, p. 39.)

4. Vers dont semble s'être souvenu Alfred de Musset dans son *Rhin allemand, réponse à la chanson de Becker.*

5.   Ils croyoient nous prendre sans verd.

(*Recueil.*)

— Voyez tome VII, p. 559, la comédie : *Je vous prends sans verd.*

> Prendre sans verd notre monarque !
> Les conducteurs de cette barque
> Y perdroient bientôt leur latin[1].
> Lorraine eut le nez le plus fin[2];
> Il faut se lever plus matin[3]
> Que ne font beaucoup de ces princes,
> Pour pénétrer dans nos provinces.
> Je vois ces héros retournés
> Chez eux avec un pied de nez[4],
> Et le protecteur des rebelles[5]
> Le cul à terre entre deux selles[6];

1. Tome VI, p. 129 et note 3.
2. Le vieux duc de Lorraine avait pris Mayence le 8 septembre (la nouvelle n'en vint à Marly que le 14), et, quoique ce succès semblât plutôt dû aux intrigues de Louvois[a] qu'à la valeur des assiégeants, ce n'en était pas moins un très réel pour les princes ligués contre Louis XIV.
3. *La Gageure*, vers 9.
4.
> Prendre sans verd notre monarque !
> Il sait trop bien mener sa barque.
> Je vois ces héros retournés, etc.
>   (*Recueil*.)

— Le defendeur se retira chez luy, ou demeura par les chemins, s'il voulut, auec un pié de nez. » (Noel du Fail, tome I, p. 94.)

> Par bieu ie meurs si ie ne voy
> Monsieur auec un pié de nez.
>   (Remy Belleau, *la Recomnue*, acte V, scène v.)

> Il nous faisoit bon voir tous deux bien estonnez,
> Avant jour par la rue, avecq' un pied de nez.
>   (Regnier, satire XI, vers 363-364.)

Comparez Brantôme, tome III, p. 379 : « …. Et fallut aprez s'en retourner en France auec un nez de honte. »

5. Le prince d'Orange. (Note marginale de Tallemant.)
6. « Ne serois ie entre deux selles cul à terre ? » (Chastellain, *Chronique des ducs de Bourgogne*, Paris, 1827, in-8°, livre III, cha-

[a] « M. de Louvois fut fort accusé de la reddition de Mayence sur le point du secours, parce qu'il vouloit la guerre, et s'embarquer pour longtemps; aussi y avoit-il mis le marquis d'Uxelles, sa créature très confidente, qu'il sut bien tirer d'affaires auprès du Roi. » (Addition de Saint-Simon au *Journal de Dangeau*, tome II, p. 470.)

A DIVERS.

Et tout le parti protestant
Du saint-père en vain très content [1].

J'ai là-dessus un conte à faire;
L'autre jour, touchant cette affaire,
Le chevalier de Sillery [2],
En parlant de ce pape-ci [3],
Souhaitoit, pour la paix publique,
Qu'il se fût rendu catholique [4],
Et le roi Jacques huguenot :
Je trouve assez bon ce bon mot [5].

Louis a banni de la France
L'hérétique et très sotte engeance.
Il tenta sans beaucoup d'effort
Un si grand dessein dans l'abord :
Les esprits étoient plus dociles.
Notre Roi voyant quelques villes

pître LXVI.) « .... Se mettre follement, comme l'on dit, le cul entre deux selles. » (SAINT-SIMON, tome XV, p. 382.)

1. Ci-dessus, p. 436, note 1.
2. Carloman-Philogène Brûlart de Sillery, dont il est ici question, et auquel est adressée une lettre de la Fontaine (voyez ci-après, p. 465), était le septième des fils de Louis-Roger Brûlart, marquis de Sillery, et de Marie-Catherine de la Rochefoucauld, et par conséquent le neveu du duc de la Rochefoucauld, auteur des *Maximes*. Sillery, après avoir été capitaine de vaisseau, fut promu au grade de colonel d'infanterie du régiment de Conti, et devint en 1684 premier écuyer de ce prince, charge qu'il conserva jusqu'en janvier 1708. Le 31 mars 1719, il obtint le gouvernement d'Épernay, et mourut à Paris le 27 novembre 1727, âgé de soixante et onze ans.
3. *De ces choses-ci*, dans le *Recueil*, et dans la copie de Tallemant. — Quoique la lettre ne puisse être d'une date antérieure au mois de septembre (voyez p. 444 et note 2), il faut évidemment entendre par « ce pape-ci », le pape dont la Fontaine vient de parler, le pape défunt, Innocent XI, mort le 12 août précédent (ci-dessus, p. 435).
4. Que le Pape fût catholique.
(*Ibidem.*)
5. Ce mot est un assez bon mot.
(Manuscrit autographe.)

Sans peine à la foi se rangeant,
L'appétit lui vint en mangeant[1].
Les quolibets que je hasarde
Sentent un peu le corps de garde[2];
Ce style est bon en temps et lieu.
Une autre fois, moyennant Dieu[3],
Votre Altesse me verra mettre
Du françois plus fin dans ma lettre.

Cependant d'un soin obligeant
L'abbé[4] m'a promis quelque argent.
Amen! et le Ciel le conserve!
Apollon, ses chants, et sa verve,
Bacchus, et peut-être l'Amour,
L'occupent souvent tour à tour,

1. Les huit vers qui précèdent manquent dans le *Recueil* et dans l'autographe. — « Ne nous y trompons pas : l'expression dans ces vers est plaisante, mais le fond est admirablement vrai. Lisez l'histoire, voyez ce qu'a trouvé Louis XIV dans les premiers moments de la révocation de l'Édit de Nantes : l'empressement, la facilité, l'ardeur des conversions; on courait à l'envi, on se précipitait, les conversions arrivaient en masse, par milliers; il est vrai qu'en consultant les notes de Colbert, nous trouvons le prix de toutes ces conversions. Toute la France paraissait devoir se convertir :
L'appétit lui vint en mangeant!
Louis XIV a cru que c'était la chose du monde la plus simple et la plus naturelle, et que rien ne s'opposait à faire ainsi des catholiques, qui, au fond et réellement, ne l'étaient pas, car il leur manquait la sincérité et la foi. Le Pape avait raison de blâmer cette révocation; il parlait dans l'intérêt de la religion et de la France; et les beaux esprits de la France se moquaient du Pape. » (Saint-Marc Girardin, VI° leçon sténographiée.)

2. J'aime les sobriquets qu'un corps de garde impose.
(Ballade *sur le nom de Louis le Hardi*, ci-dessus, p. 42.)

3. Page 421 et note 1.

4. L'abbé de Chaulieu. — Qui a soin des affaires de la maison, où il y a bien des créanciers. (Note marginale de Tallemant.) — Ci-dessus, p. 212 : « Je me console
Si vers Noël l'abbé me tient parole, etc. »

A DIVERS.

Sans compter l'hydre créancière [1].
Quelque jour ce sera matière
Pour lui donner, avec raison,
Autant de têtes qu'à Typhon [2].
Il veut accroître ma chevance [3] :
Sur cet espoir, j'ai par avance
Quelques louis au vent jetés,
Dont je rends grâce à vos bontés.
Le reste ira sans point de faute
(Ou bien je compte sans mon hôte :
Le paillard m'a dit [4] aujourd'hui
Qu'il faut que je compte avec lui ;
Aimez-vous [5] cette parenthèse?),
Le reste ira, ne vous déplaise,
En vins, en joie, *et cætera* [6].
Ce mot-ci s'interprétera
Des Jeannetons [7], car les Clymènes
Aux vieilles gens sont inhumaines.

1. Pour cet emploi d'un substantif, comme adjectif féminin, comparez la « chancelière haquenée », ci-dessus, p. 325.
2. Typhon, un des dieux de l'Égypte, était représenté, entre autres formes, sous celle d'un géant aux cent têtes.
3. *Le Petit Chien*, vers 415. — Les *OEuvres posthumes* portent « accrocher ma chevance », ce qui n'offre point un sens satisfaisant.
4. Mon hôte m'a dit. (Manuscrit autographe.)
5. Goûtez-vous. (*Ibidem.*)
6. Telle est la leçon du *Recueil* et de l'autographe. Dans les *OEuvres posthumes* :

En.... *et cætera*.

Dans la copie de Tallemant et dans les *OEuvres diverses* :

En bas reliefs *et cætera* ;

bas reliefs est un jeu de mots sans doute. — Comparez Villon (p. 87), refrain de la ballade intitulée : *De bonne doctrine* :

Où en va l'acquest, que cuydez?
Tout aux tauernes et aux filles.

7. Ci-dessus, p. 436 et note 3.

.... Ils sont discrets pour les Hélènes,
Et muets pour les Jeannetons.
(MAUCROIX, tome I, p. 196.)

Je ne vous réponds pas qu'encor
Je n'emploie un peu de votre or
A payer la brune et la blonde[1];
Car tout peut aimer en ce monde[2].
Non que j'assemble tous les jours
Barbe fleurie[3] et les Amours.
Même dans peu votre finance[4]
Au sacrement de pénitence
A mon égard échappera[5].

1. Rapprochez la fin de la fable des *Deux Pigeons* qui a inspiré cette réflexion à Voltaire : « On croirait les deux derniers vers de cette fable d'un seigneur du bel air, d'un homme à grandes passions, d'un duc de Candale, d'un duc de Bellegarde. Cela ne s'accorde pas avec les Jeannetons de Jean de la Fontaine, qui demande quelques pistoles au duc de Vendôme et au paillard Chaulieu, pour attendrir en sa faveur les héroïnes du Pont Neuf. » (*Lettre de M. de la Visclède, etc.*)

2. Tout peut arriver en ce monde.
(*Recueil*, et manuscrit autographe.)

3. Blanche, fleurie comme l'aubépine. C'est une bien vieille locution : on connaît Charlemagne, « Carles le vielz, à la barbe flurie » (*la Chanson de Roland*, strophe 77).

— La barbe auoit blanche et florie.
(BENOIST, *Chronique des ducs de Normandie*, vers 14 936, édition Francisque Michel.)

Toute sa teste estoit chenue
Et blanche cum s'el fust florie.
(*Le Roman de la rose*, vers 346-347.)

4. Tome VI, p. 113 et note 4.
5. C'est-à-dire : Dans peu vous n'aurez plus à vous repentir, proprement à vous confesser, de m'avoir donné de l'or. — Au lieu des six derniers vers, on lit ceux-ci dans le *Recueil* :

On me dira que tous les jours
Barbe fleurie et les Amours
Ne seront pas d'intelligence :
J'en conviens; mais votre finance,
Pour cela, ne croupira pas ;
N'en soyez pas dans l'embarras.

Même variante dans le manuscrit autographe, sauf les mots « ne conspire » au lieu de « ne croupira », et « point », au lieu de « pas » au dernier vers.

A DIVERS.

Pour nouvelles de par-deçà[1],
Nous faisons au Temple merveilles.
L'autre jour on but vingt bouteilles;
Renier[2] en fut l'architriclin[3].
La nuit étant sur son déclin,
Lorsque j'eus vidé mainte coupe,
Lanjamet[4], aussi de la troupe,

---

1. « La société du Temple était un des centres d'opposition... contre Louis XIV. Et comment se marquait cette opposition? Elle n'était ni bien austère, ni bien rigoureuse. A côté de Louis XIV, qui était revenu au respect des bonnes mœurs et de la religion, comment la société du Temple faisait-elle de l'opposition? En prenant un genre de vie complètement opposé; de cette façon il y avait un double profit : le plaisir et la popularité. La Fontaine était naturellement appelé par son caractère comme par ses mœurs au milieu de cette société, et nous allons voir comment il l'a peinte :

« Pour nouvelles de par-deçà, etc. »
(SAINT-MARC GIRARDIN, leçon citée.)

2. Sur ce Renier, élève de Lulli, ancien page de la musique du Roi, logé au Temple avec mille francs de pension et carrosse, et mort, en 1725, chez le grand prieur, voyez notre tome I, p. CLXXIX et note 3. — Un garçon qui chante fort bien et qui est à M. de Vendôme. (Note marginale de Tallemant.)

3. L'ordonnateur du festin, *architriclinus :* voyez Villon (p. 69), qui fait de ce mot le nom même de l'époux, du maître de maison aux noces de Cana ; et le Dictionnaire de du Cange.

— Je m'érige aux repas en maître architriclin,
Je suis le chansonnier et l'âme du festin.
(REGNARD, *le Joueur*, acte III, scène IX.)

.... Et le nom
De notre cher architriclin
Rime au bon vin.
(CHAULIEU, *Chansons*, VIII.)

4. Il est fait mention de Lanjamet, ancien lieutenant aux gardes, dans un noël satirique composé vers ce temps contre les personnages de la cour (*Recueil manuscrit de chansons critiques et historiques*, cité par Walckenaer, tome III, p. 339) :

Dans la divine étable

Me ramena dans mon manoir.
Je lui donnai, non le bonsoir,
Mais le bonjour : la blonde Aurore[1],
En quittant le rivage maure,
Nous avoit à table trouvés,
Nos verres nets et bien lavés,
Mais nos yeux étant un peu troubles,
Sans pourtant voir les objets doubles.
Jusqu'au point du jour on chanta,
On but, on rit[2], on disputa.
On raisonna sur les nouvelles ;
Chacun en dit, et des plus belles.
Le grand prieur[3] eut plus d'esprit
Qu'aucun de nous sans contredit[4] :
J'admirai son sens ; il fit rage[5] ;
Mais, malgré tout son beau langage
Qu'on étoit ravi d'écouter,
Nul ne s'abstint de contester.
Je dois tout respect aux Vendômes ;
Mais j'irois en d'autres royaumes,

Apparut Lanjamet,
Ayant un air capable
Et nez de perroquet ;
Et, d'un ton de fausset
Commençant son ramage,
Fatigua le poupon, don, don,
Si fort qu'il ordonna, là, là,
Qu'on le remît en cage.

— Voyez son portrait dans Saint-Simon, tome VI, p. 7-9.

1. *La jeune Aurore*, dans le *Recueil* et dans l'autographe ; et, au vers suivant : *more*.

2. On rit, on but. (Manuscrit autographe.)

3. Le grand prieur Philippe de Vendôme, né le 23 août 1655, mort le 24 janvier 1727, frère du duc : il demeurait au palais du Temple, et c'est chez lui qu'avait eu lieu le festin dont parle notre poète. — Comparez l'épître que lui adressa Voltaire en l'année 1715.

4. Sans doute : c'était l'amphitryon !

5. Ci-dessus, p. 106 et note 2.

S'il leur falloit en ce moment [1]
Céder un ciron seulement.

Je finis ; et je vous souhaite
Une victoire très complète,
Chance à tous jeux, de la santé,
Non pas pour une éternité :
Je suis en mes vœux plus modeste;
Pourvu que la bonté céleste,
A vous, au grand prieur, à moi,
Donne cent ans de bon aloi [2],
Je serai content du partage.
Vous en méritez davantage;
Mais la raison d'un si beau lot
Ne se dit pas tout en un mot.

Ainsi je ferai fort bien de remettre la chose à une autre fois, et de finir cet écrit par une protestation solennelle d'être, autant que dureront ces cent ans de vie que la Parque me doit filer [3],

Monseigneur,

de Votre Altesse, le très humble, très obéissant,
et très fidèle serviteur.

1. A table, et le verre en main.

— S'il leur falloit pour un moment.
(Copie de Tallemant.)

2. Tome V, p. 320 et note 2. — Paul Lacroix (*OEuvres inédites*, p. 263) cite un autographe de la Fontaine, où ces douze derniers vers sont envoyés par l'auteur à un monsieur M..., avec ces mots :

A Chaûry, ce 29ᵉ avril.

Voici, Monsieur, ce qui a été perdu de l'Épître. Je vous fais mes très humbles baisemains, et suis votre très humble et très obéissant serviteur et poète.

DE LA FONTAINE.

3. Ci-dessus, p. 149.

LETTRE XXXI[1].

A S. A. S. MGR LE PRINCE DE CONTI.

[Octobre 1689.]

Monseigneur,

On m'a dit tant de fois que Votre Altesse Sérénissime étoit en chemin, et que mes lettres ne La trouveroient plus à l'armée[2], qu'enfin j'ai manqué l'occasion de faire partir celle-ci. En quelque lieu qu'elle vous soit présentée, je vous dirai, à mon ordinaire, que les choses nous paroissent suspendues, tant en Flandre qu'aux bords du Rhin; et, rien ne réveillant les esprits, il est arrivé un changement dans la robe et dans les finances, qui nous a donné matière de raisonner.

> On dormoit ici quand le Roi,
> Ayant ses raisons, et très sage,
> Parmi des gens d'un haut emploi
> A fait un vrai remu-ménage[3],
> Et mis Harlay premièrement
> A la tête du Parlement[4].

1. Cette lettre a été publiée, pour la première fois, dans les *OEuvres posthumes*, p. 204, puis réimprimée dans les *OEuvres diverses* de 1729, tome II, p. 153. — Voyez Walckenaer, *Histoire de la Fontaine*, tome II, p. 227-235; et notre tome I, p. CLIII.

2. Conti arriva, le 12 novembre, à Versailles, de l'armée du maréchal de Lorge (*Dangeau*, tome III, p. 24).

3. C'est encore l'orthographe de Richelet (1680). — Comparez Mme de Sévigné, tome VII, p. 70 : « le remue-ménage des évêques », *ibidem*, p. 263, et tome VIII, p. 407.

4. Nicolas Potier de Novion, qui falsifiait ses arrêts (Saint-Simon, tomes I, p. 135, III, p. 312), fut forcé de vendre sa charge à M. de Harlay. La nomination de celui-ci est du 20 septembre 1689 : il prêta serment le 2 octobre.

Il en est digne, et j'ose dire
Que Thémis en tout son empire
Trouveroit à peine aujourd'hui
Un oracle approchant de lui¹.
Ne plaidez qu'ayant bonne cause;
C'est maintenant la seule chose
Qui peut faire au gain du procès.
Vous contestez avec succès
Par-devant le dieu des alarmes,
Appuyé du seul droit des armes :
Harlay règle d'autres débats,
Où, je crois, vous n'excellez pas ;
Ni la grandeur, ni la vaillance,
Ne font incliner sa balance.
Son éloge entier iroit loin :
J'aime mieux garder avec soin
La loi que l'on se doit prescrire
D'être court, et ne pas tout dire.

Pour éviter donc la longueur,
Qui met les choses en langueur,
Pontchartrain² règle les finances.
Si jamais j'ai des ordonnances³,
Ce qui n'est pas près⁴ d'arriver,
Il saura du moins me sauver
Le chagrin d'une longue attente,
Et lira d'abord ma patente :
Homme n'est plus expéditif,

1. Voyez tome VIII, p. 347, la dédicace, à M. de Harlay, des *Ouvrages de prose et de poésie*.

2. Louis Phélypeaux, comte de Pontchartrain, né à Paris le 29 mars 1643, conseiller au Parlement le 11 février 1661, acheta, le 16 juin 1677, la charge de premier président du parlement de Bretagne; pourvu, grâce au contrôleur général le Peletier, d'une charge d'intendant des finances le 25 avril 1687, il devint contrôleur général lui-même le 20 septembre 1689.

3. *Ordonnance*, ordre, de la part du Roi, au trésorier de l'Épargne de donner une somme d'argent à une personne désignée.

4. *Prêt* dans les premières éditions.

Mieux instruit, ni plus inventif[1],
Talents aujourd'hui nécessaires.

La Briffe[2] est chargé des affaires
Du public et du souverain :
Au gré de tous il sut enfin
Débrouiller ce chaos de dettes
Qu'un maudit compteur avoit faites[3].
Ce n'est pas là le seul essai
Qui le rend successeur d'Harlay;
Ce poste, avec celui qu'il quitte,
Demandoit un ample mérite
Au sujet qu'on a placé là.
Hardi quiconque le suivra!
Non que Louis, par sa sagesse,
Ne puisse en conserver l'espèce ;
Tout le bien que j'ai dit d'autrui
Retombe à juste droit sur lui.

Comme j'étois près[4] de fermer ma lettre, on a écrit ici de Versailles que le Roi avoit donné la qualité de ministre à M. de Seignelay[5]. Je ne vois personne qui n'en témoigne beaucoup de joie.

1. Tome V, p. 540 et note 1.
2. Pierre Arnaud de la Briffe, fils d'un trésorier de France, conseiller au Parlement en 1674, maître des requêtes en 1676, et président au Grand Conseil en 1683, accepta l'intendance de Rouen en 1686, après la mort de sa femme, qui était fille du premier président de Novion, y servit pendant quatre mois, puis fit les fonctions de procureur général aux Grands Jours de Poitiers de 1688, et eut enfin, le 20 septembre 1689, la succession de M. de Harlay, procureur général au Parlement. Il mourut le 19 septembre 1700, à l'âge de cinquante et un ans.
3. C'est une allusion à l'affaire du trésorier des États de Bretagne, Harouys, dont la poursuite avait été confiée en 1688 à M. de la Briffe (Mme de Sévigné, tomes VIII, p. 151-152, IX, p. 300, etc.).
4. Premières éditions : *prêt.*
5. Jean-Baptiste Colbert, marquis de Seignelay, fils aîné du grand Colbert, naquit à Paris en 1651, fut ministre secrétaire

A DIVERS. 455

Il doit ce nouvel ornement
A son mérite seulement;
Ses soins, dignes que la Fortune
Avec eux veuille concourir,
Sauront bientôt partout offrir
L'abondance en ces lieux commune;
Sur les deux mers [1] nos matelots,
Quelque inconstants que soient les flots,
Sauront ménager pour nos voiles
L'aide des vents et des étoiles [2].
Ne doutez point qu'en son emploi
Redoublant ses soins et son zèle,
Sous la conduite de son Roi
Le nouveau ministre n'excelle.
N'avons-nous pas vu de nos bords
Une double flotte [3] réduite
Et se renfermer dans ses ports,
Mettant son salut dans sa fuite?
Le travail y croît, j'en conviens;
Mais tels maux en cour sont des biens,
Et Seignelay peut y suffire [4].

d'État au département de la marine le 6 septembre 1683, ministre d'État le 4 octobre 1689, et mourut le 3 novembre 1690. — Voyez la lettre de Mme de Maintenon à la comtesse de Saint-Géran, datée de Fontainebleau, 10 septembre 1683, tome II, p. 297 : « M. de Seignelay a voulu envahir tous les emplois de son père... : il a de l'esprit, mais peu de conduite; ses plaisirs passent toujours devant ses devoirs. Il a si fort exagéré les qualités et les services de son père qu'il a convaincu tout le monde qu'il n'étoit ni digne ni capable de le remplacer. »

1. Sur nos deux mers. (1729.)

2. Lorsque sur cette mer on vogue à pleines voiles,
    Qu'on croit avoir pour soi les vents et les étoiles....
            (Tome VIII, p. 357.)

3. Les flottes anglaise et hollandaise (août 1689). L'année suivante, le 10 juillet 1690, elles furent battues à la hauteur de Dieppe par Tourville.

4. Rappelons tout au moins qu'au mois de juillet 1689 il s'était rendu à Brest pour y hâter l'armement de nos flottes.

On le voit sur-le-champ écrire
Touchant des points très importants,
Mieux que moi, Seigneur, c'est peu dire :
Mieux qu'aucun écrivain du temps.

Pour passer à d'autres matières,
Vous saurez qu'on m'a dit naguères
Que cet hiver-ci l'opéra
A Rome se rétablira.
Cela me semble un bon augure
En la présente conjoncture,
Et commence à sentir la paix :
Je ne pense pas qu'elle échappe
Aux premiers soins du nouveau Pape.
Si le Saint-Esprit mit jamais
Quelqu'un au trône de saint Pierre
Pour qui le démon de la guerre
Eût de la crainte et du respect,
C'est Alexandre[1]; car, sans dire
Qu'à nul État il n'est suspect,
Il a tout ce que l'on desire,
Expérience, fermeté,
Justice, et sagesse profonde.
L'Olympe interpose au traité
La première tête du monde
En bon sens comme en dignité[2].
Dès à présent Sa Sainteté
S'en va cet ouvrage entreprendre.
O Paix ! ne te fais point attendre ;
Veux-tu que pour toi l'univers
Soupire encore deux hivers !
Fille du Ciel[3] et d'Alexandre,

1. Pierre Ottoboni, fils du grand chancelier de la république de Venise, fut élu pape, sous le nom d'Alexandre VIII, le 6 octobre 1689. Il était né le 10 avril 1610, et mourut le 1ᵉʳ février 1691.
2. « Ce pape-ci a beaucoup d'esprit : ainsi on espère qu'il songera à donner la paix à l'Europe et à soutenir la religion catholique. » (Dangeau, 18 octobre 1689.)
3. Tome VIII, p. 381.

Car je te garde tous ces noms,
Renvoie au Nord les aquilons;
Fais qu'avec eux Mars se retire[1],
Faisant place à Flore, à Zéphyre.
Citer ces dieux, me va-t-on dire,
En parlant du Pape est-il bien?
Non; mais l'art des poètes n'est rien,
Leurs discours n'ont beauté ni grâce,
Sans ce langage du Parnasse[2].
Qu'Apollon s'exprime en païen,
Trouve-t-on cela fort étrange?
Pour bannir pourtant ce mélange,
Et parler du Pape en chrétien[3],
Souhaitons que Dieu l'illumine,
Et que la Paix, par son moyen,
Vers les fidèles s'achemine,
Avec l'assistance divine
Qu'un jubilé procurera.
Dès que le poète lui verra
Réunir la chose publique,
D'ici sans peine il partira,
Et les vers on[4] entonnera
De Siméon dans son cantique[5];
Mais il veut vivre jusque-là.

1. Ci-dessus, p. 14.
2. Rapprochez Boileau, *Art poétique*, chant III, vers 167-192, 219-232, et *passim*.
3. Tome V, p. 445. — 4. Il. (*OEuvres diverses.*)
5. *Nunc dimittis servum tuum, Domine, secundum verbum tuum, in pace : quia viderunt oculi mei salutare tuum.* (Saint Luc, chapitre II, versets 29-30.) Marot a traduit en vers le cantique de Siméon (tome IV, p. 169) :

>Or laisse, Createur,
>En paix ton seruiteur
>Ensuiuant ta promesse :
>Puisque mes yeux ont eu
>Ce credit d'auoir veu
>De ton salut l'adresse.

Comparez Racan, version du même cantique, tome I, p. 394 :
Puis qu'avant de mourir l'Éternel a permis

Vous allez me faire encore une autre objection, elle est d'une nature à venir de vous : c'est que la France ne m'a pas donné charge de faire des vœux pour la paix avec tant d'empressement. Est-ce l'intérêt de la France qui vous fait aller braver les hasards, ou si c'est celui de votre gloire? Je ne démêle pas bien la chose. Peut-être même y va-t-il de votre plaisir; ce que je n'ose presque penser : *Nec tibi tam dira*[1] *cupido*[2]. Cependant vous autres héros seriez bien fâchés qu'on vous laissât vivre tranquillement. Comme si la vie n'étoit rien, et que sans elle la gloire fût quelque chose[3]! Vous croyez être demeurés au coin du feu, à moins que vous ne vous alliez brûler sur le mont Œta, de même que fit Hercule. Pour vous répondre sur tous ces points, je vous dirai que non pas la France, mais l'Europe entière, ne peut que perdre à une guerre comme celle-ci. Et à votre égard, Monseigneur, ne vous alarmez pas si tôt de ce mot de paix : elle est tellement difficile à faire, qu'il est malaisé qu'Alexandre VIIIe nous la donne dès son avènement au pontificat : *Eia! sudabit satis*[4]. Auquel cas j'ai dans l'esprit que plus vous auriez de part au projet, et mieux nous nous trouverions des assistances

  Que le Verbe incarné qu'il nous avoit promis
  Fasse luire à mes yeux ses merveilles célèbres,
  Je verrai sans regret mon âge qui s'enfuit
  Finir mon dernier jour dans la fatale nuit
  Dont jamais le matin ne chasse les ténèbres.

1. *Dura* dans le texte des *OEuvres posthumes.*
2. *Nec tibi regnandi veniat tam dira cupido.*
     (Virgile, *Géorgiques*, livre I, vers 37.)
3. Dans une épître au même prince (p. 197) :
  Conti méprisa trop la vie, etc.
4. *Jam id exploratum est. Eia! sudabis satis,*
 Si cum illo inceptas homine....
     (Térence, *Phormion*, acte IV, scène III.)

de la Fortune. Si Jupiter[1] recueilloit les voix (j'en reviens toujours à mon style poétique, et à quelque chose encore de plus chatouilleux : il n'est pas besoin que je m'explique ici davantage, vous voyez déjà où j'en veux venir), votre esprit et votre valeur auroient une ample matière de s'exercer[2]. Nous en parlions il y a deux jours, du Vivier[3] et moi. Il me pria de vous assurer de ses très humbles respects. Nous fîmes des vœux très particuliers en votre faveur. Ils n'étoient ouïs que de quelques idoles chinoises[4], et du Destin, qui apparemment les exaucera, car je n'y vois rien que de raisonnable. Pour peu que je vive encore, je pourrai vous entendre dire : *Et quorum pars magna fui*[5]. Ce seroit dommage que je mourusse avant l'accomplissement de ma prophétie : non qu'on eût besoin de moi pour célébrer votre gloire; mais j'exciterois à le faire les Malherbes et les Voitures. Y a-t-il encore au monde des Voitures et des Malherbes[6]? Bonnes gens, je ne vous puis voir, comme dit maître François[7] dans[8] son livre. Si je ne réponds de beaucoup de capacité pour ma part, je réponds au moins de beau-

---

1. Jupiter, c'est-à-dire Louis XIV, auprès duquel Conti n'était pas encore rentré en grâce.

2. Ainsi que dans la campagne précédente (ci-dessus, p. 433, note 2), le prince de Conti ne servait que comme volontaire. Voyez les *Mémoires* de Saint-Simon, tome IV, p. 137 et note 5, de l'édition de 1883.

3. Du Vivier, capitaine de galères, puis chef d'escadre, dont il est question dans le *Journal* de Dangeau (tomes II, p. 437, V, p. 124, etc.).

4. Rapportées sans doute par du Vivier de ses voyages.

5. Virgile, *Énéide*, livre II, vers 6.

6. Cette phrase manque dans les *Œuvres posthumes*.

7. « Gens de bien, Dieu vous saulue et guard! Où estes vous? Ie ne vous peux veoir. Attendez que ie chausse mes lunettes. » (RABELAIS, Nouveau Prologue du quart livre.)

8. De (*Œuvres posthumes;* faute évidente).

coup de zèle, étant avec autant de passion que de profondeur de respect,

Monseigneur,

de Votre Altesse Sérénissime, le très humble, très obéissant, et très fidèle serviteur.

LETTRE XXXII[1].

POUR MESDAMES D'HERVART, DE VIRVILLE, ET DE GOUVERNET.

AUX MUSES.

[1691.]

Intendantes du Parnasse,
Si de traits remplis de grâce
Vos faveurs ornent les vers
Dont j'entretiens l'univers,
Aujourd'hui je vous implore :
Donnez à ma voix encore
L'éclat et les mêmes sons
Qu'avoient jadis mes chansons.
Toute la cour d'Amathonte
Étant à Bois-le-Vicomte [2],
Muses, j'ai besoin de vous.
Venez donc de compagnie,
Par vos charmes les plus doux
Ressusciter mon génie [3].
Je sens qu'il va décliner;
C'est à vous de lui donner
Des forces toutes nouvelles,
Car je veux louer trois belles:
Je veux chanter haut et net

---

1. Cette lettre a été publiée, pour la première fois, par Walckenaer dans les *Nouvelles Œuvres diverses de la Fontaine et Poésies de François de Maucroix*, Paris, 1820, in-8°, p. 102, d'après l'original appartenant au baron Benjamin Delessert. — Voyez l'*Histoire de la Fontaine* de Walckenaer, tome II, p. 243-246; et notre tome I, p. CLXVII, et p. CLXX-CLXXI.

2. Page 414.

3. .... A moi qui tant de fois ai vu naître l'aurore,
Et de qui les soleils se vont précipitant
Vers le moment fatal que je vois qui m'attend.
(Lettre à Saint-Évremond, ci-dessus, p. 411.)

Virville[1], Hervart[2], Gouvernet[3].
J'en ferai mes trois déesses,
Leur donnant, à ma façon,
Et l'Amour pour compagnon,
Et les Grâces pour hôtesses.
J'y joindrai les menus dieux[4]
Qu'Hervart a pour satellites,
De leurs troupes favorites
S'accompagnant dans les lieux
Où Lulli règne et Molière.
Le sermon voit rarement
Une telle fourmilière[5];
Ce n'est pas leur élément :
Hervart alors congédie
Presque moitié de ces gens,
A Vénus, sa bonne amie,
Les prêtant pour quelque temps.
Tout en est plein dans l'ombrage
Qui n'eut jamais son pareil ;
Il n'est forêt ni bocage
Plus ennemis du soleil :
Dans ses réduits les moins sombres
Se cache aisément l'Amour ;
Sous l'épaisseur de leurs ombres
Je pourrois bien quelque jour
Laisser mon cœur en otage.
Le reste du composé
Est l'être le plus volage
Dont Dieu se soit avisé.

Comme il y a longtemps que vous vous mêlez de

1. Madeleine-Sabine de la Tour de Gouvernet, mariée à François-Joseph de Grolée, comte de Virville ou de Viriville (ci-dessus, p. 421), belle-sœur de Mme de Gouvernet.
2. Ci-dessus, p. 379 et note 2.
3. Esther Hervart, femme de Charles de la Tour, marquis de Gouvernet, mère de Mme d'Helang, et belle-sœur de notre Mme d'Hervart.
4. Les Plaisirs, les Ris, les Jeux. — 5. Tome V, p. 11 et note 1.

mes affaires, vous savez aussi bien que moi que ce que je dis est véritable. S'il étoit possible que vous fixassiez le mercure pour quelques jours, je me hasarderois d'aller trouver les personnes dont il s'agit; mais de demeurer tranquille à Bois-le-Vicomte pendant qu'on répétera à Paris mon opéra[1], c'est ce qu'il ne faut espérer d'aucun auteur, quelque sage qu'il puisse être. Je resterai donc en un lieu où je vais et viens comme bon me semble, et où je puis cacher ma marche quand il me plaît : ce sera autant de danger que j'éviterai. Toutes Muses que vous êtes, entreprendriez-vous de me préserver du péril à quoi je m'exposerois en m'allant enfermer dans un château où Mme d'Hervart et ses nièces[2] n'épargnent âme vivante, et me retiendroient par enchantement, contre tout droit d'hospitalité? Que deviendrois-je avec mon humeur volage, et qui ne sauroit souffrir nul attachement? Il me siéroit bien de faire là le passionné et le chevalier errant, moi qui ne serois pas reçu écuyer du moindre des héros de tous les livres d'Amadis[3].

> Oh! si j'avois un empire,
> Si j'étois roi du Pérou!...
> Je vois qu'Hervart me va dire :
> « Votre souhait est bien fou.
> Si vous aviez des couronnes,
> Eh bien! qu'est-ce que cela?
> Feriez-vous de nos personnes
> La conquête à ce prix-là?
> Vienne Jupiter lui-même,
> Et le dieu qui fait qu'on aime :
> Ayant pour eux le Destin,
> Ils y perdront leur latin[4]. »

1. Son opéra d'*Astrée*.
2. Mme d'Helang, fille de la marquise de Gouvernet, la seule des nièces de Mme d'Hervart qui soit nommée dans ces lettres, et sa sœur Antoinette.
3. Ci-dessus, p. 191. — 4. Page 444 et note 1.

Pour vous récompenser de vos vœux et vous payer de votre monnoie, voici ce qui vient de me venir dans la pensée :

> Oh ! si le dieu du Parnasse
> Avoit inspiré Colasse[1]
> Comme l'on dit qu'il a fait,
> La chose iroit à souhait.
> Selon toutes les merveilles
> Qu'on en dit présentement,
> Les yeux n'auroient nullement
> A se moquer des oreilles.

1. Pascal Colasse, compositeur de la musique de l'opéra d'*Astrée*. Voyez nos tomes I, p. CXLI, VII, p. 507-508.

LETTRE XXXIII[1].

A M. LE CHEVALIER DE SILLERY[2].

Ce 28° août 1692.

Jamais nos combattants n'ont été si hardis :
Nos moindres fantassins sont autant d'Amadis.
La présence du Roi, ses ordres, son exemple....
Quel Roi ! c'est aux neuf Sœurs de lui bâtir un temple :
Mon art ne suffit pas pour de si hauts projets[3].
Les soins, dis-je, du prince animant ses sujets, [Flandre,
On prend des murs. Quels murs ! vrais remparts de la
Qu'un autre que Louis seroit dix ans à prendre[4].
Ah ! si le Ciel vouloit que nous eussions le tout !
Quel pays ! vous voyez ses défenseurs à bout.

1. Cette lettre a été imprimée, pour la première fois, dans les *OEuvres posthumes*, p. 257, puis réimprimée dans les *OEuvres diverses* de 1729, tome II, p. 161 ; Walckenaer l'a donnée, d'après un autographe, dans les *Nouvelles OEuvres diverses de la Fontaine, etc.*, p. 97. — Voyez son *Histoire de la Fontaine*, tome II, p. 250 ; et notre tome I, p. cliii.
2. Page 445 et note 2. — 3. Tome III, p. 177 et note 17.
4. Louis XIV, arrivé le 26 mai devant la place, prit Namur le 5 juin 1692. Le château se rendit le 30.

— Qu'en coûte la conquête aux armes de ce prince ?
Dix jours. Qui le croira ? Celui qui le connoît.
(Tome VIII, p. 500.)

Où sont ces Ilions qui coûtoient dix années ?
Limbourg, après dix jours, tomba sous notre fer.
(*Ibidem*, p. 502.)

— Comparez l'ode célèbre de Boileau ; la relation attribuée à Racine (tome V de ses OEuvres, p. 312-348) ; une pièce sur la prise de Namur dans les manuscrits Trallage, à l'Arsenal, vol. 6541, fol. 397 ; et une chanson sur le même sujet dans *la Fille de bon sens* de Palaprat (novembre 1692), acte II, scène III.

LETTRES.

Je n'en dirai pas plus : notre Roi n'aime guères
Qu'on raisonne sur ces matières[1].

Voilà bien des *quels* entassés les uns sur les autres, et une figure bien répétée ; si faut-il pourtant l'employer encore sur ce qui regarde Monsieur le Duc[2].

Quel prince! Nous savons qu'il s'est trouvé partout;
Que, dédaignant le bruit d'une valeur commune,
  Il s'est distingué jusqu'au bout ;
Que Francœur, Jolicœur, Jolibois, la Fortune[3],
Grenadiers, gens sans peur, vrais suppôts[4] de Césars,
Avec moins de plaisir s'exposent aux hasards.

Tel on voit qu'un lion, roi de l'ardente plage[5],
  De sang et de meurtre altéré,
Porte sur les chasseurs un regard assuré,
  Et se tient fier d'être entouré
  De mille marques de carnage[6].
Je change en cet endroit de style et de langage ;
Ne vous semble-t-il pas que je m'en suis tiré
Ainsi qu'un voyageur en des bois égaré?
  Il faut reprendre nos brisées :
Les Muses ne sont pas sur ce prince épuisées.

1. Tome VII, p. 513 et note 5.
2. Louis de Bourbon, III° du nom, né à Paris le 11 octobre 1668, prince de Condé le 1ᵉʳ avril 1709, après la mort de son père Henri-Jules de Bourbon, et mort lui-même à Paris le 4 mars 1710. Il avait épousé, à Versailles, le 23 juillet 1685, Louise-Françoise de Bourbon, dite Mademoiselle de Nantes, fille de Louis XIV et de Mme de Montespan. Voyez son portrait dans Saint-Simon, tome VII, p. 287-289.
3. Ou l'Amour, la Fleur, la Tulipe, le Destin, la Terreur, l'Écolier, Sans-Quartier, etc. : on sait que les soldats autrefois, comme d'ailleurs les gens du peuple en général, étaient presque toujours désignés par des sobriquets.
4. Ci-dessus, p. 428 et note 1. — 5. *Saint Malc*, vers 446.
6.   Porte sur les chasseurs un regard assuré,
    Et les fait du péril entrer tous en partage.
            (*OEuvres posthumes* et *OEuvres diverses*.)

A DIVERS.

Quel plaisir pour celui dont il reçut le jour !
Le bon sens et l'esprit, conducteurs du[1] courage,
Sont du sang des Condés l'ordinaire apanage[2].
Moi, j'en tiens cent louis, chacun m'en fait la cour ;
    Il a déifié ma veine[3].
    Mes soins en valoient-ils la peine ?
    Il ne s'en faut point étonner.
    Que ne lui vit-on pas donner
    Dans le temps qu'il tint cour plénière
    Pour une fête singulière ?
Chantilly fut la scène, endroit délicieux[4].
Sans que tout fût parfait chacun fit de son mieux ;
    Tous rapportèrent de ces lieux
    De grosses et notables sommes :
    Il a payé comme les dieux
    Ce qu'ils ont fait comme des hommes[5].

1. Veuillent les Immortels conducteurs de ma langue, etc.
        (*Le Paysan du Danube*, vers 24.)

2. Sont des Condés enfin l'ordinaire apanage.
        (*OEuvres posthumes et OEuvres diverses*.)

3. Ci-dessus, p. 63.
4. Objet délicieux. (*Ibidem.*)
5. Dans la *Collection de pièces en vers et en prose, manuscrites et imprimées, sur la politique et la littérature, depuis* 1690 *jusques en* 1723 (ci-dessus, p. 442), on trouve une copie de cette épître, toute différente, comme on va le voir, de celle que Walckenaer a suivie dans les *Nouvelles OEuvres diverses*, et à laquelle, dit-il, il se serait conformé pour plusieurs vers préférables à ceux du texte actuel, si celui-ci n'eût été de la main même de la Fontaine sans aucune rature. Dans la *Collection, etc.*, après ce vers :

    Quel Roi ! C'est aux neuf Sœurs de lui bâtir un temple,

on lit ce qui suit :

    Je n'oserois prétendre à des desseins si hauts :
    Ce prince, par lui-même animant nos héros,
    Force en très peu de jours le rempart de la Flandre,
    Namur, que d'autres rois seroient dix ans à prendre.
    Un mois a vu finir ces glorieux travaux ;
    D'inexpugnables murs, la saison conjurée,

LETTRES.

Il n'est bruit ici que de votre prince. Tout le monde lui attribue l'avantage que nous avons remporté au com-

Cent États, rien n'a pu prolonger leur durée.
Les vaincus sont heureux*a* : ces peuples dans leur cœur
Souhaitent que Louis subjugue la contrée,
Prince humain, sage maître, et modeste vainqueur.

Dans toutes les relations qui nous sont venues du siège, Monsieur le Duc a fait des choses extraordinaires; il s'est trouvé à quatre attaques, trois où il étoit de jour, et une comme volontaire*b*.

On sait que, dédaignant une commune gloire,
Il s'est trouvé partout, et partout signalé;
 Que par lui chacun a tremblé;
Qu'à ses côtés marchoient la Parque et la Victoire,
Et que l'élite enfin des nourrissons de Mars
S'est avec moins d'ardeur exposée aux hasards.
Le roi des animaux, entouré de carnage*c*,
Pardonne rarement au chasseur abattu;
Maître de son courroux Bourbon s'est toujours vu,
 Quoiqu'emporté par son courage.
Quel plaisir a celui duquel il tient le jour !
J'en tiens un beau présent, chacun m'en fait la cour;
Il m'a déifié, ma gloire atteint le faîte,
Je touche maintenant l'Olympe de la tête*d*.
Quel que soit ce présent, se faut-il étonner?
 Combien Condé sut-il donner
 Dans le temps qu'il tint cour plénière
 Pour une fête singulière?
Ce fut à Chantilly, séjour délicieux.
 Il s'y rendit plus d'une Muse,
 De ses bienfaits toute confuse.
 Chacun rapporta de ces lieux
 Force beaux dons, notables sommes,
 Condé payant comme les dieux
 Ce que l'on fait comme des hommes*e*.

---

a « Ils ne pouvoient contenir leurs larmes », dit au contraire Saint-Simon (tome I, p. 10).

b Voici les dates où Monsieur le Duc fut d'attaque ou de tranchée, non seulement pendant le siège de la ville, mais aussi du château : 2, 4, 12 13, 17, 22, et 26 juin.

c *La Captivité de saint Malc*, vers 452.

d *Le Quinquina*, chant II, vers 239.

e Le reste de l'Épître, dans cette copie, est conforme aux imprimés et à l'autographe, sauf quelques légères variantes qui ne valent pas la peine d'être relevées.

bat de Steinkerque¹. C'est là un fort beau sujet de poème : le caractère du héros, l'action, et les circonstances, il n'y manque rien que le bon Homère, ou le bon Virgile², si vous voulez : car, pour votre poète, il ne faut plus vous y attendre; je suis épuisé, usé, sans nul feu, et ne sais comme j'ai pu tirer de ma tête³ ces derniers vers. Quand je dis que je suis sans feu, c'est de celui qui a fait les Fables et les Contes que je veux parler; car d'ailleurs je ne suis pas avec moins d'ardeur que j'étois il y a dix ans, Monsieur, votre très humble et très obéissant serviteur et poète.

P. S. Ces vers ont été commencés incontinent après la prise de Namur et avant les dernières actions de Monsieur le Duc à votre combat d'Enghien⁴. On n'a pas sitôt loué une chose qu'il en vient une autre. Dites à ce prince qu'il nous donne quelque relâche, car il nous constitue toujours en de nouveaux frais par de nouveaux témoignages de sa valeur : ni moi à l'âge de vingt-cinq ans, ni tête d'homme, n'y suffiroit.

---

1. Le 3 août 1692, sur le prince d'Orange, dont l'infanterie fut taillée en pièces par le duc de Luxembourg. « M. le prince de Conti et Monsieur le Duc se sont fort signalés à cette affaire. » (*Dangeau,* 4 août.)
2. Ci-dessus, p. 186 : le bon Platon. — 3. *Le Tableau,* vers 4.
4. Ces mots, *à votre combat d'Enghien*ᵃ, manquent dans les éditions imprimées, et les phrases qui suivent sont tronquées. Walckenaer les rétablit d'après l'autographe. — De Namur et avant les dernières actions de Monsieur le Duc. Je les ai continués sur ce plan, car que ce prince me constitue toujours en de nouveaux frais par de nouveaux témoignages de sa valeur, ni moi, à l'âge de vingt-cinq ans, ni tête d'homme, n'y suffiroit. (*Œuvres posthumes* et *Œuvres diverses.*)

ᵃ C'est le même que celui de Steinkerque. Enghien est une petite ville du Hainaut, au N.-N.-O. du bourg de Steinkerque, et les lignes françaises étaient campées d'un bourg à l'autre, lorsqu'elles furent, à l'improviste, attaquées par le prince d'Orange.

AUTRE TEXTE DE LA MÊME LETTRE[1].

Jamais nos combattants n'ont été si hardis :
Les moindres fantassins sont autant d'Amadis.
La présence d'un roi, ses ordres, son exemple,
D'un roi... c'est aux neuf Sœurs de lui bâtir un temple :
Mon art est au-dessous de ces projets si hauts.
Les soins de ce monarque animant nos héros,
Trente jours ont forcé le rempart de la Flandre,
Namur, que d'autres rois seroient dix ans à prendre;
Un mois a terminé ces glorieux travaux.
D'inexpugnables murs, la saison conjurée,
Cent États, rien n'a su prolonger leur durée.
Les vaincus sont heureux : ces peuples dans leur cœur
Souhaitent que Louis subjugue la contrée,
Prince humain, sage maître, et modeste vainqueur.

Dans toutes les relations du siège, Monsieur le Duc a fait des choses extraordinaires; il a été de quatre attaques, trois où il étoit de jour, et une comme volontaire.

On sait que, dédaignant une commune gloire,
Il s'est trouvé partout[2], partout s'est signalé;
    Que pour lui chacun a tremblé;
Qu'à ses côtés marchoient la Parque et la Victoire,

---

1. Nous donnons ici cette autre leçon, trouvée dans les papiers de Walckenaer : elle a beaucoup de rapport avec la variante que nous transcrivons ci-dessus, p. 467, note 5, et nous semble préférable au texte qui précède.

2. « Monsieur le Duc, qui veut toujours être partout, etc. » (Relation manuscrite de la bataille de Steinkerque par le maréchal de Luxembourg, *Dépôt de la guerre*, vol. 1142.)

Et que l'élite enfin des nourrissons de Mars[1]
S'est avec moins d'ardeur exposée aux hasards.

Le roi des animaux, entouré de carnage,
N'épargne aucun chasseur abattu sous ses coups ;
  Bourbon maîtrise son courroux
  Quoiqu'emporté par son courage.
Quelle joie a celui dont il reçut le jour !
J'en tiens un beau présent ; chacun m'en fait sa cour,
Il m'a déifié, ma gloire atteint le faîte,
Je touche maintenant l'Olympe de la tête.
Quel que soit ce présent, se faut-il étonner ?
  Combien Condé sut-il donner
  Dans le temps qu'il tint cour plénière
  Pour une fête singulière ?
Ce fut à Chantilly, séjour délicieux.
  Il y rendit plus d'une Muse
  De ses bienfaits toute confuse ;
  Chacun rapporta de ces lieux
  Force beaux dons, notables sommes,
  Condé payant comme les dieux
  Ce que l'on fait comme des hommes.

Il n'est bruit ici que de ce qu'a fait votre prince au combat d'Enghien. On nous mande qu'il a ôté un drapeau à un officier, et qu'il s'en est ceint pour obliger nos troupes de tenir ferme. Un si grand exemple a contribué à rétablir les affaires en cet endroit-là : on n'a abandonné ni le prince ni le drapeau. On nous mande aussi que dans ces moments on a cru revoir en sa personne le grand Condé ; c'est une observation que les troupes ont faite, et qui mérite bien d'être marquée. Ne trouvez-vous pas que ce soit un fort beau sujet de

---

1. Des grenadiers. (Note du manuscrit.)

poème? Le caractère du héros, l'action, et les circonstances : il n'y manque rien que quelque Virgile, quelque Homère, si vous voulez. A l'égard de votre poète, il ne faut plus s'y attendre. Je suis épuisé, usé, et n'ai plus de feu. Je ne sais pas même comme j'ai pu tirer de ma tête ces derniers vers. Quand je dis que je suis sans feu, c'est de celui qui a fait les Fables et les Contes que j'entends parler, car d'ailleurs je ne suis pas avec moins d'ardeur que j'étois il y a dix ans votre très humble et très obéissant serviteur et poète.

De la Fontaine.

Je fis la plus grande partie de ces vers incontinent après que Namur fut pris, et avant les dernières actions de Monsieur le Duc au combat d'Enghien. On n'a pas si tôt loué une chose qu'il en vient une autre. Dites à ce Prince qu'il nous donne quelque relâche; car de nous constituer sans cesse en de nouveaux frais par de nouveaux témoignages de sa valeur, c'est n'avoir guère de considération pour la poésie et pour l'éloquence : ni moi à l'âge de vingt-cinq ans, ni tête d'homme, n'y suffiroit.

LETTRES XXXIV ET XXXV[1].

A M. DE MAUCROIX.

Il faut que tu aies oublié quelque chose dans la copie, car ce qui est au crayon ne s'y rapporte pas. Du reste, j'ai corrigé cela, et je t'envoie une autre copie. J'aime mieux que tu me recueilles le tout.

J'ai un conte à te faire. Adieu.

DE LA FONTAINE.

Mets cette fable dans ton Recueil, et fais-en ton profit. Je ne te manderai pas mon sentiment sur tes derniers vers, qui m'ont édifié. Si tout le reste y ressemble, je donnerai de bien loin la palme à tes Homélies sur tes vers dignes du paganisme. Quant à tes deux dernières épigrammes, j'en donnerois le choix pour une épingle.

Adieu. J'ai trois autres fables sur le chantier. J'ai refait *le Gland et la Citrouille*.

DE LA FONTAINE.

---

1. Ces deux billets ont été publiés, d'après des autographes, par Paul Lacroix, dans les *OEuvres inédites de la Fontaine*, p. 265. Le premier est écrit au verso de la fable *la Mouche et la Fourmi* (livre IV, fable III), adressée : « A mon ami Maucroix. » Le second, au-dessous de la fable *l'Huître et les Plaideurs* (livre IX, fable IX), que la Fontaine lui envoyait également.

LETTRE XXXVI[1].

AU MÊME.

26° octobre 1694.

. . . .
. . . .

J'espère que nous attraperons tous deux les quatre-vingts ans[2], et que j'aurai le temps d'achever mes hymnes. Je mourrois d'ennui si je ne composois plus. Donne-moi tes avis sur le *Dies iræ, dies illa*[3], que je t'ai envoyé. J'ai encore un grand dessein, où tu pourras m'aider. Je ne te dirai pas ce que c'est, que je ne l'aie avancé un peu davantage.

1. Ce fragment de lettre a été publié, pour la première fois, dans les *OEuvres posthumes de M. de Maucroix*, 1710, p. 348. — Voyez Walckenaer, *Histoire de la Fontaine*, tome II, p. 282; et notre tome I, p. cxcviii.
2. Ce souhait ne fut exaucé que pour Maucroix, qui mourut le 9 avril 1708, à l'âge de quatre-vingt-dix ans.
3. Tome VIII, p. 414.

LETTRE XXXVII[1].

AU MÊME.

Tu te trompes assurément, mon cher ami, s'il est bien vrai, comme M. de Soissons[2] me l'a dit, que tu me croies plus malade d'esprit que de corps. Il me l'a dit pour tâcher de m'inspirer du courage; mais ce n'est pas de quoi je manque. Je t'assure que le meilleur de tes amis n'a plus à compter sur quinze jours de vie[3]. Voilà deux mois que je ne sors point, si ce n'est pour aller un peu à l'Académie, afin que cela m'amuse. Hier, comme j'en revenois, il me prit au milieu de la rue du Chantre[4] une si grande foiblesse que je crus véritablement mourir. O mon cher! mourir n'est rien; mais songes-tu que je vais comparoître devant Dieu? Tu sais comme j'ai

1. Cette lettre a été imprimée, pour la première fois, dans les *OEuvres diverses* de 1729, tome II, p. 167. — Voyez Walckenaer, *Histoire de la Fontaine*, tome II, p. 285-290; et notre tome I, p. cxcix-ccii, et p. ccxii-ccxiv.

2. Fabio Brûlart de Sillery, fils du marquis de ce nom, frère du chevalier de Sillery (auquel la Fontaine a adressé la lettre xxxiii), et de Mlle de Sillery, né en Touraine, le 25 octobre 1655, grand ami de Maucroix, qui lui dédia plusieurs de ses écrits. Nommé en juin 1689 à l'évêché d'Avranches, il avait permuté, l'année suivante, avec Daniel Huet, pour l'évêché de Soissons, et avait été sacré le 23 mars 1692. Il fut reçu membre de l'Académie des Inscriptions en 1701, de l'Académie française en 1705, et mourut le 20 novembre 1714.

3. On sait que la Fontaine mourut dans l'hôtel de son ami M. d'Hervart, rue Plâtrière, le mercredi 13 avril 1695, âgé de soixante-treize ans et dix mois. Il fut inhumé, le lendemain 14, au cimetière des Saints-Innocents.

4. Elle allait de la rue Saint-Honoré à la place du vieux Louvre.

vécu. Avant que tu reçoives ce billet, les portes de l'Éternité seront peut-être ouvertes pour moi[1].

10° février 1695.

I. RÉPONSE DE M. DE MAUCROIX [a].

14° février 1695.

Mon cher ami, la douleur que ta dernière lettre me cause est telle que tu te la dois imaginer. Mais en même temps je te dirai que j'ai bien de la consolation des dispositions chrétiennes où je te vois. Mon très cher, les plus justes ont besoin de la miséricorde de Dieu. Prends-y donc une entière confiance, et souviens-toi qu'il s'appelle le Père des miséricordes et le Dieu de toute consolation. Invoque-le de tout ton cœur. Qu'est-ce qu'une véritable contrition ne peut obtenir de cette bonté infinie? Si Dieu te fait la grâce de te renvoyer la santé, j'espère que tu viendras passer avec moi les restes de ta vie, et que souvent nous parlerons ensemble des miséricordes de Dieu. Cependant, si tu n'as pas la force de m'écrire, prie M. Racine de me rendre cet office de charité, le plus grand qu'il me puisse jamais rendre. Adieu, mon bon, mon ancien, et mon véritable ami. Que Dieu, par sa très grande bonté, prenne soin de la santé de ton corps et de celle de ton âme!

[a] Imprimée pour la première fois dans les *OEuvres posthumes de M. de Maucroix*, p. 347.

TABLE ALPHABÉTIQUE

DES NOMS PROPRES

CONTENUS DANS LES OEUVRES DE LA FONTAINE

A

Abdère (la ville d'), II, 342.
Abdéritains (*Démocrite et les*), fable, II, 340-345.
Abraham, IX, 175.
Absalons (les), VIII, 397.
Académie (l'), à Athènes, VIII, 338, 339.
Académie française (l'), VIII, 452; IX, 53, 381, 475.
Académie française (*Remerciement du sieur de la Fontaine à l'*), VIII, 305-313.
Académie de Château-Thierry (l'), IX, 308.
Acante, personnage de *Psyché*, VIII, 26-234. —, nom conventionnel, appliqué à la Fontaine, VIII, 348. Voyez Acanthe.
Acantée, VI, 252.
Acanthe, personnage de la comédie de *Clymène*, VII, 146-183. —, personnage du prologue de l'opéra d'*Astrée*, VII, 508-515. —, nom conventionnel, appliqué à la Fontaine, VIII, 409-411. Voyez Acante.
Achate (mon fidèle), désignant : M. de Châteauneuf, IX, 293;
M. de Saint-Dié, IX, 383.
Achéron (l'), II, 63, 95, 470; VIII, 191, 226; IX, 198, 352.
Achille, tragédie, VII, 591-628.
Achille, III, 235, 248; V, 596; VIII, 114, 115, 263, 312, 317, 322, 332, 493; IX, 197, 198. —, personnage de la tragédie d'*Achille*, VII, 596-628.
Achille (un second), IX, 54.
Acis, nom de berger, VIII, 39.
—, personnage de l'opéra de *Galatée*, VII, 252-271.
Adam, IV, 463; VIII, 438; IX, 37, 43.
Adam (un), V, 346.
Adamas (le druide), V, 343; VII, 526.
Admète, VIII, 276.
Adon (ce bel), diminutif d'Adonis, qualificatif, IV, 33.
Adonis, poème, VI, 212-273.
Adonis, personnage du poème d'*Adonis*, VI, 222, 225, 228-249, 251, 253, 255, 256, 263-273.
Adonis (un), VII, 57; VIII, 95.
Adrien (l'empereur), IX, 266.
Africaine (une), VIII, 218, 227.

478 TABLE ALPHABÉTIQUE

AGAMEMNON, III, 112; VII, 597, 608-613, 617, 618, 621; VIII, 264, 493.
AFRIQUE (l'), II, 357; VIII, 51, 327.
AGATHE, personnage de la comédie du *Florentin*, VII, 402-438.
AGATHOPUS, personnage de la *Vie d'Ésope*, I, 31.
AGÉNOR, de Carie, personnage du poème d'*Adonis*, VI, 252.
AGILUF, roi de Lombardie, personnage du conte du *Muletier*, IV, 221, 222, 225-234.
AGLAÏA, une des Grâces, VIII, 62.
AGNÈS (sœur), personnage du conte de *Mazet de Lamporechio*, IV, 503. —, personnage du conte de *l'Abbesse*, V, 310-312. —, personnage du conte des *Lunettes*, V, 523, 524.
Agnès (les), V, 579.
AGNÈS SOREL (les), IX, 269.
AJAX, I, 130; III, 113, 114, 336; VIII, 264. —, personnage de la tragédie d'*Achille*, VII, 596-628.
ALACIEL, personnage du conte de *la Fiancée du roi de Garbe*, IV, 396-449.
ALAIN, personnage du conte de *Comment l'esprit vient aux filles*, V, 298.
ALBRET (le duc d'). Voyez BOUILLON (le cardinal de).
ALBURNE (le mont), VIII, 480.
ALCAMÈNE, personnage du poème d'*Adonis*, VI, 251.
ALCANDRE, nom conventionnel, appliqué à Louis XIV, VIII, 262, 263, 265; IX, 59, 67.
Alceste ou le triomphe d'Alcide, opéra, paroles de Quinault, musique de Lulli, IX, 158, 178.
ALCIBIADES, personnage du *Conte tiré d'Athénée*, « les Deux Amis », IV, 117-119.
Alcibiades (deux), IX, 368.
Alcide. Voyez *Alceste*.
Alcimadure (*Daphnis et*), imitation de Théocrite, III, 327-336.
ALCIONE, personnage des *Métamorphoses* d'Ovide, VIII, 469.
ALCIPPE, nom de berger, I, 131-132.
ALCITHOÉ, une des filles de Minée, personnage du poème des *Filles de Minée*, VI, 173-210.
Alcoran (l'), IV, 399; VIII, 436.
ALDOBRANDIN, personnage du conte du *Magnifique*, V, 561-576.
ALECTON, une des Furies, I, 224; II, 315.
ALENÇON (Élisabeth d'Orléans, dite Mlle d'), IX, 47. Voyez GUISE (la duchesse de).
ALEXANDRE, roi de Macédoine, I, 6; II, 304; III, 176; VII, 243; VIII, 30, 311, 499, 506; IX, 31, 117, 169, 255, 276, 368. — *Tribut envoyé par les animaux à Alexandre*, fable, I, 312-317. — *Comparaison d'Alexandre, de César, et de Monsieur le Prince*, VIII, 315-336.
Alexandre des chats (l'), I, 255.
— Alexandre (un autre), VIII, 389.
ALEXANDRE VIII, pape, IX, 456-458.
ALEXANDRIE, ville et État, IV, 398, 416; VII, 358.
ALEXIS MIKHAÏLOWITCH, czar de Russie, IX, 130.
ALIBECH, personnage du conte du *Diable en enfer*, V, 466-482.
ALIBORON (maître), nom d'âne, I, 96.
ALIS, personnage du conte des *Rémois*, V, 73-85, 87. —, personnage du conte x de

la III° partie : *Épigramme*, « Alis malade », V, 234. — (Mme), personnage du conte de *la Confidente sans le savoir ou le Stratagème*, VI, 29-36.

ALIX, personnage du conte du *Faiseur d'oreilles et le Raccommodeur de moules*, IV, 156-170. — (Mme), personnage du conte des *Quiproquo*, VI, 127-138.

ALIZON, la sucrée, IX, 22-24.

ALLEMAGNE (l'), IV, 426; IX, 443.

ALLEMAND, les ALLEMANDS, I, 94; VIII, 42, 434; IX, 15, 73, 253, 280, 443.

ALPES (les), VIII, 387.

ALPHONSE-HENRI, roi de Portugal, VIII, 387.

ALSACE (l'), IX, 147.

Amadis (les), les livres d'Amadis, IV, 5; IX, 463.

AMADIS, héros des *Amadis*, VII, 170; IX, 37. —, personnage de l'opéra d'*Amadis*, par Quinault et Lulli, IX, 191.

Amadis, opéra, paroles de Quinault, musique de Lulli. Dédicace *au Roi*, IX, 191-192.

Amadis (des), IX, 465, 470.

AMALTHÉE (la chèvre), III, 210.

AMARANTE, VIII, 361. —, nom conventionnel, appliqué à Mlle de Poussay, IX, 49. — Voyez BEAULIEU (Amarante de).

Amarante (Tircis et), fable, II, 273-278.

AMARILLE, VIII, 359, 360. Voyez AMARYLLE.

AMARYLLE, nom de bergère, I, 131-132. Voyez AMARILLE.

AMARYLLIS, IX, 231.

AMATHONTE, ville et temple de Vénus, VIII, 32, 191, 204, 227, 231; IX, 11, 359, 430, 461. — (la reine d'), VII, 163, 164. — (le Juge d'), VIII, 426.

Amazone (une), VIII, 102.

AMBOISE (la ville et le château d'), IX, 238, 248-250.

AMBROISE, nom de laquais, VII, 408.

AMÉRICAINS (les), II, 14.

AMÉRIQUE (l'), II, 17; III, 14, 90, 159; IX, 204, 410.

AMILCAR, personnage du poème d'*Adonis*, VI, 252.

AMINTE, VIII, 361; IX, 49, 78, 231. —, nom de bergère, VII, 519-523; VIII, 460. —, personnage du conte de *la Confidente sans le savoir ou le Stratagème*, VI, 27-38. —, personnage du conte des *Aveux indiscrets*, VI, 51-61. —, personnage de l'opéra de *Daphné*, VII, 195-245. —, personnage du *Songe de Vaux*, VIII, 244-246, 248, 282, 285, 292. —, nom conventionnel, dans la seconde dédicace du poème d'*Adonis*, VI, 226, 227, 233, 234.

Amintes (nos), IX, 393.

AMITIÉ (l'), divinité, IX, 137.

AMORIUM (le bourg d'), I, 29.

AMOUR, l'AMOUR, II, 116, 136, 367; III, 107, 108, 329-331, 335; IV, 29, 59, 81, 89, 93, 256, 259, 299, 342, 409, 410, 429, 441, 446, 447; V, 69, 104, 121, 176, 181, 182, 188, 189, 191, 205, 206, 211, 212, 238-241 [« l'Amour mouillé »], 244, 246, 248, 321, 332, 344, 345, 347, 433, 542, 545, 587, 593; VI, 18, 20, 21, 25-27, 45, 54, 96, 100, 125, 126, 131, 132, 163, 174-177, 206, 222-225, 227, 228, 230, 235, 235, 239, 241, 271; VII, 51, 150, 153, 155, 166, 176-178, 180-182, 268, 270, 271, 512-514, 521, 522, 527, 533, 536, 542, 547, 548, 550, 578, 579; VIII, 280, 287, 288, 290, 291, 359-362, 364, 468, 378, 382, 392, 424, 428, 443, 445, 447,

454; IX, 11, 14-16, 28, 30-32, 37, 38, 47, 50, 58, 67, 74, 77, 103, 105, 119, 143, 168, 192, 295, 318, 330, 338, 396, 477, 408, 420, 430, 446, 462, 463. —, personnage du prologue de l'opéra de *Daphné*, VII, 188-194. —, personnage de l'opéra de *Daphné*, VII, 195-245. —, personnage des *Amours de Mars et de Vénus*, VIII, 295-300. — *L'Amour et la Folie*, fable, III, 268-271. — *Danse de l'Amour*, fragment du *Songe de Vaux*, VIII, 281-283. — Voyez AMATHONTE (le Juge d'), CUPIDON, CYPRE (l'infant de), CYPRIS (l'enfant de), CYTHÈRE (le dieu, l'enfant de), CYTHÉRÉE (le fils de).

Amour (un), VIII, 65, 457; IX, 134. — Amours (des), IX, 341. — (trois), IX, 118.

AMOURS, les AMOURS, divinités, II, 75; III, 184; V, 445; VI, 226, 231; VII, 168, 205, 208, 511, 527, 578; VIII, 32, 44, 45, 58, 62, 65, 96, 103, 184, 191, 193, 206, 272, 373, 378, 379, 386, 424, 451, 454; IX, 30, 75, 136, 239, 338, 391, 392, 410, 428. — (la déesse, la mère, la reine des). Voyez VÉNUS.

Amours (le parlement d'), VIII, 423. — *Imitation d'un livre intitulé les Arrêts d'Amours*, IV, 11; VIII, 421-425.

AMPHION, VIII, 258, 273, 274.
AMPHITRITE, I, 267; III, 201; VIII, 33, 269, 410; IX, 246.
AMPHRISE, personnage de l'opéra de *Daphné*, VII, 195-245.
AMSTERDAM (la ville d'), VIII, 437.
AMYOT (Jacques), VIII, 187.
ANACRÉON, VII, 243; IX, 396-398. — *Imitation d'Anacréon*, « Portrait d'Iris », conte, V, 235-237. — *Autre imitation d'Anacréon*, « l'Amour mouillé », conte, V, 238-241.

Anacréons (deux) : Saint-Évremond et Waller, IX, 385.
ANAPHRODITE. Voyez MÉGANO.
ANDILLY (Arnauld d'), VI, 305.
ANDRÉ (compère), personnage du conte du *Faiseur d'oreilles et le Raccommodeur de moules*, IV, 156-159, 161-173. — (frère), personnage du conte des *Cordeliers de Catalogne*, IV, 180-185. — (père), personnage du conte x de la IIIe partie : *Épigramme*, « Alis malade », V, 234.

ANDROMAQUE, VIII, 113.
ANET (le château d'), VI, 166-168.
ANGÉLIQUE, VIII, 61. — (sœur), personnage du conte de *Mazet*, IV, 503. —, personnage du *Roland furieux* de l'Arioste, IX, 23. —, personnage de l'opéra de *Roland*, par Quinault et Lulli, IX, 194.
Anglais (le Renard), fable, III, 317-325.
ANGLAIS, les ANGLAIS, III, 319-321; VIII, 386, 387, 506; IX, 54, 228, 268, 279, 336, 382, 390-393, 396, 398, 439, 440.
ANGLAISES (les), IX, 398.
ANGLETERRE (l'), II, 202, 203, 229; III, 30; VIII, 452; IX, 54, 386, 391, 398, 406, 426, 437.
ANIMAUX (les), à Vaux-le-Vicomte, IX, 345.
ANNE, personnage du conte de *l'Ermite*, IV, 468, 469. —, ou ANNETTE, personnage du conte du *Cas de conscience*, V, 342-353. —, ou NANETTE, personnage du conte *Com-*

ment *l'esprit vient aux filles*, V, 297-299. — (Mme), ou NANON, personnage du conte du *Cuvier*, V, 541-547.
ANNE D'AUTRICHE, reine de France, IX, 340, 341, 343, 345, 352.
ANNETTE, nom de bergère, III, 56-58; VIII, 460-464. — Voyez ANNE.
ANNÈZE (Gennaro), VIII, 332.
ANNIBAL, III, 321.
ANQUEIL (l'), rivière, VIII, 268, 355.
ANSELME, personnage du conte du *Petit chien qui secoue de l'argent et des pierreries*, V, 245-250, 263, 264, 266-281.
—, personnage de la comédie de *la Coupe enchantée*, VII, 444-495.
Antechrist (un), IX, 123.
ANTÉNOR, personnage du poème d'*Adonis*, VI, 250, 251, 258.
ANTINOÜS, favori de l'empereur Adrien, IX, 266.
ANTIPATER, VIII, 331, 332.
Antoine et Cléopâtre, parodie intercalée dans la comédie de *Ragotin*, VII, 283, 356-371.
ANTOINE, personnage de la parodie *Antoine et Cléopâtre* intercalée dans la comédie de *Ragotin*, VII, 344, 345, 356-371.
APELLANIRE, la Peinture, personnage du *Songe de Vaux*, VIII, 243, 250-267, 290.
APELLE, les APELLES, VI, 160; VIII, 62, 261; IX, 347.
APENNINS (les), II, 253.
APHRODISÉE. Voyez MYRTIS.
APIDAME, personnage de l'opéra de *Daphné*, VII, 195-245.
APOLLIDON, personnage de l'*Amadis de Gaule*, VIII, 67.
APOLLON, I, 53, 200, 342; III, 106, 112, 174, 250, 283; V, 158, 342, 592, 593; VI, 96,

166, 253, 316, 337, 342, 348; VII, 353; VIII, 31, 32, 35-38, 121, 250, 252, 273-277, 293, 390, 412, 413, 455; IX, 27, 52, 119, 151, 166, 167, 195, 260, 332, 333, 365, 386, 406, 446, 457. —, personnage de la comédie de *Clymène*, VII, 146-183. —, personnage de l'opéra de *Daphné*, VII, 195-245. —, personnage du prologue de l'opéra d'*Astrée*, VII, 508-515. — Voyez PHÉBUS, SOLEIL (le).
APOLLON (le bassin d'), à Versailles, VIII, 123.
Apollon, gravé sur agate, IX, 275. — *Apollons*, statues, IX, 262, 263, 266.
APOLLONIUS TYANEUS, IX, 397.
APULÉE, VIII, 19-23, 43.
Aquilon, I, 126.
AQUILONS (les), VI, 256.
ARABE (l'), personnage du *Poème de la captivité de saint Malc*, VI, 285, 291, 292, 296, 300, 302.
ARABES, IV, 444; VI, 282; VII, 458; VIII, 63.
ARABIES (les deux), VIII, 89.
ARACHNE, V, 109; VIII, 62.
ARBATE, personnage de la tragédie d'*Achille*, VII, 596-628.
ARCADIE (roussin d'), l'Ane, II, 65, 300.
ARCHIDÉMIDE, VII, 47, 94, 95.
ARCHIMÈDE, IX, 304.
Aréopage (l'), I, 191.
ARÉTHUSE, personnage du poème d'*Adonis*, VI, 252, 253, 261-263.
ARGIE, personnage du conte du *Petit chien qui secoue de l'argent et des pierreries*, V, 245-251, 254, 255, 257-270, 275-280.
ARGOS (la ville d'), VII, 617.
ARGUS, VII, 353.
Argus (yeux d'), VII, 40. —

(les), V, 562. — (des), V, 134, 440, 441 ; VII, 411.
Ariane, roman de Desmarets, IX, 25.
Arioste (l'), Ludovico Ariosto, IV, 3, 12, 16, 44, 88 ; VII, 243 ; IX, 23, 204.
Ariste, personnage de *Psyché*, VIII, 26-234. —, nom conventionnel, appliqué à Pellisson, personnage du *Songe de Vaux*, VIII, 249-296, 278-281, 292.
Aristée, personnage des *Géorgiques* de Virgile, VIII, 258.
Aristote, I, 19 ; III, 165 ; VIII, 311, 320, 338.
Armand. Voyez Richelieu.
Armide, héroïne de *la Jérusalem délivrée* du Tasse, VIII, 61, 67, 121.
Arnauld (Antoine), IX, 19, 21, 94.
Arras (la ville d'), VIII, 326.
Artarpax, nom de rat, I, 287.
Artois (chien d'), VII, 586.
Artus (Messire), personnage du conte du *Mari confesseur*, IV, 101-106.
Ascension (l'), IX, 440.
Asie (l'), VII, 29 ; VIII, 322.
Ast (Renaud d'). Voyez Renaud d'Ast.
Astolphe, roi de Lombardie, personnage du conte de *Joconde*, IV, 19-23, 31, 33-62.
Astrée, déesse de la paix, VIII, 349, 380, 409 ; IX, 377.
Astrée (l'), roman de Honoré d'Urfé, VIII, 109, 154 ; IX, 22, 23. — *Astrée*, tragédie lyrique, VII, 505-553.
Astrée, personnage de l'opéra d'*Astrée*, VII, 514, 516-553.
Athénée (Conte tiré d') « les Belles Fesses », ou « la Vénus Callipyge », IV, 113-116. — (Conte tiré d'), « les Deux Amis », IV, 117-119. (Autre conte tiré d'), « le Glouton », IV, 120-123. — (Contre le mariage. Épigramme tirée d'), IX, 90. — (Autre épigramme tirée d'), « ubi lavantur qui hic lavantur? », IX, 92.
Athènes (la ville d'), I, 194, 231, 233, 291, 292 ; VI, 197 ; VII, 12, 31 ; VIII, 321, 325, 349.
Athéniens (les), VIII, 318, 338, 339.
Atimète, mari d'Homonée, VIII, 470-476.
Atis, personnage du conte de *Petit chien qui secoue de l'argent et des pierreries*, V, 250-268, 276-280. —, nom de berger, VIII, 460-464.
Atlas (le mont), VII, 174.
Atlas (un), VIII, 102. — (cet), IX, 339.
Atrée (le sang d'), VII, 611.
Atride (le fier). Voyez Agamemnon.
Atrides (les), VII, 598.
Atropos, une des Parques, II, 174 ; III, 162 ; VIII, 475.
Attila des rats (l'), I, 255.
Attique (l'), I, 194 ; VII, 20, 21.
Attius, VIII, 489.
Atto, chanteur, IX, 155.
Aube (l'), VI, 194, 286, 289.
Aubry (frère), personnage du conte des *Cordeliers de Catalogne*, IV, 196.
Augsbourg (la ligue d'), VIII, 466 ; IX, 365.
Auguste (César), I, 6 ; II, 203 ; VII, 358, 360-363, 365, 366 ; VIII, 30, 506, 407 ; IX, 35. Voyez Octave.
Augustins (les). — *Ballade sur le refus qu'ils firent de prêter leur interrogatoire devant Messieurs*, IX, 3-7.
Aulnes bouillans (la ferme des), IX, 307.
Aumont (Marie Amelot, mar-

quise d'). — *Au sujet du mariage de sa fille avec M. de Mézière*, IX, 61-62.
AUMONT (Anne d'), fille de la précédente. — *Même sujet*, IX, 61-62.
AUNEY (le village d'), IX, 415.
AURE, divinité, VI, 192-194.
AURORE (l'), I, 382; II, 185; V, 255; VI, 46, 230, 250, 251, 266; VII, 149, 254, 511; VIII, 205, 231, 232, 259, 284, 385, 462, 495; IX, 167, 282, 420, 450. —, personnage du poème des *Filles de Minée*, VI, 188, 189, 196. — Voyez AUBE (l').
AUTRICHE (la maison d'), IX, 141.
AUVERGNE (Frédéric-Maurice de la Tour, comte d'), IX, 133.
AUXERRE (la ville d'), IX, 6.
AVIÉNUS, I, 12.
AXIOCHUS, personnage du Conte tiré d'Athénée, « les Deux Amis », IV, 117-119.

B

B (*A M. L. C. D.*) [A M. le chevalier de Bouillon]. Voyez BOUILLON.
B.... (Mme de) [Mme du Plessis-Bellière], IX, 353.
B...., B..ou. Voyez BRIOU.
BABEAU, personnage du conte d'*Hans Carvel*, IV, 378-383.
BABYLONE (la ville de), I, 46, 49, 51.
Bacchanales, du Poussin, au château de Richelieu, IX, 269.
BACCHUS, I, 223; IV, 430; V, 585; VI, 347, 348; VII, 224-226; VIII, 232, 448; IX, 71, 365, 386, 446. —, personnage du poème des *Filles de Minée*, VI, 173-175, 210.
Bacchus, statues, IX, 262, 277.
BAFOY (M.). — *Lettre de la Fontaine*, IX, 357-358.
BAJAZET Ier, VIII, 436.
Banquet des sept Sages (le), par Plutarque, I, 20.
BAPTISTE. Voyez LULLI.
BARIGNY (Mlle), IX, 233, 234.
BARRILLON (Paul de), ambassadeur de France en Angleterre, IX, 379, 398, 407. — *A M. de Barrillon*, dédicace du *Pouvoir des fables*, II, 227-231.
BARTHÉLEMY, nom de laquais, VII, 408.
BARTHOLOMÉE DE GALANDI, personnage du conte du *Calendrier des Vieillards*, IV, 331-354.
BARTOLE, V, 439.
BASSOMPIERRE (François de), maréchal de France; ses *Mémoires*, VIII, 321.
BASTIEN, le remontreur, IX, 422.
BASTILLE (la), IX, 123.
BATAVE (le), IX, 151.
Baucis (Philémon et), poème, VI, 145-168.
BAUCIS, personnage du poème de *Philémon et Baucis*, VI, 149-164, 168.
BAVIÈRE (Anne-Marie-Christine de), femme de Louis, grand dauphin de France, IX, 168. — *Envoi à Madame la Dauphine* de la *Ballade pour Mgr le duc de Bourgogne*, IX, 29. — *Envoi à Monseigneur et à Madame la Dauphine* de la *Ballade pour la naissance de Mgr le duc de Bourgogne*, IV, 32.
BAVIÈRE (Maximilien-Philippe-Jérôme, duc de), IX, 130.
BAVIÈRE (Mauricette-Fébronie de la Tour, duchesse de), — *A S. A. S. Mme la princesse de Bavière*, IX, 129-135.

BAYLE (Pierre), IX, 367.
BEAUCE (la), IX, 238, 242.
BEAULIEU (Amarante de), IX, 414-421.
Beau-Richard(Les Rieurs du), ballet, VII, 115-139.
BEAU-RICHARD (le carrefour du), à Château-Thierry, lieu de la scène du Prologue du ballet des *Rieurs du Beau-Richard*, VII, 121-125.
BEAUVAL (Mlle), VII, 500.
Beaux-Yeux et de Belle-Bouche (le Différend de), VIII, 426-430.
BÉJART (Madeleine), IX, 347, 348.
BEL, Baal, VI, 302.
BÉLIAL, VIII, 399.
BÉLISAIRE, III, 88.
BELLAC (la ville de), IX, 290-293.
Belle-Bouche (le Différend de Beaux-Yeux et de), VIII, 426-430.
BELLENGER (M.), IV, 299.
Bellérophon (nouveau), II, 258.
BELLONE, III, 241; V, 596; VIII, 410, 411; IX, 14, 28, 150, 338.
Belphégor, nouvelle tirée de Machiavel, VI, 87-119.
BELPHÉGOR, personnage du conte de *Belphégor*, VI, 94-119.
BELZÉBUTH, VIII, 435.
BÉNÉDICTINS, BÉNÉDICTINES, IX, 105, 106.
BENOÎT (saint), IX, 106.
BENTINCK (Jean-Guillaume, baron de), IX, 438-440.
BÉRÉNICE, personnage de la tragédie de *Bérénice*, par Racine, VI, 90.
BERLINGUIER. Voyez HENRIET BERLINGUIER.
BÉROÉ (la ville de), VI, 282.
BERTIN (M.). — *Vers pour son portrait*, IX, 84.
BERTRAND, personnage de la comédie de *la Coupe enchantée*,
VII, 444-495. —, nom de singes, II, 371, 444-446; III, 203.
BESANÇON (la ville), de VIII, 501.
BETHLÉEM (l'évêque de), François de Batailler, IX, 143.
BLAISE, personnage du *Conte d'une chose arrivée à Château-Thierry*, IV, 108-111.
BLÉSOIS (le), IX, 243.
BLOIS (la ville de), IX, 241, 243.
BOCCACE, II, 274; IV, 3, 4, 7, 13, 63, 83, 153, 202, 219, 221, 235, 277, 292, 327, 355, 396, 397, 453, 483, 488; V, 3, 151, 185; VI, 125; IX, 26, 204.
BOISCOUPÉ (M. de), personnage de la comédie de *Ragotin*, VII, 278-396.
BOIS-LE-VICOMTE (le), IX, 414, 415, 421, 461, 463.
Boissard (Inscription tirée de), VIII, 469-476.
BOISSET ou BOËSSET, musicien, IX, 158.
BON (Messire), personnage du conte du *Cocu battu et content*, IV, 87-98.
BONAVENTURE (père), personnage du conte de *Comment l'esprit vient aux filles*, V, 292-298.
BONREPAUS (François Dusson de), IX, 398. — *A M. de Bonrepaus, à Londres*, IX, 379-389.
BORDEAUX, BOURDEAUX (la ville de), IX, 254.
BORÉE, II, 392; VII, 549; VIII, 269. — *Phébus et Borée*, fable II, 8-11. — Voyez VENT (le).
BORÉES (Messieurs les), V, 116.
BOUCHAIN (la ville de), VIII, 503.
BOUHOURS (le P.). — *Lettre de la Fontaine*, IX, 412-413.
BOUILLON (Frédéric-Maurice de la Tour d'Auvergne, duc de), VIII, 16; IX, 121.

BOUILLON (Godefroy-Maurice de la Tour d'Auvergne, duc de), VIII, 15-17; IX, 132, 133, 357, 358. — *A Mgr le duc de Bouillon*, IX, 121-128.
BOUILLON (Emmanuel-Théodose de la Tour d'Auvergne, duc d'Albret, cardinal de), IX, 183. — *A S. A. Mgr le cardinal de Bouillon, grand aumônier de France*, dédicace du *Poëme de la captivité de saint Malc*, VI, 276-278, 306. — *Pour S. A. É. Mgr le cardinal de Bouillon, après son brevet de cardinalat*, IX, 68.
BOUILLON (Henri de la Tour, vicomte de Turenne, duc de), maréchal de France, VIII, 16.
BOUILLON (le chevalier de). — *A M. L. C. D. B.*, dédicace de la fable du *Bûcheron et Mercure*, I, 361-364.
BOUILLON (Marie-Anne Mancini, duchesse de), IX, 127, 128, 386, 387, 406, 407. — *A Mme la duchesse de Bouillon*, dédicace du *Poème du Quinquina*, VI, 315-316, 357. —, dédicace de *Psyché*, VIII, 15-17. — *Lettres* de la Fontaine, IX, 359-360, 390-401.
BOULOGNE (chien de), VII, 360.
BOURBON (Louis II de), dit Monsieur le Prince, et surnommé le grand Condé, VI, 350; VIII, 454, 502; IX, 103, 130, 151, 152, 267, 471. — *Comparaison d'Alexandre, de César, et de Monsieur le Prince*, VIII, 315-336.
BOURBON (Henri-Jules de), fils du grand Condé, VI, 350; VIII, 454; IX, 466, 467, 471.
BOURBON (Louis III de), dit Monsieur le Duc, IX, 466, 469-472.
BOURBON (Marie-Thérèse de). Voyez CONTI.

BOURG-LA-REINE, IX, 224, 226, 227.
BOURGOGNE (Louis, duc de), fils du grand Dauphin, VIII, 448. — *A Mgr le duc de Bourgogne*, dédicace du dernier livre des *Fables*, III, 172-177. —, dédicace de la fable des *Compagnons d'Ulysse*, III, 178-195. —, dédicace de la fable du *Chat et les deux Moineaux*, III, 196-199. — *A Mgr le duc de Bourgogne qui avoit demandé à M. de la Fontaine une fable qui fût nommée « le Chat et la Souris »*, III, 211-213. — Dédicace de la fable du *Loup et le Renard*, III, 232-234, 236. — *Ballade pour Mgr le duc de Bourgogne* : « Or est venu dedans notre univers », IX, 27-29. — *Ballade pour la naissance de Mgr le duc de Bourgogne* : « Or est venu l'enfant si souhaité », IX, 30-32.
BOURGUIGNON (le). — Voyez CHARLES LE TÉMÉRAIRE.
BOURGUIGNONS (les), pour désigner les Francs-Comtois, IX, 148.
BOUSSEAU (Thomas), IX, 124, 125.
BOUVILLON (Blaise), personnage de la comédie de *Ragotin*, VII, 278-396.
BOUVILLON (Mme), personnage de la comédie de *Ragotin*, VII, 278-396.
BRAYER (Jeanne), IX, 302, 310.
BRESSAY (Antoine Josse, chevalier de), VII, 126; IX, 303, 305.
BRETAGNE (la basse), II, 58.
BREZÉ (Armand de Maillé, duc de Fronsac et de), IX, 267.
BRIARÉE, VII, 353; IX, 332.
BRIFAUT, nom de chien, I, 417; II, 429.

486 TABLE ALPHABÉTIQUE

BRIFFE (Pierre-Arnaud de la), IX, 454.
BRIOU (le président Claude), IX, 428, 429.
BRISÉIS, personnage de la tragédie d'*Achille*, VII, 596-628.
BRONTE, personnage du poème d'*Adonis*, VI, 251.
BRUNEL, personnage de l'*Orlando innamorato*, VI, 47.
BRUTUS, VIII, 331, 333, 335.
BUSSIÈRE (le curé de), IX, 73.

C

C. (*Lettre à M. D.*) [A Mme de Coucy]. Voyez COUCY.
C.... (Mlle) [Mme COLLETET], IX, 315. — *Sonnet pour elle*, IX, 317-318. — *Madrigal pour la même*, IX, 319. — *Pour la même. Une Muse parle*, IX, 319. — *Contre la même*, IX, 320-321.
C.... (Mme), IX, 222, 224, 226.
C. (M. L. D.), IX, 370.
C. (*Pour M. L. C. D.*), élégie, VIII, 375-376.
CADIX. Voyez CALIS.
CADMUS, V, 253.
Cadmus et Hermione, opéra, paroles de Quinault, musique de Lulli, IX, 150.
CALAIS (la ville de), VIII, 345.
Calende (jour de), V, 351.
CALFUCCI, CALFUCE. Voyez NICIA. — CALFUCCIS, V, 25.
CALIGULA, II, 132.
CALIS (la ville de), pour CADIX, VIII, 466.
CALISTE, VIII, 361. —, personnage du conte de *la Coupe enchantée*, V, 104-113, 118, 120-138, 145.
CALLIMAQUE, personnage du conte de *la Mandragore*, V, 27-59.
CALLINICÉ, VIII, 187.
CALLION, personnage du poème d'*Adonis*, VI, 252.
CALLIOPE, une des Muses, I, 129; VI, 315; VIII, 410, 456. —, personnage de la comédie de *Clymène*, VII, 146-183.
CALLIOPÉE, la Poésie, personnage du *Songe de Vaux*, VIII, 243, 250-267, 290.
CALLISTHÈNE, VIII, 333.
CALVIN, IX, 369.
CALYBES (les), VIII, 479.
CAMBRAI (la ville de), VIII, 503, 504.
CAMILLE, nom d'homme, personnage du conte de *la Courtisane amoureuse*, V, 188-206.
CAMILLE, nom de femme, personnage de la tragédie d'*Horace*, par Corneille, VI, 90.
CAMUS, musicien, IX, 158.
Candaule et le Maître en droit (le roi), conte, V, 423-460.
CANDAULE (le roi), personnage du conte du *roi Candaule et le Maître en droit*, V, 426-436.
CANDIOTS (les), IX, 132.
CAPRARA (Albert, comte de), IX, 145, 146.
CAPYS, personnage du poème d'*Adonis*, VI, 251, 253, 258, 264.
CAQUET-BON BEC, la Pie, III, 244, 245.
CARDAMYLE (la ville de), VII, 613.
CARIE (la), VII, 22, 23. — Voyez AGÉNOR.
CARON, VII, 168; VIII, 208, 210; IX, 352.
Cartésien (un), III, 163.
CARTHAGE (la ville de), VIII, 331, 433.
CARTIGNON, IX, 234.

CARVEL (HANS). Voyez HANS.
CASCADE (la), à Vaux-le-Vicomte, IX, 345.
CASSANDER, VIII, 330.
CASSANDRE, fille de Priam, I, 84.
Cassandre, roman de la Calprenède IX, 25.
CASTEL (le sieur), IX, 303.
CASTILLAN, les CASTILLANS; VIII, 434; IX, 15.
CASTILLE (la), IX, 16.
CASTOR et POLLUX, I, 99, 100.
Catalogne (les Cordeliers de), nouvelle tirée des *Cent Nouvelles nouvelles*, IV, 174-201.
CATELLE (Mme), personnage du conte de *Richard Minutolo*, IV, 64-82.
CATIN, VII, 577.
Catin (Janot et), VIII, 439-446.
CATINAT (Nicolas), maréchal de France, IX, 210, 211.
CATON, l'aîné, VII, 123.
Catons (les), V, 181; IX, 430.
CATULLE, V, 579.
CAUCASE (le), I, 126; II, 253.
CAUGATRIX ou COCATRIX (la vallée de), IX, 229.
CÉBÈS, philosophe, I, 10, 11.
CÉIX, personnage des *Métamorphoses* d'Ovide, VIII, 469.
CÉLADON, personnage de *l'Astrée* de d'Urfé, VIII, 109; IX, 38. —, personnage de l'opéra d'*Astrée*, VII, 514, 516-553.
CÉLIANE, personnage de la comédie de *Je vous prends sans verd*, VII, 558-590.
CÉLIE, VII, 217.
Cent Nouvelles nouvelles (les), IV, 4, 99, 153, 174, 278, 366, 373.
CÉPHALE, VI, 251, 257; VIII, 284. —, personnage du poème des *Filles de Minée*, VI, 187-196.
CÉPHRIM, roi d'Égypte, IX, 114, 115.

CERBÈRE, VIII, 209, 211.
Cerbère (vrai), I, 255.
CÉRÈS, I, 350; II, 232, 233, 412; V, 585; VI, 154, 173, 249; VIII, 173-176, 199-201, 231, 448. — (le Terme de), VI, 180.
CERTAIN (Mlle), claveciniste, IX, 162, 163.
CERVANTES (Michel de), IX, 26.
CÉSAR (Jules), VIII, 312, 392, 501, 506, 507; IX, 31, 35, 355, 395. — Ses *Commentaires*, VIII, 321. — *Comparaison d'Alexandre, de César, et de Monsieur le Prince*, VIII, 315-336.
CÉSAR AUGUSTE. Voyez AUGUSTE.
CÉSAR, nom de chien, II, 333-335.
Césars (les), II, 203; IV, 36; IX, 157, 466.
CHALONS (la ville de), IX, 301.
CHAM, VIII, 438.
CHAMBONNIÈRE, claveciniste, IX, 158, 162.
CHAMPAGNE (la), IX, 103, 124, 151, 238. — (la poste de), IX, 300. — (le vin de), IX, 422, 423.
CHAMPENOIS (le pays), VI, 156. — (poètes), IX, 153.
CHAMPENOISE (la). Voyez ALIX, personnage du conte du *Faiseur d'oreilles*.
CHAMPMESLÉ (Mlle de). — *A Mlle de Champmeslé*, dédicace du conte de *Belphégor*, VI, 89-92. — *Lettres* de la Fontaine, IX, 361-364.
CHAMPS ÉLYSÉES (les), VIII, 117, 148, 209, 213; IX, 202, 398, 408.
CHAMPS ÉLYSIENS (les), II, 284; III, 118.
CHANTILLY (le château de), VIII, 315, 333, 334; IX, 467, 471.
CHANTRE (la rue du), à Paris, IX, 475.

TABLE ALPHABÉTIQUE

CHAPELAIN (Jean), IX, 235.
CHARLEMAGNE, V, 143, 146; IX, 194, 195.
CHARLES VII, roi de France, IX, 235.
CHARLES II, roi d'Angleterre, II, 202, 203; III, 324; VIII, 333.
CHARLES III, duc de Lorraine, IX, 130, 145, 146.
CHARLES IV, duc de Lorraine, IX, 444.
CHARLES-EMMANUEL, duc de Savoie, VIII, 387.
CHARLES LE TÉMÉRAIRE, duc de Bourgogne, IX, 239.
CHARLES-QUINT, VIII, 257, 258, 334, 345, 505.
CHARMION, personnage de la parodie *Antoine et Cléopâtre* intercalée dans la comédie de *Ragotin*, VII, 356-371.
CHARONNE, IX, 221.
CHARYBDE EN SCYLLA (de), I, 384. — SCYLLE et CHARYBDE, VIII, 196.
CHATEAU-GUILLAUME (la ville de), IV, 241, 248, 249.
CHATEAUNEUF (M. de), IX, 224, 226, 232, 233, 235, 240, 243, 253, 259, 265, 268, 280-284, 293.
CHATEAU-THIERRY, IX, 133, 286, 313, 360, 361, 371, — lieu de la scène du ballet des *Rieurs du Beau-Richard*, VII, 121-139. — *Ballade à M. F. pour le pont de Château-Thierry*, IX, 17-18. — *Conte d'une chose arrivée à Château-Thierry*, IV, 108-112. — Voyez CHAURY.
CHATELLERAULT (la ville de), IX, 253, 257, 283-287, 289.
CHATILLON (les terres de), IX 298, 302.
CHATRES (la ville de), IX, 228.
CHAULIEU (Anfrie, abbé de), IX, 209, 212, 446, 447.
CHAURY, pour CHATEAU-THIERRY, IX, 302, 304-307, 311, 312, 361.
CHAVIGNY (le bourg de), IX, 290, 292.
CHER (le), rivière, IX, 251.
CHERÉE, personnage de la comédie de *l'Eunuque*, VII, 10-114.
CHILDÉRIC, VIII, 498.
CHILLY (le village de), IX, 227.
CHIMÈNE, personnage de la tragédie du *Cid*, par Corneille, VI, 90.
CHIMON, V, 185.
CHINE (la), V, 261.
CHIRON (le Centaure), VI, 344.
CHLOÉ, nom de femme, VIII, 361. —, néréide, VIII, 37.
CHLORIS, VIII, 359; IX, 366. —, personnage du conte des *Quiproquo*, VI, 123, 124. —, personnage du poème des *Filles de Minée*, VI, 199-205. —, personnage du poème d'*Adonis*, VI, 252. —, personnage de l'opéra de *Daphné*, VII, 195-245. — Voyez CLORIS.
Chloris (les), VIII, 233; IX, 384, 386, 410, 437.
CHOUART (messire Jean), curé, II, 158, 159.
CHREMÈS, personnage de la comédie de *l'Eunuque*, VII, 10-114.
CHRIST, VI, 279, 289, 299.
CHRISTOPHLE, nom de laquais, VII, 408.
CHROMER, pour CHREMÈS. Voyez ce nom.
CHYPRE. Voyez CYPRE.
CICÉRON, II, 382; IV, 13; V, 155; VI, 49; VIII, 331, 337, 349-351, 484.
Cicéron (un passe-), II, 63.
Cicérons (certains), II, 67. — (les), IX, 430.
Cid (le), tragédie de Corneille, IX, 155.

CIMON, personnage du conte du *Fleuve Scamandre*, VI, 15-23.
CIRCÉ, V, 115 —, personnage de la fable des *Compagnons d'Ulysse*, III, 185-189.
CLAMART (le bourg de), IX, 222, 225, 226.
CLARICE, VIII, 361. —, nom conventionnel, appliqué à Mme Colletet, IX, 318, 319.
CLAUDE (sœur), personnage du conte de *Mazet de Lamporechio*, IV, 503. —, personnage du conte du *Tableau*, V, 584-598.
CLÉANDRE, VIII, 373.
CLÉMENT (maître). Voyez MAROT.
CLÉON, personnage du conte de *la Confidente sans le savoir ou le Stratagème*, VI, 27-38.
Cléopâtre, roman de la Calprenède, IX, 25.
Cléopâtre (Antoine et), parodie intercalée dans la comédie de *Ragotin*, VII, 283, 356-371.
CLÉOPATRE, VIII, 335; IX, 116. —, personnage de la parodie *Antoine et Cléopâtre* intercalée dans la comédie de *Ragotin*, VII, 351, 356-371.
Cléopâtres (les), VIII, 61.
CLÉRY (la ville de), IX, 238, 239.
CLIDAMANT, nom de berger, II, 278. —, personnage du conte des *Quiproquo*, VI, 127-138.
CLIGNON (les terres de), IX, 313.
CLIMÈNE, néréide, VIII, 37, 38. — Voyez CLYMÈNE.
CLIO, une des Muses, VI, 164, 166; IX, 10, 65. —, personnage de la comédie de *Clymène*, VII, 162-164.
CLITIE (Mme), personnage du conte du *Faucon*, V, 154-177.

Clitophon et de Leucippe (les Amours de), roman d'Achille Tatius, IX, 25.
CLITUS, VIII, 329.
CLORIS, IX, 22, 23, 25. —, personnage du conte du *Gascon puni*, IV, 386, 388, 389, 392. — Voyez CHLORIS.
CLOTHON, une des Parques, V, 109; VI, 150, 161, 183, 320; VIII, 194, 255; IX, 93, 149, 233.
CLOVIS, VIII, 498, 499.
Clymène, comédie, VII, 146-183.
CLYMÈNE, nom de femme, V, 240; VIII, 361-374; IX, 77. —, bergère, VIII, 460-464. —, une des filles de Minée, personnage du poème des *Filles de Minée*, VI, 173-210. —, personnage de la comédie de *Clymène*, VII, 146-183. —, personnage de l'opéra de *Daphné*, VII, 195-245. —, personnage de la comédie de *Galatée*, VII, 252-271. — Voyez CLIMÈNE.
Clymènes (les), IX, 447.
COCUAGE, IV, 37, 38, 321, 370; V, 83, 92, 93, 95, 98, 103, 139, 141, 279, 542, 545. — (l'ordre de), V, 30.
COCYTE (le), V, 435; IX, 199.
COLASSE (Pascal), IX, 464.
COLBERT (J.-B.), VI, 351; VIII, 125, 210; IX, 127, 128. — *Épigramme sur la mort de M. Colbert*, IX, 95.
COLÈRE (la), divinité, VIII, 190-193.
COLETTE, personnage du conte du *Berceau*, IV, 204-209, 213, 214, 216-218. — (sœur), personnage du conte des *Lunettes*, V, 523.
COLIN, IX, 13.
COLLETET (Guillaume), IX, 320, 321.

490 TABLE ALPHABÉTIQUE

COLLETET (Mme), Claudine le Nain. Voyez C.... (Mlle).
COMPOSTELLE. Voyez SAINT-JACQUES.
COMTESSE (la), Poitevine, IX, 227, 232, 233, 240, 253.
Conclave (le), V, 187.
CONCORDAT (le bailli), IV, 378.
CONDÉ (Louis II de Bourbon, dit le grand). Voyez BOURBON.
CONDÉ (Henri-Jules de Bourbon, prince de). Voyez BOURBON.
CONDÉ (M. de), grand maître des eaux et forêts, IX, 228.
CONDÉS (les), IX, 467.
CONFÉRENCE (l'île de la), III, 209.
Conseil (Messieurs du), IX, 325.
CONSTANCE, personnage du conte de *la Courtisane amoureuse*, V, 186-206.
CONSTANTINOPLE (le port de), IX, 236.
CONTI (Louis-Armand de Bourbon, prince de), IX, 166, 167, 196, 197. — *A Mgr le prince de Conti*, dédicace de la *Comparaison d'Alexandre, de César, et de Monsieur le Prince*, VIII, 315-336. — *A Mgr le prince de Conti*, IX, 138-140.
CONTI (François-Louis de Bourbon, prince de); IX, 373. — *A S. A. Mgr le prince de Conti*, dédicace de la fable du *Milan, le Roi et le Chasseur*, III, 247-252.—*A L. A. S. Mlle de Bourbon et Mgr le prince de Conti*, VIII, 453-457. — *A. S. A. S. Mgr le prince de Conti*, IX, 196-199, 427-441, 452-460.
CONTI (Marie-Anne de Bourbon, dite Mlle de Blois, princesse de), IX, 166, 167. — *Le Songe*, VIII, 449-452.
CONTI (Marie-Thérèse de Bourbon, dite Mlle de Bourbon, princesse de), III, 251; IX, 434, 435. — *A L. A. S. Mlle de Bourbon et Mgr le prince de Conti*, VIII, 453-457.
CONTI (l'hôtel de), à Paris, IX, 435.
CORIDON, nom de berger, I, 267.
CORINTHE (isthme de), VIII, 489. — (airain de), VIII, 63. — (aller à), IX, 65.
COUCY (Claude-Gabrielle-Angélique de), abbesse de Mouzon. — *Lettre à M. D. C. A. D. M.*, IX, 101-106.
COUPERAINS ou COUPERINS (les), organistes, IX, 162.
COUR DE MIRACLE (la), à Paris, VII, 355.
COURS-LA-REINE (le), à Paris, IX, 159.
COURTOIS (M.), VIII, 270, 271.
COUTURE (la), foire de Reims, IX, 182.
CRANTOR, personnage du poème d'*Adonis*, VI, 252, 259, 260.
CRASSUS, I, 16, 17.
CRÉSUS, roi de Lydie, I, 44-46.
CRETIN (Guillaume), VIII, 439.
CREUSE (la), rivière, IX, 251.
CRISSÉ (Mme de), IX, 142.
CROMWELL, VIII, 333.
Cupidon (les Amours de Psyché et de), VIII, 1-234; II, 77; VI, 223.
CUPIDON, IV, 222-224, 253, 361, 450; VII, 38; VIII, 295, 299; IX, 103, 136, 289. —, personnage des *Amours de Psyché et de Cupidon*, VIII, 24, 42-234.
CURTADE, personnage du conte de *Joconde*, IV, 32, 33, 61.
CYBÈLE, VIII, 231.
CYCLOPE (un), VIII, 64, 65.
CYMODOCÉ, personnage de *Psyché*, VIII, 132, 133.
CYNIRAS, VI, 229.

CYPRE (l'île de), VIII, 179; IX, 106.—(l'infant de), VIII, 130.
CYPRINE, Vénus, IX, 104.
CYPRIS, Vénus, IX, 392. — (le verger de), V, 554. — (l'enfant de), IX, 38.
CYRUS, VII, 243.
Cyrus, roman de Mlle de Scudéry, IX, 25.
CYTHÈRE (l'île et la ville de), III, 325; V, 235, 237, 583; VI, 44, 232, 243; VII, 271; VIII, 46, 47, 90, 166, 231, 297, 385, 423; IX, 11, 136, 359, 410, 421, 429. — (le dieu, l'enfant de), V, 588; VIII, 457. — (la reine de), IX, 118, 119. —, pour CYTHÉRÉE, II, 367.
CYTHÉRÉE, Vénus, III, 335; VI, 225, 234, 240, 246; VIII, 44, 115, 174, 178, 185, 190, 191, 194, 195, 201, 203, 204, 206, 207, 213, 217, 219, 227, 228, 281, 295, 451.

D

DAMAR (la ferme de), IX, 297.
DAMIS, personnage de la comédie de *l'Eunuque*, VII, 10-114.
DAMON, nom conventionnel, II, 77. —, personnage du conte du *Gascon puni*, IV, 386, 388, 389, 392. —, personnage du conte de *la Coupe enchantée*, V, 111-115, 117-146. —, personnage du conte des *Aveux indiscrets*, VI, 51-61. —, personnage du poème des *Filles de Minée*, VI, 201-204.
DANDIN (PERRIN). Voyez PERRIN.
DANOIS (le), IX, 14.
DANUBE (le), VII, 513.
Danube (le Paysan du), fable, III, 138-153.

Daphné, opéra, VII, 185-245; IX, 180.
DAPHNÉ, nom de femme; VIII, 361. —, nymphe, VII, 183. —, personnage de l'opéra de *Daphné*, VII, 195-245.
DAPHNIS, personnage de l'opéra de *Daphné*, VII, 196-245.
Daphnis et Alcimadure, imitation de Théocrite, III, 327-336.
DARIUS, VIII, 318, 327, 331.
DAUPHIN (Monseigneur le). Voyez LOUIS, grand dauphin de France.
DAUPHINÉ (le), IX, 214.
DAVID, VII, 414.
Décaméron (le), de Boccace, IV, 64.
DELPHES (la ville de), I, 51, 52; VIII, 328.
DELPHIENS (les), I, 51-53.
DELPHIRE, néréide, VIII, 37.
Démocrite et les Abdéritains, fable, II, 340-345.
DÉMOSTHÈNE, VIII, 325, 337, 349-351.
DENBIGH (Edmond Fielding, comte de), IX, 438.
DENYS (le roi), I, 43.
DESCARTES, II, 462, 470; IX, 393.
DESHOULIÈRES (Mme). — *Ballade*, « Quoi qu'en ait dit », IX, 36-38.
DESJARDINS (Martin Vanden Bogaert, dit), IX, 367.
DES LENTILLES (M.), personnage de la comédie de *Ragotin*, VII, 278-396.
DESMARES (le sieur), VII, 500.
DESMARETS DE SAINT-SORLIN, auteur des *Promenades de Richelieu*, IX, 258, 264, 266.
DESTIN (le), I, 168, 185; II, 115, 177; III, 67, 96, 239, V, 116; VI, 201; VII, 177, 194, 213, 223, 234, 243, 269, 548; VIII, 55, 82, 86, 161, 179, 474, 475; IX, 463. — (les Filles du), VIII, 210.

TABLE ALPHABÉTIQUE

Destinée (la), IX, 199.
Destins (les), VI, 196, 255, 263, 269, 338; VII, 619; VIII, 50, 132, 192, 207, 473.
Deucalion, VIII, 138.
Diable (le), IV, 381, 469; V, 16; VI, 127; VII, 134.
Diable en enfer (le), conte, V, 462-482.
Diane, I, 32; VII, 219; VIII, 177, 178, 231, 361; IX, 231.
—, personnage de l'opéra de *Daphné*, VII, 195-245.
Didon, III, 336.
Dieu (croix de par), II, 181.
Dieux (les), I, 11, 15, 33, 38, 41, 42, 48, 53, 54, 98, 101, 151, 153, 178, 215, 237, 273, 310, 330, 341, 366, 388, 423; II, 4, 14, 17, 69, 85, 113, 162, 170, 236, 284, 317, 352, 417, 422, 432, 458; III, 66, 72; 104, 105, 119, 146, 155, 167, 248, 250, 258, 270, 271, 274, 299, 304, 311, 312; IV, 78, 428, 435, 439, 441; VI, 225, 325, 338, 353, 356; VII, 234, 240, 257, 259, 267, 598, 600, 602, 604, 606, 609, 610, 618, 620-622, 627; VIII, 51, 56, 59, 74, 115, 116, 134, 139, 159, 173, 175, 176, 177, 195, 198, 287, 300, 331, 391, 447, 500; IX, 27, 74, 166.
Dieux hospitaliers, exclamation, II, 185.
Dimanche (quelque Monsieur), V, 101.
Dindenaut, personnage de Rabelais, I, 427; V, 304, 305, 316.
Diocletian, Dioclétien, VIII, 257, 258, 334.
Diogène, VIII, 311.
Diomède, I, 130.
Dionysodore, VIII, 340.
Discorde (la), divinité, II, 68-71; III, 225.
Dôle (la ville de), VIII, 501, 502.

Donax, personnage de la comédie de *l'Eunuque*, VII, 10-114.
Dorame, personnage de la comédie de *Je vous prends sans verd*, VII, 558-590.
Dordrecht (la ville de), VIII, 437.
Dorie, personnage de la comédie de *l'Eunuque*, VII, 10-114.
Dorilas, personnage du conte du *Gascon puni*, IV, 385-392.
Dorimène, personnage du conte de *Joconde*, IV, 33, 34.
Doris, nom de femme, VIII, 361. —, néréide, VIII, 37.
Doris, pseudonyme de Chérée. Voyez ce nom.
Dorus, personnage de la comédie de *l'Eunuque*, VII, 10-114.
Douai (la ville de), VIII, 499.
Dryades (des), VIII, 69.
Dryope, nom de chienne, VI, 255.
Du But, joueur de luth, IX, 158.
Duc (Monsieur le). Voyez Bourbon (Louis III de).
Du Moulin (Pierre), théologien de la religion réformée, IX, 232.
Dure (les Albert), pour Durer, IX, 266.
Durieu (Mlle), VII, 500.

E

Échelle du Temple (l'), à Paris, VIII, 329.
Écho (la nymphe), III, 335; VI, 225, 237; VII, 510; VIII, 40, 41.
Échos, VII, 566.
École (l'), VI, 321, 339, 341.
Écriture (l'), IV, 183, 379; IX, 233, 430. — *sainte*, VIII, 325.
Édesse (la ville d'), VI, 282.

ÉGÉRIE (la nymphe), V, 341.
ÉGLISE (l'), V, 329. — Notre mère sainte Église, IV, 186; VI, 7.
ÉGYPTE (l'), I, 47, 51; VII, 357; VIII, 335; IX, 115. — (Philis d'), IX, 251.
ÉGYPTIENS (les), I, 49; VII, 362.
ÉLECTEURS (quatre), de l'Empire, XI, 55.
ÉLÉMENTS (les), III, 226.
ÉLÉPHANTIDE, III, 312.
ELISE (Mme), personnage du conte du *Roi Candaule et le Maître en droit*, V, 446-460.
Empédocle (nouvel), II, 418. — Empédocle de cire, II, 419.
EMPEREUR (l'), I, 94, 95; IX, 54. — Voyez TIBÈRE, LÉOPOLD.
EMPIRE (l'), I, 94; VIII, 497, 502; IX, 54.
ÉNÉE, III, 336; VIII, 312, 482.
Énéide (l'). Voyez VIRGILE.
ENFER (l'), I, 225; III, 271; VI, 268.
ENFERS (les), II, 314.
ENGHIEN (le combat d'), IX, 469, 471, 472.
ENNIUS, VIII, 494.
ENNUS, personnage de la *Vie d'Ésope*, I, 47, 48.
ENVIE (l'), divinité, VIII, 94, 190-193, 409.
ÉOLE, IV, 403; VI, 333.
Épargne (l'), IX, 108.
ÉPICURE, II, 341, 470.
Éphèse (la Matrone d'), conte VI, 63-86.
ÉPHÈSE (la ville d'), I, 33.
ÉRASTE, personnage du conte de *la Coupe enchantée*, V, 113, 122, 123, 125, 126.
ÉRATO, une des Muses, personnage de la comédie de *Clymène*, VII, 146-183.
ÉRÈBE (l'), III, 336.
ÉROS, personnage de la parodie *Antoine et Cléopâtre* intercalée dans la comédie de *Ragotin*, VII, 356-371.
ERREUR (l'), IX, 396.
ESCHINE, VI, 14.
ESCHYLE, II, 294, 295, 298.
ESCOBAR y Mendoza (Antoine), IX, 94. — *Ballade sur Escobar*, IX, 19-21.
ESCULAPE, II, 294; VI, 319, 330; VIII, 94.
ÉSOPE, I, 2, 3, 10, 12, 16, 19, 54, 106, 107, 129, 337, 345, 354, 362, 416, 417; II, 3, 40, 56, 80, 82, 274, 354; III, 133, 144, 174; V, 591; VI, 315; IX, 139. — *La Vie d'Ésope le Phrygien*, I, 20, 21, 23-54. — *Testament expliqué par Ésope*, fable, I, 191-195.
Ésope (un), V, 272.
ESPAGNE (l'), VIII, 505; IX, 103, 151. — (châteaux en), II, 153. — (jasmin d'), I, 277. — (l'infante d'). Voyez MARIE-THÉRÈSE D'AUTRICHE.
Espagne (air des *Folies d'*), IX, 74.
ESPAGNOL, les ESPAGNOLS, II, 287; VIII, 63, 506; IX, 269, 393.
ESPAGNOLE (habit d'), VII, 357.
ÉTAMPES (la ville d'), IX, 231, 232, 313.
ÉTATS (les), la Hollande, IX, 130, 131, 135.
ÉTERNEL (l'), VI, 295; IX, 205.
ÉTHIOPIE (l'), V, 272.
ÉTHIOPIEN, VIII, 71.
ÉTHIOPIENNE (une), VIII, 221, 227, 229.
ÉTHIOPIQUE gent (l'), VIII, 205.
ÉTIENNE, personnage du conte des *Troqueurs*, V, 320-336.
EUMÉNIDE (l'). Voyez ALECTON.
EUMÉNIDES (les), VIII, 212.
EUPHRATE (l'), VIII, 400.
EUPHROSINE, une des Grâces, VIII, 62.

EURILAS, personnage du conte du *Gascon puni*, IV, 386, 388-392.
EURIPIDE, IV, 150; VIII, 108, 117, 485; IX, 178.
EUROPE (l'), I, 5, 170; II, 229, 297, 357; III, 169; VI, 278; VIII, 125, 311, 346, 410, 505, 507; IX, 34, 119, 150, 458.
EUROPÉAN, pour EUROPÉEN, VIII, 434.
Eurus (un), VIII, 172.
EURYDICE, IX, 188.
EUTERPE, une des Muses, personnage de la comédie de *Clymène*, VII, 146-183.
EUTHYMEDUS, sophiste, VIII, 340.
EUTYPHRON, VIII, 339.
Évangile (l'), IV, 179; V, 360; IX, 423. — Mots d'Évangile, IV, 388.
Ève (une), V, 346.

F

F.... (Mlle de la). Voyez LA FORCE (Mlle de).
F[OUCQUET], VIII, 267. Voyez ORONTE.
FABRY (père), personnage du conte des *Cordeliers de Catalogne*, IV, 196.
Faculté (la), IV, 45; V, 307-311, 317.
FAGON (Gui Cressent), IX, 362.
FAGOTIN, nom de singe, II, 130.
FALERINE, personnage de Calderon, VIII, 67.
FASTE (le), divinité, IX, 137.
FAUNE, dieu des bois, III, 135; VIII, 278; IV, 223.
Faune (un), VIII, 69, 102. — Faunes, VII, 526.
FAUR (M.), IX, 298.

FAURE ou FORS (Poussard du Vigean, marquis de), IX, 283.
FAUSTINE (l'impératrice), IX, 263.
FAVORI, nom du *Petit Chien qui secoue de l'argent et des pierreries*, V, 260, 265, 276, 280.
FÉDÉRIC, personnage du conte du *Faucon*, V, 154-177.
FER-A-CHEVAL (le), à Versailles, VIII, 120.
Féronde ou le Purgatoire, conte, V, 379-406.
FÉRONDE, personnage du conte de *Féronde ou le Purgatoire*, V, 389-406.
FÉRONDE (Mme), personnage du conte de *Féronde ou le Purgatoire*, V, 389-406.
FIESQUE (Jean-Louis, comte de). — *Le comte de Fiesque au Roi*, IX, 188-190.
FIEUBET (Gaspard de), IX, 207, 208.
FILLES DE MÉMOIRE (les) Voyez MÉMOIRE (les Filles de).
FLAMAND (le), VIII, 434.
FLAMANDS (les), VIII, 499; IX, 338. — (remparts), IX, 33.
FLANDRE (la), I, 5; VII, 561; VIII, 504, 506; IX, 338, 452, 465, 470.
FLORE, II, 260, 381, 459; V, 586; VI, 225, 249, 266; VII, 198, 243, 533, 575, 577-579, 587-589; VIII, 29, 75, 89, 102, 124, 131, 172, 231, 232, 245, 259, 356, 448, 455, 462; IX, 170, 279, 457. —, personnage du prologue de l'opéra d'*Astrée*, VII, 508-515.
FLORENCE (la ville de), IV, 204; V, 27, 154, 158, 162; VI, 95, 98; IX, 175. —, lieu de la scène de la comédie du *Florentin*, VII, 402-438.
Florentin (le), comédie, VII, 397-438.

Florentin (le), satire contre Lulli, IX, 171-175.
FLORENTIN (un), personnage du conte du *Magnifique*, V, 560-575. — Voyez NICIA CALFUCCI.
FLORES (les), IX, 277.
FLORISE, VII, 211, 216-218.
Folie (l'Amour et la), fable, III, 268-271.
FONTAINE DE LA COURONNE (la), à Vaux-le-Vicomte, IX, 345.
FONTAINEBLEAU (le château de), IX, 118, 345, 352.
FONTANGE (Marie-Angélique de Scorraille, duchesse de), VIII, 447. — *A Mme de Fontange*, IX, 164-170.
FOREZ (le), IX, 38. —, lieu de la scène de l'opéra d'*Astrée*, VII, 516-553.
FORTUNE (la), divinité, I, 32, 44, 45 ; II, 349, 439 ; III, 83, 210, 212 ; VI, 122, 123, 126, 148, 153 ; VIII, 79, 310, 326, 328, 333, 335, 357, 483 ; IX, 58, 190, 455, 459. — *La Fortune et le jeune Enfant*, fable, I, 400-401. — *L'Homme qui court après la Fortune, et l'Homme qui l'attend dans son lit*, fable, II, 160-167. — *L'ingratitude et l'injustice des hommes envers la Fortune*, fables, II, 173-177.
FOUCQUET (Nicolas), IX, 9, 62, 63, 107-110, 120, 250, 342-353. — *A Mgr Foucquet*, dédicace du poème d'*Adonis*, VI, 219-222. — *Pour M. Foucquet*, élégie, VIII, 355-358. — *Ode au Roi [pour M. Foucquet]*, VIII, 390-393. — *A M. [Foucquet]. Ballade*, IX, 12-13. — *Ballade à M. F[oucquet] pour le pont de Château-Thierry*, IX, 17-18. — *Dizain. A M. [Foucquet]*, IX, 66. — *A Monsieur le surintendant*, IX, 111-117. — *A M. Foucquet, surintendant des finances. Relation de l'entrée de la Reine dans Paris, le 26º août 1660*, IX, 322-335. — *A M. Foucquet, en lui envoyant l'ode sur le mariage de Monsieur, frère unique du Roi, avec Henriette-Anne d'Angleterre*, IX, 336-341. — *A M. Foucquet*, IX, 354-356. — Voyez F[oucquet], ORONTE.
FOUCQUET (Mme), Marie-Madeleine de Castille - Villemareuil, IX, 346. — *Ode anacréontique à Madame la surintendante*, VIII, 377-379. — *A Madame [Foucquet]. Ballade pour le premier terme*, IX, 8-11. — *Dizain à Madame [Foucquet]*, IX, 65. — *A Madame la surintendante sur la naissance de son dernier fils à Fontainebleau*, IX, 118-120.
FOUCQUET (Nicolas), comte de Vaux, fils aîné du surintendant, IX, 119.
FOUCQUET (Charles-Armand), second fils du surintendant, IX, 119.
FOUCQUET (Louis), marquis de Belle-Isle, troisième fils du surintendant, IX, 118-120.
FRANC (le peuple), VI, 305.
FRANÇAIS (les), IV, 361, 365 ; VIII, 308, 390, 498, 505 ; IX, 159, 273, 275, 280.
FRANCE (la), I, 19, 434 ; II, 209, 286, 334 ; IV, 71, 426, 449 ; V, 27, 63, 199, 319, 444 ; VI, 221 ; VII, 287, 301 ; VIII, 17, 268, 307, 386, 410, 466 ; IX, 9, 16, 54, 82, 95, 123, 127, 129, 139, 152, 153, 175, 201, 203, 204, 214, 223, 228, 242, 247, 268, 294, 324, 330, 349, 363, 368, 376, 385, 391, 400, 406, 419, 445, 458.
FRANCHE-COMTÉ (la), I, 6.
FRANCOEUR, IX, 466.

François (maître). Voyez Rabelais.
François (saint), IV, 183; IX, 430.
François 1ᵉʳ, roi de France, IV, 101; IX, 243, 244.
Francs (les), VII, 498; IX, 169.
Frappart (frère), IV, 188.
Fribourg (la ville de), en Brisgau, VIII, 467.
Furetière (Antoine). — *Sonnet servant de réponse à un bout-rimé du sieur de Furetière*, IX, 51-53. — *Contre Furetière*, IX, 96-98.
Furies (les trois), II, 314; VIII, 189, 215. Voyez Alecton, Euménides (les), Mégère, Sœurs (les noires), Tisiphone.

G

Gabrias, fabuliste, II, 3.
Galandi (Bartholomée de). Voyez Bartholomée.
Galaor, frère d'Amadis, IV, 438.
Galatée, opéra, VII, 247-271.
Galatée, nymphe, III, 210; VI, 18; VIII, 39, 124. —, personnage de l'opéra de *Galatée*, VII, 252-271. —, personnage de l'opéra d'*Astrée*, VII, 516-553.
Galien (M.). — *En lui rendant ses poésies*, IX, 181-182.
Galioffo, personnage de l'opéra d'*Astrée*, VII, 516, 551-553.
Gallois (Perceval le). Voyez Perceval.
Gambarini, personnage de l'opéra d'*Astrée*, VII, 516, 551-553.
Gand (la ville de), VIII, 505.
Gange (le), II, 123; III, 255; VIII, 400.
Gantois (les), VIII, 505.
Ganymède, I, 151; V, 273; VI, 348.
Ganymède (un), VII, 57. — Ganymèdes IX, 439.
Garamante (le), VIII, 205.
Garbe (la Fiancée du roi de), nouvelle, IV, 393-451.
Garbe (le royaume de), IV, 399, 441, 448, 449.
Garnier (Robert), VII, 314.
Garo, personnage de la fable du *Gland et la Citrouille*, II, 376-379.
Garonne (la), IX, 214.
Gascon, V, 444, 445; VII, 462. — (s'en tirer en), II, 261. — (l'idiome), IX, 214.
Gascon puni (le), nouvelle, IV, 384-392.
Gascon (le). Voyez Dorilas.
Gascons, IV, 388; VI, 131.
Gasparin, personnage du conte d'*A Femme avare Galant escroc*, IV, 360-364.
Gaster (messer), l'Estomac, I, 206, 207.
Gaules (les), VIII, 327; IX, 242.
Gaulois, les Gaulois, VIII, 322, 328, 392.
Gaultier, musicien, IX, 158.
Gélaste, personnage de *Psyché*, VIII, 26-234. —, personnage du *Songe de Vaux*, VIII, 251-267, 292.
Gênes (la ville de), IX, 190.
Gennare Annèze. Voyez Annèze.
Génois (les), IX, 190.
George (un saint), VII, 294.
Géorgiques (les). Voyez Virgile.
Gerbe d'eau (la), à Vaux-le-Vicomte, IX, 345.
Germains (les), III, 148, 150; VIII, 501; IX, 151.
Géronte, personnage du conte de *la Confidente sans le savoir ou le Stratagème*, VI, 27, 29, 30, 34, 35.

GÉRYONS (les triples), VIII, 211.
GILIPPE, personnage du poème d'*Adonis*, VI, 252.
GILLE, personnage du conte des *Troqueurs*, V, 320-336. — (frère), IX, 6.
GILLE, nom de singe, II, 371. —, singe de Jupiter, III, 310-312.
GIRARD (frère), personnage du conte des *Cordeliers de Catalogne*, IV, 196, 197, 201.
GIRARDIN (le sieur), IX, 102.
GIRARDON (François), sculpteur, IX, 365, 368.
GIRIN (M.), IX, 213-215.
Glatigny (Inscriptions historiques du château de), traduction, VIII, 496-507.
GLAUQUE, dieu marin, VIII, 47. —, personnage du poème d'*Adonis*, VI, 252.
GNATON, personnage de la comédie de *l'Eunuque*, VII, 10-114.
GODEAUX (les), IX, 139.
GONIN (maître), IV, 458.
GOTH (le), VIII, 434.
GOUVERNET (Mme de), Esther Hervart, IX, 399. — Pour *Mmes d'Hervart, de Virville, et de Gouvernet*, IX, 461-464.
GOUVERNET (Madeleine-Sabine de la Tour de), IX, 421. Voyez VIRVILLE (Mme de).
GRACE (une), VII, 163; VIII, 231.
Grâce (une quatrième), VIII, 227; IX, 387.
GRACES (les), V, 528; VI, 231; VIII, 17, 37, 45, 179, 187, 201, 206, 229, 231, 255, 272, 281, 283, 298, 364, 378, 379, 385, 451, 474, 475; IX, 14-16, 105, 142, 170, 320, 359, 405, 434, 462. — (la déesse des), Vénus, VIII, 183, 184, 186. — (la reine des), VIII, 189, 191. — (la mère des), IX, 336. — Voyez AGLAÏA, EUPHROSINE, THALIE.

Grâces (des), V, 445; VIII, 96; IX, 341, 379.
GRADAFILÉE (l'infante), IX, 235.
GRAND SEIGNEUR (le), I, 94, 95. — Voyez MAHOMET IV.
GRAND TURC (le), IX, 275.
GRATIS, IV, 358.
GREC (un), II, 303, 306; VIII, 71.
GRÈCE (la), I, 29, 51, 54, 191, 199; IV, 116; VI, 14, 173, 179; VII, 8, 97, 599, 600, 603, 608, 610, 612, 617, 619, 623; VIII, 43, 45, 48, 51, 61, 311, 413, 489, 493, 506; IX, 169, 201, 205.
GRECQUE (une), VIII, 228.
GRECS (les), I, 130, 291; II, 233, 236; III, 112, 185, 188, 304; IV, 115; VII, 598, 599, 602, 603, 609, 610, 615-617; VIII, 61, 181, 323, 481; IX, 153, 201, 202, 373.
GRÉGOIRE (messire), II, 321, 322. — (sire), II, 217. —, personnage du *Conte d'un paysan qui avoit offensé son seigneur*, IV, 131-142.
GRENOBLE (la ville de), IX, 214.
GRIFFON (M.), personnage de la comédie de *la Coupe enchantée*, VII, 444-495.
GRIFONIO, personnage du conte de *la Fiancée du roi de Garbe*, IV, 400-403, 419.
GRIPPE-FROMAGE, le Chat, II, 324.
GRIPPEMINAUD, nom de chat, II, 190.
GROSBOIS (le couvent de), IX, 207.
Gros Jean. Voyez Jean.
GUILLAUME, II, 186. — (frère), personnage du conte des *Cordeliers de Catalogne*, IV, 196. — (sire), personnage du conte du *Faiseur d'oreilles et le Raccommodeur de moules*, IV, 156, 158, 159, 164-173.

GUILLAUME-HENRI de Nassau, prince d'Orange. Voyez ORANGE.
GUILLEMETTE, IX, 13.
Guillemettes (les), VII, 122.
GUILLERAGUES (Gabriel-Joseph de la Vergne, vicomte de), IX, 98.
GUILLOT, nom de berger, I, 211; II, 452. —, personnage du conte du *Baiser rendu*, V, 231-233. —, personnage du conte du *Cas de conscience*, V, 344-353. —, personnage du conte de *la Gageure des trois commères*, IV, 309-316.
Guillot, nom collectif du paysan, V, 259.
GUISE (Charles de), dit le cardinal de Lorraine, VIII, 345.
GUISE (François de Lorraine, duc de), VIII, 345.
GUISE (Henri de Lorraine, duc de), VIII, 332.
GUISE (Joseph-Louis de Lorraine, duc de). — *A S. A. Mgr le duc de Guise*, dédicace des *Fables nouvelles et autres poésies*, VIII, 343-346.
GUISE (Élisabeth d'Orléans, dite Mlle d'Alençon, duchesse de), VIII, 344. — *Pour S. A. R. Mlle d'Alençon*, IX, 47-48.
GULPHAR, personnage du conte d'*A Femme avare Galant escroc*, IV, 359-364.
Guzmanesques (héros), IX, 251.
GYGÈS, personnage du conte du *Roi Candaule et le Maître en droit*, V, 426-436.

H

HALIFAX (Georges Saville, marquis d'), IX, 438.
Hans Carvel (l'Anneau d'), conte tiré de R., IV, 376-383.
HANS CARVEL, personnage du conte de *l'Anneau d'Hans Carvel*, IV, 377-383.
HARDEL, musicien, IX, 162.
HARLAY (Achille III de), IX, 452-454. — *A Mgr le procureur général du Parlement*, dédicace des *Ouvrages de poésie des sieurs de Maucroix et de la Fontaine*, VIII, 347-351.
HAROUYS, trésorier des États de Bretagne, IX, 454.
HARPAJÈME, personnage de la comédie du *Florentin*, VII, 402-438.
HARPIES (les), VIII, 211.
HARVEY (Mme), Élisabeth Montagu. — *A Madame Harvey*, dédicace de la fable du *Renard anglois*, III, 317, 319, 323-325.
HASARD (le), I, 168.
HÉBÉ, VIII, 201.
HÉBREUX (les), VIII, 397.
HECTOR, VI, 224; VII, 622, 623.
HÉCUBE, III, 72.
HELANG (Mme d'), Esther de Gouvernet, IX, 399.
HÉLÈNE, l'amante de Pâris, la grecque beauté, II, 392; V, 102, 159, 595; VI, 229; VII, 610, 620; VIII, 61, 139; IX, 194.
Hélène (une), II, 170. — L'Hélène de, IV, 437.
HÉLICON (l'), VI, 253; VIII, 278, 279; IX, 151.
HÉLIODORE, évêque, auteur des *Amours de Théagène et de Chariclée*, IX, 25.
HÉLIOPOLIS (la ville d'), I, 50.
HELLESPONT (l'), VIII, 489.
HÉMON, claveciniste, IX, 158.
HENRI IV, roi de France, VIII, 358; IX, 269, 355.
HENRIET BERLINGUIER, personnage du conte de *la Gageure des trois commères*, IV, 321-324.

Héraclius, tragédie de Corneille, IX, 155.
HERCULE, I, 363; II, 59-61, 237; III, 74, 106; V, 182, 184; VIII, 65; IX, 339, 458. — Les HERCULES, VIII, 200.
HERCULE GAULOIS (l'), VIII, 322.
Hercule (l'Apothéose d'), tableau de le Brun, à Vaux-le-Vicomte, VIII, 277.
Hercule (autre), II, 230. — (un), VIII, 102.
Hercules, statues, IX, 260, 261.
HÉRICART (Louis), IX, 298, 303.
HÉRICART (Mme), Agnès Petit, IX, 303.
HERMIPPUS, personnage de *la Vie d'Ésope*, I, 47.
HERVART (Anne d'), maître des requêtes, IX, 382, 383, 414, 415.
HERVART (Mme d'), Françoise le Ragois de Bretonvilliers, IX, 378, 379, 381-383, 388, 414. — *Pour Madame [d'Hervart]. Sur l'air des « Folies d'Espagne »*, IX, 74-76. — *Pour Mmes d'Hervart, de Virville, et de Gouvernet*, IX, 461-464.
HERVART (Mme d'), Esther Wymar, la veuve, IX, 398, 399.
HERVARTS (les d'), IX, 389.
HESPÉRIDES (les), VIII, 29.
HESSEIN (Pierre), IX, 388.
HEURES (les), divinités, VII, 236; VIII, 121, 123, 201; IX, 167, 168.
Hiérôme (un saint), en mosaïque, au château de Richelieu, IX, 272, 273.
HILAIRE (Mlle), cantatrice, IX, 157.
HILUS, personnage du poème d'*Adonis*, VI, 252.
HIPPIAS, VIII, 339.
HIPPOCRATE, I, 226; 391; II, 342, 344, 345; V, 309.
HIPPOCRÈNE (l'), VII, 147, 174, 175; IX, 396, 404.

HISPAL, personnage du conte de *la Fiancée du roi de Garbe*, IV, 399-418, 446.
Hollandais (Virelai sur les), VIII, 431-438.
HOLLANDE (la), VIII, 500. — (fromage de), II, 108. — (les journaux de), IX, 369.
HOMÈRE, I, 16, 28, 168; II, 354; 470; III, 284; VI, 166, 306; VII, 243; VIII, 114-116, 249, 250, 263, 311, 312, 413, 452; IX, 34, 197, 198, 202, 469, 471.
Homères (les), VI, 277. — (plusieurs), III, 234.
HOMONÉE, femme d'Atimète. — Son *Épitaphe*, VIII, 469-476.
HONESTA (Mme), personnage du conte de *Belphégor*, VI, 98-119.
HONGROIS (le), I, 97.
HONORÉ (messire). Voyez URFÉ (Honoré d').
HORACE, le poète, I, 19, 20, 200; II, 112; III, 244; IV, 12, 151, 152; V, 341; VII, 167, 169, 243; VIII, 483; IX, 156, 199, 202, 203, 437.
Horace, tragédie de Corneille, IX, 155.
HORTENSE, personnage de la comédie du *Florentin*, VII, 402-438.
HORTENSE. Voyez MAZARIN (Hortense Mancini, duchesse de).
HORTÉSIE, l'Intendante du jardinage, personnage du *Songe de Vaux*, VIII, 243, 250-267, 290.
HÔTEL-DIEU (Madame de l'), IX, 313.
HUET (Pierre Daniel). — *Épitre à Mgr l'évêque de Soissons en lui donnant un Quintilien de la traduction d'Horatio Toscanella*, IX, 200-205.
HYDRES (les), VIII, 211.
HYLAS, personnage de *l'Astrée* de d'Urfé, VIII, 108, 109; IX,

38. —, personnage de l'opéra d'*Astrée*, VII, 516-553.
HYMEN, HYMÉNÉE, divinité, II, 71; III, 250; IV, 463; V, 104, 121, 211, 332; VI, 100, 199, 292, 293; VII, 209, 216-218, 222, 268, 550; VIII, 178, 454; IX, 105.
HYMETTE (le mont), II, 417.
HYPOCRISIE (dame), IV, 457.

I

IBÈRE (l') VIII, 504; IX, 278.
— (le prince), IX, 338.
IBÈRES (les), VIII, 501.
IDA (le mont), VI, 255.
IDALIENS (les monts), VI, 227, 231.
IGNACE, nom de laquais, VII, 408.
Iliade (l'). Voyez HOMÈRE.
Iliade de mes malheurs (l'), IX, 416.
ILIE, V, 341.
ILION (la ville d'), VI, 15; VII, 608 [Ilium], 618, 619, 621. Voyez TROIE.
Ilions (ces), VIII, 502.
IMMORTELS (les), II, 84; III, 105, 146, 182; VI, 162; VIII, 115, 316, 385, 412; IX, 34, 167.
IMPUDENT (l'), cheval du cardinal de Richelieu, IX, 276.
INDE (l'), III, 90; VIII, 427, 479.
INDES (les), VIII, 323, 326; IX, 123. — (les grandes), II, 249.
INDIEN. Voyez PILPAY.
INDIEN, les INDIENS, VI, 205; VIII, 76.
INDOSTAN (l'), VIII, 436.
INDOU, II, 124.
INDRE (l'), rivière, IX, 251.
INFANTE D'ESPAGNE (l'). Voyez MARIE-THÉRÈSE D'AUTRICHE.
INNOCENT XI, pape, IX, 435, 436, 445.
Io, fille d'Inachus, III, 135 VIII, 207.
Io, nom de vache, VI, 8.
IOLE, personnage du poème des *Filles de Minée*, VI, 208, 209.
IRIS, servante et messagère de Junon, III, 275; VII, 217. —, nom de femme, VIII, 361, 375, 376. —, nom conventionnel, appliqué : à Mme de la Sablière, II, 458, 463, 473; III, 274, 275; VIII, 348; IX, 110, 184, 186, 187, 381; à Mlle Simon, IX, 69. —, personnage du conte XI de la IIIe partie : *Imitation d'Anacréon*, V, 236-237. —, une des filles de Minée, personnage du poème des *Filles de Minée*, VI, 173-210. — Les IRIS, IX, 142.
Iris (l'), l'arc-en-ciel, VIII, 123.
IRLANDE (l'), IX, 54, 55.
IROQUOIS (les), VI, 325.
ISABEAU ou ISABELLE (sœur), personnage du conte du *Psautier*, V, 412-422.
ISABELLE, personnage de la comédie de *Ragotin*, VII, 278-396. — Voyez ISABEAU.
Isis, opéra, paroles de Quinault, musique de Lulli, IX, 163.
ISMÈLE, personnage de l'opéra de *Daphné*, VII, 195-245.
ISMÈNE, personnage de l'opéra d'*Astrée*, VI, 516-553.
ISOURE (le palais d'), VII, 530.
ISRAËL, VIII, 397, 400.
ISSEL (l'), VIII, 500.
ITALIE (l'), IV, 41, 64, 101; V, 199; IX, 266, 436, 437.
ITALIENS (les), VIII, 112.
ITHAQUE (l'île d'), III, 189.
IXION, VIII, 212.

J

JACQUES II, roi d'Angleterre, IX, 399, 400, 404, 407, 440, 441, 445.
JALOUSIE (la), divinité, VIII, 190-193, 370.
JANNART (M.), IX, 220, 222, 226-228, 233, 240, 253, 269, 283, 284, 291, 293, 294. — *Lettres* de la Fontaine, IX, 297-314.
JANNART (Mme), Marie Héricart, IX, 226, 227, 303, 305, 309.
JANOT, le baigneur, personnage du conte de *Richard Minutolo*, IV, 68-72, 77, 79.
Janot et Catin, VIII, 439-446.
JANOT LAPIN, II, 185.
JANSÉNIUS (Corneille), évêque d'Ypres, IX, 19.
Janus (un), IX, 123.
JAPET, JAPHET, I, 145, 148; VIII, 438.
JAPON (le), II, 166.
JEAN [de la Fontaine], VIII, 46. — *Épitaphe d'un paresseux*, IX, 80.
JEAN (frère), personnage du conte de *Féronde ou le Purgatoire*, V, 397-402. — (messire), personnage du conte du *Psautier*, V, 414, 415, 419. —, personnage du conte de *la Jument du compère Pierre*, V, 485-503.
JEAN CASIMIR, roi de Pologne, IX, 129.
JEAN CHOUART. Voyez CHOUART.
JEAN DE NIVELLE, II, 319.
JEAN LAPIN, I, 149-151, 186, 187, 190. Voyez JANOT LAPIN.
Jean (gros), II, 154. — (maître), VIII, 433. — (saint, ou par saint), exclamations, IV, 210, 304; V, 46, 356.
JEANNE, nom de femme, I, 203. —, personnage du conte des *Troqueurs*, V, 320-336. — (sœur), personnage du *Conte de ****, IV, 124-125; V, 410.
JEANNE D'ARC, IX, 235.
Jeannes (des), IX, 295.
JEANNETON, la folle, VII, 357.
Jeannetons (les), IX, 436, 447.
JÉRÔME (saint), VI, 305.
Jésus (mon doux), exclamation IV, 138.
JEUX (les), divinités, II, 75, 116; VII, 208; VIII, 65, 91, 186, 227, 228; IX, 14-16, 262, 391, 392, 405, 428.
JOB, VI, 118.
Job (notre), IV, 253.
Joconde, nouvelle tirée de l'Arioste, IV, 17-62. — (sur l'air de), IX, 371.
JOCONDE, personnage du conte de *Joconde*, IV, 21-62.
JOCONDES (les), IX, 269.
Jodelet (un), VII, 133.
JOLIBOIS, IX, 466.
JOLICŒUR, IX, 466.
JOPPE (le port de), IV, 443.
JOSSELIN, personnage de la comédie de *la Coupe enchantée*, VII, 444-495.
JOUVENCE (la fontaine de), II, 76; VIII, 195.
JUDAS, VII, 388; IX, 40.
Juges d'Enfer (les), III, 271. Voyez MINOS, RHADAMANTE.
JULE. Voyez CÉSAR, MAZARIN.
JULIE, personnage de la comédie de *Je vous prends sans verd*, VII, 558-590.
Julien (l'Oraison de saint), nouvelle tirée de Boccace, IV, 235-275; IX, 415.
JUNON, I, 181; III, 275; V, 580; VI, 292, 293; VIII, 176, 177, 199-201, 207, 231, 385; IX, 170, 391, 392.

502 TABLE ALPHABÉTIQUE

Jupin, I, 214, 215; II, 423; III, 38; IV, 402; V, 273; VI, 157, 354, 355; IX, 30-32, 34, 165, 169. —, personnage des *Amours de Mars et de Vénus*, VIII, 299-300.
Jupiter, I, 53, 151-153, 271, 313, 364, 366, 367, 398; II, 4, 6, 37, 237, 458; III, 35, 101, 103, 105, 136, 210, 239, 258, 271, 275; VI, 316, 317, 348, 355, 356; VII, 203, 215, 238, 267, 509; VIII, 30, 63, 65, 198, 226, 229, 272, 280, 318, 330, 336, 348, 412; IX, 34, 166, 189, 192, 242, 254, 270, 379, 395, 396, 418, 439, 463. —, personnage de la fable de *la Besace*, I, 77-78. —, personnage du poème de *Philémon et Baucis*, VI, 151-162, 165. —, personnage du prologue de l'opéra de *Daphné*, VII, 188-194. — *L'Éléphant et le Singe de Jupiter*, fable, III, 309-312. — *Jupiter et le Métayer*, fable, II, 12-14. — *Jupiter et le Passager*, fable, II, 420-424. — *Jupiter et les Tonnerres*, fable, II, 312-317. — Les Jupiters, IX, 245.
Jupiter Hospitalier, I, 32.
Jupiter, nom appliqué à Louis XIV, VIII, 125, 451, 452, 503; IX, 119, 120, 166 [le Jupiter de ce bas hémisphère].
Jupiter, planète, II, 296.
Jupiters, statues, II, 386; IX, 262.

K

Kiopès, roi d'Égypte, IX, 114, 115.

L

La Barre, musicien, IX, 158
La Barre (M. de), VII, 126.
La Baguenaudière (M. de), personnage de la comédie de *Ragotin*, VII, 278-396.
La Calprenède, IX, 276.
La Caverne, personnage de la comédie de *Ragotin*, VII, 278-396.
Lacédémone (la ville de), VIII, 321.
La Crasse (le baron de), personnage d'une comédie de R. Poisson, VII, 308.
Lælius, VIII, 30.
La Fage (Raimond), dessinateur et graveur, IX, 85.
La Fare (Charles-Auguste, marquis de), IX, 363.
La Fayette (Mme de la), Marie-Madeleine Pioche de la Vergne. — *A Mme de la Fayette, en lui envoyant un petit billard*, IX, 136, 137.
La Fayette (François de), évêque de Limoges, IX, 294.
La Ferté, IX, 312.
La Feuillade (François d'Aubusson duc de), maréchal de France, IX, 367, 368.
La Fontaine (Charles de), père de Jean, IX, 299, 300, 302, 306, 307, 310.
La Fontaine (Claude de), frère de Jean, IX, 126.
La Fontaine (Charles de), fils de Jean, IX, 126, 127, 224, 225, 299, 306, 307, 312, 314.
La Fontaine (Mme de la), Marie Héricart, IX, 126, 298, 306, 309. — *Lettres à Mme de la Fontaine. Relation d'un voyage de Paris en Limousin*, IX, 219-295.

DES ŒUVRES DE LA FONTAINE. 503

La Force (Charlotte-Rose de Caumont de), IX, 427-432.
La Fortune, grenadier, IX, 466.
La Fourcade (M. de), garde du corps, IX, 253.
La Haye (M. de), VII, 126; IX, 304, 360.
Lambert (Michel), chanteur et compositeur, III, 128; VIII, 271-273; IX, 158.
La Mésangère (Mme de), Marguerite de la Sablière. — *A Mme de la Mésangère*, dédicace de *Daphnis et Alcimadure*, III, 327-331.
Lamporech, Lamporechio. Voyez Mazet.
L'Amy, VII, 569.
Lamoignon (Chrétien-François de), avocat général, IX, 430.
Landau (la), IX, 288, 289.
Languedocienne (une), VII, 462.
Lanjamet, IX, 449, 450.
Laomédon, père de Priam, VIII, 276, 277, 293.
La Place (Mme de), IX, 313.
Lapon, II, 124.
La Rancune, personnage de la comédie de *Ragotin*, VII, 278-396.
Laridon, nom de chien, II, 333-335.
La Rochefoucauld (François VI, duc de), auteur des « Maximes ». — *Pour M. L. D. D. L. R.*, dédicace de la fable de *l'Homme et son image*, I, 91. — *Discours à M. le duc de la Rochefoucauld*, III, 80-86.
La Sablière (Mme de), Marguerite Hessein, III, 329, 330; IX, 374, 378-381, 385, 388, 411, 412. — *Discours à Mme de la Sablière*, II, 454-479. — *A Mme de la Sablière*, dédicace de la fable du *Corbeau, la Gazelle, la Tortue et le Rat*, III, 272-279. — Second Discours à Mme de la Sablière, IX, 183-187.
La Thorillière (le sieur), VII, 500.
Latins (les), IX, 373.
Latone, VII, 214, 236, 243. — (le bassin de), à Versailles, VIII, 121-124.
La Tour (Constantin-Ignace de), IX, 132.
La Tour (Henri-Maurice de), IX, 132.
La Vallée-Cornay, partisan, IX, 122, 123.
Lazare, IX, 54.
Léandre, VII, 286.
Le Breton (M.), VII, 126.
Le Brun (Charles), VIII, 252; IX, 346, 347.
Le Camus (Étienne), cardinal-évêque de Grenoble, IX, 215.
Le Clerc (Jean), IX, 369.
Le Comte (le sieur), VII, 500.
Le Curron (M.), VII, 126.
Lède, pour Léda, VIII, 272, 275.
Le Destin, personnage de la comédie de *Ragotin*, VII, 278-396.
Légende (la), IV, 334, 379, 459, — *dorée*, IX, 22.
Lélaps, nom de chien, VI, 257.
Lélie, personnage de la comédie de *la Coupe enchantée*, VII, 444-495.
Lemercier (Jacques), architecte, IX, 262.
Le Nostre (André), VIII, 124, 252.
Lens (la bataille de), VIII, 319, 326.
Léonide, personnage de l'opéra d'*Astrée*, VII, 516-553.
Léonora, cantatrice, IX, 155.
Léopold, empereur, IX, 15
Le Tellier (M.), VII, 126.
Le Tellier (Michel). — *Épigramme sur la mort de M. Colbert, qui arriva peu de temps après une grande maladie qu'eut*

le chancelier le Tellier, IX, 95.

L'Étoile, personnage de la comédie de *Ragotin*, VII, 278-396.

Leucippe, personnage de l'opéra de *Daphné*, VII, 195-245.

Levant (le), V, 382.

Levantins (les), II, 107.

Leviathan, VIII, 435.

Liancourt (le château de), VIII, 67.

Liban (le mont), VIII, 436.

Libye (la), VI, 303.

Liège (la ville de), IX, 239.

Ligarius, VIII, 312, 331.

Ligne (la) l'Équateur, IX, 410.

Lignon (le), V, 70; VII, 514, 517, 528, 532, 534, 539, 405.

Ligue (la), I, 143.

Ligurio, personnage du conte de *la Mandragore*, V, 44, 47, 48.

Lille (la ville de), VIII, 499, 500.

Limbourg (la ville de), VIII, 502.

Limerick (la ville de), IX, 54.

Limoges (la ville de), IX, 220, 224, 258, 282, 293, 294.

Limousin (le), écrit Limosin, IX, 123. — *Lettres à Mme de la Fontaine. Relation d'un voyage de Paris en Limousin*, IX, 219-295.

Limousines, IX, 221.

Lise, personnage du conte de *Comment l'esprit vient aux filles*, V, 290-299.

Livie, statue, IX, 276.

Lizetta, personnage de l'opéra d'*Astrée*, VII, 516, 551-553.

Locman, II, 82.

Loire (la), rivière, IX, 241, 244-247, 251, 254.

L'Olive, personnage de la comédie de *Ragotin*, VII, 278-396.

Lombardie (la), IV, 19, 22, 221.

Lombards (rois). Voyez Agilut, Astolphe.

Londonderry (le siège de), IX, 440, 441.

Londres (la ville de), IX, 54, 375, 378.

Longin, auteur du traité du *Sublime*, VIII, 120.

Lorrain (le), Lorraine. Voyez Charles III et IV.

Louis (maître). Voyez Arioste (l').

Louis XI, roi de France, IX, 238, 239.

Louis XIII, roi de France, IX, 154, 268.

Louis XIV, roi de France, I, 4-6, 54; II, 203, 229; III, 169, 175, 176, 183, 209, 212, 213, 239; VI, 278, 306, 338, 351, 357; VII, 147, 194, 509, 513; VIII, 30, 31, 36, 121, 125, 242, 250, 308-313, 334, 335, 346, 351, 358, 409-413, 435, 436, 447, 448, 498-507; IX, 18, 27, 28, 31, 52, 53, 99, 113, 120, 125-128, 130, 131, 147, 148, 151, 156, 157, 159, 160, 161, 165, 169, 173, 177, 179, 180, 206, 210, 211, 221, 224, 232, 284, 325, 332, 333, 335, 336-341, 343, 345, 346, 348, 350, 351, 353, 355, 363, 366-368, 375, 377, 400, 404, 407, 436, 443-446, 452, 454, 455, 465, 466, 470. — — *Ode au Roi* [pour M. Foucquet], VIII, 390-393. — *Ballade sur la paix des Pyrénées et le mariage du Roi*, IX, 14-16. — *Ballade. Au Roi*, IX, 33-35. — *Au Roi et à l'Infante. Madrigal en 1660*, IX, 58. — *Madrigal. Pour le Roi*, IX, 59. — *Pour le Roi. Sizain*, IX, 66. — *Pour le Roi*, IX, 67. — *Sur un portrait du Roi*, IX, 83. — *Le comte de Fiesque au Roi*, IX, 188-190. —

Au Roi, pour Lulli, qui dédie à S. M. l'opéra d'Amadis, IX, 191-192; *l'opéra de Roland*, IX, 193-195. — Voyez Alcandre, Jupiter, Mars.

Louis, grand dauphin de France, fils de Louis XIV et de Marie-Thérèse, III, 183; VIII, 436, 466; IX, 27, 118, 168. — *A Monseigneur le Dauphin*, épître dédicatoire en prose des six premiers livres des *Fables*, I, 1-7; dédicace en vers des mêmes, 55-56. — *Ballade sur le nom de Louis le Hardi*, IX, 42-43. — *Envoi à Monseigneur et à Mme la dauphine*, IX, 32.

Louvain (la ville de), VIII, 499.

Louvois (Fr.-M. le Tellier, marquis de), VIII, 502.

Louvre (le), II, 366.

Louvre, au sens de palais, II, 131; V, 271, 278, 542; VII, 293. — Louvres, VIII, 412.

Louvres (le bourg de), IX, 415.

L. R. (*Pour M. L. D. D.*) [Pour M. le duc de la Rochefoucauld.] Voyez La Rochefoucauld.

Lubin, personnage de la comédie de *Je vous prends sans verd*, VII, 558-590.

Lubin (de frère), ballade de Marot, IX, 146.

Lucas, VII, 566, 577.

Luce (frère), personnage du conte de *l'Ermite*, IV, 459-461, 463-471, 473-481.

Lucifer, I, 224; IV, 470; V, 32, 257, 359, 419; VI, 289; IX, 21.

Lucilius, VIII, 486, 488.

Lucinde, personnage de la comédie de *la Coupe enchantée*, VII, 444-495.

Lucine, VIII, 94.

Lucrèce, le poète, VI, 316; VIII, 483, 493, 494.

Lucrèce, femme de Collatin, V, 278. — (Mme), personnage du conte de *la Mandragore*, V, 30-59.

Lucrèces (les), V, 53.

Lulli (Jean-Baptiste), IX, 159, 160, 179, 180, 462. — *Au Roi, pour Lulli, qui dédie à S. M. l'opéra d'Amadis*, IX, 191-192; *l'opéra de Roland*, IX, 193-195. — Voyez *Florentin (le)*, satire.

Lune (la), VIII, 128.

Luther, IX, 232.

Luxembourg (le palais du), IX, 49, 113.

Luxure (dame), VIII, 441.

Lycaste, personnage du poème d'*Adonis*, VI, 252.

Lycée (le), à Athènes, VIII, 338, 339.

Lycérus, roi de Babylone, I, 46-51.

Lycidas, IX, 76. —, personnage du *Songe de Vaux*, VIII, 271-277.

Lycie (la), VII, 195, 206.

Lycien (le). Voyez Télame.

Lycoris, nom de lice, VI, 258.

Lydie, personnage de la tragédie d'*Achille*, VII, 596-628.

Lydie (la), I, 46; VIII, 181.

Lydiens (les), I, 44.

Lysimante, VIII, 186.

Lysippe, statuaire, IX, 368.

Lysis, berger, VIII, 460-464.

M

M. (*Lettre à M. D. C. A. D.*). Voyez Mouzon.

Macédoine (le prince de), VIII, 323. Voyez Alexandre.

Macédoine (la), VIII, 324.

Macédoniens (les), VIII, 325, 333.

Macée (la commère), personnage du conte de *la Gageure des trois commères*, IV, 300, 326.

MACHIAVEL, V, 22; VI, 87; IX, 204.
MADAME. Voyez ORLÉANS (Henriette-Anne d'Angleterre, duchesse d').
MADAME DOUAIRIÈRE. Voyez ORLÉANS (Marguerite-Louise de Lorraine, duchesse douairière d').
MADELEINE. Voyez *Magdelaine* (une), MAGDELEINE.
MAESTRICHT (la ville de), VIII, 500, 501.
MAHOMÉTAN (l'illustre). Voyez BAJAZET 1ᵉʳ.
Magdelaine (une), tableau du Titien, IX, 272.
MAGDELEINE, personnage du conte de *la Jument du compère Pierre*, V, 287-503.
MAHOM, IV, 402; V, 386, 388.
MAHOMET, II, 304; IX, 131.
MAHOMET IV, IX, 131.
MAINE (Louis-Auguste de Bourbon, duc du). — *Pour Mgr le duc du Maine*, III, 100-108.
MAINE (le), VI, 44.
MAINSY (le village de), VIII, 281, 283, 290, 294.
Maître Jean. Voyez Jean.
Malc (Poème de la captivité de saint), VI, 274-306.
MALC, personnage du *Poème de la captivité de saint Malc*, VI, 279-287, 289.
MALHERBE (François de), I, 98, 200, 201; VII, 164, 165, 243; IX, 205, 355, 374. — Les MALHERBES, IX, 139.
Malherbes (des), IX, 456.
MALIN (le), IV, 496; IX, 369.
MAMOLIN, personnage du conte de *la Fiancée du roi de Garbe*, IV, 397-399, 448, 449.
MANCEAU, II, 321; VII, 332. — (l'esprit), VI, 45.
MANS (la ville du), II, 319; VI, 41, 43; VII, 286, 294, 351, 380-382, 384.

MANTÈGNES (les), IX, 266.
MANTHELAN (le bourg de), écrit MONTELS, IX, 253.
MANTO, la fée, personnage du conte du *Petit Chien qui secoue de l'argent et des pierreries*, V, 255-280.
MANTOUAN (l'État), V, 246. — (un juge). Voyez ANSELME.
MANTOUE (la ville de), V, 256.— (le pasteur de), IX, 302. Voyez VIRGILE.
MARC (saint), IX, 131, 132.
MARC-AURÈLE, III, 144.
MARCELLUS, VIII, 312.
MARGOT, I, 277.
MARGOT, la Pie, III, 242, 245.
MARIANNE. Voyez BOUILLON (Marie-Anne Mancini, duchesse de).
MARIE-THÉRÈSE D'AUTRICHE, infante d'Espagne et reine de France, VII, 131; VIII, 381, 436; IX, 15, 16, 141, 336-341, 345. — *Pour la Reine*, IX, 16. — *Au Roi et à l'Infante. Madrigal en 1660*, IX, 58. — *Relation de l'entrée de la Reine dans Paris, le 26ᵉ août 1660*, IX, 322-335.
MARINETTE, personnage de la comédie du *Florentin*, VII, 402-438.
MARLY, VII, 509.
MARNE (la), rivière, IX, 18.
MARPHISE, personnage de l'*Orlando innamorato*, VI, 47.
MAROT (Clément), IV, 148; VII, 162, 163, 171; IX, 146, 403, 404.
MARS, III, 106, 159, 183; IV, 11; V, 596; VI, 26, 200, 233, 235, 350; VII, 57, 58, 180, 194, 509; VIII, 36, 65, 70, 180, 387, 447, 500; IX, 14, 15, 30-33, 121, 189, 191, 194, 231, 267, 279, 330, 333, 338, 368, 457, 471. — *Les Amours de Mars et de Vénus*,

fragment du *Songe de Vaux*, VIII, 295-300.
MARS (le champ de), IX, 157, 338.
Mars, statue, IX, 260.
Mars (un), VIII, 95; IX, 134. — Nom appliqué : à Louis XIV, XIII, 412; au grand Condé, VIII, 502; IX, 103; à Turenne, IX, 146, 147.
MARS, planète, II, 296.
MARSEILLAIS (le). Voyez CLIDAMANT.
MARSEILLE (la ville de), VI, 126.
MARTIN, pour MARTIN-BATON, I, 434.
MARTIN-BATON, I, 284, 285.
MATHÉO, personnage du conte de *Belphégor*, VI, 107-116.
Mathusalems (quatre), II, 339.
MAUCROIX (Fr. de), IX, 244, 263, 300, 301. — *Ouvrages de prose et de poésie des sieurs de Maucroix et de la Fontaine*, VIII, 337-341, 347-351. — *Chanson de M. de la Fontaine pour M. de Maucroix*, IX, 71. — *A M. de Maucroix. Relation d'une fête donnée à Vaux*, IX, 342-352. — *Lettres* de la Fontaine, IX, 353, 473-476.
MAURE (le), VIII, 434.
MAZARIN (Jules), VIII, 380; IX, 15, 275, 328-331, 339.
MAZARIN (Hortense-Mancini, duchesse de), III, 325; IX, 391, 397, 400, 402, 404-407.
MAZARIN (l'hôtel de), à Paris, IX, 275.
Mazet de Lamporechio, nouvelle tirée de Boccace, IV, 483-507.
MAZET, personnage du conte de *Mazet de Lamporechio*, IV, 492-506; V, 410.
Mazet (un), personnage du conte du *Tableau*, V, 589-598.
MAZILLONS (petits), IV, 506.
MÉCÉNAS, MÉCÈNE, I, 107; VIII, 484, 492; IX, 199.

Médicis (la *Vénus* de), IX, 263.
MÉDIOCRITÉ (la), déesse, II, 125.
MÉDOR, personnage de l'opéra de *Roland*, de Quinault et Lulli, IX, 194.
Médor (un), IX, 325.
MÉGANO, surnommée ANAPHRODITE, VIII, 181-185.
MÉGÈRE, une des Furies, I, 422; II, 315; VIII, 189, 212.
MÉLAMPE, nom de chien, VI, 257.
MÉLIBÉE, VIII, 478.
MÉLICERTE, néréide, VIII, 37.
MELPOMÈNE, une des Muses, I, 101; VIII, 279. —, personnage de la comédie de *Clymène*, VII, 146-183. —, personnage de l'opéra de *Daphné*. VII, 195-245.
MÉMOIRE (les Filles de), les Muses, II, 203, 352; VI, 258; VIII, 121. — (le temple de), VI, 238; IX, 64, 153, 186.
MEMPHIS (la ville de), V, 256; VI, 339; IX, 116.
MÉNAGERIE (la), à Versailles, VIII, 28.
MÉNANDRE, IV, 150; VII, 8, 9; VIII, 76.
MÉNÉLAS, V, 102, 595; VII, 605, 609, 617; VIII, 489.
MÉNÉNIUS AGRIPPA, I, 208, 209.
MERCURE, I, 364-366; II, 12, 314; VI, 18; VIII, 114, 162, 163, 213, 491; IX, 165, 166, 169, 170, 391. —, personnage du poème de *Philémon et Baucis*, VI, 151-158. —, personnage de l'opéra de *Daphné*, VII, 195-245. — *Le Bûcheron et Mercure*, fable, I, 361-367.
Mercures, statues, IX, 262, 263.
MÉRIDARPAX, I, 287.
MERLIN, l'enchanteur, I, 307.
MÉROÉ, personnage de l'opéra de *Daphné*, VII, 195-245.

TABLE ALPHABÉTIQUE

Mesle (Conte du juge de), IV, 126-130.
Messieurs. Voyez Parlement (le).
Messieurs de Sorbonne, de Ville, du Conseil. Voyez Sorbonne, Ville, Conseil.
Métamorphoses(les). Voyez Ovide.
Métasthène, VII, 56.
Metz (la ville de), VIII, 345.
Meudon (la montagne de), IX, 222.
Meuse (la), rivière, VIII, 501.
Mézière (M. de), Gilles Foucquet. — *Au sujet de son mariage avec Mlle d'Aumont*, IX, 61, 62.
Mezzetin (Angelo Constantini, dit le). — *Vers pour son portrait*, IX, 87-88.
Michel (un saint), IX, 262.
Michel-Ange, IX, 264, 265.
Mignon (Pour), chien de S. A. R. Madame douairière d'Orléans, IX, 141-144.
Mimas, personnage du poème d'*Adonis*, VI, 252.
Mince (le), V, 255.
Minée (les Filles de), sujet tiré des *Métamorphoses* d'Ovide, VI, 169-211; VIII, 469.
Minerve, I, 130, 421; VI, 350; VIII, 231, 293; IX, 169, 391, 392. —, personnage du prologue de l'opéra de *Daphné*, VII, 188-194.
Minos, III, 118.
Minutol, Minutolo. Voyez Richard Minutolo.
Miraut, nom de chien, I, 278, 418.
Miravaux, IX, 233, 234.
Miserere (un), IV, 474.
Mitis (maître), nom de chat, I, 257.
Mogol (le), II, 122, 166. — (certain), III, 118. — *Songe d'un habitant du Mogol*, fable, III, 117-119.
Mogor (le grand), V, 33, 37.

Molière, IX, 397, 462. — *Épitaphe de Molière*, IX, 82. — Sa comédie des *Fâcheux*, IX, 348, 349.
Momus, VI, 356; VIII, 299. —, personnage du prologue de l'opéra de *Daphné*, VII, 188-194. —, personnage de l'opéra de *Daphné*, VII, 195-245.
Monègue (Pagamin de). Voyez Pagamin.
Monginot (François de la Salle, dit), auteur du traité *de la Guérison des fièvres par le Quinquina*, VI, 346.
Monomotapa (le), II, 265.
Monseigneur. Voyez Louis, grand dauphin de France.
Monsieur. Voyez Orléans (Jean-Baptiste-Gaston de France, duc d'), et (Philippe de France, duc d').
Monsieur le Prince. Voyez Bourbon (Louis II de).
Montaigne, IX, 435.
Montal, IX, 103.
Montanus Julius, VIII, 484.
Montels. Voyez Manthelan.
Montespan (Françoise-Athénaïs de Rochechouart de Mortemart, marquise de), VIII, 447. — *A Mme de Montespan*, dédicace du second recueil de *Fables*, II, 84-87.
Montlhéry, écrit Montléry ou Montlehéry, IX, 227, 228.
Montpellier (la ville de), IX, 380.
Montpensier (Mlle de), dite la grande Mademoiselle, IX, 143.
Montreuil, personnage de la comédie de *Je vous prends sans verd*, VII, 558-590.
Mopse, personnage du poème d'*Adonis*, VI, 252.
More (le), VI, 230. — (un), personnage du conte du *Petit Chien qui secoue de l'argent*

DES ŒUVRES DE LA FONTAINE. 509

et des pierreries, V, 271-276.
MORE (une), VIII, 218, 221, 227.
MORPHÉE, IV, 430; V, 202; VI, 336; VII, 177; VIII, 142, 246, 451, 452; IX, 152, 292, 402.
Morphée (un), VII, 174.
MORT (la), II, 165. — *La Mort et le Malheureux*; *la Mort et le Bûcheron*, fables, I, 103-108. — *La Mort et le Mourant*, fable, II, 205-214.
MOSCOU, IX, 130.
MOSCOVITE (le). Voyez ALEXIS MIKHAÏLOWITCH.
MOUFLAR, nom de chien, III, 42, 43.
MOUSSEVENTE (M. de), personnage de la comédie de *Ragotin*, VII, 298-396.
MOUZON (Mme de Coucy, abbesse de). Voyez COUCY.
Muse (une dixième), IX, 402.
MUSES (les), I, 10; III, 174, 199; V, 581, 582; VI, 5, 166, 221, 222, 326, 352; VIII, 25, 124, 201, 312, 455, 466; IX, 9, 35, 114, 126, 139, 195, 273, 278, 319, 320, 355, 465, 466. —, personnages du prologue de l'opéra d'*Astrée*, VII, 508-515. — (les neuf), personnages de la comédie de *Clymène*, VII, 146-183. — *Aux Muses. Pour Mmes d'Hervart, de Virville, et de Gouvernet*, IX, 461-464. — Voyez CALLIOPE, CLIO, ÉRATO, EUTERPE, MELPOMÈNE, POLYMNIE, TERPSICHORE, THALIE, URANIE, MÉMOIRE (les Filles de), SŒURS (les neuf).
Muses (les), plafond de le Brun, à Vaux-le-Vicomte, VIII, 277-281. —, gravées sur agate, IX, 275.
MUSULMAN (le), VIII, 436.
MYCÈNE (la ville de), IX, 617.
MYRTIS, surnommée APHRODISÉE, VIII, 181-186.

N

NACQUART (M.), IX, 312.
NAÏADE, NAÏADES, III, 57; VII, 180; IX, 351.
NAÏS, nymphe, personnage de *Psyché*, VIII, 132, 133.
NAMUR (la ville de), IX, 469, 470, 472.
NANETTE, NANON. Voyez ANNE.
NANTES (la ville de), IV, 123.
NAPLES, IV, 64; VI, 110, 111.
Narcisse (ce), IV, 30. — (notre), I, 92.
NASSAU (Guillaume-Henri de). Voyez ORANGE.
NATURE (la), II, 200, 295; III, 20, 350; V, 39, 526, 527; VIII, 102, 247.
NAVARRE (la reine de); son *Heptaméron*, IV, 276, 279.
NECTÉNABO, roi d'Égypte, I, 47-51.
NÉHERBAL, personnage du conte du *Diable en enfer*, V, 480, 481.
NÉMÉSIS, III, 271.
NEPTUNE, II, 174; IV, 403; VI, 197; VIII, 46, 409; IX, 190, 267, 279, 350, 351. —, personnage du *Songe de Vaux*, VIII, 267, 269, 270, 292-294. — Les NEPTUNES, IX, 245.
NÉRÉE, personnage de l'opéra de *Galatée*, VII, 252-271. — (les Filles de), VIII, 234.
NÉRÉIDES, VIII, 36-38, 293; IX, 350.
NÉRIE, l'enchanteresse, personnage du conte de *la Coupe enchantée*, V, 115-122, 124-126, 132.
NÉRON, VII, 330.
NEUF-GERMAIN, poète, VIII, 465.

NEUVE-DES-PETITS-CHAMPS (la rue), à Paris, IX, 398.
Nicaise, conte, V, 207-226.
NICAISE, personnage du conte de *Nicaise*, V, 207-226.
Nicaise (frère), VII, 136.
NICE, pour NICIA. Voyez NICIA CALPUCCI.
NICIA CALPUCCI, personnage du conte de *la Mandragore*, V, 24-26, 30-51, 56-59.
NICOLAS, I, 203.
NIERT (Pierre de). — *A M. de Niert sur l'opéra*, IX, 154-163.
NIEUBOURG. Voyez PHILIPPE-GUILLAUME, duc de Neubourg.
NIL (le), V, 256 ; VI, 339, 340 ; VIII, 137, 396.
NIMÈGUE (la paix de), VIII, 506, 507.
NIORT (la foire de), IX, 240.
NIPHALE, nom de lice, VI, 258.
NISUS, personnage du poème d'*Adonis*, VI, 257, 258.
NIVELLE (JEAN DE). Voyez JEAN DE NIVELLE.
NOËL, IX, 212.
NORD (le), I, 127 ; II, 466, 468 ; VIII, 408 ; IX, 14, 457. — (ces Messieurs du), les Polonais, IX, 134.
NORMAND, VII, 462. — (fleur de), VI, 41. — (répondre en), II, 133. — (tour de), V, 333. — et demi, II, 321.
NORMANDS (les), IV, 388.
NORWÈGE (la), II, 124.
NOUAILLÉ (la dame de), IX, 240.
NUIT (la), VIII, 55, 283. — (les Filles de la) : la COLÈRE, l'ENVIE, la JALOUSIE, VIII 192.
Nuit (la), plafond de le Brun, à Vaux-le-Vicomte, VIII, 280, 281.
NUMIDIE (demoiselles de), sorte de grues, VIII, 28.
NUTO, personnage du conte de *Mazet de Lamporechio*, IV, 488-497.

O

OCÉAN (l'), IX, 151, 391.
OCTAVE. Voyez AUGUSTE.
Odyssée (l'). Voyez HOMÈRE.
OÉBALIE (la ville d'), VIII, 258.
OEDIPES (les), VIII, 117.
OENONE, nymphe, amante de Pâris, IX, 384.
OETA (le mont), IX, 458.
OISE (l'), rivière, IX, 196.
OISIVETÉ (l'), VIII, 247.
OLYMPE, IX, 67. —, nom conventionnel, appliqué à Mme de Montespan, II, 85, 86 ; à Mme Foucquet, VIII, 379 ; à Mlle d'Alençon, duchesse de Guise, IX, 47, 49 ; à la duchesse de Bouillon, IX, 359.
OLYMPE (l'), I, 102, 365 ; II, 236, 316, 317 ; III, 106, 111, 275 ; VI, 20, 160, 174, 210, 233, 317, 356 ; VII, 171, 175, 205, 229, 232, 265, 267 ; VII, 606 ; VIII, 120, 231, 409, 451, 454, 475, 500 ; IX, 34, 139, 165, 168, 170, 192, 198, 337, 419, 456, 471.
Olympe (cet), III, 82.
OLYMPIAS, mère d'Alexandre, VIII, 332.
OLYMPIEN (le jeune), III, 103.
OMBRES (les), II, 137.
ORANGE (Guillaume-Henri de Nassau, prince d'), VIII, 504 ; IX, 426, 438, 444. — *Sonnet sur son retour en Angleterre*, IX, 54-55.
ORANGERIE (l'), à Versailles, VIII, 28.
ORBÈS (moines d'), IX, 112.
ORESTES (les), VIII, 117.
ORFÈVRES (le quai des), à Paris, IX, 220.
ORIANE, personnage de l'*Amadis de Gaule*, VII, 170 ; IX, 24.

ORIENT (l'), VI, 47, 250; VIII, 325; IX, 223. — (agate d'), IX, 274.
ORLÉANAIS (les), IX, 242.
ORLÉANS (la ville d'), IX, 235-238, 241-243.
ORLÉANS (Jean-Baptiste-Gaston de France, duc d'), dit MONSIEUR, IX, 241, 243, 244.
ORLÉANS (Philippe de France, duc d'), dit MONSIEUR, VIII, 384, 387-389, 503, 505; IX, 336, 343, 345.
ORLÉANS (Henriette-Anne d'Angleterre, duchesse d'), dite MADAME, IX, 343, 344, 341. — *Ode pour Madame*, VIII, 384-389; IX, 336.
ORLÉANS (Marguerite-Louise de Lorraine-Vaudémont, duchesse douairière d'), VIII, 343, 344; IX, 141-144.
ORLÉANS (Marguerite-Louise d'), IX, 141.
ORONTE, nom conventionnel, appliqué à Foucquet, personnage du *Songe de Vaux*, VIII, 242, 243, 251-267, 269, 270, 273, 277-280, 292, 356-358, 391, 393.
OROSMÈDE (le satrape), VII, 57.
Orphée et Euridice, opéra de Rossi, IX, 154.
ORPHÉE, VIII, 58, 272; IX, 198, 402.
Orphée (un), V, 259. — Les Orphées, VIII, 412.
ORUS, divinité égyptienne, IX, 115, 117.
OSIRIS, IX, 117.
OUBLI (le fleuve d'), IX, 408.
OUDAN (M.), IX, 313.
OUDINET (sire), personnage du conte des *Troqueurs*, V, 321-328, 334, 337.
OURSE (l'), VI, 230; VIII, 51.
OVIDE, VI, 145, 169; VII, 243; VIII, 469, 470, 483, 487, 494, 495; IX, 245.

P

PACTOLE (le), IX, 324.
PAGAMIN DE MONÈGUE, personnage du conte du *Calendrier des Vieillards*, IV, 340-354.
PAIX (la), II, 70; VII, 510; IX, 456, 457. Voyez ASTRÉE.
Palais (le), à Paris, II, 182; IX, 220. — (la cour du), IX, 220.
PALATIANE, l'Architecture, personnage du *Songe de Vaux*, VIII, 243, 250-267, 290.
PALÉMON, dieu marin, VIII, 47.
PALÉMON, personnage du poème d'*Adonis*, VI, 252.
PALLAS, III, 35; V, 109; VI, 173, 197, 198, 210; VIII, 63, 177, 474, 475, 499; IX, 170, 270, 274.
PALLAS, fils d'Évandre, personnage de l'*Énéide* de Virgile, VIII, 111.
PALMIRE, personnage du poème d'*Adonis*, VI, 252, 261-263.
PAMPHILE, personnage de la comédie de l'*Eunuque*, VII, 10-114.
PAN, les dieux PANS, IX, 223, 245.
Pan (un), VIII, 102.
PANDORE, I, 222; VI, 353.
PANURGE, personnage de Rabelais, V, 304, 305.
PAPEFIGUE (l'île et province de), V, 357.
PAPEFIGUIER, habitant de Papefigue, V, 357.
Papefiguière (le Diable de), conte, V, 354-378.
PAPHE, personnage du poème d'*Adonis*, VI, 252.
PAPHOS, V, 235, 237; VI, 230, 234, 243, 248; VIII, 186, 189-191, 227, 231, 386, 451; IX, 11, 49, 359, 428.

PAPIMANE, habitant de Papimanie, V, 357.
PAPIMANIE, V, 355.
PÂQUES, V, 348; IX, 109, 306.
PÂQUETTE, chambrière de messire Jean Chouart, II, 158.
PARASIUS, peintre, VIII, 254.
PARIS (la ville de), I, 397; II, 179, 209; III, 301; IV, 297; V, 97; VI, 51; VII, 572; VIII, 315; IX, 6, 62, 117, 154, 178, 206, 214, 219, 220, 236, 306, 309-311, 313, 322, 356, 357, 362, 366, 371, 388, 390, 410, 411, 415, 416, 421-423, 430, 441, 463.
Paris jusqu'à Rome (de), IV, 64.
PÂRIS, fils de Priam, II, 392; V, 102, 595; VI, 229; VII, 617, 623; VIII, 62; IX, 194, 384, 392.
Pâris (nombre de), IV, 437.
PARISIENNE (une), VII, 462.
Parlement (le), IX, 3-6, 452.
PARMÉNION, VIII, 332.
PARMENON, personnage de la comédie de *l'Eunuque*, VII, 10-114.
PARNASSE (le), I, 10, 102, 129; II, 231, 274; III, 174, 330; VI, 219, 277, 337, 342; VII, 197, 240, 242, 243, 509; VIII, 25, 36, 38, 61, 262, 316, 348, 421; IX, 66, 111, 113, 119, 139 164, 186, 202, 211, 319, 333, 341, 355, 359, 378, 381, 404, 437, 457, 461, 464. —, lieu de la scène de la comédie de *Clymène*, VII, 146-183.
PARQUE (la), I, 422; II, 348; III, 64, 122, 170; IV, 405; V, 256, 435; VI, 204, 268, 270, 329, 338; VII, 28, 267, 269; VIII, 162, 475; IX, 93, 183, 198, 451, 470.
PARQUES (les), II, 193; III, 156; VIII, 129, 473. Voyez ATROPOS, CLOTHON, DESTIN (les Filles du), SŒURS FILANDIÈRES (les).
PARTHES (les), I, 16, 17.
PASSE-LOURDIN (le rocher), à Poitiers, IX, 288.
PATROCLE, III, 235; VIII, 114. —, personnage de la tragédie d'*Achille*, VII, 596-628.
PATRU (Olivier), I, 8-10.
PAUL, II, 186. — (sire), IX, 211. — *Épitaphe d'un grand parleur*, IX, 81.
Paul (prendre Pierre pour), VII, 346.
PAULE, IX, 372, 373.
PAUVRETÉ (la), VIII, 112.
Peau d'âne, conte, II, 234.
PÉGASE, VII, 245; IX, 181, 182.
PÉLÉE, VIII, 411.
PELLISSON (Paul), IX, 107, 109, 110, 348, 353.
PÉLOPS, VIII, 489.
PÉNÉE, personnage de l'opéra de *Daphné*, VII, 195-245.
Perceval le Gallois, roman de chevalerie, IX, 26.
PÉRIGNY (le président de), précepteur du Dauphin, I, 4.
PERMESSE (le), IX, 109, 279.
PÉROU (le), IV, 347; IX, 417, 463.
PERRETTE, la Laitière, II, 150-152. —, personnage du conte du *Diable de Papefiguière*, V, 309, 372-378. —, personnage de la comédie de la *Coupe enchantée*, VII, 444-495.
PERRIN DANDIN, II, 404-406; IX, 399.
PERRONNELLE, personnage du conte du *Baiser rendu*, V, 231-233.
Perronnelle, nom collectif de la paysanne, V, 259.
PERSAN (le), VIII, 436.
PERSE (la), II, 355; VIII, 323, 326, 329.— (le roi de). Voyez DARIUS. — (tapis de), VIII, 251; IX, 274.

Persépolis (la ville de), VIII, 329.
Perses (les), VIII, 325, 327, 328, 333.
Pérusins (les), IX, 266.
Petites-Maisons (les), I, 377.
Petit-Monde (le), ou Microcosme, l'Homme, ouvrage de Prométhée, I, 18.
Pétrone, V, 67, 85.
Phædrie, personnage de la comédie de *l'Eunuque*, VII, 10-114.
Phædrus, dialogue de Platon, VIII, 470.
Phaéton (le), d'une voiture à foin, II, 58. — (un quasi), VII, 296.
Pharsale (la bataille de), VIII, 327, 392.
Phébus, I, 381; IV, 445; VI, 123, 187, 357; VII, 279, 280; VIII, 35, 38, 121, 348; IX, 63, 65, 103, 107, 122, 167, 192. —, personnage des *Amours de Mars et de Vénus*, VIII, 296-300. — *Phébus et Borée*, fable, II, 8-11.
Phébus Apollon, VI, 317-319.
Phèdre, le fabuliste, I, 12, 14, 19, 138, 337, 352; II, 3.
Phèdre, personnage de la tragédie de *Phèdre*, par Racine, VI, 90.
Phidias (les), VIII, 62.
Phidias (notre), pour désigner Girardon, IX, 365.
Philandre, VII, 200. —, nom de berger, VII, 212, 227.
Philémon et Baucis, poème, VI, 145-168.
Philémon, personnage du poème de *Philémon et Baucis*, VI, 149-164, 168.
Philippe, roi de Macédoine, II, 233; VIII, 317, 318, 320, 349; IX, 368.
Philippe. Voyez Orléans (Philippe de France, duc d').

Philippe iv, roi d'Espagne, III, 209.
Philippe-Guillaume, duc de Neubourg, IX, 130.
Philippe (les Oies de frère), nouvelle tirée de Boccace, V, 3-21.
Philippe (frère), personnage du conte des *Oies de frère Philippe*, V, 14-21.
Philis, VIII, 276, 360; IX, 45. —, nom conventionnel, appliqué à Mlle de Champmeslé, VI, 89, 91. —, personnage du conte du *Gascon puni*, IV, 385-392. —, personnage de l'opéra de *Daphné*, VII, 196-245. —, personnage de l'opéra d'*Astrée*, VII, 516-553.
Philis (certaines), II, 104. —, (les), IX, 187, 295. — Philis d'Égypte, IX, 251.
Philisbourg (Vers à la manière de Neuf-Germain sur la prise de), VIII, 465-467. — *Ballade sur le nom de Louis le Hardi, que les soldats ont donné à Monseigneur pendant le siège de Philisbourg*, IX, 42-43.
Philocarès, roi de Lydie, VIII, 181-186.
Philomèle, I, 245, 246; III, 37; V, 255; VIII, 243; VIII, 39, 41.
Philosophie (la), VIII, 149.
Philotas, VIII, 332.
Phlégon, nom de chien, VI, 258, 259.
Phlégre, personnage du poème d'*Adonis*, VI, 252.
Phlipot, personnage du conte du *Diable de Papefiguière*, V, 359-378.
Phocide (la), I, 52.
Phœnix, personnage de la tragédie d'*Achille*, VII, 596-628.
Pholoé, VII, 217.

J. DE LA FONTAINE, IX

PHORMION, personnage de Térence, VIII, 108.
PHRYGIE (la), I, 337, VII, 610.
PHRYGIEN (Ésope le). Voyez ÉSOPE.
PHRYGIENS (les), VII, 620, 624.
Phrynés (les), VIII, 61.
PICARDIE (la), IX, 238.
PICARDS (poètes), IX, 151-153.
PICROCHOLE, personnage de Rabelais, II, 153.
PIDOUX (Valentin), IX, 299.
PIDOUX (les), IX, 284-287.
PIÉMONT (le), IX, 210.
Pierre (*la Jument du compère*), conte, V, 483-503.
PIERRE, II, 186-187.—, personnage du conte de *la Jument du compère Pierre*, V, 486-503. — (frère), IX, 6, 7. — (sire), IX, 211.
Pierre pour Paul (prendre), VII, 346.
PIERRE (saint), IX, 6, 456.
PIERRE-LEVÉE (la), à Poitiers, IX, 287.
PIERROT, nom de berger, I, 267.
PIERROT, le Moineau, III, 197.
PIÉTÉ (la), IX, 376.
PILPAY, sage Indien, II, 81 ; III, 255, 283.
PINDARE, VII, 243.
PINUCE. Voyez PINUCIO.
PINUCIO, personnage du conte du *Berceau*, IV, 205-210, 213-218.
PIRÉE (le), I, 292.
PISE (la ville de), IV, 331.
PLACE ROYALE (la), à Paris, IX, 256.
PLAISIRS (les), VIII, 187 ; 364.
PLANUDE, I, 20, 21, 29, 34.
PLATON, I, 10, 16 ; II, 467 ; VII, 36 ; VIII, 112, 113, 116, 349-351, 470 ; IX, 186, 204. — *Sur les Dialogues de Platon*, VIII, 337-341.
Platonicien (en philosophe), VIII, 111.

Platonisme (le), VIII, 115.
PLAUTE, VII, 7 ; IX, 82, 349.
PLESSIS-PÂTÉ (le), IX, 229.
PLINE, le Naturaliste, ou l'Ancien, I, 291.
PLINE, le Jeune, VIII, 312.
PLUTARQUE, I, 20 ; VIII, 329.
PLUTON, II, 131, 315, 424 ; VI, 339 ; VII, 165, 270, 271 ; VIII, 65, 195, 212, 214-216, 226 ; IX, 409.
POIGNAN (Antoine), IX, 371.
POITEVINE (une). Voyez COMTESSE (la).
POITIERS (la ville de), IX, 224, 233, 284, 287. — (le présidial de), IX, 234.
Polexandre, roman de Gomberville, IX, 25.
Poliphile (*le Songe de*), VIII, 241.
POLLUX (CASTOR et), I, 99, 100.
POLOGNE (la), IX, 129, 130, 134, 135.
POLYMNIE, une des Muses, personnage de la comédie de *Clymène*, VII, 146-183.
POLYPHÈME, I, 179 ; III, 210, V, 182, 183, 240. —, personnage de l'opéra de *Galatée*, VII, 252-271.
POLYPHILE, personnage de *Psyché*, VIII, 26-234.
POMONE, II, 260; 381 ; VIII, 231, 232, 259, 448.
PONS ou PONT-DE-BOURG (Mme et Mlle de), IX, 307, 308.
PONTCHARTRAIN (Louis Phélypeaux, comte de), IX, 453.
PONT NEUF (le), à Paris, VII, 355.
PONT NOTRE-DAME (le), à Paris, IX, 300.
PORT-DE-PILLES (le), IX, 227, 253.
PORTE (la Sublime), IX 131.
PORTEMAISON, l'infante, nom de tortue, III, 284.
PORTUGAIS (le). Voyez ALPHONSE-HENRI.

POTROT, IX, 240.
POUSSAY (Mlle de). — *Sonnet pour elle*, IX, 49-50.
POUSSIN (Nicolas), les Poussins, IX, 263, 266, 269.
PRAXITÈLE, VIII, 188.
PRÉRAZÉ (M. de), personnage de la comédie de *Ragotin*, VII, 278-396.
PRÊTE-JEAN (le), VIII, 437.
PREUX (les neuf), IX, 42.
PRIAM, II, 392; VI, 15; VIII, 108, 114, 115, 493.
PRIAPE, V, 580.
PRINCE (Monsieur le). Voyez BOURBON (Louis II de).
PRINTEMPS (le), II, 135; VII, 564, 575, 578; IX, 418, 420.
PROCRIS, VI, 257. —, personnage du poème des *Filles de Minée*, VI, 186-196.
PROCNÉ, l'Hirondelle, I, 245-246; III, 35, 37.
PROMÉTHÉE, I, 18; II, 136; VI, 148, 316; VIII, 212. —, personnage du prologue de l'opéra de *Daphné*, VII, 188-194.
PROSERPINE, VII, 165; VIII, 171, 207, 209, 214-216, 226, 228.
Protée (un), VIII, 308, 347. — (nouveau), IX, 88.
PROVENÇAL. Voyez CLIDAMANT.
PROVENCE (la), VIII, 29.
PROVIDENCE (la), I, 36, 168; II, 14, 217; III, 67; VIII, 145, 419.
PRUDOTERIE (la maison de la), VI, 68.
PSICARPAX, nom de rat, I, 287.
Psyché et de Cupidon (les Amours de), VIII, 1-234; II, 77; VI, 223.
PSYCHÉ, personnage des *Amours de Psyché et de Cupidon*, VIII, 21-234.
PUCELAGE (maître), IV, 52; V, 225.

Pucelle (la), poème de Chapelain, IX, 235.
PUCELLES (les neuf, les doctes), les Muses, VI, 319; IX, 434.
PUBLIUS SYRUS, VIII, 484, 486, 493.
PYGMALION, II, 388.
PYRAME, personnage du poème des *Filles de Minée*, VI, 175-185.
PYRÉNÉES (les), VIII, 390. — *Ballade sur la paix des Pyrénées*, IX, 14-16.
PYRRHUS, roi d'Épire, II, 153.
PYTHAGORE, II, 391; III, 256.
PYTHIE, personnage de la comédie de *l'Eunuque*, VII, 10-114.
PYTHON (le Serpent), VI, 253; VII, 202, 215; IX, 333.
Pythonisse (faire la), II, 179.

Q

QUATRE-TEMPS (les), IV, 335.
QUE-SI-QUE-NON, frère de la Discorde, II, 69.
QUIMPER-CORENTIN (la ville de), II, 58.
QUINAULT (Philippe), IX, 178.
QUINTILIEN, I, 14; IV, 146; IX, 200, 201, 203-205.
QUINZICA (RICHARD DE). Voyez RICHARD DE QUINZICA.

R

RAAB (le), IX, 367.
R[ABELAIS]. Voyez ce nom.
RABELAIS (François), IV, 5; V, 303-305, 355, 358; IX, 404, 459.
RACAN, les RACANS, I, 200, 201; IX, 139, 205, 374.
RACINE, IX, 361, 362. — *Lettre*

TABLE ALPHABÉTIQUE

de la Fontaine, IX, 371-374.
Ragotin ou le Roman comique, comédie, VII, 273-396.
Ragotin, personnage de la comédie de *Ragotin*, VII, 278-396.
Raison (la). Voyez Minerve.
Raminagrobis, nom de chat, II, 187; III, 215.
Raphaëls (les), IX, 347.
Rapin (le P.), IX, 412.
Ratapolis, ville capitale des Rats, II, 108.
Ratapon, roi des Rats, I, 287.
Raton, nom de chat, III, 197.
—, nom de singe, II, 444-446.
Raymon (Mlle), cantatrice, IX, 157.
Reims (la ville de), V, 63; IX, 297, 300, 310, 311, 313.
Rémois (les), conte. V, 60-87.
Rémoises (nos), V, 64.
Renaud, personnage de la *Jérusalem délivrée* du Tasse, VIII, 406. —, personnage du conte de *la Coupe enchantée*, V, 143-146.
Renaud d'Ast, personnage du conte de *l'Oraison de saint Julien*, IV. 146, 241-275.
Renier, IX, 449.
Renommée (la), I, 101, 287, 313; II, 70; III, 211; VI, 230; VIII, 344; IX, 150, 193, 260, 261, 343, 368.
Rhadamante, VIII, 214.
Rhin (le), III, 183; VII, 513; VIII, 390, 410, 447, 466, 500, 501; IX, 152, 433, 442, 452.
Rhinocère, III, 312.
Rhodes (la ville de), VII, 20, 37.
Rhodiens (les), VII, 22.
Rhodopé (la courtisane), I, 51; VIII, 183.
Ricato, personnage du *Veau perdu*, VII, 500.
Richard de Quinzica, personnage du conte du *Calendrier des Vieillards*, IV, 330-340, 343-353.
Richard Minutolo, nouvelle tirée de Boccace, IV, 63-82.
Richard Minutolo, personnage du conte de *Richard Minutolo*, IV, 64-82.
Richelieu (Armand, cardinal de), VI, 221; VIII, 308, 309; IX, 254-257, 260, 261, 267, 268, 271, 276-279.
Richelieu (Armand-Jean du Plessis, duc de), IX, 267.
Richelieu (Jean-Baptiste-Amador Vignerot, marquis de), IX, 267, 268.
Richelieu (Emmanuel-Joseph Vignerot, comte de), abbé de Marmoutiers et de Saint-Ouen de Rouen, IX, 268.
Richelieu (la ville et le château de), IX, 247, 253-282.
Ris (les), II, 75, 116; III, 184; VI, 226; VII, 208; VIII, 45, 62, 65, 91, 103, 186, 227, 228, 386; IX, 10, 14-16, 105, 136, 262, 391, 392, 405, 428.
Robin, et ses flûtes, V, 522.
Robin mouton, II, 452, 453.
Roc (frère), personnage du conte des *Cordeliers de Catalogne*, IV, 190.
Rocollet (Pierre), IX, 327.
Rocroi (la bataille de), VIII, 319, 320.
Rocroix (les), les Espagnols maîtres de Rocroi, IX, 103.
Roderic, pseudonyme de Belphégor. Voyez Belphégor.
Rodilard, Rodilardus, noms de chat, I, 134, 255.
Rogel, pour Roger, personnage de l'*Orlando furioso* et de l'*Orlando innamorato*, IV, 438.
Roland, neveu de Charlemagne, V, 146; VI, 58, 59; VII, 284. —, personnage de l'opéra de *Roland*, IX, 194, 195.

Roland, opéra, paroles de Quinault, musique de Lulli. Dédicace au Roi, IX, 193-195.
ROMAIN (le), VII, 364. — Voyez JOCONDE.
ROMAINES (les), V, 444.
ROMAINS (les), III, 145, 146, 321; VI, 305; VII, 362; VIII, 320, 328, 333; IX, 153, 201, 202.
Roman de la Rose (le), de G. de Lorris et de J. de Meung, VIII, 241.
ROME (la ville de), I, 30, 293; III, 146, 149, 150, 153; IV, 20, 85, 204, 319; V, 97, 187, 247, 249, 319, 395, 436, 437, 440, 441, 444, 445, 457, 552; VI, 110, 224; VII, 8, 167; VIII, 257, 307, 318, 322, 323, 327, 349, 391, 413, 482, 506; IX, 19, 26, 201, 204, 354, 436, 456. — (la cour de), V, 336.
Rome (jusqu'à, par delà), III, 89; IV, 64, 388; VIII, 298; IX, 214, 349, 373. — (l'aller dire à), IX, 251. — (tous chemins vont à), III, 339. — (prendre Vaugirard pour), I, 293.
RONGEMAILLE, le Rat, II, 324; III, 282, 284.
RONSARD (P. de), IX, 373.
ROTTERDAM (la ville de), VIII, 437.
ROUEN (la ville de), V, 320, 337.
RUBICON (le), VIII, 323.
RUEL (le château de), VIII, 68.
RUSTAUT, nom de chien, I, 418.
RUSTIC, personnage du conte du Diable en enfer, V, 466-482.

S

SABÉENS (les), VIII, 479.
SABLÉ (Louis-François Servien, marquis de), IX, 423, 424.

SAGE (le), II, 353.
SAINT-AMANT, personnage de la comédie de Je vous prends sans verd, VII, 558-590.
SAINT-CLOUD, IX, 221.
SAINT-CROISSANT-EN-VAVOUREUSE (le couvent de), V, 459.
SAINT-DENIS (l'abbaye de), IX, 419. — (le trésor de), IX, 275.
SAINT-DIÉ (le bourg de), IX, 239, 240.
SAINT-DIÉ (Cyprien Perrot de), IX, 383. — Les SAINT-DIEZ, IX, 389.
SAINT-ÉVREMOND (Ch. de Marguetel, sieur de), IX, 385, 388, 396, 397. — A M. de Saint-Évremond, IX, 402-411.
SAINT-GELAIS (Mellin de), IV, 148.
SAINT-GERMAIN-EN-LAYE, IX, 177-179.
SAINT-GERMAIN DE LA TRUITE, prieuré de l'abbé de Chaulieu, IX, 208.
SAINT-GERMAIN-DES-PRÉS (l'abbaye de), à Paris, IX, 419.
SAINT-HONORÉ (la rue), à Paris, IX, 159, 379.
SAINT-JACQUES DE COMPOSTELLE (la ville de), V, 265.
SAINT-JEAN (la), VII, 132; IX, 61, 108.
SAINT-LAURENT (un), nom de vin, VII, 312.
SAINT-LAZARE (la prison de), IX, 52.
SAINT-MANDÉ, IX, 116.
SAINT-MARC (le trésor de), à Venise, IX, 275.
SAINT-MESMIN (muscat de), IX, 295.
SAINT-NICOLAS (la), VII, 132.
SAINT-OMER (la ville de), VIII, 504, 505.
SAINTE-CROIX (l'église), à Orléans, IX, 237.
SAINTE-SOLENNE (l'église), pour SAINT-SOLENNE, IX, 241.

SALMONÉE, VIII, 211.
SALOMON, II, 283; IV, 51.
Salomon (un), IV, 185.
SAMARITAINE (la), IX, 430.
SAMIENS (les), I, 43, 44, 45, 46.
SAMOS (la ville de), I, 34, 41, 44, 45; VII, 10.
SANGA, personnage de la comédie de *l'Eunuque*, VII, 10-114.
Santéna (un), IX, 206.
Santoron (un), IX, 206.
SARMATE (le), VI, 230.
SARRASIN (J.-Fr.), VII, 130.
SARRASINS, VI, 283.
SATAN, I, 224; IV, 182, 382; V, 32, 77, 471, 550, 556; VI, 116, 117; VIII, 435. —, personnage du conte de *Belphégor*, VI, 92-94.
SATURNE, VIII, 318, 491.
Satyre (un), VIII, 68.
SAÜLS (les), VIII, 397.
SAUVION, VII, 107.
SAVOIE. Voyez VICTOR-AMÉDÉE II, duc de Savoie.
Scamandre (le fleuve), conte, VI, 12-23.
SCAMANDRE (le), VI, 16, 225.
SCARRON (Paul). — *Épigramme*, IX, 93.
SCIPION, VIII, 30.
Scipion (le songe de), par Cicéron, VIII, 241.
SCIPION L'AFRICAIN, VIII, 331, 334.
Scipions (les), 9, 35.
SCEAUX, IX, 227.
SCYLLA (de CHARYBDE en), I, 384. — SCYLLE et CHARYBDE, VIII, 196.
Scythe (le Philosophe), fable, III, 303-308.
SCYTHE (un), IX, 276.
SCYTHES (les), VIII, 76.
SCYTHIE (la), III, 304; VIII, 51.
Sébastien (un saint), IX, 271.
SÉGUIER (Pierre), VIII, 309, 310; IX, 325.

SEIGNELAY (J.-B. Colbert, marquis de), IX, 454-456.
SEIGNEUR (le), VI, 280, 293.
SEINE (la), I, 115; VII, 509, 514; VIII, 267, 409; IX, 151, 236, 279. — (la nymphe de la), personnage du prologue de l'opéra d'*Astrée*, VII, 508-515.
SEM, VIII, 438.
SÉMÉLÉ, mère de Bacchus, VI, 173.
SÉMIRE, personnage de l'opéra d'*Astrée*, VII, 516-553.
Sénat (le), à Rome, III, 145, 153.
Sénèque (Traduction des vers cités dans les Épîtres de), VIII, 477-495.
SERVIEN (l'abbé Augustin), IX, 423, 424.
SÈVE (Alexandre de), prévôt des marchands, IX, 327.
SÈVE (Gilbert), peintre, IX, 318.
SÉVIGNÉ (Marie de Rabutin Chantal, marquise de). — *Dizain envoyé à M. F. sur le sujet de l'épître à M. D. C. A. D. M.*, IX, 63-64.
SÉVIGNÉ (Françoise-Marguerite de). — *A Mlle de Sévigné*, dédicace de la fable du *Lion amoureux*, I, 262-264.
SIBYLLE (la), VIII, 414.
Sibylle (une), II, 180.
SICILE (la), IX, 367.
SILENCE (le), V, 254; VI, 284; VIII, 55, 247.
SILÈNE, VI, 347.
SILER (le bois de), VIII, 480.
SILLERY (Fabio Brûlart de), évêque de Soissons, IX, 475.
SILLERY (Carloman-Philogène Brûlart de), IX, 445. — *A M. le chevalier de Sillery*, IX, 465-472.
SILLERY (Gabrielle-Françoise de). — *Pour Mlle de Sillery*, dédicace de la fable de *Tircis et Amarante*, II, 273-276.

DES ŒUVRES DE LA FONTAINE. 519

SILVESTRE (Israël), VIII, 246.
SIMALION, personnage de la comédie de *l'Eunuque*, VII, 10-114.
SIMÉON, et son cantique, IX, 457.
SIMON, II, 187.
SIMON DE TROYES (M.), architecte du Roi, IX, 69. — *A M. Simon*, IX, 365-370.
SIMON (Mlle). — *Vers pour Mlle Simon, très belle personne, et très sage, fille d'un architecte du Roi*, IX, 69.
SIMONETTE (Mme), personnage du conte des *Rémois*, V, 73-76, 81-85, 87.
SIMONIDE, poète grec, I, 98-101.
SIMONNE (Mme), personnage du conte de *Richard Minutolo*, IV, 67-72, 75, 76.
SIRÈNE, SIRÈNES, VIII, 33, 47.
SISYPHE, VIII, 211.
SIXTE-QUINT, pape, III, 78.
SOBIESKI (Jean), II, 469.
SOCRATE, I, 2, 10-12, 15, 20; III, 144; VIII, 338, 339, 470; IX, 383. — *Parole de Socrate*, fable, I, 333-334.
SOCRATINE, VII, 130.
SŒURS (les neuf), les Muses, III, 122, 169, 170; VI, 279; VIII, 278; IX, 10, 28, 173, 178, 185, 192, 199, 402, 403, 420, 465.
SŒURS (les noires), les Furies, II, 314; VIII, 299.
SŒURS filandières (les), les Parques, I, 381; III, 216.
SOISSONS (évêques de). Voyez HUET, SILLERY.
SOLEIL (le), II, 9, 11, 392, 395, 396; III, 112; VI, 266, 319, 343; VII, 149; VIII, 36, 76, 107, 121, 123, 128, 129, 198, 232, 234, 246, 385; IX, 324. — *Le Soleil et les Grenouilles*, fables, II, 38-39; III, 346-351. — Voyez APOLLON, PHÉBUS.

Soleil (le roi), nom appliqué à Louis XIV, VIII, 121.
SOLITUDE (la), VIII, 247.
SOLOGNE (la), IX, 237, 238.
SOMME (la), rivière, IX, 152.
SOMME (le), VIII, 102, 123, 280.
SOMMEIL (le), VI, 286; VIII, 60, 99, 281, 283-292. —, personnage du *Songe de Vaux*, VIII, 241, 245, 247, 248.
SONGES (les), personnages du *Songe de Vaux*, VIII, 241, 245, 247-249.
SOPHI (le), II, 154.
SOPHOCLE, IV, 150; VIII, 76, 108, 117, 485.
Sophocles (les), IX, 397.
SOPHRONE, femme de Damis, personnage de la comédie de *l'Eunuque*, VII, 66.
Sorbonne (Messieurs de), V, 154.
SORT (le), II, 35-37, 161, 172, 174, 177, 257, 391; III, 67, 239; IV, 250; VI, 196, 199, 201, 205, 244-246, 265, 338; VII, 178, 179, 209, 224, 232, 241, 268, 269, 329, 330, 351, 359, 528, 546, 550; VIII, 44, 51, 86, 196, 293, 356, 365, 474, 475; IX, 166, 167, 198, 242, 337, 339.
SOUDAN (le), VIII, 436.
SOYER (Marie), mère de Mme Colletet, IX, 321.
SPARTE (la ville de), VII, 617.
SPERCHÉE, personnage de l'opéra de *Daphné*, VII, 195-245.
STARENBERG (Ernest Rudiger, comte de), VIII, 467.
STATIRA, femme de Darius, VIII, 331; IX, 169.
STEINKERQUE (le combat de), IX, 469.
Stentor (voix de), I, 189.
STOÏCIEN (un), III, 308.
STRASBOURG (la ville de), IX, 151.

STUART. Voyez JACQUES II.
STYX (le), II, 39, 195, 316, 330, 348, 470; III, 111, 336; VI, 174, 205, 338; VIII, 81, 131, 208, 209, 211, 224, 226, 473; IX, 198.
SUÈDE (la), IX, 14, 266.
SURATE (la ville de), II, 165.
SYLVAGE, nom de chienne, VI, 257.
SYLVAIN, SYLVAINS, VII, 171, 526; VIII, 102. —, personnages de l'opéra de *Daphné*, VII, 195-245.
SYLVANDRE, personnage de *l'Astrée* de d'Urfé, VIII, 108, 109.
SYLVANIRE, nom de bergère, V, 342.
SYLVIE, IX, 49, 366. —, nom conventionnel, appliqué : à Mme Foucquet, personnage du *Songe de Vaux*, VIII, 271-273, 277, 282, 288, 289; à Mme d'Hervart, IX, 74, 382.
SYRIE (la), VI, 252.
SYRISCE, personnage de la comédie de *l'Eunuque*, VII, 10-114.

T

TABARIN, II, 270; VII, 355.
TABLE RONDE (la), IX, 219, 406.
TAGE (le), IX, 324. — (l'infante du). Voyez MARIE-THÉRÈSE D'AUTRICHE.
TAMERLAN, VIII, 436.
TAMISE (la), VIII, 385.
TANTALE, VIII, 211, 212.
Tantales obstinés, IX, 184.
TANT-MIEUX (le médecin), I, 402-403.
TANT-PIS (le médecin), I, 402-403.
TARTARE (le), III, 221.

Tartufs (deux vrais), II, 426.
TARVAGANT, IV, 402.
TASSE (le), VII, 243; VIII, 61, 406; IX, 204.
TASSONI (Alexandre). — Son poème de *la Secchia rapita*, IX, 370
TAVANNE (Jacques de Saulx, comte de), IX, 231, 232.
TÉLAME, le Lycien, personnage du poème d'*Adonis*, VI, 252.
TÉLAMON, personnage du poème des *Filles de Minée*, VI, 199-205. —, pseudonyme de Momus, personnage de l'opéra de *Daphné*. Voyez MOMUS.
TEMPÉ (la vallée de), VII, 197, 202.
TEMPLE (le), à Paris, IX, 449. — (l'Échelle du), VIII, 329.
TEMPS (le), II, 73, 117; III, 306; V, 176; VI, 164, 241.
TENDRE (la Carte du), IX, 25.
TÉRÉE, roi de Thrace, I, 246; II, 449, 450.
TÉRENCE, I, 14; IV, 6, 149, 150; VII, 7-9; VIII, 112, 492, IX, 82, 185, 202, 349.
TERPSICHORE, une des Muses, personnage de la comédie de *Clymène*, VII, 146-183.
TÉTHYS, déesse de la mer, I, 381; II, 253; V, 255; VII, 149, 280; VIII, 32, 36-38, 47, 123, 205.
THUDELINGUE, femme d'Agiluf, roi de Lombardie, personnage du conte du *Muletier*, IV, 221, 223, 225, 227-231, 233, 234.
THAÏS, personnage de la comédie de *l'Eunuque*, VII, 10-114.
THALIE, une des Muses, personnage de la comédie de *Clymène*, VII, 146-183. —, personnage de l'opéra de *Daphné*, VII, 195-245. —, une des Grâces, VIII, 62.

THARSIS, pseudonyme d'Apollon, personnage de l'opéra de *Daphné*. Voyez APOLLON.
THÈBES (la ville de), VI, 175; VIII, 274.
THÉMIS, déesse de la justice, I, 137; V, 244; VIII, 347; IX, 230, 453.
Théocrite (Imitation de), « Daphnis et Alcimadure », III, 327-336.
THÉRÈSE (Mlle), fille de Mme Ulrich, IX, 424-426.
THÉRÈSE (sœur), personnage du conte du *Tableau*, V, 584-598.
Thésée, opéra, paroles de Quinault, musique de Lulli, IX, 158.
THESSALIE (la), VIII, 258, 325.
THÉTIS, mère d'Achille, VIII, 411; VII, 601, 603, 606, 607, 612.
THIANGE (Gabrielle de Rochechouart-Mortemart, marquise de). — *A Mme de Thiange, au sujet de la satire contre Lulli*, « le Florentin », IX, 176, 180.
THIBAUT, personnage de la comédie de *la Coupe enchantée*, VII, 444-495.
THIBAUT L'AGNELET, III, 32.
THISBÉ, personnage du poème des *Filles de Minée*, VI, 175-185.
THOMAS (messire), personnage du conte du *Cas de conscience*, V, 343, 348-353.
THRACE (la), I, 245; VI, 342; VIII, 411; IX, 147, 333. —, (le dieu de), VIII, 36. Voyez MARS.
THRASON, personnage de la comédie de *l'Eunuque*, VII, 10-114.
THUCYDIDE, VIII, 321.
TIBÈRE, César-Auguste, VIII, 470-473.
Tibère, statue, IX, 276.

TIBRE (le), VIII, 392.
TIEN-ET-MIEN, père de la Discorde, II, 69.
TIENNETTE, personnage du conte des *Troqueurs*, V, 320-336.
TIMANDRE, personnage de l'opéra de *Galatée*, VII, 252-271.
TIMANTE, personnage de la comédie du *Florentin*, VII, 402-438.
TIMOTHÉE (frère), personnage du conte de *la Mandragore*, V, 46.
TIRCIS, nom de berger, I, 131, 132, 267; III, 56-58; VII, 212, 227, 228; VIII, 405. —, personnage de l'opéra d'*Astrée*, VII, 516-553. — *Tircis et Amarante*, fable, II, 273-278.
TISIPHONE, une des Furies, II, 315; VIII, 114.
TITANS (les), I, 398; II, 422; VI, 233; VII, 204; IX, 148.
TITE-LIVE, IX, 239.
TITIAN ou TITIEN (le), IX, 272. — Les TITIANS, IX, 266.
TITYES (les), VIII, 211.
TMOLE (le mont), VIII, 479.
TOBIE (M.), personnage de la comédie de *la Coupe enchantée*, VII, 443-495.
TOINON, diminutif d'ANTOINE, VII, 364.
TOINON, personnage de la comédie de *Je vous prends sans vard*, VII, 558-590.
TONNERRE (François-Joseph de Clermont, comte de), IX, 364.
TORELLI (Giacomo), IX, 346, 347.
TOSCANE (Marguerite-Louise d'Orléans, grande-duchesse de), IX, 141.
TOSCANELLA (Horatio), traducteur de Sénèque, IX, 200, 203, 204.

TOULOUSE (la ville de), VIII, 377, 378.
TOURAINE (la), VI, 6; IX, 243.
TOURNAI (la ville de), VIII, 498, 499.
TOURS (la ville de), IX, 249.
TRAJAN, VIII, 312.
TRANSYLVAIN (le), I, 97.
TRÉPOU (la vallée de), IX, 229.
TRIPTOLÈME, personnage du poème d'*Adonis*, VI, 252.
TRISTAN L'ERMITE, IX, 239.
TRISTE-OISEAU, le Hibou, II, 324.
TRITON (un), VIII, 33. —, personnage du *Songe de Vaux*, VIII, 293, 294.
TRITONS, VII, 180; VIII, 32, 38, 46, 132, 133.
TROIE (la ville de), I, 131; II, 168; III, 256; V, 596; VI, 14, 224; VII, 52, 609, 610, 621; VIII, 76, 139, 255; IX, 232. — (le cheval de), I, 130; IV, 361.
TROY ou TROYE (Jean-François de), peintre, IX, 87.
TROYENS (les), I, 84, 130; II, 236; VII, 617, 619; VIII, 480.
TROYES (la ville de), IX, 365.
TRUETERIE (les terres de la), IX, 313.
TUILERIES (les), VII, 574.
TURC (le), I, 97.
TURCS (les), I, 122; II, 303, 304; IX, 31, 54, 131, 443.
TURENNE (Henri de la Tour-d'Auvergne, vicomte de), maréchal de France, VIII, 16; IX, 121, 134, 231, 232. — *Lettre à M. de Turenne*, IX, 145-148. — *Épître à M. de Turenne*, IX, 149-153.
TURQUIE (la), IV, 169; IX, 40. — (tapis de), I, 85; IX, 274.
TYPHON, dieu égyptien, IX, 447.
TYR (la ville de), VIII, 466.

U

ULRICH, maître d'hôtel du comte d'Auvergne, IX, 423.
ULRICH (Mme). — *A Madame....*, IX, 422-426.
ULRICH (Mlle). Voyez THÉRÈSE (Mlle).
ULYSSE, I, 130; III, 14, 113, 336, VIII, 264. —, personnage de la tragédie d'*Achille*, VII, 596-628.
Ulysse (les Compagnons d'), fable, III, 178-195.
URANIE, une des Muses, personnage de la comédie de *Clymène*, VII, 146-183; IX, 119, 120, 192. —, nom conventionnel, appliqué : à Mme la duchesse de Bouillon, VI, 316, 357; à Mme de la Fayette, IX, 137.
URFÉ (Honoré d'), auteur de *l'Astrée*, IX, 22, 23, 204.
URGANDE, la déconnue, personnage de l'*Amadis de Gaule*, IX, 37.

V

VABEIL (M.), IX, 303.
VALENCIENNES (la ville de), VIII, 503, 504.
VALEUR (la), IX, 376.
VANDER-BRUGGEN (Jean), graveur. — *Vers pour son portrait*, IX, 85-86.
VARRON, VIII, 487.
VATICAN (le), VIII, 432.
Vaugirard pour Rome (prendre), I, 293.
VAUX-LE-VICOMTE (le château de), VIII, 67, 355, 357, 380; IX, 9, 61, 259. — *Fragments*

du *Songe de Vaux*, VIII, 235-301. — *Relation d'une fête donnée à Vaux*, IX, 342-352.
VAVOUREUSE. Voyez SAINT-CROISSANT.
VENDÔME (Louis-Joseph, duc de). — *A Mgr le duc de Vendôme*, dédicace du poëme de *Philémon et Baucis*, VI, 147, 164-168. — *A M. de Vendôme*, IX, 206-209. — *Autre épître à M. de Vendôme*, IX, 210-212. — *A S. A. Mgr le duc de Vendôme*, IX, 442-451.
VENDÔME (Philippe de), le grand prieur, IX, 208, 450, 451.
VENDÔMES (les), IX, 450.
VENDÔMOIS (le), IX, 238.
VENT (le), II, 9, 10, 392, 393.
VENTS (les), VI, 246, 255, 267; VII, 190; VIII, 47.
VÉNUS, I, 165; II, 136; III, 270, 271; IV, 11, 456, 457; V, 192, 244, 245, 528, 580, 583, 585, 595, 596; VII, 58, 150, 163, 164, 180, 255, 265, 511; VIII, 282, 283, 385, 386, 454, 455, 474, 475, 485; IX, 14, 74, 105, 136, 170, 270, 359, 391, 392, 407, 429, 462. —, personnage d'*Adonis*, VI, 222-225, 230-246, 251, 264, 267-273. —, personnage du prologue de l'opéra de *Daphné*, VII, 188-194. —, personnage de l'opéra de *Daphné*, VII, 195-245. —, personnage de *Psyché*, VIII, 21, 44-342. — *Les Amours de Mars et de Vénus*, fragment du *Songe de Vaux*, VIII, 295-300.—Voyez AMOURS (la déesse, la mère, la reine des), CYPRINE, CYPRIS, CYTHÈRE (la reine de), CYTHÉRÉE, GRÂCES (la déesse, la mère, la reine des).
Vénus, statues, II, 388; IX, 263, 277. —, portrait, V, 237.
Vénus (une), VIII, 44, 102.

— (des), V, 445; VIII, 37.
VÉNUS BELLE FESSE, IV, 116.
VERGER. Voyez VERGIER.
VERGIER ou VERGER (Jacques), IX, 383. — *A M. l'abbé Vergier, à Bois-le-Vicomte*, IX, 414-421.
VÉRITÉ (la), IX, 376.
VÉRITÉ D'AMOUR (la), nom de fontaine, VII, 535, 550.
VERMEULEN (Corneille), graveur, IV, 87.
VERRÈS, VIII, 341.
Verrines (les), VIII, 341.
VERSAILLES, VIII, 24, 27-42, 120-126; IX, 454.
VESPER, VIII, 495.
VICTOIRE (la), II, 203, 468; IX, 31, 191, 211, 470.
VICTOR-AMÉDÉE II, duc de Savoie, IX, 55.
VIEIL DE LA MONTAGNE (le), V, 382-389.
VIENNE (la), rivière, IX, 251, 284.
VIENNE (la ville de), VIII, 391.
VIERGE (la sainte), VI, 278, 279.
VILLAMEDIANA (J. de Tassis, comte de), II, 433.
VILLEMONTÉE (Henri de), IX, 298, 299, 305.
VILLEMONTÉE (Mme de), Anne de Jouy, IX, 299, 300, 302, 306, 307, 310.
VINCENT (maître). Voyez VOITURE.
VIRGILE, II, 382; III, 304; IV, 13; VII, 243; VIII, 249, 250, 312, 478-482, 485-495; IX, 185, 202, 249, 469, 472. — Les VIRGILES, VI, 277.
VIRIVILLE. Voyez VIRVILLE.
VIRVILLE (Madeleine-Sabine de la Tour de Gouvernet, comtesse de). — *Pour Mesdames d'Hervart, de Virville, et de Gouvernet*, IX, 461-464.
VISINIER (Nicolas de), IX, 305.
VIVARAIS (M. de), IX, 357.
VIVIER (du), IX, 459.

VOITURE (Vincent), IV, 148;
VII, 165, 171; IX, 181, 203,
257, 403, 404.
Voitures (des), IX, 459.
VOLUPTÉ (la), fille de Cupidon
et de Psyché, VIII, 232, 233.
VULCAIN, III, 259; VIII, 115.
VULCAN, II, 317; IV, 11; V, 138,
434, 596; VII, 265. —, personnage des *Amours de Mars
et de Vénus*, VIII, 297-300.

W

WALLER (Edmond), IX, 385,
386, 388, 396, 397, 408, 409.
WALLON (le), VIII, 434.
WIESNOWIESKI (Michel Koribut),
roi de Pologne, IX, 134.
WINDSOR (la cour de), IX, 385.

X

XANTHE (le), II, 170; VI, 255.
XANTUS, personnage de *la Vie
d'Ésope*, I, 20; 34-44; V, 591.

Y

YPRES (la ville d'), VIII, 506. —
(l'évêque de). Voyez JANSÉNIUS.

Z

ZAÏR, soudan d'Alexandrie, personnage du conte de *la Fiancée
du roi de Garbe*, IV, 398-400,
417, 444, 445-448.
ZARZAFIEL, VIII, 241.
ZÉNAS, personnage de *la Vie
d'Ésope*, I, 32, 33.
ZÉPHYRE (le), I, 132; III, 56;
VI, 200, 273; VII, 262, 522;
VIII, 250, 410, 450. —, personnage de *Psyché*, VIII, 47,
56, 84, 86, 92-94, 97, 100,
128, 130, 131, 133, 140, 143,
168, 170-172, 186, 203, 204;
IX, 457. — (un), VIII, 68.
ZÉPHYRS (les), I, 316; II, 123;
V, 116; VI, 225, 248; VII,
175, 241-243, 260, 267, 549,
558, 564, 578, 587-589;
VIII, 32, 69, 245, 280, 283,
286, 287, 386; IX, 75, 279.
—, personnages du prologue
de l'opéra d'*Astrée*, VII, 508-515. —, personnages de la
comédie de *Je vous prends sans
verd*, VII, 558, 578, 579, 587-589.
ZEUXIS, VI, 160; VIII, 254, 261.
ZIRZIMIR, VIII, 241, 242.
ZOON, personnage du poème des
Filles de Minée, VI, 206-209.

FIN DE LA TABLE ALPHABÉTIQUE.

TABLE DES MATIÈRES

CONTENUES DANS LE NEUVIÈME VOLUME.

POÉSIES DIVERSES

(SUITE.)

BALLADES ET RONDEAUX.

I. Ballade sur le refus que firent les Augustins de prêter leur interrogatoire devant Messieurs, en 1658..	3
Envoi...	7
II. Ballade pour le premier terme. A Madame [Foucquet]...	8
Envoi...	11
III. Ballade à M. [Foucquet]........................	12
Envoi...	13
IV. Ballade sur la paix des Pyrénées et le mariage du Roi. Sujet donné pour le troisième terme......	14
Envoi...	16
Pour la Reine en suite de la ballade précédente.	16
V. Ballade à M. [Foucquet] pour le pont de Château-Thierry...	17
Envoi...	18
VI. Ballade sur Escobar............................	19
Envoi...	21
VII. Ballade. [Je me plais aux livres d'amour.]......	22
Envoi...	26
VIII. Ballade pour Monseigneur le duc de Bourgogne...	27
Envoi. A Madame la Dauphine	29

TABLE DES MATIÈRES

IX.	Ballade pour la naissance de Monseigneur le duc de Bourgogne	30
	Envoi. A Monseigneur et à Madame la Dauphine.	32
X.	Ballade. Au Roi	33
	Envoi	35
XI.	Ballade. [On aime encor comme on aimoit jadis.]	36
	Envoi	38
XII.	Ballade sur le mal d'amour	39
	Envoi	41
XIII.	Ballade sur le nom de Louis le Hardi, que les soldats ont donné à Monseigneur pendant le siège de Philisbourg	42
	Envoi	43
	Rondeau redoublé	44

SONNETS.

I.	Pour S. A. R. Mademoiselle d'Alençon	47
II.	Pour Mlle de Poussay	49
III.	Sonnet servant de réponse à un bout-rimé du sieur de Furetière	51
IV.	Sonnet sur le retour de Guillaume-Henri de Nassau, prince d'Orange, en Angleterre, etc., à Londres, où il arriva d'Irlande le.... du mois de.... 1690.	54

MADRIGAUX.

I.	A M	57
II.	Au Roi et à l'Infante. Madrigal, en 1660	58
III.	Madrigal. Pour le Roi	59
IV.	Madrigal. [Soulagez mon tourment.]	60
V.	Au sujet du mariage de la fille de Mme la [Marquise] d'Aumont avec M. de Mézière	61

DIZAINS.

I.	Pour Mme de Sévigné. Dizain envoyé à M. F... sur le sujet de l'épître 1 à M. D. C. A. D. M	63
II.	Dizain. A Mme [Foucquet]	65
III.	Dizain. A. M. [Foucquet.]	66

TABLE DES MATIÈRES.

SIZAINS.

I. Pour le Roi 67
II. Pour S. A. R. Mgr le cardinal de Bouillon, après son brevet de cardinalat...................... 86
III. Vers par M. de la Fontaine pour Mlle Simon, très belle personne, et très sage, fille d'un architecte du Roi.. 69

CHANSONS.

I. Chanson de M. de la Fontaine pour M. de Maucroix... 71
II. Chansonnette de M. de la Fontaine. Sur l'air des Lampons.. 72
III. Pour Madame.... Sur l'air des *Folies d'Espagne*.... 74
IV. Chanson. [Tout se suit ici-bas.].................. 77
V. Autre. [Si nos langueurs et notre plainte.]........ 78

ÉPITAPHES.

I. Épitaphe d'un paresseux........................... 79
II. Autre épitaphe. D'un grand parleur 81
III. Épitaphe de Molière.............................. 82

VERS POUR DES PORTRAITS.

I. Sur un portrait du Roi............................ 83
II. Pour le portrait de M. Bertin.................... 84
III. Pour le portrait de Vander-Bruggen............... 85
IV. Pour le portrait de Mezzetin, peint par de Troye et gravé par Vermeulen 87

ÉPIGRAMMES.

I. Épithalame en forme de centurie 89
II. Contre le mariage. Épigramme tirée d'Athénée... 90

TABLE DES MATIÈRES.

III. Contre un mariage contracté dans la vieillesse.... 91
IV. Autre épigramme tirée d'Athénée. *Ubi lavantur qui hic lavantur ?*............................. 92
V. Épigramme sur un mot de Scarron, qui étoit près de mourir.................................... 93
VI. Dialogue................................... 94
VII. Épigramme sur la mort de M. Colbert, qui arriva peu de temps après une grande maladie qu'eut le chancelier M. le Tellier, 1683.................. 95
VIII. Contre Furetière........................... 96
IX. Contre un pédant de collège................... 99

ÉPITRES.

I. Lettre à M. D. C. A. D. M..................... 101
II. [A....]..................................... 107
III. A. M. le Surintendant........................ 111
IV. A Mme la surintendante sur la naissance de son dernier fils à Fontainebleau..................... 118
V. Épître à M. le duc de Bouillon................. 121
VI. A S. A. S. Mme la Princesse de Bavière......... 129
VII. A Mme de la Fayette, en lui envoyant un petit billard...................................... 136
VIII. A Mgr le prince de Conti [Louis-Armand]....... 138
IX. Pour Mignon, chien de S. A. R. Madame douairière d'Orléans.................................... 141
X. Lettre à M. de Turenne........................ 145
XI. Épître à M. de Turenne....................... 149
XII. A M. de Niert. Sur l'opéra.................... 154
XIII. A Mme de Fontange.......................... 164
XIV. Le Florentin................................. 171
XV. A Mme de Thiange, au sujet de la pièce précédente.. 176
XVI. A M. Galien, en lui rendant ses poésies enveloppées d'une armoirie d'enterrement.................. 181
XVII. Discours à Mme de la Sablière................. 183
XVIII. Le comte de Fiesque au Roi.................... 188

TABLE DES MATIÈRES.

XIX. Au Roi. Pour Lulli, qui dédie à Sa Majesté l'opéra d'*Amadis*.................................... 191
XX. Au Roi. Pour Lulli, qui dédie à Sa Majesté l'opéra de *Roland*.................................... 193
XXI. A S. A. S. Mgr le prince de Conti [François-Louis].. 196
XXII. Épître à Mgr l'évêque de Soissons, en lui donnant un Quintilien de la traduction d'Horatio Toscanella... 200
XXIII. A M. de Vendôme.................................... 206
XXIV. Autre épître à M. de Vendôme..................... 210
XXV. A M. Girin... 213

LETTRES.
A SA FEMME.

Relation d'un voyage de Paris en Limousin.

Lettre I... 219
Lettre II.. 226
Lettre III... 238
Lettre IV.. 248
Lettre V... 258
Lettre VI.. 282

A DIVERS.

Lettre I. A M. Jannart............................... 297
Lettre II. Au même................................... 302
Lettre III. Au même.................................. 305
Lettre IV. Au même................................... 306
Lettre V. Au même.................................... 307
Lettre VI. Au même................................... 310
Lettre VII. Au même.................................. 312
Lettre VIII. A M..................................... 315
 Sonnet pour Mlle C[olletet].................... 317

TABLE DES MATIÈRES.

Madrigal pour la même............................	319
Pour la même. Une muse parle................	319
Contre la même qui faisoit des vers pendant le vivant de son mari et qui n'en fit plus après sa mort...	320
Lettre IX. A M. Foucquet, surintendant des finances. Relation de l'entrée de la Reine dans Paris, le 26° août 1660...................................	322
Lettre X. A M. Foucquet, en lui envoyant l'ode sur le mariage de Monsieur, frère unique du Roi, avec Henriette d'Angleterre, en mars 1661..........	336
Lettre XI. A M. de Maucroix. Relation d'une fête donnée à Vaux..	342
Lettre XII. A M. de Maucroix........................	353
Lettre XIII. A M. Foucquet............................	354
Lettre XIV. A M. Bafoy, intendant des affaires de S. A. Mgr le duc de Bouillon, à Paris................	357
Lettre XV. A Mme la duchesse de Bouillon............	359
Lettre XVI. A Mlle de Champmeslé..................	361
Lettre XVII. A la même............................	363
Lettre XVIII. A M. Simon de Troyes................	365
Lettre XIX. A M. Racine............................	371
Lettre XX. A. M. de Bonrepaus, à Londres..........	375
Lettre XXI. Au même...............................	378
Lettre XXII. A Mme la duchesse de Bouillon........	390
Lettre XXIII. A M. de Saint-Évremond.............	402
Lettre XXIV. Au père Bouhours.....................	412
Lettre XXV. A M. l'abbé Vergier, à Bois-le-Vicomte....	414
Lettre XXVI. A Mme [Ulrich].......................	422
Lettre XXVII. A la même...........................	425
Lettre XXVIII. A. S. A. Mgr le prince de Conti.......	427
Lettre XXIX. Au même..............................	433
Lettre XXX. A S. A. Mgr le duc de Vendôme........	442
Lettre XXXI. A S. A. S. Mgr le prince de Conti.......	452
Lettre XXXII. Pour Mmes d'Hervart, de Virville, et de Gouvernet. Aux Muses........................	461

Lettre XXXIII. A M. le chevalier de Sillery............ 465
         Autre texte de la même lettre............... 470
Lettres XXXIV et XXXV. A M. de Maucroix........... 473
Lettre XXXVI. Au même.............................. 474
Lettre XXXVIII. Au même 475

Table alphabétique des noms propres contenus dans les
    OEuvres de la Fontaine........................ 477

FIN DE LA TABLE DES MATIÈRES.

23056. — Paris, Imprimerie LAHURE, rue de Fleurus, 9.

PARIS. — IMPRIMERIE LAHURE
Rue de Fleurus, 9

www.ingramcontent.com/pod-product-compliance
Lightning Source LLC
Chambersburg PA
CBHW060303230426

43663CB00009B/1574